世界史图书馆

McGraw Hill Education

西欧中世纪史

（第六版）

Western Europe
in the Middle Ages, 300-1475

Brian Tierney, Sidney Painter

〔美〕布莱恩·蒂尔尼　西德尼·佩因特　著　袁传伟　译

北京大学出版社
PEKING UNIVERSITY PRESS

著作权合同登记　图字 01-2009-3347

图书在版编目(CIP)数据

西欧中世纪史/(美)蒂尔尼(Tierney,B.),(美)佩因特(Painter,S.)著;袁传伟译.—北京:北京大学出版社,2011.12
　(世界史图书馆)
　ISBN 978-7-301-16634-5

Ⅰ.①西… Ⅱ.①蒂…②佩…③袁… Ⅲ.①西欧—中世纪史—高等学校—教材 Ⅳ.①K560.3

中国版本图书馆 CIP 数据核字(2010)第 251806 号

Brian Tierney, Sidney Painter
Western Europe in the Middle Ages, 300-1475
ISBN: 978-0-07-064843-3 Copyright © 1999 by McGraw-Hill Companies, Inc.
All Rights reserved. No part of this publication may be reproduced or transmitted in any form or by any means, electronic or mechanical, including without limitation photocopying, recording, taping, or any database, information or retrieval system, without the prior written permission of the publisher.

This authorized Chinese translation edition is jointly published by McGraw-Hill Education(Asia) and Peking University Press. This edition is authorized for sale in the People's Republic of China only, excluding Hong Kong, Macao SARs and Taiwan.
Copyright © 2011 by McGraw-Hill Education(Asia), a division of the Singapore Branch of The McGraw-Hill Companies, Inc.
版权所有。　未经出版人事先书面许可,对本出版物的任何部分不得以任何方式或途径复制或传播,包括但不限于复印、录制、录音,或通过任何数据库、信息或可检索的系统。
本授权中文简体字翻译版由麦格劳-希尔(亚洲)教育出版公司和北京大学出版社合作出版。　此版本经授权仅限在中华人民共和国境内(不包括香港特别行政区、澳门特别行政区和台湾)销售。
版权© 2011 由麦格劳-希尔(亚洲)教育出版公司与北京大学出版社所有。
本书封面贴有 McGraw-Hill 公司防伪标签,无标签者不得销售。

书　　　名	西欧中世纪史 XI'OU ZHONGSHIJI SHI
著作责任者	〔美〕布莱恩·蒂尔尼　西德尼·佩因特　著　袁传伟　译
责任编辑	陈　甜　岳秀坤
标准书号	ISBN 978-7-301-16634-5
出版发行	北京大学出版社
地　　　址	北京市海淀区成府路 205 号　100871
网　　　址	http://www.pup.cn　新浪微博:@北京大学出版社
电子邮箱	编辑部 wsz@pup.cn　总编室 zpup@pup.cn
电　　　话	邮购部 010-62752015　发行部 010-62750672　编辑部 010-62752025
印　刷　者	北京宏伟双华印刷有限公司
经　销　者	新华书店
	787 毫米×1092 毫米　16 开本　41.5 印张　804 千字 2011 年 12 月第 1 版　2023 年 12 月第 8 次印刷
定　　　价	125.00 元

未经许可,不得以任何方式复制或抄袭本书之部分或全部内容。
版权所有,侵权必究
举报电话: 010-62752024　电子邮箱: fd@pup.cn
图书如有印装质量问题,请与出版部联系,电话: 010-62756370

中世纪的现实性与距离感

——读蒂尔尼、佩因特的《西欧中世纪史》

彭小瑜(北京大学)

1957年,北京生活·读书·新知三联书店出版了苏联学者科斯敏斯基和斯卡斯金主编的《中世纪史》第1卷(莫斯科1952年版,以下简称"苏编《中世纪史》")。第1卷包括了俄罗斯以外欧洲的中世纪历史以及拜占庭帝国的历史,截止于15世纪末。这部翻译著作以及生活·读书·新知三联书店在60年代翻译出版的苏联科学院主编的《世界通史》10卷本中世纪部分,构成了我国学者后来研究和写作中世纪历史的重要基础,其内容为多种教材所吸收,因而对学生和社会大众理解西欧中世纪社会和文化也有很大的影响。阅读蒂尔尼、佩因特所撰写《西欧中世纪史》(Western Europe in the Middle Ages, 300-1475)的时候,读者如果不怕麻烦,从图书馆借出科斯敏斯基和斯卡斯金的《中世纪史》来大致比较一下,甚至逐个观点逐个事件对照着阅读一下,一定会有特别的心得,对牵扯东西方学者的这一段史学史一定会感触良多。北京大学出版社引进美国学者的这部中世纪通史,对我们拓展视野和更加深刻地理解西方历史文化,对我们认识以往教材的一些特点和缺点,有着不可或缺的积极意义。

苏联史学曾经帮助新中国学者在研究外国历史的过程中获得很大的进步,其浓厚的理论色彩是一个众人皆知的特点。在学术上,苏编《中世纪史》并非没有显著的特色和长处。与《西欧中世纪史》比较而言,它对东欧、北欧和拜占庭的历史给予了更多的关注,对社会经济史的介绍也更加系统,并试图就欧洲历史发展的一般规律给出清楚的回答。在"引论"中,作者也毫不讳言他们的政治观点和借助写作中世纪历史来"揭穿剥削者和剥削制度"的政治目的,并且力图证明"宗教和教会在中世纪是封建阶级的理论支柱",而在现代又"成为资本主义社会的保卫者"。就思想观点和学术风格而言,蒂尔尼、佩因特的《西欧中世纪史》与苏编《中世纪史》完全不同。

蒂尔尼、佩因特这部教科书的基础,是1953年出版的佩因特著《中世纪史》(A History of the Middle Ages, 284-1500)。现在的版本是蒂尔尼在1970年改写和补充佩因特原作的成果。到1999年为止,改写的版本已经出到第六版,期间多有修订。佩因特以细致生动的叙事见长,而蒂尔尼的专长是教会制度和法律的研究,他做的补充也主要是在文化和制度方面。蒂尔尼在剑桥大学取得博士学位,但是他的学术生涯开始于美国首都华盛顿的美国天主教大学,后转入康奈尔大学。他的研究著作富有特色,探讨了中世纪教会法学家著作中的政治思想和教会学观念。他认为,西方近代民主政治思想的渊源在中世纪,尤其和中世纪教会法学家的一些思想有关系。蒂尔尼对佩因特著作的补充,增加了许多教会史、法制史和政治思想史的内容,对哲学、艺术和文学的介绍也有所加强。

和苏编《中世纪史》一样,《西欧中世纪史》也具有鲜明的倾向性,但是后者对现实的关怀表现得比较含蓄。佩因特的旧版本强调的是中世纪文化对近代西方的贡献。他在"尾声"里所追溯的中世纪发展成就包括个人自由观念,骑士爱的风气,以及哥特式的建筑风格。他还指出14世纪和15世纪的西欧文化对新教思想、议会制度和资本主义经济起源的影响。佩因特以为,博大精深的经院神学和教会法体系具有高度的稳定性,是符合中世纪自身价值观念的思想瑰宝,展示了当时人们丰富的想象力和创造力,而且到了现代社会也没有发生很大的变化。蒂尔尼在改写的版本里却特意指出,中世纪西欧教会的精神遗产不仅局限于宗教的领域,不仅对近代社会的法律和政治制度有深刻的塑造作用,而且教会和基督教思想在历史上也经历了多次重大的变化。

蒂尔尼的代表作《公会议理论的基础》以及《宗教、法律和宪政思想的发展》反映出,他对中世纪西欧文化的遗产采取的是欣赏和肯定的态度。他曾经以近代西方宪政思想的起源来展示中世纪文化对后世的影响,同时也以此来说明人们经常忽视或者误解中世纪遗产的现实性。中世纪教会法学家的意见通过对近代早期思想家的影响成为现代西方民主传统的重要组成部分。文艺复兴时期的人文主义者和宗教改革时期的新教人士都曾经试图否定中世纪文化的价值,试图将古典文化或早期基督教作为新时代的起点,但是他们实际上很难摆脱中世纪话语的决定性影响。蒂尔尼举例说,17世纪的作者引用亚里士多德、波里比乌或者西塞罗来解释包含有代议制成分的政治体制,但是实际上,他们是在使用中世纪的观念来解释中世纪的制度传统。他们所面临的问题是,如何通过设定根本的宪政原则以及通过地方代表参与中央政府的决策来保证地方社团的利益不受中央政府的侵害,而中世纪的作者所面对的已经是同样的问题。因此,后者的相关思想很自然地对前者发生了重大影响。在西方政治思想的发展进程中,宗教思想与国家观念经常发生互相作用,譬如新教人士认为,信仰者的自愿必须是信仰的前提。在接受这一思想的基础上,他们也很容易接受中世纪的下述观念:一切合法政府都必须获得民众的自愿认可。基督教思想并不是必然和自动地导致民主政治思想的萌芽和发展,但是在西方12世纪以来的政治历史和思想历史的实践中,基督教的确历史地扮演了推进近代民主制度建设的角色。尽管这一段历史本身并非没有历史的偶然性,但是民主的传统却延续下来,成为西方社会乃至整个人类文明的宝贵遗产。[1]

美国的中世纪研究历来富有对西方思想和制度的乐观主义精神。长期分别执教于哈佛和普林斯顿的哈斯金斯(《诺曼制度》)和斯特雷耶(《近代国家的中世纪起源》),都是威尔逊民主自由主义的信徒,相信研究中世纪的政治制度和行政、司法经验能够帮助美国人认识20世纪的问题,以及建设繁荣、稳定的现代社会。他们认为,中世纪出现的理性和秩序构成西方文明的基础,而有效的行政和司法体制在信奉民主制度的精英分子的操作下,通过中央政府的集中权力,能够造福社会和人民。这种对西欧中世纪理性思维的欣赏也表现在学者们对当时的科学、教育和经济的研究当中。与这些学者相比,佩因特和蒂尔尼对异端思想、女性地位、神秘主义以及修道院文化中非理性的成分要更加重视,但是他们也有与哈斯金斯和斯特雷耶这些学者相似的地方,那就是他们对西方文明的乐观主义态度以及对之难以动摇的热情和信心。这一乐观态度在佩因特旧作的"尾声"以及蒂尔尼改写本的"尾声"中都得到淋漓尽致的表述。

与佩因特的旧作相比,《西欧中世纪史》在内容上的变化也体现出西方历史学者对当代世界的关注。佩因特几乎没有系统地介绍中古伊斯兰教文明,而蒂尔尼不仅在最初的改写版本中增加了有关早期伊斯兰教文明的小节,而且在第六版中又再次增加了有关中古伊斯兰教文明的概述。即便如此,他依然提醒读者说,拜占庭文明和伊斯兰教文明本身的历史意义在他们的这部欧洲历史中所得到的描述还远远不是充分的,他所做的不过是简单说明了二者对西欧文明的影响。十字军运动在佩因特的旧作里已经得到比较充分的介绍,而且其宗教性质也得到强调。佩因特和蒂尔尼都不赞成将十字军的动机主要说成是进行经济掠夺,但是蒂尔尼在说明其宗教动机的同时,还批评了西欧骑士的暴力倾向:"十字军骑士的野蛮残忍行动证明,基督教的理想与军事贵族的道德风尚结合是极为困难的。"苏编《中世纪史》则认为,十字军运动是"欧洲人在东方的军事殖民事业",批评西欧封建贵族掠夺财富和扩大领地的贪欲,并认为教会鼓动十字军的目的是为了建立教皇对整个基督教世界的统治,并以该运动为借口增加收入。

蒂尔尼对家庭、妇女和社会生活的处理反映了晚近的学术研究成果,颇有一些独到之处,而且相当细腻,可以说是栩栩如生。他详细介绍了教会对婚姻制度以及有关风俗习惯的干预,注意到对近亲通婚和一夫多妻制的严格禁止所带来的特殊社会影响。譬如,在这样的情形下,财产和妇女会平均地分布于更大的范围,而不是被少数大贵族家庭所垄断,保证了一定程度的社会流动,与

---

[1] Brian Tierney, *Religion, Law, and the Growth of Constitutional Thought, 1150-1650* (Cambridge: Cambridge University Press, 1982), pp. 103-108.

此同时，低阶层妇女利用做妾为途径提高社会地位的可能性被减小。蒂尔尼对妇女的地位和权利给予很多关注，还提醒读者避免简单化地理解中世纪法律对妇女地位的界定。教会法的一些条文规定说，妇女没有任何权利，必须在所有事务上服从丈夫的命令。尽管如此，中世纪贵族妇女享有财产权，可以担任领主，并在自己的丈夫外出的时候统治城堡和领地。欺凌寡妇和孤女的情况经常发生，但是当她们的财产受到侵害的时候，这些妇女并不害怕通过诉讼的手段保护自己的权益。教会在教导妇女服从男性的同时，也要求后者尊重和温柔对待前者。教会对离婚的禁止也起到防止贵族随意抛弃妻子的作用。佩因特曾经出版过介绍骑士制度的专门著作，他对骑士精神和贵族生活风习的描写不仅在蒂尔尼的改写本中得到保留，还得到扩充和发展。蒂尔尼认为，中世纪贵族妇女地位因为教会说教和骑士精神的关系得到了逐渐的改善。

尽管学者对中世纪社会的现实性有敏锐的感觉和清楚的表述，现实世界和中世纪的距离感其实是难以克服的。历史的现实性从来不可能否定历史本身的意义，历史的描述也从来不应该臣服于学者对当代生活的关怀，更不应该被现实玩弄于股掌之间。当然，在重建史实的认真、坚定和执着之外，对现实和当代学术的关注有时候也的确帮助学者更多面地、更准确地重建历史。蒂尔尼在第六版《西欧中世纪史》里面，吸收了晚近学术的研究成果，也试图认同西方社会一些新的价值观念。他对中世纪社会生活的刻画因此变得更加生动细致，应该说也更加贴近当时的历史真实。他因此更加透彻地说明了古代社会和现实世界之间的距离。

中世纪社会与我们的距离感一部分来自史料的匮乏和研究的肤浅，一部分来自我们对历史的误解和误读。概念和理论框架的设置不仅在我们和历史之间架设了桥梁，可能同时也树立了屏障。佩因特和蒂尔尼的《西欧中世纪史》所描绘的"封建世界"，并不是苏编《中世纪史》所论述的以封建主对农奴的剥削为基础的封建社会。西方学者眼里的"封建社会""封建世界"或者"封建主义"，是西方历史上特殊的现象。在《西欧中世纪史》第八章到第十二章，以及在第十四章和第十八章中，蒂尔尼比较系统讨论了中世纪西欧的社会性质，但是他对"封建主义"的理解基本上是西方学者传统的意见，也就是说，将其理解为西欧社会特有的军事和政治结构。在这个意义上，封建社会的特点是以封土为基础的封君封臣关系，封臣领有封土，对授予他封土的封君有军事服役的义务；政治权威分散于持有封土的贵族中间，封臣对封君的忠诚，而非公民对国家的忠诚，成为社会主要的凝聚力。封君封臣制度作为一种军事和政治体制并非没有重大的社会经济意义。作为中世纪西欧乡村基本结构的庄园与封君封臣制度有着有机的联系，领有封土的军事贵族成为耕种庄园土地的农民的领主，不仅剥削农民的劳动成果，而且掌握对农民的司法权和警察权，并运用这种超经济强制的政治统治权力来压榨农民的血汗。封君封臣制度还在另外两层意义上塑造了西欧中世纪社会：一是教会的土地也变成封土，使得包括教皇在内的众多教会人士卷入到复杂的封建政治关系里面；二是国王也成为封君封臣关系网络中的成员，有时居于等级关系的顶峰，成为所谓"最高封君"，并利用自己的君王地位进行政治运作，壮大自己的势力，压制其他大贵族，逐渐发展和巩固王权。蒂尔尼对英、法、德等国政府制度演进的描述包含有封君封臣制度如何在政治斗争中展开的丰富内容。他也指出，在中世纪代议制政府雏形的起源和演进过程中，封君封臣制度也是一个构成因素。这些意见都值得读者留意。

佩因特旧作对基督教文化已经给予了相当正面的叙述。蒂尔尼的改写本更加浓墨重彩地歌颂修道院和中世纪基督教文化，而且对教会制度和法律给予了更多的关注。有关教会制度方面，蒂尔尼所写作的章节比佩因特的部分要更加详细、清楚，譬如他在第十一章里对教会组织结构的说明。他也根据晚近的学术研究纠正了对宗教裁判所的一些传统误会，指出"宗教法庭的程序是企图为被怀疑为异端的人们提供一种公平与合理的审判方式，比旧式的神命裁判或者胡乱的民众暴力要好"。有趣的是，科斯敏斯基、斯卡斯金等人所编写的《中世纪史》对异端、教皇以及方济各修会、多明我修会的评价完全不同于蒂尔尼的意见。在科斯敏斯基这些学者的眼里，异端学说是对教会以及整个封建社会的攻击，是宗教外衣掩盖下人民反对封建剥削的斗争。而方济各和多明我所建立的托钵僧修会是"教皇方面最重要的工具，它们的主要任务是要引诱人民群众离开反教皇"和教会的斗争，"借此保存封建制度和封建剥削"。在这些修士的主持下，从13世纪末起，教会"开始大规模地将异端信徒或完全无罪的人处死；牺牲在异端裁判所手中的人数是无法估量的"。托钵僧对教皇的重要性也得到蒂尔尼的确认，不过他同时赞扬了他们在宗教虔信以及文化教育方面的贡献，还特别提醒读者注意方济各对麻风病人的关心以及他热爱大自然的秉性。

蒂尔尼的人文关怀还突出体现在他对中世纪犹太人命运的描写中，体现在他对中世纪社会歧视和迫害犹太人问题的严厉批评中。他对1189年3月发生在英国约克郡的屠犹事件给予了细致的描写。这段文字透露出基督教文明的这一负面因素在他心中所激起的义愤和痛心。他也比较详尽地交代了中世纪教会歧视犹太人传统的来龙去脉。

可见，中世纪社会与现代社会的距离感，不仅会使我们产生美感，也会引发我们对旧观念的谴责和批判。问题是，真正有力量的批判应该是史实重建的结果，是在尊重历史事实的基础上展开的，而不是将历史公式化和历史的某些方面妖魔化。

按照苏编《中世纪史》的观点，中世纪历史要到17世纪末才终结；而从15世纪末开始，欧洲进入"晚期中世纪"。这是国内过去许多教科书所沿用的历史分期法。《西欧中世纪史》所采用的是西方学者传统的历史分期,将中世纪的终结放在 15 世纪末,此后的历史被归入早期近代历史。不同的历史分期原则体现了对社会历史的不同看法。在科斯敏斯基和斯卡斯金等苏联学者的眼里,16 世纪、17 世纪是封建制度解体、资本主义生产方式在封建社会内部开始形成的时期,而这时发生的宗教改革、尼德兰资产阶级革命和英国资产阶级革命,"给予封建制度首次打击"。如前所述,在《西欧中世纪史》里面,所谓的"封建制度"是指封君封臣制度以及相关的社会文化和政治制度,而不是指在特定生产方式基础上所建立的一种社会形态。佩因特给予农村经济和工商业的处理比较简单,而蒂尔尼对农业经济、乡村生活和城市工商业等等则有大量的描写,但是他并没有试图在经济变化和社会整体发展之间建立直接和清晰的逻辑联系。所以,在介绍 14 世纪、15 世纪这段中世纪后期历史的时候,蒂尔尼所强调的不是经济问题,而是西欧人民的道德和精神力量。他在全书的结尾写道:"中世纪后期的'动乱年代'并没有导致西方文明的崩溃,而是走向扩张和成功的新时代。不同于古代罗马的居民,中世纪欧洲人民将理智和勇气贯彻于他们的行动,因而避免了新的黑暗时代的威胁。这是中世纪文明最伟大的成就。"但是读者应该注意到,在前面谈到查理曼帝国崩溃的时候,蒂尔尼就曾经写道:"一旦被逼退到几乎难以生存的边缘,西欧人民便表现出非凡的再生能力。面对外敌入侵的威胁,他们建立起一种新型的能够挫败未来攻击的政治和军事体制。面对饥饿的威胁,他们寻找到耕种土地的新方法,能够极大地提高农业生产。当其宗教在腐败中堕落,他们发动了强有力的新改革运动。凭借这些成就,9—11 世纪的人们对一种新文明创造了物质和精神的基础。"

  西方人和西方文明的这种"再生能力",是蒂尔尼刻意传递给读者的一个重要信息。西方文明为何以及如何拥有这样一种非凡能力呢?蒂尔尼含蓄地没有给出明确答案。也许,他希望他的读者自己去寻找答案。在这里,我们也发现了,他与科斯敏斯基、斯卡斯金这些苏联学者的风格迥然不同。苏编《中世纪史》立场鲜明地抗议历史上的"剥削者和剥削制度",其实也是一种对历史真实的再现,值得我们敬佩!在引进和谦虚学习西方学术著作和教材的同时,对苏联的史学研究成果及其对我国外国史研究的推动和影响,我们也应该有实事求是的评价和尊重。

  读者的心得,在读完本书以及对照其他学者编写的中世纪史之后,一定会比我们在这里所简单谈论的要更加深刻、更加多样化。

第六版说明

　　本书的每一版都基于对历史写作的几个简单的信念。首先,历史的讨论——即使当它在处理复杂的主题时——几乎都可以用"普通的语言",用明白的、清楚的英文来表达。其次,清晰明确的叙述是历史写作的基本形式,虽然其他风格的写作形式不断变换,但对优秀的历史学家而言,仍采用此一标准形式。最后,历史写作的目的不仅是娱乐(当然也没有理由使它成为令人感到枯燥无味的);历史学家的工作是理解和解释。

　　心中常以此目的为念,一个历史学家必须敏锐地去注意了解在其他相关领域的学者之研究成果,这些学者以不同的方式研究人类社会的变动的不同侧面。对一个专研中世纪史的历史学家而言,不同领域的研究成果,比如比较宗教学和历史地理学,是非常重要的。而且在人类学、考古学、人口统计学和其他社会科学等领域的研究亦具有相关性。在最新版(第六版)的《西欧中世纪史》中,综合了这些相关领域中的更多资料,但是我尽量试着谨慎地使用,以免改变本书的特色。

　　第六版对全文都有实质性的修改。我补充了一章新的内容,即第十二章《欧洲及其邻居》,其中包括了有关拜占庭和伊斯兰的新材料。讨论封建社会的章节,以及有关加洛林王朝复兴的部分,也重新加以改写。中世纪妇女的作用得到了更多的重视。每章最后的文献目录,我都加以修订;不过,在中世纪研究中,新的论著只是补充而不是替代了以前的论著,因此我仍然保留了一些时间较早一点的经典著作。

　　讲授中世纪史的大部分教师喜欢用原始资料的例证和现代史学家们的解释性研究来增补教科书的叙事。因此,包括中世纪资料选读与现代历史研究作品选读的平装两卷本资料已准备随同本书而问世。在本书各章末尾参考书目中所涉及的参考书"资料"和"读本",是指《中世纪史资料与读本》(纽约,1992):第一卷,《中世纪史资料》(*Sources of Medieval History*);第二卷,《中世纪史读本》(*Readings in Medieval History*)。

前　言

　　作为一本生动活泼的叙述中世纪生活的历史著作,西德尼·佩因特的中世纪史赢得了盛誉。佩因特教授并不打算写一部完整的、面面俱到的教科书,而是想集中精力于他最感兴趣的中世纪社会的那些方面——所以他撰写的生动篇章,均充满着一名大学者的学识与才智。

　　我试图在这本新书中对佩因特教授的著述做些补充。所有他写到的有关封建政治、封建战事以及封建社会方面的才华洋溢的叙述与描述性的篇章,均保留无遗。公元300年至800年的早期历史已经做了重写。后面一些章节中有关教会史、法律、政治理论、哲学、艺术以及文学等方面的许多材料亦是新的。所有这些材料已经重新编排,使中世纪史的编年结构更为鲜明。我希望这部修订本会更适合新一代读者的需要。

　　本书的叙述范围在标题中已予以表明。我们的中心主题是清晰地呈现独特的中世纪欧洲的西方文明,而且我们打算尽可能地对这错综复杂的现象给予最清楚的叙述。因此,就本书的目的而言,基本上只提及了中世纪拜占庭与中世纪伊斯兰在其发展中的某一关键阶段对西方世界所形成的影响。但是,学习中世纪西方历史的学生不应当忘记,拜占庭与伊斯兰的国土也曾孕育出伟大的文明,而这些文明值得他们进一步去研究。在主要介绍中世纪欧洲史的课程中,附带地介绍这些文明是远远不够的。

布莱恩·蒂尔尼

目 录

中世纪的现实性与距离感
　——读蒂尔尼、佩因特的《西欧中世纪史》 1
第六版说明 1
前　言 1

导　论 1

第一篇　西方历史的创立

第一章　欧洲：疆域与民族 7
　1. 疆域、气候、农作物 7
　2. 居民：早期的欧洲人 10

第二篇　罗马人、基督徒、蛮人：
　　　　　古代世界的变迁

第二章　罗马帝国 17
　3. 罗马：衰落中的文明 17
　4. 戴克里先与君士坦丁的改革 22
　5. 经济、社会与文化生活 26

第三章　基督教 33
　6. 希腊化时代的文化与基督教 33
　7. 基督教与罗马国家 41
　8. 教父时代——哲罗姆、安布罗斯、奥古斯丁 45
　9. 罗马教廷的领导地位：西尔威斯特至利奥一世 51
　10. 早期修道主义 55

第四章　蛮　族 60
　11. 日耳曼民族 60
　12. 蛮族入侵 64

13. 日耳曼人的继承者国家：高卢、意大利与西班牙　69

第三篇　欧洲的出现

第五章　拜占庭、法兰克高卢与罗马　83
14. 拜占庭文明　83
15. 法兰克王国　91
16. 罗马教会　101

第六章　8世纪的危机　108
17. 修道院制度与传教会：北部罗马基督教　108
18. 伊斯兰：一种新的文明　118
19. 拜占庭破坏圣像运动：法兰克—罗马教皇联盟　124

第七章　早期的欧洲　131
20. 查理曼帝国　131
21. 加洛林王朝的文化　137
22. 受围困的西方：马扎尔人、穆斯林与维金人的入侵　142

第四篇　中世纪早期的欧洲：一个新的社会

第八章　封建世界　155
23. 起源　155
24. 社会的纽带　159
25. 封建无政府与封建秩序　163
26. 领主与贵妇：封建家庭　166

第九章　农业与农村社会　173
27. 农民的生活与农村经济　173
28. 领主和农民：中世纪的庄园　176
29. 人口增长与耕地扩大　181

第十章　中世纪早期的政府　185
30. 法兰西：早期卡佩王朝诸王　185

31. 英格兰的萨克森人与诺曼人 190
32. 中世纪帝国 199

第十一章 教会的改革 209
33. 分裂与改革 209
34. 从改革到革命 214
35. 余波 221

第十二章 欧洲及其邻居 226
36. 欧洲的边疆:基督教的传播 226
37. 拜占庭:伟大与衰落 232
38. 伊斯兰世界 236

第五篇 全盛的 12 世纪

第十三章 欧洲的扩张:第一次十字军运动 245
39. 西班牙与西西里 245
40. 拜占庭、伊斯兰与第一次十字军东征 250
41. 十字军参加者及其国家(1099—1204 年) 255

第十四章 经济复兴与社会变化 264
42. 商业的恢复 264
43. 城市与行会 268
44. 社会与经济状态 273
45. 农民的生活 277
46. 骑士精神:一种新的社会准则 283

第十五章 宗教与学术 289
47. 新的修会:明谷的伯尔纳 289
48. 主教座堂学校:安塞姆、阿伯拉尔与
    彼得·伦巴第 295
49. 法律的恢复 302

第十六章 封建君主政治:帝国与教廷 310
50. 英格兰:诺曼人与金雀花王朝 310

51. 法兰西：从腓力一世到腓力·奥古斯都　320

52. 帝国与教廷　325

第六篇　中世纪文明的收获

第十七章　教皇权力和宗教异端　335

53. 教皇英诺森三世　335

54. 阿尔比派异端与韦尔多派异端　342

55. 异端与宗教裁判所　347

56. 方济各会与多明我会　349

57. 基督教社会中的犹太人　355

第十八章　中世纪政府的发展　363

58. 霍亨施陶芬帝国　363

59. 地中海：西班牙与西西里　368

60. 法兰西：王室权力的增长　371

61. 英格兰：君主立宪制的发展　376

62. 代议制政府：观念与组织机构　381

第十九章　思想界　390

63. 最早的大学　390

64. 穆斯林与犹太教思想：亚里士多德的再现　396

65. 中世纪的科学与技术　399

66. 哲学与神学：托马斯·阿奎那　403

第二十章　建筑、艺术与文学　411

67. 罗马风格的文化：建筑与礼拜仪式　411

68. 哥特式大教堂　416

69. 拉丁文学　428

70. 但丁以前的方言文学　432

第七篇　危机中的中世纪世界

第二十一章　苦难世纪　445

71. 中世纪文明的问题：思想、社会、经济与政治　445

72. 人口与气候　448

73. 黑死病　451

第二十二章　教皇领导地位的衰落　455

74. 教皇与中世纪的政治　455

75. 教会与国家的冲突(1295—1350 年)　459

76. 教皇制度的批评者:世俗主义者与神秘主义者　465

第二十三章　百年战争:14 世纪的战役　472

77. 背景　472

78. 爱德华三世的征战　476

79. 法兰西的复兴　482

第二十四章　中世纪后期政治:百年分裂　487

80. 英格兰与后期金雀花王朝　487

81. 瓦卢瓦家族统治下的法兰西　495

82. 教皇制:集权与分裂　499

83. 帝国的残留:意大利与日耳曼　505

第二十五章　社会、经济与文化　513

84. 乡村生活与农民暴动　513

85. 城市与贸易　520

86. 艺术与文学　523

第八篇　从中世纪到近代欧洲

第二十六章　百年战争的结束　535

87. 英格兰攻打法兰西　535

88. 圣女贞德与法兰西的胜利　538

89. 中世纪后期的作战方式　542

第二十七章　大分裂的结束　546

90. 大公会议派、威克里夫与胡斯　546

91. 康斯坦茨大公会议　550

92. 教皇的胜利　554

第二十八章　民族君主政体的发展　559
　　93. 法兰西和勃艮第　559
　　94. 哈布斯堡帝国　563
　　95. 英格兰的玫瑰战争　565
　　96. 近代欧洲的开端　570

尾　声　575
　　97. 中世纪的成就　575

附　录　中世纪教皇与王朝世系表　577
　　表1　中世纪教皇　577
　　表2　查理曼王朝世系表　579
　　表3　卡佩王朝世系表　580
　　表4　日耳曼王国萨克森与萨利安王朝世系表　581
　　表5　英格兰诺曼王朝与金雀花王朝世系表　582
　　表6　霍亨施陶芬王室及其对手　583
　　表7　英格兰金雀花王朝晚期世系表　584
　　表8　法兰西瓦卢瓦王朝世系表　585
　　表9　卢森堡、哈布斯堡与威德巴赫帝国世系表　586
　　表10　10—13世纪西班牙国王世系表　587
　　表11　中世纪晚期西班牙国王世系表　588

索　引　589

出版后记　638

地图目录

地图 1.1　欧洲与北非的自然特点　9
地图 1.2　罗马帝国(约 395 年)　24
地图 4.1　蛮族王国(约 500 年)　71
地图 5.1　查士丁尼死后的帝国与西部诸王国　85
地图 6.1　盎格鲁—撒克逊人的英格兰与爱尔兰，
　　　　　以及盎格鲁—撒克逊人的文化中心　117
地图 6.2　伊斯兰势力的扩张(至 750 年)　120
地图 7.1　加洛林帝国　134
地图 7.2　凡尔登条约(843 年)　147
地图 7.3　9 世纪与 10 世纪的入侵　148
地图 10.1　腓力一世统治时期的法兰西(1060—1108 年)　189
地图 10.2　萨克森的英格兰(约 885 年)　191
地图 10.3　被诺曼人征服后的英格兰　196
地图 10.4　奥托帝国(约 960 年)　202
地图 12.1　基督教的扩张　228
地图 13.1　地中海西部(约 1140 年)　248
地图 13.2　第一次十字军东征与拜占庭帝国　256
地图 14.1　12 世纪、13 世纪的商路　265
地图 16.1　安茹帝国与法兰西(1189 年)　314
地图 16.2　腓特烈·巴巴罗萨帝国　330
地图 18.1　1250 年的欧洲　364
地图 18.2　西班牙与意大利(约 1300 年)　370
地图 18.3　法兰西王室领地(约 1300 年)　373
地图 23.1　百年战争(1360 年)　483
地图 24.1　日耳曼(约 1356 年)　507
地图 26.1　百年战争(1428 年)　537
地图 28.1　欧洲(约 1475 年)　568

导 论

学习中世纪史有两个理由。其一,因为中世纪史本身的价值。人们学习了解中世纪文明,因为它真正地令人神往。其二,因为探索中世纪的起源,人们能够深入地学习和了解我们的近代世界。

虽然这些话已是老生常谈,但却并非向来如此。当爱德华·吉本(Edward Gibbon)在18世纪撰写其巨著《罗马帝国衰亡史》(The Decline and Fall of the Roman Empire)时,他把中世纪时期的历史看成是一部衰亡与没落的阴暗历史,对他来说,这样做似乎是很自然的。同样,一个世纪后,当雅各布·布克哈特(Jacob Burckhardt)写作《意大利文艺复兴时期的文化》(The Civilization of the Renaissance in Italy)时,他认为,只有在文艺复兴时代的人们遗弃中世纪时,近代个人、近代国家和近代文明的出现才成为可能,而他所见的中世纪是一个充满"信仰、幻想与幼稚偏见"的时代。在这些较陈旧的观点中,西罗马帝国的崩溃,标志着文明进步的一种重大挫折,而古典文化在15世纪的恢复又是一种引人注目的进步。而存在于两者之间停滞不前的中古时代,则以哥特式的朦胧阴影、野蛮状态、暴力以及僧侣般的迷信为特点,延续了一千年之久。

这种历史观包含着两个前提。第一个前提是,中古时代的文化远低于古代世界或者近代世界的文化。第二个前提是,近代文明是直接渊源于古典文化的根基,而中世纪世界的生活基本上是近代社会成长过程中的一个脱轨和错乱的阶段。

这第一个前提是相当天真的,对任何一个20世纪的人来说,当他着眼于中世纪的大教堂,或者聆听中世纪的音乐,或者朗读但丁(Dante)和乔叟(Chaucer)的诗歌之时事实已不证自明。50年前,作为一种回应和修正,一个"黄金时代的中世纪"的神话开始流传起来。这又是矫枉过正,把事情过于简单化了。或许换句话说,一种与那些其他文化相比的中世纪文明的艺术成就的评价,在颇大程度上只是一桩个人主观爱好的事情。有些人会一直喜欢沙特尔(Chartres)的大教堂,而有些人喜欢帕特农(Parthenon)神殿。然而在另一方面,历史分期问题是一桩用理性分析的事,根据新近的研究来看,那种以为中世纪文明仅仅是近代西方发展中的一个脱轨阶段的观点,则似乎是越来越站不住脚了。

任何一个学生,欲求了解中世纪,都必须面对分期这个问题。它不仅对专业学者来说是个技术性问题,而且还涉及我们如何处理时间这样的大问题,以及我们从何处去寻求才有助于我们了解近代世界传统。因此,许多相互关联的问题都必须要加以考虑。如古代文明终于何时?中世纪始于何时?回答这类问题的标准又是什么？西方世界何时开始发展一种与众不同的宗教传统？西方人是何时以及如何来设计政府机构的？为什么西方制度与古代世界和拜占庭以及伊斯兰体系的政府机构极为不同？西方何时开始在技术上处于领先地位？如果是这样，则在近代世界中的所有这些领域中有哪些事物是中世纪成就的延续？欲想回答这些问题，不可避免地会导致另一个分期问题。亦即中世纪是在何时结束的？宗教改革运动与科学革命果真摒弃中世纪的思想方式，创造了一个新的世界吗？或者说这样一些运动只有被看成是中世纪数百年发展的最终产物，才可能得到理解？未来文明的史学家们，以一种新的观点来回顾他们的以往岁月，会不会以为，20世纪的人至今仍然生活在"中世纪"里呢？

我们在此只能对上述这些问题提供一种方法。从一个中世纪学者的观点来看，"罗马帝国的衰亡"不仅仅可以被视为一种古代文明的终结，而且还可以被视为一种新文明的开端。基督教势力的高涨与蛮族在帝国西部诸省的定居，都给西方世界引进了一种新的动力。诚然，根据几乎所有的传统标准来判断，欧洲文化在罗马帝国衰亡后的紧接着的几个世纪里（与先前时期相比），是处于极低点的状态。对绝大多数人来说，生活是残酷的、短暂的。除了少数教士外，几乎所有的西欧人民都是文盲。战争连绵不断。然而，纵使在这种艰难的、野蛮的、有各种过失存在的社会中，仍孕育着一股无穷的伟大潜力，比起它所取代的缺乏独创性的后期古典文明来，更能发展，也更能适应变化。

在中世纪早期，古典文化、基督文化与蛮族文化经由缓慢而痛苦的融合，形成了一种新文明的源泉。在11世纪与12世纪，一种新的、独特的西方文化开始萌芽。从此，西方社会历经了一个连续不断变化的过程，而且实际上，变化速度不断加速；但是自12世纪以来，没有发生突然停滞不前的现象，没有再全面倒退至野蛮状态中去，也没有发生方向性的变化。15世纪、16世纪——亦即文艺复兴与宗教改革运动时代，实际上是一个取得辉煌成就的时代与大胆创新的时代，可是在这两个时代之前的12世纪与13世纪也曾有过这种情况。在中世纪后期与近代早期文明之间的连续性至少是与断裂性一样的显而易见。

总体而言，研究中世纪史应考虑到中世纪文明不是一种外来的文化，不是"出生"于一些遥远的时代，也不是又是在很久以前"消逝"的。我们确实早已远离我们12世纪的前辈们，这是由于8个世纪来的飞速变化使我们与他们分离。但是我们的文明，是从他们的文化之中成长而来的。这就是为什么对历史学家来说，研究中世纪史可以提供这样一种令人神往的挑战。对我们来说，中世纪文明并非如此陌生，以至于似乎是与我们毫不相干，不过中世纪人确实是与我们截然不同的，所以我们必须努力运用历史想象，怀抱同情的心理进入他们的生活与思维方式之中。绝大多数学者在如此做了以后，会发现是非常值得的。

进一步阅读书目

以下提供的是一些有关中世纪史的一般性著作。有关专门时期和专题的阅读书目列在各章的末端。这些书目是必读的。其中包括所有学生均需知道的一些较古老的古典著作,但一般来说,优先挑选较为新近出版的著述和平装版本的图书(即打 * 号的)。配合本书而发行的平装本《读本》和《资料》将列在各章阅读建议的前面。

书目——标准的欧洲中世纪史书目著作是,佩脱(J. L. Paetow)的《中世纪史研究指南》(*Guide to the Study of Medieval History*),修订版(纽约,1931),以及博伊斯(Gray C. Boyce)所增补的《1930—1975年中古史的著作》(*Literature of Medieval History, 1930-1975*),共五册(米尔伍德,纽约,1981)。最近的研究书目则参见利兹大学(Leeds University)的丛书《国际中古史书目》(*International Medieval Bibliography*)。

译著——关于中世纪著述的翻译,参见法勒(C. P. Farrar)和埃文斯(A. P. Evans)的《英译中世纪原始资料书目》(*Bibliography of English Translations from Medieval Sources*)(纽约,1946);弗格森(M. A. Ferguson)做了增补,即《1944—1963年的英译中世纪原始资料书目》(*Bibliography of English Translations from Medieval Sources, 1944-1963*)(纽约,1973)。有两部翻译丛书特别有用,它们是《哥伦比亚文明、原始资料和研究汇编》(*Columbia Records of Civilization, Sources and Studies*)和《纳尔逊的中世纪古典名著》(*Nelson's Medieval Classics*)。还可以利用教会神父们的译作,它们是较老的《尼西亚大公会议及其之后的教父文选》(*Select Library of Nicene and Post-Nicene Fathers*),或者参看两部当代丛书,《古代基督教作家》(*Ancient Christian Writers*)和《教会神父》(*The Fathers of the Church*)。

地图集——谢泼德(W. R. Shepherd)的《历史地图》(*Historical Atlas*),第九版(纽约,1964),以及巴勒克拉夫(G. Barraclough)的《泰晤士世界史地图集》(*The Times Atlas of World History*)(伦敦,1979),是特别有用的。其他好的地图集是 * 福克斯(E. W. Fox)的《欧洲史地图集》(*Atlas of European History*)(纽约,1957);* 麦克伊沃迪(C. McEvedy)的《企鹅中世纪史地图集》(*Penguin Atlas of Medieval History*)(巴尔的摩,1961);麦凯(A. McKay)与迪奇伯恩(D. Ditchburn)的《中世纪欧洲地图集》(*Atlas of Medieval Europe*)(伦敦,1997)。

通史——从整体上看,篇幅最大,叙述详尽的当数伯里(J. B. Bury)等人合编的《剑桥中世纪史》(*The Cambridge Medieval History*),共八卷(剑桥,1911—1936)。两卷本的《新编剑桥中世纪史》(700—900)(*The New Cambridge Medieval History, 700-900*)于1995年问世。* 海依(D. Hay)编的《欧洲通史》(*A General History of Europe*)(纽约,1966)是另一种非常好的通史,其中有关中古史的部分有四册。另一值得参考的著作是斯特雷耶(J. R. Strayer)的《中世纪辞典》(*Dictionary of the Middle Ages*),共十三册(纽约,1982—1989)。关于经济史,参见波斯坦(M. M. Postan)、哈巴卡克(H. J. Habakkuk)合编的《剑桥经济史》(*The Cambridge Economic History*),第一卷至第二卷(剑桥,1966)。有用的教会史有,拉图雷特(K. S. Latourette)的《基督教史》(*A History of Christianity*)(纽约,1953);休斯(P. Hughes)的《教会史》(*A History of Church*),共三卷(纽约,1935—1947);以及杰丁(H. Jedin)和多兰(J. Dolan)的《教会史手册》(*Handbook of Church History*)第一卷至第四卷(纽约,1965—1980)。出色的宗教史百科

全书有,《新天主教百科全书》(*The New Catholic Encyclopedia*)(纽约,1967—1974);《伊斯兰百科全书》(*Encyclopedia of Islam*)(莱顿,1960—1961),《犹太教百科全书》(*The Jewish Encyclopedia*)(纽约,1901—1906),以及《犹太民族百科全书》(*Encyclopedia Judaica*)(纽约,1971—1972)。关于教会的教义,参见 J. 佩利坎(J. Pelikan)《基督教传统:教义发展史》(*The Christian Tradition:A History of the Development of Doctrine*),共五卷(芝加哥,1971—1986)。标准的大部头政治思想著作是 R. W. 卡莱尔(R. W. Carlyle)和 A. J. 卡莱尔(A. J. Carlyle)的《西方中世纪政治理论史》(*A History of Medieval Political Theory in the West*),共六卷(伦敦,1903—1936)。至于单册的出色著作是伯恩斯(J. H. Burns)的《剑桥中古政治思想史》(*The Cambridge History of Medieval Political Thought*)(剑桥,1988)。详尽的中世纪哲学和科学概览是由伍尔夫(M. de Wulf)提供的《中世纪哲学史》(*History of Medieval Philosophy*),共三卷(纽约,1925—1953);阿姆斯特朗(A. H. Armstrong)编《剑桥希腊晚期与中世纪早期哲学史》(*The Cambridge History of Later Greek and Early Medieval Philosophy*)(剑桥,1966);N. 克雷茨曼(N. Kretzmann)编《剑桥中世纪晚期哲学史》(*The Cambridge History of Later Medieval Philosophy*)(剑桥,1982);以及桑代克(I. Thorndike)的《神秘的和实验的科学史》(*History of Magic and Experimental Science*),共六卷(纽约,1923—1940);以及克龙比(A. C. Crombie)的《中古与近古的科学》(*Medieval and Early Modern Science*),共二册(纽约,1959)。有关于中世纪妇女研究的介绍,请参见＊斯图尔德(S. M. Stuard)的《中古史和历史编纂中的妇女》(*Women in Medieval History and Historiography*)(费城,1987);罗森塔尔(J. T. Rosenthal)编《中世纪妇女与中世纪史史料》(*Medieval Women and the Sources of Medieval History*)(雅典,1990);更多的文献,参见埃乔尔斯(A. Echols)与威廉斯(M. Williams)《详注中世纪妇女研究索引》(*An Annotated Index of Medieval Women*)(牛津,1992)。埃文斯(Joan Evans)的《中古的繁盛》(*The Flowering of the Middle Ages*)(伦敦,1966),是一部图文并茂的介绍中世纪文明的出色作品。

第一篇

西方历史的创立

Foundations of Western History

第一章 欧洲：疆域与民族

从某个角度来说,整个历史就是一部人类与自然环境之间相互作用的历史。当人类学者论述原始的、孤立的社会时,他们往往会在自然条件和物质文化之间建立一种相当简单的关系,继而展示出物质文化如何形塑了社会、宗教和政治行为的复杂结构。研究中世纪欧洲的历史学家们的任务则完全不同,他们要论述分居在各式各样的地带,生活在不同气候条件下的许多民族。对他们来说,主要的问题是解释从这些不同的来源中如何逐渐形成了一种单一的文化。当然,像人类学家一样,历史学家也得从最基本的事实——疆域与民族——开始。

1. 疆域、气候、农作物

整个西欧形成一个半岛,由欧亚大陆板块向外突出,地中海、大西洋和北海环绕之。其东部朝大陆的疆界却没有大的自然疆界为之屏障。在史前时代(及以后的很长时间),入侵者由俄罗斯南部大草原和中亚大平原向西迁移,接连不断的入侵浪潮使得这整个地区成为殖民地。欧洲最明显的地理分界是在地中海海盆和北部陆地之间。这两部分地区被几条高山山脉——比利牛斯山脉(Pyrenees)、阿尔卑斯山脉(Alps)及再往东的喀尔巴阡山脉(Carpathians)——分隔开来。然而,在法国南部的比利牛斯山脉和阿尔卑斯山脉之间存在着一个隘口。在那里,罗讷(Rhone)河谷给企图朝北扩张的地中海列强,或企图挤到地中海来的北方侵略者提供了一条明显的通路。

地中海一带的大部分地区,山脉或沙漠地带紧靠海岸,仅给居民留下了一块比较狭窄的肥沃海岸地。大部分海岸呈现纵深的犬齿状,提供了许多良港。从这些条件中发展起来的早期社会的典型形式是城邦(city-state),即城市居留地,它一般都临近海边,统治着方圆约10里到20里的地区。城市居民通常都在邻近拥有土地,靠其资源生存,并辅之以渔业和贸易(或海盗)。

极少数可通航的河流泻入地中海,其另一头通向内地,使内地得到开发(尼罗河[Nile]是一个显著的例外)。但是,地中海与汹涌的大西洋比较起来,在夏季,水面更平静,古时的人们更容易乘坐帆船或单层甲板大帆船横渡。沿海城市常常觉得彼此间的通信和贸易距离虽远,却比跟近在咫尺的内地人民通信和贸易更容易些。作为贸易中心或者行政首府而变得兴旺的城市,逐渐成为大中心或人口密集地。雅典(Athens)在公元前第一个千年的中叶曾拥有人口超过十万,罗马在其鼎盛时期也许有百万人左右。

地中海人民生活的特点始终受该地区的气候和土壤的影响。在古代,冬天寒冷潮湿,夏天干热,情况与现在一样。事实上,由于全部雨水都在冬季降落,城市中的大部分日常生活都在室外,在温暖的、长达数月的夏季中度过。集市场所不仅是商业贸易的中心,而且也是社会活动和政治集会的中心。

地中海地区的土质大部分是又松又干——当然富饶的尼罗河三角洲冲积平原仍然是个例外——然而这层土维持了自然植物的生长,包括矮松树、矮棕榈、灌木丛及各类草丛(现在经常碰到的仙人掌是后来从美洲输入的)。适用于建筑的硬木树只在高山区生长。在古希腊已有对木材短缺的抱怨,所以那时主要用砖块或石头筑房。

木材的短缺或许会造成另一个后果。对有限的林区资源的需求往往引起对山坡的滥伐,这又导致雨水更快地流泻,产生了泥土侵蚀的问题。柏拉图(Plato)曾评论说——虽然有些夸张——他生活时代的希腊只是一座山架,土壤都已流失掉了。事实上,希腊的自然资源并不富裕,地中海沿海其他地区拥有更广大的耕地。在那里松软的泥土肥沃而易耕作,很适宜种大麦和小麦,这些是这一地区的主食。因为夏季干旱,所以冬春两季是主要的生长季节。谷物秋季播下种子,翌年初夏收割完毕。炎热季节,牧场枯萎,畜牧群只得移到山区牧草地,在那里融化的积雪提供了鲜嫩的青草。绵羊、山羊比牛群更容易饲养。

地中海地区的农业有着自己特殊的问题和机遇,问题是怎样防止土壤流失,保存地下水分。这些问题可经由水利灌溉、严格的梯田安排、经常性的土地休耕而解决。一直到罗马帝国后期,那里气候稳定、泥土肥沃,适合大面积种植粮食作物,以提供给不断增长的城市人口。除了谷物以外,十分适宜于这种泥土和气候的作物是葡萄树和橄榄树。这些树把它们的根深深扎入地下去汲取不充足的水分,历经炎夏,却郁郁葱葱。葡萄酒和橄榄油是地中海地区人民日常的主要食品。

阿尔卑斯山脉的北部,地形土质和气候截然不同,导致了不同模式的居留地和不同类型的农业活动。一块大平原起于北海向东延伸,跨过德意志到俄罗斯大草原,再向南延伸到比利牛斯山脉及法国的地中海沿岸。大平原又并非全是平地,也有石灰石山丘、山地高原,偶尔也有相对较低山脉的露头岩石。山丘中间流淌着一系列的大河流,为人类的移居提供了方便的航线,它们是卢瓦尔河(Loire)、塞纳河(Seine)、莱茵河(Rhine)、易北河(Elbe)及奥得河(Oder)。

泥土结构各式各样,在石灰岩高地上,一般都是松散、易耕的泥土。在低洼地区,整片的白土掺杂着大量的"黄土",这些黄土松而肥,特别适于耕作。河谷提供了潜在的富饶的淤积土,但需要认真排水后才适宜农作物的播种。通常,那里的气候比地中海地区要冷得多,潮湿得多,尤其在降雨的形式上不同:在北

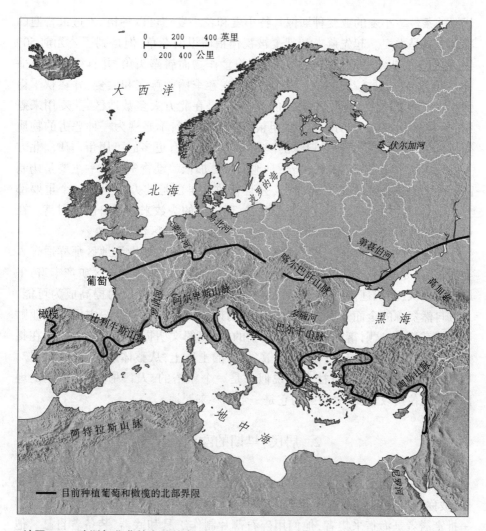

地图1.1 欧洲与北非的自然特点

方,一年四季都降雨,相对充沛的夏季雨水既影响着自然植物也影响农业的技术。

在史前时代晚期,西欧的大部分地区覆盖着浓密的落叶森林,主要是橡树、榆树和山毛榉。在更往北往东的地区,是常青树与宽叶树的混合林,这混合林延伸到瑞典北方的冻土地带及俄罗斯的草原地带。从新石器时代开始耕作,先在林间空地;自青铜与铁器传入后,又在用"刀耕火种"法清理的土地上耕种。在这种情形下,新拓居地只能是小规模的——孤零零的农场或小村庄,仅有十几户人家,居住在用木料与泥土搭成的屋子里。

在地中海一带的土地上,小麦并不那么容易获得丰收,它的耕作需要特别优厚的条件。小麦的亚变种斯佩耳特小麦和粒小麦却可以种植,不过最普遍的粮食作物是大麦。起先燕麦和裸麦被视作粮田里的杂草,但是到了公元前500年,它们作为非常适应北方气候的耐寒粮食作物而崭露头角,并且得到广泛播种。湿润的夏季是较长的生长季节,可以在春季播种燕麦和大麦,并在秋季得到收获。燕麦被广泛地用作动物的饲料,但是在北方大多数地区,燕麦用来煮粥,成为人的食物。北方地区对"粗粮"的普遍依赖,不必视为一种恶劣的物质生活;对小麦的偏爱主要是口味的问题——燕麦含有更多的可用蛋白质。北方人因缺乏地中海区域的橄榄油,于是他们就更加依赖动物资源——主要是奶制品——来提供饮食中的必需脂肪,并且畜牧业早已是北方农业的一个重要部分。铁器时代的首领们不仅以黄金数量,还以牛的头数来计量自己的财富。在最北方的地区,畜牧业支配着农业;渔业在所有沿海地区都很重要。

起先,寒冷、潮湿的气候和稠密的森林使北方不像地中海地区那样适合人类居住,但是最终,欧洲北部将成为一块富裕、兴旺的地区。山区矿产丰富;平原土壤肥沃,面积辽阔;春天播种的时机终于使农作物产量的提高成为可能。北方自然资源的全面开发仅始于中世纪初期,自那以后,中世纪农民的农业财富能够有积余,这财富为一种朝气蓬勃的、成熟的文明提供了基础。但是在整个古典时代,北欧的农业只限于松散、易耕的土质上,从整体来看,北方世界对更富裕、更发达的地中海社会来说似乎是一个粗俗的、人口稀少的、穷困的地区。其地位所以重要,只是因为它是一个原料来源地。

2. 居民:早期的欧洲人

居住在欧洲最早的人类是尼安德特人(Neanderthal)。我们人类——很奇怪,被称为"Homo Sapiens"(智人)——在约30000年以前就出现在那儿了。第一批定居者是渔猎采集者,他们用碎石薄片制作工具和武器,装备着自己。他们那栩栩如生、声势浩大的捕猎壁画,与在法国南部拉斯卡斯(Lascaux)幸存下来的洞穴壁画一样,作于约公元前25000年,当第四纪冰期的冰川退去后(约公元前8000年),使用制作漂亮的磨石器和装饰陶器的新石器文化传遍了西欧。欧洲农业的起源来自于希腊和巴尔干半岛(Balkans)各国(公元前7000年),尔后农业从这儿渐渐向西传播。伴随着农业而产生的是繁复的仪式,巴尔干半岛早期遗址出土的泥塑像使人联想到了大地之母女神的偶像。很多年以后,大概在公元前3000年左右,经过仔细布置朝向正东的大石柱(menhirs,史前期遗留下来的粗石巨柱)——最出名的是位于英格兰索尔兹伯里(Salisbury)的史前巨石群——表明了太阳崇拜的传播。考古学家主要是根据调查特定种类陶器的散布而找出涌向西欧的不同移民潮流。很多东西还搞不清楚,但是起码有一点似乎很明确,那就是主要的移民来自于中亚,另外有一些是从北非移居到西班牙、法国南部和意大利的。

大约从公元前2000年起,整个西欧逐渐被操印欧语系的、青铜器时代的人所占据。语言的相近并不能证明这些人来自于同一地方,但是地质学家和语言学家更通常地发觉这些人的故土,是在俄罗斯南部的高加索(Caucasus)地区(他们也从那儿向东、向南迁移,把印欧语言结构带到了印度和伊朗)。到公元前1000年,最北方的讲印欧语言的人即日耳曼人的祖先们,占据着瑞典南部、丹麦、波罗的海(Baltic)南部沿海地区,我们将在以后论述他们的迁移。讲斯拉夫语言的人居住在波兰和乌克兰的平原上。但是这些早期的北方民族当中分布最广的是凯尔特人(Celts)——一个好战的民族,他们比邻邦们要早一些掌握青铜器,然后是铁器的制作技术。现在凯尔特语和凯尔特文化只幸存于布列塔尼(Brittany)、威士、爱尔兰和苏格兰等"西部边缘地区",但是在凯尔特人势力的鼎盛时期,他们却统治着从不列颠到黑海(Black Sea)的辽阔区域。

这些凯尔特人起源于德国南部,在公元前2000年的青铜器时代开始扩展。有两件与凯尔特人有关的铁器时代初期的文物,一件来自于奥地利的考古遗址,叫作霍尔斯塔特(Hallstat)文化(公元前7世纪),另一件来自瑞士的一个遗址,叫作拉登(La Tène)文化(公元前5世纪)。凯尔特人的最后一次大迁移把拉登文化由法国带入不列颠、西班牙及意大利北部。

起先,凯尔特人以征服者的姿态统治着被他们所占领的土地上的早期居民,后来与他们相混合并普遍地强行使用凯尔特人自己的语言。比如在西班牙,他们与当地的伊比利亚人(Iberian)居民混合在一起,形成了一个讲凯尔特语的民族,后来罗马人称这个民族为凯尔特伊比利亚人(在西欧唯一保留至今,仍使用未被凯尔特语同化之前语言的地区是在比利牛斯山脉的巴斯克[Basque]地区)。凯尔特人一般生活在有堡垒的山村中,受当地国王管辖,由勇士贵族和广大农民、工匠等下属来供养。他们的传奇故事,几世纪以后才有记载,讲述了有关神、英雄、武士的勇猛及个人荣誉的故事。这些东西不免使我们想起了荷马(Homer)时代的希腊。但是凯尔特人的视觉艺术——主要是通过饮具和武器上的装饰品而加以流传——与希腊人的艺术发展又不一样。它的艺术感染力与其说是来源于对大自然的描述(此为地中海地区艺术的典型),倒不如说是衍生于抽象线状图案。

在凯尔特人向北欧扩展其势力时,其他民族移入了地中海地区。使用早期拉丁语和其他意大利语族语言的部落,即罗马人的祖先们,渗透到了巴尔干半岛及台伯河的南部定居下来。埃特鲁斯坎人(Etruscans),一个具有近东血缘关系的民族——大概是来自小亚细亚的入侵者——占据着意大利中部地区;他们那无法解读的语言仍然是传统考古学的诸多大奥秘之一。大概在公元前400

年以后,埃特鲁斯坎人的北部到处是凯尔特人(公元前390年,凯尔特人的军团攻陷了罗马)。

巴尔干地区被色雷斯人(Thracians)和伊利里亚人(Illyrians)占领了(他们的语言可能是现代阿尔巴尼亚语的先祖)。对西方文化的前途来说,最重要的是古希腊人移居希腊,并在整个爱琴海(Aegean)一带定居。所以在公元前第一个千年中,小亚细亚沿岸,在文化上变得和希腊本土一样完全希腊化了。《荷马史诗》,这部希腊语言中幸存下来的最主要的作品,以早期吟唱传统为基础,大约写于公元前8世纪。结果,古希腊灿烂的城邦文化产生了有关文学、艺术、哲学和政治理论等第一流佳作,这些作品成为了西方传统中的永恒。

地中海的东海岸和南海岸居住着不同语言群的民族——在地中海东部和爱琴海沿岸地区和岛屿及阿拉伯半岛上是闪米特人(Semitic),埃及和北非是含米特族人(Hamitic)。早在古希腊人移入希腊半岛之前,在埃及和近东地区已有伟大的古代文明存在。他们的艺术、宗教和数学技术都对日后古希腊文化的形成有贡献。而且,在《荷马史诗》形成之际,犹太人已经在巴勒斯坦找到了应许之地;但在那时,对更强大的邻邦们来说,他们似乎只是个对神具有古怪兴趣的少数民族。

如果我们只考虑地理和气候,那么一个从斯堪的纳维亚半岛(Scandinavia)到西西里岛(Sicily)(但不包括非洲和近东)的唯一文化单元早就该存在了。一个十分明显的发展迹象或许是单一的地中海文明的出现,它与寒冷的、野蛮的北方世界分隔开来;好多世纪以来,许多事件似乎在朝这个方向发展。我们很容易把地中海视作一条边界线,把"欧洲"与截然不同的"非洲"大陆相隔开;但是在古时候,地中海似乎更像一条交通干线,把彼此有许多共同之处的民族连接在一起,尽管他们的血统不一样。苏格拉底(Scorates)曾经说过,"我们生活在海边犹如青蛙生活在池塘边",甚至在他以前,地中海就被许多城邦包围,城邦之间通过贸易和文化交往而相互接触。在公元前500年以前,希腊人迫于人口增长,曾派遣殖民团到黑海附近和地中海北岸一带去建立新城市。希腊殖民地建立在西西里岛和意大利南部,在地中海法国沿岸的马森利亚(Massilia,今马赛),及遥远的西班牙西部。在这同时,腓尼基人(Phoenicians)以地中海东部及爱琴海沿岸地区和岛屿为基地,也正向地中海南岸殖民。他们许多早期殖民地之一的迦太基(Carthage)以本身的力量,成了一个强国。以后,迦太基,或黎凡特(地中海东部及爱琴海沿岸地区和岛屿)直接在北非和西班牙南部建立了许多殖民地。

公元前4世纪,亚历山大大帝(Alexander the Great,死于公元前323年)的征服吞并了希腊和小亚细亚的独立城邦,把希腊文化一直传播到东方的阿富汗。亚历山大死后,其帝国分裂成许多独立王国,但是分散在世界各地的"希腊化"文化的轮廓仍然存在,它以普遍使用的希腊语为基础。希腊语在地中海地区的统治者、学者和商人之间广泛使用。哲学家们——伊壁鸠鲁派(Epicureans)、斯多噶派(Stoics)、新柏拉图主义者(Neoplatonists)——继承了希腊人的思想传统,为那些已被夺去舒适而紧密的社会生活的城邦人民指导方向。学者们研究了希腊古典作品,并且建立了许多图书馆。甚至连古老的埃及文明当时也受到了希腊王朝的管辖,从而使埃及亚历山大港变成了希腊化文化的主要中心地。然而,建立在埃及和地中海东部其他地区的君主专制制度——通常称之为"希腊化的王权"(Hellenistic Kingship)——并非出自于希腊,而是出自于亚历山大所征服的古代近东文明,在那里,统治者通常被尊奉为神。

罗马在当时是一个强国,它统治着这个政治上分裂而文化上具有同一性的社会。据传说,罗马建于公元前753年,但所有以后在原址上发展为城市的村落,在当时都只是散居的村庄,即坐落在俯瞰台伯河(Tiber)的七座山丘上的大批棚屋。在公元前6世纪,在埃特鲁斯坎人诸国王统治下,罗马首次形成一个统一的城市。在公元前500年前后,罗马人赶走了这些早期的国王,成立了贵族共和国。起先,它只不过是一个比原先更小的城邦,像地中海一带几十个分散的其他城邦一样。然而,早期的罗马人表现了不同寻常的品质,如纪律、节俭、忍耐力和坚忍不拔的雄心壮志。罗马人的扩张始于公元前4世纪,征服了拉丁姆(Latium),它是台伯河南部的一个地区;到公元前3世纪,罗马人统治了整个意大利半岛。在这一时期,罗马的主要对手是非洲北部迦太基城的腓尼基人。经过对腓尼基人发动的一系列猛烈进攻以后,罗马人在公元前202年取得了决定性的胜利;这个胜利结束了"第二次迦太基战争"并使罗马成为主要强国。在以后的两个世纪里,得胜的军队使罗马的统治遍布了整个地中海地区。最后,在公元前后(约公元前50—约公元50年),罗马军团从高卢南部的根据地出发一直往北,征服了高卢北部和不列颠的凯尔特人的土地。

罗马人首次把北部欧洲的大片领土置于一个地中海强国的统治之下。中世纪世界从帝国的分解中形成了。纵览一下罗马文明,将对了解早期中世纪历史的发展过程,提供一些必要的背景情况。

进一步阅读书目

历史地理的最佳指南是庞兹(J. G. N. Pounds)的《欧洲历史地理,公元前450—公元1330年》(*An Historical Geography of Europe, 450 B. C. -A. D. 1330*)(剑桥,1973)。亦见史密斯(C. T. Smith)的《1800年以前的西欧历史地理》(*An Historical Geography of Western Europe before 1800*)(伦敦,1967),以及惠特尔西(D. Whittlesey)的《欧洲史的环境根基》(*Environmental Foundations of European History*)(纽约,1949)。关于史前的欧洲,参见 * 柴尔德(V. G. Childe)的《史前的欧洲社会》(*The Pre-history of European Society*)(巴尔的摩,1958);皮戈特

(S. Piggott)的《古代欧洲》(Ancient Europe)(芝加哥,1965);以及丹尼尔(G. Daniel)的《史前的概念》(The Idea of Prehistory)(巴尔的摩,1965)。关于日耳曼人,参见许茨(H. Schutz)《日耳曼欧洲史前史》(The Prehistory of Germanic Europe)(纽黑文,1983);以及托德(M. Todd)《北方蛮人,公元前100—公元300年》(Northern Barbarians, 100 B. C.-A. D. 300)(伦敦,1987)。介绍凯尔特人文化的,参见 * 查德威克(N. Chadwick)的《凯尔特人》(The Celts)(巴尔的摩,1970)。更详细的著作是 N. 查德威克和狄龙(M. Dillon)的《凯尔特王国》(The Celtic Realms)(纽约,1967),以及哈特(J. Hatt)的《凯尔特人与高卢—罗马人》(Celts and Gallo-Romans)(纽约,1970)。一部希腊化文化的综览是由 * 塔恩(W. W. Tarn)提供的《希腊化文明》(Hellenistic Civilization),第三版(纽约,1952)。又见格鲁特(M. Grant)《从亚历山大到克里奥帕特拉:希腊化世界》(From Alexander to Cleopatra: The Hellenistic World)(纽约,1982)。

第二篇

罗马人、基督徒、蛮人：
古代世界的变迁

Roman, Christian, Barbarian: The Ancient World Transformed

第二章 罗马帝国

通常称为中世纪的这段时期的西欧文明产生于一种大融合之中,即罗马帝国的典章制度、基督教的信仰及被罗马人称之为蛮族的各种相对原始的民族的文化的融合。由奥古斯都(Augustus,公元前31—公元14年在位)建立的罗马帝国的典章制度,到284年戴克里先(Diocletian,284—305年在位)成为皇帝时,已面目全非了。戴克里先和他的继承者君士坦丁(Constantine,306—337年在位)创立了一个新的帝国,与原来的帝国几乎毫无相同之处。正是这个日益受到基督教影响渗透的罗马帝国后期的文明,与蛮族人——主要是日耳曼人和凯尔特人——的文化合并起来,形成了早期的中世纪世界。在后面三章中,我们将考察这三种文化——古典的、基督教的和蛮族人的——并试图解释一些它们彼此间复杂互动的情况。

3. 罗马:衰落中的文明

公元2世纪,在罗马帝国的鼎盛时期,从不列颠北方的荒野之地到非洲的撒哈拉(Sahara)大沙漠边缘,皆属它的疆域。罗马帝国最北方的永久边界是庞大的有碉堡的长城,建于哈德良(Hadrian,117—138年在位)皇帝时期,用以保护罗马不列颠人民免遭加勒多尼亚(苏格兰旧名)的凯尔特部族的攻击。从北海到黑海,疆域大致以莱茵河和多瑙河(Danube)的流向为界;然后以一个大弧形占据了地中海地区,包括小亚细亚、叙利亚、巴勒斯坦、埃及以及非洲北部的沿海省份。实际上,罗马帝国是一个地中海国家,它最丰饶的行省围绕在地中海四周。扩展到北边的领土是最后被同化的地方,那里始终比较贫穷,人口稀少。

显然,这个罗马帝国与我们称之为欧洲的地理区域决不相等,那一区域在后来将成为西方文明的故乡。这个帝国包括了东部和南部的地中海的所有土地,而这些地方自7世纪以后就一直被穆斯林控制。斯堪的纳维亚半岛、爱尔兰及现代德国的大部分地区,还有德国东部斯拉夫人的地区,都不包括在内。因此历史学家的一个主要问题就是解释:作为一个与众不同的新文化单元,"欧洲"是如何从罗马帝国的废墟中脱颖而出的。

在开始时,我们可以注意到,帝国的东半部和西半部两者之间始终有显著的不同,甚至当它们被联合在同一个帝国政府之下时也是如此。罗马帝国的西半部是帝国中最拉丁化的地方,也是罗马文化最重要、最发达的地区。在高卢、西班牙、不列颠等地,罗马帝国建立了它的统治,这些地区以前没有发达的文明。罗马人在这些地区创立了都市文化中心,并在他们所建立的城市里复制了罗马的生活方式。这些省会城市装点着供奉罗马神的优美庙宇——在那里经常筑有用巨石建造的、供公开比赛之用的大竞技场,以及传授拉丁文学的学校。被征服民族的领袖们都普遍接受了罗马生活方式,逐渐把拉丁文化看作他们自己的传统。在高卢和西班牙,甚至连征服者的语言都受到了模仿,一种拉丁方言的粗俗形态的语言传及平民百姓。

对比之下,在帝国的东半部,罗马通过征服拥有比自己更古老、更完善文化传统的领土而得以扩展——如埃及、希腊的城邦和地中海东部地区。在那里,早在罗马征服以前几个世纪里,就渗透了希腊化文化。在帝国的东部,受过教育的上层阶级的共同语言是希腊语,而不是拉丁语。罗马把其文化强施于野蛮的西方;反过来,西方也从东方汲取许多东西,将其引入了自己的文化传统。希腊哲学及其艺术和文学都为罗马人提供了范例,并且罗马世界的宗教信仰几乎都源于地中海东部。在那里也建造了庞大的财富和人口中心,除了罗马本身以外,所有帝国最富庶的城市都在东方;而且这些城市并非仅仅是行政管理上的边区城镇(如西方通常的情况一样),而是更典型的、繁荣的商业中心。在公元2世纪,来自安条克(Antioch)和大马士革(Damascus)的商人们所从事的贸易活动扩展到帝国最边远的地方,并且越过边界到达印度,甚至到达中国。

整个领土的集合体由一位皇帝所统治,他具有专制权力并受到一批属于专业管理人员的官僚们的支持。为了达到地方管理的目的,帝国划分成许多个行省。东部的行省,在地理上通常与先存的、后来被征服和吞并的王国和国家相一致。在这些行省内,基本的管理单位是都市(civitas)或市(city)。允许都市(civitates)实施很大程度的自治,他们有自己的元老院,自己推选出来的地方行政官,通常还保有他们当地的神。帝国的特点是当其处于最强盛时,地方单位也显示出了巨大的生命力。在罗马世界的所有地方,富裕的臣民都迫切想晋升到市议会成员(curialis)的社会阶层中去,当地的统治团体中的人员就是从里面选拔出来的,为了荣誉和特权,他们愿意承担地方管理的任务。

这些城市铺设着发达的公路网,使彼此沟通连接;当有必要时,也供应水,由巨大的石头水槽输送。罗马人擅长于这一类的建筑工程。在较高级的美学方面的成就上,在哲学推理的深度上,他们始终不及希腊人,但是他们却很精通实用的东西。罗马造就出许多有才干的建筑师、杰出的管理人员,和一流的律师。她在这一幅员辽阔的土地上建立了和平与秩序,把这么多民族集中在一个单一的政府之下,这些成就是实际管理的一个大胜利;管理帝国生活的罗马法就是古典文明对中古和近代社会的最大遗产之一。

历史学家曾无休止地推测这个庞大帝国体制崩溃的原因。对那些企图解释帝国垮台的人来说,罗马所取得的伟大功绩始终对他们的想象力和理解力提

出了挑战。比如,爱德华·吉本在其论述罗马帝国灭亡的书中是用下列这些字句开头的:

> 在公元2世纪,罗马帝国占有地面上最美好的地方,拥有人类中最文明的成分。古老的荣光与勇武之气捍卫着君主国那广阔的疆界。法律与习俗之影响优雅而不失强力,逐渐巩固了各行省的统一。安居乐业的居民们享受着财富,任意挥霍,过着奢侈的生活。政治自由的形象被不失敬意地加以保存。

然而除了所有这些以外,即使罗马帝国成了所有美德的榜样——对这些美德,一个18世纪的古典崇拜者会很乐意去赞赏的——吉本仍然把后期罗马帝国的整个历史视作"没落和衰亡"的过程。

许多现代史学家对这个观点持有异议,他们更愿意写有关"罗马世界的变迁";倘若我们理解这一术语的所有内涵,那么它或许是对吉本的术语的一大改进。事实上确有两个变迁。3世纪的危机通向了内战和濒临崩溃的时期,尔后,在4世纪,一股强烈的复兴势力又把和平秩序带回了罗马世界。但是帝国在此重建过程中的确经历了此一变迁;这些变化包括一套新的政府机构,安排经济生活的新方法,然而,最重要的是采纳了一种新的宗教——基督教。5世纪又是一个彻底分裂的变化阶段;至5世纪末,西罗马帝国的所有行省都受到了入侵的蛮族人的进攻且被征服。如果要选择,我们宁可也称此过程为"变迁"而不是"衰亡"。当然,罗马帝国的影响不会完全消失的。东罗马帝国作为一个强大的独立国家而幸存下来;在西方,一个新的社会在逐渐形成,它的许多文化,尤其是宗教,来自于晚期的罗马世界。但是这样的理解不应该使我们低估了所发生的灾难性变化的性质。西罗马帝国的整个政治结构崩溃了,这种崩溃需要解释(中国人不得不和罗马人一样去处理同样的问题,可是他们的国家却没有以同样的方式崩溃)。西罗马帝国的垮台的确提出了一个严肃的问题,这个问题应该受到历史学家们所给予的全部注意。

无数的理由被提出来,用以解释罗马帝国的崩溃——道德腐败、经济衰落、内战、社会的不公正,还有铅质水管对居民的慢性毒害。尽管罗马帝国崩溃这个问题千真万确,但对它的许多辩论都是诡辩。也就是说,历史学家常常涉及罗马衰落的问题,力图确定一个唯一的、简单的原因,这个原因将解释崩溃的全部过程,而真正的问题将显示出扎根于罗马社会的无数有关衰亡的原因是怎样相互作用的,以导致古典文明的最终垮台。

吉本自己也认识到他所描绘的灿烂文明具有内在的不稳定性,并且当开始总结他本人对帝国没落原因的看法时,他写道:"我们对罗马帝国维持得这么长久感到相当惊奇,而不是调查它为什么会被毁灭。"事实上,吉本在上述引文中所赞扬的罗马文明的每一个方面,人们都可以另有评定,在里面找到的不是一种力量的源泉,而是未来衰弱的一个原因。

即使在2世纪,提供"勇武之气"来保卫边界也正变得越来越困难。在公元初,奥古斯都皇帝还能够扩充他的军队,兵源主要来自意大利,因为服役在当时被视作一项光荣的职业。每一个士兵成了一名罗马公民,并在服役期满时收到一块土地或一笔钱的赏赐,这些能使他作为一位受人尊敬的老兵过体面的生活。在2世纪,由于意大利人开始不愿去过艰苦的军队生活,因而使军队人员不足,用以保卫边疆的大批军人主要从边疆地区的罗马各省中招募。到了3世纪中期,甚至连罗马化了的当地人也招不足数;越来越多的军队由蛮族的勇士组成,在罗马指挥官手下作战。这样的军队对遥远的帝国政府几乎没有天生的忠诚。他们从来没见过罗马城或意大利。因为皇帝对他们来说往往只是一个名称而已,所以他们的忠诚开始集中在他们直接的指挥官身上。

吉本赞扬了共同的"法律和习俗"在统一方面的影响。从外表上看,共同文化对整个罗马帝国的发展确实是一项了不起的成就;但是这共同文化只不过是一种虚饰:它只影响到受过教育的少数人。一个埃及农民,一个凯尔特士兵,一个希腊工匠,他们没有共同的世界观,没有共同语言,没有共同信仰,没有共同的理想。最终证实,他们没有共同的利益。那些行省,一度被一张繁荣的商业网络编在一起;高卢和不列颠的矿产资源的开发,起先刺激了贸易的发展。然而,到了2世纪中叶,西部的行省发展了自己的制造业而开始自立。他们的剩余物资出口减少,需要的进口更少。其直接后果马上就在意大利本身的经济生活中反映出来:明显的经济衰退,它再也不能够轻而易举地为自己的产品找到有利的市场。帝国不同的地区,在其军事上变得自足的同时,经济上也逐渐自给自足起来。大规模的贸易活动仍然存在,但也存在一种经济停滞倾向。这种倾向如受到劳动力缺乏和通货膨胀危机的影响,就会很容易地转变成灾难性的萧条。3世纪,帝国同时遭遇了这两个问题。

当我们在考虑吉本对"财富和奢侈生活的有利之处"的评论时,不能忘了上述这一点。当然,罗马帝国只有极少数人能够享受这种好处,其原因并不仅仅是因为财富的分配极端不公平。在许多社会中,情况都是如此。在罗马帝国,由于根深蒂固的社会结构问题和人口变化,使得财富的分配不当情况更为糟糕。在罗马扩张初期,意大利还是一个自由农民的国家。然而,征服战争带来了大批的战俘奴隶,罗马世界的经济——农业的和工业的——逐渐依赖于对他们的劳动剥削。尽管小农场始终存在着,但是意大利农业生产的典型单位变成了大庄园或"种植园",这些庄园为罗马市场种植经济作物(主要是葡萄树和橄榄树)。这些庄园通常属于外住的地主,由大批奴隶在里面劳动;农民失业,只好涌向城市。

尽管奴隶制很可能触犯我们的道德感情,但是对这一制度的依赖在本质上并不能说明整个文明的崩溃。很显然,由奴隶劳动来完成社会工作并非不可能——只要有足够的奴隶。在罗马征服时期,每一次胜利的战役带来了成群的俘虏,补充了奴隶市场。但是自2世纪边疆稳定以后,便不再有胜仗,以补充战俘。奴隶劳动变得昂贵,而且劳动力补充的问题又因为人口的普遍下降而越发严重。在165年至180年之间,一种严重的流行病——可能是天花——流行于帝国,它是由从波斯边境回来的士兵传入的。3世纪又流行其他传染病,疟疾,以及沿着通往亚洲和非洲的贸易路线传入的其他疾病一并蔓延。比如麻疹,对那些没有产生自然免疫力的人来说,通常是致命的,而这种病最初只不过是传播给小儿的病症。罗马城的人口似乎在165年的流行病之前达到最高峰,而后下降。人口的下降意味着实际财富生产的下跌;在3世纪,尽管还有许多非常富裕的人,他们"享受财富,任意挥霍,过着奢侈的生活",然而,就其对资源的需求来说,帝国从本质上看已非真正的富裕了。

吉本告诉我们"政治自由的形象被不失敬意地加以保存",而事实上,不完善的政治体制是罗马政府不稳定的主要原因。如果有人想探索3世纪帝国崩溃的真正过程,这一政治上的弱点为人们提供了最合适的出发点。在公元前1世纪初,罗马政府的形式是共和政体,实际权力在罗马元老院手中,即在由最富有、最有影响的家族组成的贵族或寡头政治集团手中。这一体制被尤利乌斯·恺撒(Julius Caesar)所破坏,他在公元前49年发动了一次军事政变。公元前44年恺撒被谋杀,其后便是长期的权力斗争,一直到公元前30年恺撒的侄孙奥古斯都·恺撒(Augustus Caesar)成为唯一的统治者为止。在奥古斯都所做的政府宣传中,他把自己扮演成罗马共和政体的恢复者,并且在他的统治下,原来共和政体的官职被保持下来了,元老院继续行使其职。但是奥古斯都把许多权力集于一身,事实上,他拥有至高无上的权力,国内任何人都不能抗拒。作为"将军"(imperator),他是罗马军队的总司令。作为执政官(consul)和保民官(tribune),他掌握着国内最高管辖权。作为祭司长(pontifex maximus),他是国教的高级教士。从奥古斯都时代起,这一套权力集合体在皇帝间代代相传。

这一政体的根本弱点是缺乏任何立宪机构,以确保当一个皇帝驾崩时他的权力照章转交。帝国的政府机关既不是一个世袭的君主政体,也不是一个真正靠选举产生的管理机构。从96年至180年,从内尔瓦(Nerva)到马可·奥勒留(Marcus Aurelius),每个皇帝都选拔自己的继承人,任命他为核心人物(coregent),把他安置在具有无可置辩的权力地位上,使他将来的继任无可非议。一批伟大的统治者就是这样登上王位的,但是这一制度对正坐王位的皇帝来说,既需要非凡的识别力,也需要非同寻常的宽宏大量,自然不可能维持很久。180

年,当马可·奥勒留为其儿子康茂德(Commodus)提供继任权时,这一制度便告失败。事实证明他儿子极其堕落、无能。康茂德在192年被暗杀。从193年至211年,塞蒂米斯·塞维鲁(Septimius Severus),一个出生于非洲行省的士兵,维持了暴虐的军事统治。愤世嫉俗的箴言"关心士兵,藐视其余"被认为是他所发明的。

塞蒂米斯·塞维鲁死后,军人们控制着政局。他们任意设立和废除皇帝,改变对候选人的支持,以获得给他们更多酬金的许诺。任何一名边境指挥官,只要能说服他的军队在对意大利的进攻中支持他,就有希望成为一名皇帝。曾有多次,那些觊觎王位者向罗马发动突袭,其结果若不是杀死在位的皇帝,就是自己被打败然后被杀。不停的内战自然削弱了边疆的防卫。法兰克人的部落对莱茵河西部地区发动了攻击,哥特人聚集在多瑙河边境。战争逐步损害了罗马政府的财政结构,每一位新皇帝不得不向拥戴他执政的士兵们提供他们所索取的巨额贿赂或"捐款"——这样也并非不合理,因为他们的固定薪水通常都是拖欠的。当金库开始枯竭时,新皇帝便通过降低铸币的成色来补充新货币。最后,一种实质上毫无价值的镀银铜币取代了原来的纯银币(solidus),这一应急措施自然导致了一场灾难性的通货膨胀。

259年,当瓦莱利安(Valerian)皇帝在东部边界的一场战斗中被打败并且被波斯人俘虏时,皇帝的威望蒙上了一层奇耻大辱,波斯人极其蔑视他。在瓦莱利安死后,波斯国王剥掉他的皮,作为战争的一件残忍的纪念物。下一任皇帝,伽利努斯(Galienus),只是在意大利才能有效地行使他的权力。帝国的所有其他疆域都在敌对的王位觊觎者手中。大约就在这段时间,有近20个自封的所谓"皇帝"。每一位都统治着罗马帝国疆域的某一块地方。270年,一群日耳曼人跨过阿尔卑斯山脉的隘口,进入意大利北部,险些战胜奥勒留皇帝。在3世纪中叶,罗马帝国似乎陷入了地方上的内战和永久的失败之中。

4. 戴克里先与君士坦丁的改革

帝国的西部之所以能继续存在100多年,是因为戴克里先皇帝和君士坦丁皇帝开展了一系列广泛的改革所致。这些改革中最重要的特点是强调了皇帝的绝对权威,民政与军政截然分开,以及在帝国推行新的税收办法和经济政策。

3世纪帝国一个最显著的弱点就是缺乏一个稳固的中央权力机构,即普遍受到尊敬和服从的机构。戴克里先,一位精明且非常有成就的士兵,非常清楚地看到了这一点,并亲自着手来弥补这一缺陷。他成功地完成了这一使命,但在完成的同时,他永远地改变了罗马国家的性质。在戴克里先的统治下,由奥古斯都建立的、精心掩饰的政治独裁被转变为一个公开的、神授权力的君主制。

罗马元老院一度享受的权力和特权，或者消失，或者变成了毫无意义的形式。事实上元老院变成了仅仅是罗马城的地方参议会。帝国由法律统治着，而皇帝则是这些法律的制定者。迄今为止，皇帝执了政，那么至少在原则上，他是罗马人民的首席行政官。自帝国初期以来，皇帝一直被作为一个半神圣的人而受到崇敬，这是事实；但是这种神性本身存在于他作为罗马化身的角色之中。自戴克里先时代以后，一种不同的、带有东方神秘色彩的神圣王权被用来为皇帝的专制主义提供依据。皇帝被描述成世界上真正的神，或者(自基督教被承认以后)被描述成一个受命于上帝的代表——总而言之，他被描述成一个远在凡人之上的圣人。在戴克里先皇帝和君士坦丁皇帝的宫廷里，到处都是如东方国家中神化了的统治者的礼仪、排场。在正规场合，皇帝穿着蓝莹莹、金灿灿、镶有黄金宝石的皇袍，戴着一顶三重冠，拿着一柄节杖，象征他那至高无上的权威。朝臣们匍匐在圣驾之前。

戴克里先在尼科米底亚(Nicomedia)城东部为自己建造了一所大宫殿，把它作为重组的官僚政治的指挥部。所有权力来自皇上，得到皇上信赖的三个最高官员是：行政管理官(一种高级国务大臣)、圣宫检察官(最高级法律官员，其职责包括起草帝国的法令)和神赐物品官(首席财政大臣)。然而实际上，皇帝家的主要官员——内务大臣——行使着与他们同等巨大的权力，他享有实际的政治权，与统治者有密切的个人联系，而统治者也成为几乎不可接近的专制君主。在典型的东方社会中，内务大臣通常是一名宦官。

戴克里先皇帝不仅重组了帝国中央政府，也重组了帝国的地方行政机构。较早时期，单一的政府统治集团既控制民政事务也控制军政事务；一个省的总督也是其驻军的指挥官。这种局面有助于激励许多地方指挥官当皇帝的野心，所以戴克里先皇帝终止了这一情况。他把帝国分成四大辖区(prefecture)，每一个辖区由一个兼理军事的执政官(praetorian prefect)统辖，严格地说，他是一位没有军事任务的民事行政官。辖区的疆界大致往南北伸展。所以高卢辖区包括不列颠、高卢、西班牙及非洲西北端。意大利管区由意大利往北延伸至多瑙河，往南延伸至包括非洲各省的中部地区。伊利里亚辖区包括巴尔干半岛大部。东方辖区由色雷斯、地中海东部地带和埃及组成。这些大的辖区分成诸多"管区"(diocese)(总共有十二个)，每一管区在一官员(vicar)管理之下(参见地图1.2)。这些管区之下分为省，省再分为"城市"，它是帝国旧时的基本单位。所有统辖这些行政管理地区的官员没有军事指挥权，皇帝可以随意任命任何一级官员。

最高军事指挥权授予那些有"军事监督"(magister militum)头衔的官员，其头衔的字意是"士兵的长官"，或者，我们可以说"军队的将军"。有两位这样的将军始终在皇帝身边，另外在别处有三位指挥着帝国东半部地区(一位在伊利

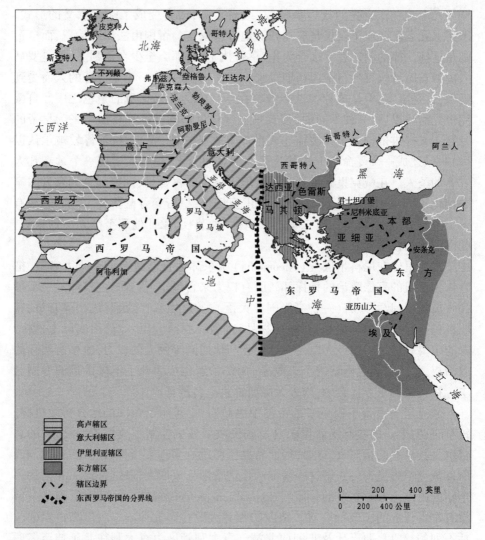

地图 1.2　罗马帝国(约 395 年)
帝国此时正受到向西和向南逼近的蛮人威胁。试将此图与后两幅图做一比较,它们展示了各种入侵浪潮及地中海盆地新统治者们开拓的地域。

里亚,一位在色雷斯,一位在东方)。起先有两位"监督"在西部,但到 4 世纪末,一位驻扎在意大利的最高将军指挥着西部帝国的所有军队。在"监督"以下设指挥官,叫作"领袖"(duces)。军队按其作用分为三类:皇家卫队有两个兵团,它们的任务就是保卫皇帝的人身安全;机动军随时准备开赴受威胁的边境镇压叛乱;最后就是守卫帝国边界的军队(这些边防军常常与当地居民通婚,他们的质量与机动军相比,显得差些)。各种各样的军事指挥官对行政管理没有任何

路道维西战役石棺（约 250 年）的局部
展示出战斗中的罗马人和蛮人。一位罗马将军主宰控制着整个画面，但是蛮人的搏斗和苦难的表情描绘得栩栩如生，与早期冷淡的、不受个人影响的战斗场面形成了鲜明的对比。原作品为大理石，藏于罗马特姆博物馆。*Alinari/Art Resource, NY*

指挥权。统辖政府的行政和军事统治集团的皇帝是彼此间唯一的联系人，是使整个国家联合在一起的关键。4 世纪，又出现了一些新的贵族头衔，授予帝国的高级官员们。金字塔的塔顶是"功勋显赫者"（illustres）——杰出人物——这是兼理军事的行政长官和"军事监督"所占据的地位。其后是"卓越者"（spectabiles），再次是"英明者"（clarissimi），等级的最低层是听起来很不错的"佼佼者"（perfectissimi）。

戴克里先想通过建立一种集体统治制度来解决皇位的继承问题。他指派了一位共治者，名叫马克西米安（Maximian）的老战友，去治理西部诸省，他和马克西米安又各自任命了一位有"恺撒"头衔的代理人。这样做的意图是，当皇帝死亡或者退位时，就可以由他的恺撒继位。戴克里先果真在 305 年退位（安静地过着隐退生活，直到 312 年）。在戴克里先的坚持下，马克西米安也勉强地于 305 年退位。两位恺撒，西部的君士坦提乌斯一世（Constantius）和东部的伽勒里乌斯（Galerius）正式继位。然而也就在此刻，继任制被破坏了，因为马克西米安、君士坦提乌斯和伽勒里乌斯都企图使他们自己的儿子成为下一个当然继位人。306 年，在不列颠的军队拥戴君士坦提乌斯的儿子——君士坦丁为帝。于是，一连串新的内战爆发了。君士坦丁自 313 年在罗马附近的"米尔维安桥"（Milvian Bridge）一场决定性战役取胜后，便成了帝国西部的主宰。到 323 年，他在帝国东部也建立了自己的权力机构；自那以后，他又继续统治了 14 年，在此期间,他可以在整个帝国强行实施命令和纪律。君士坦丁没有提拔共治者,但是在他死后,他的两个儿子瓜分了帝国。从那以后,更常见的情况是:两位皇帝一起治理帝国,一位住东部,一位在西部。

除了继续和加强戴克里先的中央集权政策以外,君士坦丁做了两点对未来具有绝对重要性的个人创新。第一点是接受基督教信仰。基督教的崛起以及成为帝国的国教改变了整个后期古典文化的性质(基督教的发展无法在此做一简述,它是一个非常非常重要的题目,将在单独的篇章里讨论)。君士坦丁的第二点重大创新是在古城拜占庭建立新的帝都,选择此地是因为它位于博斯普鲁斯海峡的战略要地。戴克里先在东部建立了一个行政管理总部,但是君士坦丁的目标却是要在那里建立一个新世界的首都,如他所称的一个"新罗马"。在此城中有一个大皇宫,一个大圆形竞技场,一个广场,甚至还有一个元老院大厦。他的事业极为成功,在西罗马灭亡后的一千多年里,君士坦丁堡——拜占庭城后来的称呼——继续作为世界大都市之一,以及灿烂文明的中心而存在。但它绝非是君士坦丁所创的"新罗马",虽然君士坦丁堡的统治者始终称他们自己为罗马皇帝。该城市通常的用语是希腊语,其艺术、文学和宗教生活具有独特风格,受到希腊化时代的文化和东方国家的混合影响。它们完善、迷人,与古罗马的风格迥然不同。最后,就如古罗马的拉丁文化对西方世界产生影响一样,这一拜占庭—希腊文化逐渐对俄罗斯和东欧的文化产生了启蒙影响。

5. 经济、社会与文化生活

戴克里先和君士坦丁非常成功地解决了因 3 世纪中期的内战所引起的短期财政和行政管理问题,并使政府具有了偿付能力。但是没有一位皇帝体认到帝国潜在的社会、经济的弱点,在这些领域内,他们所推行的一系列中央集权政策,不但没有缓和当时所存在的困难,反而恶化了这些困难。

我们已提到,地中海地区的农业供养着日益增长的城市人口,一直持续到古罗马时代的晚期。然而,在罗马帝国,人口和自然资源的平衡始终是相当脆弱的。如果人口太多,产粮地提供食物的压力就会太大;如果人口太少,他们又不足以支撑国家昂贵的上层建筑。在罗马扩张的全盛期,即在 2 世纪末,一位当时的评论者,德尔图良(Tertullian)写道:"耕地占据了森林,沙地得到耕种,岩石被排除,沼泽地被排干……"然而,到 4 世纪,我们经常碰到这些词"agri deserti",意思是"荒芜的田野",被放弃的耕地,随之造成农业生产必然的下降。

一些学者争辩道,产量的下降是由于对土地过度的开发造成表层土壤的侵蚀和枯竭所致。毫无疑问,在特殊情况下,这种情景的确处处发生。因为要扩大农业,就需要砍伐森林,对勉强过得去的土地过密地种植,这些将导致在干旱的气候中泥土肥力的下降。如果我们仅仅假定古罗马人不顾一切,对土壤使用过度,把肥沃的农田变成长期干旱的干燥地,并且得到"衰退和崩溃"的自然结果,那么它将非常适合我们对现代生态问题的担心。事实上,至今仍然没有关于古时候土壤侵蚀之规模将严重地缩减整个农业活动的可靠根据。一直要到许多世纪以后,地中海地区才出现了长期干旱,遭受尘暴之苦。整个中世纪,意大利南部仍生产丰富的粮食作物。

罗马帝国后期所面临的问题,并非是过多的人口聚集在有限的土地上,导致土地枯竭。相反,正如我们所见,自2世纪后期始,人口开始下降,所以通常土地缺乏耕种,只是因为没有足够的人去耕种它们。不过,人口下降本身并不会导致必然的经济危机;我们必须考虑一个社会对此情形会产生怎样的反应。从现代观点来看,对劳力短缺,最明显的建设性反应是通过技术改进,提高生产率。但是很显然,罗马人在这一方面没有建树。令人惊奇的是,他们在其他有实效的行政管理方面取得了辉煌成就,但在发展新的劳力资源,甚至在有效地组织可利用的人力以最大限度生产物质财富方面,却没有任何创造性。有时候这一事实被归咎于古典教育传统,这一传统一再灌输鄙视任何体力劳动的思想。总而言之,与中世纪的人们相比较,罗马帝国后期的居民几乎没有利用风力或水力。他们甚至没有学会合理地、有效地使用畜力耕种。只要有可能得到富足的奴隶供给,罗马人就宁愿剥削奴隶的劳动,把人当作牲畜来使用;一个逐渐把所有手工劳动视作是奴隶们固有职责的社会,当需要创造性的技术革新时,就无能为力。毫无疑问,在公元4世纪,实际种地的奴隶和农民能够很容易地养活他们自己。但是罗马帝国后期,根本的经济问题仍然是:即使在最苛刻的国家强制下,生产能力也只能勉强供养城市的失业人口、保卫边疆所需要的大批军队,和维持中央政府功能的庞大的官僚体系而已。

始于戴克里先的诸皇帝能够想出来对付这一局面的唯一有连贯性的政策就是控制帝国的经济活动,即设法把维持政府所需的征税变成可能。在戴克里先的统治下,对帝国的领土做了一次新的勘查,每一地区按其土壤的肥沃程度及居民人数征收税款。课税的基本单元是"轭"(jugum),足以养活单个家庭的一份土地;对这份土地所征的税叫作"国家粮食年收入"(annona)。此税以实物征集:粮食、油、酒、布匹等等。戴克里先试图稳定货币,他发行了新的金币、银币,成色可靠。但是帝国的造币厂也流通铜币,且数量不断增加,这些不断增加的铜币在日常生活的流通中,占据着货币的很大比例。政府不愿意征收这种实质上无价值的货币为税款。帝国的基本收入来源由"国家粮食年收入"组成,又通过无数的间接税款和连绵不断、强迫性的劳动来保养公路和公共建筑物。起源于埃及法老时代的被叫作"公共劳务"(liturgies)的服役制度,通过4世纪的诸皇帝而遍布罗马帝国。

皇帝们企图维持这一充裕的赋税收入,以空前的强制手段实施对经济生活各个方面的政府管理权。税款只能从被占用、被耕种的土地上征收到。当小农们试图逃离所种土地以摆脱税收负担时,政府便颁布法令。法令宣判那些逃离者及其后代将终身务农,把他们贬低到农奴的地位,他们不能把土地留给自己的家属。在市内,各种各样的贸易和手工业以传统的行会或"同业公会"(collegia)形式组织起来。当同业公会被作为税收单位而被要求纳税时,成员们都企图离弃这些组织,于是强制性的条文又产生出来。在合适的行会里的会员资格成为既是强迫的又是世袭的。当船主们发现他们无法为政府履行职责,即把粮食运到罗马和君士坦丁堡,从而打算改行时,他们同样受到政府的禁止。帝国的主要行业,一个接一个都成为世袭制,不允许那些从事这些职业的人改变其职业。

类似的强迫制度甚至扩大到省城中富裕的上层阶级"市议会成员"那里。传统上,他们都是自愿参加当地政府工作的。在4世纪,当一名市议会成员仅仅意味着使自己负担一项任务,就是把几乎办不到的沉重的税收转入帝国的金库中。倘若市镇元老没有从老百姓那里索取到税款,那么他们自己的财产就可能被充公,人们自然都不再自告奋勇去充当本地的市议会成员。政府的反应是:使其职位世袭,并禁止任何人退出这一职位。企图逃离城市的"市议会成员"会被拘捕,并像逃跑的农民一样被带回来。于是政府要解决这些问题的企图导致了严格的社会阶层的形成,许多人被永远束缚在他们祖先所从事的职位上。[1] 另外一个后果是中层阶级的逐步消失。随着政府的需求越来越大,倾家荡产的遭遇落到了那些负担压得最重的人身上——即那种有一些财产却没什么政治影响的人身上。如果帝国保持了它的繁荣,如果税款被有效地、正当地征收得来的话,那么税收的负荷还不致太过分。实际上,在国家法规的制度下,经济上的主动性受到抑制,贸易衰减,城市人口中出现越来越多的闲散之人,他们得到政府的施舍。况且,腐败成风,人人皆知,甚至连最强有力的皇帝对此现象也毫无办法。行政管理官精心编织了一张特务网络,叫作"agentes in rebus",暗中监视着统治集团的各个阶层,但这并没有终止大规模的侵吞公款之风。官员们定期从老百姓那里搜刮到的远比上交给皇帝的要多得多。

这一制度中最糟糕的地方是:贵族的最上层,即帝国中最富有的人,被免税,而那些虽富有但依法又不能豁免纳税的人干脆贿赂征税者而逃避交税。富人有一切机会可变得更富,而沉重的负担却加在穷人身上。5世纪早期,一位作家萨尔瓦纽斯(Salvianus)曾记录过,当蛮族西哥特人侵入高卢南部时,罗马的农

---

〔1〕《资料》,no.2。

民把他们当成解放者来迎接。"敌人对待他们比收税人对待他们更温和……他们逃向敌方的目的是为了逃避税收。"[1]

因此,戴克里先和他的继承人的财政制度不仅效率低,且根本就不公平。很容易断定,后期的罗马帝国在德行上是不得人心的,在所有其他方面也不得人心。4 世纪的一些作家,如历史学家阿米亚努斯·马尔克利努斯(Ammianus Marcellinus),的确做过这样的断言。[2] 但是还不曾有人发明出一种标准来衡量道德的败坏,我们也不能理直气壮地认为4世纪的人,在本质上要比其他时期的人更坏。罗马文化中始终存在着一种道德愚蠢,这在由政府当局主办、旨在给城市民众提供娱乐、令人生厌的性虐待的文艺场面中,表现得尤其典型。政府从来没有对社会金字塔底层的农民和奴隶表现出足够的关心。但在4世纪,这种在道德上始终有问题的立场变成国家虚弱的重要根源。在经济衰退的一段时期内(部分原因是人口减少、劳力短缺),正是政府照顾得最少的那个阶级,用他们的生产劳动供养了整个国家的上层建筑。

虽然富饶的东罗马在税收制度下受到了损失,但它生存下来了。在西罗马,其都市社会结构甚至在蛮族入侵之前已开始改变。城镇的经济萧条以及对主要公民苛刻的压迫促成了社会的不断"农村化"。指定"市镇元老"在城市中的居住地的法律不能贯彻,当然较有势力的贵族们能够不理睬这些限制,如同他们能够不理睬对国家的所有义务一样。原元老院阶层中富裕的罗马人始终占据着乡村大庄园,作为一种令人愉快的休养方式,通常每年有一段时期居住其间,使他们从虚伪的但要求甚高的城市社会生活中恢复过来。在5世纪,许多贵族完全舍弃了城市,把他们的农庄创办成实际上能自给的社区。这种庄园主能为自己建一幢漂亮的房子,如果他很想要的话可以办一座优雅的图书馆,过着乡村绅士极端奢侈的生活。[3] 通常庄园主拥有自己的卫队,当地方政府官员企图干涉他时,如果他不想贿赂他们,也能够与他们公然对抗。自从奴隶劳动变得不经济以来,庄园的土地便由称作"隶农"(coloni)的人耕种。每一位"隶农"享有一块分地,他可以用钱、产品或劳动来交租。一些"隶农"是奴隶的后代,法律上他们已被释放,但仍作为工人留在主人的土地上;另外一些是自由小农,他们放弃了土地以避免税收的负担。其中有一些大庄园,正因为他们是自给、自治的单位,所以在未来的蛮族入侵所造成的整个动乱中,仍幸存下来。因此即使在蛮族入侵以前,我们视作中世纪早期特征的一些状况——农村化和权力分散——就已开始在西部帝国存在了。

---

[1]《资料》,no.3。
[2]《资料》,no.1。
[3]《资料》,no.4。

有人说戴克里先和君士坦丁把罗马帝国变成一座庞大的苦役集中营,我们必须记住,他们并没有接管健康的、有朝气的社会,然后把它降低到奴隶的地位。他们所采取的措施是要把一个似乎已达彻底崩溃边缘的帝国重新结合起来,而且那些措施取得了成功——尽管只是短暂的。他们把和平带给了那些地区,这些地区在以后几世纪中所经历的只是战争;后代们经常回顾这段和平时期,把它视为黄金时代。然而从长远观点来看,事实上,帝国的政策并未激发出为拯救帝国西部所需的创造力和生命力。但是,在东部,君士坦丁以其广大的财富资源和行政才干所做的一些措施,却为一个持续的文明提供了一些基础。

如果我们回到文学、思想领域上来,就会再一次发现,在那些继续以古老的、异教的古典传统创作的作家中间,其独创性和自发性也是不足的。事实表明,那些对西方文化继续有影响的唯一作品是教科书。4世纪,多纳图斯(Donatus)写了两本有关拉丁文的语法书,《小方法》(Ars Minor)和《大方法》(Ars Major),普利西安(Priscian)写了一本更高级的论文,《语法基础》(Institutes),这几本书在整个中世纪都被用作标准的学校手册。5世纪初,马蒂纽斯·卡佩拉(Martianus Capella)写了一本百科全书,《墨丘利的婚礼和文学知识》(Nuptials of Mercury and Philology)。这本书也使中世纪专家感兴趣,因为它把各种知识领域分为"七艺"——语法、修辞、辩证法、算术、音乐、几何学、天文学——这些学科形成了中世纪学校的基本课程。

虽然罗马有历史学家、诗人和剧作家,但没有人能与拉丁文学黄金时代的伟大人物相比。甚至连古典文化晚期最引人注意的代表人物,似乎也是怀旧的、无独创精神的人,一些始终看着过去、试图模仿过去的成就却又极不成功的人。我们或许可以把昆图斯·奥利乌斯·西马库斯(Quintus Aurelius Symmachus)作为一个例子。他是罗马元老院贵族成员之一,生于340年。西马库斯视自己在罗马元老院中的成员资格最为重要,频频参加元老院的会议,把应邀发表演说视作一种最高的荣誉。但这都是一种空洞的游戏,因为元老院已开始在国家政府中失去实权。

西马库斯早已显示文学志向,除了撰写华丽的演讲词以外,他还资助诗人,收集文稿,参与没完没了的高级的文学讨论。他写了优雅的信件并认真保存以待发表,虽然有时候也觉得有必要抱怨说:没什么有趣之事可写——这种情况发生在这样一个时代,即古代世界最后一个伟大的文明正陷入毁灭之时。西马库斯没认识到他的生活正经历着这样一个时代。在他生前,蛮族已开始入侵,对他来说,蛮族的入侵是对生活方式的干扰,令人生厌;而原先的生活方式,他认为将永远保持下去。他从来没有想到,因为蛮族的入侵,他需要做出行动或牺牲。并不是西马库斯不愿意为罗马做出牺牲,正相反,他对公共游戏的表演,慷慨地付出了大量的财力和精力。按照早已形成的传统,在他儿子就任执政官的那一年,他提供了这些东西。西马库斯把非洲的狮子、鳄鱼、苏格兰的狗、西班牙的马带到了罗马。他甚至成功地买进了一批萨克森战俘,作为斗士在竞技场搏斗。然而,萨克森人不愿意为罗马的暴民们提供娱乐而格斗致死。他们在表演的前一天,或者悄悄地自杀,或者相互掐死。西马库斯被他们对罗马伟大传统的粗野和无知所激怒。

在西马库斯生前,思想文化界最重要的发展是基督教的崛起。西马库斯不喜欢新奇事物,他一点都不赞同这一新近流行的宗教形式。在他整个生活中,能触动他真实感情深处的一件事就是拆除胜利女神塑像。它起源于罗马元老院宫中,是古老的异教信仰的一种象征。西马库斯一而再、再而三地向帝国政府抗议,以真正的雄辩之才恳求政府至少应该容忍原有的生活方式。他写道:"人们不能只通过一种途径,来理解如此伟大的真理。"一位基督教代言人,米兰的安布罗斯(Ambrose of Milan),回答道:"你所不知道的东西,我们借由上帝之声而得知。你所幻想得到的东西,我们恰恰就是从上帝的智慧和真理中得到的。"基督教信徒们,即新一代的人们,并非在寻找真理,他们相信他们已经拥有了真理。

进一步阅读书目

*蒂尔尼(B. Tierney):《中世纪史》(The Middle Ages)(纽约,1970),第一册,《中世纪史资料》(Sources of Medieval History), nos. 1-3;第二册,《中世纪史读本》(Reading in Medieval History), nos. 1,2。

爱德华·吉本(Edward Gibbon)著,伯里(J. B. Bury)编的《罗马帝国衰亡史》(The History of the Decline and Fall of the Roman Empire),共七卷(伦敦,1896—1902),是一部古典文献名作,有几种平装节本可供阅读。由吉本提出解释的一些问题在怀特(L. White)编的《罗马世界的变迁》(The Transformation of the Roman World);《两个世纪后的吉本问题》(Gibbon's Problem After Two Centuries)(伯克利,1966);麦基特里克(R. McKitterick)与基诺(R. Quinault)编《爱德华·吉本与帝国》(Edward Gibbon and Empire)(伦敦,1977)等书中给予了考虑。有关这一时期的简略概览,参见 *卡梅龙(A. Cameron)的《晚期罗马帝国,公元284—340年》(The Later Roman Empire, A. D. 284-340)(麻省剑桥,1993)。这个时期的一部详尽的近代概览是琼斯(A. H. M. Jones)的《晚期罗马帝国,284—602年》(The Later Roman Empire, 284-602),共三卷(牛津,1964)。亦见罗斯托夫特泽夫(M. Rostovtzeff)的《罗马帝国的社会和经济史》(The Social and Economic History of the Roman Empire),第二版,共二卷(牛津,1957);迪尔(S. Dill)的《西部帝国最后一个世纪的罗马社会》(Roman Society in the Last Century of the Western Empire)(伦敦,1899);马洛(H. I. Marrou)的《古代教育史》(A History of Education in Antiquity)(纽约,1956);乔洛威克兹(H. F. Jolowicz)的《罗马法研究的历史导言》(Historical Introduction to the Study of Roman Law),第二版(剑桥,1952)。有关讨论第三世纪危机的问题可见*麦克慕兰(R. MacMullen)的《罗马政府对危机的反应,257—357年》(The Roman Gov-

ernment Response to Crisis, *A. D. 257-357*)(纽黑文,1976),以及巴恩斯(T. D. Barnes)的《戴克里先和君士坦丁的新帝国》(*The New Empire of Diocletian and Constantine*)(剑桥,1982)。说明罗马4世纪生活的同时代佳作是阿米亚努斯·马尔克利努斯(Ammianus Marcellinus)著,罗尔夫(J. C. Rolfe)翻译的《历史》(*History*)一书(伦敦,1935—1939)。下列著作是有关后期罗马帝国的,但亦涉猎整个变迁时期至早期中世纪社会:＊巴克(W. E. Bark)的《中世纪社会的起源》(*Origins of the Medieval World*)(斯坦福,1958);＊道森(C. Dawson)的《欧洲的形成》(*The Making of Europe*)(伦敦,1934);＊洛特(F. Lot)的《古代社会的结束与中古的开端》(*The End of the Ancient World and the Beginnings of the Middle Ages*)(纽约,1931);＊莫斯(H. St. L. B. Moss)的《中世纪的诞生,395—814年》(*The Birth of the Middle Ages,395-814*)(牛津,1935)。特别有趣的是＊布朗(P. Brown)《古代晚期的世界》(*The World of Later Antiquity*)(纽约,1970)。

第三章 基督教

当后期罗马帝国在许多方面处于衰退之际,宗教信仰领域却是充满生机、异常活跃。人们通常所做的判断或许有道理,即在政治、经济动乱时,人们的思想会转向精神上的东西。因此,3世纪、4世纪基督教和许多异教的礼拜仪式,都得到迅速传播。基督教的最后胜利,彻底改变了古典世界后期的人们了解上帝、人类和宇宙的整个方式。

为了理解后期罗马帝国的宗教生活,我们不仅要明白宗教导师耶稣的独特性,还要理解他传教的方法。在此方法中,他的传教与帝国原先存在的希腊化文化彼此影响、相互作用。耶稣只能被理解为一名犹太人,他的学说来源于犹太教。此教崇拜唯一的和最高的神(耶和华)以及先知的传说,此传说预言弥赛亚将来会拯救以色列人。但耶稣的传道并非只对犹太人而作;他告诉他的门徒们要"使所有的人做我的门徒"。在实施这一任务中,第一批信徒必须对散布在地中海一带的犹太人和非犹太人传教。这些人都使用共同的语言希腊语,并或多或少都受到希腊化哲学和宗教观点的影响。《新约》本身并非用希伯来语或阿拉姆语即闪米特语——这是耶稣实际使用的语言——撰写,而是用希腊口语,即城市的日常用语撰写的。

起先,基督教和古希腊文化之间似乎不可避免地相互仇视("雅典与耶路撒冷有什么相干之处呢?"一位教父曾经问道)。最后,基督教的知识分子们逐渐认识到,耶稣的传道在许多方面与希腊最伟大的哲学家的教诲是能够共存的。后期罗马帝国的宗教文化即基于此点认识而形成。

6. 希腊化时代的文化与基督教

古代罗马的宗教几乎没有情感上的内容来激励思想热情;为了使诸神对某个人的事业有所帮助,他就要对诸神履行传统性的仪式;宗教基本上是一种交易的关系。除了奥林匹斯山的许多神以外——借自于希腊并给予罗马名字,如朱比特(Jupiter)、玛尔斯(Mars)、维纳斯(Venus)——罗马人崇拜许多较小的神,包括神化了的皇帝。许多神都是特殊场合或特殊活动的保护者——家庭、城市或国家的神,照应航海或播种与收获的神。当从事某一活动时,用仪式和祭品来安抚某一相应的神,似乎是常识问题。

罗马的宗教一点都不排外,被征服的高卢人和布列吞(Briton)人的神及各种地中海民族的神都被认为与罗马人的神处于同一地位,或者干脆被增加到万神殿中(尽管犹太人的耶和华始终是一个问题)。这种对古神的崇拜,从未也不打算向人们灌输崇高的道德观念,或向他们传授人生的根本意义和目的;说得确切些,这种宗教是一系列形式上的交易,在这种交易中,通过适当的贡品,以获得神的庇护。正式的礼拜仪式通过求助巫师、占卜者、占星术家以及春药合成者得到补充,所有这些人在处理日常生活的偶然事故时似乎也是有用的。

希腊化时代晚期,许多人向往真理和仁慈,但是借由官方的崇拜却得不到满足;因此对哲学或宗教的普遍要求日益增加。一些得到拥护的哲学,其调子明显是怀疑论的。伊壁鸠鲁学派宣扬,整个宇宙是一无规则的微粒聚集物,人们在一个实质上毫无意义的世界里所追求的唯一合理道路是避免痛苦和冲突,以求得安静、愉快的生活。但其他一些哲学家则试图把希腊人对客观真理的关心,与宗教中对世界及人类在其间的位置的理解结合起来。两种思想体系——斯多噶主义和新柏拉图主义——对以后的基督教思想家尤其重要。

斯多噶主义者宣扬说,一条简单的理性规律统治着整个宇宙。有时他们称统治规律为上帝,但是他们并不认为上帝是在物质世界以外的造物主;相反,他们认为神的规律是宇宙的固有部分,遍及宇宙各个角落并在其间形成普遍和谐。在每一个人身上,存在着一点神的火花;因此所有的人在本质上是平等的,都被一条人类理性能辨别的宇宙自然法则束缚着。这条自然法则强调公正的美德、对职责的忠诚、勇气、自我控制和普遍的仁慈。通过养成这些美德,通过与宇宙间的和谐相一致的生活,一个人能保持内心安宁、平静的生活,不管外界会发生怎样的不幸。

自然法则的观点对所有民族都是共有的,它引起了世界帝国统治者的注意,最有说服力的例子之一就是马可·奥勒留皇帝,他本人就是一位斯多噶主义哲学家。斯多噶主义者的自然法则不用花什么力气就能被认为与耶和华传给犹太人的道德规律是一致的。使徒圣保罗书信里早已有这一描绘:"外邦人没有法律;但是他们本着天性做了合乎法律的事……"(《罗马书》2:14)

新柏拉图主义者也相信一个唯一的、永存的人或上帝,他们称之为"一"(the One)或"善"(the Good);但对他们来说,"一"是超越宇宙的,斯多噶主义者和新柏拉图主义者都使用了"逻各斯"(Logos)这个词(它也出现在基督教的《圣经》中)代表一种源于上帝的创造性规律。对斯多噶主义者来说,理性是所有事情固有的内在规律;对新柏拉图主义者来说,理性更是一种神的媒介(力量),它产生了创造性的人类。新柏拉图主义者还持有另外两种特殊的主张:他们明确区分精神和物质的差别;他们把整个宇宙视作一个来自于唯一上帝的庞大等级体系。上帝之下是永生的神,神下面是人类(具有神的灵魂、物质的身躯),在人下面是自然界的万物。那些是最低等的存在物,但仍保留了起源于神的痕迹。

人类可能会完全陷于物质世界之中；但是他们通过智力上、道德上的刻苦修炼，也能够从对物质的感知上升到对神的存在的感知，最后升华到与上帝的神秘结合。后来的基督教和犹太神秘主义者发现这些观点很相似。他们正是在将这个人的、任性的、犹太教的耶和华来等同于新柏拉图主义哲学的抽象的"一"中，取得了相当大的、理性的成就。

在罗马社会，许多人对抽象的哲学没有兴趣，但他们却对官方宗教礼仪的形式主义不满。他们常常成为各种各样"神秘宗教"的信徒。这些宗教是指通常起源于地中海东部的崇拜。在这些宗教中最受崇拜的神有叙利亚女神西比莉（Cybele，自然女神），波斯神穆斯拉（Mythra），希腊的酒神狄奥尼索斯（Dionysius），埃及母神伊希斯（Isis）及她的丈夫奥塞利斯（Osiris，地狱判官）。对"Sol Invicta"（不可征服的太阳神）的崇拜，在军队中尤其普遍。有关这些神的传说到处都是，讲述神死而复生的故事反映了早期对繁殖之神的迷信，这些神在冬天里死去，在春天里又再生，给田野带来了新的生机。所有神秘宗教都具有礼拜仪式，而所有被传授了初步知识的人都参加这些仪式。这些仪式富有戏剧性，能激起宗教热情，有时简直像歇斯底里。此外，所有的神秘宗教向信徒们许诺，通过净化有罪的灵魂，他们可得到拯救。有许多仪式，比如，在被屠杀的牛身上流出的热血中受洗（一种信穆斯拉神的仪式），对我们来说似乎有些恐怖和恶心。类似那些包括沉溺在玩弄一群庙宇娼妓在内的礼拜仪式，按照基督教的道德标准来说，它们是邪恶的。但这些迷信的一般目的，如洗涤罪孽，激励人过一种正直的生活，是相当有价值的。神秘宗教与传统的罗马宗教一样不排外，人们可以和他们的祖先一样继续崇拜神，仍然能成为一些神秘教派的信徒。我们得知高贵的罗马人几乎加入了所有的神秘教派。

在某些方面，早期基督教与神秘宗教相同，但它也有好些明显的独特之处，有助于解释它最终的成功。首先，基督教坚持犹太人的一神论传统。对大多数西方人来说，自罗马帝国晚期以来，相信一个所有存在的唯一和最高的来源，而不相信装满彼此仇视的神和女神的万神庙，似乎更加合情合理（如果人们完全相信一个神的话）。（斯多噶主义和新柏拉图主义的哲学家后来将看到这一点，尽管他们没有犹太人的观念，即在历史中展现自己的上帝。）此外，基督教信徒能比其他迷信的追随者为其信仰宣示更加直接、更加具体的起源。他们的神圣缔造者并非是一个老式神话里的形象；他是生活在世间的一个真正的人，传授或派遣他人以他的名义传授教义的真正的人。而且，他所传授的教义极富感染力。一方面，这种学说非常简单；另一方面，它又极其晦涩难解。基督教能吸引低微、目不识丁的人，但它也逐渐吸引古代社会晚期最高级的知识分子。对于思考神圣的人们，那里有取之不竭的材料，如"上帝就是爱"或者"天国在你心中"等词语，暗示人类的爱为理解不可知的上帝本身的实质提供了一种参照。

在以后的几个世纪里,这一观念激励着中世纪诗歌和神秘文学的飞跃发展。

神学家们不停地争论着——不管在哪一点上——基督教经文对"历史上的耶稣"的描述精确到何种程度,这个人被写成曾经生活在世上,并在犹大国(Judea)传教。幸运的是中世纪历史学家的任务变得简单些了。对我们来说,早期基督教徒对耶稣的想法,《圣经》提供了精彩的描述,这已足够了。因此,通过《新约》中一些章节对这些教徒的说明,我们能十分容易地解释他们的信仰。

基督教徒相信,始终存在着一个上帝,它的神力以三种"位格"(personae)出现,或者我们可以说,以圣父、圣子、圣灵三个角色出现。人类由上帝创造,但自第一个人——亚当——在伊甸园因违命而获罪以来,人类的本性便有缺陷且堕落了。上帝答应派弥赛亚到他所选中的人那里,即犹太人那里,去赎救罪孽中的人类。这位赎救者来到人间,出现在恺撒·奥古斯都的辖地,这便是耶稣基督,他是圣子的化身,是童贞圣母玛利亚所生。

> 宇宙被造以前,道(logos)已经存在;道与上帝同在,道就是上帝。……道成为人,住在我们中间。
>
> 《约翰福音》1:1,14

耶稣通过创造奇迹为他的神力提供了证明,他教导人们,上帝要他们如何生活,对那些信仰他、服从他圣诫的人,许以天国中的永生。

耶稣传授的训示是一种爱,人类之间相互的爱,整个人类对上帝的爱。他从《旧约》中选出两条戒律来表达这个教诲:

> 你要全心、全情、全意、全力爱主——你的上帝。这是第一条圣诫。第二条与它相类似。你要爱邻人,像爱自己一样。没有其他的诫命比这些更重要的了。
>
> 《马可福音》12:30—31

基督教徒的信仰并不那么表现在对戒律的外部遵循上,而更表现在对内心的变化,对他人充沛的博爱,尤其是对弱者和无援的人:

> 一个富有的人看见自己的弟兄缺乏,却硬着心不理,怎能说他有爱上帝的心呢?孩子们!我们的爱不应该只是口头上的爱,必须是真实的爱,用行为证明出来!
>
> 《约翰一书》3:17—18

面对骄傲或压抑,基督教徒也会显示出谦逊、宽容和耐心的姿态,"如果有人打你的右脸颊,把左脸颊也给他"。

基督教徒相信,当耶稣在人世间的传教使命完成后,他通过自愿地经受一种极端痛苦而羞辱的死,为人们树立了一个有关仁慈、谦逊的至高无上的榜样。但此时,他通过从死亡中升华,在"进入天国"之前把自己展现给他的信徒,光荣地完成了在来世永生的所有诺言。绝对相信基督复活,正是早期基督教的核心所在。

依照《圣经》的说法,耶稣亲自挑选了一些信徒成为他的传道者,而各种经文又讲述了他如何指派给这些传道者特殊的本领和任务(最后,中世纪的宗教在这些经文的基础上建立了整个神学结构)。比如,耶稣首先把使人类解脱罪孽的本领许诺给使徒彼得(Apostle Peter),然后给所有的传道者:

> 所以我告诉你们,你们在地上所禁止的,在天上也要禁止;你们在地上所准许的,在天上也要准许。
>
> 《马太福音》18:18

在与门徒们最后进餐时,耶稣给他们吃圣饼和圣酒,并告诉他们把它们作为他的身躯和血液来接受:

> 他们吃饭的时候,耶稣拿起饼来,先献上感谢的祈祷,然后掰开,分给门徒,说:"你们拿来吃;这是我的身体。"接着,他拿起杯来,向上帝感谢后,递给他们,说:"你们都喝吧;这是我的血,是印证上帝跟人立约的血,为了使许多人的罪得到赦免而流的。"
>
> 《马太福音》26:26—28

最后当耶稣复活后,他指派门徒们带着他的指示去施洗礼,使世界上所有的人类皈依之:

> 所以,你们要往世界各地去,使所有的人做我的门徒;奉父、子、圣灵的名给他们施洗,并且教导他们遵守我所给你们的一切命令。我要常跟你们同在,直到世界的末日。
>
> 《马太福音》28:19—20

这些章节规定了早期基督教传教士的作用,他们的任务是对罪孽提供宽恕,通过布讲福音使非基督教徒皈依,通过洗礼仪式把他们带入基督教世界,庆祝圣餐——最后晚餐的再现——以纪念基督。

近来许多研究集中关注妇女在耶稣教诲中的地位。从一开始,基督徒的态度就存在矛盾。耶稣将妇女包括在其传道信徒中,这种方式在那个时代是非同寻常的。他赞扬那位坐在其脚下倾听其布道的贝塔尼的玛丽亚(Mary of Bethany),而非忙于家务活这种典型的妇女工作的马大(Martha)(《路加福音》10:39—42)。然而,耶稣还是挑选了12位男人作为自己的使徒。保罗曾写道,借着基督教而所有基督徒成为一体,"不分犹太人或希腊人,奴隶或自由人,男人或女人……"(《加拉太书》3:28)但是,保罗也宣称妇女要顺从,在教堂中要保持沉默(《哥林多前书》14:34)。早期基督教诸文本之间的矛盾可能反映了宗教教诲上的一种张力:它坚持在上帝眼中女人与男人的绝对平等,但是在一个男性统治社会的文化中,它又被禁止从这一远见卓识中引申出任何广泛的社会后果。

在最初的三个世纪中,基督教逐步传遍整个罗马帝国。我们从使徒圣保罗的书信中得知,耶稣死后不久,在巴勒斯坦外从罗马到小亚细亚地区讲希腊语的社会(有时是希腊化的犹太人群,有时是非犹太人群)中,许多基督教教会建立起来。然后,这一新的宗教在帝国讲拉丁语的西半部,更缓慢地获得皈依者。到3世纪,基督教徒的人数多到在政治上已能有影响力,并开始吸引一批上层社会的人。每一个大城市都有一个小的基督教社团,由一位主教主持,并得到牧师和执事的帮助。被看作第一使徒接班人的主教们由基督教社团推举,由其他主教们主持仪式使其就任圣职。在对基督教教义开始有争端时,由当地主教理事会解决。基督教徒并非仅是一种新宗教的独特信徒,他们有一种强烈的意识,认为自己是一个有秩序的社会,一个特殊的民族,一种新犹太人。他们布施给教堂,以援助那些陷入贫困的社会成员;一位基督教作家自豪地写道,在流行病传播时期,当患病的非基督教徒被离弃时,基督教徒们照料了这些病人。最重要的是基督教保持了犹太人在宗教上的排他性。要成为一名基督教徒,就意味着放弃所有其他的崇拜形式,包括对皇帝钦定的崇拜仪式。

在基督教徒遍布希腊—罗马社会时,不仅有愿意接受此教的皈依者,也碰到许多来自异教知识分子的轻蔑和敌视。早期的基督教福音传教士面临着许多大宗教在开创时都会遇到的问题。一位受神启示的基督教奠基人潮水般地倾注了他的新见识和启示;一些聆听者完全信服,并且觉得他们的整个人生已转变。然后,在奠基人死后,他们担当起了向那些不信教的人讲解新信仰的任务。这些不信教的人没有与他们一样的经历,思想方法完全不同。就基督教而言,因需要在语言、风俗及思想方法诸方面表达一种实质上属于闪米特族的宗教,问题变得复杂化,而这些语言、风俗及思想方法又要能被由希腊文化传统形成的思想所接受。此任务并非易事。异教哲学学派的许多领袖们看不起新宗教。高傲的斯多噶派皇帝马可·奥勒留就迫害过基督教徒;新柏拉图派哲学家中最伟大的普罗提诺(Plotinus)激烈攻击过他们的学说。

基督教对受过教育的异教徒所造成的困难,并不是一个现代怀疑基督教的人更容易想到的困难——比如,耶稣所行的神迹,或耶稣复活的传说。古代社会的人们期待神来干预人类事务,他们非常熟悉有关死而复生的神的传说。古代异教徒的困难在于这位特殊神的本性———一个可耻地被处死的罪犯,对国家不忠,用简单的、有力的主张,而不是说理的辩论或优雅的神话来描述他的学说,宣称要取代其他所有神。对许多教外人士来说,基督教似乎只是一种反常的荒谬的迷信。基督教对圣餐的庆祝仪式引发了关于基督教徒同类相食和喜欢无限制放纵的可憎传闻。用一位异教批评家的话来说:"他们通过秘密印记和标志相互认识,他们几乎在相互认识以前就相互喜欢……他们中间有一种贪欲的宗教……他们那愚蠢、荒唐的迷信因罪恶而洋洋得意。"

在2世纪、3世纪,一群以"护教士"(apologist)著称的基督教思想家开始反驳异教徒的非难。他们中间第一位重要人物——查斯丁(Justin),出生于约公元100年,38岁时从斯多噶主义和新柏拉图主义改宗基督教。查斯丁不仅反驳了对基督教徒较粗俗的诽谤;他还辩解道,基督教教义本身是一种合乎情理的哲学,确实是以往所有哲学的典型。按查斯丁的观点,基督教的真理十分可靠,因为它是由上帝直接启示的,但在真实哲学中也存在一种神灵的成分。他认为,最终在耶稣身上体现的"神道",在较早时期,不仅赐灵感给犹太祖先,还赐灵感给伟大的异教徒教师。苏格拉底和柏拉图如同亚伯拉罕(Abraham)和摩西(Moses)一样,是基督的先驱。基督教徒们可以欣赏在哲学家的见识中所有真实、有价值的东西,然后证明那些见识如何被耶稣的教诲补充和改造得更完善。

在165年,查斯丁被扔进野兽群中,殉教而死。但他的学说被亚历山大学校的两位伟大的教师坚持了下来,一位是克雷芒(Clement,约150—210),一位是奥利金(Origen,185—254)。克雷芒教导说,哲学对希腊人犹如摩西戒律对犹太人,它是一种对真理的充分显示的准备,这种真理能够在耶稣的教诲中找到。奥利金——一位伟大的成体系的学者,几乎对《圣经》每一卷都写了有影响的评论,并在说明基督教的教义时引用了大量的希腊人思想。亚历山大的基督教哲学家们尤其致力于柏拉图的著作。克雷芒在那儿找到了"一位真正的基督教徒和正统哲学",他甚至认为他能够在柏拉图的作品中发现基督教三位一体的教义。

类似克雷芒的作家们,都在努力通过捍卫基督教的教义,证明它能够和哲学的真理和谐共存。这一努力导致了基督教和古典文化的巨大综合,并由下一世纪的教会教父们所完成,还产生了在整个中世纪继续吸引基督教思想家的任务。另一种把宗教和哲学混合起来的方法——对正统基督教更加危险——也在2世纪各种诺斯替(Gnostics)教派的传播中出现了。诺斯替教徒们认为,所有宗教都不过是通向更高真理的途径；而他们，诺斯替教徒，拥有这真理并能够透露给新入教的人。他们的思想体系吸收了各种宗教传统。比如，他们中的一些人，能够在其教诲中找到母神的地位，并取名叫神恩（Charis，即格雷斯，Grace）。一位基督教作者，伊里奈乌（Irenaeus）在2世纪的著作中告诉我们：一位名叫马库斯的诺斯替派教徒宣称，他充满着神恩的神灵——他也是一位春药的调制专家——成功地诱惑了许多基督教妇女。

遍及所有诺斯替教派的一种独特的教旨以想象的物质、精神两重性为基础。诺斯替教徒们宣扬物质在本质上是罪恶的，只有精神是好的。这一学说由摩尼（Mani）十分系统地提了出来。他是一位波斯先知，其信仰（摩尼教）传播东至中国，西到地中海国家。摩尼宣扬说，宇宙由两位造物神创造，一位好神，一位恶神；一位是精神的创造者，一位是物质的创造者。这一学说显然与《旧约》对创世的描述相矛盾，也的确与基督教修道主义观点相悖。基督教徒——如这里的新柏拉图主义者——宣扬道，身体应该得到驯服，从而使精神的自由达到最大限度，却没说身体本身在本质上是罪恶的。同样，诺斯替教对精神优越性的强调对一些基督徒很有吸引力。对诺斯替教徒来说，他们很乐意在自己宗教的酿造中掺入一些基督教的精华，于是各种形式的基督诺斯替教产生了。阻止基督徒的主体被卷入任何此类宗教调和论的，是他们强烈的自我认知，是他们对自己身为一个特殊群体的认识，这个群体依照权威使徒遗传下来的信念而生活着。

尽管基督教作者们不能一以贯之地主张，物质性的肉体本质上就是罪恶（因为基督曾以一个人的肉体出现），但他们确实强调，肉体的驱动应该屈服于最大限度的精神自由。为了反抗异教社会的放荡——正如他们所见——早期基督教作家们经常宣扬严厉的禁欲主义理想，尤其是关于性行为。这一态度影响了他们关于妇女在教会中的作用的观点。这里，强调自有侧重，主题却有某些共同之处。早期基督教护教士将婚姻接受为基督教妇女的合法选择，以及确实作为合法生育孩子的必需选择；但是，他们将童贞看作生命的更高状态而加以理想化。有一位教父认定，只有婚姻中的性行为才是正当的，因为它导致更多童贞女的产生。圣安布罗斯敏锐地写道："别让选择婚姻者轻视童贞，或者别让选择童贞者谴责婚姻。"可是，有时称颂童贞的著述转变为对未可证实的婚姻之罪恶的辱骂；而且，因为事实上当时绝大多数基督教妇女都是结婚的，故此类作品可能就表现出厌恶女人的丑陋论调。

然而，这类作品并不仅反映教会中妇女地位的实际状况。通常已婚妇女的皈依导致她们的家庭接受基督教信仰。在日常实践中，作为女执事，妇女参与到早期基督教的服务中，管理对穷人的慈善事务和指导新的女皈依者。在更具英雄色彩的方面，我们发现许多妇女——有时为已婚妇女——列名于那些最著名和最受人尊敬的殉教者之中,在教会的早期阶段他/她们为了信仰而献出了生命。那些女性圣徒的《传记》(Lives)在中世纪一直作为基督徒美德的楷模而被研究。其中有些名字——Felicity, Perpetua, Agatha, Lucy, Agnes, Cecilia——在罗马教会的礼拜仪式中从中世纪一直保留到现在。

7. 基督教与罗马国家

　　社团的认同感以及与异教社会的距离感有助于基督教的幸存,但也正是与罗马帝国政府冲突的主要原因。罗马政府对正在成长的基督教所持态度,从勉强容忍到野蛮迫害,变化多端。通常,帝国政府泰然地容忍在帝国内成长起来的各式各样、稀奇古怪的宗教生活,基督也没有指引他的追随者去攻击政府当局。实际上,他说过,"属于恺撒的东西要归恺撒"。但基督教徒们,和犹太人一样,拒绝把皇帝作为神来崇拜,似乎威胁了国家的统一。也有其他一些原因可以认为基督教徒们是危险的:他们秘密聚集起来做礼拜。没有一个政府是喜欢秘密集会的,尤其是穷人、平民的集会。而且,基督教徒反对暴力,有时还拒绝在罗马军队中服役。对一个四面都是敌人的政府来说,传播这样的信仰是危险的。从尼禄(Nero,54—68年在位)统治时期起,基督教徒屡屡遭到迫害。这些迫害并没有得到预期的效果,因为,尽管有时候迫害既野蛮又残酷,却从来没有维持很久,不足以消灭全部基督教徒。相反,迫害所造就的殉教者给幸存者提供了英雄榜样,并鼓舞了他们。

　　最后一次大迫害是在303年由戴克里先发起的。基督教命运的戏剧性变化,随着君士坦丁皇帝的执政而到来。在他的统治下,基督教由原来受迫害的教派转而成为罗马政府偏爱的宗教。基督教主教尤西比厄斯(Eusebius)留下了一则有关君士坦丁皈依的故事,他宣称,这是皇帝本人亲自告诉他的。按照这个描述,当君士坦丁着手准备米尔维安桥决定性战役的出征行动时,他做了一个梦。在梦中,他被告知,把士兵派往战场,由一面带有基督教标志的军旗率领。他服从了这一启示,结果取得了辉煌的胜利。[1] 故事中还有其他一些描述,但是它们都把奇迹般的梦或梦幻叙述为君士坦丁转变的原因。现代历史学家对此传说表示怀疑,并且寻找具体的政治原因来解释君士坦丁最终对基督教的采纳。但是,要理解他的动机却很困难。当时基督教并不普及,在帝国的总人口中,只占极少数——大概25%在罗马帝国东部,在罗马帝国西部的比例还要小得多——在君士坦丁政权赖以存在的军队中更是微乎其微。问题的另一方面是,在新近的迫害中,基督教徒们显示出了不起的力量和恢复能力,他们是

---

[1] 《资料》,no.6。

个团结的组织。对一个新政权来说,来自这一组织的支持会是有价值的。君士坦丁对此的认知达到何种程度,我们不得而知。总而言之,很显然地由于梦后成功的战役,皇帝变得完全信服了,他认为基督的上帝是一个需要讨好的真正的、强大的神。我们不妨怀疑,他在当时或者以后,是否真正理解了基督教教义或基督教伦理观。

313年,君士坦丁与东部皇帝李锡尼(Licinius)联合发布了一项法令,宣布宽恕帝国内的所有宗教,包括基督教。[1] 该法令用极谨慎的中立词语表达道:"对基督教徒和所有的人,我们颁令:授予每人自由权力,去信仰他所选择的任何宗教,这样无论存在什么神,他们都会仁慈地向我们靠拢。"以后,君士坦丁更加公开地参与基督教,宣称他是由"上帝带至这一信仰,并成为这一信仰成功的工具"。除了尤利安以外,他所有的继任人都是基督教徒。尤利安(Julian,361—363年在位)在其短暂的统治中,极力想恢复异教。基督教很快成为帝国的主要宗教。起先,旧时异教国家的宗教允许与基督教同时并存,而格拉提安(Gratian,375—383年在位)皇帝没收了异教寺庙的捐资,而狄奥多西一世(Theodosius I,379—395年在位)最后通过法律禁止旧教崇拜。在以后的世纪里,帝国的大多数居民至少都成了名义上的基督教徒。

作为帝国的法定教派,基督教从帝国政府那里获得了特权。他们有权利接受遗产——对一个永恒的社团来说,这是一个至关重要的特权,其神职人员被免除纳税。当基督教徒们还是一个受迫害的教派时,他们曾试图避开帝国法庭,通过主教们的仲裁来解决他们的争端。自承认基督教以后,法律允许主教在民事争端中充当法官,如果基督教徒是争端中的一方的话。另外,这一教派得到教堂庇护权,这是比较重要的教堂都拥有的。总而言之,这一教派成了享有某些政府权力的特权社团。在君士坦丁改宗以后,此教会也开始获得一个更加有组织的行政管理体系及教会管理机构。管理机构的发展与民事政府机构极相似,尤其在较低的层级上。起先,基督教的主教辖区一般与罗马的"城市"相一致。在4世纪,每个省的主教辖区都被聚集在一个大主教之下。因此,法国中世纪的教会地图极精确地显示出古罗马省份和城市的疆域。有时候一个主教管区的职权低于一个大都市,然而,对整个教会来说,没有一个中央管理机构比得上帝国的官僚制度,尽管特殊的尊严和荣耀被授给了四大城市的主教们——罗马、耶路撒冷、亚历山大和安条克。君士坦丁堡是在4世纪加入这一挑选出来的城市群的。这些城市的教会们都宣称,他们是由耶稣派遣的最初的使徒创建的。在他们中间,罗马教会声言自己有特殊地位,这不仅因为它是由耶稣门徒彼得所创建,而且还因为罗马城是帝国的古都。

---

[1]《资料》,no.7。

罗马城乔丹尼陵寝中的壁画
展示出一位基督徒——或许是死者本人——正在恳求神助。画中描绘了一位举着双手在做祈祷的形象,这是基督徒们采用的一种起源于希腊的图形。地下墓穴在许多地方被许多宗教团体用作坟墓,那些在罗马城的基督徒墓穴规模最大。罗马城外是60多英里长的美术陈列馆,其中有50多万座坟墓被发掘。*Leonard von Matt/Photo Researchers*

皇帝皈依基督教明显地给教会带来了许多新的机会,但也带来了许多新的问题,包括甚至从4世纪以来西方社会中就已存在的一个问题——教会和政府的问题。还在教会从政府那儿最想要得到的东西是从迫害中解脱出来时起,这一问题就产生了。和一位基督教皇帝在一起,情况就极不一样。君士坦丁与他的继任者都是专制性格的人;他们使自己成为教会的拥护者,但反过来也期望主教们的所作所为能像帝国政府的忠实仆人。皇帝将为真正的信仰辩护,但这意味着,如果在基督教徒中间出现争端,将由他决定为哪个信仰辩护。当恺撒把自己作为基督教最重要的朋友时,很难对"属于恺撒的东西"划定任何界线。

这些问题一下子就显露出来是因为,当罗马政府改宗基督教之时,正好基督教本身在信仰的一个基本问题上发生严重的分歧。引起争论的是"阿里乌教派"(Arianism),它是以此教派的创始人阿里乌斯(Arius)的名字命名的。阿里乌斯是亚历山大教会的一名神父。阿里乌斯用否认其神性的方法,向基督教三位一体中圣子的地位提出挑战。对阿里乌斯来说,圣子,即"道"(logos),并非自始便存在,而是由独一无二的上帝创造的,唯这上帝是永存的。基督是上帝最高级的创造物,但他仍然是由上帝创造的。在随之而起的争议中,对此观点的辩论变得几乎不可思议的复杂,但在原则上仍不难理解阿里乌斯的学说为什么在教会中会产生如此巨大的骚动。几乎不可能有更加基本的有关基督教的神学问题存在,如果教会在4世纪就承认基督不是真正的神,那么整个基督教信仰必将发展成与实际上已存续数世纪的历史上的宗教完全不同的东西。

阿里乌斯的学说迅速遭到亚历山大主教的谴责;但阿里乌斯是一位善辩、有说服力的争论之士,并且他开始获得其他许多主教的支持。324年当君士坦丁成为东部帝国的主宰时,他发现自己的新省份中充斥着宗教争端。君士坦丁决定要马上解决这种争执,他把所有的基督教主教召集起来,一起讨论这个问题。在此之前,主教们的大公会议都是在当地召开的。通过向全体主教发出邀请,并让他们享用帝国邮政机构的旅途设施,君士坦丁建立了一个新的宗教管理机构——大公会议(general council)。

第一次这样的会议,即"尼西亚大公会议"(Council of Nicea)于公元325年召开,产生出对教义的解说,此教义谴责了阿里乌教派并宣称圣子"与圣父同性同体"。此语后来被编入《尼西亚信经》。《尼西亚信经》自4世纪以来一直被大多数基督教派作为正教的检验标准。然而尼西亚会议的决定并非一下子就普遍地为大家所接受,东部许多主教不赞成尼西亚的专门术语,并且在这次初步的挫折以后,阿里乌斯的信徒们又一次开始制造争端。到330年,他们说服了帝国法庭;阿里乌斯的最大反对者,亚历山大的亚大纳西(Athanasius)主教被放逐到了高卢。

君士坦丁的儿子,君士坦提乌斯二世(Constantius II,337—361年在位)继续实施对阿里乌斯的政策。亚大纳西又从主教位置上被放逐在外——他在337年君士坦丁去世后,被准许回到亚历山大。阿里乌派的主教们又被硬塞进了整个东罗马的教会。亚大纳西本人游历到意大利,他在罗马主教中找到了一位强有力的同盟者,教皇尤利乌斯一世(Julius I,338—352年在位)。君士坦提乌斯二世起先只是东罗马的皇帝,在351年也成了西罗马的主宰。此时,宗教的争论出现了新的转折。尽管西罗马的主教们几乎毫无异议地反对阿里乌教派,但君士坦提乌斯二世期望他们能够理所当然地接受帝国的信仰。他先在阿尔勒斯(Arles)后在米兰召集宗教会议,命令所有到会的人同意对亚大纳西的指责。恺撒当局第一次受到挑战:基督教主要的主教们对在位的基督教皇帝提出了尖锐的指责。他们提出,皇帝不仅在信仰上正犯着错误,而且他根本无权干涉信仰的事情。科尔多瓦(Cordoba)的霍休斯(Hosius)主教写道:"你在有关神圣事业的机构中没有权威。"普瓦捷(Poitiers)的希拉里(Hilary)主教称皇帝为"反基督的君士坦提乌斯"。然而,被召集到皇帝面前的大多数主教们,只是勉强同意对亚大纳西的谴责。一些拒绝同意的人被流放,他们中间有:霍休斯、希拉里及罗马主教利贝里乌斯(Liberius,352—366年在位)。

　　阿里乌教派的问题最后在狄奥多西一世(Theodosius I,379—395年在位)的统治下得到了解决。他支持尼西亚信仰。他召集了另外一次主教会议,即君士坦丁堡大公会议(the Council of Constantinople,381)——以后被认作是一次全会——这次会议重申了尼西亚会议的教义。部分地是由于帝国的强制,这个教义最终不但在西罗马而且在东罗马被接受。在这一争执过程中,区别教会和政府行为范围的原则,得到了强有力的维护,这对西罗马社会的前途至关紧要。另外一点也意义深远,即这一争论最终按照皇帝的意志,在东罗马得到解决。

8. 教父时代——哲罗姆、安布罗斯、奥古斯丁

　　在4世纪中叶,基督教新文化和异教旧文化在罗马帝国内并肩共存,不断地相互影响。异教的拉丁传统已不再有创造性,其最有吸引力的倡导者,是有学问的、宽容的、有教养的人士,但他们不过是枯燥乏味的作家。相对来说,新的基督教作家似乎有些狂热、生硬、思想褊狭——但他们的作品中充满着新颖的生活景象,这些东西将在以后的千余年里对西方世界的思想产生影响。在最初的三个世纪里,大多数最伟大的基督教思想家用希腊文写作。但在4世纪后半叶,出现了三位伟大的拉丁文作家——哲罗姆、安布罗斯和奥古斯丁,他们的作品决定性地塑造了西方基督教的传统,此传统为中世纪教会所继承。与此同时,拉丁文取代了希腊文成为罗马城基督教团体的宗教仪式的语言。

老护教学专家的工作现在不得不在一群新基督教徒中继续下去,其中许多人都是老于世故的知识分子,如果要给予他们有说服力的教育,那就有必要把古典文学、古典法律,尤其是古典哲学中有价值的东西,吸收到基督教文化中去。

长期以来,基督教思想家一直觉得,接受异教的拉丁文学要比接受异教的希腊哲学更为不易。这个问题——为基督教目的服务而做的拉丁文学研究——是圣哲罗姆(St. Jerome,345—420)特别关心的一个问题。在罗马研究文学以后,哲罗姆在安条克生活了一段时间,能流利自如地使用希腊语和希伯来语。他使自己成为当时最有学问的人之一,也是一位卓越的文体批评家,拉丁讽刺散文大师。然而,他对自己的文学技巧持有怀疑,这种情况在许多早期基督教作家中是有代表性的。哲罗姆有一次做了一个梦,在梦中他受到上帝的指责:"你与其说是一个基督徒,不如说是一个精通西塞罗作品的人。"稍晚些时候,圣奥古斯丁悲叹道,他把青春浪费在研究异教诗人的"淫秽传说"之中了。580年,教皇格列高利一世(Gregory I)极力指责维埃纳(Vienne)主教竟敢开创拉丁文学学派。甚至到10世纪,克鲁尼(Cluny)的奥多(Odo)修道院院长还把维吉尔的诗歌比作一个外似精致的花瓶,而里面却装满了丑陋地扭曲着的毒蛇。有一千多年的时间,人们不能摆脱这种恐惧,认为对具有诱惑的异教文学从事研究,或许会构成对一位基督徒信仰的诱惑。幸运的是,他们常常允许自己受此诱惑。

哲罗姆通过改编《旧约》的经文,独自解决这个问题。《旧约·申命记》判定道:一个犹太人可以与一名行过适当的洁身礼之后的外国妇女结婚。所以,哲罗姆宣称,异教雄辩术也能够被一位基督徒学者所净化,而后应用于真正的基督教信仰的服务中。[1] 哲罗姆十分喜欢对《圣经》经文的这一类比喻性解释,而他的作品有助于这一技巧在后世作家中普及。

382年,哲罗姆作为达马苏斯(Damasus)教皇的干事回到罗马,他对弊端勇于批评而为自己赢得了名声,这些弊端正悄悄爬进当时的基督教社会。哲罗姆向罗马人宣扬极度的禁欲主义。他本人过着独身生活,把结婚视为极端低级的生活方式,认为它几乎不能为基督徒所容忍。妇女是他抨击最凶猛、最刻毒的靶子;但是对哲罗姆来说,几乎罗马的整个基督教社会都染上了利欲心。他在一封信中写道:

> 对于压垮我们所拥有的智能的酒池肉林我没什么可说。谈论到我们无数的拜访,每天去他人家中,或等待他人来我们家中,我感到害臊。客人

---

[1] 《资料》,no.8。

到达，谈话开始：一场轻松的会谈在进行着，我们无情地抨击那些不在场的人，他人的生活得到了详尽的描写，我们咬别人，反过来也被人咬……我们不记得"福音"中的话："无知的人哪，今夜必要你的灵魂。"……我们买衣服，不单单为了使用，而且为了炫耀。当我们看到一个赚钱的机会，我们加快步伐，我们谈话迅速，我们竖起耳朵。

类似的作品使哲罗姆在罗马很不得人心。385年，当他的庇护人达马苏斯教皇死后，他觉得离开首都是上策，便前往"圣地"旅行，在伯利恒（Bethlehem）定居下来。即使在伯利恒，哲罗姆也不能放弃对激烈的神学争论的兴趣，不忘操演他那尖酸刻薄的才智，尽管这样会得罪基督徒同伴。但是有30年之久的时间，他主要致力于《圣经》经文的解释和翻译这一伟大的建设性任务。当时存在的拉丁文版《旧约》和《新约》不够完美，于是哲罗姆致力于出版一整套拉丁文版《圣经》，以当时能得到的最好的希腊文和希伯来文原稿为基础。

哲罗姆的翻译是一部杰作，并作为《圣经》的标准版本而普遍地为罗马教会所接受。它从此以"Vulgate"（《拉丁通行本圣经》）而著称，或者更常见的是，径直被称为"文本"（text）。哲罗姆的《圣经》并非是维吉尔诗歌的临摹，也不是西塞罗散文的临摹，尽管没有人会比哲罗姆更沉迷于这种学术上的练习。他的成就要大得多：他吸收了自己所处时代罗马基督教团体的生活语言，并显示出这种语言怎样才能用以创作伟大的文学作品。他的拉丁文《圣经》对中世纪作家的影响至少如英王詹姆斯（King James）《钦定圣经》对17世纪英语作品的影响一样。

哲罗姆显示出拉丁文学传统怎样能被基督教作家改编以有效地使用。他的同代人安布罗斯（Ambrose，约340—397）更沉浸于罗马的司法传统。安布罗斯的父亲曾是高卢的军事执政官，他步父亲的后尘，进入帝国行政机构并擢升为意大利北部艾米利亚（Emilia）省的总督。370年，米兰的主教职位有了空缺，于是人民大声疾呼，要安布罗斯——他们的总督——当他们的主教。经过一阵犹豫以后，他接受了。在选为主教以前，安布罗斯曾是一名善良的、注重实际的基督徒，但正是在接受圣职的任命以后，他才认真地转向对神学的研究。尽管他变成一位很有才干的神学家，却不是一位有显著独创性的人。安布罗斯的兴趣与其说是纯理论性的，倒不如说是有关主教职务的履行。他的许多神学的论文出自于他对米兰人民的讲道，他本人对教堂音乐也极感兴趣，并为神圣礼拜式上唱的赞美诗作词谱曲。安布罗斯还把交互轮唱的形式——由唱诗班和会众交替进行的短诗节的吟唱——传入米兰教堂，此形式被整个西部教会所采纳。

安布罗斯撰写的最有影响的书籍之一，是一本论述主教管区行政机构的实用性论文,这代表着他实事求是的性格。西塞罗曾写过一本关于道德责任的书《论义务》(*De Officiis*)。安布罗斯写了一本具有类似标题的书《论职务》(*De Officiis Ministrorum*),它把西塞罗的某些斯多噶学派道德观与教士的职责和责任的论述合并起来。书中许多地方谈到道德劝诫,也有许多地方谈及实际问题,比如主教管区收入的正确使用。安布罗斯较详细地研究了都市的贫穷问题,他写道,主教必须亲自过问穷人的饮食。任何基督徒因人们的疏于照顾而不幸死亡,都是一桩可耻的事情。但是仅仅一味地分发赈济,仍是不够的;个别情形必然要特别调查。负责管理穷人救济品的教会执事将辨别谁是需要长期资助的老人及病人和谁是能够自力更生的年轻人及健康者。孤儿必须受到教育,穷人的女儿需要嫁妆。教会执事还得留神隐匿贫穷的情形,因为那些一度小康而后来败落的人,对他们的处境或许会感到羞耻,于是宁愿忍受贫困而不去要求他们所需要的帮助。这种情形将受到特别的同情和照顾。安布罗斯这种人道的、切合实际的方案被抄入12世纪的天主教教会法中,构成了中世纪济贫法的基础。

4世纪末,米兰城是西部帝国政府的所在地,其主教经常与帝国的政府当局有联系。在与他们打交道时,安布罗斯继承了希拉里和霍休斯的传统,亦即坚定地反对君士坦提乌斯二世的作风。作为一名地道的罗马行政官,安布罗斯对作为社团的教会有一种强烈的意识,这种教会对正常秩序有其固有的原则,有自己的办事机构以实施那些原则。与这些信念相一致,安布罗斯有力地捍卫了教会在宗教中的独立权,长期不懈地顶住了帝国想支配教会政策的企图。"宫殿属于皇帝",他写道,"教会属于教士"。在一个引人注目的句子中,又说道:"皇帝在教会之中,不在教会之上。"有一次,狄奥多西一世下令在帖撒罗尼迦市(Thessalonica)进行大屠杀。狄奥多西是一位强有力的统治者,并且是一位出名的基督信仰的捍卫者。然而安布罗斯认为大屠杀是残忍的、有罪的,他尖锐地指责皇帝:"你是一个人,诱惑降到了你身上,你应该征服它。"狄奥多西起先对安布罗斯的干涉感到不满,他认为这纯粹是一件政治事件,但是最终他接受了这个指责,并在米兰的大教堂里做了公开的忏悔。这一事件在以后教会和政府的冲突中经常被提到。[1]

在这一时代——最伟大的时代之一——罗马教会中最伟大的基督教哲学家是希波(Hippo)的圣奥古斯丁(St. Augustine, 350—430)。他出生在非洲的努米地亚(Numidia)省,是一个异教徒的儿子,母亲是基督教徒。年轻时,奥古斯丁在迦太基的学校学习修辞学;许多年以后,他在《忏悔录》(*Confessions*)中写道,正是在那里他使自己过着一种堕落、放纵的生活。"来到迦太基学校,使我成为……一口爱好邪恶的大锅。"奥古斯丁不能在这种生活方式中找到持

---

[1]《资料》, no. 7。

久的满足。在整个学生时代里,他一直为不能了解生命中的根本意义和目的而苦恼。首先折磨他的是邪恶问题,极有秩序的宇宙中的信仰怎么能与从他身边所见到的明显的罪恶和残忍和谐相处呢?基督教对奥古斯丁来说似乎仅仅是一种低级的迷信。他曾一度以摩尼教自娱,这是一种东方学说,宣扬宇宙间有两个力量存在,一是仁慈的,一是邪恶的。奥古斯丁从这一信仰转向新柏拉图主义的学说,此学说认为:存在着一种永恒的灵光,它是万物之源。按照这一学说,罪恶并非是一种实在的力量,它仅仅是灵光和仁慈缺乏时的表现。

奥古斯丁的思想仍未找到寄托,但他的事业却获得了成功;他变成了修辞学的专家。他的专业使他首先来到罗马,然后,于384年来到了米兰。在那里,他听到了安布罗斯的传道。显然,他第一次想到了这个观点,即基督教在理智上或许是应受尊重的。正当他在考虑这一新的见识时,他经历了一次意外的戏剧性转化,这对他来说似乎是直接来自上帝的召唤。[1] 自那以后,他把基督教学说作为生活的真理,与其相比较,柏拉图主义者的见识只是理性的、不切实际的观念。"柏拉图主义者看到了真理,"他写道:"但他们是从远处看到的。"对奥古斯丁来说,自他皈依以后,基督教的上帝是一个活生生的真实存在。起初,上帝创造了整个宇宙并看到这个宇宙是美好的。人们因滥用自由意志而对上帝感到厌恶的后果是显而易见的罪恶,犹如奥古斯丁本人在年轻时的所作所为一样。

因此,奥古斯丁的生活经历把他带向一种信仰,即信仰上帝的全能和仁慈;带向对万恶之源的人类罪孽的强烈厌恶;带向一种对上帝在救赎罪人时的宽厚、仁慈的非常迫切的意识。他回到了非洲,并在390年成为希波城的主教,并将其所见所闻倾注在一大批作品中——有关所有神学和道德问题的布道、书信、论文——这些作品在整个中世纪都受到研究。奥古斯丁的信念变成中世纪学校的标准教义,这信念就是,哲学能够使人部分地理解真理,但需要得到神的启示才能补足。他那有关命运、恩宠、自由意志及罪恶起源的说教,形成了中世纪神学的整个中心传统,对宗教改革运动时期的路德(Luther)和加尔文(Calvin)产生了深刻的影响。

作为一个争论者,奥古斯丁参加了三大争论。因为所有争论都与各种形式的异端有关,而这些异端在整个中世纪都不断出现,所以很容易理解奥古斯丁的作品为什么始终没失去其借鉴性:第一,他攻击了摩尼教徒,反对他们的二元论,指出基督教是一神教。第二,奥古斯丁反对贝拉基派(Pelagians),此派宣称:人能够通过独立行使他本人的自由意志而得到拯救。奥古斯丁的个人经历使他相信,人类的意志如没有上帝恩宠的帮助将是软弱无力的。第三,奥古斯

---

[1]《资料》,no.6。

丁与多纳图派（Donatists）进行了激烈的论战。他们是基督徒的一个教派，主张教会的圣事不能由陷入道德罪孽的神父来管理。在戴克里先迫害时期，许多主教和神父背离了信仰而不是为宗教捐躯。在这些人回到教会以后，有些基督徒拒绝接受他们的宗教服务，多纳图派就是由那些基督徒传下来的。从整体来看，他们在教会中形成了一个少数派，但是他们在非洲却很有势力。奥古斯丁把他们视为气量窄小的盲信者，他们正在把自己置于傲慢的风气之中以反对整个天主教的权威。他们甚至否认上帝通过他所选择的任何方法，甚至是不完善的方法，来分配神的恩赐的绝对权威（"天主教的"[catholic]这个词的意思是普遍的，它被用来区别主张相互交流的基督教主教及信徒的主体和形形色色持异议的教派）。多纳图派和天主教徒间的争论，在许多非洲城市导致频繁的骚乱和街头殴斗。最后，洪诺留（Honorius，395—423年在位）皇帝没收了由多纳图派掌握的教会的财产，并把他们的宗教活动视为非法。奥古斯丁极力支持帝国的这一压制措施。或许他的态度可以理解，然而却是不幸的。他关于多纳图派争端的作品，成为重要基督神学家对宗教迫害的首次辩护。

这些争论作品并没有充分反映奥古斯丁关于基督教和政府问题的周密想法。当然，他绝非认为教会是隶属于世俗政府的或人是隶属于国家的。除了自传性的《忏悔录》以外，他最出名的著作《上帝之城》（*City of God*），就是针对这些问题而发表的。使奥古斯丁开始写作《上帝之城》的直接原因是一场空前的灾难，即哥特人在410年对罗马的劫掠。旧的异教教派的拥护者们必然强调此灾难是由于抛弃古代诸神之故。许多基督教徒也很沮丧，因为自帝国向基督教改宗后，他们逐渐把罗马政府看作是完成神圣的世界计划的必要角色。事实上，自罗马帝国行将消亡以来，对基督徒来说，这是一个危险的谬误。在考虑这些问题时，奥古斯丁不仅创造了有关教会与政府的理论，还创造了整套历史哲学。在这里他看到上帝那拯救人的恩宠正在人们的心灵中起着作用，并一直贯穿在所有短暂的人类帝国的全部盛衰中。奥古斯丁看到数世纪来两个社会一直在竞争以赢得人类的忠诚，亦即上帝之城和世俗之城。上帝之城是那些热爱上帝并将在天堂找到其归宿的人的地方，世俗之城是那些只专心于世俗时事的人的地方。奥古斯丁没有明确地指出上帝之城就是有组织的教会，或者世俗之城即罗马国家；他没有这样明确地指责世俗政府。他认为，没有一个世俗的国家会是一个纯正义的化身。相反，因为人类是腐败的，因此即使是不完善的国家也在为有益的目的服务。强制的政府不得不确确实实地存在，那是因为这么多人把他们的忠诚给了世俗之城；那是因为如果没有受到威力的限制，他们就要抢劫、格斗和残杀。基督徒能够恰当地利用由国家强加的国民秩序，平静地度过自己的一生，但他们的行为并不由国家强制性的规章制度所决定。他们唯

——永恒的忠诚属于上帝之城。[1] 奥古斯丁争辩道,实际上,不管罗马帝国发生了什么事,基督教都能够持续下去。这是一个富有洞察力的见识。奥古斯丁生前见到了罗马文明在北非的毁灭。430年,在他去世的时候,他自己的城市希波正遭受着一支由汪达尔人(Vandals)组成的入侵军队的围攻。

9. 罗马教廷的领导地位:西尔威斯特至利奥一世

罗马要求在所有基督教教会中的首席地位由来已久。对于罗马的优越地位,在圣依纳爵(St. Ignatius,110)和圣伊利奈乌斯(St. Irenaeus,约185)的信件中,曾约略地提到。另一方面,中世纪的教皇要求对所有基督徒在其首席权的基础上实行直接的集中管辖权。这一要求在漫长的历史演变过程中以极缓慢的速度系统地形成。西罗马帝国的最后一个世纪,即伟大的拉丁教父时代,是在这一发展中具有极重要价值的时期。

各种各样的辩论都可用来支持罗马的主张。比如罗马教会是由彼得缔造的,他是传道者的领袖;它是帝国都城的教会;它由许多殉教者的鲜血神圣化了;它维护了使徒时代的信仰,没有被其他教会中兴起的异教邪说所玷污。实际上,在耶稣纪元最初数百年中的争论,随着每个教皇的不同个性而大相径庭。举例来说,西尔威斯特一世(Sylvester I),即君士坦丁皈依时期的教皇,尽管在中世纪产生了有关他的种种神话传说,他却仍然是一个无关重要的人物。相反,他的继承者,尤利乌斯一世(Julius I),在阿里乌派的争论中作为亚大纳西的支持者而扮演重要角色。

宗教会议首次明确承认罗马大主教的管辖权力是在344年。撒狄卡(Sardica,今索菲亚)会议颁布法令:任何一位被当地宗教会议免职的主教可以上诉罗马以求得最后裁决。[2] 君士坦丁堡大公会议批准了罗马的首席权,但补充道,君士坦丁堡的主教位于教皇之下,居第二顺位,"因为君士坦丁堡是新罗马"。教会地位应该以某一主教城市的世俗重要性为基础这个想法,在罗马不受欢迎,因为在那个基础上,君士坦丁堡的主教也许会认为他的地位与罗马的教皇相等,甚至还要高。于是在下一世纪中,一连串能干的教皇们都坚持:他们对整个教会的领导,实质上应建立在圣彼得的继承人这个角色的基础上。他们也对教士领导地位的概念不断赋予法律意义。

关于彼得与罗马教皇权力的教义最初是以三段《圣经》经文为基础的。第一段是《马太福音》16:18—19,它记载了彼得承认基督就是弥赛亚的话语——

---

[1]《资料》,no. 7。

[2]《资料》,no. 16。

"你是基督,永生上帝的儿子"——及基督的回答:

> 所以我告诉你,你是彼得,是磐石,在这磐石上,我要建立我的教会,甚至死亡的权势也不能胜过它。我要给你天国的钥匙,你在地上所禁止的,在天上也要禁止;你在地上所准许的,在天上也要准许。

另外两段重要的经文,一段是《路加福音》22:32。在这里,基督对彼得说,"但是,我已经为你祈求,使你不至于失掉信心"。还有一段是《约翰福音》21:15—17。在这里,基督给彼得下了三重命令,"你喂养我的小羊……你牧养我的羊……你喂养我的羊"。

达马苏斯教皇对君士坦丁堡大公会议的反应是,声称罗马大主教的权力并非根据宗教会议的章程,而是根据基督亲自对彼得说的话。达马苏斯也是第一个把罗马教会称为"宗座"(Apostolic See)的教皇。他的后继者,西利修斯(Siricius,384—389年在位)宣称说,彼得的神灵继续活在罗马主教中间。他还广泛地写信给高卢、西班牙和非洲的主教,试图强制实行统一的宗教礼仪。幸存至今的第一条罗马教皇的法令正出于他那个时代。英诺森一世(Innocent I,402—417年在位)重复了西利修斯的教义,并企图在一个牵涉君士坦丁堡主教本人的案件中行使罗马教皇的司法权。该主教,圣约翰·克里索斯顿(St. John Chrysostom,约347—407)被一主教大公会议罢黜,并被阿卡狄乌斯皇帝(Arcadius,395—408年在位)流放。英诺森宣布这个判决是不公正的,把约翰的继承人逐出教会,拒绝恢复与君士坦丁堡教会的交往直至约翰被恢复名誉(此时,这位圣徒本人已在流放中死去)。

5世纪最伟大的罗马教皇是利奥一世(Leo I,440—461年在位),他如此重要不仅是因为他对当时事件的影响,而且是因为他对罗马教皇权威关乎彼得的理论有着极清楚、有系统的阐述。像他同时代许多伟大的罗马教皇一样,他出生于老式罗马贵族世家,他那井井有条的行政管理天才把他带上罗马教皇的职位,而行政管理才能曾是罗马国家领导人的特征。在利奥的教皇任期内,帝国在意大利的权威正日趋衰落,而罗马主教此时在罗马的公民事务中成为一个重要人物。特别是有一桩事实证明了这点,即当蛮族军队入侵意大利时,利奥一世有两次在与他们的首领谈判时扮演重要角色。一次是在453年,他与匈奴人讨价还价,有效地避免了对罗马的进攻;另一次是在455年,与汪达尔人的交涉。

利奥也决定性地干涉了5世纪最大的神学争论。阿里乌派异端刚被压制住,新的争端又发生了。尼西亚大公会议(The Council of Nicea,325)决定了基督是真正的上帝,可是新的问题又提了出来,有人询问他是否真是一个人,神和人性怎么能存在于同一个人身上。聂斯托利（Nestorius）是安条克的神父,于428年成为君士坦丁堡的主教。他坚持基督身上两种本性的明显区别,并且倾向于强调人的成分。他那独特的学说就是:玛利亚,这位耶稣的母亲,是人耶稣的母亲而不是上帝耶稣的母亲。这一学说遭到亚历山大那位得到当时教皇支持的圣西里尔（St. Cyril,约376—444）的尖锐攻击,并在以弗所的大公会议（the Council of Ephesus,431）上遭受谴责。称呼玛利亚为"上帝之母"的传统惯用语句再次得到肯定,而聂斯托利则被流放。与此同时,许多聂斯托利派分子离开了帝国,到波斯定居;最后他们遍及整个亚洲,甚至在中国也建立了聂斯托利教会。

在帝国内部,对聂斯托利的免职并没有结束他所挑起的争端。亚历山大主教西里尔的后继者狄奥斯科洛斯（Dioscoros）用某种形式发展了西里尔的学说。狄奥斯科洛斯把基督身上人的成分降低到这样一种程度,即强调基督只拥有单一的本性,也就是说,拥有一种神的本性（这一学说被称为"基督一性论",即 Monophysitism,源于希腊语,意即"一种本性"）。利奥在一篇叫作《大卷》（Tome）的论文中谴责狄奥斯科洛斯的学说。此书用简洁易懂的拉丁文阐述了罗马信仰,即基督是一个拥有两种本性的人:神性和人性。正如以后的惯说,他既是一位真正的神,也是一位真正的人。449年,在以弗所召开了第二次大公会议,但参加者甚少。而在亚历山大反倒汇集了一伙人开会,会议由狄奥斯科洛斯主持,皇帝狄奥多西二世（Theodosius II,408—450年在位）也支持了它的各种决定。教皇利奥非常愤慨,称这次集会为"不是一次大公会议,而是一个强盗的巢穴"。此会议至今仍以"强盗的宗教会议"而著称。

由于皇帝的换代,教皇才得以挽救了这一形势。狄奥多西二世死于450年,由马西安（Marcian,450—457年在位）继任。他在信仰上恰巧是一个强烈的天主教徒。与教皇达成协议后,马西安召集了一次新的宗教大会,于451年在查尔西顿（Chalcedon）召开。在这里,利奥的《大卷》被认可为对正统信仰的权威解释。会议的教父们宣布"彼得通过利奥讲话"。查尔西顿大公会议获得了伟大的成就,它使希腊和拉丁教会再度认同同一个信仰,但是,由另一个观点来看,此一大公会议也导致基督教世界不可避免的派系分裂。埃及的教会仍然强调基督一性论。如前所言,许多聂斯托利派信徒拒绝接受官方的说法,而追随其领袖逃亡他地。他们先定居在波斯,然后散播至中亚,甚至远至中国建立教会。因此,我们将要探讨的西方教会,仅仅只是所有基督教会历史中的一部分而已。

对罗马教皇的权力来说,查尔西顿的决定是一次重大的胜利。但利奥的成功不应该被夸大,东罗马主教们赞同罗马教皇的学说,部分原因是因为皇帝要他们这样做。如果皇帝的政策改变,许多主教也准备改变。此外,他们在解决了教义上问题以后,还着手颁布一条严格的教规,就是把如同罗马教会在西方各地拥有的最高司法权力交给君士坦丁堡教会,使君士坦丁堡教会在东方各地亦享有最高司法权力。利奥拒绝批准这一教规。

对于利奥权力的基础,他坚持认为他是圣彼得的"后嗣",认为基督任命彼得为整个宇宙教会的首领。利奥相信,所有主教都是使徒的继承人,拥有基督最初给他们的权力。这是当时的共同信念。但利奥也认为,所有其他使徒都已从属于彼得,因此,所有主教都是从属于继承了彼得在罗马的主教职位的罗马教皇。(他写道,亚历山大的主教只是使徒马可[Mark]的继承人,因此他必须听从于彼得的继承人)按照利奥的理论,罗马教皇的权力并不取决于各个教皇的个人才能。他意识到教皇不能要求继承彼得的个人功绩;但他坚持认为,作为彼得的后嗣,他们能够并且已继承了彼得从基督那儿得到的最高管理机构的职责。

在罗马帝国后期的社会中,教皇权力的兴起以及生机勃勃的拉丁神学的同时发展,对文化、宗教领域有着重要的含义。在辩论基督教信仰的教义时,希腊语可以体现哲学话语中几乎所有的微妙之处。反映整个罗马传统的拉丁语则更适用于讨论法律、伦理学以及行政机关和政府的实际问题。在对阿里乌派和基督一性论的初步争论以后,东部教会对教义继续产生出无数精炼之物,始终想用更多的哲学精确性来解释基督教信仰的基本条款。罗马教会通常支持对传统阐述的坚定信奉,甚至当那些阐述不能很容易地用哲学词语来辩护时也是如此。对希腊人来说,罗马的主教们似乎(有时是正确的)正在努力为复杂的神学问题征集答案,但却根本没有明白这些争论的重点。对罗马人来说,似乎希腊人甘愿危及基督教信仰中最基本的真理,以便纵情享受在哲学上做一种无益而琐细的分析。在这些辩论过程中,希腊教会通常显示出它愿意在宗教事务中接受帝国管理机构的统治,犹如它在其他事务中所做的一样。罗马教会经常傲慢地抵触得到支持的学说,认为它们是偏离传统信仰的东西。西罗马各教会越来越把罗马的主教作为它们自然的拥护对象和领袖。在东罗马,罗马对首席司法权的要求不时被否定,充其量也不过是被勉强地接受。值得注意的是,西方只有一个使徒传教地——罗马,而在东方却有四处——安条克、亚历山大、耶路撒冷和君士坦丁堡。东方教会的传统总是比西方教会更复杂、更多样化。

教廷在西罗马的兴起以及希腊和拉丁教会的逐渐分离,在中世纪欧洲历史的发展中,具有决定性的重要意义。我们已经看到,东半帝国与西半帝国在其政治与经济结构上各不相同。在蛮族入侵时期,他们在宗教上也开始分道扬镳了。

10. 早期修道主义

4世纪时，加入教会的皈依者的狂潮给教会领导者带来新的责任。一个问题是如何维持基督教传统的独特性，以避免其轻易地为大众文化所吸纳。正当此时，修道主义——抛弃尘世而在荒野中追求完美的生活——成为教会生活中的一个重要运动。修道生活的最初形式出现在东地中海世界。在教会历史上，很早就有狂热的基督徒抛弃其同伴，去往人迹罕至的地方过着隐士的生活。除了必不可少的食物和衣物，他们在祈祷与沉思中孤独地度过时光。所有人都过着俭朴与禁欲的生活。有些人忍受着严酷的禁食和自我体罚的鞭笞。另一些人则发展出更为独创的禁欲形式，正如著名的"柱上苦行者圣西蒙"（St. Simon the Stylite）所为，其人在一根柱子的顶部生活许多年。当基督教被承认为国教从而驱使许多基督徒对罗马世界的准则做出某种程度的妥协时，极端狂热分子们则越来越转向隐士的禁欲生活。

4世纪早期，在生活在埃及的许多隐士之中，出现了两位有影响的领袖：圣安东尼（St. Anthony，死于356年）和圣帕科米乌斯（St. Pachomius，约290—346）。经由其强烈的禁欲苦行，安东尼赢得了神圣的伟大声誉，而且吸引追随者们定居沙漠之中以靠近他而生活。他们仍然过的是独居的生活，为祈祷或者为倾听安东尼的教诲才偶尔聚集到一起。圣帕科米乌斯是修道院修行制度，即有组织的修士社团生活的创立者。他在大规模的修道社团中组织了成千上万的埃及基督徒，还为他们写下一份规章，特别强调服从的美德。修士们被要求完全服从其监管者；继而修道监管人员从属于地方主教。圣帕科米乌斯也相信手工劳动应该是修道院生活的必备要素。其追随者被组织于劳动团体之中，鼓励其尽可能多地生产。超出他们的简单需求之外的任何剩余都给予穷人。

约公元360年，圣巴西尔（St. Basil）进一步发展了帕米科乌斯的观念。他相信劳作和团契（fellowship）都是完美基督徒生活的必需，但是他没有如埃及修士们那样，较多地强调禁欲主义的个体行为。修士们一起居住，一起进食，一起劳动，一起祈祷。献身于艰苦的劳动并与他人共同生活，通过建立这一简单、贞节、俭朴的生活观念，圣巴西尔成为东部教会的基督教修道院制度的真正创立者。

修道院制度被阿里乌派的最大反对者圣亚大纳西（St. Athanasius）在其流放高卢期间（约340年）推行到西部教会。亚大纳西是亚历山大的主教，因此他推广到帝国西部的正是极端禁欲主义和肉体苦行的埃及观念。高卢地区修道院制度的两个主要创建者，图尔的圣马丁（St. Martin of Tours，约316—397）和圣约翰·卡西安（St. John Cassian，约360—432）也受到埃及模式，尤其是帕卡米乌斯的榜样的影响。如同埃及修士,马丁和约翰·卡西安的追随者们也离开城市而生活在荒原。但是高卢的条件与埃及不同。对当地基督教居民来说,埃及修士都是英雄;柱上苦行者圣西蒙在其柱子上似乎并不缺少崇拜者。而且,埃及的沙漠地区都是人烟稀少的,除非偶尔有基督徒群众从城市来此游览,参观某位最受人爱戴的圣徒表演其独特的苦行。但是,高卢的乡村居住着农民,而且是异教徒农民。因此,在高卢修士们最初就开始承担异教徒的改宗的职责,作为他们修道责任的一个常见构成部分。

奥古斯丁的许多作品中,包括一份为后来修道社团在中世纪重新采用的修道规章。奥古斯丁也鼓励女性社团的组织。而且,事实上,修道妇女的团体已经与男性修道院一道在各地成长起来。哲罗姆的朋友宝拉(Paula),一位罗马富孀,跟随他来到伯利恒,在那里建立起几个修女社团。她担任修女院院长,管理其中一个社团,直至逝世。随后,为其女儿尤西托基乌姆(Eustochium)所继任。在6世纪早期的高卢,大主教阿尔勒斯的恺撒利乌斯(Archbishop Caesarius of Arles)为一个修女团体写了一份规章,其妹妹恺撒利亚(Caesaria)是那里的院长;他还鼓励建立更多的女修道院。

在西方教会最终占据主导的修道生活方式,是由努西亚的圣本笃(St. Benedict of Nursia,约480—543)于6世纪初在意大利创建的。他在罗马与那不勒斯之间的蒙特卡西诺(Monte Cassino)建立起一个修道团体;可能约520年,在那里他为修士们编写了《神圣规章》(*Holy Rule*)(他的妹妹斯科拉斯蒂卡[Scholastica]则担任着附近一个修女院的院长)。相较于埃及修道院制度的模式,本笃会的规章(Benedict's Rule)受节制和平稳的古典理想所激发。本笃修士并不要求沉溺于英雄式的节食或别出心裁的自我折磨式的虐待,但是他被期望过一种艰苦和高度纪律性的生活,以合乎清贫、贞节和顺从的理想。其饮食足够维持健康,但极其简单和节约。规章中内含的节制精神在某些规定饮食的条款中得到表达:

> 正是带着某些踌躇犹豫,由我们来为他人规定每天的食物数量。然而,鉴于虚弱者的(体质)弱点,我们相信每日半升酒对每个人都足够了。况且,上帝赐予其忍受节制能力的那些人要知道,他们将有自己的奖赏。但是,主管者要判断,或者因为情况特殊,或者因为劳动(艰苦),或者因为夏季酷热,是否需要更多(食物);当然无论如何要留意别让饱食和醉酒混入其中。确实我们从阅读中了解到,酒类根本不适合修士们。但是,因为如今不可能使修士们相信这一点,因此,让我们至少认同这一事实:我们吃饱之后再饮酒,但是要节制些。

在由监管者监督的一成不变的一种团体生活中,修士被要求蔑视个体本身的意志和欲望。管理被付托给一位院长,"修道院的父亲"。他由修士们选举产生,此后他却对他们行使完全的家长权威。每个修道院都得到了足够的捐赠土地以维持修道团体。因此本笃修道院是一个能够维持其有规则生活的自足、自治的团体,即便周围社会很可能会四分五裂。

本笃会的规章要求修士将每一日分成劳动的时段和祈祷的时段。为防止懒惰,修士们被要求每天要完成几个小时的手工劳动。但是,很清楚,从一开始,大多数繁重的田间劳动都是由农奴来完成的。"祈祷"或者意指私人的沉思与宗教的阅读,或者指共同的团体礼拜,后者在规章中被特别加以强调。在整个白天和黑夜的习惯间歇中,每 24 小时有 7 次,修士们聚集在一起唱赞美诗和祈祷。本笃将这种仪式性的礼拜——"上帝的工作"——看作团体存在的理由。在提及它时,他这样写道,"别让任何事情优先于对上帝的礼拜"。修士们睡在共同的宿舍,吃在共同的食堂;而且劳动、学习和完成对教会的服务也在一起。不得允许,本笃修士不能离开修道院;他生活且老死于修道院的高墙内。

在随后的诸世纪,本笃会的规章逐渐为整个西欧千百座修道院所采用。而且本笃修士们在早期中世纪文明中发挥了主要的作用。正是因为本笃会诸修道院是自给自足的团体,有其自身的经济资源、内部管理以及有条不紊的日常生活秩序,他们才能够作为基督教文化的孤岛在随之而来的动荡不宁的诸世纪中幸存下来。

进一步阅读书目

* 蒂尔尼:《资料》与《读本》,第一册,nos. 5—8、13、16—17;第二册,nos. 3。

当然,关于早期基督教的最重要的读物是《新约》。"福音"的真实性已在艾伯特·施韦策(Albert Schweitzer)所著的一部古典著作——《探索历史上的耶稣》(*The Quest of the Historical Jesus*)(第三版,纽约,1961)一书中进行了讨论,该书最早于 1906 年出版。新近,这个问题已在鲁滨逊(J. Robinson)的《历史上的耶稣新探讨》(*A New Quest of the Historical Jesus*)(伦敦,1959)和葛伦特(M. Grant)的《耶稣:福音书的一个史家的回顾》(*Jesus: An Historian's Review of the Gospels*)(纽约,1977),以及 * 威尔逊(I. Wilson)的《耶稣:证据》(*Jesus: The Evidence*)(麻省剑桥,1984)中予以重新考虑。有关死海古卷,林伦(H. Ringrenn)的《昆兰的信仰》(*The Faith of Qumran*)(纽约,1995)一书做了很好的介绍。关于两个最伟大的使徒,可以参见卡尔曼(O. Cullmann)的《彼得》(*Peter*)(纽约,1958)和 * 诺克(A. D. Nock)的《圣保罗》(*St. Paul*)(纽约,1963),以及墨菲—奥康娜(J. Murphy-O'Connor)的《保罗》(*Paul*)(牛津,1996)。有关罗马的神秘信仰,参见 * 伯克特(W. Burkert)的《古代神秘巫术》(*Ancient Mystery Cults*)(麻省剑桥,1987);以及 * 楚尔坎(T. Turcan)的《罗马帝国的巫术》(*The Cults of the Roman Empire*)(牛津,1996)。有关基督教和罗马的异教参见福克斯(R. L. Fox)的《异教徒

和基督徒》(Pagans and Christians)(纽约,1986);*麦克慕兰(R. MacMullen)的《罗马帝国的基督教化,100—400 年》(Christianizing the Roman Empire,A. D. 100-400)(纽黑文,1984)。

早期教会最好的通史是达尼洛(J. Danielou)和马洛(H. I. Marrou)合编的《基督教诸世纪》(The Christian Centuries),第一卷,《第一个六百年》(The First Six Hundred Years)(伦敦,1964)。较简明的概览,参见*查德威克(H. Chadwick)的《早期教会》(The Early Church)(哈尔芒斯沃斯,1967)。为数众多的论述君士坦丁宗教政策的著作中,佼佼者是阿尔法尔迪(A. Alföldi)的《君士坦丁与异教罗马的皈依》(The Conversion of Constantine and Pagan Rome)(牛津,1948);多里斯(H. Dörries)的《君士坦丁与宗教自由》(Constantine and Religious Liberty)(纽黑文,1960);*琼斯(A. H. M. Jones)的《君士坦丁与欧洲的改宗》(Constantine and the Conversion of Europe)(伦敦,1948)。韦尔廷(E. G. Weltin)的《古代的教皇》(The Ancient Popes)(威斯敏斯特,马里兰,1964)一书对最早的教皇做了一个简述;而肖特韦尔(J. T. Shotwell)与卢米斯(R. Loomis)合著的《彼得的主教辖区》(The See of Peter)(纽约,1927)提供了富有价值的原始资料。

有关早期基督教思想和文化,参见*泰勒(H. O. Taylor)的《西方基督教文化的出现》(The Emergence of Christian Culture in the West)和《中世纪的古典传统》(The Classical Heritage of the Middle Ages)(纽约,1958),初版于 1901 年发行;*科克伦(C. N. Cochrane),《基督教与古典文化》(Christianity and Classical Culture)(纽约,1957);裴杰斯(E. Pagels),*《诺斯替福音》(The Gnostic Gospels)(纽约,1979),以及*《亚当、夏娃与毒蛇》(Adam, Eve, and the Serpent)(纽约,1988);马库斯(P. A. Markus),《罗马世界中的基督教》(Christianity in the Roman World)(伦敦,1974);以及*《古代基督教的终结》(The End of Ancient Christianity)(剑桥,1990)。布朗(P. Brown)的重要研究成果包括:*《圣徒的祭仪》(The Cult of Saints)(伦敦,1981);*《身体与社会:早期基督教的男性、女性与性的克制》(The Body and Society:Men, Women and Sexual Renunciation in Early Christianity)(纽约,1988);《古代后期的社会和神》(Society and the Holy in Late Antiquity)(伯克利与洛杉矶,1982);《圣奥古斯丁时代的宗教和社会》(Religion and Society in the Age of Saint Augustine)(纽约,1972);《希波城的奥古斯丁》(Augustine of Hippo)(伯克利与洛杉矶,1967)。有关奥古斯丁的研究也可参看*马库斯(R. A. Markus)的《奥古斯丁神学中的历史和社会》(Saeculum History and Society in the Theology of St. Augustine)(剑桥,1970)和*梅尔(F. Van der Meer)的《主教奥古斯丁》(Augustine the Bishop)(纽约,1961)。关于哲罗姆,参见克利(J. N. D. Kelly)的《哲罗姆:他的生活,作品和争论》(Jerome:His Life, Writing, and Controversies)(纽约,1975)。关于安布罗斯,则参见达登(F. H. Dudden):《圣安布罗斯的生平和时代》(The Life and Times of St. Ambrose),共二卷(牛津,1935);以及*迈克莱恩(N. B. Mclynn)的《米兰的安布罗斯:基督教首都的教会与教廷》(Ambrose of Milan:Church and Court in a Christian Capital)(伯克利,加州,1994)。在奥古斯丁著作的许多版本中有他的*《上帝之城》(City of God),伯克(V. J. Bourke)翻译(纽约,1950),以及*《忏悔录》(Confessions),普西(E. B. Pusey)翻译(伦敦,1907)。杰罗姆的《书信集》(Letters)已由赖特(F. A. Wright)翻译(伦敦,1933),而安布罗斯的《书信集》(Letters)则由拜恩卡(M. M. Beyenka)翻译(纽约,1954)。

有关早期教会的妇女,参见塔瓦尔(G. Tavard)的《基督教传统中的妇女》(Women in Christian Tradition)(Notre Dame,1973);*吕特尔(R. R. Ruether)编《宗教与性别歧视:犹太

教与基督教传统中的妇女形象》(*Religion and Sexism：Images of Women in the Jewish and Christian Traditions*)(纽约,1974);＊威辛顿(B. Witherington)的《初期教会中的妇女》(*Women in the Earliest Churches*)(剑桥,1988);＊克拉克(G. Clark)的《古代晚期的妇女:异教徒与基督徒的生活风格》(*Women in Late Antiquity：Pagan and Christian Life-Styles*)(牛津,1993);以及奥斯本(C. D. Osburn)编《早期基督教妇女论文集》(*Essays on Women in Earliest Christianity*)(贾柏林,密苏里,1995)。

有关早期的修道院制度,参见＊华特尔(H. Waddell)的《荒漠教父》(*The Desert Fathers*)(安娜堡,密歇根,1951);卢梭(P. Rousseau)的《帕科米乌斯》(*Pachomius*)(伯克利,加州,1975);＊奇蒂(D. Chitty)的《沙漠之城》(*The Desert a City*)(牛津,1966);巴特勒(E. C. Butler)的《本笃会修道生活》(*Benedictine Monachism*)(伦敦,1919);以及戴利(L. J. Daley)的同名著作《本笃会修道生活》(*Benedictine Monachism*)(伦敦,1965)。本笃会戒律有多种译本。最近的一种,带有详细的评注,＊霍尔茨尔(G. Holzherr)的《本笃会规条:基督徒生活指导》(*The Rule of Benedict：A Guide To Christian Living*)(布莱克罗克,爱尔兰,1994)。也可以参见彼得·布朗的前引著作。

第四章 蛮 族

我们已经探讨了促使中世纪社会形成的基本成分中的两项：罗马帝国的文明，以及基督教会的信仰。现在我们可以转向第三个重要因素，即凯尔特人和日耳曼人的蛮族文化。这些文化在某个意义上还是"原始的"，它们缺乏古典文明中的许多文雅气质。但是原始的社会往往产生出朝气蓬勃的文学和艺术，以及原始的习惯法。尽管这些习惯法对我们来说似乎不太合理，它却能够为维护一个社会的稳定和团结提供有效的原则。在所有这些领域内，野蛮民族的生命力对后来中世纪文明的发展做出了主要的贡献。

11. 日耳曼民族

在公元前500年前后，日耳曼民族开始从北方的故乡往外迁移；公元前1世纪，他们已占领了我们现在称为德国的地区——以前那儿是凯尔特人的领土，并沿着罗马帝国的西部边界定居下来（尤利乌斯·恺撒在出征莱茵河西部地区时，与他们在那儿遭遇，并在约公元前50年，对他们进行了书面的描述）。其他的日耳曼民族继续向东移，并在俄罗斯南部的大草原上建立了一个王国。日耳曼人在罗马帝国的国土上定居下来以后，自4世纪起，他们的观念、风俗，深深地影响着中世纪早期欧洲文化。因此，尽可能充分地了解他们的生活方式是很重要的。资料比希望的要少，但是，从恺撒的描述中，再加上考古发掘物和研究资料（源于对日耳曼晚期法律和语言的研究，它们往往保持了古代的成分）的补充，我们仍然能够勾勒出日耳曼社会在迁居时期符合实际的一些概况。

在物质文化方面，早期日耳曼人原是一个游牧民族，他们依赖牛、羊产品——肉、奶油及乳酪——为生。他们知道如何冶铁，但这类金属的供应非常缺乏。他们主要用铁锻造武器；其他器具则用青铜、木头或皮革制作。日耳曼人开始实行农业耕作（用牛拉犁），但这是他们的第二产业。他们通过狩猎，使肉类供应得到增加，打猎是日耳曼男人热衷的娱乐消遣。他们最喜欢的其他消遣就是打仗，有时候是有组织的战役，目的是为了从邻族那里夺得土地；但通常是搞个人突袭，以寻找掠夺物：牛群、奴隶、珍贵的装饰物和武器。

像其他原始的民族一样，日耳曼人对于单个公民与有序政府的政治关系一无所知；相反，日耳曼社会的结构却通过个人忠诚的纽带而被编织在一起。存在于史前时期并维持到中世纪的两条主要纽带是"家族关系"和"贵族权力"。家族关系或团体是最原始的单元。一群有关联的氏族组成一个部落，这个部落通过编造一个共同祖先的故事而维持了它的团结，这个祖先通常是某些传说中的神或英雄。

日耳曼家族群无法被整齐地纳入人类学家通常用以描写其他原始民族的范畴，他们的体制并非属于严格的父系社会或母系社会；我们可以在男性和女性两条线都找到继承的实例。同样，尽管我们在论述男人统治的军事社会，在此社会中，男人间的关系得到强调——比如盎格鲁—撒克逊人对男方的亲戚比对女方的亲戚称谓要多——但人们仍然没有单单通过男方这一条线来追溯家族关系。一个人的家族群不仅包括父亲的家族关系，也包括母亲的家族关系。

日耳曼体系势必在几代人里面就产生出一个分布宽广的家族，其家族成员的血缘关系相距较远。每一桩婚姻产生一个新的关系网。我们不知道家族关系的联接实际上延伸多远；毫无疑问，一个人的"有效家族"实际上是在情况危急时愿意给予支持的亲戚集团。家族群的重要作用是相互保护，如果一个人被杀或者被伤害，他家族的成员就会对此冒犯者或他的家族强施报复。家族间的仇杀是原始日耳曼社会生活中的一个普遍特征。

另一个效忠的纽带，亦即领袖和随从战士之间的支配关系，也起因于早期日耳曼人好战的癖好。与家族关系所不同的是，这是一种自愿的关系。一个人出生在一个家族中，这是天生的；但是领主却是他自己选择的。当一个领导人物打算进行某一突袭或袭击时，他将对追求冒险的勇敢青年发出号召。那些自愿跟随他的人发誓要忠诚地为领袖服务，以报答他的保护及分给他们的一份战利品。不同部族的成员各自参加这样的队伍，用不着强迫他们家族的其他成员来支持这一冒险行动。他们形成一个以誓言结合的团体，使彼此负有义务，并在精心挑选的关系中对领袖负有义务，这些都是在传统的家族关系纽带之外的。

迄今为止，我们所考虑过的风俗存在于我们的证据能够追溯到的所有日耳曼民族之中。也许，在日耳曼人开始从家园往北欧迁移之前，他们在语言上或者风俗习惯上彼此相差甚微；但是在漂泊期间，群与群之间变得相互隔离，并发展了语言和文化的独特性。还有，每一个群体不得不使自己的生活方式适应于各自不同的环境。于是在他们之间就有显著的不同产生了。到4世纪，最引人注意的不同之处并不是单个日耳曼民族间的不同，而是在西日耳曼人和东日耳曼人两大群体之间的不同。西日耳曼人——萨克森人、苏维人(Suevi)、法兰克人与阿莱曼尼人(Alemanni)——只是从家乡往南，移入在本质上具有相同特性的地区，并一直扩展延伸至罗马帝国的边界为止。在那里，他们长期定居下来，并以农业为生。

然而东日耳曼人——哥特人、汪达尔人与伦巴底人——移入与西北欧截然不同的地区。匈牙利平原和黑海北部大草原提供了广阔的牧地。在那里的日耳曼征服者就以游牧的骑手和牧马人的方式而生活着。还有，俄罗斯大草原南部长期以来都是斯拉夫农民、黑海沿岸的希腊殖民者与亚洲草原上剽悍的游牧民族之间的分界区。这个地区被游牧民族统治了好几个世纪。他们作为侵略者迁往该地，作为征服者住在那里，反过来又被新的入侵者吞并。在哥特人入侵时期占支配地位的民族是萨尔马提亚人（Sarmatians），一个伊朗游牧民族。从他们那里，哥特人学会马背上的战斗技巧。在俄罗斯南部，哥特人成功地打败了所有的敌手，使自己成了统治民族。像以前的征服者一样，他们是一个军事少数派，统治着一团由各式各样受支配民族组成的奇怪凝聚物。哥特人本身分成了两个派系。西哥特人生活在多瑙河下游一带，而广大东哥特人的国土从聂斯特河（Dniester）伸展到顿河（Don）。在征服过程中，哥特民族发展了比其他日耳曼民族更加先进的政治组织；他们团结在强有力的国王之下。

在4世纪，哥特人与东罗马帝国来往甚密。有敌对的阶段，也有和平时期的文化交流。哥特人的贵族访问了君士坦丁堡，他们的人民学会了罗马人的许多风俗习惯。这一交往最重要的成果是基督教在哥特民族之间的传播。这一过程由圣乌尔菲拉斯（St. Ulfilas）发起，他是一位哥特人后裔的罗马公民，在4世纪中期开始对西哥特人传教。乌尔菲拉斯发明了哥特字母表，并把《圣经》中许多经文译成哥特语言。正如在蛮族的历史上反复发生的情况一样，皈依基督教不仅意味着采纳了一种新教，而且意味着整个文化世界的打开。乌尔菲拉斯的哥特文《圣经》中幸存的片段，是所有条顿语言中最早的书面的文学作品。乌尔菲拉斯的传教工作由君士坦丁堡的传教士继续下去。但是（如同乌尔菲拉斯本人一样）他们是阿里乌派的传教士，受命于阿里乌派皇帝君士坦提乌斯二世（Constantius II，337—361年在位）统治时期。因此，西哥特人以及接下来的其他东日耳曼民族，接受了阿里乌派的基督教；在他们移居罗马帝国以后，这一情形具有重大影响。

对于西日耳曼民族，我们有一份详尽的描述，由罗马历史学家塔西佗（Tacitus）写于1世纪末。[1] 其中某些篇章，尤其是对日耳曼妇女坚定不移的美德的讨论，对现代历史学家来说，似乎只是想象力的运用，目的在企图讽刺或指责他自己所处社会的弱点。但塔西佗的描述显然是以亲眼所见为基础，并得到其他原始资料的充分证实。罗马历史学家把日耳曼人描绘成大个子，红头发，恶狠狠的蓝眼睛，嗜好战争和宴乐，在和平时期嗜好狂饮比赛。他们居住在原始的木舍村落，身披兽皮和织布。塔西佗所描写的日耳曼民族坚持着古老的条顿异教（他们坚持此教一直到在帝国定居后为止）。据说他们没有庙宇，却向圣树丛中的诸神奉献祭品。塔西佗用罗马名字描写条顿诸神，如玛斯、墨丘利、赫拉克勒斯，他们大致

---

[1]《资料》，no.9。

相当于条顿的天空和战争之神(Tiu),文化艺术和智慧之神(Wodan)以及雷神(Thor)(他们的名字仍存留于我们的星期之中,即星期二、星期三、星期四)。

在罗马史料中,异族人领袖常常被称为"王"(rex)或"国王",但西日耳曼民族的政治结构,事实上是很原始的,而日耳曼人领袖的真正地位,用我们的话来说,"首领"比"国王"更能表达其意。晚至4世纪,像"法兰克人"和"萨克森人"这些词语并非指有组织的民族,而是指语言和习惯相似的部落群。这样一个民族一般没有中央政府。在紧急时刻,或许可推选出一个战争领袖来从事一场重大战役,但通常,不同的部落生活在他们自己的首领下,首领不仅在军事冒险中而且还在宗教习俗中领导着他的人民。比如,所有法兰克民族的一种永久性王权统治,只是在5世纪高卢人入侵后建立的,对普通的政府仍然不存在忠诚的意识。这种存在的黏合力由古老的个人忠诚维系着,即家族关系的纽带及勇士对在战斗中率领他们的首领的忠心。

塔西佗提到了家族关系群,但他特别强调贵族权力的作用。在恺撒写作的时代,约再早150年左右,成群的年轻勇士为了某些特殊的袭击而集聚在他们的领袖之下。到了塔西佗时代,领袖和其随从的关系变成一种永久性的关系,领袖们形成了一种贵族阶级。塔西佗描绘了日耳曼人中各种社会阶层——贵族、自由人、获自由的奴隶及奴隶。他特别提到,那些主要的勇士蔑视参加农业劳动;他们把农活留给妇女、老人和体弱者去料理。这种勇士拥有长期的随员,向他们提供吃、穿及贵重的武器——部分来自于由他们的侍从耕作的农田的出产,部分来自于掠夺性袭击的收益,反过来贵族期望得到随从们的一片忠心。在仅仅是掠夺性的袭击中,头目或许只带着他的随从作为主要的战斗力量。在较大的远征中,随从便是他的保镖。塔西佗有一段出名的章节描写了一群同伙与他们头目之间的关系:

> 在你的头目倒下以后,你却活着离开了战斗,那将意味着终身的可耻和羞辱。为了防卫和保护他,把自己的英勇行动记在他的名誉下——这就是他们所理解的"忠诚"。头目为胜利而战,伙伴为其头目而战。

战士对领袖的这种忠诚,演变成诸侯的封建关系,在整个中世纪保持了社会的基本黏合力。

在民众法庭上,公正得到了实施,自由勇士的集会由他们的头目主持。日耳曼法律的主要意义在于提供了家族报私仇以外的另一种选择。如果一个人伤害了另一个人,后者就可以向法庭控诉。被指控者被命令到庭,他的家族将证实他的确做过此事。如果他没来,他便被宣布为逃犯。如果被指控者确实来了,有罪还是无辜,要通过求助于超自然的东西来定夺。诸神的裁决,或者是通过根据他人保证宣告被告无罪（人证法），即宣誓仪式而获得；要不然就通过各种形式的神意裁判法而获得。[1] 这些根据人证法和神意裁判法的仪式对日耳曼人而言并不罕见，事实上亦常见于所有的原始民族。它们主要发现于欧洲和非洲，人类学家推测，它们或许是从中东的一个共同中心散布开来的。

100年以前（以及在那以前好久），历史学家对日耳曼政府中流行的部落集会的作用印象深刻，他们通常假设，西方宪法民主的整个结构由原始的日耳曼制度进化而来，这种日耳曼制度受到了广泛的称赞和误解（托马斯·杰弗逊[Thomas Jefferson]谈到"我们以作为萨克森首领们的后裔和为我们所用的他们的政治原则和政体形式为荣"）。一方面，这个观点仅仅以种族主义的偏见为基础——常常是不自觉的；另一方面，它反映了两样东西的混乱——民主政治和个人自由。民主意味着民治；民主政治能够和专制政治一样严厉地约束个人的自由。同时，一个非民主的政治可以认为，它对个人的权利是有限的。在民众法庭上施行正义的日耳曼人体制似乎是民主的，但是同宗室的人聚集起来，实质上是来参与一次宗教仪式，而不是来对摆在面前的案情进行辩论和表决。对不同阶层的人之间所做的区别显然是不民主的。战士在挑选首领时起了一些作用，这一点似乎很明确，但是首领一旦选出后，几乎没什么迹象表明民主对他有任何约束。塔西佗告诉我们，为了通过对未来战役的计划并激起对此的热情，便召开了自由勇士的集会。与其说条顿部落会议像一个立法会议，倒不如说它更像一次原始的鼓动性集会（塔西佗把唤起勇士战斗激情的战斗欢呼描写成"鼓舞战斗意志的呼喊而不是有条理的意见表达"）。因此对日耳曼社会中的民主成分绝不能看得太认真。另一方面，有一点也很清楚，即日耳曼人的政权作用是相当有限的。政权在战争中提供了领导人，并提供了不必经由宗族的血性仇杀而解决争论的工具，至于剩下的都由人民自行其是。因此，日耳曼人确实有一个个人自由传统——政权作用极其有限的传统。他们是野蛮的、凶猛的勇士，对任何的约束都忍受不了。

12. 蛮族入侵

4世纪，帝国的国境没有把纯罗马社会与纯蛮族社会分隔开来。自公元前一个多世纪以来，罗马人和蛮族一直相互影响。罗马的两个省——高卢和不列颠，一开始就是由罗马和凯尔特人的文明共同组成。罗马人也招来了无数的日耳曼人，既有作为奴隶来的，也有作为移民来的。许多其他日耳曼人参加了罗马军队。一些日耳曼人以个人身份加入罗马军团；有些则以被称为联盟（foede-

---

[1] 参见第101—102页（边码）。

rati)或同盟的团体方式加入。这些都是在罗马军队中服役并在自己的首领带领下打仗的日耳曼勇士队伍。他们经常得到作为赏赐的帝国边境地区的土地。这样,罗马文明必然会在某种程度上传播到政治疆域以外之地。在这些疆界以外的蛮族,依照他们对边界的接受能力和距离远近,已不同程度地罗马化了。例如,前面所说,哥特人从东罗马帝国接受了基督教。在西部横跨莱茵河边界,进行了活跃的贸易。日耳曼提供奴隶和牛群以换取各种制造品——玻璃、铜器、装饰品、武器及纺织品。在德国许多地方的考古发掘物中,都发现了这种罗马制造品。

帝国两个省的逐渐日耳曼化和相应的日耳曼族罗马化,在3世纪、4世纪继续进行着,和平的贸易因边界的战争而发生变化。日耳曼人不断地进逼帝国疆界,偶尔他们还打败边界卫队并袭击帝国的省份,但最后,新的部队又开来,日耳曼人又被赶了回去。在西北端,盎格鲁人和萨克森人开始用船只袭击不列颠海岸。在莱茵河下游,法兰克人占领了边境两边的地方——在罗马境内,联盟军正守着边界以对抗其他蛮族。人们寄希望于法兰克军队以帮助控制莱茵河上游的阿莱曼尼人。在多瑙河上游,施行了同样的政策,成群的日耳曼人被雇来,以加强罗马边界的卫戍部队。到4世纪末,我们所见到的罗马军队,实际上是指在罗马人指挥下打仗的蛮族军队。许多蛮族士兵在帝国军队中升入高位,甚至连西部的"军事监督"(magister militum)职务,也常常由一位具有日耳曼血统的人担任着,这一职务拥有对所有西部军队的指挥权。

或许这种缓慢的渗透过程本身,最终也将导致日耳曼国家在帝国境内的建立。事实上,这一过程在400年左右,因一系列新情况而大大加快。整个日耳曼民族不仅仅发动袭击,而且开始迁居帝国,并在那里长期定居,按照自己的法律,在自己的首领领导之下生活。当日耳曼人占据了帝国的全部省份后,西部的中央集权帝国政府便不复存在了。

为了明白所有这些事是如何发生的,我们必须记住西欧的情形,它是欧亚大陆的一个半岛,始终受到来自东部的压力。帝国本身内部的新发展并没导致作为一个政治统一体的西罗马帝国的垮台(尽管根深蒂固的经济和政治弱点使帝国易受到攻击)。在边界上的日耳曼部落中也没有重大的内部变化。局势中的新因素是中亚地区新兴力量的崛起,即匈奴人,如一位罗马作家所述,"一个无与伦比的野蛮种族"。在追溯更遥远的匈奴人的起源上,人种学家的成就不大。在外貌上,他们主要是蒙古人,讲阿尔泰语系中的语言(现代土耳其语属于此语系)。匈奴人擅长骑马,打起仗来都是轻骑的弓箭手。在中国边疆被打败后,他们中的大批人转向西方,跨过俄罗斯大草原,开始使定居在罗马帝国边界一带的日耳曼民族感到惊恐不安。他们的进攻掀起了一场新的迁移浪潮。

在375年,西哥特人祈求瓦伦斯(Valens,364—378年在位)皇帝准许他们穿过多瑙河边界在帝国的领土内定居。这是整个日耳曼民族中迁入帝国的第一批移民群,迁居者是作为恳求者而不是征服者来到这里。然而在 378 年,西哥特人抱怨罗马的地方官员虐待他们,并且反抗帝国当局。他们在阿德里安堡(Adrianople)战役中取得了重大胜利,瓦伦斯本人就在那里被杀。似乎有好几个月,整个巴尔干半岛或许甚至连君士坦丁堡都暴露在他们的进攻之下。这一形势被下一任皇帝狄奥多西一世(Theodosius I,379—395 年在位)挽救了过来,他是一位有才干的将军。他恢复了秩序,并且在他生前,西哥特人甘愿回复到"同盟"的状况。396 年,西哥特人在其最伟大的国王阿拉里克一世(Alaric I)率领下,又起来反抗,并劫掠了希腊。阿拉里克因被授予了伊利里亚(Illyricum)军事监督的官衔而平静了一阵子,但在 402 年,他又率领哥特人进攻意大利。他被西部军司令、汪达尔人斯提利科(Stilicho)击退。罗马城本身的防卫,现在将依赖于一位汪达尔将军的技能和勇气,这是整个形势的特征。

406 年,形势突然恶化。为了保卫意大利,斯提利科不得不削减了莱茵河流域的防御,并在 406 年的最后几天中,撤退了边界的防卫,致使混杂的日耳曼民族群,主要是汪达尔人,涌进了帝国。路经高卢,沿途劫掠以后,他们继续向西班牙推进,打算在那里建立一个汪达尔王国。斯提利科对此灾难负有责任,因此在 408 年,按照洪诺留皇帝(Honorius,395—423 年在位)的命令,他被处死。皇帝本人也是一个无能之辈。阿拉里克抓住这个机会,又对意大利发动攻击。409 年,他被一笔巨额贿赂收买,但在 410 年,他进攻罗马城,占领了该城,并把它抢劫一空。这一前所未闻的灾难消息,带来极大震动,帝国的末日仿佛到了。远在伯利恒的哲罗姆写道:"谁会相信罗马帝国不再为光荣而战却为生存而战,甚至不是打仗而是用金子去买自己的生命?"

很明显,阿拉里克想把西哥特人带入富庶的非洲省份,但他在劫掠罗马城的几个月后死了。他的继承人阿道尔夫(Ataulph)又恢复了传统的西哥特人政策,即为帝国政府服务,作为"同盟"来使用其军队,至少在名义上是这样。阿道尔夫娶了加拉·普拉西狄亚(Galla Placidia)为妻,她是皇帝洪诺留的妹妹,并领着西哥特人进入高卢南部,然后对西班牙的汪达尔人发动攻击。他的几位继承人建立了西哥特王国,范围从直布罗陀海峡(Gibraltar)延伸至卢瓦尔河。同时,居住在日内瓦湖(Geneva)地区的勃艮第人,也正在沿着罗讷河把王国扩展到高卢东南部,他们北面的领土被阿莱曼尼人占据着。

汪达尔人受到西班牙境内西哥特人的压迫,在 429 年从那里迁居到北非。由于多纳图派的争论引起的意见分歧,再加上汪达尔国王盖赛里克(Gaiseric)是一个异常能干的勇士,使罗马的非洲行省正处在内战边缘。经过数次艰巨的围攻,盖赛里克成功地征服了整个行省。这对罗马帝国是一个重大打击,因为意大利已逐渐大量地依赖非洲的粮食进口。而且,盖赛里克是东日耳曼统治者中唯一与罗马政府公开为敌的人，他建立了一支强大的舰队，非常有效地袭击了西西里岛和意大利南部，以致罗马当局不得不在 442 年承认他为一位独立的统治者，甚至连名义上都不隶属于皇帝。但这并没有阻止汪达尔人的进攻，在 455 年，盖赛里克率领汪达尔人劫掠了罗马城，比西哥特人干得还要彻底。

在这一时期，帝国在意大利的权力由加拉·普拉西狄亚行使，她是西哥特人阿道尔夫的遗孀。自第一任丈夫死后，她又嫁给了一位罗马将军，即君士坦提乌斯，并作为他们的幼儿——瓦伦提尼安三世（Valentinian III，425—455 年在位）——的摄政者，统治了将近 20 年。帝国政府的总部现在已移到拉韦纳（Ravenna），那是一个亚得里亚海边的城市，四周沼泽环绕。现在，仍然能在那里看到加拉·普拉西狄亚那壮丽的陵墓，它装饰着半透明的大理石，镶嵌着马赛克。皇后手下最伟大的将军是埃提乌斯（Aetius），他是罗马世系中最后一位男子，十分适合地填补了西部"军事监督"这一官位。他尤以对匈奴人的一次重大胜利而著称。匈奴人在其国王阿提拉（Attila，433—453 年在位）的率领下，于 452 年突破莱茵河，进入帝国国内。在帝国境外他们使日耳曼民族和斯拉夫民族感到惊恐达一个世纪之久。埃提乌斯成功地与西哥特国王结成联盟，并且在高卢——罗马人、西哥特人及其他日耳曼人的混合部队之前，在查伦斯（Chalons）附近的一场战役中，果断地打败了匈奴人。第二年，匈奴人又开始进攻，攻入意大利，并威胁到罗马城；但他们的军队因瘟疫而减弱，所以被说服没有进攻该城就撤退了。后来在 453 年，阿提拉死了，他的权力被几个继承人瓜分，匈奴人对帝国西部行省的威胁消失了。

然而，意大利的形势继续恶化。埃提乌斯在 454 年被皇帝瓦伦提尼安三世刺死，但反过来，瓦伦提尼安在第二年也被暗杀。下一任皇帝马克西米安（Maximian）只统治了几个月就完了。他因为没有使罗马城免遭汪达尔人的进攻而被罗马暴民用私刑处死。汪达尔人在盖赛里克的领导下，彻底洗劫了该城。456 年，日耳曼"军事监督"里西梅尔（Ricimer）在意大利夺得政权，并一直统治到 475 年，他死于该年。在他生前最后十年中拥立的皇帝，都只是他任意策废的傀儡——在 466—476 年中，有五个这样的皇帝。里西梅尔的后继者奥多卡（Odoacar）在 476 年废除了五位中的最后一位皇帝罗慕路斯·奥古斯图卢斯（Romulus Augustulus），而且毫无困难地另立一个傀儡取而代之。在这种草率的情形之下，西部罗马世系的皇帝遂告终止。

在灾难性的 5 世纪中，还存在两次侵略，即对高卢和意大利的入侵。这些侵略导致了两个最强大、最有成就的日耳曼"继承者国家"的建立——法兰克王国和东哥特王国。当西罗马最后一位皇帝被废除时，仍然有一块领土在高卢幸存着，它抵制了蛮族的占据。这一地区在塞纳河和卢瓦尔河之间，由罗马将军西格利乌斯(Syagrius)控制(日耳曼人称他为"罗马人之王")。这一块领土被法兰克首领克洛维(Clovis)在486年占领。东哥特人已在453年匈奴王国崩溃之际跨过多瑙河。当他们威胁到东罗马的巴尔干半岛行省时,泽诺(Zeno)皇帝因太高兴而没有把贵族头衔授予其国王狄奥多里克(Theodoric),也没有把他派往意大利,只是在名义上任命他为一名帝国官员,去驱逐篡位者奥多卡。狄奥多里克率领着整个东哥特民族于489年越过阿尔卑斯山脉,打败并杀死了奥多卡,自立为意大利统治者。

到目前为止我们还没有提到西罗马帝国的另一个地区,它是远离中心的不列颠行省。在5世纪,这里也发生了重大的日耳曼人的入侵。我们不清楚最后一批罗马军队是什么时候永久地从不列颠撤走的;通常说的年代是407年,其他任何年份也是很有可能的。在罗马军团开走以后,来自丹麦和日耳曼北部的盎格鲁人和萨克森人,开始不仅作为掠夺者并且作为定居者来到了这里,他们在过去的一个世纪里一直骚扰着不列颠海岸。总而言之,罗马不列颠人一直居住在泥土贫瘠的高山地区,而避开了泥土肥沃的河谷地带。对日耳曼人来说,他们已习惯于沼泽和密林,因此这些凹地是理想的定居之地。所以他们驾着船,往东、南海岸河流的上游驶去,并在这些河岸边定居下来。

在一些地区,至少凯尔特的布列吞人和日耳曼人,和平地相处了很长一段时间。布立吞人生活在高地,日耳曼人民住在谷地。然而当日耳曼人扩展其新居时,冲突就不可避免了。我们对布列吞人和他们的敌人日耳曼人之间的斗争了解甚少,只知道这斗争漫长而顽强。如果说传说中的"亚瑟王"有历史根据的话,那么他就是布列吞人在保卫国土时的诸多领导人之一。日耳曼人一点一点地获得胜利,一直到7世纪初,凯尔特人只占有康沃尔(Cornwall)、威尔士和坎伯兰(Cumberland)等西部边缘地区。在那里,他们保存了基督教的传统,此教是在罗马统治的最后一个世纪中,在不列颠得到确立的。日耳曼人统治着其余的地方,现称为英格兰。

到500年,古老的西部帝国上每一块土地都由蛮族国王统治着。要总结侵略的影响,将是困难的。在日耳曼人大批进入帝国以前,西部行省物质上的繁荣及文化已经衰退;他们只是加速了这一过程。但是这一加速作用一定是很明显的。处于最强盛时期的罗马政府觉得更难控制海上的海盗行为和道路上的抢劫行为。在伴随移居而来的骚乱中,这些贸易的障碍一定大大地加剧了,文化标准的降低可能同样的显著。在整个5世纪里,西部行省中仍存有罗马大贵族,他们的家族是古典文化的中心,不过数量不多,其往来对象是野蛮的日耳曼首领。其中有一位是西顿尼乌斯·阿波林纳利斯(Sidonius Apollinaris),他留下了一部书信集,生动地描绘了高卢东部乡村庄园中优雅奢侈的生活,及罗马地主和蛮族之间那种不自然的关系。那些蛮族,先是作为"联盟"而

东英格兰萨顿·霍珍宝馆中的一枚盎格鲁—撒克逊扣形装饰物,葬于约660年。用黄金和黑金制成,表面图案呈现所谓的动物式风格,显示出抽象和有机的组合体,这在中世纪初期变成凯尔特和日耳曼艺术中的重要元素。搏斗中的动物的尾巴、腿和颚延伸入带状物中,形成一幅复杂交错的图案。Trustees of the British Museum

后作为征服者,正在渗入这个地区。[1] 罗马,这个帝国的古都、罗马世界的中心,遭到蛮族军队的两次掠夺。到5世纪末,西部的罗马帝国,作为一个政治实体,已不复存在。

13. 日耳曼人的继承者国家:高卢、意大利与西班牙

  日耳曼民族在他们的侵略过程中,在罗马帝国的国土上曾做过几次不同类型的拓居。在不列颠,盎格鲁人和萨克森人赶走了大部分原先居住在那里的人,并差不多消灭了罗马文明的全部遗迹。在由东哥特人和西哥特人建立的王国中,东日耳曼人组成了一支占领军,他们靠被征服的罗马人民的贡物生活。

---

〔1〕《资料》,no. 4。

罗马人民在数量上要比入侵者多好多倍。甚至在入侵时期，东日耳曼人不仅根据种族、文化而且根据宗教信仰来划分属民；因为他们都是阿里乌派教徒，而罗马人民绝大多数信仰正统教派。在法兰克王国中，我们发现另一支入侵的条顿人。法兰克人没有迁移；他们扩大了。他们从来没有与莱茵河那边原有的日耳曼家园失去联系。另外，在皈依基督教时，他们一开始就接受了正统教派，而不是接受阿里乌教派。只有在高卢地区，罗马文化和日耳曼文化在某些类似平等的条件下汇合了。这本节中，我们将依次研究在西欧建立的三个主要"继承者国家"——法兰克王国、东哥特王国和西哥特王国。

486 年克洛维对"西格利乌斯王国"的占领，戏剧性地提高了他的地位。从仅仅是一群法兰克人中的一个小小国王，一下子变成西部最强大的日耳曼统治者之一。而且，克洛维是一个极有野心的人，这最初的胜利，只不过证明一种非凡的征服生涯刚刚开始。他在 496 年和 501 年先后两次发动了针对阿莱曼尼人的战役，这些战役导致了对现今德国西南部那一地区的征服。在第一次战役过程中，他皈依了基督教，使他的高卢—罗马臣民成为信奉正统教派的基督教徒。这是一个关键的事件。或许我们会认为罗马教会的保留和维持是理所当然的事，事实是，在 495 年的基督教世界中没有一个主要的统治者与教皇信奉同一教派。所有东日耳曼国王都是阿里乌派，法兰克人仍然是异教徒，拜占庭皇帝因为一次教派分裂而与罗马教皇分离，这一教派分裂由于对基督化身的本性的一次神学辩论而产生。在这样的情况下，克洛维的皈依标志着这种趋势的一个转折点。

有关克洛维皈依的传说与君士坦丁皈依的传说相类似。在一次关键性的战役中，他向基督教的神祈祷，取得了辉煌胜利，顿时宣布，他与三千武士一起，接受基督教。我们关于克洛维以后行为的所有证据说明，他的皈依比第一位基督教皇帝的皈依更加流于形式。这一事件的深远价值在于，它为全体法兰克民族在下一世纪通过基督教主教和传教士真心皈依打开了通路。至于直接的影响，即对正统教义的接受，给克洛维带来了明显的政治上的好处，他当然极敏锐地注意到了这些有利条件。当时整个信仰正统基督教的高卢南部，被一个信仰阿里乌派的西哥特统治者所占领。能够预料，人民和其主教们将欢迎并与一位能以解放者姿态出现的有正统信仰的国王合作。因此在 507 年，克洛维宣布道："我很难过，这些阿里乌派教徒占据着高卢的一部分地区。让我们靠着上帝的帮助，去征服他们。"他在普瓦捷南面几英里处取得了巨大胜利，而西哥特人被赶出高卢，进入西班牙。克洛维受到意大利的狄奥多里克的阻挡，没能扩张到地中海。狄奥多里克把普罗旺斯的西哥特人置于自己的保护下。但克洛维自己却成了从比利牛斯山到莱茵河外（法兰克人的古老家园）的广大王国的统治者。

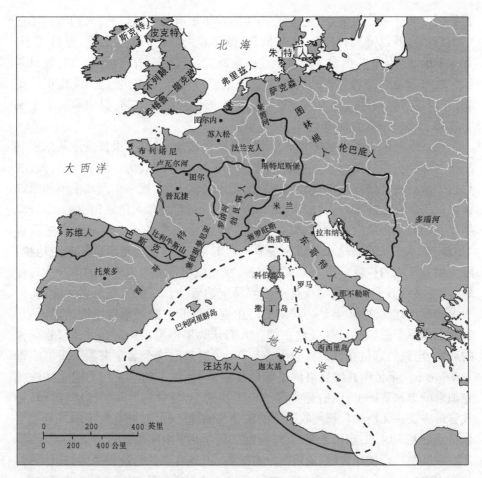

地图 4.1　蛮族王国（约 500 年）
西罗马帝国一些旧的行省此时已变成许多独立的王国。法兰克王国是唯一把莱茵河东部广大的日耳曼行省与帝国被征服的行省合并起来的一个王国。

　　克洛维在晚年致力于消灭对不同法兰克部落群拥有国王头衔的各式各样的皇亲国戚，使他和他的后代成为整个法兰克民族毋庸置疑的国王。他在这一任务中显示出重要的独创性。有一次，克洛维成功地怂恿了一位年轻的王子去杀其父亲；而后，他迅速派遣自己的人去谋杀那位王子，并以已死国王的报仇者的身份被引见给臣民们。他们便很感激地接受了克洛维的统治。还有一次，克洛维收买了雷格纳奇尔(Ragnachar)的武士们，给他们金手镯以在战斗中背叛其国王。武士们依约把雷格纳奇尔的头盖骨和战斧带了回来。后来反叛的武士们发觉他们收到的"金子"只是镀金的黄铜。他们提出了抗议，克洛维冷酷地说："受引诱而弄死自己的君主的人只能得到这种金子"，并告诫这些武士，没有把他们处死已经是很幸运了。当克洛维除掉了所有的近亲以后,人们听到了他的抱怨:"灾难已降到我身上,我被抛弃,像异乡人群中的一位游客,举目无亲,无人帮助。""但是",据说,"他对于这些亲戚的死没有表现出任何悲痛,他只是狡诈地察看是否能够发现还有什么新的亲戚可杀"。克洛维是一位真正的英雄,并以他自己的经历成为西方教会历史上的一位重要人物,但他确实不是基督教绅士的一位模范。[1]

克洛维并未企图去破坏罗马文明或者罗马法规,他确实很自豪地从东罗马皇帝阿那斯塔西乌斯(Anastasius)那里接受了执政官的头衔。但是罗马行政的机构中所有更高级头衔在克洛维征服前就已经消失,而法兰克人几乎不知道如何保留仍然存在的东西。"城市"之所以能作为可行的单元而幸存下来,部分原因是它们与基督教会的主教辖区一致,并且克洛维委托了一位法兰克随员以"伯爵"的头衔治理每个城市。至少有一段时期,这些官员在继续征收土地税;随着用名义上的执政官作为国家的首领,罗马城市作为当地政府的单元在行使职责,克洛维似乎仅仅是一位高卢的罗马统治者的日耳曼人继承者。然而,外表上的政治连续性,多半是一种幻觉。由克洛维和他的继承者所统治的国家,实质上是一个原始的日耳曼君主国。人们认为墨洛温(Merovingian)家族是神的后裔,忠诚的官员在该家族中由选举产生(墨洛温这个名字来源于墨洛维奇[Merovech],半传奇式的克洛维王朝的创建者)。国王的真正权力建立在法兰克伯爵的忠诚基础上,他们是些目不识丁的武士,通常对罗马法传统或罗马行政管理方法一无所知。那些收上来的税金都塞满了国王的御库,王国本身被当作皇室的私人财产;当国王死后,这份财产就在儿子中间瓜分。

罗马的社会秩序传统,通过一个有效的、训练有素的行政管理团得以维持,它却不能在上述的环境中生存下来。而另一方面,教会机构的确还继续存在。通常,高卢—罗马主教和法兰克伯爵分享城市中的权力。并且,随着法兰克人对罗马政治制度的消灭,他们自己也逐渐被罗马帝国后期的教会同化了。法兰克人的皈依使拉丁文化和日耳曼文化的缓慢融合成为可能,这种融合对中世纪文明的未来具有决定性的价值。

东哥特人狄奥多里克与克洛维同时代,是一个比法兰克国王老练得多、文明得多的统治者。在他名下的记事中,只有一次背信弃义和谋杀,即谋杀他的劲敌奥多卡。在狄奥多里克统治的意大利,胜过任何其他蛮族王国,秩序井然的罗马行政管理传统被成功地保持下来。狄奥多里克年轻时曾作为人质在君士坦丁堡的宫廷里待过好几年。他自己不仅是东哥特民族一位十分有影响的武士领袖,而且是一位很能领会罗马帝国传统智慧的行政官员;以至于在507

---

[1]《资料》,no.11。

年，他写信给君士坦丁堡的皇帝说，"我的王国是你的王国的一个仿制品，一个真正的行政管理机构"。在东哥特人入侵时期，以行省和城市为单元的整个罗马官僚行政机关都在意大利幸存下来。狄奥多里克保留了这一整套机构。他没有将行政管理交给东哥特武士；相反，他们有着明显不同的职能。狄奥多里克依靠罗马的行政人员来管理先前的国家政府机器，而意大利人民继续生活在由罗马官员管理的罗马法律下。东哥特人的作用纯粹是军事的。他们要求意大利的大地主把他们财产的一部分划出来——达三分之一——给入侵者使用。来自这些领土的收入，供养了哥特人民。哥特人提供军队以为报答。在狄奥多里克活着时，其军队成功地抵御任何进攻，保卫了意大利的安全。哥特人独立于罗马人之外，生活在自己种族的伯爵统治之下，按照自己的风俗习惯管理着，并信奉着自己的宗教信仰。尽管像他的人民一样，狄奥多里克是一位阿里乌派信徒，可是他对意大利人民的正统基督教派信仰显示出典型的宽容。"我们不能支配我们臣民的宗教信仰"，他宣称，"因为没有人能被迫去相信违背他意志的东西"。

这种双重责任体制在一段时间里效果相当出色，意大利在东哥特国王的统治下，比在5世纪任何罗马皇帝的统治下要好。既然非洲被汪达尔人夺去，狄奥多里克便转向西西里岛，把它作为粮食供应基地，他成功地妥善处理了向罗马供应粮食的任务。人民继续得到粮食和酒的配给；把水引到首都的沟渠得到修理；在城市中，如米兰、拉韦纳和罗马，法律学校和修辞学校仍然很兴旺。富有的地主阶层享受着一种新的保障，而比较贫穷的人民，也从东哥特人的统治中得到好处。狄奥多里克给了他们三十年的和平和安定，严格控制物价，甚至改变了税制，使富人能支付多些，而穷人则支付少些。[1]

除此之外，狄奥多里克还经由错综复杂的联姻同盟成功地实施了对外政策。他把自己的妹妹嫁给汪达尔国王，通过这一关系与对意大利威胁最大的民族汪达尔人达成了和平协议。他把一个女儿嫁了西哥特国王，另一个女儿嫁给了勃艮第国王。狄奥多里克本人则娶了克洛维的妹妹为妻。如此一来，他把西方所有日耳曼民族汇集于一个相互交织的联姻结构之中，而以他自己的王国为中心。

从其外表来判断，狄奥多里克政府的成功似乎表明，甚至晚到500年，罗马文明在西方的复苏仍有可能。然而事实上，整个制度生来就不稳定，在狄奥多里克死后，它并没有存在几年。在理论上，狄奥多里克是以东罗马皇帝的总督的身份，统治着意大利；而实际上，他是一个独立的国王，根本不听君士坦丁堡的命令。狄奥多里克非常明白这一点，哥特人也明白这一点，而且东罗马皇帝

---

[1]《资料》，no. 10。

也明白这一点。在这种情况下，一切均取决于这位统治者的个性。这制度能起作用完全只是因为绝无仅有的偶然，即狄奥多里克以这样一个国王出现：他既能支配哥特武士热情的忠诚，也能指挥罗马贵族有效的合作。但是，尽管罗马人的确合作了，但他们的忠诚一直是可疑的；他们始终宁愿要一位正统基督教派的统治者而不要一位阿里乌派异端，哪怕这位阿里乌派对待他们的宽容令人称赞。在狄奥多里克统治的大部分时间里，一场反对他的亲帝国运动的危险在罗马和君士坦丁堡之间，通过教会分裂而被减到最小。然后在 518 年，这种分裂结束以后，接着便在罗马城和东罗马帝国的首都之间出现了密使的交换。不久以后，狄奥多里克指责一群罗马显贵密谋反对他，其中就有哲学家波爱修，他被狄奥多里克于 524 年处死。

526 年，狄奥多里克死后，他的制度已暴露出滥用权力的迹象。他的继承人只是一个未成年的孩子，所以不久便产生了继承权的争论。与此同时，拜占庭正在查士丁尼皇帝（Justinian，527—565 年在位）[1]的领导下经历着一场引人注意的政权复兴的战斗。他幸运地拥有罗马社会晚期最伟大的将军贝利萨留（Belisarius）在手下听命。533 年他第一次派贝利萨留去攻打非洲的汪达尔王国。贝利萨留在两次重大战役中摧毁了汪达尔政权，于是作为一个单独民族的汪达尔人，在这一时期从历史上消失了。查士丁尼接下来把注意力转向了意大利。贝利萨留于 535 年登陆西西里岛，并占领该岛，然后侵入意大利半岛，并迅速攻克罗马城。东哥特人投入主力部队，把他围困在那儿。536—537 年，贝利萨留遭到猛烈的紧逼与进攻，但后来他能够转守为攻。到 540 年，他实际上已占领了整个意大利，尽管东哥特人的军队仍然没被摧毁。

贝利萨留又打了一年的仗，他本可以很好地平定整个国家，可是他突然从意大利撤离，去保卫拜占庭帝国东部的行省，以对抗波斯人大规模的入侵。这就给了东哥特人恢复的机会，他们遗弃了狄奥多里克家族，并为自己挑选了一位新的军事领袖：维蒂吉斯（Witigis）。在他和他的继承人托提拉（Totila）领导下，他们对拜占庭人又进行了 12 年的有力抵抗，直到 552 年被最后征服。从那时起，作为独立民族的东哥特人消失了。有些人做了奴隶，另一些人在罗马军队中服役，还有一些人被意大利人同化。查士丁尼对哥特人的战争使国家遭到破坏，其程度远比以前任何蛮人入侵造成的损害要严重得多。整个半岛屡次三番遭受战争；许多大城市不得不经受反复的围攻；罗马城本身也在战斗中数次易手。事实上，这一段时期标志着作为地中海世界大城市之一的古罗马城的终结。人口四散，宏大的沟渠遭破坏，宫殿被毁。罗马元老院，这个神灵般维持至今的机构，也终于消失了。549 年，哥特人的国王托提拉在古罗马圆形大竞技场

---

[1] 参见第 85—88 页（边码）。

登台表演马戏节目。这也是这种表演的最后一次有记录的例证,到战争末期,原先居民中仅有小部分仍然生活在这一伟大城市的废墟上。

此外,拜占庭人也不能够有效地捍卫他们花了如此大的代价而夺回来的行省。通常的说法是:查士丁尼通过野心过大的扩张政策而"过度消耗"了拜占庭帝国的资源。或许这一说法有部分正确;但这种情况也是事实,即地中海世界自542年以后遭受了严重的流行病淋巴腺鼠疫的侵扰——14世纪同样的黑死病又出现,带来了毁灭性的后果;结果,我们发现在查士丁尼统治的最后几年中,屡屡有关于劳动力缺乏的抱怨。没有足够的人力可以去补充军队,或去守卫由皇帝修建的边防要塞,在查士丁尼死后,业已削弱的意大利防卫,证明已不能够阻挡日耳曼人最后一次重大入侵,即伦巴底人的侵略。568年,伦巴底人成群通过阿尔卑斯山,在其国王阿尔博音(Alboin)的领导下,在意大利北方建立了王国。伦巴底有两位首领背离主力,继续往南挺进,以建立独立的斯波莱托(Spoleto)公国和贝尼温陀(Beneventum)公国。伦巴底人比东哥特人更野蛮,更具有破坏力,对保留罗马政府的制度更不感兴趣。然而他们彼此间的不团结和好战使他们没能彻底摧毁在意大利的帝国政权。

6世纪末,拜占庭人仍然控制着西西里岛和意大利南部。他们也占据着好几条狭长的沿海地带,包括好几个大城市,著名的有拉韦纳、那不勒斯、罗马和热那亚。拉韦纳依然是强大的帝国政府的中心,其他城市虽然承认皇帝的权力与地位,他们仍然想在地方政府中进行自治。

西班牙的西哥特王国存在的时间比意大利的东哥特王国要长一些——一直到711年穆斯林入侵为止。在西班牙,我们还发现另一种罗马人和日耳曼人之间和平共处的情况。起先,西哥特国家与克洛维的高卢相比,更像狄奥多里克的意大利,但不久它就以自己与众不同的特征发展。554年,西哥特人受到拜占庭入侵的威胁。这是查士丁尼再征服总计划的一部分。但他们的王国被利奥维吉尔德(Leovigild,568—586年在位)保护下来,这是一位性格坚强且有成就的国王。利奥维吉尔德在托莱多(Toledo)建立了永久的首府。一个联合王国想得到进一步巩固,其主要障碍是存在于西哥特人和西班牙—罗马人之间宗教信仰上的不同。如在意大利的情况一样,哥特人形成了一个军事贵族,罗马人人口却数倍于他们;还有,仍然与在意大利的情况一样,哥特人是阿里乌派信徒,而大批民众都是正统基督教徒。利奥维吉尔德试图把正统基督教主教们改宗为阿里乌教派,但这只激起了叛乱。他的儿子雷卡尔特(Recared,568—601年在位)采取了相反的方针,接受了罗马臣民们的正统基督教信仰,并说服阿里乌派主教们仿效,这一做法消除了一直是东哥特人在意大利不稳定根源的紧张状态。

雷卡尔特的改宗开创了教会和政府紧密合作的新时期。国王任命主教,并保护他们。反过来,主教们也支持王室当局。西班牙教会的全议会议,由国王召集,经常在托莱多开会(589—701年共在那里召开了18次会议)。有时候,不仅主教和教士,普通贵族也出席会议,这时候会议就有如全国大会,向国王提供有关教会和行政事务方面的意见。

在西哥特人的领导下,原先罗马社会和行政管理的大部分机构都幸存下来。在乡村,富有的罗马贵族依然靠由奴隶或隶农干活的广大庄园过活,罗马省和城市也作为行政管理单元幸存下来。西哥特国王委任一位省督军治理每个行省,一位伯爵治理一个城市,这些官职的人选不仅有西哥特人也有罗马人。在城市中,实际分派和征集税收的工作仍由市议会执行,与罗马帝国晚期一样。

6世纪中叶以后,西哥特人和罗马人居民开始交融。利奥维吉尔德废除了禁止两个民族通婚的旧法律,自雷卡尔特皈依以后,对于两民族的融合就不存在什么宗教障碍了。起先,这两个民族都各自遵守自己的法律,但是,至少是从利奥维吉尔德时期以后,西哥特国王颁布了法规,这些法规对所有臣民都具有约束力。对哥特人和罗马人通用的一批新法律逐渐形成。国王雷塞斯温斯(Recceswinth,649—672年在位)同时吸收了哥特人和罗马人的传统,编制出一部重要法律,通称为《审判书》(*Book of Judgements*),它为所有的西班牙人提供了一部习惯法。这部作品在13世纪被译成卡斯提尔语,称为"Fuero Juzgo",它保留了整个中世纪西班牙法律中有活力的部分。

尽管西哥特政府取得了相当大的成就,在其结构上仍存在着一个主要弱点。所有合法权力都集中在国王身上;但西哥特人既没有一部世袭继承法,也没有任何选举新统治者的固定程序。当一位国王死后,任何拥有足够武士部队的哥特贵族都可能企图夺取王位。通常,在一位新国王宣布自己上台以前总有一段战争。一位野心勃勃的贵族等不及国王死去而诉诸暗杀的事也经常发生。531—555年,有四位国王被谋杀。一位现代历史学家评论道:"西哥特统治者被其臣民暗杀几乎是一件理所当然的事情。"一位6世纪法兰克编年史家称暗杀为"哥特病",并补充道:"如果哪一位国王惹怒了他们,他们就用剑追逐他,然后拥立他们愿意的任何一位为国王。"

教会试图通过强调王室官职的神圣权力来纠正这一形势。国王被主教们欢呼为"新的君士坦丁",正行使着神授的权力,并且在他登基之时,以《旧约》统治者的方式,给他涂以圣油(这一涂油习俗以后传到盎格鲁—撒克逊人及法兰克人那里)。在第4次托莱多宗教会议(the fourth council of Toledo,633)上,教会试图制定一套有规则的手续,以控制对王位的继承。

我们中间没有人敢夺取王国;没有人会在公民中煽动暴乱;没有人打算杀死国王;然而在国王平安死去后,全体人民的首领们与教士一道,经一

这是一块上有锤打浮雕的镀金铜板,可能是一只头盔的部件。它描绘了伦巴底国王阿吉卢尔福(Aglilulf)置身于武士和胜利的气氛中。其风格揭示了古典艺术的变化和蜕化,时值罗马帝国晚期文化遭到蛮族文化的破坏。今藏佛罗伦斯的巴尔盖洛博物馆,
Alinari/Art Resource,NY

致同意,将为王国任命一位继承人。……

遗憾的是,其中提到的暴乱、夺取王位与杀死国王的文字,比起达成共识与和平继位的希望,要更精确地反映了局势的真实性。

在西哥特人的西班牙,教会和国家的密切联合有一个不幸的后果——对犹太人频繁的迫害,他们形成了唯一有意义的宗教少数派。仍然是那探求控制王位继承的托莱多宗教会议,制定了一系列严厉反对犹太人的措施,尽管主教们还没有提出要推行实际上是强迫的改宗,这种改宗却是国王想要采用的政策。经常有人指出,受压迫的犹太人通过与穆斯林入侵者的合作,为西哥特王国的垮台尽了一份力,穆斯林入侵者最后摧毁了它,但我们没有同时代的证据来印证此说法。

西哥特人的国家具有比一个受迫害的宗教少数派的怨恨更加明显的缺点。711年,在穆斯林猛攻之际,西哥特人内部正在进行争斗,对王位的继承进行着又一场争夺。君主制度的不稳定是西哥特王国的致命弱点。在穆斯林征服几乎整个西班牙以后,西哥特人就像在他们以前的汪达尔人和东哥特人一样,无法作为一个独立的民族而存在了。在所有定居在罗马帝国西部土地上的日耳曼民族中,只有法兰克人幸存下来,并建立了一个持久的国家。

尽管我们曾提到的所有东日耳曼王国最终都消失,除了考古学和语言学方面的材料外,几乎没留下任何他们存在的痕迹,然而在意大利和西班牙,他们对罗马文明的某些成分的保护使许多文学作品的发表成为可能,这些作品对未来

将具有重要意义。在狄奥多里克的意大利有两位人物,波爱修(Boethius,480—524)和卡西奥多乌斯(Cassiodorus,约490—580),还有西哥特人统治下,西班牙塞维利亚的伊西多尔(Isidore of Seville,约570—636),出版了在中世纪得到广泛阅读的著作。当然,在东哥特人和西哥特人的统治下,没有涌现出卓越的新的"教父时代"。我们注意到古典文学传统到4世纪已变得枯燥无味并且走了下坡路。6世纪基督教作家也能说明同样的情况,他们的任务只是保护昔日的遗产;不过那是一份对未来具有重要意义的工作。

或许,传自那时、至今似乎仍是一部有生命力的文学作品是波爱修的《哲学的慰藉》(Consolation of Philosophy),这是他等待执行死刑时,在监狱中写成的。作者首先描写了他悲惨的困境,尔后,在与一个寓言性的仕女——菲洛索菲娅(Philosophia)的对话中,他从绝望里被带向顺从,最后认识到,一位过着善良生活的人,自己的幸福操在自己的手中,不必担忧外界的不幸。尽管波爱修是一位笃定的基督徒,可是他那十分出名的书的教旨在本质上却是旧时的斯多噶主义;但此书的写作环境激励着作者对旧的教义注入新的生命和迫切性,并用极好的修辞语言把它描述出来。波爱修也是一位重要的翻译者,他给自己定下任务,要把柏拉图和亚里士多德所有的哲学著作译成拉丁文,并加上注解。很不幸,他只能完成亚里士多德较基本的逻辑论文及波菲利(Porphyry)对这些论文的介绍,数个世纪以来,这些译本是西方了解亚里士多德学派思想的唯一途径。

卡西奥多乌斯是一位罗马贵族,他在狄奥多里克的政府中攀居高位。他作为秘书写给哥特国王的信件,为这一时期提供了一个重要的资料来源。[1] 在年轻的时候,卡西奥多乌斯梦想在罗马建立一座基督教学院,给基督徒进行教育,和过去异教徒学院一样有效地传授古典文学和哲学。狄奥多里克死后,席卷意大利的战争使这个计划不能实行,卡西奥多乌斯便退休回到他家在意大利南部的庄园。他在那里建立了一个僧侣团体,旨在把哲罗姆的建议付诸实施,即基督徒应该以从事文化研究为宗教服务。极为强调对古典作品和基督教作品的搜集与保护。卡西奥多乌斯在《神学与人文读物介绍》(Introduction to Divine and Human Readings)一书中,还为基督徒学者制定了学习课程,这是一本既关于神学又关于人文艺术的实用性参考书目。在随后的几个世纪中,这本书被广泛地传抄,十分普遍地应用于僧侣学校之中。

塞维利亚的伊西多尔是西哥特人统治下西班牙最杰出的学者,伊西多尔的作品涉及神学、历史和自然科学。他还负责编辑了一部极有影响的教会法规集——《伊西多尔教令集》(Collectio Hispana),他是一个完全无独创性的思想家,但却是一位孜孜不倦的编纂者。伊西多尔最著名的作品是《字源》(Etymolo-

---

[1] 《资料》,no.10。

giae),打算编集二十册的百科全书,集人类所有知识——科学、法律、历史、神学和人文艺术之大成。评注采用解释拉丁词的来源和意义的形式,这些"词源"通常都是非常富于想象力的。因此,"人(homo)之所以这样称呼,是因为他由泥土(ex humo)做成",如《创世记》所述。伊西多尔的语言学方法在现代学者看来,几乎近似滑稽可笑,并不准确,仅仅是一种牵强附会的双关语的使用。显然,中世纪的精神在他的奇妙的譬喻中,找到了深刻的象征性意义。他的著作虽有错误,却以便利、易懂的形式,保留了古代世界大量有价值的资料。

许多老辈的历史学家把"古代世界的终止"和新时代的开端定在5世纪末和6世纪初,我们所考察的就是他们的历史。最近,这一观点一直受到各种方式的非难。亨利·皮朗(Henri Pirenne)争辩道,地中海世界的经济联合经过日耳曼人的侵略而仍然存在,只是在7世纪被穆斯林的兴起而毁坏。其他经济历史学家,如多普斯(Dopsch)和拉图奇(Latouche),注意到了古典文明晚期和中世纪文化初期之间重要的连续性。例如,许多罗马城市在整个中世纪作为居住地而生存下来(而且,的确沿传至今),即使他们在5世纪的危机中受到如此大的损害,但或许这比较旧的观点到头来是最可辩护的观点(在地中海东部,拜占庭文明仍被保存着,此一地区的重大改变,确实是在伊斯兰的侵略之下才导致的)。很显然,在其人民完全生存下来的社会历史中,不可能有绝对的中断,因为人们总是把一些老式的东西传递给他们的子孙。我们把5世纪视为一个时代真正的结束,能够证实这一观点的事实在于,在那一时期同时在许多不同层次上发生了剧烈的变化。古代世界的奴隶经济由以半自由农民的劳动为基础的体制所取代;帝国的各个民族被一场宗教革命所席卷;罗马政府的管理体制在西方瓦解。并且,所有这些变化证明是不可恢复的。古罗马帝国的经济从来没有成功地恢复过,异教和政治结构也没有得到过复兴。

进一步阅读书目

* 蒂尔尼:《资料》与《读本》,第一册,nos. 4,9—11。

汤普逊(E. A. Thompson)的《早期日耳曼人》(*The Early Germans*)(牛津,1965)是一部使用方便的概要。也可以参阅 * 托德(M. Todd)《早期日耳曼人》(*The Early Germans*)(牛津,1992);考古方面的证据,见皮克逊(P. Pixon)《蛮族的欧洲》(*Barbarian Europe*)(纽约,1976)。有关特定民族,参见汤普逊(E. A. Thompson)的《匈奴人》(*The Huns*)(牛津,1995);巴克拉克(B. S. Bacharach)的《西方阿兰人的历史》(*A History of the Alans in the West*)(明尼阿波利斯,1973);* 沃尔弗拉姆(H. Wolfram)的《哥特史》(*History of the Goths*)(伯克利与洛杉矶,1988);汤普逊(E. A. Thompson)《乌尔菲拉斯时代的西哥特人》(*The Visigoths at the Time of Ulfilas*)(牛津,1966)与《西班牙的哥特人》(*The Goths in Spain*)(牛津,1969);* 布莱尔(P. H. Blair):《盎格鲁—撒克逊英国史导论》(*Introduction to Anglo-Saxon England*)(剑桥,1956);

多尔顿(O. M. Dalton),《图尔的格列高利的法兰克史》(*The History of the Franks by Gregory of Tours*),共二卷(牛津,1927)(第一卷是论述法兰克高卢的绪言性论文;第二卷则是格列高利写的一部《历史》译作)。霍奇金(T. Hodgkin)的《意大利及其入侵者》(*Italy and Her Invaders*),八卷(牛津,1892—1916),对入侵提供了详尽的叙述。*伯里(J. B. Bury)的《蛮族入侵欧洲》(*The Invasion of Europe by the Barbarians*)(伦敦,1928)是一部佳作,但内容过于单薄。其他好的概览有*华莱士—哈德里尔(J. M. Wallace-Hadrill)的《蛮人的西方》(*The Barbarian West*)(纽约,1962);马塞特(L. Musset)的《日耳曼人的入侵》(*The Germanic Invasions*)(宾夕法尼亚州立学院,1975)。还有戈发特(W. Goffart)的《蛮族和罗马,418—584 年:适应的技巧》(*Barbarians and Romans, A. D. 418-584: The Techniques of Accomodation*)(普林斯顿,1980)以及《罗马的衰落及其后》(*Rome's Fall and After*)(朗斯弗特,西维尼吉亚,1989)。

有两部汇集了早期中世纪文学中古典的、基督教与日耳曼人影响的佳作,它们是*克尔(W. P. Ker)的《黑暗世纪》(*The Dark Ages*)(纽约,1904);以及*莱斯特纳(M. L. W. Laistner)的《西欧的思想与文学,500—900 年》(*Thought and Letters in Western Europe, A. D. 500-900*)(伦敦,1931)。有关卡西奥多乌斯与波爱修,参阅奥多内奥(J. J. O'Donnell)《卡西奥多乌斯》(*Cassiodorus*)(伯克利和洛杉矶,1979);以及吉布森(M. Gibson)编《波爱修:生平、思想及影响》(*Boethius. His Life, Thought and Influence*)(牛津,1981)。入侵对西方经济发生影响的书,可以考虑多普斯(A. Dopsch)的《欧洲文明的经济和社会基础》(*The Economic and Social Foundation of European Civilization*)(纽约,1937),以及*拉图奇(R. Latouche)的《西方经济的诞生》(*The Birth of the Western Economy*)(伦敦,1961)。

西顿尼乌斯·阿波林纳利斯(Sidonius Apollinaris)的《诗歌与书信集》(*Poems and Letters*),安德森(W. B. Anderson)翻译,共二卷(伦敦,1936—1965),以及萨尔瓦纽斯(Salvianus)的《上帝的统治》(*The Governance of God*),奥沙利文(J. O'Sullivan)翻译,刊于《长老萨尔瓦纽斯作品集》(*The Writings of Salvian the Presbyter*)(纽约,1947)中,提供了 5 世纪高卢生活景象中的鲜明差异。《卡西奥多乌斯书信集》(*The Letters of Cassiodorus*),霍奇金(T. Hodgkin)翻译(伦敦,1886),则描述了狄奥多里克时代意大利的状况。

第三篇

欧洲的出现

The Emergence of Europe

第五章 拜占庭、法兰克高卢与罗马

在罗马世界的废墟上出现了三个主要的社会机体：拜占庭帝国、法兰克王国和罗马教会。三者都以不同的方式保留了罗马古典文明的一些成分，并与其他文化传统——东方的、希腊的或是蛮族的——相融合。

在罗马帝国崩溃后的数世纪中，他们相互影响的方式决定了东、西欧历史的未来发展方向。

14. 拜占庭文明

在 5 世纪，日耳曼民族的大迁徙使罗马帝国在西部的行省处于盎格鲁—撒克逊人、法兰克人、勃艮第人、西哥特人、东哥特人和汪达尔人的控制之下，而对东部行省的影响相对较少。尽管多瑙河南部行省遭到可怕的劫掠，但日耳曼人却没在那里长期定居。而小亚细亚、叙利亚、巴勒斯坦和埃及，实际上日耳曼人连碰都没碰一下。当西罗马帝国的最后一位皇帝——罗慕路斯·奥古斯图卢斯(Romulus Augustulus, 475—476 年在位)被废黜后，他的同僚泽诺(Zeno, 474—491 年在位)继续统治着君士坦丁堡。泽诺和他的继承人仅能勉强维持自己在东罗马的统治，因此对恢复西部行省无能为力，但是拜占庭文明显示出巨大的生存能力。帝国的东部行省一直都很富裕且人口众多；人口上和经济上的资源，维持这个伟大文明在此延续。每当危机时刻，拜占庭政府总是能够出现极具才能的统治者，成功地保卫君士坦丁堡达千年之久。518 年，对帝国的管辖权传入查士丁尼(Justinian, 527—565 年在位)手中，他首先作为其叔叔的代理人，而后作为皇帝对东罗马统治了近 47 年。查士丁尼在西方的征服战役——在前面我们已经提到过——仅仅是他深远政策的一个方面，旨在彻底恢复地中海世界的罗马制度和罗马文明。

查士丁尼的个性很难掌握，历史学家或许非常倾向于把他作为一个平庸的人而不予考虑，因为他没有做成他打算要做的一切。他的雄心是如此之大，没有一个人能够完成所有这一切。然而他也的确完成了几桩事情，并且具有伟大而永久性的价值。他重新组织了拜占庭国家，完成了划时代的罗马法的编纂，以辉煌的新建筑充实了拜占庭，其中有圣索菲亚大教堂(Hagia Sophia)，它保存至今并作为最宏伟的基督教堂之一而闻名世界。[1]

---

[1]《资料》, no. 22。

查士丁尼最伟大的成果都是取之于他人之手,他发动了大战役,但他本人从来没有在战斗中率领过军队。他始终在卓越的将军、法官和艺术家的帷幕之后工作。然而那些人正是由查士丁尼本人负责挑选的。在选择妻子时,他也表现出值得重视的洞察力。有那么多的拜占庭女子可供挑选,他却选中了狄奥多拉(Theodora),一个出身低微的演员和妓女。一位皇帝想娶一名妓女,这或许并不为奇;而对查士丁尼而言,不寻常的是他成功地找到了一位后来成为杰出皇后的人选。狄奥多拉是一位聪明、自尊、勇敢的妇女,二十多年来,真正统治着帝国的是她与她的丈夫。在统治的头几年里,她甚至挽救了他的王位。532年,君士坦丁堡突然发生了叛乱,暴民挤满了街道,查士丁尼被围困在宫殿之中,对他的军队的忠诚与否没有把握。皇帝召开了会议,决定行动方针。他考虑逃出城市,这时,狄奥多拉以勇敢的演说鼓起了他的勇气。希腊编年史家普罗柯比(Procopius)记下了她的这一演讲:

> 对于一个已经当上皇帝的人来说,做逃亡者是无法忍受的。但愿我永远不要与皇袍分开,但愿我不要过那种凡碰到我的人不再称呼我为夫人的生活。如果现在是你想救你自己,哦,皇帝,并没有什么困难,因为我们有很多钱,那里是海,这里有船。……对我自己来说,我赞成一种古老的说法,即皇袍是最美好的寿衣。

查士丁尼命令他的军队向反叛者进攻,于是叛乱者迅速被镇压下去。

就西方社会的文明而论,查士丁尼最有影响的成果是罗马法的编纂。自罗马共和国的最初阶段起,这一法律一直在发展和变化,以适合新情况。它是由这样三方面组成:像元老院和皇帝等权威所制定的法律、法官所做的决定及杰出的律师所做的评论。到3世纪为止所积累的法律通称为旧律(jus vetus)。从4世纪往后几乎所有的法律都由帝国的法令组成。从这以后的法律主体通称为新律(jus novum)。罗马法以微妙的细节论述了所有的问题,即当一大批人民在广大的帝国中过着一种文明生活时所出现的问题。在这些问题出现之后,许多世纪的时间里都没有解答。另一方面,罗马法经过这么长的一段时间才逐渐形成一种杂乱的风格,它充斥着晦涩之处和自相矛盾,查士丁尼决定把它们全部排除。[1]

528年,他派他的律师去进行更容易实施的"新律"编纂任务,他们很快编成《查士丁尼法典》(Codex Justinianus)。530年,皇帝委任了一个新的委员会去妥善处理"旧律"的大量内容。这是一项更庞大的计划,但最后以50本的《法学

---

[1]《资料》,no. 12。

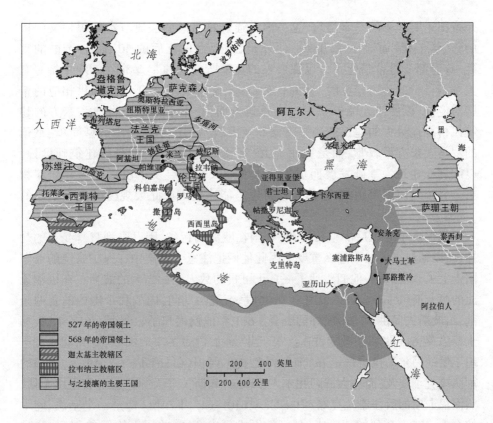

地图 5.1　查士丁尼死后的帝国与西部诸王国

请注意帝国西部和东部之间的差别：西部被分成几个日耳曼王国，而东部则作为一个政治整体幸存下来，直至伊斯兰的进攻。

汇编》(*Digest*) 而完成。查士丁尼通过发表《法理概要》(*Institutes*) 而使他的工作圆满结束，那是一本对罗马法的主要原则进行扼要总结的提要书，旨在用作教科书。查士丁尼花了那么大的力气以保持古代罗马的法律，这对未来具有极大的重要性。查士丁尼本人是一个专制的统治者，而且后任皇帝所制定的法规在语气上都是专制的。但是早期的法律教科书声称，皇帝的权力源于人民，即使皇帝也要按照法律来统治。于是，在以后的几个世纪中，罗马法不仅为国家的专制主义，而且也为国家的民主主义理论提供证据。查士丁尼的编纂工作做得太晚，因此没能在蛮族的西方变得广为人知。但在 11 世纪末，这部法律重新被发现后，它对中世纪的法律和政治理论产生了深远的影响。

查士丁尼本人是一个过渡性人物，他是拜占庭诸皇帝中最后一位以拉丁语为母语的人，也是十分关心拉丁文化复兴和收复西部讲拉丁语行省的人。他的法官们用拉丁语编纂罗马法，但是君士坦丁堡是一座希腊城市，希腊语是帝国主要地方的基本语言,这一事实通过希腊语的法典节本和很快又问世的《法学汇编》而显示了出来。此外很显然,在他死后的 50 年内,帝国的宫廷、政府都变得希腊化了。以致后来的莫里斯(Maurice)皇帝在 580 年撰写有关军事科学的著名论文时,觉得有必要对他们使用的拉丁词语提供相应的希腊对应词,以便使人能够了解。在建筑方面,查士丁尼采用古典和东方的建筑风格。他最大的建筑遗迹是圣索菲亚大教堂。这不是一座造型简单、平顶的罗马式长方形教堂,而是一座庞大、穹顶结构的建筑,由希腊建筑师设计,以叙利亚建筑为基础发展而成。圣索菲亚大教堂启发了以后拜占庭建筑物更进一步地使用穹顶结构,但是却再也未能建造出如此大规模的查士丁尼的"大教堂"。

就查士丁尼以后的皇帝而论,帝国在欧洲的行省,因已受到日耳曼人的劫掠,所以相对来说已不怎么重要。因此他们把注意力都集中在保护富饶的亚洲国土上了。在这里,他们碰到了一真正可畏的敌人——强大的波斯。在极端无能的福卡斯(Phocas,602—610 年在位)皇帝统治期间,内战和帝国内的普遍骚乱,给波斯人提供了一个极好的机会。611 年他们横扫了叙利亚。613 年,大马士革陷落;614 年耶路撒冷被占。第二年,他们侵占了小亚细亚,打到就在君士坦丁堡的马尔马拉(Marmora)海对岸的查尔西顿(Chalcedon)。619 年,他们的军队攻克了埃及,而一大群阿瓦尔人(Avars)和斯拉夫人则包围了君士坦丁堡。然而福卡斯的后任希拉克略(Heraclius,610—641 年在位)却是一个坚决、能干的军人。在一系列的战役中,他把波斯人赶出帝国,并侵入他们的国家。627 年,在古代尼尼微(Nineveh)遗址附近,一场伟大的胜仗永远摧毁了波斯政权。7 世纪,穆斯林入侵前夕,拜占庭看上去仍然是一个强大的、不可攻克的大国。

到希拉克略统治的晚期,东罗马帝国已经具有许多与众不同的特点,只要拜占庭帝国一直存在,这些特点也将继续存在下去。实质上,拜占庭文化是建立在罗马文化晚期的古希腊文化和东方文化成分之上的混合物(不含有日耳曼和凯尔特影响,而这些影响在中世纪的西方是十分重要的)。这一点在许多领域中是很明显的,比如,拜占庭的经济组织、社会机构、宗教、艺术和文学。

拜占庭皇帝继续执行罗马后期对经济活动的控制管理政策,他们充分认识到帝国的生存很大程度上取决于它的经济资源,最重要的是农业,因为它不仅提供人们所需要的粮食,而且还为军队提供人力。皇帝们非常积极地开拓荒地和未耕种的土地,一些进入欧洲行省的斯拉夫人作为侵略者而来,而另外一些则作为殖民地居民被带入。当所有这些人在这片土地上定居以后就加强了农业生产。尽管有许多大庄园,由"隶农"(coloni)耕种,但也有许多自由农民和私人家园的村落。粮田、果园、橄榄树林及葡萄园遍布田野,在查士丁尼统治时期，养蚕业得到引进，并以可观的产量生产出丝绸这一价值不菲的物品。

帝国的许多城市都是工业和商业中心。君士坦丁堡在这一时期拥有人口100万；帖撒罗尼迦拥有人口50万。而其他城镇要小一些，这样的城镇有许多。比较重要的工业是由受国家严格控制的行会或企业所从事的。国家规定了原料的购买，成品的销售，制造的方法，价格和利润。每一件事都受到政府监察员仔细的监督，实际上工匠们都是在政府指挥下为国家工作着。其结果是工业的高度稳定，但其技术发展甚慢，或没有发展。除了武器和盔甲外，主要产品就是奢侈品：丝织品、优质毛织品、织锦、珠宝，以及珐琅和象牙装饰物品。尤其得到特别关注的是有关宗教物品的生产，如圣餐杯和圣物箱。拜占庭工厂的产品在整个欧洲受到了重视和仿造。

商业控制得如工业一样严密。粮食和丝绸这两种十分有利可图的贸易，都是政府的垄断产品，所有商人都受到严格的管制，但这没有阻止他们建立起一张繁茂的商业网络。君士坦丁堡是世界上最大的市场。东方的产品涌向这个市场，包括丝绸、棉花、蔗糖和香料。西方的许多产品也涌向这个市场，用意大利属下的城市的船只载运，如威尼斯、拉韦纳及阿马尔菲（Amalfi）。来自遥远国土的商人，在君士坦丁堡的市场上出售他们的货物，把帝国的产品带回自己的国家。帝国的法定货币——拜占庭币（bezant）信誉良好。尽管没有几个拜占庭商人得到很大的财富，然而他们和工匠们形成了两个积极的朝气蓬勃的中等阶层。

在一个四周都是敌人的国家中，最重要的必定是军队建设。拜占庭军队的军饷优厚，组织严密，操练勤奋，而且装备完整。其支柱是勇猛的骑兵部队，约占军队总数的一半。拜占庭的骑兵们，头戴钢盔，身披的盔甲盖过大腿，臂戴金属护手，脚穿金属鞋。他们的武器是剑、长矛和弓。这样全副武装起来的马背射手，能够用箭袭击敌人，一个冲锋便击溃敌人。步兵分两类，一类是轻型，一类是重型。轻型步兵是弓箭手，不穿防护盔甲，但携带的弓要比骑兵佩带的弓射得远。重型步兵戴头盔，穿铠甲，经常戴金属护手。他们携带盾，装备着剑、长矛及战斧。拜占庭帝国的将军们都是专业军人，不是勇敢的业余人员（譬如西欧的战士），他们不去碰无益的运气，如果对胜利没有绝对的把握，从来不去冒险。

从希拉克略时代开始，一种新的军事组织体系建立起来，其基本单位称为"军区"（themes）。史家对于此一制度的起源和发展仍有争论，但其基本特征是，一位军事将领确实负责一区的内政，并指挥由当地人口组成的军队。但是多数"军区"的军人并非全天候的，而是一年有一半时间用在分配给他的土地上耕种。他们提供了有价值的、主要的防御武力，可增补职业军人的不足，并可驻防君士坦丁堡附近地区。

帝国的政府是一个复杂的官僚机构,尽管它规模庞大、耗资昂贵,但它的效率相对来说也较高。在忽视国家政务、软弱无能的皇帝领导之下,这一机构朝腐败的方向发展,但遇到强有力的皇帝则进行积极的改革。居政府首位的是皇帝,有时候是几个皇帝。在拜占庭帝国历史的第一阶段,皇帝这一显职在理论上是由选举产生的。一个人要当上皇帝,要有元老院、人民或是军队的支持,或者得到这些团体所组合的势力的支持并经正式宣布才行。实际上往往是前一位皇帝的儿子继位,但如果他被证明为软弱无能,那么他很可能被推翻,从而由反叛者的领袖取代。随着时间的流逝,这一世袭原则逐渐加强。8世纪后,当一个无能的皇帝被赶下台时,皇帝的头衔似乎仍留给了他,而反叛者的领导则以助理皇帝的身份进行统治。世袭原则之下也可能使女性在拜占庭政府中时常扮演重要角色。如果一位皇帝去世,留下未成年的儿子继位,则小孩的母亲可以用摄政的身份统治,直到孩子成年为止。有两位皇后曾决定性地影响了拜占庭的政策,尤其是在宗教事务上。这两位皇后是艾琳(Irene,死于803年)和狄奥多拉(死于867年)。

拜占庭帝国的皇帝是一位圣人,由上帝授命,来统治人类。在庄严的仪式中,他被拥立为王并被涂上圣油,一切与他有关的东西都是神圣的。希拉克略皇帝认识到他通过采用帝王(basileus)头衔,遵循半神圣的、希腊式国王的传统而成为一个统治者。皇帝的臣民们拜倒在他面前,如他们的祖先拜倒在被奉为神的异教统治者面前一样。皇帝生活之地十分豪华,他的住宅是一幢辉煌的宫殿,这座宫殿实际上是许多奢华的楼宇,四周有花园,坐落在博斯普鲁斯(Bosporus)海峡岸边。他的生活是一个连续不断的庄严仪式,他的身边始终有一群官员、侍者还有卫兵。这一昂贵、奢侈得令人难以置信的宫廷还不仅仅是挥霍无度。在拜占庭帝国的国土上有此传统,皇帝与其他人应隔离开来,而宫廷的做法尤为明显。

拜占庭帝国的文化,实质上是笃信神的感召,在很大程度上,皇帝也是教会的统治者。他掌握着君士坦丁堡地区牧首的任命,此牧首是基督教会组织的首脑。他召集宗教会议并发布他们的教令。拜占庭拥有罗马帝国在其最强盛时期始终缺乏的东西——一种共同的、根深蒂固的宗教,并为各阶层的人所共有。一种独一无二的信念能够唤起所有百姓的忠诚,产生艺术和建筑的主要形式,影响政府的专门目标。显而易见,基督教能够作为这一体系的组成部分,把国家束缚在一块儿,不过在长期的神学辩论时期,它会成为冲突的一种根源。然而,皇帝在宗教事情中通常能够自行其是。在确定教义的问题时,他也可以不运用权力,而是通过选择主教来指导东正教的方向。但即使在拜占庭,皇帝对教会的权力也并非是绝对专制的。帝国的人民是虔诚的,对宗教问题具有强烈的兴趣。皇帝不能够泰然地就某一个问题攻击主教,假如后者在这个问题上拥有广大民众的支持的话。于是,我们偶尔发觉,强有力的皇帝能容忍主教,尤其在涉及统治者的私人生活问题方面。

拜占庭帝国的文明在艺术方面显示出巨大的独创性,在罗马帝国后期,大体上有两种基督教艺术的独特形式得到了发展。其一,在本质上源于希腊精神,充满着尘世间美的东西和快乐,而这正是希腊文化的标志特征。对这一学派的艺术家来说,基督是一位英俊的、没有胡须的年轻人,通常看到的他都是裸体的。另一种形式在巴勒斯坦和叙利亚得到发展,其基本形象是令人敬畏的威严。基督是一位有胡须的人物,身穿冗长、飘拂的东方式长袍。这两种流派在西欧和东欧,对中世纪艺术都具有意义深远的影响。

在拜占庭帝国,这两种潮流迅速汇合起来,形成了我们所知道的拜占庭艺术。这种艺术从两个方面找到了自己的表达方式——镶嵌工艺和插图手抄本。拜占庭教堂实质上是用房屋镶嵌工艺建造的,外表上,它有一个给人深刻印象

9世纪圣索菲亚大教堂的镶嵌艺术品
拜占庭帝国的基督是一个威严的、支配一切的形象。
Courtesy of Dumbarton Oaks, Washington, DC

作为教师的基督
这一座古典雕像作于3世纪、4世纪,把基督塑造成一位英俊的年轻人。*Hirmer Fotoarchiv*

的高耸的大圆顶,然而它也是一个简陋、阴森的建筑,用不着装饰。但在里面则遍布着奇异的镶嵌艺术品。就其效果来说,这些东西几乎完全取决于对颜色的使用——瑰丽的金色、蓝色、红色和紫色,没有对我们称之为现实主义的东西做过尝试。没有打算使这些形象看上去自然些;它们实际上只是适合装饰设计和潮流的符号。但这些符号性形象给人留下印象深刻的尊贵之感以及颜色赋予的富丽之美,达到了一种任何其他艺术都不能够比拟的效果(这种灿烂作品的样本可以在拉韦纳的圣维塔尔[S. Vitale]教堂和克拉赛[Classe]的圣阿波利纳尔[S. Apollinare]教堂看到)。同样这些特点也出现在袖珍画上,这些画用鲜明色彩装饰了拜占庭帝国的手稿。在这里,符号性形象的魅力又一次被完美地糅合在一种色彩丰富的造型组合之中,产生出一种稀有的美。但是,对美的爱并不局限在镶嵌艺术品制造者和手稿彩饰工作者这里。拜占庭帝国的手艺人既为世俗凡人制造装饰品,也制造运用于宗教目的的装饰物。他们在装潢艺术中显示出同样的艺术,在珐琅和雕刻精细的象牙上的镶嵌图案装饰了圣物箱、圣餐杯和十字架等物品。

拜占庭帝国的文学成就在两个领域里表现最为显著:历史著作与宗教作品。查士丁尼在位时代的最伟大历史学家普罗柯比是贝利萨留将军的秘书,因此他为自己所描述的许多事件提供了第一手证据。他以真实、有力的风格,按照伟大古典历史学家如修昔底德(Thucydides)的传统进行写作。然而普罗柯比也留下了一个模棱两可的证据。在他生前所出版的作品中包含有对皇帝及当时伟大人物的俗常的赞扬。但他也留下了一部《秘史》(*Secret History*),里面充满了对查士丁尼、狄奥多拉及其他宫廷名人庸俗下流、诲淫污秽的非议。莫里斯皇帝(Maurice,582—602年在位)是一位伟大的艺术、文学赞助人,在他手下的梅南德(Menander)被称为"护国公",写了一部558—582年这一段历史的书。在6世纪末,叙利亚的伊拉格里乌斯(Evagrius)编著了一本《教会史》(*Ecclesiastical History*),它详细描述从431年"以弗所大公会议"至593年之间教会的经历。历史写作传统一直贯穿着整个拜占庭文明的发展过程,观察入微的编年史家们的著作,为我们描述了拜占庭帝国史的几乎每一个新时代。

显而易见,深奥微妙的古希腊哲学思想在拜占庭人中间仍然保存下来,但他们智力上的努力主要在于探讨神学问题,每一次新的宗教辩论便产生出大量的论文和说教。另外还有数不清的文献,研究赞美诗、圣人的生平及思辨和神秘神学。查士丁尼时代最伟大的宗教诗人,即赞美诗作家罗曼路斯·米洛杜斯(Romanus Melodus)是值得注意的。他采用了重音押韵,代替古希腊的音量韵律(后来在中世纪拉丁文诗歌中也出现了同样的变化)。对西方世界来说,最有影响的神秘神学研究者是一位叙利亚的新柏拉图主义者,后来以迪奥尼修(Dionysius)的名字著称(在中世纪时期他被误作为圣保罗在《使徒行传》中提到的雅典的迪奥尼修)。这位迪奥尼修说教道:一个人在经过一条漫长的精神斜坡并在神灵的启示下到达顶点时,才被带到上帝那里。他的著作《论神圣的等级制度》(*On the Celestial Hierarchy*)和《论教会的等级制度》(*On the Ecclesiastical Hierarchy*),描述了地上教会的等级制度如何反映了天国中天使的等级制度,这个描述把人们带向了最终教化之中。这样一个尘世社会的想法,即作为一个持久的、具有天国秩序而完美不变的影像,是拜占庭文化的一个中心主旨。与将在西方出现的频繁的变化相比较,拜占庭帝国的文化则呈现了具有非凡的持续性和稳定性的一派景象,这不纯粹是偶然的事,稳定性恰恰是拜占庭人争取的东西。

总而言之,数世纪以来,拜占庭始终是灿烂文化的中心,但是这种文化与我们主要关心的西方中世纪文化相比,在许多方面具有不同之处。这两种文明在整个中世纪里,继续相互影响着,它们的关系构成了中世纪历史的一个重要课题。拜占庭帝国的政治和宗教事务直接影响着西方事件的演变,因而在以后的几章里,我们将以此为出发点对其进行论述。

15. 法兰克王国

当从成熟的拜占庭文明转而考虑 6 世纪高卢人组成的法兰克王国时,我们仿佛步入了一个不同的世界,根据古典文明的标准来判断,法兰克人在任何方面都要比拜占庭人更落后、更野蛮。任何一位明智的观察家,考察了公元 500 年西罗马帝国的状况后,或许会猜测未来会取决于相对进步的东哥特和西哥特诸民族。然而尽管法兰克国王克洛维,与更文明的哥特人统治者比较,仅仅是一个善于心计、嗜杀成性的野蛮人,恰恰就是这个法兰克王国幸存了下来。在法兰克国家和东日耳曼民族诸国之间极其重要的差异,就是法兰克王国在莱茵河以外的法兰克土地上拥有巨大的日耳曼人人力供应库。并且,自征服的初期始,在法兰克人和罗马居民之间就不存在什么宗教分裂。建立在高卢—罗马人和日耳曼人两种基础上的新社会能够逐渐形成。还有,法兰克政权的中心离地中海太遥远,所以没有被拜占庭帝国或穆斯林的入侵所征服。

我们将不得不较具体地分析一下墨洛温王朝的高卢所具有的社会、宗教及政治结构。但首先,或许通过诸多事件直截了当的叙述,要比通过对社会机构抽象的分析,能更加生动地传达时代的真实性。我们对在克洛维的子孙们统治下的法兰克人历史的了解,大部分来自一部由图尔(Tours)的格列高利在 6 世纪下半叶撰写的编年史。格列高利是一位主教,并为自己的罗马家世感到自豪。然而根据古代的标准,他写作的拉丁文是很糟糕的,他认识到了这一事实,他那有缺陷的风格是文化标准在法兰克人高卢总衰退的征兆。他不得不讲述的这个故事也是如此——一个原始的、野蛮的传说,有关背叛、暴力及淫欲。这个故事与其说是一部严肃的、真实的历史,不如说似乎更像一本浮夸的历史小说。

511年,克洛维死后,他的王国被四个儿子瓜分了。除了相互间频繁的争斗之外,兄弟们又合作起来,于531年征服图林根人(Thuringians),于534年征服勃艮第人。最后法兰克人于536年占领了普罗旺斯,把他们的王国一直扩展到地中海沿岸一带。这一扩展后地区落到了克洛撒一世(Clothar I)的手中,他是克洛维儿子中活得最久的一位。562年,在他死后,王国又遭到四重分割。在下一页上,已简化的家谱将描述自克洛撒以后法兰克王室中主要人员之间的关系。

从这一时期起,在法兰克国家中有四个被普遍接受的主要分隔区。莱茵河两旁古老的法兰克疆土上形成了奥斯特拉西亚(Austrasia)王国。而高卢北部通常被视为纽斯特里亚(Neustria)(新领地)。在罗讷河和索恩河之间的峡谷地带,原来的勃艮第王国组成了第三个墨洛温王朝国家。高卢的西北部,通称阿基坦(Aquitaine),不时地宣布独立又不时地隶属于其他某个王国(参见第85页地图5.1)。在分割的562年,查利博特(Charibert)领受了阿基坦;希尔佩里克(Chilperic)领受了纽斯特里亚;贡特拉姆(Guntram)得到了勃艮第;而西杰伯特(Sigibert)则得到了奥斯特拉西亚。然而查利博特死于567年,于是他的王国被他三个兄弟瓜分。按格列高利的编年史所述,在这些人中间贡特拉姆大部分是作为调解者出现在其他两位兄弟之间。对当时的境况来说,他是一个很好的国王。正如19世纪的历史学家米什莱(Michelet)所述:"除了一些谋杀外,没有人能够有反对他的任何理由。"在格列高利的眼中,西杰伯特是一位既光荣、又好战的领导人物。希尔佩里克显然是三兄弟中最邪恶的一个,他的妻子——弗雷德冈德(Fredegund),一位迷人却又堕落得令人吃惊的女人,助长了他的邪恶。(格列高利写道,她"诱惑"了男人——但他要人们照字义来理解这个词。)至于希尔佩里克,格列高利称他为"我们时代的尼禄和希律王(Nero and Herod)",像尼禄一样,希尔佩里克有文学上和智识上的抱负。他与他的主教们辩论神学;他试图写作拉丁文诗句;他甚至有过独特的想法:在字母表里再增加四个新字母。

西杰伯特极度哀叹在法兰克王子中形成的一种习性,就是娶出身低贱的女仆为妻(例如弗雷德冈德)。对他来说,唯有真正的公主才能成为他的妻子,因此,他从西哥特人的西班牙娶来了一位。西杰伯特的妻子布鲁恩希尔德(Brunhilde)被证明是一个引人注意且有才干的女人。希尔佩里克即生妒忌之心,并打定主意自己也必须娶一位西班牙公主,"尽管他已经有了许多妻子",格列高利写道。在与西哥特国王的多次谈判后,布鲁恩希尔德的妹妹,来自西班牙的加尔斯温特(Galswintha)嫁给了希尔佩里克。起先他很高兴这种安排,"因为她

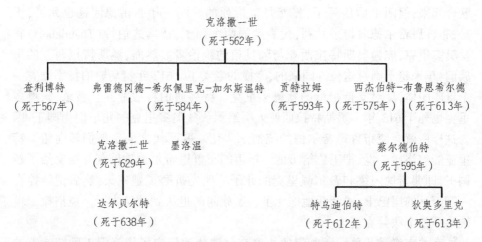

带来了许多财产",然而,几个月以后,他就对这位新娘感到厌烦,把她给勒死了,并随即娶了他特别喜欢的情妇弗雷德冈德为妻。从这一时期起,西杰伯特和希尔佩里克家族之间激烈的血腥仇杀便萌发了。575年,西杰伯特入侵纽斯特里亚并打败了他的兄弟。纽斯特里亚的法兰克人愿意接受西杰伯特为他们的国王,而且在维特赖(Vitry)准备了欢呼仪式。可是弗雷德冈德却有办法应付这种局面,她派了一位刺客,带着浸过毒药的匕首,在西杰伯特被抬上武士的盾牌时把他给刺死了。奥斯特拉西亚人失去了自己的国王,便带着西杰伯特的幼儿——蔡尔德伯特(Childebert),成群结队回到自己的家园。布鲁恩希尔德被希尔佩里克俘获,但出乎意料的是,她没被处死,而被流放到了鲁昂(Rouen)。

故事写到这里有了一个不大可能的转折。希尔佩里克有一个不听话的儿子叫墨洛维奇,他在此刻却爱上了其婶婶布鲁恩希尔德,或者不管怎样,他娶了她。希尔佩里克派了一支军队来攻打他们,但布鲁恩希尔德设法逃到了奥斯特拉西亚。而墨洛维奇在经过一系列令人几乎难以置信的经历后,终于被希尔佩里克的士兵们追上。为避免被俘,他让一个忠诚的奴隶把他杀了。无论怎样,这是一个到处传播的故事,而那位奴隶却被残酷地折磨至死,以证明这一故事的可靠性。可是许多人却相信,墨洛维奇的死是由皇后弗雷德冈德早已安排好的。

接下来的几年中,形势没什么重大变化。勃艮第的贡特拉姆把幼小的王子蔡尔德伯特置于他的保护之下,并把他立为自己的嗣子。作为儿子的摄政者,布鲁恩希尔德是奥斯特拉西亚的真正统治者。在她活着的时候,她绝不愿意放弃她的权力。弗雷德冈德继续在暗杀旧时的敌人,却又不断地树立起新的敌人。希尔佩里克致力于压迫他的臣民,在索松(Soisson)建立一个大竞技场,希望在那里重现以前罗马杂技场的壮丽景象。不幸的是,此项工程完成之前,他就被暗杀了。

593 年,贡特拉姆死后,蔡尔德伯特继承了勃艮第王国,并与奥斯特拉西亚联合起来,但两年后他死了,显然是被毒死的。同一年弗雷德冈德也死了,于是,布鲁恩希尔德取得了胜利,代表她的两个孙子,特乌迪伯特(Theudebert)和狄奥多里克,成为奥斯特拉西亚与勃艮第的统治者。然而,奥斯特拉西亚的贵族们,越来越不满意这位外国来的、专横的老女王。612 年特乌迪伯特率领着一个贵族团体,反对支持祖母的狄奥多里克。特乌迪伯特战败并且被杀,狄奥多里克也死于 613 年。奥斯特拉西亚人拒绝承认狄奥多里克的儿子们为国王,因为这样做就会使布鲁恩希尔德的统治永久化。取而代之的是他们转向纽斯特里亚的克洛撒二世,把王位给了他。年迈的布鲁恩希尔德被俘获并被交给了新国王,即弗雷德冈德和希尔佩里克的儿子。他先折磨了她三天,然后把她拴在一匹野马的尾巴上,给活活地拖死了。家族间的世仇到此结束了。克洛撒二世统治了整个法兰克王国。

有关克洛维儿孙们那血腥的故事充分清楚地传递了墨洛温王朝统治下的高卢普遍盛行的暴力生活,但那还远非是整个情景。图尔的格列高利偶然地向我们提供了另一个世界的片段,即关于仍然喜爱拉丁文学的诗人、学者的世界;关于圣人的世界,他们在各种各样默默无闻、死气沉沉的地方仍然在维护着基督教虔诚行为的重要标准。在那一时期最引人注意的圣人是前王后弗雷德冈德(Radegund),最值得重视的诗人是弗南梯斯·福屈内特斯(Venantius Fortunatus)。弗雷德冈德是一位图林根公主,被克洛撒一世在 531 年的战役中俘获并带走,成为他的妻子,或他众多妻子中的一个。在克洛撒暗杀了她的弟弟以后,她逃到了普瓦捷。在那里,主教使她献身为修女,并设法说服克洛撒别去打扰她。一群虔诚的女人在她周围聚集起来,尔后她们建立了一个女修道院。弗雷德冈德,这名受过教育、有修养的妇女,始终拒绝接受团体中较高的职务,却从事着最低下的、奴隶般的工作。她尤其致力于关心穷人、病人的工作。

诗人弗南梯斯·福屈内特斯,出生在意大利,受教育于拉韦纳学校。565 年他到高卢朝圣,参观图尔市圣马丁的圣祠,然后在王国的北部定居下来,作为一名非正式的宫廷诗人,度过他的余生。在图尔,福屈内特斯碰到了格列高利主教这位编年史家,两人成了朋友。他参加了西杰伯特和布鲁恩希尔德的婚礼,并为婚礼场面写了一首诗。在诗中她被描述为"西班牙的珍珠"和一位"再生的维纳斯"。时隔不久,他又为弗雷德冈德施展了类似的技能。福屈内特斯具有一种编写华丽颂词的天赋,一种使他到任何地方都受欢迎的天资。他的许多诗句今天看来似乎是很冗长乏味的,所以现代历史学家对他能找到听众和读者感到意外。然而,我们得记住:在法兰克国王中间,希尔佩里克至少是一个具有文学兴趣的人,他自认为是一位诗人。图尔的格列高利写道,希尔佩里克的诗词糟糕得无可救药;但福屈内特斯却独特地详论道,他的诗词相当令人喜欢。

567年,福屈内特斯拜访了普瓦捷,并被弗雷德冈德的个性所吸引,最后,他变成弗雷德冈德的女修道院的一名教士及祭司。这一时期出了许多诗词,虽不太足取,有些却也是极好的。福屈内特斯深深地被弗雷德冈德的谦逊,尤其是她还曾做过王后这一点所感动。在一首与鲜花一起作为礼物的献诗中,他对弗雷德冈德不肯屈尊穿戴的王室颜色开玩笑道:

啊!皇后,艺术是如此的高尚
紫色、金色,你置之不问……
你不想享有
紫罗兰的紫红色和报春花的金黄色吗?

使人对福屈内特斯感到困惑不解的是,除了他的所有粗糙的诗词和流畅的恭维以外,他居然也写出过两首有影响的动人赞美诗——《光荣的胜利战斗颂歌》(*Pange Lingua gloriosi*)和《高举王旗招展向前》(*Vexilla regis prodeunt*),它们在天主教的礼拜仪式上存在了几个世纪。他的生涯以就任普瓦捷市主教而告终。

有关福屈内特斯和弗雷德冈德的传说与几位好战的法兰克王子的历史形成了一种对照。当我们看到图尔的格列高利的编年史,或在6世纪、7世纪中写到的无数圣人的生平时,我们始终得到有关墨洛温王朝的高卢的这一双重印象。与四周野蛮的暴力海洋形成鲜明对比,偶尔也有一些和平与虔诚的岛屿,矗立其中。但是,对一位历史学家来说,墨洛温王朝生活的最重要方面是其他

这一青铜质带扣,装饰有雕刻图案和花纹,它是法兰克人的作品,与第四章中展示的来自萨顿·霍珍宝馆的扣形装饰品出于同一时代。*Courtesy of The Walters Art Gallery, Baltimore*[54.2347]

什么东西，是当代编年史家没有为我们描述和分析过的东西。这就是，6世纪高卢境内法兰克人和高卢—罗马人渐渐融合的缓慢发展，这种发展自然就产生出一个新的民族和一种新文化。这种融合发生在各个层次。在某些领域——宗教、语言、经济结构的某些方面——罗马传统居重要地位。而在法律和行政管理领域内，法兰克人的公共机构几乎全部取代了罗马的公共机构；由于这些机构形成了中世纪初期行政管理的基础，所以我们必须做些详细的研究。

法兰克人对法律和政治机构的观点与罗马人的观点几乎在每一个可能的范围内都不相同，罗马人对国家的想法在本质上与现代的想法比较相近，存在着一个最高机构，承担着维护社会福利的责任。为了完成这一任务，帝国的管理机构颁布了必要的法规，并征收重税。税收用以维持庞大的军队及专业行政部门，并且用以资助广泛的公共工程项目。市民们应该感到有一种忠于国家、忠于"共和"（res publica）的意识。在法兰克人的体制中，这些东西都不存在。就王国完全结合成一体这一点来说，它是通过武士贵族对其国王的个人忠诚，以及通过贵族指挥他们自己部下的能力而达到的。至于国王成为政府行政官，承担维护社会福利的责任，这种想法根本不存在。本质上，国王是一位军事领袖。尽管克洛维占据着执政官的高位，并且在他的宫廷中充满了拥有显赫的罗马头衔的官员，他们却并不真正地执行相应的罗马官员应执行的特殊任务。他们没有可支配的官僚，他们确实是一群私人朋友，通过一项特殊的忠诚条约，即古老的日耳曼文"武士盟誓"（comitatus）的法兰克文译本，受制于国王（法兰克人称此团体为"义勇卫队"[truste]，其成员为"法兰克国王的侍从"[antrustiones]）。同样地，在"城市"中的法兰克伯爵们与他们所取代的罗马行政官员也没什么相似之处。他们拥有一个法庭，维持着秩序，但他们并不是受国家俸禄的官员。他们靠私人田产的收入生活，这些田产是在法兰克征服时，国王恩赐给他们的。他们与国王的关系仍然是一个个人忠诚的问题，当软弱或不得人心的国王们不能够维持这种忠诚时，这些伯爵们就将独立。

首先，伯爵们所施行的法兰克人的法律和罗马法根本不同。罗马法以法律体系为基础，此体系把情理和正义视为法律秩序必需的基础。特殊法规是对正义所做的普通法则的例证，这些法则能够通过有意识的反思及作为法律由立法者下令颁布的合适法规而被确立。日耳曼法律的所有先决条件都是不同的。没有一个日耳曼民族把法律想象为理论上的公正范例，或者想象为由一位最高立法者颁布的法规。对他们来说，法律是部落的古老风俗习惯，没有文字却始终存在，通过口述，一代一代传了下来。每个民族有自己的法律，即使在法兰克人本身之中，即民族的两个主要分支——萨利安的法兰克人和莱茵河畔的法兰克人，也有不同的风俗习惯。所有被融合在法兰克王国中的各个日耳曼民族，像勃艮第人和阿莱曼尼人一样，继续使用他们自己的法律。无法想象，征服者的法律应该被强加在被打败的敌人身上,或者任何风俗习惯比其他习惯要优越,于是应该受到普遍的承认。一个人的法律是他留给后人的遗产的一部分,是他真实个性的一部分。

法兰克法律的内容是很原始的,我们随意地打开查士丁尼的法典便可发现论述贸易、全国及合伙关系的复杂的法规,具有占有权形式、证人规则、法庭程序——我们可以在现代法律书籍中找到同样的条款。当我们回过头来看一下法兰克人的萨利克法律(Salic law)时,我们会遇到这样的章节:

> 如果一个人击打另一个人的头部,以致露出脑髓,并且脑下三根骨头往前突出,这个人将被罚 1200 第纳尔,合 30 先令……如果有谁称一妇女为娼妓,且又不能够证明这一点,他将被判罚 1800 第纳尔,合 45 先令……如果谁杀了一个自由法兰克人,或者一个生活在萨利克法律中的蛮人,并有证据,他将被罚 8000 第纳尔……但如果谁杀了一位在国王机构中工作的人,他将被判罚 24000 第纳尔,合 600 先令。

但是尽管原始的条顿法律粗野而且残酷,它仍然保留了一个几乎已在后期罗马法中消失了的有价值的特点,那就是暗含的预设,即法律是一个民族整个生命的自然产物,而不仅仅是一套由上往下施加的法规。

早期的条顿法典——幸存至今——反映了一种社会状况,在此社会中,血腥仇杀的原始模式正在让位给有章可循的罚款形式。[1] 在罗马法中,一个罪犯对自己的过错,由他个人承担,政府当局有责任惩罚他。在条顿社会中,针对某个人的犯罪行为涉及罪犯的和受害者的所有亲属。如果一个人被谋杀,他的亲属对谋害者和谋害者的亲属有处罚和复仇的权利及义务。由于这种类型的宿怨会削弱整个部落的战斗力,于是产生出罚金形式,以提供一种体面的抉择。任何冒犯可以通过一笔合适的罚金以"收买尖矛",从而得到偿还。这些罚金的一部分归国王,其余的归受害者(或他的继承人)及他的亲属。国王之所以要得一份,其起因恐怕是由于国王亲自或通过代理人主持了法庭,因而要给予其一份报偿。

每一个人都有一个"价格"(wergild),若夺取他人的性命就要付偿命金。偿命金依其阶级而不同。为国王服务的贵族价值 600 先令,一个自由的法兰克战士值 200 先令,一个罗马人值 100 先令。在法兰克法律中女人的身价较高。杀死一个生育年龄的妇女,得偿 600 先令;若她已有孕在身,则须偿 700 先令。若一妇女已无生育能力,则其身价与一个男子相当,值 200 先令。强奸罚款 63

---

[1]《资料》,no. 14。

先令。

依据日耳曼法律,女子在婚前受父亲的监护,婚后受丈夫的监护。结婚称之为"Muntehe",而"Munt"一字意指监护权。因此婚姻是由女孩的父亲和新郎的家庭所安排的。未来的丈夫要提供一笔金额给他的新娘,而新娘不需带嫁妆。最初这是新娘的价钱,一种购买此女子的价格,给予她的父亲。但在6世纪这笔钱变成新娘自己的财产,若其夫死掉,这笔钱她可保有。此外,新婚夜后的次日早晨,丈夫给新娘一份"早晨之礼",用以确立其为合法妻子的地位。另外还有一种婚姻称为"Friedelehe"(由 Fridela 一字,亦即朋友或爱人,演变而来),然而何以有此来源则不很清楚。此种婚姻是基于自由选择,新娘并未将监护权交给亲属或者接受聘金;但是丈夫仍给她一份"早晨之礼",视之为真正的妻子。传统的传承,各族均不同,但一般而言都有利于男性子嗣。通常在无子的情况下,女儿才可继承遗产。然而在法兰克的萨利克法中有一著名条款指出,法兰克妇女不能继承土地。

日耳曼法律中坚持,妻子要忠于丈夫,但却未相应地要求丈夫应对妻子忠贞。法兰克国王和贵族通常都是一夫多妻制。一个男人可能经由"Munt"的婚姻方式娶得一名妻子,同时经由"Friedel"的婚姻方式拥有几名妻子,并且还有许多妾。在合法妻子与诸妾、婚生和非婚生子女间没有很明显的差别。图尔的格列高利在他的记载中常常指出,法兰克国王有许多妻子。

法庭的主判官员——通常是法兰克高卢的一位伯爵——并不是先听完证词,然后在这基础上做出一个裁决;确定有罪还是无辜的唯一方法,就是诉诸一种超自然的力量。最原始的证明形式是"人证法"即"根据他人保证宣告被告无罪"(compurgation)。一位具有特别身份的人,如主教或许会被允许用他自己的誓约来为自己开释;而所有其他的人则需要一群"誓约助手"——大概为 12 人至 25 人——他们将发誓:他们认为受指控的人值得信赖。这样做的设想是:有罪之人不能找到这么多诚实的支持者;辩护者们为了自己也不会犯伪证罪,因为会冒受天罚之险。还有,所做誓约是一种精心制作的礼节性表白,对一个词或者一个短语的迟疑都将意味着:神圣的神感到不满意,誓约已是失灵了。

可以代替"人证法"的是"神意裁判法"(ordeal),这种神意裁判法采取多种令人不愉快的形式。[1] 在热铁神意裁判法中,要求受指控的人拣一块炽热的铁块,并拿着它走若干步,然后把他烙伤的手包扎起来,三天以后查验伤口,如果伤口正在干净地愈合,那么这人是无辜的;如果伤口正在溃烂,他就是有罪的。另一不同的形式是热水神意裁判法,要求被指控的人从一大锅沸水中拣出一块石头,而后同样把烫伤的手裹起来,三天后进行查看。在冷水神意裁判法

---

[1]《资料》,no.15。

中,受指控者被抛入事先已祈祷过的一池水中,如果圣水拒绝此人,使他漂浮水面,他就被认为是有罪的;如果他沉入水底,他就是无罪的,并在淹死前被拖出水面。神意裁判法的另一种简单的形式,就是用决斗来审判。这种方式在中世纪后期很盛行,被告人与起诉人进行殊死搏斗,幸存者为无罪之人。两位诉讼当事人可以亲自搏斗,也可以由指派的武士进行搏斗。

我们一直在描述的法律机构并非为法兰克人所特有,英格兰的盎格鲁—撒克逊人,以及法兰克王国东部许多日耳曼民族都按照类似的法律生活着。在整个北欧,由野蛮的习俗,即根据他人的证词宣布嫌疑犯无罪的人证法及神意裁判法来判决法律案件这种情况,一直延续到13世纪初。后来教会禁止教士参加这类神意裁判法,证明犯罪还是无辜的替代方法不得不被设想出来。

在法兰克王国,起先高卢—罗马居民继续按照自己的罗马法生活着(在西方,罗马法典的最后一次编纂工作——《罗马法汇编》[*Brevarium Alarici*],是在506年根据西哥特国王阿拉里克二世[Alaric Ⅱ]的命令准备的,旨在供高卢南部的罗马庶民使用)。但没有什么学校可以培养新一代的法官,当能干的法官渐渐谢世后,幸存的罗马法在形式上已降格,成为另一种习惯法,仍然依靠人证法和神意裁判法来确定有无罪过。

罗马税制的情况也是如此,早期的法兰克国王们贪婪地征集他们能从庶民那里榨取到的所有税款,并把这些款项加入他们自己的私人财富之中。但是罗马体制需要一群训练有素的职员和会计师使其正常运作,而在克洛维以后的法兰克国王们并不拥有这样的工作人员。他们只有一些教士,在宫廷中为他们写写信。此外,在心底,他们也和法兰克勇士一样非常清楚地知道,向庶民们逼取税款的制度实质上是令人厌恶的。图尔的格列高利讲述了一个涉及弗雷德冈德王后的故事,这个故事阐明了这一特征。弗雷德冈德有两个孩子病得很重,为了避开上帝对她的惩罚,她下决心要做一件确实惊人的举动来赎回她过去的罪孽,并觉得很有必要这样做。于是她对希尔佩里克国王说,"让我们把税款登记簿烧掉吧"——而且他们着手做了这件事。要在这样的基础上实行完善的财政制度是很艰难的。逐渐地,罗马土地税减少到来自某些庄园的合乎习惯贡金的那个数目。间接税、通行费和交易税很容易征集,但这些税款常常被当地伯爵扣留,法兰克国王的大量收入来自于他的私人庄园。

在宗教领域里,法兰克人的异教信仰逐渐让位给罗马人的基督教,但是在这一过程中,教会结构发生了重要变化。克洛维和他的继承人充分认识到他们与教会结盟的价值,在赠予财产和特权给入世教士和出世教士时,他们是非常慷慨的。可是,尽管墨洛温王朝的教会有许多特权,而教会的诸多事宜却越发受到世俗人士的控制。在罗马法中,教会被视为合法的社团,主教在此社团中行使着对财产和人员的管理,控制着权力。法兰克人对此细节一无所知。当一位法兰克地主在他们的乡村庄园上建造了一所教堂,便把它视为自己的东西,把教士视为自己的仆人,而且可任意地委任和解雇。在其他条顿国家中,随着他们对基督教的接受,也产生出同样的体制。形成中世纪欧洲教区教堂的大多数乡村教堂都有一位资助人,通常都是当地的地主,他享有任命村中教士的权力(在英格兰的教堂中,这一做法从盎格鲁—撒克逊时代起,一直沿用到20世纪)。原则上要得到主教的同意,但此举常常只是一个形式而已。主教本人由国王任命,原来要求主教得由教士和人民推选的教会法规已废弃不用。随着日耳曼人大量地占据了主教职位,文学修养和教士戒律迅速衰退。

罗马帝国那复杂的经济组织遭到同样的忽视而退化,罗马的大庄园制度幸存下来,但仅此而已。缓慢衰退中的高卢商业活动,在墨洛温王朝时期,衰退加快,而且越来越快。这种商业活动自3世纪以来,一直在发展中,法兰克人实质上是一群武士而不是商人,因此,对都市生活不感兴趣。况且,法兰克国王们也没有考虑到,采用维修公路和桥梁、控制贸易路线、保护商人和他们的物品等方法,以鼓励贸易和商业,是他们王室职责的一部分。尽管地中海沿岸的古代城市继续从事着海上贸易,可是在内地,贸易几乎消失。到墨洛温王朝时代后期,高卢实质上是一个具有地方化农业经济的农业地区,几乎没有什么货币在流通,没有几个商人在公路上来往。如果人们想把某一时期称为"黑暗时代"的话,那么墨洛温王朝的后期便可当选为这样一个时代。

在墨洛温王朝统治的最后一个世纪里,国王的权力大大减少。治理有方且充满朝气的克洛维朝代的最后一任国王是达尔贝尔特(Dagobert,629—638年在位)。他死后,奥斯特拉西亚和纽斯特里亚王国又一次被分隔,并且在7世纪中叶,统治者之间常常发生战争。墨洛温王朝这一时期的君主们通常被描绘成悲哀的堕落者,但这一情况主要是以支持下一个朝代即加洛林王朝的作者们所写的作品为基础的。毫无疑问,墨洛温王朝的末代国王是非常短命的。在一连串未成年的国王统治的王国中,实际权力已转到贵族集团和国王家族中的主要官员手中,他们被称为"宫相",这些人为自己行使着王室的权力。在达尔贝尔特国王的统治下,"宫相"是一个叫兰登的丕平(Pepin of Landen)的人。后来其职位在他的家族中变成世袭制,这位丕平就是后来加洛林王朝的祖先。丕平的孙子试图当上国王,但被打败并于656年被杀。丕平女儿的儿子,即希利斯塔尔的丕平(Pepin of Heristal)成了奥斯特拉西亚的"宫相"。这位第二个丕平成功地结束了奥斯特拉西亚和纽斯特里亚之间的战争。687年,他入侵纽斯特里亚,在特屈里(Tertry)战役中取得了决定性胜利,并让他的国王——狄奥多里克三世——成为全高卢的统治者。从那时起,一直到714年他去世为止,丕平是整个法兰克王国的真正统治者。他的私生子查理(Charles),通称为马特(Martel)或铁锤(the Hammer),在另一次内战间隙继承了王位。

在查理·马特身上,早期法兰克国王们那种陈旧、凶残的本性和军事才能又体现出来。他成功地把强横的贵族阶层联合在他的领导下,频频地率领他们攻打北部的弗利思人(Frisians)和东部的巴伐利亚人(Bavarians)。他甚至改变了法兰克人的作战风格。法兰克武士们一直都是步兵,只有国王和大贵族才在马背上进行战斗。新的作战风格从外表上看是以简单的小小的发明为基础的,这发明就是马镫的使用。我们不能确切地知道马镫首先在什么地方使用,或传入西欧的精确时间,但有一点似乎是很清楚的,即查理·马特的军队首先发挥马镫在战争中的潜力。有了马镫,骑兵既可以用长矛投掷敌方也可以用长矛打击敌方,并且站在马镫上,他还能用剑给敌方极有力的打击。查理·马特建立了这样一支坚实的骑兵部队,以补充传统的法兰克步兵队伍,并通过个人效忠宣誓,把他们束缚在自己周围。战争技术中的这一变化对后来封建主义的成长具有重要的潜在意义,关于这一点,我们将在论述封建主义时再来研究。

如果我们试图把6世纪、7世纪的高卢国家概括一下,显而易见,罗马和法兰克文化的交相混杂正在产生之中,不过也很显然,这一混杂伴随着文化标准的大衰退。条顿王权和原始的习惯法取代了罗马政府的制度。罗马的秩序让位给了频繁的内战。罗马帝国后期的圣教——基督教被广泛接受,但又经常处于被贬低的形势之中。罗马的大庄园体制保存下来,倾向于地方自给自足和原始农耕经济的趋势得到了极大的强调,这种农耕经济存在于罗马帝国的后期。最后,我们或许应该注意到:语言中的拉丁传统还继续存在,法兰克人只在他们莱茵河一带的老家说日耳曼语。在我们称之为法兰西的地区(凯尔特人的布列塔尼除外),一种拉丁方言得到普遍采用,这种语言正在发展为法语。

16. 罗马教会

意大利位于高卢和拜占庭之间,6世纪时,它正面临着一个变化不定的前景。罗马已不再是世俗帝国的首都,但如果罗马的主教们能实现他们所有的主张的话,它在基督教社会中将仍然占据重要地位。然而西部行省无序的野蛮状态和东部完善的神权政治都阻碍了罗马教皇主张的实现。罗马帝国一旦消亡,罗马教会将很难幸存。

拜占庭帝国的皇帝们认为自己是神圣的领导者,受上帝委任来统治基督教社会。罗马教皇们认为自己是圣彼得的直接继承人,并且这样的人是由基督亲自委任来统治整个教会的。这些主张被提出后,在罗马和拜占庭中间,存在着一种与生俱来的互相倾轧的可能性。对教义的观点,产生了新的不一致,使得进一步的冲突不可避免。6世纪、7世纪所有教义的问题根本上是这样一个事实:几乎整个埃及教会仍然热烈地迷恋着基督一性论派,此派在查尔西顿大公会议上一直受到抵制和罗马帝国的抨击。[1] 宗教的异议在亚历山大导致了内部的骚乱,帝国当局自然想维持和平,它不停地到处寻找一些折衷的方案,希望既不触犯天主教徒,又使基督一性论派感到满意。

泽诺皇帝首次有这种意图。在482年公布了一个有关信仰的声明,称为《合一法》(Henotikon)。像许多自封的折衷者一样,泽诺使谁都没有感到高兴。君士坦丁堡的主教阿卡西乌(Acacius)被罗马教皇逐出教会,于是在埃及爆发了新的骚乱。在罗马和拜占庭之间随之而起的不和,通常称为阿卡西乌教会分裂,帮助此时东哥特国王狄奥多里克在意大利建立了他的统治。此分裂在教会历史上是重要的,因为它使教皇杰拉斯一世(Gelasius Ⅰ,492—496年在位)明确而又系统地陈述了有关基督教社会政府中,教士和国王们各自的作用。492年,他写信给拜占庭帝国的阿纳斯塔西乌斯皇帝说:

> 尊敬的皇帝,世界受到两种权威的统治,一是教士的神圣权威,另一是君主的权力。在二者中,教士的责任要更重要,因为在国王接受最后审判时,教士要为国王的命运负责。

原文明确地强调了这些职责的两重性,但它也指出,教士的作用比王室的作用具有更伟大的荣光。在以后的几个世纪中,人们用此来支持教会—国家分裂学说和罗马教皇至高无上学说。

当查士丁尼于518年被授权,成为他叔叔查士丁皇帝的副官时,他迅速展开了与罗马的谈判,并在由何米尔斯达(Hormisdas,514—523年在位)教皇制定的谈判条件下结束了分裂。查士丁尼需要与罗马和解,这是他要征服意大利的宏伟计划的一部分。但他一点都没有这样的打算,如果宗教在政治上对他征服意大利有麻烦的话,他在宗教事宜中要服从罗马教皇。同时,埃及的基督一性论派的力量还没有削弱。当西尔维(Silverius,536—537年在位)教皇惹恼了皇帝时,他被指控有谋反罪并迅速被流放到巴尔美里亚(Palmeria)岛,很快死在那里,据说是饿死的。西尔维是罗马教会礼拜仪式中被敬为殉难者的最后一个教皇。下一任教皇,即维吉利(Vigilius,537—555年在位),受皇后狄奥多拉保护。但在查士丁尼企图再一次与基督一性论派妥协时,他受到了挫折。维吉利被带到君士坦丁堡,投入监狱,屡次地受到侮辱。多年以后,在他最后同意接受帝国的政策时,才被放回罗马。他的继承人佩拉吉一世(Pelagius I,555—560年在位),也是一位由帝国提名的人。

6世纪中叶是罗马教皇史上的低潮阶段。在查士丁尼统治的后期,似乎有

---

[1] 参见第55页(边码)。

一种极大的可能性,即罗马教皇将成为拜占庭帝国政策的工具。586年,意大利的伦巴底人的入侵阻止了这种情况的发生,但在入侵以后,罗马城仅仅作为一个遥远的、无力的"天主教"的前哨地区而幸存,这一地区由蛮族控制着(这一时期有一位教皇即佩拉吉二世,他是一位东哥特人)。第二种可能性被罗马教会史上最伟大的教皇之一——格列高利一世,即伟大的格列高利(Gregory the Great)——的出现而避免了,通常他被称为中世纪教皇制度之父。

540年,格列高利生于一个富有的罗马贵族家庭。在孩提时代,他度过了查士丁尼发动的多次哥特战争,看到了他们对意大利文明带来的毁坏。当伦巴底人入侵意大利时,他已28岁。那时他已进入帝国行政部门工作,并升为罗马的高级官员。574年,格列高利放弃了他的世俗职业而进入修道院,但在579年,教皇本笃一世说服他作为驻宫廷的罗马教皇大使前往君士坦丁堡。586年,他又返回罗马,协助教皇从事罗马教会的行政管理。最后于590年,格列高利本人被选为教皇。既作为一名统治者,又作为一名布道者,他以自己的能力和活动深深地影响着教会的未来历程。[1]

作为一名统治者,格列高利承担着管理罗马城所有事务的担子。6世纪末,在行政管理方面存在着完全崩溃的趋势。挨饿的人们喧嚷着要求得到食物,可是没有任何人帮助他们。伦巴底人威胁着城池,但没有人来组织它的防卫工作。冤屈的人想得到公正,但没有令人满意的世俗法庭来聆听他们的理由。格列高利在593年给罗马人民的一次布道中描述了城市的情形,他把预言家以西结(Ezekiel)的话作为他的布道经句:"肉汤煮干,把骨头烧焦!"

> 一度被视为世界主宰的罗马城,现在变成了什么样?我们看到的是——虚弱,伴随着许多难以忍受的痛苦,市民的丧失,敌人的进攻,废弃建筑物的频频倒塌……元老院在哪里?人民在哪里?骨头烧焦,肉汤煮干,这个社会已不复存在尊严与荣耀。

592年,格列高利与伦巴底人达成停战协议;593年战争再次爆发时,他指挥了城市的防卫。为了供养人民,他主要从事意大利南部广大庄园的重新组织工作,这些庄园是罗马教会在过去的几个世纪里,通过积聚的捐款而获得的。各行省的土地都集中在被称为教区长的教士官员之下,且有一位副监守官监督每一份财产。格利高利本人亲自关心着全部土地的综合性管理工作。有关这些行政管理事务的信件显示出他是一位头脑冷静、非常成功的商业代理人,他寻找最有利的市场,筹划向埃及出口木材,向君士坦丁堡出口粮食。他努力的

---

[1]《资料》,no. 18。

结果是,在对教皇的要求比以往任何时候都强烈的同时,罗马教会的收入则大幅度上涨。这部分增加的收入用来缓解饥荒,赎回俘虏,并向教会医院和学校提供捐款。

在罗马城外,格列高利对意大利的所有教会实施了强硬的控制,经常介入他们的事务以解决他们的争端,用他自己的财力给他们财政上的帮助,他的影响也遍及意大利之外。他与法兰克统治者们保持着经常的联系,尤其是与布鲁恩希尔德,格列高利敦促她进行法兰克教会的改革,只是不太成功。西班牙的首席主教——利安德(Leander)寻求格列高利的意见和支持。君士坦丁堡的主教因擅自使用"全世界的主教"头衔,受到了罗马教皇的指责(格列高利也拒绝了授予他的尊贵头衔,宁愿选择谦卑的称呼"上帝仆人的仆人")。

格列高利对意大利以外事务中最重要的干涉,是597年他派遣使团前往英格兰,进行改宗的工作。[1] 由盎格鲁—撒克逊历史学家比德(Bede)记载,并为历代英国学童所熟悉的传说中提到,格列高利首次了解英格兰的情形,还是出自那些金发碧眼、在罗马市集上待售的奴隶男孩之口。他被他们的美丽所打动,听说他们不信教却又很伤心。"他们是谁?"他问道,并被告知他们是盎格鲁人。"他们应该是天使,"格列高利回答道,然后他继续着这种双关语。他们从哪儿来?来自德拉(Deiva,诺森伯兰郡),"他们应当从'上帝的惩罚'(de ira dei)下解救出来",教皇允诺道。谁是他们的国王?是某一个"阿利"(Aelle),"他的人民应该唱哈利路亚",格列高利说道。毫无疑问,这个故事在讲述中增加了一些东西,不过足以相信的是格列高利在罗马碰到了英格兰奴隶。这一点是肯定的,即他派了一个使团到英格兰,此举深深地影响了北欧的宗教史——在人们想起他自己破碎的城市情形之时,这确是一个具有惊人勇气和想象力的行动。

作为一名布道者,格列高利被中世纪人列为第四位伟大的教会神学家,另三位是哲罗姆、奥古斯丁和安布罗斯。许多现代学者很难赞同这一评价。格列高利不是一位深刻的、有独到见解的思想家;他的神学著作之所以重要,主要是因为它们把圣奥古斯丁的主要教义,以稍微简单和大众化的形式,传播到中世纪诸学校之中。格列高利的重要译注作品,即对《约伯记》(*Book of Job*)的评论,大部分由牵强的寓言所组成。另一部作品通常以《对话录》(*Dialogues*)著称,对现代读者来说也难以流传。另一本书《意大利教父们的奇迹》(*Miracles of the Italian Fathers*)的书名较为准确地描述了它的内容。这是一本不同寻常的有关圣人和罪人的轶事汇编,里面充满着似乎完全不可信的奇迹的叙述。格列高利在实际管理的所有事务中显示出一种坚强、干练的才智,尽管他天真地轻

---

[1] 参见第117页(边码)。

信关于神鬼干涉人类事务的传说。他是属于他所生活时代的人。人们以为超自然力在日常生活中频繁干涉是理所当然的,这是一种存在于整个中世纪的看法。格列高利为使他的讲道富有生气而使用了轶事,这是布道发展中的新历程,在以后的布道中仿效甚多。

或许,所有教皇作品中最有影响的是格列高利的《牧灵书》(Book of Pastoral Care)。这是一部关于主教职责的专题论文,反映了教皇在生活道路上为一位好主教制定的高尚理想,以及教皇对普通人性的深刻理解——通过他对主教管辖下对全体教徒的管理所做的建议得到反映。最后一章的标题显示了整部作品的风格,也表现了作者的美好特征:"当教士已完成对他所要求的一切之时,他应该如何留神,以免他的生活或布道使自己骄傲。"数世纪后,英格兰的阿尔弗雷德国王把《牧灵书》译成西萨克森方言。这是最早的一批用英语形式流传的诸多重要书籍中的一本。除了所有这些著作以外,格列高利800多封书信保持完好,为后代们保存了信心十足地指挥全部西部教会的教皇制度形象。这一时代另一主要成就,通常与格列高利的名字联在一起,就是教堂音乐的兴起。此种音乐通常被称为格列高利圣歌——但是无明显证据可显示,教皇个人在此一特殊领域曾扮演任何重大角色。

格列高利的教皇职位再次有力地宣布了罗马在众教会中的最高地位。一些历史学家一直坚持:不仅如此,格列高利是意大利教皇制度世俗权力的真正奠基人,但这种说法仅仅是部分正确的。查士丁尼皇帝的法规在行政事务中给了主教们充分的权力,格列高利当然充分地行使了那份权力;毫无疑问,他甚至越过了被授予的权力范围。当罗马出现权力真空,格列高利填补了它。他从事着一位帝国的地方官员要做的工作,因为没有其他人来从事这些工作,后来的教皇们也延续了他建立的这个传统。不过格列高利从来没有想到要把自己立为一个独立的君主,以拒绝接受拜占庭皇帝的君权。当认为皇帝的行为有罪时,他准备制止他们,不过总是尊敬地称他们为意大利的合法君主。有关罗马城是不是可以从罗马帝国中退出的想法,对他来说是极不适宜的。

一位历史学家禁不住把格列高利当作一位未来的伟大缔造者,但这绝不是这位教皇的意图。格列高利十分确信,他正生活在世界的最后一段时期,万物的末日即将到来。在所剩不多的时间里,他从事了艰苦的工作。他向人民讲道,救济饥民,指导教士并改宗异教徒;所有这些他都做得相当好。与此同时,他还无意识地形成了一种制度,这种制度持续了整个中世纪,甚至还要长。格列高利把大大增加的财富和大大提高的声望留给了教皇制度。最重要的是,他留下了自己卓越个性的记录,这种个性在他的书信和其他作品中继续保存下去。后来的一位教皇为他写了一篇恰当的墓志铭:"在一个危难的时期……尽管那个世界处处都充满失败,但他仍拒绝屈服。"

进一步阅读书目

﹡蒂尔尼:《资料》与《读本》,第一册,nos.12,14—15,18,22;第二册,nos.6。

《剑桥中世纪史》(Cambridge Medieval History)第四卷中有关拜占庭帝国部分已重写并出了新版,由赫西(J. M. Hussey)主编,两卷(剑桥,1966—1967)。该两卷本对整个拜占庭文明做了最详尽的叙述。好的一卷本概览是﹡贝恩斯(N. H. Baynes)与莫斯(H. St. L. B. Moss)的《拜占庭:东罗马帝国文明概论》(Byzantium: An Introduction to East Roman Civilization)(牛津,1948);﹡奥斯特洛戈尔斯基(G. Ostrogorsky)的《拜占庭国家的历史》(History of the Byzantine State)(牛津,1956);瓦西里耶夫(A. A. Vasiliev)的《拜占庭帝国史,324—1453年》(History of the Byzantine Empire, 324-1453),第二版(麦迪逊,威斯康星州,1952);﹡朗西曼(S. Runciman)的《拜占庭文明》(Byzantine Civilization)(伦敦,1933)。曼戈(C. Mango)的《拜占庭:新罗马帝国》(Byzantium: The Empire of New Rome)(纽约,1980);以及﹡布朗宁(R. Browning)的《拜占庭帝国》(The Byzantine Empire)(华盛顿,1992)。有关查士丁尼,参见巴克(J. W. Baker)《查士丁尼和后期罗马帝国》(Justinian and the Later Rome Empire)(麦迪逊,威斯康星州,1966);﹡穆尔黑德(J. Moorhead)《查士丁尼》(Justinian)(伦敦,1994);以及伊文思(J. A. S. Evans)《查士丁尼的时代》(The Age of Justinian)(伦敦,1966)。论述拜占庭艺术的最佳著述中有莫里(C. R. Morey)的《早期基督教艺术》(Early Christian Art),第二版(普林斯顿,1953);迪摩斯(O. Demos)的《拜占庭的马赛克装饰》(Byzantine Mosaic Decoration)(伦敦,1949);以及罗德雷(L. Rodley)《拜占庭艺术与建筑导论》(Byantine Art and Architecture. An Introduction)(剑桥,1996)。至于原始资料方面,有﹡普罗柯比(Procopius)的《秘史》(Secret History),阿特瓦特(R. Atwater)翻译(安娜堡,密歇根州,1961)与《战争史》(History of the Wars),杜因(H. B. Dewing)翻译(伦敦,1914—1935),内容生动,可读性强。

关于墨洛温王朝的高卢人,除上述(第四章)援引的多尔顿、克尔与莱斯特纳的著作外,参见迪尔(S. Dill)的《墨洛温时代的高卢罗马社会》(Roman Society in Gaul in the Merovingian Age)(伦敦,1926);﹡德鲁(K. F. Drew)的《勃艮第法典》(The Burgundian Code)(费城,1949);和《萨利安法兰克人的法律》(The Laws of the Salian Franks)(费城,1991)。最近杰出的作品有两种,﹡詹姆斯(E. James)《法兰克人》(Franks)(牛津,1988),以及﹡杰利(P. J. Geary)的《法兰西和日耳曼之前:墨洛温世界的创造和变迁》(Before France and Germany. The Creation and Transformation of the Merovingian World)(纽约,1988)。以及华莱士—哈德里尔(J. M. Wallace-Hadrill)的《长发国王》(The Long-Haired Kings)(纽约,1962);以及﹡里奇(P. Riché)的《蛮人西方的教育与文化》(Education and Culture in the Barbarian West)(哥伦比亚,南卡罗莱纳州,1976),以及乔治(J. H. George)的《福屈内特斯:墨洛温王朝高卢的一个拉丁诗人》(Venantius Fortunatus. A Latin Poet in Merovingian Gaul)(牛津,1992)。有关伦巴底,参见﹡德鲁(K. F. Drew)的《伦巴底法典》(The Lomabard Laws)(费城,1973)。

沃尔特·厄尔曼(Walter Ullmann)的《教皇政府的发展》(The Growth of Papal Government),第二版(伦敦,1962),是一部对教皇权力观念的综合研究。﹡巴勒克拉夫(G. Barraclough)在《中世纪的教廷》(The Medieval Papacy)(纽约,1968)一书中做了简要总观。两部有价值的传记是:贾兰(T. Jallard)的《伟大的圣利奥的生平与时代》(*The Life and Times of Saint Leo the Great*)(伦敦,1941),以及达顿(F. H. Dudden)的《伟大的格列高利:他在历史与思想上的地位》(*Gregory the Great:His Place in History and Thought*)(纽约,1905),最近有关格列高利的研究有理查(J. Richards)的《上帝的领事》(*Consul of God*)(波士顿,1980),*伊文思(G. R. Evans)的《伟大的格列高利的思想》(*The Thought of Gregory the Great*)(剑桥,1988);以及*斯特劳(C. S. Straw)的《伟大的格列高利:不完美中的完美》(*Gregory the Great:Prefection in Imperfection*)(伯克利,加州,1988)。教皇著述的译著有《利奥的书简与布道演讲》(*Leo's Letters and Sermons*),费尔托伊(C. L. Feltoe)翻译(纽约,1895);《格列高利的对话录》(*Gregory's Dialogues*),齐默尔曼(O. J. Zimmermann)翻译(纽约,1959);以及《牧灵书》(*Pastoral Care*),戴维斯(H. Davis)译(威斯敏斯特,马里兰州,1950)。

第六章　8 世纪的危机

没有人认为 7 世纪和 8 世纪是欧洲历史上的辉煌年代。但是若在那时期没有发生过各种有影响的事件,那么也绝不会出现现今的欧洲。在这一章中,我们将讨论三个独立发生的连续事件,它们均有助于 8 世纪中叶一股激进力量的新秩序的形成。最后的结果是,在罗马帝国的旧有土地上发展出三个不同的文化——拉丁基督教、拜占庭和伊斯兰。在帝国北边的不列颠诸岛似乎令人不可置信地突然成为重要的基督教文化中心,在此地修道院的修道士们把教皇的统治扩张到北欧。然而在罗马世界的另一边,新先知穆罕默德的信徒从拜占庭帝国夺走了所有的东地中海和北非的古老的基督教领地。最后,教皇和拜占庭皇帝之间发生争执。这就逼得教皇本人不得不在古老的、饱经沧桑的、具有半东方文明的拜占庭帝国和原始的、具有新鲜力量的北部地区之间进行抉择。在 8 世纪中叶,一些身份显赫的人物——教皇、法兰克国王、拜占庭帝国的皇帝——他们分别做出了自己的选择。这些帝王将相的决定,影响了中世纪剩下时间里的西方社会的宗教和政治结构。

17. 修道院制度与传教会:北部罗马基督教

6—7 世纪,修道院制度在爱尔兰和英格兰有重要的发展。或许有人会这样想,即使在边远诸岛的所有的人都皈依基督教,也只是一个偏僻落后的基督教教派分支。但是,实际上爱尔兰的凯尔特人与英格兰的盎格鲁—撒克逊人以其非凡的热情信仰此种新的宗教,从而形成了一种重要的蛮族文化和基督教文化融合的综合文化。于是,通过大批传教士的媒介工作,把这种综合性的宗教生活传播到欧洲的许多地方。因而,爱尔兰和英格兰的教会对中世纪基督教的整个发展发生一定的影响,我们需要对此做一些说明。

使爱尔兰皈依基督教的是圣帕特里克(St. Patrick,约 390—461),这一说法大致可信,尽管在编年史中存有很大的异议。根据传统的记载,圣帕特里克于 4 世纪末出生在英格兰西部基督教徒聚集的地方。他年轻时,有一次遭到爱尔兰匪徒的绑架,被劫持到爱尔兰。他在爱尔兰像奴隶那样生活了几年,随后逃到高卢,在那里花了近 20 年的时间研究各种修道院的主要特征,深受埃及修道院制度传统的禁欲主义的影响。最后,约在 432 年,他以一名主教的身份回到爱尔兰,又花去将近 30 年的时间进行讲道传教。在圣帕特里克负有传教使命来到爱尔兰之前,显然已经有一些基督教徒在那里生活。经过圣帕特里克数十年

第六章 8世纪的危机 109

这幅基督图案选自《凯尔斯圣经》,该书是爱尔兰最好的插图手稿之一。约在800年,爱尔兰的修道士们把几何图案、动物形象、基督教主题和东方的基本花纹色彩结合在一起,产生了具有装饰设计独特风格的杰作。*The Board of Trinity College, Dublin*[*TCD MS 58, fol 34r.*]

的努力,终于使大批异教徒皈依基督教。

爱尔兰从来没有被罗马帝国纳入其势力范围。在爱尔兰皈依基督教后不久,蛮族开始入侵爱尔兰,从而切断了爱尔兰与欧洲大陆的联系。因此爱尔兰的基督教会与西部教会隔离而自成一格地发展,有许多特色。其中最重要的一种特征就是建立了一个风格不同的教会组织。西部教会划分为多个行政区,与旧罗马时代的"城市"相一致,由每个主教各管辖一区。而在爱尔兰的教会中是不存在这些行政区划分单位的,也没有城市可作为主教的管辖中心。在这种情况下,众多的修道院,而不是主教的管辖区,就成为教会组织的基本单位。每个部落都有自己的修道院,修道院一般由部落的族长负责建造,修道院院长从族长的家族成员中推出。主教位子仍然按规定设置,但他们的作用仅限于主持教会圣礼等事;修道院院长才是教会中真正的管辖者。可以想象,爱尔兰教会中是没有其他教会管理机构的。当他们必须接触到罗马教皇时,他们就称他为罗马的修道院院长。爱尔兰基督教与罗马基督教的其他不同之处涉及的都是比较小的方面。这些不同之处包括剃发的形式不同,施行洗礼的仪式不同,还有计算基督教复活节日期的方法不同。

爱尔兰的修道院并不像中世纪以石材建造的大修院那样的壮丽宏伟。它们通常只是由一簇茸草茅屋围成,周围有一座小教堂,四周围上栏杆。住在修道院内的修道士们过着严格的禁欲生活。[1] 他们一天的大部分时间是在沉默中度过的,经常要忍受斋戒,并且还要把身子浸泡在冰冷的水中,或上臂伸展,如同耶稣钉在十字架上的动作一样,虔诚地祷告好几个小时。他们为了做到在生活中成为一个完美无瑕的人,就竭力检点自己在日常生活中的不良行为,这就导致他们不断地反省自己,并经常向修道院院长表白自己的罪孽以示忏悔之意。像这种表白罪孽的实际形式,后来传播到了西部教会。使人更为惊奇的是,修道士们竟带着极大的热诚去热爱学术。正如当代一位作者写道(记住古代凯尔特人的征服),"爱尔兰异教徒的这种使西欧人害怕的狂野和好动的特质,似乎把自己推入了热爱学术和热爱上帝的大海之中"。一个人只有按照《圣经》以及有关伟大的教父的基督教义进行反省,才能成为真正的基督教徒。但传到爱尔兰的《圣经》和教父的教义是希腊文和拉丁文版本的。这些外文对爱尔兰人来说是非常陌生的。他们就从古典语法开始研究,并学习拉丁语的纯正、古典的形式。就在这个时期,整个欧洲的拉丁语口语已不那么纯正,变为各种罗曼斯方言。通过与环境的某种奇妙结合,纯正、古典的拉丁语在一个从未被视为旧帝国一部分的偏远小岛上幸存了下来,并最终由爱尔兰人带回欧洲大陆。

---

[1] 《资料》,no.19。

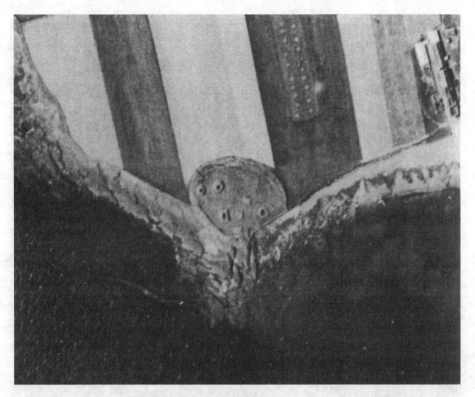

一座在伊拉昂特尼岛上的爱尔兰修道院鸟瞰图。一堵环形墙围着一座小教堂和几间茅草屋,这些用石头砌成的残墙断壁是7—8世纪的建筑(在这样早的时期使用石头建筑是很不寻常的)。*Courtesy Department of Defense, Ireland*

爱尔兰不仅发展了新的宗教生活形式,而且也发展了新的基督教文化艺术风格。最具有说服力的例子是插图手稿本。欧洲北部地区的原始艺术(primitive art)风格趋向于采用几何图形和抽象图案形式,这种形式与罗马和希腊时代的人本主义形式和自然主义形式形成鲜明的对照。爱尔兰艺术的典型式样是交叉线。一整页手稿大写字母是由错综复杂的织线和色彩鲜艳的丝线环绕修饰而成。而据基督教《圣经》和重要的基督教文献手稿记载,这项艺术是东方人所特有的。画上描绘出葡萄叶和挂在树枝上的葡萄。人类脸谱和有象征意义的动物从抽象的花纹中隐现。通常这些动物体现出东方动物的特性——狮子、极乐鸟,以及凶狠且丑陋的两栖爬行动物。与装饰上的奇思妙想相反,其手稿上的字体秀丽清晰。这些颇具特色的爱尔兰手稿艺术品被带到英国,后来又转到高卢。

6世纪,爱尔兰的影响开始扩展到其他国家,主要还是因为爱尔兰修道院制

选自《圣高尔的福音书》(*Gospels of St. Gall*)。这本 8 世纪的爱尔兰作品仍没有尝试写实主义的画像。艺术家对创作深奥难懂的装饰式样更有兴趣。*Stiftsbibliothek*, *St. Gallen*, *Switzerland*

度的另一特点,亦即以自愿终身放逐,作为表现禁欲主义的一种特别方式。在 563 年,圣哥伦布(St. Columba,521—597)"为了基督而想当一个漂泊者",在远离苏格兰海岸的艾奥纳岛(Iona)建造了一座修道院,以此作为宗教发祥地。他跑遍了整个苏格兰地区,使苏格兰皮克特族人(Pictish)皈依宗教。圣哥伦巴诺斯(St. Columbanus,约 530—615)比圣哥伦布跑得更远。约 590 年,他终于如愿以偿,带着 12 位伙伴,来到墨洛温王朝的国王、勃艮第的贡特拉姆的宫廷,随后,他在这个地区建造了几座修道院。贡特拉姆死后,圣哥伦巴诺斯与王后布鲁恩希尔德发生争执,遂出走意大利,他在意大利建立了博比奥(Bobbio)修道院。圣哥伦巴诺斯及其同道建立的许多修道院都保存了下来,它们在整个中世纪成为主要的学术中心。但其最重要的影响还是使周围偏僻的乡村也成为信仰宗教的中心。尽管一些大城市在罗马帝国后期已变成最有势力的基督教圣地,但住在农村地区以耕作为生的农民们仍然是顽固的异教徒。爱尔兰人本身也是住在农村的乡下人,他们知道如何说服这些顽固不化的农民,他们的传教工作使得西欧大批农业居民改宗。

不仅如此,爱尔兰的修道士们竟然渗透到了日耳曼这块罗马帝国从未统治过的,也从未受过基督教影响的地方。他们在这个地区所进行的传教工作,对中世纪文明的发展,以及促使日耳曼同化于西欧的共同宗教文化将起到巨大的作用。

在这样一种宗教文化的皈依过程中,对古老的自然原始宗教无害的实践,被同化到中世纪的教会生活中去了。古老的欢庆习俗改头换面后仍然被继续沿用,一些宗教圣地也仍被朝拜(教皇格列高利明确表示鼓励这种作风)。一些树木被基督教圣徒奉为"圣木"进行拜谒。当地水怪的栖息地则变成圣玛丽(St. Mary)的井或圣布里吉特(St. Bridget)的水泉被人崇拜。特别是一些异教徒的节庆,例如新年、施洗约翰节(6 月 24 日)、万圣节(10 月 31 日),仍然保留在一些亚文化的风俗之中。这些风俗在整个中世纪盛行。事实上,其中有些风俗一直没有销声匿迹,至今仍风行于西方世界。

使盎格鲁—撒克逊人改信基督教,这一成就部分归功于爱尔兰的修道士,部分则应归功于罗马格列高利教皇选派的传教使团。罗马使团的负责人是一位修道士,名叫奥古斯丁(与希波大主教圣奥古斯丁并非同一人)。奥古斯丁是在 596 年被教皇派往英格兰去做传教工作的,显然,他听到有关英格兰是个野蛮未开化的国家传闻时,曾失去过信心,内心充满着犹豫,因而在高卢徘徊不前。后来在罗马教皇格列高利的一再催促下,最后他才于 597 年来到英格兰。[1]

---

[1] 《资料》,no. 18。

奥古斯丁发现英格兰社会是一个原始的日耳曼社会，对罗马文明社会的传统毫无所知，他们崇拜条顿人的诸神，生活在几个靠武力和勇气而成为军事首领的国王和贵族所统治的小国家内。他们的习惯法是透过古老的仪式和拥有公民权利的议会代表裁决而决定的。奥古斯丁执行传教使命时期，正是盎格鲁—撒克逊人入侵英格兰之际，整个英格兰陷入一片混乱之中，英格兰出现了七个重要的王国。它们是肯特（Kent）王国、威塞克斯（Wessex）王国、苏塞克斯（Sussex）王国、埃塞克斯（Essex）王国、东盎格鲁（East Anglia）王国、麦西亚（Mercia）王国和诺森比亚（Northumbria）王国。其中诺森比亚王国、麦西亚王国和威塞克斯王国最为强大。它们都有吞并其他王国、独霸英格兰的野心，直到10世纪，才由威塞克斯王国出现了统治全国的君主政体。

奥古斯丁登陆的肯特王国当时由一位名叫埃塞尔伯特（Ethelbert）的国王统治，他娶了一个基督教徒，是法兰克人公主，布鲁恩希尔德的侄女。埃塞尔伯特国王答应了奥古斯丁的请求，允许他进行传教活动。不久，这个王国的所有公民都皈依了基督教。奥古斯丁在坎特伯雷（Canterbury）建造了一座修道院，这座修道院是专门为英格兰人皈依基督教而设置的，它是基督教传播的中心，他本人被教皇命名为坎特伯雷大主教。奥古斯丁也曾企图与不列颠西部的凯尔特人主教取得联系，扬言要对他们行使他的权力，但这一企图遭到彻底失败。让人民的敌人皈依基督教，和奥古斯丁会面的威尔士主教们对此没有多大兴趣。为什么他们要把盎格鲁—撒克逊人从地狱之火中拯救出来呢？奥古斯丁在英格兰的传教活动取得相当的成功。604年，东萨克森人皈依基督教，他们在伦敦设立一个主教的职位。605年，奥古斯丁去世时，肯特王国和埃塞克斯王国几乎成为信仰基督教的国家。然而，像这种在如此短的时间内就使得这两个王国的人民皈依基督教的情况，其信仰程度毕竟不够坚定。就在616年，埃塞尔伯特国王驾崩后，肯特王国和埃塞克斯王国的统治者们又恢复到原先的异教信仰，几乎使罗马传教团在这个地方所做的努力以屈辱的失败而告终。所幸的是，埃塞尔伯特的继任国王又改变了主意，决定完全接受基督教，使得在肯特王国的教堂都完整地保存下来。

随后基督教的主要发展地区是在英格兰北部。诺森比亚王国的埃德温（Edwin）国王娶了埃塞尔伯特的女儿。一位名叫保利纽斯（Paulinus）的罗马修道士，在英格兰北部游历时结识了这位新王后。625年，国王埃德温第一次接受洗礼，在随后的八年中，保利纽斯的传教工作相当成功，使德雷（Deira）省的居民皈依基督教。但过了不久，诺森比亚王国遭到麦西亚王国的侵略，在麦西亚异教徒国王彭达（Penda）短暂征服诺森比亚王国期间，保利纽斯的传教工作受挫，被迫和他的传教士们逃到了英格兰南部地区。彭达占领诺森比亚没有多久就被他的王室的另一对头奥斯瓦尔德（Oswald）赶了出来。奥斯瓦尔德是皇家卫队的队长,这位王子几年前被放逐到艾奥纳岛附近,在那里,他受到爱尔兰修道士的影响,改信基督教。奥斯瓦尔德一登上诺森比亚王国的王位后,就立即派人去请凯尔特的修道士艾丹(Aidan),来向他的人民进行传教。艾丹在奥斯瓦尔德的庇护下开展传教活动,他在离奥斯瓦尔德的首都班姆布鲁夫(Bamborough)附近的一个林迪斯凡(Lindisfarne)岛上建了一座修道院,致力于使诺森比亚人皈依基督教的工作。

奥斯瓦尔德的王位继承人奥斯维(Oswy)也娶了一位肯特王国的公主,这位公主是在罗马基督教的传统说教熏陶下长大的,她把本国的一些教士带到诺森比亚来。因此,在7世纪中叶,爱尔兰和罗马的修道士们一起在那里做着传教工作。由于他们宗教实践有所不同,难免会发生争执。就其理论而言,他们各自的宗教没有多大差别,但宗教仪式的不同和戒律的差异,对那些想皈依基督教的人来说,似乎影响就非常大了。罗马的传教士坚持要爱尔兰的修道士必须按照西部教会的惯例去做,而爱尔兰的传教士决不放弃他们的圣人设立的传统惯例。在664年,国王奥斯维召集诺森比亚的领袖人物,既有平民百姓,也有传教士,在惠特比(Whitby)开会,会议的议程是解决这两种宗教体系的问题。这两组人员各持己见,争论持续了许多天。最后,罗马传教士的代表提议请奥斯维裁决,这位代表说罗马教皇是圣彼得的继承人,而圣彼得是基督派去掌管教会的。奥斯维就问凯尔特修道士这是否是真的,凯尔特的修道士回答说是的。于是奥斯维就赞同罗马宗教体系。[1] 许多爱尔兰的修道士因此而离开了诺森比亚王国,但也有一些爱尔兰修道士留了下来,他们接受了罗马的宗教体系,继续做传教工作,为英格兰中部和北部地区的人民皈依基督教做出重大的贡献。从此以后,英国教会的宗旨和惯例都更接近于罗马的教会。

一直到召开惠特比宗教会议,英国的教会基本上是一个传教机构。大多数主教没有确定的管辖区,也不知道哪里需要他们去传福音。于是,在669年,罗马教皇维塔利安(Vitalian)派了一位新的坎特伯雷大主教到英国去,这位主教是土耳其塔尔苏斯人(Tarsus),名叫狄奥多尔(Theodore)。狄奥多尔一到英格兰就确立了新的、确定的管辖区,并说服国王腾出土地,拨出资金来建造永久性的大教堂。673年,狄奥多尔才有条件在赫特福德(Hertford)召集英国的教会组织召开首次全国性的宗教会议。

狄奥多尔来自东罗马帝国,那里的古典研究传统色彩依然很浓。他是一个博学多才的人,与他同来的还有两位才华横溢的学者,一位是非洲有名的哈德良(Hadrian)修道院院长,另一位原是盎格鲁—撒克逊的贵族,后来成为修道士,名叫本尼狄克特·比斯科普(Benedict Biscop)。本尼狄克特·比斯科普一

---

[1]《资料》,no. 21。

直在罗马从事研究。这三位学者志同道合,更激发了英格兰盎格鲁—撒克逊人的研究风气。哈德良在坎特伯雷建立了一座学校;本尼狄克特·比斯科普在英格兰北部维尔茅斯(Wearmouth)和贾罗(Jarrow)也建立了两座著名的修道院。他曾多次到过罗马,每次回英格兰他总是带回一些他所收集的有关修道生活的图书资料。诺森比亚的基督教既受到爱尔兰宗教的研究风气的影响,也受到罗马传统宗教研究风气的影响。在比斯科普的主持领导下,该地区的宗教以及修道院发展成为基督教文化的中心,其发展速度已超过意大利西部任何地区。受爱尔兰宗教的影响最明显的是,这些修道士也像爱尔兰的修道士那样,在福音书手稿上绘出色彩鲜艳、具有强烈艺术特色的图案,比如著名的《林迪斯凡福音书》就是这样。

比斯科普的学生比德(Bede),也许是西欧罗马文明衰退时期至查理曼时代产生的最伟大的学者。他成为各种学问的专家,并经由他的诠释,使当时的人们可资利用了解。比德最有价值的著作是《英国教会史》。比德对历史有着特殊的敏感和理解力,他能在知识与谣传、事实与传说之间做出正确取舍。他会利用年代很久的材料以及当时的一些知识,对早期英格兰盎格鲁—撒克逊人的历史、宗教文化做出合乎事实的论述。当然,比德是用拉丁文著书立说的,但随着英格兰文化教育的发展,方言文学也有了相当的成长。大约在700年,伟大的盎格鲁—撒克逊人的英雄史诗《贝奥武甫》(Beowulf)出现。第一部用文字记载的盎格鲁—撒克逊人的法典是肯特王国皈依基督教后不久制定的。有两个宗教诗歌的作家,卡德蒙(Caedmon)和基涅武甫(Cynewulf)写出了歌颂盎格鲁—撒克逊人的诗篇。

妇女在英国的修道生活中扮演重要的角色。英国有许多女修道院和一些所谓的"双重修院"(由比邻的一所男修院和一所女修院组成)。在"双重修院"中,修士和修女接受共同的院长领导,通常是女修院院长。比德曾描述过一所"双重修院"的生活,它由女修道院院长希尔达(Hilda)担任主持,以学术研究闻名于当时,曾有五名候选主教在这里接受过培训学习。

8世纪初,基督教文化在英国有了很大发展,并奠定基础。因此,英国的传教士取代了爱尔兰的传教士,到欧洲偏僻地区去进行传教工作。在传教工作中最负盛誉的是圣本笃修院的修道士圣卜尼法斯(St. Boniface,约680—755),有时称他为"日耳曼圣徒"。圣卜尼法斯所进行的传教工作与爱尔兰修道士的不同之处是:圣卜尼法斯本人不仅是一位充满热诚的传教士,而且还是一个伟大的教会工作组织者,他的这一组织工作与教皇制度有着十分密切的联系。他在718年首次访问了罗马,随后被派到弗里西亚(Frisia)。722年,教皇格列高利二世把圣卜尼法斯召到罗马,委任他为主教,然后又派他到莱茵河以外的日耳曼地区去进行传教工作。圣卜尼法斯任劳任怨地在那里工作了20年,建造了许

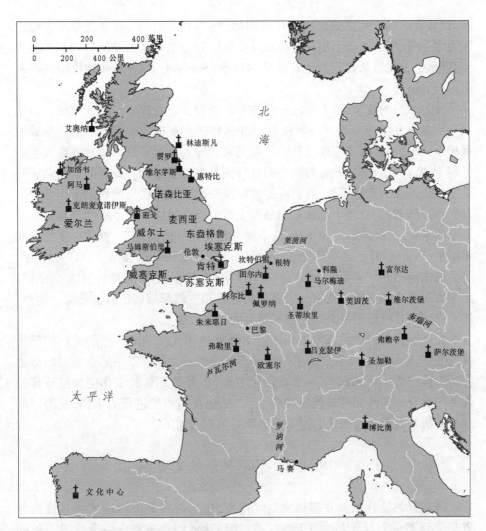

地图 6.1　盎格鲁—撒克逊人的英格兰与爱尔兰,以及盎格鲁—撒克逊人的文化中心
此图生动地表示出一小群爱尔兰和盎格鲁—撒克逊修道士移居到欧洲大陆所产生的广泛影响。他们具有阅读和写作能力,并有渊博的知识——用拉丁文写作,保存与解释手稿——以及强烈的基督教信仰。他们修建的修道院成为整个中世纪学术和宗教生活的中心。

多本笃会修道院。他和盎格鲁—撒克逊教会以及罗马教会都保持密切联系,使得教会把经过培训的盎格鲁—撒克逊修道士源源不断地送往日耳曼,以便充实新建的修道院的人员需求(欧洲也有许多爱尔兰的修道院因受英格兰修道院的影响而采用本笃会会规)。圣卜尼法斯也从英国请来了一位有学问的修女,名叫圣利奥巴(St. Leoba)。她在比斯朔夫希姆(Bischofsheim)建造了一座女修道院,此后有许多女修道院也在日耳曼中部建立。[1] 742年,教皇任命圣卜尼法斯为大主教。随后,圣卜尼法斯在日耳曼地区划分了八个主教统治的永久性教会管辖区,其地域从现代奥地利的萨尔兹堡(Salzburg)一直延伸到德国的埃尔富特(Erfurt)。[2]

作为教皇的使节,圣卜尼法斯对改革高卢教会也发挥过主要的作用。而这项工作是在741年查理·马特故世后才进行的。查理曾经给圣卜尼法斯颁发保护令,以协助其传教工作。但法兰克国家领导人无意容忍教廷对本国教会的任何干涉,而且查理执政时对教会的管理更是令人反感的。查理的习惯做法是动用教会的收入充作军费,或是以主教职位来奖励他那些与此职位不相称的朋友们和追随者们。(圣卜尼法斯对那些主教们曾这样描述道:"那些自夸是正人君子的家伙,都是些酒鬼和暴徒,毫不避忌地让基督徒流血。")查理·马特的儿子丕平(Pepin,741—768年在位)愿意接受圣卜尼法斯的影响。741—747年,圣卜尼法斯召开了一系列大公会议,主张改革教会法律,希望建立教会纪律。大主教每年必须直接主持召开省级教会会议和主教管辖区的教会会议。此外,法兰克国家各级修道院必须采用本笃会的正统会规。

爱尔兰和英格兰的修道士们通过对那些愚昧无知的乡下佬们进行传教使其改变信仰,从而把欧洲变成了一个信仰基督教的大陆。圣卜尼法斯对西部教会的发展产生了特殊影响,主要在两个方面,一是他的传教工作使大批日耳曼人第一次介入到欧洲基督教机构中去;二是他在高卢所进行的工作,使得以前存在的法兰克教会与教廷之间的关系变得更加密切了。

18. 伊斯兰:一种新的文明

当基督教徒在欧洲北部新的地区扩展之时,处在地中海地区的基督教各省却遭到了一个新敌人的毁灭性打击,这种猛烈的攻击来自一个意想不到的地区——阿拉伯半岛,该地区在7世纪前就在整个罗马社会历史中所占据的地位来说,其影响是微不足道的。阿拉伯地区在拜占庭帝国和波斯帝国时期是一块没有主人的国土。两大强国都想在那里行使某种程度的主权,但都没有成功。在这块干燥贫瘠的国土上居住着一些凶悍的游牧部落,一直处于混乱状态。

在较肥沃的边远地区,有许多商业城镇。一些商人作为中间人在交通比较发达的叙利亚和远东地区之间往返经商,这里也存在一些基督教团体和犹太人

---

[1]《资料》,no.21。
[2] 同上。

社团组织,但其宗教却是原始的,崇拜偶像。商业城市麦加(Mecca)变成了异教崇拜的一个重要中心;其最重要的圣地克尔白,一座供有神圣玄石(Black Stone)的立方形石殿,是该地区贝都因部落民众的主要朝圣地。

但先知穆罕默德(Muhammad,约570—632)完全改变了这种局面。他出生在麦加城一位小商人的家庭,中年时期致力于推崇一套直接来自上帝的福音,随后,这些都被当作穆斯林信仰的圣经,即《古兰经》(Koran)。穆罕默德的教旨成为世界的三大宗教之一,是源出于《旧约》的一神教。穆罕默德的上帝安拉(真主)对世事无所不知,他拥有至高无上的权力和不可动摇的坚强意志。穆罕默德认为,没有什么圣父、圣子和圣灵三位一体的神,也没有神的化身,这样只会使上帝具有一致性的卓越教旨变得复杂化。上帝是透过一系列先知出现在人面前的,这些先知是亚伯拉罕、摩西、耶稣基督(他的教旨受到基督教徒的误解),还有最后一个先知是穆罕默德,他能十分具体地以完美无缺的形式展现出神的启示。穆罕默德所坚持的一神论的教旨,显然是受到犹太教的影响,但穆罕默德从基督教徒那里引进了一种强烈的预设,即在即将来临的一个世界中个人的永生。人的责任就是执行上帝的意志,那些不按照上帝意志去做的人们,死后将进入地狱,但那些成为真主仆人的忠实的人们,死后将升入天堂。穆罕默德在描述这部分内容时,由于内心感到欣悦,所以写得非常详细。[1]《古兰经》教义曾经构成且仍然构成了伊斯兰教的核心,但是它们最终得到了《哈底斯圣训》(Hadith)的补充,即口传下来的先知言行。从这些文献中,后世的穆斯林法学家编成了《沙里阿教法》(Shari'a),伊斯兰的圣法大全。

穆罕默德攻击当地的偶像崇拜,引起了麦加地区一些人的敌意。622年,这些人把他赶出了麦加城,穆罕默德出奔麦加的这一年正是伊斯兰纪元的第一年。穆罕默德逃到麦加的对立城市麦地那(Medina)避难。不久,他说服那里的人皈依伊斯兰教,就这样,他当了他们的领袖。不久,穆罕默德就证明了自己不仅是一位卓越的政治家,而且还是一位军事上的优秀战术家。他以麦地那作为基地,对来自麦加的商队发动了一系列的进攻,直到630年,他才有足够的力量统治麦加,最终也赢得那里的人们对其教旨的信赖。当作为征服者来到麦加,穆罕默德进入克尔白天房,捣毁了他在那里发现的所有偶像——根据穆斯林的传说,它们有360座。但是,据认为是亚伯拉罕——他是穆罕默德所尊敬的由上帝派遣的先知之一——馈赠物的玄石,被保留下来作为伊斯兰教神圣的象征。它如今依然是穆斯林去麦加朝圣的焦点。

---

[1]《资料》,no. 23。

120　西欧中世纪史

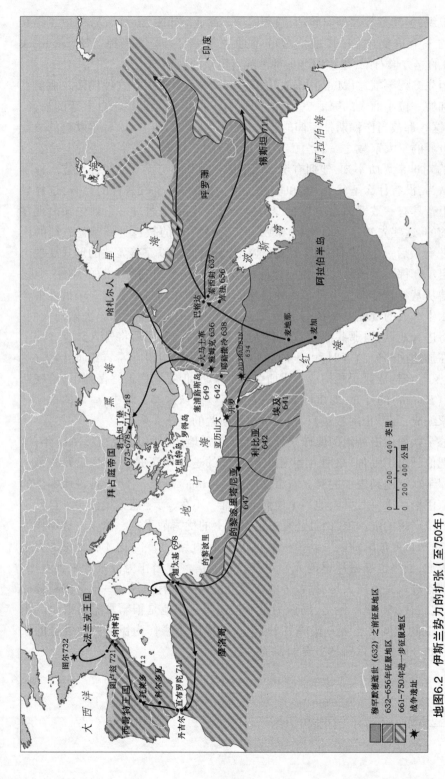

地图6.2 伊斯兰势力的扩张（至750年）

在一个世纪的时间之内，伊斯兰教以一种力量和影响都堪与基督教相匹敌的宗教运动，联合了中东与北非的各种民族，形成了一种新的文明。

穆罕默德的宗教浅显易懂,使这些原始而愚昧的部落能接受。而且其宗教仪式也比当地的个人崇拜仪式要好得多,令人满意。穆罕默德的那些勇敢的士兵给他们留下了深刻的印象,使他们认为也许除了遵从宗教旨意外,别无选择。在先知死前的最后两年他亲见所有那些阿拉伯中部地区的好战部落,都接受了同一宗教,服从单一政治中心的领导。

从一开始,这一新的伊斯兰社会的结构就与基督教西方有根本的不同。在伊斯兰世界,非宗教与宗教的权威之间没有区别,没有教皇和皇帝之间的相互竞争。服从安拉意味着在任何问题上都服从先知。正是由于坚持了这一点,穆罕默德能够将纷争不息的阿拉伯部落联合为一个有组织的共同体。此后,许许多多的分歧冲突也发生于穆斯林社会,但是那里没有任何跟教会与国家之间的争斗——它在形成西方制度中扮演着主要角色——相似的东西。

穆罕默德的道德说教是浅显而严厉的。在安拉面前,信徒们形成了超越部落和阶级划分的一种统一的宗教关系。彼此间全以正义和仁慈相待。一如基督教,施舍穷人和老弱者尤其是寡妇和孤儿的义务,也得到强调。所有穆斯林被要求纳税,为穷人提供捐赠。关于仪式的洁净和饮食习惯,有细致的规定;它们部分借鉴自犹太教,但是穆斯林禁止饮酒和食用猪肉。赌博和高利贷也被禁止。对犯罪的处罚是严酷的。盗窃的惩罚是断手。通奸的惩罚是鞭笞。(对此,穆罕默德是公平的,男女双方都要受惩罚。)

穆罕默德关于家庭生活的规定反映了阿拉伯部落的家长式文化。但是,在似乎蔑视妇女之处,他们也经常表现出对以往习惯的改进。一个男人可以娶四个妻子,但是只有他被确信能够平等并完全公正地对待她们才行。而在前伊斯兰社会,不加限制的多妻制被看作理所当然。妇女能够继承财产,但是只有其兄弟们应得财产的一半。同样地,妇女能够出庭作证,但是其证词的价值只有男人的一半。再说,在先前的情形下,妇女通常仅仅被看作牲口,而这些规定是一种改进。丈夫可以跟妻子离婚,但是离异的妇女保留其妆奁。曾经是一种普通习惯的残杀女婴行为,被禁止了。

穆罕默德总结的五条戒律仍然为现代所有穆斯林所遵守。他们都接受安拉为唯一的真神;遵守每日五次的祈祷惯例;给穷人以施舍;在拉马丹月(Ramadan)斋戒;如果可能,一生中到麦加做一次朝圣。此外,《古兰经》中提到参加吉哈德(jihad)圣战的义务。吉哈德并非只是意指武装冲突,它更意味着在所有方面努力去实现伊斯兰教的理想。但是,吉哈德自然包括与反对伊斯兰信仰的敌人的战争。伊斯兰教绝非和平主义者的宗教,从一开始,军事上的英勇气概就是为人所崇敬的美德。死于正义战争者,被视为烈士,为他们确保了在天堂的位置。

穆罕默德没有留下有次序的继承方案,但是其信徒们挑选了一位能干的领袖阿布·伯克尔(Abu Bakr,632—634年在位)作为哈里发(caliph,即"代理人"或"继承人")。阿布·伯克尔为乌马尔(Umar,634—644年在位)哈里发所继承。后者的继任者是奥斯曼(Uthman,644—655年在位),他是来自伟大的伍麦叶(Umayyad)家族的第一位哈里发。在奥斯曼统治下,伊斯兰世界的第一次大纷争爆发,它间接地导致一个新的分裂教派,什叶派(Shi'ites)的出现。它作为伊斯兰教的一只重要力量一直存在到现在。656年奥斯曼被暗杀。随后,作为穆罕默德初期伙伴中的最后一位的阿里(Ali)继位为哈里发。叙利亚总督穆阿威叶(Mu'awiya)属于被谋杀的奥斯曼的伍麦叶家族,他拒绝接受阿里的权威。在661年轮到阿里被暗杀后,穆阿威叶最终被接受为哈里发。他建立的伍麦叶王朝一直持续到750年。

什叶派(语出shi'at Ali,"阿里的党派")兴起于阿里的支持者团体,他们拒绝接受哈里发的新世系。阿里是穆罕默德的堂弟,而且也娶了穆罕默德的女儿法蒂玛(Fatima)。什叶派现在声称只有阿里家族的成员能够成为真正的哈里发。渐渐地,最初的政治反对运动,转变为一个持不同意见的宗教派别。什叶派否认正在统治的哈里发的权威;取而代之的是他们所信奉的一系列伊马木(Imams)或领袖。他们被尊奉为永远正确的、具有神性的真信仰的导师(在正统或者逊尼派[Sunni]伊斯兰那里,对哈里发没有这样的主张。)

围绕阿里继承问题而出现的纷争,并没有阻止阿拉伯扩张的惊人狂潮。它开始于穆罕默德统治时期,持续了整个7世纪。阿拉伯人的军事力量,早期消耗于无休止的部落战争,现在,在开始于边境劫掠随后变为征服战争的战役中,转变为一支指向外部的统一力量。629年,穆罕默德在拜占庭帝国的边境首先发动了进攻。先知死后,穆斯林势力的主要扩张是从阿拉伯开始的。在哈里发乌马尔统治下,634年,他对叙利亚发动了侵略。拜占庭帝国皇帝希拉克略在此之前曾决定性地击退了波斯帝国的侵略,他认为阿拉伯人这次侵略并非突击边界的传统手段,于是,他动员大批军队去防卫那些遭受威胁的省份。但拜占庭人在636年雅姆克(Yarmuk)一役中还是被彻底打败了。在随后的两年中,设防的城市一个接一个地投降了。638年,耶路撒冷失陷。到640年,阿拉伯人完全征服了整个叙利亚。随后不久,阿拉伯人入侵埃及,并于641年占领埃及。与此同时,另一支阿拉伯军队开始东征。637年,他们决定性地打败波斯军队,至650年,阿拉伯人征服了整个波斯帝国。之后,他们又继续东征,跨过印度河,进入到中亚地区。在地中海地区,7世纪后半期,阿拉伯伊斯兰的统治者们不断地进行扩张。阿拉伯军队征服埃及后,就穿过北非区域一直向西部地区挺进。起初,他们遇到了北非柏柏尔(Berbers)部族的顽强抵抗。但到7世纪末,这些北非柏柏尔部族大部分被伊斯兰教感化,并为阿拉伯伊斯兰统治者提供了新的军队人员,以备征战之需。674年,一支强大的阿拉伯舰队围攻君士坦丁堡,此城险遭攻破。至 700 年，伍麦叶哈里发定都大马士革，统治一个疆界从中国边界到大西洋的庞大帝国。

历史学家们总感到难以解释这样一段充满戏剧性的扩张侵略的历史。阿拉伯人内战耗损减少，使之积聚了军事力量，特别是对外作战的军事力量充足了，这一点无可辩驳。当然，阿拉伯的军事将领是优秀的，并且他们的士兵因狂热地笃信新的宗教而常常受到鼓舞，士气旺盛。但是，撇开这些不谈，阿拉伯人获得这样巨大的胜利是幸运的，因为他们的进攻时间选择的正是时候，当时的拜占庭帝国和波斯帝国由于连年互相征战而使国力大为削弱。当波斯帝国战败后，拜占庭帝国却又爆发内战。拜占庭成功地结束了内战，但叙利亚省和埃及省对重回帝国统治表现淡漠。当拜占庭帝国皇帝希拉克略从波斯人手里赢得胜利后，他不得不加重课税以应军费开支急剧增加之需。而且，他的许多臣民对他在宗教上的诸多做法深感不满。叙利亚的犹太人和埃及的一性论基督教徒深受帝国政府的宗教迫害之苦，所以就没有理由要尽力去保卫帝国政府。而另一方面，伊斯兰的统治者们没有对其他的宗教人士采取过迫害手段，也没有在刀剑下逼迫他们的臣民改宗，而仅仅是强迫他们纳贡。

在他们征服的土地上，阿拉伯人作为军事贵族而统治，并从臣服的民众那里征收贡金。犹太人和基督教徒得到了宽容，但他们被命令交纳沉重的人头税。许多从非阿拉伯民族改宗为伊斯兰教者，包括波斯人、叙利亚人、埃及人和柏柏尔人，被共称为马瓦利（mawali）。按照伊斯兰教教义，他们与阿拉伯穆斯林是平等的，但在实践上他们遭到了歧视。他们有义务交纳阿拉伯人不用交纳的赋税；他们被排除在精英集团、报酬甚高的骑兵部队之外；与阿拉伯人的通婚被强烈阻止。马瓦利的抱怨是伍麦叶时期持续不断的不满的根源。

8 世纪的前 25 年，阿拉伯人在地中海地区的两端同时展开新的进攻。711 年，他们从北非入侵西班牙，遇上该国因内政不合而自相残杀的国内战争。西哥特王国在与阿拉伯人经过短暂的战斗后即告崩溃。入侵的阿拉伯人和柏柏尔人的侵略军在西班牙建立了一个伊斯兰国家，首都设在西班牙的科尔多瓦。在西班牙的基督徒在西北部山区建立阿斯图里亚斯（Asturias）王国。720 年，穆斯林越过了比利牛斯山，攻占了设防的纳博讷（Narbonne）城，占领了普罗旺斯省的大部分。732 年，他们从那里继续北征，但最后在图尔附近被查理·马特率领的军队打败。西方一些历史学家们喜欢贬低图尔之战的历史意义。他们指出，阿拉伯人的通讯联络线拉得太长，以致他们并未真正企图征服整个欧洲。另一些历史学家们注意到，尽管出现了严重的后勤补给问题，伊斯兰扩张的浪潮还是将阿拉伯人的势力范围伸展到从印度到卢瓦尔河（Loive）的广大疆域。这些学者也同样看重查理·马特，这位在 732 年统帅法兰克军队的无畏勇士。随后经过一系列的战役，这位法兰克人的统帅把穆斯林从高卢南部大部分占领区赶了出去。

同时,在718年,拜占庭帝国皇帝利奥三世(Leo Ⅲ)与穆斯林军队作战时打胜了一仗,这一战役被公认是具有决定意义的世界性战役之一。希拉克略王朝的末代皇帝是查士丁尼二世,他是一位冷酷无情而又极不得人心的暴君,711年,他被赶下台并被处死,后来就一直未出现合适的皇帝继承者,直到717年利奥继任皇位为止。利奥原是安纳托利亚(Anatolian)省的军事指挥官。他及时地拯救了君士坦丁堡。这一年利奥成为国王,哈里发苏莱曼(Suleiman)对君士坦丁堡发动了进攻,这次进攻旨在消灭基督教帝国的统治。一支8万人的军队从陆路围攻了这座城市,而另一支强大的海军则从海上向这座城市发动进攻。717年的夏季,利奥击退了进攻的敌人,围城的士兵们住在城四周的帐篷内,深受冬季的寒冷之苦。718年春,希腊的火攻船摧毁了穆斯林的舰队。这年夏季,苏莱曼放弃了对君士坦丁堡的围攻,撤退时损失惨重。随后,利奥重新攻克了一度被苏莱曼占领的拜占庭帝国在小亚细亚的一些省份。他重建了拜占庭,并使它成为一个强大的国家,在随后的500年内得以继续存在。

利奥三世和查理·马特所取得的胜利表明,伊斯兰武装力量第一次实行扩张侵略、企图推翻整个基督教世界的计划失败了。8世纪初以后,伊斯兰国家内部的发展也受到了遏止。8世纪中叶,爆发了一系列反对倭马亚王朝的活动。一部分反叛活动是受什叶派鼓动的,一部分则是因为马瓦利的抱怨。750年,一个新的王朝产生,阿拔斯(Abbasids)夺取了哈里发的职位,后来他把阿拉伯帝国的首都从大马士革迁到巴格达。

19. 拜占庭破坏圣像运动:法兰克—罗马教皇联盟

伊斯兰的入侵可能摧毁了一些共同的宗教文化,而这些宗教文化在旧罗马帝国统治的这块土地上一直占据着支配地位。8世纪初叶,保存下来的基督教地区下一步的组织和管理是无法预测的。北欧这一大片地区的人皈依基督教,是通过直接接受罗马指导的修道士的传教工作而完成的,它可能在拉丁文明——这种拉丁文明现在是建立在罗马天主教教会制度的原则之上——与条顿人以及凯尔特人的文明之间产生一种融合。当拜占庭帝国恢复生气时,这种发展的轮廓更加清晰。这种发展促进了以君士坦丁堡为基础的希腊帝国的出现,其中也包括小亚细亚、巴尔干半岛各国以及意大利。8世纪,拜占庭的势力支配着意大利的文化和宗教生活。如果拜占庭帝国有能力把意大利作为一个省份列入帝国的版图中,那么中世纪与众不同的西方文明就不可能存在了。但是,8世纪中叶,罗马教皇决定寻求与北欧的蛮族力量联盟,这就是与"欧洲出现"有关的决定性事件。

有这样两个因素影响着教皇做出决定。第一个因素是拜占庭皇帝无力保卫罗马以抵御伦巴第人的进攻；第二个因素也许更重要，长期以来存在于罗马和君士坦丁堡之间的神学上的争执进一步加剧。早在7世纪中叶，就出现过有关基督一性论争论的草草收场。查尔西顿会议宣布，基督具有两种本性，即人性和神性。埃及一性论派更愿意相信基督只有一种本性，即神性。为了对埃及的教会进行调停，君士坦丁堡的教长塞吉乌斯(Sergius)想出了另一种具有独创性的神学方案，这种方案后来被拜占庭皇帝宣布为正统教义。塞吉乌斯建议接受基督具有一神的说法(这个教义称作基督一志论[Monothelitism]；它来自于希腊的"一个意志"[one will]一词)，这同一性论派坚持的观点正好吻合。与塞吉乌斯同时代的罗马教皇洪诺留(Honorius,625—638年在位)对新教义中存在有争议的地方显然没有能力进行解释，所以就只好采取默认态度。但后来的一位教皇马丁一世(Martin I,649—655年在位)严厉地驳斥这种新教义从根本上违背了查尔西顿会议的正统观点。当时的拜占庭皇帝康斯坦斯二世(Constans II, 641—668年在位)正在竭尽全力对付穆斯林的入侵，不准备接受任何来自罗马的造反。于是一支拜占庭的军队包围了拉特兰王宫，绑架了教皇马丁，并把他劫持到君士坦丁堡，在那里，拜占庭元老院议员谴责马丁为背叛者。不久，教皇马丁在流放中含愤死去。然而，当拜占庭无法由穆斯林手中夺回埃及此一事实至为明显之后，一志论的教义对拜占庭皇帝而言也不再有利用价值。681年，在君士坦丁堡举行的大公会议上宣布一志论教义为异端邪说。但这种做法并没有为罗马教会和希腊教会之间带来任何和解气氛。692年，罗马教皇拒绝接受拜占庭召开的另一次宗教会议上颁布的宗教教令。到8世纪初，这两大教会仍然处于敌对状态。

使君士坦丁堡免受穆斯林蹂躏的拜占庭皇帝利奥三世却引发了另一个危机。在利奥看来，使国家安全受到严重威胁的，主要来自两个方面：第一个是宗教方面的威胁；第二个是社会和经济方面的威胁。很早以前，基督教会就已经广泛采用想象、绘画、镶嵌等艺术，雕塑基督肖像和圣人的形象。很显然，这些形象对宗教的文化教育具有一定的价值，它为崇拜圣人提供具体的神灵的启示。但这样一来从原先崇拜意想中的圣人转变为崇拜实在的圣人肖像了，这种倾向非常强烈，尤其是在那些新近皈依基督教的地区。长期以来，许多虔诚的人们对此一趋势感到不满，特别是在亚洲一些省份，他们异常强烈地反对偶像崇拜。虔诚之至的利奥，就是来自此一虔诚地区。

困扰着利奥的第二个问题是，许多平信徒的土地渐渐流入教会手中。尤其是修道院经由捐赠，获得了大量的地产。此外，修道院不仅可以免税，而且还有广泛的司法权。由于大批土地脱离赋税范围，因而严重地影响了负担沉重的帝国财政。因为修道士们一般总是支持崇拜实物圣像的，一种在礼拜中破坏圣像运动的政策，对促进宗教改革和土地改革的目的是有帮助的。尽管似乎可以确

位于科尔多瓦的一座清真寺的内殿一景,坐西朝东。它由穆斯林建于786年。基督教徒在1236年重新征服后,遂把该清真寺改建成教堂。这种拱形样式和空间结构的处理显示出受到北非和西班牙建筑艺术结合的影响,而形成独特的摩尔式的建筑风格。*Alinari/Art Resource, NY*

定,在利奥反对圣像的考虑中,宗教因素是首要的,但毫无疑问,他更乐意他的政策能取得加倍效果。

第一次公布禁止使用圣像的法令是在726年,但随即导致希腊和意大利的叛乱,利奥好不容易才把这些反抗者镇压下去。利奥的敌对者们认为,对使用基督圣像的否定,就是对基督本身的怀疑。这就是在查尔西顿会议之前使教会分裂的重大神学争论。就反对者而言,破坏圣像活动,看来是一种古老的东方文明的倒退行径——东方人认为物质的创造在本质上是邪恶的,这一点已遭圣奥古斯丁的抨击。只有理解了其中牵涉的教义问题,才能弄清关于圣像破坏的激烈争议。倘若这些最粗俗的"圣像崇拜者"仅仅是迷信,那么大多数极端反对圣像崇拜者几乎就是摩尼教徒了。这个问题的争论,在拜占庭帝国持续了一个多世纪。787年,拜占庭皇后艾琳(Irene)摄政时废除了禁止使用圣像的法令,但在815年,利奥五世又重新颁布了这条法令。直到843年,另一位皇后狄奥多拉又恢复圣像崇拜,于是,这个争论不休的反对使用圣像的问题才最终有了结果。在拜占庭政教合一的传统之下,复杂的神学争论,又一次因皇帝的权威而获得解决。

726年,首次公布禁止使用圣像的法令,在罗马与君士坦丁堡之间造成了一次具有决定性的破裂。在这之前,尽管在教义问题上存在着分歧,但罗马教皇总是以帝国的忠诚臣民的态度自居,并尊重皇帝陛下。然而,法令公布后,罗马教皇格列高利二世(Gregory II,715—731年在位)不仅拒绝服从利奥三世的关于禁止使用圣像的法令,而且以尖锐、责斥、挑衅的语言声讨皇帝。罗马教皇格列高利写道,整个西方世界都效忠于圣彼得的继承人,倘若皇帝执意破坏罗马的圣彼得的圣像,则教皇将求助于西部的蛮族。[1] 随后,利奥就指派拉韦纳大主教率兵进军罗马并企图俘虏格列高利。但大主教的军队遭到了顽强的狙击,被一支伦巴第人组成的军队所击败,而驻在罗马的军队仍然效忠教皇。于是皇帝没收了罗马教皇在意大利南部所有的大批领地,同时也把南意大利和伊利里亚的所有主教区的管辖权,由教皇手中夺回,交给君士坦丁堡的牧首。

在意大利引起骚动的决定性因素是两个好战的国王利特巴德(Liutprand,712—744年在位)和艾斯图尔夫(Aistulf,749—757年在位)。我们在第三章中看到伦巴第人在北意大利已经建立了一个王国,并在意大利南部边远地区有两块独立的领地。随着时间的推移,这些伦巴第人放弃了阿里乌教派,转而信仰天主教。总而言之,他们和罗马教会和睦相处。但在8世纪初叶,利特巴德开始扩张其势力,并想当上意大利真正的国王。他首先吞并了伦巴第人独立的公爵领土,然后开始对拜占庭的残余势力发动进攻。实际上,伦巴第人本来不想破坏圣彼得的教廷,他们确信在他们的王国领土中基督教占据主要地位。但罗马教皇绝不放弃对罗马城市和郊区的统治权力,也不想沦为伦巴第王国的主教。因而教皇在四处寻找这样一支武装力量,能够保护他免遭伦巴第人的攻击。739年,罗马教皇格列高利三世(Pope Gregory III,731—741年在位)要求查理·马特提供庇护,但遭到了查理的拒绝,因为查理认为他总有一天需要伦巴底人的援助来攻打穆斯林人,所以他不想干预此事。不过,法兰克国家是唯一有能力帮助罗马基督教教会的国家。于是,罗马教皇渴望能促成其事。741年,他选派圣卜尼法斯作为教皇的使节到高卢,此事具有政治和宗教的双重重要性。

过了几年后,出于双方的共同需要,罗马教皇与查理·马特的接继者丕平结成了联盟。丕平当时面临着一个严重的政治问题,当国王特乌迪里克四世(Theuderich IV,720—737年在位)死后,查理·马特并没有拥立一位新国王,而仍然以宫相和法兰克公爵的身份继续统治。这种不合情理的情形困扰着丕平。不久,他找到了一位末代国王的远亲并把他扶上王位,即国王希尔德里克(Childeric)。然而,弄一个傀儡国王看上去毕竟是非常可笑的。于是,丕平打算

---

[1]《资料》,no.24。

宣布自己就任法兰克国王,但有一个难题是,墨洛温王朝的继任者是根据传统由神授天赐的。此外,法兰克的各路首领,上上下下,从主教到一般勇士,都曾宣誓过效忠国王希尔德里克。因而,丕平觉得要把王室的传承转到另一个新的世系,只有在这个世系得到神赐之后才能保证。751年,丕平的两个使节带了他的指令到罗马去见教皇扎迦利(Zachary,741—752年在位),并问他,一个没有权力的统治者,是否仍适合顶着君主的名衔?这对罗马教皇来说,是一次获得强有力的朋友的极好机会。于是,教皇马上就回答道:"这样的国王不合适,最好还是那位实际行使国王统治权力的人来当国王,这比有名无实的国王要好。"也许,处在教皇这样的境况下,他这样回答是有目的的。因为教皇虽对罗马和城郊地区具有绝对的统治权,却一样也没有合法性。丕平得到了罗马教皇的明确答复后,就废黜了国王希尔德里克。随后,举行加冕仪式,由圣卜尼法斯庄重地替丕平抹上圣油,并授以王冠,丕平就此成了法兰克的国王,新的法兰克王族获得了神的祝福。

　　不久,罗马教皇就需要他新结识的伙伴的援助。752年,艾斯图尔夫攻克了拉韦纳城,开始威胁罗马的安全。罗马教皇斯蒂芬二世(Stephen Ⅱ,752—757年在位)向丕平告急,请求援助。国王丕平派出一支法兰克卫队,欲保护罗马教皇一路穿越阿尔卑斯山脉,进行一次私人会议。在此同时,拜占庭的使节也到达了,指示他与伦巴底人举行新的谈判。教皇斯蒂芬应允了,并向艾斯图尔夫出示了帝国的训示,后者旋即拒绝。随后,教皇斯蒂芬就不理会君士坦丁堡的反应,径自越过亚平宁山进入法兰克王国的领土。丕平接见了教皇并表现了适当的热情,他请教皇再一次为他举行授冠仪式,这次仪式是要由罗马教皇亲自主持。教皇斯蒂芬还赐予丕平罗马总督的称号,这通常是册封给拉韦纳帝国总督的。而丕平方面则承诺一定帮助罗马教皇抵御伦巴底人的侵略。755年,丕平入侵意大利,迫使艾斯图尔夫国王乞求议和。艾斯图尔夫答应把拉韦纳和内地交还给罗马教皇。后来艾斯图尔夫撕毁协议,对罗马展开进攻时,丕平带领他的法兰克军队出击再次打败了他。这次丕平带着军队驻扎在意大利,一直等到罗马教皇确实地安置好拉韦纳总督后才撤军。当然,拜占庭政府要求把曾被伦巴底人侵占过的领土还给帝国,但这种要求遭到丕平回绝。丕平愤怒地表示,他是为圣彼得而战。为"圣彼得"而战,就是为罗马教廷而战,他把征服地转交给教皇。从那时起,罗马教皇宣布意大利中部地区归他统辖,他成为一个独立的君主。丕平的这一赠礼标志着教皇国的初始,这一教皇国家一直延续到1870年。

　　大概也是在这一时期,在罗马教廷的一些胆大妄为的行政官员假造著名的"君士坦丁赠约"[1]。据说自5世纪起,君士坦丁皇帝发现在东部地区设立首

---

[1]《资料》,no.25。

都很合适,于是取消了罗马的世俗行政管理机构,并把在西部的统治交给教皇西尔维斯特。这一伪造的赠约声称是最初赠礼单上帝国特许划定的一些授给物。它可能旨在给罗马教皇在意大利中部的统治的合法性提供了额外的证据,一直到15世纪,这一赠约一直被当作事实,为大家所相信。然而,这些伪造的赠约文件对后来罗马教皇伸张自己权力的要求并没有产生人们期望的那种作用。中世纪大多数杰出的教皇不愿承认他们是皇帝扶植的。他们更愿意相信其权威直接来自上帝。

8世纪中叶,罗马天主教教皇的想法和中世纪后期的教皇的想法在各方面有着很大的差异。他们为能找到一个军事力量雄厚的国王的保护而感到非常庆幸。确实,我们对8世纪中叶所发生的一系列事件的人物做了描述,对教皇和丕平双方结成的短期互惠联盟的动机做了分析,但他们的行动在日后产生了广泛的影响,就这一点而言,8世纪的人没有一个能预料得到。法兰克—罗马教皇联盟毕竟使罗马和传教士们(如卜尼法斯)建立的北欧教会之间的联盟巩固了,这一巩固对中世纪欧洲的整个文化和宗教事业的形成起了促进作用。

进一步阅读书目

* 蒂尔尼:《资料》与《读本》,第一册,nos. 19—21,23—25;第二册,nos. 4,5,7。

修院制度传播到北部的情况,参见 * 达克特(E. S. Duckett)《中世纪早期的流浪圣徒》(*The Wandering Saints of the Early Middle Ages*)(纽约,1954);* 彼得斯(E. Peters)《僧侣、主教与异教徒:高卢与意大利的基督教文化,500—700》(*Monks, Bishops and Pagans: Christian Culture in Gaul and Italy, 500-700*)(费城,1975);希尔加斯(J. N. Hillgarth)《基督教与异教信仰,350—750:西欧的皈依》(*Christianity and Paganism, 350-750: The Conversion of Western Europe*)(费城,1986);以及迈尔—哈丁(H. Mayr-Harting)《基督教进入盎格鲁—撒克逊英格兰》(*The Coming of Christianity to Anglo-Saxon England*)(斯泰特·帕克,宾州,1991)。下列一些著作涉及凯尔特人的基督教文化,比莱尔(L. Bieler)的《圣帕特里克的生平与传说》(*The Life and Legend of St. Patrick*)(都柏林,1949);瑞安(J. Ryan)的《爱尔兰的修院制度》(*Irish Monasticism*)(伦敦,1931);高加特(L. Gougaud)的《凯尔特国家的基督教》(*Christianity in Celtic Lands*)(伦敦,1932);休斯(K. Hughes)的《早期爱尔兰社会的教会》(*The Church in Early Irish Society*)(绮色佳,纽约州,1968);* 比泰(L. M. Bitel)《圣徒之岛:早期爱尔兰的修道院与基督教社群》(*Isle of the Saints: Monastic Settlement and Christian Community in Early Ireland*)(绮色佳,纽约州,1990);以及 * 梅高(R. Megaw)《凯尔特艺术:从开端到凯尔斯圣经》(*Cetic Art From Its Beginings to the Book of Kells*)(纽约,1989)。至于原始资料,参见梅登(V. O. Maiden)《凯尔特僧侣:早期爱尔兰僧人的戒律及著作》(*The Cetic Monk: Rules and Writings of Early Irish Monks*)(卡拉马祖,密歇根州,1996);* 比德的《英格兰教会与民族史》(*History of the English Church and People*),谢勒—普赖斯(L. Sherley-Price)翻译(哈芒斯沃斯,1955);《圣哥伦布传》(*The Life of St. Columba*),哈西(W. Huyshe)翻译(伦敦,1908);《埃迪斯·斯蒂芬斯

所著威夫利德主教传》(*The Life of Bishop Wilfrid by Eddius Stephanus*),科尔格拉夫(B. Colgrave)翻译(剑桥,1927);《威利贝德所著圣卜尼法斯传》(*The Life of St. Boniface by Willibald*),罗宾逊(G. W. Robinson)翻译(麻省剑桥,1916);《圣卜尼法斯书简》(*The Letters of St. Boniface*),埃默顿(E. Emerton)翻译(纽约,1940)。

有两部介绍穆斯林的宗教观念的佳作是,*托尔·安德烈(Tor Andrae)的《穆罕默德其人与其信仰》(*Mohammed, the Man and His Faith*)(伦敦,1936);*吉勒姆(A. Guillaume)《伊斯兰》(*Islam*),第二版(哈芒斯沃斯,1956);利维(R. Levy)《伊斯兰社会结构》(*The Social Structure of Islam*)(剑桥,1957);*阿姆斯特朗(K. Armstrong)《穆罕默德:理解伊斯兰的一种西方尝试》(*Muhammad: A Western Attempt to Understand Islam*)(伦敦,1991)。关于早期的伊斯兰征服史,参见加布里埃利(F. Gabreieli)《穆罕默德与伊斯兰的征服》(*Muhammad and the Conquests of Islam*)(纽约,1968);*克吉(W. E. Kaegi)《拜占庭与伊斯兰征服》(*Byzantium and the Islamic Conquests*)(剑桥,1995);唐纳(F. Donner)《早期伊斯兰征服》(*The Early Islamic Conquests*)(普林斯顿,1981);以及肯尼迪(H. Kennedy)《先知和哈里发的时代》(*The Prophet and the Age of the Caliphates*)(伦敦,1986)。有几部标准的阿拉伯史:它们是*刘易斯(B. Lewis)的《历史上的阿拉伯人》(*The Arabs in History*),第四版(伦敦,1958);与*希提(P. K. Hitti)的《从远古时代至当代的阿拉伯人的历史》(*History of the Arabs from Earliest Times to the Present*),第七版(伦敦,1960);以及何伦尼(A. Hourani)的《阿拉伯民族史》(*A History of the Arab Peoples*)(剑桥,麻州,1991)。关于伊斯兰文化,参见*格鲁尼鲍姆(G. von Grunebaum)的《中世纪的伊斯兰:文化方向的研究》(*Medieval Islam: A Study in Cultural Orientation*),第二版(芝加哥,1961);吉布(R. A. H. Gibb)的《阿拉伯文学概论》(*Arabic Literature: An Introduction*)第二版(伦敦,1963);刘易斯(B. Lewis)编《伊斯兰世界》(*The World of Islam*)是一部附有漂亮插图的概览。皮克索尔(M. Pickthall)的《光荣的古兰经的意义》(*The Meaning of the Glorious Koran*)(纽约,1930)是一部《古兰经》翻译的力作,类似还有阿伯里(A. J. Arberry)的《古兰经解》(*The Koran Intepreted*)(牛津,1964)。其他一些文件收集于*刘易斯(B. Lewis)的《从先知穆罕默德到夺取君士坦丁堡的伊斯兰》(*Islam from the Prophet Muhammad to the Capture of Constantinople*)(纽约,1974)。

*皮朗(H. Pirenne)的《穆罕默德与查理曼》(*Mohammad and Charlemagne*)(伦敦,1939)是一部含蓄的、引起争论的研究著作,它涉及伊斯兰势力崛起对西方经济产生影响的问题。由皮朗提出的许多问题在*哈维格斯特(A. F. Havighurst)的《皮朗的论题》(*The Pirenne Thesis*)(波士顿,1958)一书中进行了讨论。

8世纪的拜占庭帝国、罗马与法兰克君主之间错综复杂的关系在第二章中所援引的道森和莫斯的著述中作了很好的交代。同时亦可参见,*诺伯尔(T. F. X. Noble)的《教皇国的诞生,680—825年》(*The Birth of the Papal State, 680-825*)(费城,1984);西姆森(O. von Simson)《神圣的堡垒:拉韦纳的拜占庭艺术与治国策》(*Sacred Fortress: Byzantine Art and Statecraft in Ravenna*)(芝加哥,1948);以及赫林(J. Herrin)《基督教世界的形成》(*The Formation of Christendom*)(普林斯顿,新泽西州,1987)。有关破坏圣像的介绍,参见佩利坎(J. Pelikan)《神的形象:拜占庭为圣像的辩解》(*Imago Dei: The Byzantine Apologia for Icons*)(普林斯顿,新泽西州,1990)。

第七章　早期的欧洲

在丕平的儿子查理(Charles)统治下,教皇和法兰克国王之间的联盟得到了巩固。他的征服使其成为全西欧的盟主,由教皇利奥三世主持的罗马皇帝的加冕仪式,使帝国与存在于整个中世纪的教皇们建立了一种新的、密切的联系。在帝国的政治统一并未持久的意义上而言,查理曼(Charlemagne)的统治被认为是欧洲历史"虚假的开始"。但是在深入研究的基础上,历史学家理解到以查理曼加冕为象征的罗马、基督教和日耳曼的文化的融合,纵使在查理曼死后,亦将成为不可逆转的历史进程。

20. 查理曼帝国

768年,丕平去世时,由他的两个儿子,查理(Charles,768—814年在位)和卡洛曼(Carloman,768—771年在位)继承。兄弟俩不和,幸运的是,他们的父亲死后三年,卡洛曼也去世了。查理毫不顾及卡洛曼未成年的儿子,迅速占领了整个法兰克人的国家。查理身体结实有力,身高适中,有着一头红发和粗壮的脖子,大腹便便,相当威严。他喜爱打猎和宴会,品尝野味津津有味。他的传记作者埃因哈特(Einhard)告诉我们,他喝酒很有节制,很少一连喝三杯以上的酒。见过当时酒杯的人不用对查理的自我克制问题过分担忧。

在性格上,查理富有进取心、雄心勃勃、坚韧不拔,为达到自己的目的非常冷酷无情,他思想敏锐、好追根究底。他是一个军人、政治家和学术赞助人,总括他已知的所有特点都不足以向我们说明查理的能力。他的成就始终是惊人的,人们必须诉诸性格的力量这样模糊的措辞才能解释它们。在他的时代,他是西方世界的主宰,对中世纪的人来说,他是一个传奇英雄,历史学家仍称他为查理曼或查理大帝。

查理曼即位后不久,事情变得很清楚,丕平在意大利的势力变得不稳固了。一旦雄心勃勃的君主统治伦巴第人国家,他们就试图征服全意大利,只要伦巴第王国存在,罗马教皇国就不可能平安无事。此外,查理曼与伦巴第国王德西德利厄斯(Desiderius)之间还有个人的恩怨。他和卡洛曼分别与德西德利厄斯的两个女儿结婚,但不久,查理曼就抛弃了自己的妻子,然后又卷走了她姐妹的孩子的遗产。在此侮辱的刺激下,德西德利厄斯开始与另一伙对查理曼抱有敌意的法兰克贵族密谋。自773年起,查理曼率领他的武士们侵入意大利,包围并攻占了伦巴第的首都帕维亚(Pavia);把伦巴第人的国王关进一座修道院里,自己攫取了伦巴第的王位。尽管为了行政管理上的方便,780年,他立自己的儿子丕平为意大利国王。实际上,他的后半生仍然是伦巴第王国的真正统治者。

在进军南方打垮伦巴第人之前,查理曼打算先在北日耳曼完成他父亲和祖父的业绩——征服萨克森,并迫使它的人民皈依基督教。772年,他的军队通过萨克森的西南,远至威悉河(Weser),接受当地首领归顺。但是,一旦国王前往意大利,被征服的萨克森人立即揭竿而起并袭击了法兰克人的边境。775年,查理曼回到萨克森,再次征服了这一地区。萨克森人是个顽固、坚强和好战的民族,他们坚韧不拔地战斗,一直到不得不投降为止。然而,一旦法兰克人的军队班师回朝,他们就举事反叛。他们忠于自己的诸神,查理曼只得用残酷的手段迫使他们改信基督教。782年,萨克森人消灭了一支入侵的法兰克人的军队,对此,查理曼回报了一个惩罚性的战役,使得几千萨克森战士惨遭屠杀,查理曼大获全胜。785年,萨克森人的领袖,维杜金德(Widukind)终于向查理曼投降并接受了基督教。尽管此后20多年里,查理曼又镇压过几起规模较小的萨克森人的反抗,但大规模的反抗至此结束。

查理曼使用了各种手段稳固他所征服的萨克森战区。他修建了庞大的堡垒,并派法兰克人驻军守卫。他还带来了法兰克人的伯爵,并把土地分给法兰克随从。他甚至把大批萨克森人移入他的西部领地,取而代之的是把外来的法兰克人移入萨克森。然而,他的主要后盾是基于与教会的密切合作。查理曼不仅迫使萨克森人接受了基督教,而且在被他征服的土地上建立了主教制的主教辖区,他还赞助兴建作为传教中心的修道院。他的法令把重新回到异端信仰和不服从教会的人看作与反对他的统治一样严重。总之,查理曼期望他的军队和堡垒能暂时维持萨克森人的秩序,然后依靠教会使他们变成驯服的和可信赖的臣民。他的希望并未落空,大约经过30多年的强制压迫和传播福音,萨克森成为加洛林王朝国家不可分割的一部分。

尽管丕平迫使巴伐利亚公爵承认他为盟主,圣卜尼法斯也已经承认了巴伐利亚的教会,但是这个公爵国基本上还是独立的。查理曼决心将它合并。他以与公爵的种种不和为借口,于787年入侵巴伐利亚,翌年就把公爵赶走了,巴伐利亚被分割为两个国家。新增加的巴伐利亚土地使查理曼直接与强悍的阿瓦尔骑兵接触,阿瓦尔人长期骚扰拜占庭,拥有匈牙利平原和今奥地利的领土。791年,查理曼率领了一支强大的军队与他们作战,迫使他们退到了多瑙河流域。他的儿子丕平,即意大利国王,率领伦巴第人骑兵对阿瓦尔人发动了一系列的战争,把他们从卡林西亚(Carinthia,今南奥地利的一部分)完全清除,从而完成了查理曼的东征。尽管在威悉河和上易北河之间,他指挥了对抗斯拉夫人的几次战役,但这些战役基本上还是惩罚性的远征,并没有在新的领土上建立起永久性的成果。

在征服萨克森人的同时,查理曼还正与王国另一端的另一个敌人进行着战争。778 年,他率领一支大军入侵西班牙北部,这次远征并没有取得很大的成功。他花了一生中绝大部分的时间与信基督教的巴斯克人(Basques)做斗争,当他翻越比利牛斯山脉回国时,后者发动了突袭并消灭了他的后援部队。这次灾难就是著名的《罗兰之歌》(Song of Roland)的故事原型,它也是有关查理曼成长的最佳的传说著作之一。[1] 然而,在伟大国王的坚持下,最后仍取得了胜利。经过一系列漫长的战役,他和他的将领们征服了称为西班牙边区(Spanish March)的比利牛斯山脉南部的一条狭长的地带。靠着把领地授予他的大量武士和给他们俸禄,查理曼实际上把这片土地变成了法兰克王国与西班牙的穆斯林之间的一个缓冲地。

仅仅系统地叙述查理曼的征服业绩尚不足以描绘出那令人震惊的军事成就的全貌。只要简短地浏览一遍他的战争年表就能获得深刻印象。772 年,入侵萨克森;773 年和 774 年,征服伦巴第王国;775 年和 776 年,继续进攻萨克森;778 年,入侵西班牙;779 年,又回到萨克森。几乎每年都征集法兰克王国军事资源,并把它们运到遥远的边界,这显然是个艰巨任务。即使他的军队在数量上可能比较少,但对他们的补给也必然是一个非常难解决的问题。事实上查理曼能完成这个任务,正可以显示其个人非凡的能力和不可动摇的决心。

与征服新领土一样困难的是对幅员如此广阔的王国的管理。王国平静的内地部分由伯爵们统治。在重要防卫所在地的边境地区,边疆伯爵(margraves)统领一支强大的边防军,边疆伯爵来自"mark graf"一词,mark 意为一个边区,graf 意为侯爵。在这些官员之上的是一群维护国王利益的侍从班底。最上层,是查理曼的儿子们,他们是国家各个部分的名义上的国王。要确保这众多官员们的忠诚相当困难,查理曼不得不镇压了几起危险的阴谋。查理曼设立了钦差大臣或巡察使(missi dominici)之职,以便确实掌握地方官员的一举一动。查理曼把一个主教和一个贵族平信徒同时派去视察他的领地,并把国王的命令传达给公爵和边疆伯爵们。这对四处视察的钦差每年都换人,这样同一个钦差就不至于重复视察同一个地区。这个制度的确是很好的监督办法,但它的实际效果取决于国王的权力和威信。只要查理曼之剑隐藏在他的钦差大臣背后,那么行政管理工作就行之有效。但是,查理曼没能成功地设计出可以使一个弱小的君主能够管理如他那样巨大国家的制度。

帝国内所有不同的民族是按照他们自己的民族法律生存的,查理曼不打算取消这种差异;实际上,他命令这些不同的习惯法应当记载下来,以便更好地保存它们。但是,他以具有实质内容的法令来补充地方法律之不足,并把它们强

---

[1] 参见第 455 页(边码)。

置于所有他所统治的民族身上。这些帝国法令通称《法兰克国王敕令》(capitularies),其内容有服兵役的义务和我们已经叙述过的钦差制度等。敕令的其他内容是有关神职人员的行为举止,并规定主教们的职责。查理曼是个神权政治君主,深信他是靠"天赐神权"进行统治的,并认为自己拥有统治教会的权利和责任,以及管理世俗事务之权利与责任。他喜爱聆听圣奥古斯丁的《上帝之城》中的篇章,据传他的目的是在世上建立一个上帝之城。如果真是这样的目的,那他一定误解了圣奥古斯丁,这一主观愿望必然是不能实现的。研究一下查理曼的政府机构,我们就会发现,我们始终在与一个原始的日耳曼王国打交道——但此一原始的日耳曼王国却是由一个政治天才管理的。

查理曼帝国的经济也是很原始的。没有成系统的国家税收制度。皇帝主

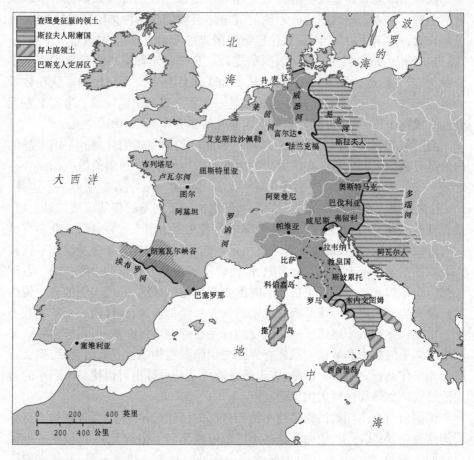

地图 7.1　加洛林帝国
800年,查理曼举行帝国加冕典礼象征着法兰克王国发展成为一个帝国,其内部的融合与其边界的混乱状况形成鲜明的对照。

要靠自己遍布全国的巨大领地的收入为生。到后期他花费许多时间在巡视一个个领地的旅途上,并带着整个宫廷官员随行。这部分是由于经济原因,以此依序消耗花用各领地上的出产;但是不断的旅行亦给查理曼一个巡察行政、听取法官的诉愿和确定其命令是否被贯彻的机会。查理曼时代的一份《9世纪法令汇编》(De Villis),可使我们了解其中一块皇家领地以及在领地上各种活动的详尽情况[1]:

> 我们希望每个管理人对土地(不论是由我们自己农夫驾牛耕种或有义务替我犁田服务的人耕种)上所有的收入都应该有一份年度报告。而且不论是来自猪群出租、债务或因未获允准擅自在林中游猎而缴之罚金……(不论是)来自磨坊、森林、田野、桥梁或船只……市场、葡萄园……干草、柴薪、火把、厚板和其他木材……蔬菜……羊毛、亚麻、大麻……水果树和坚果树……花园、芜菁、鱼池、兽皮、皮毛和鹿角……蜂蜜和蜜蜡……葡萄酒、麦酒、醋、啤酒……鸡、鸡蛋和鹅……等。都应该有一份年度报告。

而各种工匠亦被列举,有金匠、面包师、织网匠,"他知道如何制造网子以供打猎、捕鱼和捕鸟"。管理人也将"妇女的工作",以手工制造的各种工具一一列下——亚麻布、羊毛、羊毛梳子、使布起绒毛的工具,肥皂和各种染料。显然,妇女的工作是在作坊中从事纺织制造。在报告书中指出,妇女的工作场所有坚固的篱笆和门来保护。

自从罗马帝国晚期以来,商业活动减少,但交易并未完全停止。商人由沿海地区带盐至内陆,并将葡萄酒运往北部不产葡萄的地区。而犹太商人在法国南部亦维持与埃及不绝如缕的贸易往来。查理曼对商业活动像对其他活动一样有兴趣。他颁布诏令,意图使度量衡标准化,并发行新的钱币——本尼,"penny"或"denier",他声称此种钱币将是"成色十足的上等钱币"。考古学家挖掘出的一堆钱币显示,查理曼的银币重量仅是早期货币的25%。

还有一个值得考虑的事件,它对未来数世纪里西欧的统一具有象征的意义,是查理曼使它得以实现。亦即这位法兰克人国王在公元800年圣诞节,在圣彼得大教堂被加冕为罗马皇帝。那年年底,查理曼为了解决教廷事务去罗马巡视。779年,罗马发生了反对教皇利奥三世(Leo III,795—816年在位)的叛乱。当时,教皇在队伍中沿着大街行走时,突然遭到袭击,受到粗暴的鞭打,并一度被关入狱中;但他却成功地逃出罗马,越过阿尔卑斯山,来到了查理曼的宫廷。国王怀着同情的心情倾听完了他的遭遇,并派了一支强大到足够在罗马重

---

[1]《资料》,no.27。

新恢复其地位的法兰克士兵,护送他回罗马。袭击过利奥的一派人士对他的罪行提出了一系列的指控,为他们自己的行为进行辩护,由于当时罗马没有能胜任判别教皇是非曲直的权威,直到查理曼本人来罗马后,此案才得以解决。800年12月23日,国王在圣彼得大教堂召开了主教和贵族会议,教皇在会议中进行申诉并庄严地宣誓,重申自己是无罪的,被会议所接受。12月25日,国王返回圣彼得大教堂做圣诞弥撒,正当他起身祷告,主持仪式的教皇拿出一顶皇冠并把它戴到了他的头上,教堂中的人群立即发出对这个典礼的喝彩声——很明显是事先训练好的——向新皇帝的就职仪式欢呼,"上帝为查理·奥古斯丁戴上皇冠,伟大、和平的皇帝,万寿无疆、战无不胜"。

无法确定是教廷还是查理曼的法兰克谋士们出了这个帝国加冕典礼的主意。教皇有个明显的动机——他需要一个永久的保护人,而只有一个友好的罗马皇帝才能使教皇在这片丕平从东方帝国夺来的位于意大利中部的前拜占庭的领土上的统治合法化。同时,我们发现,就在加冕之前的几年,在查理曼的宫廷圈子内,"基督教帝国"一词已用来形容国王的国土。查理曼本人从没有对帝国头衔表现出什么过分的热情,他被劝说承担帝国头衔的最可能的缘由,根本上是为了取得与拜占庭的皇帝相一致的地位。查理曼是他这个时代最伟大的征服者,他以平等的身份写信给伟大的巴格达的哈伦—拉希德(Harunal-Rashid)哈里发,但当他与东方皇帝打交道时,他的身份则只是低皇帝一等的国王而已,而君士坦丁堡的统治者却是个皇帝,这使他大为愤怒。

由于以下的事实,近代关于帝国加冕仪式的争论更加复杂化了,两份最重要的原始资料提供的事实记述完全相反。《法兰克王室年鉴》(*Frankish Royal Annals*)是这样记述的:12月23日宗教会议上,处理教皇案子后,聚集在一起的贵族和主教们继续讨论帝国的地位,并劝说查理曼接受帝国的殊荣。另一方面,按照查理曼传记作者埃因哈特的记载,国王在加冕仪式后非常愤怒,他宣布如果他早知道教皇的意图,即使举行盛大的宴会,他也绝不在圣诞节那天走进教堂。[1]

当然,加冕本身并没给查理曼增加什么真正的权力,他的权力仍然仅仅建立在法兰克武士们对他的支持上。一些学者指出,查理曼同意接受帝国头衔,但对把罗马人的喝彩、欢呼礼仪用于教皇的加冕典礼感到恼怒。不管怎样,一旦他接受了,他的新头衔(加冕后几个月,他没有使用过这个头衔),查理曼决心使拜占庭当局承认他为真正的皇帝。813年,他对意大利的希腊领土发动了一系列的战争,直到皇帝米哈伊尔一世(Michael I)屈服才罢休。米哈伊尔一世派使者正式承认查理曼为皇帝。其后不久,查理曼任命他的儿子路易为共同皇帝。

---

[1]《资料》,no.26。

在讨论查理曼加冕问题时,19世纪研究神圣罗马帝国的历史学家布赖斯(Bryce)勋爵写道,在圣彼得教堂的喝彩欢呼声中"宣布了一种酝酿已久、影响深远的联合,即罗马人与条顿人的联合,以及南方的记忆与文明与北方的新鲜活力的联合"。他补充道,"近代史是从那时开始的"。即使这样的写法似乎有所夸大,但帝国加冕典礼的确是重大事件。后来的许多有关教会与国家的争论取决于这个归因于教皇为查理曼加冕的行为的确切意义。尤其是,加冕典礼首次象征了一个统一的西方基督教社会的出现,此社会以罗马作为其宗教首都并以阿尔卑斯山脉以北为其军事重心。这个与东方的拜占庭文明和与南方的伊斯兰文明有着明显不同的社会出现了。

21. 加洛林王朝的文化

查理曼首要的雄心壮志之一是在其幅员广阔的野蛮王国中恢复学术之光。他有可能纯粹从实际考虑着眼:即一个有效率的政府需要有文化的官员。但是也很明显地,他还对隐藏在由先前时代学者所写的书中的知识抱有真正的好奇和热情。因此,在他的宫廷里,他把从全欧洲找来的学者集聚在自己的周围——有的是他秘密诱引来的,有的是用正当的手段招来的。他们中的佼佼者是萨克森的阿昆(Alcuin),他来自约克郡的著名学府,继承了诺森比亚的治学传统。在意大利,查理曼物色到了比萨的彼得,一个语法学家;以及保罗副主祭,他写有一部伦巴第历史。皇家传记作者埃因哈特(Einhard,约770—840)是个法兰克人。来自西班牙的西哥特人狄奥多夫(Theodulf)受训于由塞维利亚的伊西多尔所创立的传统学校。另外,他还从爱尔兰和日耳曼吸引来一些学者。阿昆在查理曼的宫廷里管理他的学校达15年,国王本人学习勤勉,据说,他懂得拉丁语和希腊语。查理曼召集学者为中世纪时代的人着手编纂传统知识,这是漫长而又缓慢的历程。跨出简单的第一步是必须的,先学习和讲授古典拉丁语法、规则;然后逐步地吸收逻辑原理。阿昆用了卡西奥多乌斯(Cassiodorus)的方法,把古典的知识划分为七艺;随之他本人又把它们划分为三艺(trivium)——语法、修辞和逻辑,以及四艺(quadrivium)——算术、几何、音乐和天文,为中世纪的学校所采用。[1]

789年查理曼颁布了一份《教育通令》(*General Admonition*),命令在整个王国建立学校,让男孩们能够在那里学习阅读。大约同时,他还写信给中部德国的富尔达(Fulda)修道院院长,敦促其提高修道院和周边地区的学问。我们知道在9世纪存在着许多隶属于教堂和修道院的学校;但是难以了解他们如何成

---

[1] 参见第407—409页(边码)。

功地在平信徒中间提升教育水准。可能大多数贵族至少达到了识字的基础水平，而且有关于某些受过较高教育的贵族妇女的史料。兰斯大主教辛克马尔（Hincmar）有一份训导，命令男孩和女孩不要在一起接受教育，从中我们能够推测女孩有时也入学学习。圣高尔的修士诺特克尔（Notker of St. Gall）记录了关于查理曼视察一个学校且考核该校学生的一则故事。国王谴责贵族子弟们的懒惰，而赞扬贫穷学者们的勤勉和能力。故事可能不足凭信，但它表明有些贫穷男孩的确获得了有助于他们在教会或王室管理中任职的一类教育。然而，这些是例外的情形。尽管有查理曼的努力，但绝大多数人依然是文盲。

　　查理曼时代几乎所有较高学问的基础是由一系列修道团体组成的；有些要追溯到5、6世纪的早期积淀，另一些则为爱尔兰和英格兰传教士们新近所建立。尽管它们的起源各有不同，但是最终几乎全部在9世纪期间接受了本笃会规章。许多在宫廷学校的学者受到修道士的训练。他们中一些人，包括阿昆本人，离开宫廷后，就回到修道院中去。查理曼帝国时代绝大多数的文学和神学的研究并非在宫廷里而是在较大的修道院里进行的，尽管它们仍然在查理曼本人的积极鼓励和支持下进行。国王写信给位于中日耳曼的富尔达修道院院长，鼓励他在修道院及附近地区进一步发展教育和学术。实际上，由于那所学校培养出了查理曼时代一些最著名的学者，因而成为当时一大学术中心。埃因哈特就是在那里受的教育；他的同时代人，富尔达修道院院长哈拉巴纽斯·莫鲁斯（Hrabanus Maurus）做了大量的注释，用以补充四个伟大的拉丁教父选出的经文中的绝大部分，他引用伊西多尔和比德的一些语条进行增补。来自富尔达的哈拉巴纽斯的学生，瓦拉佛里达·斯特拉勃（Walafrid Strabo）后来成为赖兴瑙（Reichenau）修道院院长，他是个感受敏锐的诗人和学识渊博的学者，他所编写的关于《圣经》注释的简明著作，绝大多数是摘自哈拉巴纽斯，它对中世纪盛期的标准本《〈圣经〉注释》（Glossa Ordinaria）有极大的影响。这些9世纪的注释，表明教父们的文本可以怎样被用来阐明《圣经》的微言大义，它们为人们再次吸收教父时代的那些遗产提供了必要的工具。的确，哈拉巴纽斯·莫鲁斯和瓦拉佛里达·斯特拉勃的这些作品影响了整个中世纪和以后西方所有的《圣经》注释的传统。

　　在9世纪，各个修道院并不是如基督教文化的分离之岛孤独地矗立。相反，通过书信和私人交往，这一时代的学者们相互之间保持着联系。这一时代大量各式各样的信函存留下来。例如，退隐到舍勒斯（Chelles）一个小修女院的查理曼的妹妹吉赛拉（Gisela）和女儿罗特露德（Rotrud），自彼处写信给阿昆，请求后者为她们解释圣奥古斯丁某个深奥难解片段。在探访英格兰时，阿昆本人曾回信给查理曼宫廷的朋友们，惋惜在其出生的土地上缺乏美酒。哈拉巴纽斯·莫鲁斯以韵文形式给同时代的伟大教士们写了许多书信。另一类私人关系是这样形成的:年轻修士们旅行到那些著名学问中心的修道院学习,随后他们将其新知识带回以前的修道院,可能有一些他们抄录的书籍。哈拉巴纽斯·莫鲁斯去图尔跟阿昆学习,然后回到富尔达成为学校的老师,后来又做了院长。在回到其位于赖兴瑙的修道院之前,瓦拉佛里达·斯特拉勃则在富尔达跟哈拉巴纽斯学习。有许多这样的交往和友谊存在。在对他们的研究中,我们能够看出追求共同目标、分享共同文化的欧洲范围的学者团体的开始。

学者们有时以"加洛林文艺复兴"(Carolingian Renaissance)之名夸大了9世纪的文明成就。即使这一术语意味深长,我们也必须对该时代的实际文化成就和这一成就对后来时代的重要性加以区分。9世纪并非新创造性思想的伟大时代;现代历史学家观察到,加洛林学者们拼命所做的并非原创性工作。加洛林的作家们写下了大量的拉丁诗篇;它们足够令人满意,但大部分不那么激动人心。修道院经常保持着编年史,记载每年的重要事件。它们对现代历史学家极其有用,但其自身说不上什么文学价值。现存许多圣徒的传记和一些其他人的传记,最著名的是艾因哈特的《查理大帝传》。这个时代产生了一位原创性哲学家,约翰·斯各特·埃里吉纳(John Scotus Erigena),但他却后继无人。

埃里吉纳懂希腊语,他试图建立一个结合新柏拉图学派与基督教的新体系。柏拉图思想要素的力量是如此之强大,以致这个思想上的每一个观点都能转化为异端。但是,埃里吉纳很幸运,他同时代人没有人能懂得他的论点,在长达四个世纪里,教会并没有谴责他。在加洛林时代,思想观念中的另一面,是开始有神学争论的出现。查理曼本人对破坏圣像之事颇有兴趣,他让他的学者写出了一系列著作,如《加洛林书》(Libri Carolini),就是想在破坏圣像的极端派和偶像崇拜之间探索一条中庸之道。修道士戈特沙尔克(Gottschalk)提出了棘手的命定论的神学问题,因此,他受到谴责并被关入监狱。但这样的探讨问题仅是例外的。更为典型的是,加洛林王朝的许多神学家采取哈拉巴纽斯·莫鲁斯的方式,把他们自己仅仅局限在编纂教父著作的一些读物之中。在视觉艺术方面,加洛林王朝最出色的插图本手稿在融合拜占庭的主题与凯尔特人的、盎格鲁—撒克逊人的和古典的主题方面取得了重大的、独特的成就。加洛林王朝的建筑物只有少量仍存于世,一个杰出的例子是查理曼帝国在亚琛(Aachen)的富丽堂皇的小教堂,它是仿照拜占庭帝国拉韦纳的圣维塔尔教堂建造的。

所有这些成果是不应低估的,但其全部成就与欧洲文化最伟大的时代相比还是极为有限的。几首值得一读的诗歌,少数有用的百科全书的汇编,一些印刷得精致的书籍——它们似乎还不足以构成一次文艺复兴。但在最基本的字面意义上来说,它们还是具有文艺复兴味道的,即一个引人注目的古典研究和人文知识的复兴。9世纪中期,不仅在凯尔特和拜占庭帝国这些欧洲的边境地区,而且所有遍布整个高卢和日耳曼的修道院中,都存在着这样的学者社团,他们能够阅读和书写拉丁文,他们能够欣赏古典文学,并懂得古典神学。加洛林时代的修道士吸收和保存了古拉丁文以及早期基督教文化的全部遗产,就这一个工作而言,他们做得相当成功。自9世纪起,按照圣本笃会规,要求每个修道士每天从事抄书几个小时的工作被视为是理所当然的。产生的大量手稿对未来非常重要,虽然许多古典作品都在蛮族入侵时代和查理曼时代之间消失了。可是,在800年以后所保存下来的作品都没有再遗失。许多情况说明了这一点,我们现在所知道的90%以上的古罗马著作在加洛林王朝的手稿之中保存着它们最早的形式。这些手稿形成了几乎全部现代版本的基础。

随着大规模手稿的产生,出现了一个重要的手写方式上的改革。墨洛温王朝后期的手写体几乎是模糊不清的,字母互相纠缠在一起,几乎成为无法辨别的一团墨迹,用这样手写体的书在每一次新的抄写中会导致以讹传讹。一种新的书写体形式,通称加洛林小书写体(Carolingian minuscule),主要是在科尔比(Corbie)修道院发展起来的,字母巧妙地连续着,并且一个个相互整整齐齐地分开。在阿昆的影响下,这种书写方法得以普及。他的晚年是在图尔的圣马丁修道院当院长度过的,他在该修道院建了一个书写室(scriptorium),精心编辑、制作了许多用新字体书写的《圣经》和其他多种文献。用这种方法书写编注过的《圣经》和各种举行礼拜仪式的作品得以出版。查理曼本人对这样的创举很感兴趣,在他的一个敕令上印有这样的标题:"抄写者——请不要胡乱书写。"15世纪文艺复兴的人文主义学者复兴了加洛林王朝的小书写体,我们现代小写体的字母就是从它们那里衍生出来的。

恢复古典和早期基督教学问的整个传统,将它融合于自身文化之中,并且为未来而留存,9世纪修士们的这些努力具有几分英雄意味。他们努力奋斗的精神体现在兰斯的辛克马尔(Hincmar of Rheims)的几行诗句中:

  书写的语言孤傲地嘲笑命运,
  复兴那已逝去的,拆穿死亡的谎言。

虽然,9世纪具有创造性意义的文学成就微乎其微,但是修道士们的工作对未来具有决定性的重要意义。没有他们在修道院书写室中抄录的那些文本,就绝对不可能有我们所了解的任何中世纪文明或任何以后的文艺复兴。

墨洛温时期最普遍的手写体与改进后的手写体——加洛林小书写体——之间的差别，清晰地显现在这两份实例中。

上图：墨洛温时期的手写体，出自狄奥多里克三世（Theodoric III）的一份王室文书，约 680 年。*Centre Historique des Archives Nationales, Paris*

下图：加洛林时期的小书写体，出自加洛林《法兰克国王敕令》的一份手抄本，约 825 年。*Stiftsbibliothek St. Gallen, Switzerland*

22. 受围困的西方:马扎尔人、穆斯林与维金人的入侵

浏览一下800年前后的西欧,它将告诉我们,基督教文明处在四面楚歌之中。查理曼皇帝是法兰克人和伦巴第人的国王,除布列塔尼半岛外,他统治着由比利牛斯山脉之下的西班牙边区,到丹麦半岛的整片大西洋海岸和北海。他所统治的地域东部边界沿易北河到波希米亚森林地带。他还控制着罗马以北地区的意大利。在英格兰,盎格鲁—撒克逊人受威塞克斯君主埃格伯特(Egbert)模糊的封建君主制的统辖,他统治着向北直到佛斯湾东海岸和除康瓦尔和威尔士外的、直至索耳威湾的西海岸。这片土地就是日耳曼基督教的欧洲。它的西面为基督教凯尔特人的领土:布列塔尼、康瓦尔、威尔士、爱尔兰和苏格兰。罗马南部的意大利和西西里岛各处仍然处在拜占庭皇帝的统治下。在这些西欧基督教国土边界的周围是非基督教民族。斯堪的纳维亚居住着日耳曼民族的异教徒。易北河东部和波希米亚森林地带是斯拉夫人,而阿瓦尔人的残部仍占据着匈牙利平原。西班牙和北非的穆斯林靠着他们的舰队控制地中海。

查理曼帝国在皇帝本人死后不久,就开始土崩瓦解,或许这是一个不可避免的过程。帝国内部各种民族混居,并拥有各自的语言、法律和传统。除了查理曼本人的个性魅力,没有任何东西可以使他们在政治上维持统一。帝国中各种各样的民族信奉同一个宗教,一些受过教育的修道士抱有一个统一和有秩序的基督教王国的思想,但他们无法用他们的思想去影响粗野的法兰克贵族。更因为内战和外敌夹攻使这个分裂趋势加剧了。

查理曼死后,他只留下了一个幸存的儿子,即虔诚的路易(Louis the Pious, 814—840年在位)。[1] 路易是一位受过教育且能干的管理者。在其统治之初,他以亲自挑选的官员替代了查理曼的诸大臣,很快巩固了权威。随后,他于818年成功地镇压了由其表兄弟阿基坦伯爵伯尔纳(Count Bernard of Aquitaine)领导的叛乱。但是,路易面对着一项不可能完成的任务。818年的叛乱是山雨欲来的前兆。法兰克王国的一些大贵族一直憎恨查理曼强大的政府,在路易统治的后期,他们与国王诸子一起频繁加入反对国王的叛乱。新皇帝想要维持帝国的统一,他企图筹划一个能获得成功的计划,但这将使他把帝国的头衔和大量的皇家财物给予他的长子洛泰尔(Lothair),而使小儿子们仅仅得到非常少的财物。洛泰尔的兄弟们对这种安排非常不满。从829年起,他们就不断交替用各种联合进行反对洛泰尔及其父亲的战争。840年,路易死后,他的两个小儿子,

---

[1] 参见下面章节中更为详细的加洛林王朝世系,以及附录,表1。

秃头查理(Charles the Bald,843—877年在位)和日耳曼的路易(Louis the German,843—876年在位)联合起来反对洛泰尔,并在丰特努瓦(Fontenoy)进行了一场决战。虽然,杀戮场面很惨烈,但结果却是悬而未决的,843年,兄弟们同意把帝国一分为三,面积相等。查理占据了西法兰克的领地,后来成为法兰西王国;路易占据了东部日耳曼的土地;洛泰尔一世(Lothair I,840—855年在位)承袭了帝国的头衔,连同"中部王国"在内,由一条从北海到意大利的领土所组成,它包括尼德兰、莱茵河、罗讷河流域,以及北意大利。

查理曼世系表

```
              查理曼
            (768-814)
                │
            虔诚的路易
            (814-840)
    ┌───────────┼───────────┐
 秃头查理     洛泰尔一世    日耳曼的路易
(843-877)    (840-855)    (843-876)
          ┌────┼────┐     ┌────┴────┐
       洛泰尔二世 路易  查理   胖子查理   卡洛曼
       (855-869)(855-875)(855-863)(884-887)
                                    │
                                  阿努尔夫
                                 (887-899)
```

这种划分当然不是出于民族主义的理由,但是,它预先对欧洲某些最主要国家做了永久性的划分。首次出现了一个操罗曼语的西法兰克王国的政治实体,与操条顿语的东法兰克王国分离开来。这种语言上的明确划分在"斯特拉斯堡誓言"(Strasbourg Oaths)中得到了说明,这个"誓言"即是秃头查理和日耳曼的路易在842年签订的互相支持的保证。查理讲日耳曼语以使路易的武士能听懂;而路易讲罗曼语以便查理的人能理解。罗曼语体的誓言是由当时的一个编年史家尼塔尔(Nithard)记录下来的。它提供了用罗曼语写的保存下来的最早记录。加洛林王朝在日耳曼一直统治到911年,在法兰西统治到887年。从此以后,加洛林王朝和卡佩王朝的人轮流占据着法兰西王位达一个世纪。

洛泰尔的"中部王国"是三个王国中最不稳定的。855年,洛泰尔死后,他的三个儿子又瓜分了它。[1] 洛泰林吉亚(Lotharingia,后来的洛林)划归洛泰

---

〔1〕 参见本章第146页(边码),和附录表1。

二世(Lothair II,855—869 年在位);普罗旺斯归属查理(Charles,855—863 年在位);意大利则归属路易(Louis,855—875 年在位)。皇帝的头衔首先传给了意大利的路易,然后再传给西法兰克王国的秃头查理。877 年,秃头查理死后,传给了东法兰克王国的胖子查理(Charles the Fat),此后再传给他的继承人,阿努尔夫(Arnulf)。这个头衔后来由一系列意大利小王国的国王所拥有,直到 924 年为止。此后,皇帝这一职位几乎空缺 40 年。869 年,洛泰尔二世去世,西法兰克和东法兰克国王都企图夺取他的北方领土。他们间的争端延续到 10 世纪。的确,从那时起,法兰西和德意志为洛林的归属问题一直争执不休。

正当查理曼的后裔们互相起劲地进行着战争,他们的王国却面临一系列包围着旧加洛林王朝帝国土地的非基督教民族所发动的破坏性袭击之危险。895 年,一支新的民族,马扎尔人(原居于中亚的阿尔泰语系的民族)抵达匈牙利平原,并在那里加入了阿瓦尔人的残部。五年后,他们横扫了多瑙河,蹂躏了巴伐利亚。906 年,他们掠夺了萨克森,两年后,又抢劫了图林根。在此后的 20 年里,他们袭击了所有的日耳曼以及阿尔萨斯和莱茵河流域的边境地区。937 年,他们到达法兰西的兰斯(Reims)。他们的掠夺直至 955 年,被日耳曼国王奥托一世(Otto Ⅰ)在莱希费尔德(Lechfeld)的战役中遭到彻底击溃为止。[1]

9 世纪,人们还可以看到穆斯林在地中海世界掀起了一场新的进攻浪潮。827 年,穆斯林入侵西西里岛,随后,经过 9 世纪中叶所发动的一系列战役,才攻占了全岛。843 年,他们威胁着罗马城。穆斯林还占领了科西嘉岛、撒丁岛、南法兰西的罗讷河三角洲。虽然,穆斯林没能在意大利本土上建立起正式的居留地,但他们还是占领着这片土地,直到 915 年他们被一支拜占庭的军队和舰队所驱逐。在整个时期内,他们残酷地蹂躏了这个国家。西西里岛仍留在他们的手中达一个多世纪,并成为穆斯林文化兴旺发达的地区。

最严重的新的入侵来自斯堪的纳维亚。在 8 世纪最后几年里,这片土地的民族开始了最后一次日耳曼民族的大迁移。这次迁移的原因还不清楚,主要的解释很可能是这片资源有限的土地上人口急骤增加,农民没有可耕的农田,贵族没有土地可统治,他们倾向于到大海去寻找冒险和生存的机会。这次迁移与这样的时代相一致,在这个时代中,一个纪律严明的政府在斯堪的纳维亚建立了。9 世纪前,大量独立的、弱小的集团在丹麦、挪威和瑞典国王的统治下逐渐统一起来。有人提出,由于这些国王们建立了国内的秩序,那些倾向于动乱的人就向别的地区迁移。但这些解释似乎都不能令人感到完全满意。历史学家只能告诉我们,由于种种环境因素所致,使大批的斯堪的纳维亚人,包括贵族和农民搭船远征,以寻找战利品。斯堪的纳维亚人把这些海上勇士称作维金人

---

〔1〕 参见第 205 页(边码)。

(Vikings),现代历史学家也采用这个称呼,但是,欧洲的基督教民族称他们为北欧海盗(Northmen)。

虽然,有三个斯堪的纳维亚民族参与了这次的大迁移,但只有挪威人和丹麦人在西欧取得成功。瑞典的维金人统治了波罗的海并入侵了东面斯拉夫人以东的地区。9世纪中期,他们在与芬兰湾东南部相接的诺夫哥罗德(Novgorod)建立了一个据点,不久向南扩张,在聂伯河畔的基辅(Kiev)建立据点。这一些瑞典维金人,或像他们常常自称的瓦兰吉人(Varangians),在全部斯拉夫人的土地上建起了坚固的据点,以此为中心,他们征服了乡村中的斯拉夫人居民,迫使他们接受瓦兰吉人的统治。像西部的维金人那样,他们既是商人又是战士。在基辅和一些河流的其他的据点,他们把俄国的森林产品(皮毛和蜂蜜)还有被俘的斯拉夫人装上船,把他们带到黑海,沿着黑海前往君士坦丁堡。

关于维金人扩张时期斯堪的纳维亚妇女的生活,我们所知甚少。假如丈夫是一个农夫,当他随着维金人外出旅行,妻子就照看家庭财产。对中世纪斯堪的纳维亚农舍的考古发掘,有时挖出纺锤和织布机的遗存;这说明如欧洲其他地区一样,当地妇女也在从事纺织。偶尔,考古发掘会挖出一件外国金饰,上刻一位妇女之名,则可能是凯旋武士赠送的礼物。毫无疑问,有时武士们并没有回到其妇女身边。由一个名叫托拉(Tola)的妇女树立的北欧古诗碑讲述了其子哈罗德(Harald)丧失生命的那次远征。

> 他们英勇地出发,
> 为了黄金去到远方;
> 他们曾喂食雄鹰,
> 在遥远的东方。
> 他们战死在南方,
> 萨拉森人的土地上。[1]

但是,维金妇女并非都留守在家。在一些地区,维金人不仅实施劫掠式袭击,也从事商业,而且建立永久定居点,妇女就加入男人们之中,或者与他们一道移居。在基辅周围的斯堪的纳维亚人定居地区,考古学家发现的维金妇女的坟墓与男人一样多。在远离苏格兰海岸的奥克尼(Orkney)和法罗(Faroe)群岛以及冰岛和格陵兰岛,情形相同。在俄罗斯某些女性坟墓中发现的随葬品——砝码和天平——表明妇女曾积极地参与到商业之中。

---

[1] Judith Jech, *Women in the Viking Age*, Woodbridge, 1991, p. 61.

虽然，不时有瑞典的冒险家在北海和大西洋出现，一般地说，此区是挪威和丹麦的维金人出没之处。787年夏天，维金人首次袭击了英格兰，七年之内，林迪斯凡和贾罗的修道院遭到掠夺和烧毁。814年，北欧海盗焚烧了位于卢瓦尔河口的努瓦尔穆捷（Noirmoutier）岛上的修道院。约隔半个世纪，每年的夏天，都有几伙维金海盗骚扰英格兰和法兰西低地部分和沿河流域。总之，这些强盗在人数上很少，把他们的活动限制在劫掠孤立的修道院和开旷的农村。但是，841年，一支大舰队驶入塞纳河河口，蹂躏了鲁昂城。两年后，另一支强大的维金军队驶入卢瓦尔河的南特城，袭取了这个城镇，屠杀了当地的居民，掠夺并焚烧了这个市镇。以往他们总是在冬天回家，而这次北欧海盗在努瓦尔穆捷岛上登陆，并在岛上过冬。851年，一支丹麦舰队在泰晤士河湾的萨尼特（Thanet）小岛上建立了冬季大本营。这样，维金人的入侵开始了一个新的阶段，他们不再限于在夏季发动袭击，随着良好基地的建立，祸害无穷，随时入侵。

从他们远离卢瓦尔河口的基地出发，维金人加剧了他们在法兰西的军事行动。844年，他们蹂躏了加龙河（Garonne）流域，还向南推进到西班牙海岸，并一劳永逸地攻陷了塞维利亚。第二年他们又蹂躏了卢瓦尔河流域。到857年，波尔多、图尔、布卢瓦、奥尔良、普瓦捷和巴黎都受到了一次或多次的洗劫。859年，一支维金人的舰队驶向南方，劫掠了西班牙海岸，通过直布罗陀海峡时，又袭击了摩洛哥和巴利阿里群岛（Balearic Islands）。最后，因冬天来临，他们驻扎在南法兰西的罗讷河三角洲。他们从那里沿着罗讷河流域向北进行掠夺，直到瓦朗斯（Valence）。862年，这支舰队回到了它在卢瓦尔河的基地。872年，卢瓦尔河口的维金人夺取了昂热（Angers），并以此为大本营达数年之久。880年，法兰西西部已经受到了多次的蹂躏，维金人开始寻找新的掠夺地区。885年，一支强大的舰队驶往东法兰西的塞纳河边界。在到达巴黎之前，它提出条件，假如守备部队同意让它们在该河自由地通航，它们就饶了这座城市。可是，巴黎伯爵拒绝了这个建议，结果使这座城市被围长达两年，直到皇帝胖子查理（Charles the Fat, 884—887）带着一支强大的日耳曼军队来援，围攻才告解除。不幸的是，由于皇帝与勃艮第人的不和，所以欣然同意维金人对该地的掠夺。

即使查理曼的继承者们团结一致，全力以赴，并极尽全部的资源来保护这个王国，他们似乎也难以有效地制止维金人的活动。古代的斯堪的纳维亚海盗异常的机动灵活，他们能随意地对一个个地区进行掠夺、蹂躏。当他们发现一个守卫良好的城镇，通常的做法是包围它，他们很少冒险与强大的武装力量作战。对于企图征服、控制某一地区的入侵者可以以防守关键战略要地来应对，但对单纯的掠夺者却几乎无法对付。直到10世纪初，法兰克人才找到一个能有效地对付维金人的办法——即以夷制夷。

911年，西法兰克人国王，单纯的查理（Charles the Simple, 893—923）同意维

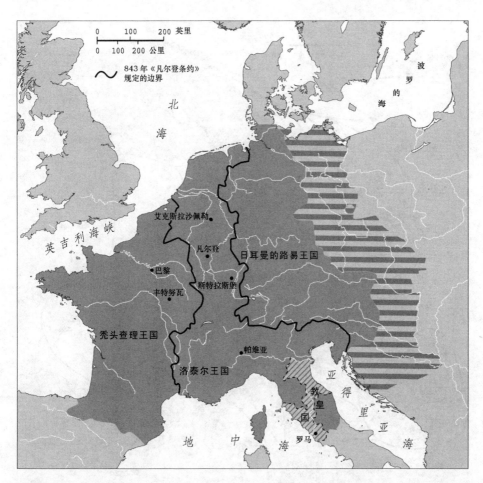

地图7.2 凡尔登条约(843年)
加洛林帝国分成三个王国预示了近代法兰西和德意志的开始。中部王国(洛泰尔王国)的领土直到20世纪仍然存在着争端。

金人首领罗洛(Rollo)的要求,把塞纳河口周围的土地让给他。后来,又扩大到一直包括现在的诺曼底的全部地区。作为回报,罗洛信奉了基督教并成为国王名义上的封臣。罗洛在诺曼底的统治实际上防止法兰西沿海峡两岸受维金人的袭击,并在卢瓦尔河流域为西法兰克国王们提供了有效的联盟来帮助他们。虽然,911年后,对卢瓦尔和南法兰西的袭击还是延续了20年左右,至此维金人的入侵才告结束。

在9世纪下半叶,英格兰受到了比法兰西更为严重的摧残。870年,丹麦人已经征服了东盎格鲁。876年,他们占领了诺森比亚。877年,又占领了绝大部分的麦西亚领土。当维金人按照他们的惯例进行掠夺时,他们不仅袭击,而且

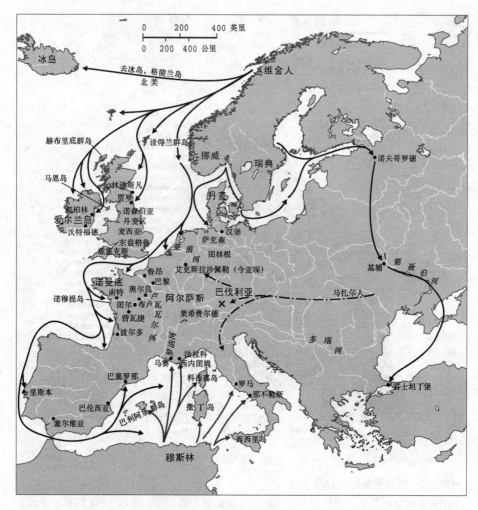

地图 7.3　9 世纪与 10 世纪的入侵

维金人的入侵和迁移的浪潮是令人惊讶的，这不是因为维金人的人数，而是因他们游历的地理区域之广阔：从斯堪的纳维亚南部到地中海，从不列颠岛东部到俄罗斯、黑海和君士坦丁堡，北欧人的活动贯穿了欧洲的整个沿海地区。他们在大陆上的唯一固定的居留地是在法兰西的诺曼底，而欧洲俄罗斯地区已形成基辅王国。

是真正企图征服这个国家。但威塞克斯国王阿尔弗雷德（Alfred，871—899 年在位）组织和领导了盎格鲁—撒克逊人的抵抗。有一段时间，阿尔弗雷德的事业似乎毫无希望，但 885 年，他成功地阻止了丹麦人的进一步侵略，迫使他们同意讲和。泰晤士河南部的土地直接在阿尔弗雷德的统治下，而西麦西亚成了一个与威塞克斯联盟的盎格鲁—撒克逊公国。丹麦人保留了东盎格鲁、东麦西亚和现在的林肯郡、约克郡在内的地区。这一地区通称丹麦律法实行区（Danelaw）。

作为和平解决的一部分，阿尔弗雷德坚决要求丹麦人接受基督教，这最终有可能使丹麦人殖民者被盎格鲁—撒克逊国王统治的王国所同化。

维金人也从一个海岸至另一海岸扫荡北海。9世纪初，他们袭击了爱尔兰。几年后，他们控制了该岛绝大部分地区，但最后，他们被迫退回到东部港口——都柏林、韦克斯福德（Wexford）和沃特福德（Waterford）。它们实际上成了挪威的殖民地。这些北海的小岛——奥克尼群岛（Orkneys），赫布里底群岛（Hebrides）和设得兰群岛（Shetlands）以及马恩岛（Lsle of Man）为维金殖民者所侵占。874年，他们在冰岛建立了第一批殖民地。嗣后，这批冒险者从冰岛前往格陵兰岛，甚至到达北美海岸。格陵兰岛一直处在丹麦国王的统治下，而冰岛则被统治到1944年。直到13世纪中叶，维金人国王仍统治着马恩岛和一些苏格兰岛屿。

在8世纪和9世纪初缓慢而艰难发展起来的西欧文明，在前述的大规模入侵的时代几乎被毁灭。西法兰克国家的少数修道院劫后余生，绝大多数的城镇遭受了多次抢劫和焚烧。许许多多的人被屠杀，留下了大量乏人耕种的土地，很快变成森林和荒地。普罗旺斯的穆斯林干扰着法兰西和意大利之间的联系。虽然，马扎尔人对东法兰克国家的袭击不如挪威人对西方那样的漫长持久，但它们具有非常大的破坏性。西欧中世纪的文明就是从这种绝境中逐渐地恢复、发展起来的。

进一步阅读书目

＊蒂尔尼：《资料》与《读本》，第一册，nos. 26、27—29；第二册，no.7。

前已援引的几部著作对研究加洛林时期是特别有益的。论述通史背景的，可以参见第二章中引证的＊莫斯和＊道森的著作，以及第四章援引的＊华莱士—哈德里尔的著述。关于经济状况，参见第二章中援引的多普斯和拉图奇的著作；关于文学，参见第四章中列举的＊莱斯特纳与＊克尔的那些著作。

麦克奇特利克（R. Mckitterick）编《新编剑桥中世纪史Ⅱ，约700—约900》（*The New Cambridge Medieval History*, Ⅱ, *c. 700-c. 900*）（剑桥，1995），对这一时期有详细的叙述，并附有丰富的文献目录。简明的概述，可以参见＊菲希特努（H. Fichtenau）《加洛林帝国》（*The Carolingian Empire*）（牛津，1957）；＊麦克奇特利克（R. Mckitterick）《加洛林治下的法兰克诸王国》（*The Frankish Kingdoms Under the Carolingians*）（伦敦，1983）；以及尼尔森（J. Nelson）《法兰克世界，750—950》（*The Frankish World*, *750-950*）（伦敦，1996）。有关查理曼加冕典礼的各种意见，可以参见＊沙利文（R. E. Sullivan）编的《查理曼的加冕典礼：它意味着什么？》（*The Coronation of Charlemagne: What Did It Signify?*）（波士顿，1959）。关于加洛林王朝的文化，参见利维森（W. Levison）的《8世纪的英格兰与欧洲大陆》（*England and the Continent in the Eighth Century*）（牛津，1946）；达克特（E. S. Duckett）的《阿昆：查理曼之友》（*Alcuin, Friend of*

Charlemagne)（纽约,1951）和《加洛林的画像:9 世纪的研究》(Carolingian Portraits: A Study in the Ninth Century)（安娜堡,密歇根州,1962）；*海伦·沃德尔（Halen Waddell）的《漫游的学者》(The Wandering Scholars)（伦敦,1927）；沃利奇（L. Wallach）的《阿昆与查理曼》(Alcuin and Charlemagne)（绮色佳,纽约州,1959），与达克特一书相比更具有学术研究价值；戈德曼（P. Godman）《加洛林复兴时期的诗歌》(Poetry of the Carolingian Renaissance)（诺曼,俄克拉荷马州,1985）；布洛（D. Bullough）《加洛林复兴：史料与遗产》(Carolingian Renewal. Sources and Heritage)（纽约,1991）；以及*欣克斯（R. Hinks）的《加洛林艺术》(Carolingian Art)（安娜堡,密歇根州,1962）。霍恩（W. Horn）的《圣高尔计划》(The Plan of St. Gall)（伯克利,1979）是一部论述修道院生活与文化的附有漂亮插图的著作。有关教育以及图书生产,参见*里奇（P. Riché）的《教育与文化》(Education and Cuture),前面第五章已有引述；麦克奇特利克（R. Mckitterick）的《加洛林人与书面世界》(The Carolingians and the Written World)（剑桥,1989），以及《6 至 9 世纪法兰克王国的图书、抄写员与学习》(Books, Scribes and Learning in the Frankish Kingdoms, Sixth to Ninth Centuries)（奥尔德肖特,1994）；以及比绍夫（B. Bischoff）《拉丁古文书:古代与中世纪》(Latin Paleography. Antiquity and the Middle Ages)（伦敦,1989）。有关社会史与妇女史,可以参见*里奇（P. Riché）的《查理曼世界的日常生活》(Daily Life in the World of Charlemagne)（费城,1978），与威普利（S. F. Wemple）的*《法兰克人社会中的妇女：婚姻与修道院》(Women in Frankish Society: Marriage and the Cloister)（费城,1981）；以及麦克纳马拉（J. A. McNamara）与哈尔伯格（J. E. Halborg）《黑暗时代的神圣妇人》(Sainted Women of the Dark Ages)（达勒姆,北卡罗来纳州,1992）。有关经济方面的论述有荷矩（R. Hodges）和怀特豪斯（D. Whitehouse）的《穆罕默德、查理曼和欧洲的起源：考古学和皮朗的论点》(Mohammed, Charlemagne, and the Origins of Europe: Archeology and the Pirenne Thesis)（绮色佳,纽约州,1983）；以及霍奇斯（R. Hodges）《黑暗时代的经济》(Dark Age Economics)第二版（伦敦,1990）。第四章中援引的厄尔曼（W. Ullmann）和莫里森（K. Morrison）合著的《两个王国：加洛林时代政治思想中的教会》(The Two Kingdoms: Ecclesiology in Carolingian Political Thought)（普林斯顿,新泽西州,1964）详述了基督教的会规。以及麦克奇特利克（R. McKitterick）的《法兰克人的教会和加洛林时代的改革,789—895 年》(The Frankish Church and the Carolingian Reforms, 789-895)（伦敦,1977）；以及华莱士—伊特德瑞（J. M. Wallace-Itadrill）《法兰克教会》(The Frankish Church)（牛津,1983）。埃因哈特与诺特克（Notker）所撰查理曼的传记,已有索普（L. Thorpe）的译本,*《查理曼传记二种》(Two Lives of Charlemagne)（哈芒斯沃斯,1969）。其他资料翻译,亦见肖尔茨（B. W. Scholz）翻译的*《加洛林王朝编年史》(Caroliagian Chronicles)（安安博尔,1970）。洛因（H. R. Loyn）与珀西瓦尔（J. Percival）《加洛林王朝：有关加洛林政府及管理的文献》(The Reign of Charlemagne: Documents on Carolingian Government and Administration)（伦敦,1975）。有关查理曼的继承者,参见戈德曼（P. Godman）与柯林斯（R. Collins）编,《查理曼的继承人：虔诚的路易统治新论》(Charlemagne's Heir. New Perspectives on the Reign of Louis the Pious)（牛津,1990）；以及*尼尔森（J. Nelson）《秃头查理》(Charles the Bald)（伦敦,1992）。

关于维金人,参见索耶（P. Sawyer）的《维金人的时代》(The Age of the Vikings)（伦敦,1962），以及*《国王和维金人：斯堪的纳维亚和欧洲,700—1100 年》(Kings and Vikings: Scandinavia and Europe, A. D. 700-1100)（伦敦,1982）；格雷厄姆-坎贝尔（J. Graham-Campbell）《维

金时代》(*The Viking Age*)(伦敦,1981);杰西(J. Jesch)《维金时代的妇女》(*Women in the Viking Age*)(伍德布里奇,1991);威尔逊(D. M. Wilson)和克林特德詹森(O. Klindt-Jensen)的《维金艺术》(*Viking Art*)(绮色佳,纽约州,1966)。他们的商业活动在刘易斯(A. Lewis)的《北海:300—1100年》(*The Northern Seas, A. D. 300—1100*)(普林斯顿,新泽西州,1958)一书中有所详述,此外,他们的俄国居住地的情况在维纳特斯基(S. Vernadsky)的《基辅罗斯》(*Kievan Russia*)(纽黑文,康涅狄格州,1948年)以及普力察克(O. Pritsak)的《罗斯人的起源》(*The Origin of Rus*)(麻省剑桥,1981)一书中有所记载。关于马扎尔人的入侵,参见麦克特尼(C. A. MaCartney)的《9世纪的马扎尔人》(*The Magyars in the Ninth Century*)(剑桥,1930,1968年再版)。

第四篇

中世纪早期的欧洲：
一个新的社会

Early Medieval Europe: A New Society

第八章 封建世界

斯堪的纳维亚人、穆斯林和马扎尔人入侵的年代,终结了从罗马向中世纪文明转变的时代。查理曼帝国的废墟为中世纪诸制度提供了起源的温床。一旦被逼退到几乎难以幸存的边缘,西欧人民便表现出非凡的再生能力。面对外敌入侵的威胁,他们建立起一种新型的能够挫败未来攻击的政治和军事体制。面对饥饿的威胁,他们寻找到耕种土地的新方法,能够极大地提高农业生产。当其宗教在腐败中堕落,他们发动了强有力的新改革运动。凭借这些成就,9、10、11世纪的人们为一种新文明创造了物质和精神的基础。我们将首先考察导致政治和军事制度重新确立的封建习惯的成长。

23. 起 源

封建主义(feudalism)是一个模糊的词语,杜撰于中世纪时代结束很久之后。它通常被历史学家用来描述在中世纪进程中成长出来的社会、军事和政治安排的一种复杂模式。对于使用这样一个抽象、概述的术语来指称中世纪社会的复杂实际,一些现代学者逐渐产生质疑。设想"封建主义"作为一种柏拉图式的理想,中世纪人们努力去实行或者在实践中有所认识的理想而存在过,这当然是荒谬的。我们的现代词语是一个一网打尽式的术语,它用来指称出现于查理曼帝国解体后黑暗与混乱诸世纪中的一连串特性。它们包括,武士贵族对社会的支配;政治权威在封土贵族持有者中的分割;一个封臣对其领主个人的忠诚,而非所有臣民对一个假定为公共利益服务的国家的忠诚,被当作社会的主要纽带。这些特性将早期中世纪社会与古代社会,或者近代社会区分开来。我们可能仍然需要某些表述来指称这些特性,而到现在为止,尚未有人贡献出一个比封建主义更好的表述。

在任何中世纪语言中都没有与封建主义这一现代术语对应的词语,但是有一个中世纪拉丁词语feudum,意思是封土(fief),由它这里派生出现代术语"封建主义"。而且通过思考封土特征,我们能够最大限度地接近封建主义。直到12世纪,法学家们才开始撰写关于封建法律的论述,为这样一些术语提供了某些定义。对这些法学家来说,一块封土典型意义上就是从领主处持有的地产,作为一种特别服役,尤其是军事服役的回报。封建社会就是这样一个社会,其大多数土地以封土的形式被持有,或者更普遍地,这一社会中基本的社会和政治结构是由封土持有的习惯而形成。出于几个理由,封建土地占有制能在广泛的意义上显示作为一个整体的社会的结构。事实上,在一个原始农业社会中,所有财富由土地和土地上的直接产出所构成。权力则落入能够指挥和利用这些资源的人手中。而且一个领主与其佃户的关系不仅仅是一种经济关系。以臣服行为和忠诚宣誓,封土持有者被束缚于他的领主。他被称为"封臣"(vassal)或者"忠臣"(faithful man, *fidelis*)或者更简单的领主之"人"(man, *homo*)。(在下面的讨论中,我主要使用封臣这一为现代作者通常使用的词语,但是在中世纪的文献中,其他术语更经常地出现。)封建联结是两个自由人之间的关系,他们在身份等级上有不同,但相互之间负担彼此尊重的义务。最后,封臣通常在他持有的作为封土的土地上行使司法权利。他拥有法庭、施加惩罚,且征收罚金。

领主及其"忠臣"之间相互联结这一具有相当理想色彩的画面,反映的是自12世纪起一些作者的观点:他们努力就上层封建阶级之间流行的行为模式建立起一致的法律体系。对现代历史学家来说,问题是怎样理解他们所描述的这一制度如何自早期中世纪无计划的、未发展的实践中成长起来。

确认某些典型封建实践早期的、遥远的起源,并不太困难。它们可以追溯到蛮族人入侵西罗马帝国的时期,而且可能有一些来自罗马人,有一些来自日耳曼人。因此,将一个人与其领主联结在一起的宣誓忠诚关系,很显然会使我们想起早期日耳曼武士献身于其选择的领袖的关系。[1] 另一方面,有条件的作为特别服役回报的土地保有,可以追溯到晚期罗马的土地法。在法兰克人的高卢,如此持有的土地被叫作采邑(benefice)。尽管 feudum(封土)一词后来变得越来越普通,老词 beneficium(采邑)在整个中世纪也继续被使用着。[2] 晚期封建社会的不同特性在很早的时代就已经存在。但是,是彼此孤立地存在。一个宣誓为领主战斗的武士,并不必然从领主处持有采邑。大多数采邑的持有者则不是宣誓封臣。司法权利没有与土地保有联系在一起。因此,最主要的问题是解释所有那些因素如何融合在一起,而形成一个新型的社会。在这一社会中,封臣当然持有封土,且行使封土上的司法权利。

这种发展的一个重要时期是查理·马特在8世纪早期的统治,当时法兰克人首次开始大规模使用骑兵。在使用马镫、有铠甲和盾牌保护、武装有利剑和长矛的骑兵面前,步兵处于不利的境地。这类装备极其昂贵,而且它的有效使用要求持续的操练。边驾驭马匹边操控盾牌、宝剑和长枪,这是一门只有经过长期实践和严格训练才能掌握的技艺。此类士兵必须足够富有,能够购买马匹和武器,能够不用为生计所需而劳动。到8世纪时,法兰克人的国家很少或者

---

[1] 参见第62页(边码)。

[2] 参见《资料》,no. 62。

没有货币收入;国王和贵族靠其地产上的产出养活自己、家庭和内舍(household)。一旦查理拥有一支骑兵队伍,他将不得不提供给每个人土地和劳动力以耕种之。

查理设计的这一制度是那个时代诸多习惯和条件的自然产物。查理征募能干的武士,让他们宣誓绝对效忠自己。他们变成了他的封臣,领主的封臣(vassi dominici)。他赐予每个人采邑———一大块足够养活他们的地产。只要作为战士为查理很好地服役,他就能够持有此地产。然而,很难找到足够的土地以便在需要的时候随时提供。为了这一目的,查理无疑动用了王室地产,但是太大量地使用将严重削弱政府的资源。不久,查理贪婪的目光瞄向了教会的巨大地产。教会习惯于以采邑的方式转让其土地。教会何不给查理的士兵提供土地呢?于是,查理强迫教会将土地赐予那些愿作为战士为他服役的人。尽管在理论上,这些采邑是来自教会,且仍然是教会的土地,但实际上落入查理的控制之下。当被授予此类采邑的士兵死亡,查理就将土地转让给其他有能力的武士。如此,查理解决了他的军事难题。他建立了一支庞大的骑兵武装,他们以效忠誓言与查理联结在一起,且根据查理的意愿持有其土地。在这一进程中,封臣关系与采邑持有逐渐变得更为普遍。

在9世纪、10世纪加洛林帝国解体期间,封建社会发展的第二个决定性阶段来临。在虔诚者路易与其儿子们之间的争斗,以及路易死后继续在洛泰尔、日耳曼的路易和秃头查理三兄弟之间的残酷内战本身,就足以造成一个几近无政府的时代,这时武装力量是唯一有效的法律。因为维金人、穆斯林和马扎尔人的袭击造成的这种内部混乱的加剧,导致了武士的一个全盛时期。没有哪个村庄、主教城市或者修道院建筑是安全的,除非有足够的武装人员的保护。没有士兵的帮助,农民不能耕种田地,牧师不能在教堂做弥撒。而且,大多数需要的是铠甲骑士。尽管9世纪的铠甲——通常是将金属环缝合在皮革或者布类长衫上——相对较轻,但仍然能够挡住步兵施加的任何打击。马镫上的骑兵具有惊人的打击力量,几乎完全将步兵置于掌控之中。在9世纪的拉丁文作品中,骑马的武士被简单称为军人(miles),或者士兵。后来在法语中又以chevalier,或者horseman(骑兵)来指称。我们使用的相对应的英语字眼是knight。

在9世纪的混乱时期,对于新的地方领主威权阶级的出现,有两个方面的变化做出了贡献。一方面是,王室权利自上而下地不断转让;另一方面,则是小人物自下而上自愿的臣服。在内部战争中,敌对的君王们必须获取最有战斗力的武士们的支持。为此,他们通常会收买这些武士们,将王室土地作为封土转让给他们持有。有时,一次臣服行为仅只是一个有礼貌的借口,为王室领地的完全征服找的借口——而且,有时事情甚至无法以礼貌的方式运作。当维金人领袖罗洛于911年为诺曼底公爵领地向法国国王行臣服礼时,起先他拒绝亲吻国王之足，而这是仪式通常的构成部分；最后，他抄起国王的脚，将其拉向嘴边，"直立着亲吻了它，而国王则被摔倒在地、仰面朝天"。[1]

　　在这种变动不定的情形下，一个领主常常能够攫取自己土地上的管理权利。这能够以不同的方式发生。在法兰克王国，政治和司法权力被伯爵们所掌握，但法兰克国王们经常转让"豁免权"给大的教会机构。这意味着伯爵及其官员不能进入教会的土地。最初，很可能协议仅仅是土地持有者应该逮捕罪犯且将他们扭送到伯爵处；但是，到了9世纪，大多数豁免权拥有者自行审判和处罚自己的人。正如9世纪所经常发生的，当封建领主接管了教会土地的保护事宜，他们也就接管了这些权利。[2] 而且，一个伯爵的政治权力有时被国王们随着土地的转让而转让给他们的更大的随从们。最终，无论他们是否拥有任何实际的对土地的权利，要阻止任何强大领主篡夺这些权力已经很困难了。到11世纪末，政府的权利已经在土地占有阶级中普遍分割了。土地所有阶级与统治人群之间的界限变得模糊了。一个重要的领主对居住在其土地上的人们拥有完全的司法权力；而一个次重要的领主则拥有部分权利。区别在于是否能够处以死刑。若能够，则其人拥有后来被称为"高级司法"的权利。拥有一座绞刑架被看作等级和特权的重要标志。

　　我们提到的小人物向大封建领主自愿臣服的第二个进程，被当时普遍的骚乱，尤其是维金人的劫掠所刺激。要对付这样的攻击，旧的法兰克人的军事制度显得非常不适应。按照传统，大领主在初夏某个固定的日子召集来自王国各个部分的军队，然后出发，发动正规的夏季战役。到这样一支军队集结完毕，维金人早已完成了劫掠，乘着他们的长舟出海了。如果说要有任何有效的保护来抵挡他们，也不得不由地方上来临时准备。这是刺激政治权力下放（decentralization）的重要因素。在这种情形下，普通自由人没有多少选择。他可能接受一个骑士的保护，从而沦落为农奴身份；或者他努力将自己变成一个骑士。然而，即使有能力作战，且拥有足够的财产支持自己成为骑士的富裕的自由人，仍然不能期望独自保卫其财产。更为普遍的是，他将土地放弃给一个更有权势的人，然后作为封土从后者那里收回。这种实践在随后几个世纪中倍增，最后在武士贵族间建立起一种新的关系模式。

　　封建习惯在西法兰克王国——今天的法国——洛林和法兰克尼亚发展最快。但是，即使在这些地区，它也不是无所不包的。以完全所有权持有的土地——当时文献中称为自主地（allods）——直到12世纪仍然数量巨大，而且在一些地区整个中世纪它们都继续存在。不过，至少在北部法国，到11世纪末，

---

[1]《资料》, no. 32。

[2]《资料》, no. 33。

封建地产是稀少的。"没有无领主的土地"这一为封建法学家极其珍视的格言,在总体上是准确的。在随后的章节里,我们将看看封建土地保有模式如何传播到英格兰、西班牙、德意志、西西里岛和东地中海。

24. 社会的纽带

在考察领主与其臣仆之间的关系时,我们需要再次铭记:现实生活中的"封建制度"绝非成体系的。关于它,我们了解的许多知识,来自12世纪中期开始的学院法学家编纂的封建法典。它们经常把复杂现实呈现为一幅太过整洁和干净的形象。当转向其他文献——记录土地转让的契据集、法庭档案、中世纪编年史中的参考书籍——我们发现封建习惯是以一种极其随意的方式成长起来的。它们不断变化,时与时不同,地与地不同。通常使用的如"封建法律""封建习惯"或者"封建制度"这些短语,如果被用来指称存在于整个中世纪全欧洲的一种统一模式,那么将给我们留下一个错误的印象。真正存在过的,是特别时期的特别封土习惯,甚至在法国也极少有两个封土习惯十分相似的情形。一个封臣所拥有的司法的精确地位,他承担领主的特别的义务,继承的详细规则——所有这些事情,从封土到封土是各不相同的。而且,当它们传播到其他地区,当地早已经存在的条件——例如,盎格鲁—撒克逊制度在英格兰的残留和拜占庭管理传统在西西里的遗风——会使封建制度运作复杂化。现代研究一直相当关注对这些地区变异的考察。

但是,当这一切都得到理解之时,主要起源于北部法国的一些封建习惯,到12世纪时已经传播到中世纪欧洲的许多地区,这一点仍然是真实的。以下几段关于封建义务的描述仅说明了封建社会中较为普遍的习俗。[1] 除非我们熟悉了这些用来描述它们的实践和技术术语,后来中世纪的许多社会史和政治史都不可能被理解。

封建关系的基本目的是战争中的合作。领主的主要作用是保护他的封臣和封臣们的土地;封臣的主要作用则是在领主的军队中服役。最初的日子里,可能对附庸应该负担领主的军事义务并没有限制。无论何时被召唤,他都要参加其领主的军队。但是随着时间的推移,封臣开始区分两类战争——进攻战和防御战。当领主的封土被侵犯,他的封臣有义务为领主服军役直到敌人被驱赶走。另一方面,当领主试图劫掠邻人的土地,或者试图将其他城堡或村庄加到自己的控制之下,封臣就想要限制自己的义务。按照惯例,在一次进攻性的军事行动中,一年40天就成为一个封臣必须服役的最长时间。注意到这一点很

---

[1]《资料》,no. 34。

有意思,这一段时间恰恰包括收获前的令人愉快的夏季时光。

与在战场上的领主军队服役义务紧密相连的,是作为领主城堡的守卫部队一员的防卫职责。在 10 世纪,大多数城堡都有土山(motte)和外墙堡垒(bailey fortresses)。通过挖深 10 英尺、宽 30 英尺的壕沟,堆积泥土为人工的土丘,这些堡垒就建成了。壕沟的边缘和土丘的上部以木栅栏加固。在栅栏围起的内部土丘的最高处则竖立一座木塔。在土丘脚下,通常由较浅且较窄的壕沟与木栅栏一起围出一两处地方。土丘就是土山,另一片被圈围的地区就是城堡外墙(baileys)。领主及其家人居住在土岗上的木塔内。城堡外墙则有马厩和其他附带建筑。一旦有危险,可以为农民、他们的家庭和牲口提供一个避难之所。到 11 世纪时,稍微重要的领主至少拥有一个这样的城堡,而他的封臣们则需要提供守卫之责。这一被称作城堡守卫(castle-guard)的任务,不同封土有很大的差异。一个只有少量封臣的小领主可能安排让封臣中的某一个常在城堡当值,指挥家内骑士和农民来防卫。一个拥有许多封臣的大领主则能够提供强大的常备守卫。

一个封臣负担其领主的,仅次于军事服役的最重要义务,是忠告(counsel)和协助金(aid)。采取任何重大步骤之前寻求忠告的必要性,深深植根于中世纪的观念之中。在修道院的章程中,它特别引人注意。在那里,做任何与整个共同体利益相关的事情之前,院长被指明要征求修士们的建议。它也是封建习惯的基本特征。在领主为自己或者他的儿子挑选妻子,或者为其女儿挑选丈夫之前,会被期望寻求其封臣们的建议。假如他计划参加十字军或者向其邻邦发动战争,他首先要征询封臣们的建议。简言之,在与整个封土利益相关的任何问题上,领主征求建议是一种习惯;假如他头脑中的计划需要其封臣们的帮助,建议就尤其必要。因此,给予领主以诚实建议的义务是封臣的重要责任。

此外,忠告还有出席领主法庭、帮助裁决领主与封臣之间或者两个封臣之间产生的任何纠纷的技术意义。如果领主起诉封臣没有履行对自己的义务,则问讯就在领主的法庭听证。当一个封臣控诉其领主侵犯了自己,同样的程序也适用。当出现诸如谁是一块封土的合法继承人此类问题,他们也来到这同一法庭之前。正是领主的法庭逐渐建立起封土的封建习惯。

封建术语协助金主要指财政帮助。一旦领主将要承担某些非同寻常的开支,可能因为他要参加十字军或者计划一次军事战役,他就能够从他的封臣那里寻求一笔捐款。封臣们可能发牢骚和反抗,假如要求似乎不合理的话;但是北部法国的习惯——诺曼征服后被带到英国——是承认在三种情形下领主拥有不容置疑的权利获取帮助:领主的长女出嫁,长子受封为骑士,领主躯体的赎金。在这些情形下捐款的义务不限于封建阶级;要偿付如此大的开支,领主也要向其所有人民包括农民和市民征税。

封臣负担的另一个普遍的经济义务,是给领主提供款待。这可能是一件费钱的事情。最初,这一义务可能没有被限定——封臣被希望只要领主想去巡视,他就应该款待领主及其随从。但是,随着时间的推移,此义务趋向于被严格限定。领主能够巡视封臣一年一定的次数,一定的时间长度,伴随骑乘固定数量马匹的固定随从人数。在一些事例中,甚至人和牲口的菜单都以协议或者习惯来确定。

其他的封建习惯与封臣的封土转移给他的继承人有关。封土向世袭占有的转变,在9到11世纪获得最重要的发展。在9世纪,封土通常被授予某个人的一生或者三代人——原始受地者的一生、他的儿子的一生,以及他的儿子的继承人的一生。但是在实践中,难以阻止封臣成年的儿子在父亲去世时占据家族封土,无论原初的授予条件是什么。1037年,皇帝康拉德二世颁布法令:"当一个封臣将死之时,其子将接受他的封土";但是,这仅只是一个已经存在的习惯的确认。流行的继承制度是长子继承权(primogeniture),即最年长的儿子继承其父亲的土地。当继承人占有了他的封土,他必须更新封土上应该履行的臣服礼,且交纳被称为 relief 的继承税,其总额约相当于封土一年的收入。假如一个封臣死后没有留下继承人,他的封土被要求归还(escheat)给领主。随后领主可能自己保留封土,或者把封土授予另一个封臣。

同样与封土继承相关的惯例是被称作"监护权"(wardship)和"婚姻权"(marriage)的封建权利。假如某封臣死后留下一个太年轻不能作战的儿子,或者一个未婚的女儿,于是没有人来履行封土上应该履行的义务,那么领主就有权要求一些男性来监护该封土且履行义务。通常领主本人会监护继承人及其土地。就男性继承人而言,领主持有封土直到男孩成年。就女性继承人而言,领主有责任为她找到能够履行因封土而负担领主义务的一个丈夫。事实上,这是一个封建领主最珍爱的特权之一。在领主的大家庭中,他总是拥有急盼得到封土的年轻骑士们。从领主的观点来看,满足这样一种欲望最简单的方法是将女继承人嫁给该骑士。一个无地骑士想变成一个有重要地位的人物,这几乎是唯一的方法。

到此为止,我们一直在讨论一个附庸对其领主的物质义务,但是记住这一点很重要:人身义务在封建关系中发挥着重要的作用。一个封臣必须完全忠于他的领主,必须做任何对领主可能有益的事,绝不能做可能伤害他的事。[1] 一个封臣可能犯的最严重的罪行,是伤害或者杀害其领主。勾引领主的妻子或者长女,则是几乎同样严重的犯罪。而领主的年轻女儿们则极少为封建法律专家们所提及,一个封臣若要引诱她们可能被看作格调太低。一个封臣被期望保卫

---

[1]《资料》,no. 34。

其领主和领主的家庭,像保卫自己的家庭一样小心谨慎。

同样地,领主有义务保护他的封臣及其封土。假如他没有做到,封臣就能够反抗(defy)领主——即宣布他不再是领主的封臣。然后领主宣布没收封土;封臣则认为他有全部的权利来保留封土,因为是领主自己没有履行他的义务。那么,争端就将以战争来解决。因为封臣对领主的挑衅意味着战争,在冒险进行正式挑衅之前,通常封臣要得到其领主一些敌人的支持。

领主与封臣之间的关系可能以名之为立誓效忠(fidelity)和臣服礼(homage)的仪式来正式确立。封臣跪在领主跟前,将其手放到领主的手间,宣誓将做一个忠实的封臣,将履行封土上的应尽义务。[1] 典礼可能以仪式性的亲吻而结束。通常领主给封臣一块土地,作为授予封土的象征。但是,这里需要我们再次铭记早期中世纪社会习惯的多样性。并非每个向领主宣誓的人都收到封土作为回报。而且,自愿臣服于一个豪强领主的关系的建立常常没有正式的仪式。

虽然可以想象在最初的日子里,一个封臣被期望只拥有一个领主,但是这种情形不可能持续很久。假如某人接受了作为妻子妆奁的土地,他就成为了妻子家族首领的封臣。一个年轻的儿子可能外出,承担某领主的义务而非其父亲的义务,从领主那里接受一块封土,而且最终又继承了原先家族的封土。到12世纪,大多数重要的土地占有者都同时是几个领主的封臣。因此,随着时光的流逝,发展出了一个新概念:这就是"效忠仪式"(liege homage)。某人向一个领主行效忠礼,则他个人的服役属于主君;对其他领主,他仅提供其封土负担的服役。例如,安茹伯爵是法国国王的主君封臣,而他也从布洛瓦伯爵处持有封土。假如国王与布洛瓦伯爵处于战争状态,安茹伯爵被期望亲自为国王服役,而派遣一支合适的小分队去为布洛瓦伯爵服役。

尽管大体上军事和法庭的服役是封臣的两项积极的义务,但领主可能以其他类型的服役作为授予封土的回报。领主内舍主要官员——总管、警卫长、典礼官、有时还有宫室长和司膳官等——持有封土作为薪俸。一个城堡的警卫长可能拥有一块封土来养活自己。诸如护林官之类的官员也通常是封土的持有者。英格兰国王曾经授予某人一块封土,作为他担任"随侍妓女管理者"(marshal of prostitutes who follow the court)的报酬。有许多赐土给厨师的事例。总之,在封建主义的早期阶段,领主仅有两种支付其官员和仆役的方式。他能够给在其家中的某人提供饮食和衣物,或者为其生计授予他一块封土。13世纪的法学家试图在授予官员和仆役的封土与为了正式封建义务而授予的封土之间做出区分。给予官员或者仆役的封土被叫作服役土地占有权(serjeanty)。然

---

[1]《资料》,no. 32。

而,早期中世纪并不存在关于这种区分的证据;这样一些封土是封建组织不可缺少的构成部分。

25. 封建无政府与封建秩序

到此为止我已经完成的封建关系的正式描述,并没有说明封建习惯开始建立之初的任何混乱和暴力;但是,我们需要对这一背景有所认识,以理解被视为一种政府结构的封建制的问题和潜力。毕竟,封建主义不仅仅是一串有着离奇有趣名字的制度。它是组织——或者有时是瓦解———一个地区政治生活的一种方式。10世纪,没有人有意识地努力去创造一种新的社会秩序;相反,我们不得不遭遇许许多多的个体冒险家,为权力、财富和安全而在一个不安定的世界中相互争夺。

尽管在出让采邑而接受武士贵族作为封臣的加洛林习惯中去追寻封建社会的遥远根源,是相当容易的;但是去了解封建习惯的诸多不同因素是何时以及如何首先凝结成一种新型社会,则是非常困难的。一些历史学家已经辨认出在公元1000年之后有一类"突变"(mutation)甚至"封建革命"(feudal revolution),伴随着公共秩序的最终崩溃和无目的的暴力的增加。关于中部法国的一项地区研究认为,迟至980年,在有大量附近自由人出席的法庭上,以国王的名义行事的伯爵们仍然管理着公共司法审判。大多数的土地仍然被当作自主地(allods)或者非世袭采邑而占有。例如,弗拉维尼修道院(Abbey of Flavigny)的交易契据集中记载了约1000年的几起给骑士的土地转让;其中没有一起是采取世袭封土的形式。到1050年,情形急剧变化。土地上满布新的城堡。随着堡主们(castellans)——城堡的主人们将他们统治的土地分配给为其服役的骑士们,封土便成倍增加。伯爵们的公共法庭和他们的代理人停止发挥作用。代之而起的堡主们强加他们自己的规定,即文献中经常提到"新的坏习惯";这一术语,特别指称从城堡领主所控制的村庄征收的新苛捐杂税。

一些历史学家反对突变的观念,认为有一个更加循序渐进的变化进程。但是在法国不同地区的考古工作证明,公元1000年后有一股修建城堡的巨大浪潮。在沙特尔周围地区,到1050年存在的大多数城堡建于11世纪的第一个十年。在南方的普罗旺斯,10世纪前半叶仅有城堡12座,而随着1000年后城堡的大量增加,到了1030年则有约100座。据安茹伯爵黑衣富尔克(Fulk of Black,987—1040)的记载,"他建造了13座他能够记得住名字的城堡",此外还有其他许多城堡。即使此时真的没有一个"封建革命",也至少有一个为查理曼帝国解体和维金人入侵所发动的变迁的加剧过程。

话虽如此,值得注意的是,法国修建城堡的浪潮出现在维金人攻击时代之

一位骑士从他的领主(这里是一位国王)手中接过一把剑。这幅手稿插图首次见于 14 世纪早期的拉丁文《圣经》，显示了这一时期的服饰和艺术风格。*Courtesy The Dean and Chapter Library of Durham, England*

后。这些要塞并非为抵抗入侵者，而是为征服周围的乡村而修建。城堡成为了那些掠夺成性的领主们能够统治和骚扰其邻居的基地。从城堡派遣出去的骑士"分队"(Cavalcades)恐吓当地村庄的农民。安坐在坚固城堡内的领主，可以泰然自若地劫掠任何路过的商人，为了赎金而扣押人质，派遣骑士团伙掠夺教会或者邻近领主的土地。我们无法断言 11 世纪早期的骚乱比此前经历过的更为糟糕；但无疑地，封建骑士之间不受约束的暴力在此时是非常普遍的，且是非常有破坏性的。

约从公元 1000 年开始，教会企图以提倡"上帝的和平"和"神命休战"来制止暴力。[1] 上帝的和平保护一些易受伤害的人们——一般为教士、修女和不

---

[1]《资料》，no. 35。

幸的人们。神命休战则禁止在一年中某些神圣日子里的任何暴力,尤其是圣诞节和复活节前后。在某个公开的仪式上,一个主教将宣告和平或休战。在这种场合,带来圣徒们曾创造奇迹的遗物,以激起聚集的封建贵族们内心的恐惧与敬畏。随后,贵族们被劝导起誓;典型的誓言包括这样一些话语:

> 我将不攻击没有武装的教士和修士……我将不攻击农夫(vilain)或者农妇(vilainess)或者商人,不偷盗他们的钱财,不扣押他们换取赎金……我将不焚烧房屋,除非我发现有敌方的骑士或者贵族在屋内。我将不砍断或者拔掉他人的葡萄……我将不攻击没有丈夫陪伴旅行的贵族妇女……从大斋节开始到复活节结束,我将不攻击没有武装的骑士,不劫掠他的财物。

关于 11 世纪暴力的大多数文献来自修道院的作者们,他们可能夸大了骚乱的程度,因为教会土地特别易于受到贵族强盗的攻击。而且一些暴力行为不只是掠夺性的袭击,而是主张某些难以为其他方式所证明的真正的权利。但是,即便一位封建骑士勉强同意在星期天和圣诞节与复活节前后几周内约束他的上述行为,一年中其他时间就会被视为不必受此种行为上的管束。在一个缺乏稳定政治秩序的时代,人类本性固有的进攻天性以一种极其残忍和无法无天的方式被放纵。"封建无政府"仍然是描述早期中世纪社会标准的陈词滥调。

但是,这不是故事的全部。今天,社会人类学家经常提醒我们,人类既有侵犯天性,也有群居天性。也正如他们中的一个写的:"……在可归之于人类天性的基本驱动与人类文化的社会结构之间加入了关键的不确定性。"就是说,进攻性行为并不总是占优势。暴力事件为时间、空间和环境的偶然性所决定。在 1000 年左右,封建社会的未来类型仍然尚待确定。

在封建结构内部本身存在着诸多力量和情感纽带,能够支持一个更和平与更有序的社会。提倡上帝的和平的主教们,他们本身就是封建世界的内在构成部分,是许多封土的领主。那些大修道院也是如此,修士共同体一起生活在相对的平静之中。亲属关系的联结(随后讨论)则增进了贵族家庭间的友谊。聚集在一个大领主的法庭的封臣们,能够学会作为一个合作团体来处理共同的事务。尤其是,对一个领主忠诚的联结,能够作为一种统一的力量——假如它能够实现内在化且在封建社会的所有层面上取得效果。

到 11 世纪,一个领主和封臣的等级制已经出现了。拥有足够土地和农民劳动力来养活自己及其家庭的普通骑士,是大土地占有者——可能是伯爵——的封臣。伯爵可能是较大伯爵或者公爵的封臣,后者依次是国王的封臣。简言之,一个大金字塔形成了;国王在其顶部,普通骑士在其底部。关键问题是:在等级制的哪个层面上,有最独立的一个人,而且他能够按照他认为合适的方式来统治?在理论上,整个忠诚的金字塔直达最高点国王;在实践中,10世纪的法兰西国王则是一个几乎毫无权力的傀儡。真正的独立统治者,是自称伯爵或公爵的大封建领主们。在各自的领地内,他们能够强迫他们的骑士提供法庭帮助和完成其他义务;而对作为其名义领主的国王,他们仅承担了最空洞的忠诚。

乍一看,是早期封建社会的无秩序、近乎无政府留给了历史学家最深刻的印象。然而,有另一种考察当时情形的方式。假如我们考虑到当时的法国状态是,查理曼帝国正在解体,维金人的攻击正在增加,那么,大封土的增长可以看作国家建设的结构性进程。它们的出现阻止了社会完全崩溃为"所有人反对所有人的战争"的状态。他们建立起规模小,但是相对有秩序、有训练的政府单位;它能够最终被焊接为一个较大的统一体。而且,尽管行使统治的君主们有缺点,但神圣王权的理想幸存了下来。假如真的有想完成其职责——强制和平和为整个王国利益而统治——的一个国王出现了,他将可能享有教会精神和物质的支持。

强大到足够对王国的大封臣们行使实际而有效控制的封建君主制度的成长,是一个缓慢而艰难的进程。封土为世袭财产的事实,意味着国王不能够挑选他需要的人们去统治王国的诸省份。军事、政治和经济权力在领主手中的集中,鼓励了自治封建诸邦的发展。万一发生冲突,每个骑士可能对封建等级中在他上面的直接领主比对遥远的国王更有忠诚感。这些难题是可怕的,但假定有一连串能干且意志坚强的统治者们,并不是不能克服的。想成为一个有效君主的封建国王,必须拥有自己直接支配的足够权力和财富,去压制其最大的封臣们或者他们任何可能的联合。官员必须建立起以任命的官员而非世袭封土持有者为基础的政治机构。他必须坚持对国王的忠诚优先于其他所有忠诚。我们将在随后的章节里了解到一些封建国王如何成功取得这些成就,而另一些则失败了。

26. 领主与贵妇:封建家庭

尽管在武士等级成员中间,封建关系可能是最重要的一种关系,但亲属关系的纽带的重要性从未消失。因此,我们需要估量家庭结构上的某些主要变迁,它们出现于日耳曼人入侵与10和11世纪封建社会产生期间。其中的一些变迁应归于教会的影响,一些则应归于世俗影响。

数个世纪以来,教会持续地反对法兰克领主中间普遍的一夫多妻和同居[1],

---

[1] 参看第101页(边码)。

主张代之以伴随着配偶双方对婚姻誓言忠诚的、终身一夫一妻式的基督教婚姻理想。教会也力图限定配偶的选择,严格禁止血缘在七代之内的婚姻。就是说,假如一个男人和一个女人在过去的七代中间有一个共同的祖先,他们就不可能合法地结为夫妻。(最后,这一规则在第四次拉特兰宗教会议[the Fourth Lateran Council]上被修改为更可行的四代。)有许多理由被提出来以解释教会的这些政策。根据一种观点,一夫一妻和异族结婚(亲属以外的婚姻)模式阻止了大地产在一个家族内部的巩固;而且,据说,地产的大量流散增加了土地被馈赠给教会的机会。另一种看法是,教会的规章鼓励了社会中妇女更合理的分配;假如精英男性们在其家中占有大量的女性,则显然其他男人找到一个老婆的机会将变少。还有根据另一个观点,教会对纳妾的敌意减少了下层妇女靠变成王室或贵族家庭一员而提高其地位的机会。

可能所有这些变迁在某种程度上都发生过。但是,去推测任何教会领导者有意识地为其法令规划如此深远的经济和社会后果,就显得异想天开了。教会关于婚姻的政策可以更简单地解释为一种持续的努力,即将自己严格的性道德强加于一个颇不愿接受的社会。中世纪教会倾向于认为所有性行为是一种不洁,要尽可能禁止。因此,独身是为高级教士开出的处方,而一夫一妻制则为平信徒们而规定;而且独身作为一种更为完美的生活方式,总是被极力推荐。婚姻内性行为的合法性得到承认,但相当勉强。教父之一的圣杰罗姆写道,一个男人成为了自己妻子太过炽热的情人,则像一个奸夫。9世纪,奥尔良主教乔纳斯(Bishop Jonas of Orleans)曾被问及已婚夫妇何时应该禁止性关系。他的建议中就有,圣诞节前40天,复活节前40天,圣灵降临节后8天,每个周日、周三和周五,所有重大节日的前夕,接受圣餐前5天。这就没给两口子留下多少的机会了,毕竟一年只有365天。

显然,在教会理想与中世纪社会实际之间存在巨大的裂缝。800年左右,查理曼仍然认可侧室及由她们所出的私生子女,他慷慨地供养他们所有人。这样就没有理由认为有多少已婚夫妇会力图遵循乔纳斯主教的行为规则了。但是数个世纪之后,渐渐地,教会的学说确实修正了诸多行为标准,至少关于它是公开接受的。在封建时代,一个领主很可能跟妓女或者其他妇女有不正当的男女关系。假如有了私生子女,他将会承认他们,不会多么难为情。但是他只有一个合法的妻子,而且他不能把一群姘妇安置在城堡内,或多或少地与其妻子平起平坐。

家庭关系上的其他变化来自于封建精神本身,尤其是那种保卫封土的一贯性、将其完整地一代代传递下去的愿望。这导致业已提及的继承制度,称为长子继承权;即长子继承父亲的全部地产。(早期罗马人和日耳曼人的法典都理所当然地认为,所有子女或者至少所有儿子,都应该分享继承权。)同样,人们越来越强调父系或者父系世族(agnatic)的谱系,代替了同时追溯男性和女性亲属的古老、普遍、松散的亲属世系。当一个封建领主想起他的家庭关系时,他首先想到的是他的男性祖先;他们在他之前获取了封土,且由父至子传递封土。

例如,我们知道 12 世纪的安茹伯爵富尔克·雷希林(Count Fulk Rechlin of Anjou)曾经通过早期富尔克们(Fulks)的谱系,将其祖先上溯到 9 世纪。第一个伯爵是红发富尔克(Fulk the Red,死于 941 年),通过婚姻他带给这个家族大量的新土地。继他之后是好人富尔克(Fulk the Good,死于 960 年),此人以其虔诚而知名。随后而至的是杰弗里·格雷曼托(Geoffrey Greymantle,死于 987 年),在《罗兰之歌》中作为查理曼的一个想象的伙伴而赢得了传奇的声誉。下一个伯爵是黑衣富尔克(Fulk the Black,死于 1040 年),他是富尔克·雷希林的祖父。除了前面提到的 13 座城堡,黑衣富尔克还建立了两座修道院,他曾经两次去往耶路撒冷朝圣。安茹伯爵们的故事,是大封建家族通过攫取土地、结盟教会和大量修建城堡而兴起的一个典型传奇。然而最切近的要点是,当富尔克·雷希林想追溯其系谱时,他感兴趣的仅仅为父系血统。他并没有费力探究他和他母亲的母系亲属。

近来,历史学家特别强调父系世系的出现。然而,我们应该记住,经由女性亲属而联结的旧亲属关系并没有简单地停止存在,即使它们被强调得较少。在计算血缘等级时,教会仍然通过男性和女性双方血统来追溯亲属关系。要是一个领主的妻子有一些富有且有权势的亲戚,他会着力经营这种亲戚关系,而且可能与他们结成政治联盟。但是,他关注的中心仍然在自己家族的男性血统。

以传递领主所有或者几乎所有土地给最年长儿子的方式,保持了封土的完整的长子继承习俗,显然影响到家庭中所有其他成员。一个大领主可能能够给年幼的儿子们安排一些小地产,有时是作为封土从长子处领有。但更为典型地,女儿们和非长子们并不分享继承权。通常提供给女儿们的是一桩包办的婚姻,或者她们可能进入修女院。到 11 世纪,"婚姻市场"的行情(terms of "marriage market")发生了变化,因为在封建社会中似乎适龄结婚的年轻妇女总比合适的丈夫多。关于这一点,有几个原因。年轻男人经常战死疆场;大量的独身教士阶层并不能够成为丈夫;而且,可能最重要的是,非长子们通常并不处于能够结婚的地位,或者至少要等到他晚年。早期通常指望丈夫给妻子支付聘金[1],但是到 11 世纪则要求新娘给丈夫带去嫁妆。这一习俗坚持,在婚礼上丈夫应该给予妻子一部分地产,假如她成为寡妇,她能够终身持有之。但是,要达成一桩门当户对的婚姻,如今新娘必须拥有她自己的嫁资。12 世纪的法律文书认为,丈夫的婚姻支付与新娘的嫁妆应该相等。尽管封建继承习惯偏爱男性继

---

〔1〕 参看第 101 页(边码)。

承人,但是妇女并不能够完全被排除在外。假如某人死去没有留下儿子,则其女儿继承封土,或者封土在几个女儿中间分割。一个年轻的妇女能够因此成为富有的女继承人,作为婚姻对象而为许多人所追求。

一个没有继承权的非长子成长起来后,通常加入国王或一些大贵族的军队,希望在战斗中赢得声名,并最终获得一块封土。假如一个男孩对阅读与写作表现出特别的兴趣,他可能被送往位于当地大教堂的学校,这就注定了他在教会的职业生涯(大多数的高级教士来自贵族阶级)。对一个无地骑士来说,最满意的结果是娶一个女继承人;但仅有少数幸运儿能够实现这样的野心。对女继承人的渴望——而大多数时候她们可望而不可即——可能有助于后来出现的骑士崇拜和骑士爱情;在那里,情人远远地爱慕着一个贵妇人,并不指望多少实质性的回报。

关于 11 世纪一个封建男性的行为方式,并无多少礼貌和骑士风度可言。他拥有一个主要功能:作战。不作战的时候,骑士最喜爱的消遣是狩猎,在乡间到处寻找追逐牡鹿或公野猪。在作战和狩猎之间的间歇,他往往一成不变地喝得酩酊大醉、人事不省。要是在一盘象棋比赛中,他被对手惹恼了,他会顺手拿起一颗大个儿棋子砸对手的头。要是一个仆役上酒慢了些,他会朝他投掷标枪,让其加快脚步。要是他的妻子惹烦了他,他会粗暴地揍她一顿。在当时的一个传说中,有这样一幕场景:妻子绕着弯儿对丈夫说,在客人洗澡的时候谋杀他不太合适,她立刻因自找麻烦而被打倒在地。

骑士毫无疑问接受教会的基本教义,遵循教会规定的宗教仪式,在这个意义上,他是信教的。他定期地参加弥撒仪式。根据自己的财力状况,对宗教团体给予施舍和实施捐赠。他甚至会去长时间朝圣或者加入十字军。但是他很容易感到,后悔和赎罪远比德行更为容易。他赠给教会丰厚的礼物,赠多少看他高兴。宗教信仰似乎并没在多大程度上妨碍个人操行。

早期封建时代的城堡,必定为贵族家庭提供了一种不舒适的居所。它是一个阴冷和漏风之所。窗户为木板遮盖,或者敞开着。仅仅在石头城堡里——而这在 12 世纪之前并不普遍——才可能在墙壁里设置有壁炉。通常有两个主要房间,即一个大客厅和一个卧室;在主结构之外是一排外屋:一个厨房、一个铁匠铺、可能有一个城堡护卫们的集体寝室、马厩、粮仓和储藏室。在大厅,领主处理他与其官员、封臣和农民的事务。城堡的所有居民都在大厅里的桌子上吃饭,由厚木板制成的桌子横放在锯木架上;主人和他的客人则坐在大厅另一端凸起的高台(dais)上。卧室乃私人空间,是领主及其家庭睡觉的地方;夜晚,领主和夫人及孩子们睡在卧室的床上,仆人们则或者睡在大厅的桌子上,或者地板上。有时,一个大领主在其城堡内拥有一座小教堂。到 12 世纪可能有了更衣间,被称为藏衣室(wardrobe),附属于卧室;阁楼空间则位于主要起居部分的顶部。随着每一个世纪的流逝,城堡在结构上有变得越来越复杂的趋势。10、11世纪的典型城堡依然是粗糙而简陋的。

一个封建主妇的日常工作是对城堡家庭事务的监管。这并非轻松的任务。在一个大城堡中,它意味着为一个可能有数打人口的机构提供必需品,和管理所有家内事务。有一大帮仆役要指挥:厨子、侍女、园丁、洗衣女工、面包师、酿酒师和屠户。这更像管理一个庞大、嘈杂、喧闹的旅馆而非看管一个现代家庭。缝补则是另一项日复一日的工作。封建主妇接受过正规的针线活培训,她们中的有些人能够创作出精美的刺绣。巴约挂毯(The Bayeux Tapestry)提供了此类作品的非凡样本,它既是重要的历史文献,也是不可忽视的艺术品。[1] 一个大封建领主的夫人也负责未来骑士的早年教育。将小男孩送到远离家庭的某个邻近城堡接受培训,是一种习俗;该城堡的夫人就负责教育该男孩直到他14岁或15岁;随后,他成为一个骑士扈从,开始学习骑士的军事作战技术。通过对其丈夫的影响,妇女也可能成为骑士的未来职业生涯中重要的保护渠道。

妇女在封建社会中的地位是非常复杂的。按照早期中世纪法律,她总被当作弱者对待;她总在某位男人的监护之下。婚前,她在父亲的看管之下。作为妻子,她从属于丈夫的权威。丈夫死后,她受丈夫的领主监管。教会法律确认了同样的原则。一则文本宣称:"女人在任何事情上都没有权力,除了从属于丈夫的支配。"但是这同时又是一则关于法律准则并不能够充分反映复杂的中世纪实际的例子。一个女继承人以她自己的权利持有许多土地,包括成为她封臣的诸骑士的封土。同样地,一个寡妇在来自她丈夫的任何馈赠上都拥有终身收益,而且她还可能保留进入婚姻之前所获得的土地。这样一些妇女能够且确实经常为保卫她们的权利而上诉法庭。无疑一些封建妇女是温顺且顺从的,正如法律主张她们所应该的那样;但是,有一些胆大且有冒险精神。11世纪伊夫罗克斯(Evreux)的女伯爵希尔达嘉德(Hildegarde),当丈夫年老体衰时,她接管了丈夫的封土,以高压的方式统治其领地;后来的一个编年史家批评她"轻率的计划"和"在政治事务中激情莽撞的手段"。这是一个特别的事例;但是当一个领主外出旅行时将其城堡和封土托付给妻子掌管,是相当普遍的。妇女的责任甚至扩展到组织城堡的防御,抵抗外敌攻击。这样的事例并不少见;封建领主经常长期出门在外——或者朝圣,或者参加十字军,或者与上级领主一起作战。当国王在外作战时,他有时会委托王后摄政,统治整个王国。一个不结婚的封

---

[1] 法国大诺曼底地区巴约镇的中世纪刺绣工艺品,描绘1066年诺曼征服英格兰。它是一条亚麻布横幅,长70米,宽49.5厘米。现因年久成浅棕色,上面用8种颜色的绒线绣出诺曼征服的70多个图景。学界现在一般认为,它可能是征服者威廉的异母兄弟巴约主教奥多委托人制作的,其完成时间不迟于1092年前后。参见《不列颠百科全书》,国际中文版,中国大百科全书出版社,2001年,第2卷,第287页。——译者注

建阶级的妇女,可能成为一个以女性为主的拥有大量土地和许多骑士作为封臣的修道院院长。布雷西亚的萨尔瓦多里大修道院(S. Salvatore in Brescia),由一系列选举出的女院长管理,10世纪有超过2000名农民在它占有的地产上劳动。1060年,一封来自教皇的书信向女院长确认,"在属于该修道院的土地上的任何地方,只要她愿意,她就有建造城堡和教堂的权力"。

封建法典和教会法中表现出来的对妇女隐晦的态度上,有明显的悖论。在实际生活的层面上,很自然地认为,若有必要,妇女能够有效地担任任何权威(除了教士)。法律则把她当作总是需要保护的脆弱的创造物对待。在日常生活中,妇女确实经常需要保护。保卫寡妇财产的大量诉讼向我们表明,妇女为了她们的权利站了起来;但是它们也向我们显示,贪婪的男性亲属为了剥夺女人的权利,如何经常企图利用他们所认为的女性的弱点。封建妇女通常有其影响力,有时是有权势的,但她们也总是易受伤害。

进一步阅读书目

*蒂尔尼:《资料》与《读本》,第一册,nos. 32—35,59;第二册,nos. 8—10。

卡尔·斯蒂芬森(Carl Stephenson),《中世纪封建主义》(Medieval Feudalism)(绮色佳,纽约州,1942)提供了简明、清晰的介绍。更深入的是 *冈绍夫(F. L. Ganshof)的《封建主义》(Feudalism)(伦敦,1952),同时,*马克·布洛赫(Marc Bloch)的《封建社会》(Feudal Society)(伦敦,1961)是一部具有奠基意义的重要著作。库尔本(R. Coulborn)(编)《历史上的封建主义》(Feudalism in History)(普林斯顿,新泽西州,1956)比较了西方制度与其他封建社会的制度。关于军事封建,参看比雷尔(J. Beeler)《封建欧洲的战争》(Warfare in Feudal Europe)(绮色佳,纽约州,1971)。关于早期封建主义的重要研究可以在下列文集中找到:*思拉普(S. Thrupp)(编),《早期中世纪社会》(Early Medieval Society)(纽约,1967);霍伊特(R. S. Hoyt)(编),《早期中世纪的生活与思想》(Life and Thought in the Early Middle Ages)(明尼波尼斯,1965);切耶特(F. L. Cheyette),《中世纪欧洲的领主权和共同体》(Lordship and Community in Medieval Europe)(纽约,1968)。也参看,*杜比(G. Duby),《7—12世纪的武士和农民》(Warriors and Peasants from the Seventh to the Twelfth Centuries)(绮色佳,纽约州,1974),《三个等级:想象的封建社会》(The Three Orders, Feudal Society Imagined)(芝加哥,1980)。*萨瑟恩(R. W. Southern)在其非常具有洞察力和深远影响的著作《中世纪的形成》(The Making of the Middle Ages)(伦敦,1953)中,从文化的视角处理封建社会。关于假设的封建革命,参看,波利和布尔纳泽尔(J. P. Poly and E. Bournazel),《封建转折,900—1200年》(The Feudal Transformation, 900-1200)(纽约,1991);布瓦(Guy Bois),《公元1000年的转折》(Transformation of the Year One Thousand)(曼彻斯特,1992)。关于此问题的不同的视角,参看吉尔里(P. J. Geary),《记忆的幻象:第一个千年末期的记忆与遗忘》(Phantoms of Remembrance. Memory and Oblivion at the End of the First Millennium)(普林斯顿,新泽西州,1994)。关于上帝的和平,参看,赫德和兰德斯(T. Head and R. Landes)(编),《上帝的和平:公元1000

年左右社会暴力和宗教反应》(*The Peace of God. Social Violence and Religious Response around the Year 1000*)(绮色佳,纽约州,1992)。从人类学的视角考察攻击性,参看对豪厄尔和威利斯(S. Howell and R. Willis)(编)《社会走向和平:人类学的视野》(*Societies at Peace. Anthropological Perspectives*)(伦敦,1989)。∗苏珊·雷诺兹(Susan Reynolds)的《封土与封臣:中世纪史实的再阐释》(*Fiefs and Vassals. The Medieval Evidence Reinterpreted*)(牛津,1994)提供了一种修正主义的观点,挑战作为对中世纪现实的差强人意的描述的整个"封建主义"的观念。赫利希(D. Herlihy),《封建主义的历史》(*The History of Feudalism*)(普林斯顿,新泽西州,1971)提供了很好的文献收集。

第九章 农业与农村社会

在前面所讨论的封建等级制度的下层,是中世纪的农民大众,他们占到了人口的绝大多数,而且封建等级制度的维持正是倚赖他们的劳动。中世纪早期社会几乎全是农村和农业。3世纪的内战严重破坏了作为早期罗马帝国的标志的城市生活和广泛的贸易,日耳曼人的入侵起到了雪上加霜的作用。加洛林帝国贸易甚少,几乎没有(即使有也是极少的)真正的城镇。当在大教堂和皇宫周围有成排的房屋时,居住者宁愿依靠邻近田地的产品生活,而不愿靠着工业或商业求生。当时流通的货币甚少,这时由于当时的经济不发达,货币需求量自然不多,男人们直接靠来自土地的食品和衣物生活,并且在靠近田地处盖一个遮蔽物作为住处。如果曾有过欧洲文明的复兴,则它必定是从这种简单的农耕基础上开始的。

27. 农民的生活与农村经济

中世纪欧洲的农村劳动者是农民的一种类型,从原始社会到现代社会发展阶段的许多文化中产生的一种社会形式。农民的定义是主要靠农业为生的小规模农村耕种者。与较原始的社会不同,在农民社会中,农民的劳动生产中的剩余部分用于供养统治阶级,同时也支援了有组织的教会和先进文明的上层建筑。但是,这一切都取决于下层农民的劳动,以及他们的一部分产品以何种方式转而供养上层统治者。农民社会有些共同的特征,而在许多方面又各不相同。当我们要寻找一个特殊时期的社会特征,从而做出定义时,就会提出这样一些问题:农民是怎样开垦土地的?统治者怎样剥削农民?农民又是怎样安排自己的生活以应付生活需求的?

开垦土地有各种各样的方法,每种方法各有优缺点。当时,土地纯粹是靠人力使用锄头或者是役畜拉犁的方法耕种。利用牲口耕种显然能加倍地提高原有的耕作能力,可是,这样就需要把一部分产品积蓄起来饲养拉犁的牲口。像中国的水稻那样的土地,使用强度是非常大的,还需要付出相当巨大的劳动力去为水稻灌溉、施肥和除草。在这种体制中,我们发现一般都能获得较高的农产收成,不过每个家庭拥有的土地很少。用另一种方法耕种的话,能够减少耕种强度,这就是所谓的广种薄收。至于采用哪种耕种体制就要取决于土壤、气候、地区、人口密度和现有的耕作技术。

对农民的剥削——他们的一部分产品转为供养上层的统治者——有很多

形式。榨取农民的形式是交付现金和谷物，或者是强迫劳动。所得的这部分收入给中央政府管理人，他是靠其统治地区农民们的贡物而生活的官员；或者是给继承家产而拥有一个村庄的地方领主。在有些社会中，农民上缴的税金被放债人大量地挪用。

在特殊的经济关系内，人们能够从不同的农民文化中找到各种社会安排。农民们生活在分散的农场或有组织的乡村里，他们之间的地位大体上平等，或者分成严格分离的等级，不能相互通婚。他们可能生活在"核心家庭"（已婚男女及其孩子在一起）中，或者较普遍的是生活在"扩大型的家庭"（几个有关系的核心家庭一起住在一个大家庭中）中。乡村中的土地归农民们共同所有（如早期俄罗斯的米尔[mir]制度），或者由大家族所拥有，或者是各人都有一些。因此，当我们特别讨论西欧中世纪农民问题时，应当考虑他们可能出现的各种情况，这样才是有益的。

我们从最基本的特征——村落形式和开垦土地的方法开始论述。西欧有两种村落形式：集村和分散的定居点。在分散的定居点中，农民生活在孤立的家庭农庄中。"核心乡村"的安全防卫比较容易，但是，只有比较富裕的地区才能供养这样人口集中的村落。因此，分散的定居点往往是在土壤贫瘠的地区，诸如苏格兰、威尔士、康沃尔、布列塔尼、西诺曼底和法国的中央高原。土地更肥沃的地区能够形成一个村落集中的乡村地区。

在分散的定居区，开垦土地的方法极其原始，每个家庭在其农舍周边拥有一小块土地（内田，the in-field），他们把农场家畜的粪作为肥料施在耕地里，从而使耕种得以连续。另外，他们在农舍外围的开放土地（外田，the out-field）种上一二年，直至它丧失肥力，既而放弃耕种，再开垦另一块土地。可耕地周围的荒地常常用于放牧，这种农业类型通常称为内田—外田制，它适应于人口稀少、土地较贫瘠的地区。

通常人们把自己居住的乡村分成两大区域。在查理曼统治时期，英格兰的大部地区、法兰西卢瓦尔河北部和塞纳河口东部及日耳曼的富饶地区，通常采用我们所谓的敞田制（Open-field）进行耕作。他们把乡村周围不用篱笆围起来的大片可耕地分成两个面积大体相等的区域，一个区域的田地休耕，另一区域种庄稼，两个区域的田地每年轮耕。他们用犁翻地时筑起很多"田埂"，用这些田埂把田分成许多长而窄的条形地块。一般来说，每个乡村住宅周围有许多分散的条田。法兰西卢瓦尔河南部和地中海地区，通常把乡村的土地分成封闭的矩形地块，几乎呈正方形，每个住宅有几块这样的耕地。这些地块每两年轮种一次，即一块地耕种两年后需要休耕两年。

这些土地的开垦方式与欧洲的基本气候条件有关，也与中世纪早期的农业技术的原始方法有关。在地中海地区往往是冬季下雨，夏季漫长而干燥，农民在整个夏季面临的问题是如何保持地表层的湿度。深耕会增加水分的蒸发率，因此普遍采用一种几乎只翻松土壤表皮的轻型刨犁，这种耕地方法往往需要反复多次犁耕。南方那些类似方形的田地是采用这种农业耕作方式。在北方，一年到头雨水不断，农民们采用筑地垄和挖水沟的办法排去夏季过多的雨水。为此，他们采用日耳曼移民那笨重的深掘犁来深耕肥沃的湿土。这些土地常常没能引起罗马人和凯尔特人的注意。然而，这种笨重的犁要用四至八头耕牛来拉，使用这种拉犁变得非常困难。北方农村那些长而窄的条形地块能够适合这种特点，使转向次数减少。由于拉犁需要几头牛，致使农民们把他们的牲口合并起来，从而在欧洲北部出现了合作乡村农业的形式。在南方，独立耕作的家庭农庄形成了基本的耕作单元。

在欧洲整个中世纪时期，农场主们遇到的共同问题是肥料不足。人们根本不懂得作物的轮种能够把氮还原给土壤，唯一可用的肥料是畜肥，如果多次播种后就不能维持土地产量。中世纪的人们发现，只有周期性地土地"休耕"才是唯一的解决办法。这就是我们在前面已经描述过的南、北方农业形式中为什么采用每年只耕作一半可耕地而另一半要休耕的道理。

中世纪农业一个重要的特点是，每英亩播种一蒲式耳种子的收成比现在要少得多。到 13 世纪，当耕作方法比早期有所改进时，最好的农场主收成是每英亩播种 2 蒲式耳种子只收到 10 蒲式耳作物。1850 年，英格兰每英亩产量为 26 蒲式耳，法兰西和日耳曼部分地区的收成更好些。中世纪时期的低产量特别严重，因为生产出来的谷物不仅要供应主食和面包，而且像英格兰那样的许多欧洲国家还要供应常用饮料。据估计，英格兰用以制作面包和麦酒的农作物数量大体相等。因此，人们要维持生活，尽可能地增加谷物生产量是非常必要的。但是，用作牲口饲料的优质干草生长需要的肥料，和谷类作物所需的肥料数量一样多。在整个欧洲北部漫长的冬季时节，必须用干草喂养牲畜，由于这个原因，长期存在的问题是缺乏干草。如果要耕作田地，必须喂养拉犁的牲口，四至八头牛的拉犁组要消耗大量的干草，干草不足显然要限制牲口的数量，农民们必须保证拉犁牲口能够过冬，这样，反过来又减少了原有的粪肥量。

除了土地缺乏肥料外，播种时散播到田里的种子成了大量飞鸟的食物，因此产量低是可想而知的。另一方面，中世纪早期欧洲的土地比其他农民社会的土地要多。中世纪农民的农业与东方农业的种植类型（水稻）截然不同，它反映了一个情况，即一个具有原始农业技术的社会已经拥有足够的土地资源，因为人口的分布非常稀少（在 20 世纪早期，中国农民的农业每平方英里供养 250 人，英格兰在 12 世纪初期时每平方英里供养 40 人）。

我们简单地看一下开放式的条田地区的乡村生活方式。每个住宅有一个种着一些果树的菜园，在田野里有条田份地和干草份额。承租人牵着牲口在乡村共同享有的牧场上自在地放牧,这种牧场是不适合耕作的乡村土地。在乡村的树林中,人们放猪吃草,集拾枯死的树枝作烧饭的柴火。倘若有小河,人们能在河里捕鱼。简言之,农民的经济来源有两种:自己的菜园和条田;分享乡村中的其他自然资源。乡村基本上是一个农业的合伙团体,村民们一起犁地、收割和打谷,农民要一个人到开放式的农地去耕作,实际上是不可能的。当一个人在紧邻的、没有圈围的条田上放牧牲口时,另一个人就不能播种谷物。所有的村民在大家赞同的规则下分享牧场和树林,乡村牧人照料他邻居的和自己的牲畜。因此,这种制度体现出完全的合作性,而财富不是完全共有的,每个家庭拥有自己的耕地,每个农民在自己的土地上耕耘。

农民的生活集中在他所在的乡村,很少与外部世界有所交往。乡村的土地为他提供了食物、衣着和住宅,所有这一切是极其简陋的。他住在用泥糊起来作壁、用茅草作顶的棚屋里;服装是由笨手笨脚的乡村妇女做的粗糙制品;主食是面包,喝的是麦酒或果子酒;小屋后面的菜园生产一些水果和蔬菜。在树林里偶然也能摘到一些坚果和浆果,如果走运,还会捕到一些小鸡。在秋天,村民屠宰那些不能过冬的牲口时,得到一些肉质很老的牛肉。然而一般来说他平常只能吃到猪肉,猪自己能够在冬季和夏季到森林里或牧场上去找食物吃,它们看上去又老又瘦,不过喂养起来方便。猪在乡村经济中如此之重要,以致在1086年英格兰的《末日审判书》中称:乡村树林的大小,可以用该树林能够喂养多少头猪来衡量。

28. 领主和农民:中世纪的庄园

在英格兰、法兰西北部和日耳曼的大部分地区中的乡村社区,所实行的农业方式大致相同,但是在地区与地区、乡村与乡村,甚至村中的个人与个人之间的政治、法律和社会状况都不尽相同。10世纪,丹麦人征服并定居下来的英格兰的部分地区,是一个自由村的地区。[1] 人们共同耕作田地,大家分享共同获得的产品。日耳曼一些地区存在着同样的情况,但是大多数村民从属于一个领主,村民们是他的佃户,为报答其保护而供养他。我们在前面已经描述过封建领主的整个特权阶层的生活,他们是靠依附于他们的农民劳动的剩余农产物供养的。一个领主单独管辖的特别区域的农业种植园叫作庄园(manor),有时乡村和庄园是相当一致的,也就是说,一个农民的村落形成一个领主特有的庄园。但是,有时一个庄园包括两个或两个以上的乡村,而有时一个大乡村可分成两个或两个以上的庄园。

---

[1] 参见第152、194页(边码)。

卢特瑞尔诗集(约1340年)中的一幅画,画中显示播种的情景。一只小狗追捕着一只小鸟,而另一只小鸟正在从布袋里啄食。Reproduced by permission of the British Library[Add. MS,42130,fol. 170V,detail]

一个领主剥削其佃户的协议通常叫作庄园制度(manorial),或者叫作领主制(seignarial,"封建制度"常常被用以描述骑士上层阶级的关系)。人们对庄园制度的起源与早期的发展情况尚不清楚。在法国,有些由罗马时期的奴隶或殖民地居民所耕种过的大规模种植园幸存下来,进入中世纪时在新领主的管辖之下。在英格兰,法兰克人居住的部分法兰西地区和日耳曼西部,由一个首领及其追随者建立起乡村,乡村中的农民从属于这个首领,他们一开始就负有为这个首领服务的义务。因此,事实上是使原来没有领主的村民受到有权势的人的支配。在9、10世纪所出现的混乱形势下,若没有士兵的保护,没有人感到安全。正如前文所述,有些村民自愿地屈服于一个武士,其他的人被迫照着这样做。另外,经国王和大领主授权,许多村民受基督教会的封建主支配,即受修道院或者大教堂教会的支配。

若领主是个单身骑士,他会在自己的庄园里生活,自己管理庄园。他的管家或代理人管理村民事务或替领主收税(因为一个大封建主拥有许多分布广泛的庄园)。一个领主用种种方法来控制他的村民的生活。作为一个地主,他收农民的地租,并受到农民的服侍。另外,他的权力高于佃户中的任何人,也就是说,佃户是他的奴隶,更通俗地说是半自由的农奴(到10世纪,完全是奴隶身份的佃户日趋减少)。最后,一个领主通常行使对他的农民的裁判权,这种权力以前曾属于国王及其官吏。我们依次来看一个领主拥有的各方面的权力。

作为一个地主,他从租他的地的农民那里收取地租,农民主要是以劳役的方式来缴租。乡村的一部分可耕地由领主保留,数量为1/3到1/2,它们都是田

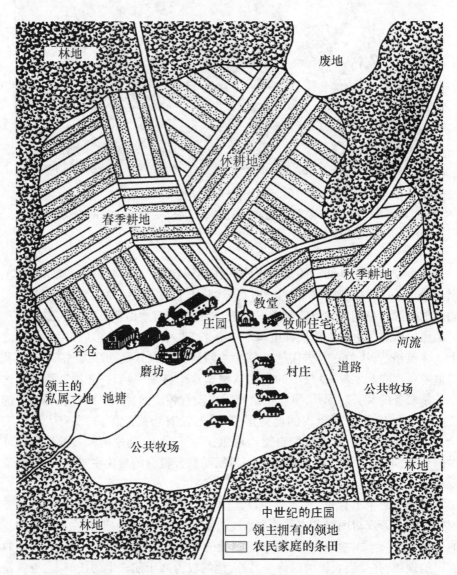

一个中世纪的庄园。领主在田野中拥有的土地用空白条形来表示。

野中的条田,这些地叫作领地(demesne),农民为领主耕种这些田地。领主还有一片牧草地,他的佃户为他收割干草。领主的牲畜由乡村牧人照料,把它们带到牧地上吃草。如果领主要挖一条沟渠或者修建一间谷仓,那么农民就得提供劳力。为报答领主给他的好处,佃户提供的劳役量变化很大,一般一周服劳役三天,无自由农民的妻子必须到领主家里做事,如纺纱、织布、精梳羊毛等。除了上述劳役外,佃户还负有以各种方式向领主支付地租的义务。佃户为了报答领主让他在共有牧场上放牛吃草,要给领主一些乳酪,以此作为地租;如果在树林里喂猪,就要用优良的猪肉作为地租付给领主;在河里捕鱼,则必须给领主一部分鱼;在树林里拾集枯死的树枝,就必须为领主提供木柴。这些名目繁多的租金项目几乎是无限制的,家禽、水果、蔬菜和羊毛等等都要收租费。总之,领主接受他的佃户所生产的各种产品。除此之外,农民还要向当地教会缴纳什一税(tithe,农民生产的农产品的1/10)。

除了接受租金和各种劳役外,作为土地的占有者,领主还具有由其对无自由的农奴的人身控制出发衍生而来的一些权利。与自由农不同,农奴(serfs)依附于其领主。其自由的主要限制是,他们不能离开出生的庄园。农奴"被束缚在土地上",他们是与土地相始终的劳动者。从农奴的观点来看,跟土地捆绑在一起也是重要的;根据继承权,他们可以保有自己的那块土地。教会坚持主张农奴能够有举行基督教婚礼的权利,但是,尽管农奴能结婚,若没有得到其领主的同意,是不能与外村人结婚的。

随着庄园制度的发展,农奴渐渐地受领主的司法权管辖。小偷小摸或村民间的争端可在庄园法庭中解决,相关的罚金构成了领主一项有用的收入来源。法庭由领主的执行官主持,但裁决要依据庄园的习俗,它是一代又一代农民传下来的村社规章体系。有了管辖权就等于使他有了有利可图的垄断权,他就能够不允许他的农民拥有或者经营手工磨坊——磨坊专门用以把谷物磨成粉,从而强迫农民把谷物拿到他的磨坊里去,从中收取加工费。他还强迫农民不得不用他的炉灶烘焙面包,从中收取费用。简言之,有司法权的领主支配着佃户的人身和财产,所有的领主至少有部分这样的权利。在法兰西的大部分地区和日耳曼西部的领主,甚至对他人拥有生杀大权,在诺曼底和英格兰,"高等法官"通常是公爵和国王。

我们所掌握的早期中世纪时期乡村生活的很多资料,来自较大的修道院所进行的有关庄园的调查情况(修道士比在俗的领主更有可能详细地记下其产业的细节,在修道院贮存的文件也更有可能保存下来)。这些调查常常是根据乡村中所有居民的姓名列表,逐一记载了他们的地位及其对领主负有的义务。从这些文件中,我们能够建立起农村生活的基本社会学。信息最充分的一份调查是9世纪上半叶巴黎附近的圣日耳曼(Saint-German)大修道院所做的,这个财产目录的汇编者仔细地区分了修道院每份地产上的佃户农民的个人地位。Servus 意指奴隶(虽然这时用农奴一词也许比较好),他通常居住在自己的一小块土地上。Colonus(佃农)尽管为了报答领主给他采邑而为其服务,但人身上是自由的。一个是处于半自由地位的人是 lidus,他介于上述两者之间。

虽然农民地位不同,但未分成严格的等级。不同地位的农民常常相互通婚。因此,在圣日耳曼修道院的庄园中,有一个名叫纳伊雷(Neuillay)的小乡村,我们看到"奴隶伊莱克塔斯(Electeus),和他的妻子,一个佃农,名叫拉迪纳(Landina)"。[1] 伊莱克塔斯大约有二十英亩地产,他和妻子没有孩子。另一个奴隶希德伯尔杜斯(Hildeboldus)和他的妻子贝特尼尔迪斯(Bertenildis,半自由人)与前者拥有同样多的地产,不过要供养九个孩子,这是乡村中最大的家庭。最穷的农民是高塔马鲁斯(Gautmarus),有关他的记载是:"高塔马鲁斯——一个奴隶和他的妻子(一个半自由人),名叫西加尔西斯(Sigalsis),他们的孩子叫西克利伏尔杜斯(Siclevoldus)和西克莱尔杜斯(Sicleardus),他们住在纳伊雷村,拥有一个农场的四分之一面积,农场中有可耕地 1.5 布纳里亚(bunaria,约等于五英亩),草地 1 阿尔帕特(arpent,不足半英亩)。他们支付整个农场的四分之一租金。"高塔马鲁斯也许是以替领主或者较富裕的农民劳动来勉强糊口的。三个家庭一组的农民拥有 48 英亩左右的土地,他们的工作内容和缴纳的租金如下:"他们用大车把货物运到安茹,五月里把货物运到巴黎;他们要缴纳军役税:2 只羊、8 只鸡、30 个蛋、100 块木板和木瓦、12 根木棒、6 个裙环和 12 个火把;必须把两车木头运送到苏特尔(Sutre);用木栅在领主法庭里围起 4 杆(perch,1 杆等于五又二分之一码)长的围栅;在草地上围起 4 杆长的栏栅;收成时节要做的事更多,他们必须在冬季犁地 8 杆,春季犁地 26 杆;与苦力和劳工一起用大车把粪肥运到领主的地里,每人支付人口税四便士。"

纳伊雷只是一个小村落,资料中记载的 19 个家庭中,5 个家庭无孩子,14 个家庭有 42 个孩子(以姓氏列表)。我们确信有更多的孩子出生后(在婴儿期)夭折了,贝特尼尔迪斯有 9 个孩子活下来,这是非常罕见的。在中世纪有关生活在一起的"扩大型家庭"的证据不多,典型的农民家庭是由丈夫和妻子以及两三个孩子组成。在纳伊雷村有 19 个成人列入表中,而女人只有 14 个(几个家庭以一个没有妻子的男人为首脑,这种人或许是鳏夫)。就统计上来讲,仅仅纳伊雷村的数据是没有意义的,还要通过其他乡村的调查,进一步证实所得到的数据和论点。在数千个圣日耳曼修道院的农奴中,男性数量超过女性,比例为132∶100,很显然,女孩子活下来的机会小于男孩子。我们尚不清楚其中的原因,有人猜想是女婴被杀害了,但是没有得到证实,如果这种现象存在,必定会

---

[1]《资料》,no. 29。

受到教会的谴责。此外,日耳曼法律的传统法规并没有歧视妇女,相反却规定要保护妇女。在法兰克人的撒利克(Salic Franks)法律中规定,用三倍于被谋杀的自由勇士的赔偿金费用,来保护一个在生育年龄的妇女,或者用与勇士的赔偿金相等的费用保护过了生育年龄的妇女。但是,在缺乏起码的生活供养条件的社会里,哪怕是最低限度的歧视也会影响哺乳期的女婴的存活率。无论是什么原因,不论是女孩更易被忽视,或是妇女更易遭暴行,还是她们更不能忍受艰苦的农民生活,事实是中世纪早期农奴中女性没有男性生存得好。到中世纪后期,这种情况改变了,男女比例接近于相等。在较早时期,有证据认为那时缺少适婚年龄的女人,但是这并不能防止从10世纪起出现的人口的大量增长(下面的章节中将讨论这一问题)。这些状况对人口统计人员提出了一个尚未充分解决的有趣问题。

许多无自由的农民对这一切并不羡慕,他们的乡村是一块四周为森林的新辟居地。在那里,他们过着与世隔绝,自己维持村社,承担艰辛难熬劳动的孤立生活。农民对世界知识的了解只是来自乡村的基督教教士,教士照管农民的灵魂——使之受洗,举行婚礼,教他们懂得宗教信仰的基本知识。但是,教士本身也许是个识字不多的农民,他所受的教育只比农奴稍多一些。总而言之,它们为农民像领主那样喝本地的葡萄酒或麦酒和享受娱乐提供了理由。如果一个农民有20或30英亩土地,在好的年景中,他和全家一年的食粮就够了,遇到不好的季节,他们将面临饥饿,较虚弱和贫困的农民会饿死。领主有时会把农民吊起来鞭打,在平常则用较轻的方式随意惩罚农民。中世纪的农奴与现代自由劳动者相比,其地位之低,是令人吃惊的。另一方面,与古代的奴隶身份相比,农奴的地位稍为高些。农奴的日常生活要遵守村社的习惯,他在村社有发言权。最重要的是这些习惯保证了他拥有自己土地的权力,并且可以把土地传给继承人。

29. 人口增长与耕地扩大

虽然中世纪的农民过着畜生般的贫困生活,但他们是不屈不挠的人(无疑只有顽强的人才能存活下来)。农民透过增加土地拥有量或者更有效地耕种来改善自己的经济状况,在这些方法中,中世纪农民抓住了机会,从而塑造了欧洲经济的未来。在10、11世纪,他们通过大量地增加人口及提高生产率,为该地区未来的政治与经济优势打下基础。这个过程称之为"农业革命",其重要性比得上18世纪的农业革命。事实上,中世纪发生的变化要比后来的"革命"慢得多,不过它们的累积作用都是非常巨大的。

中世纪的全盛期是10—13世纪,其标志是人口的稳定增长。许多新的农业村落的建立、城镇的发展和原有乡村周围可耕地的稳定扩大,都证实了这一点。在那个时期所取得的每一项成就——辉煌壮观的建筑、秩序井然的政府组织、封建的骑士制度和大学——都取决于朝气蓬勃、发展壮大的农民社会所增加的农业财富。

我们不能肯定10世纪的人口变化是怎么"引起"的,很显然,人口的增长表明总的出生率大于总的死亡率。但是,人口的变化取决于许多其他的因素——人口中各种年龄和性别的分布、平均结婚年龄、生育率、怀胎存活率以及婴儿死亡率。最后一点在中世纪显得特别重要,中世纪时期生存的明显特点是,很多孩子在出生时或者在婴儿时就夭折了。如果稍微改善一下营养水平,每一代人中有稍多一些人得以活下来,那么就会影响人口的发展趋势。再者,新土地的开垦为增加出生率创造了条件,因为在新居地可能出现较早成婚的现象。我们一定还记得,在9世纪男性的出生率高于女性。若生活条件有所改善,使父母能够抚养更多的女婴至成人,则意味着了下一代的出生人数必会增加。以上这些因素或多或少产生影响。但有一点是可以肯定的,即人口增加开始后,若食物生产没有相应的增加,这种状况不能维持三个世纪。

所有历史学家都赞同:从10世纪起农业产量有了大量的增加。至于是什么因素导致农业量的增加,史家的意见则不太一致。有些经济史家坚持认为当维金人和马扎尔人的攻击逐渐平息后,社会呈现出的和平与秩序是主要因素。在不太混乱的时期(即使出现混乱,混乱的程度也较小),租地使用权比较有保障。租地使用越是有保障,越能鼓励农民精心耕作,效率越高。另一些学者强调,从我们已经阐述过的二圃制到三圃制过渡的重要性,这种过渡始于加洛林王朝时期。在10、11世纪,越来越多的北欧乡村采用三圃制(欧洲南部的气候条件不太适应三圃制)。这种变化相当简单,但其结果却是巨大的。在二区轮作制中,每年有一块田休耕,另一块田在秋季播种谷类作物,于翌年夏季收割;在三圃制中,每年有一块田休耕,一块田在秋季播种冬季谷类作物,而第三块田在春季播种其他的谷物,通常是燕麦或是豆科植物。拥有600英亩可耕地的农民村社在新的轮种制中,每年能种400英亩谷类植物,老式的轮种制只能种植300英亩,因此生产率提高了1/3,而且减少了必要的犁地量,因为为了除掉杂草,每年必须把休耕地犁耕两次。在老式的轮种制中每年要犁900英亩,而新的轮种制只要犁800英亩。无疑,各个地方存在许多变数,因此无法在所有情况下取得这种数学上的整齐划一的结果,而且到中世纪末期,北方的一些乡村仍然采用古时候的二圃制,但亦有许多北部地区转而采用三圃制,大大地增加了欧洲的食品总产量。基本的变革是在春季播种(尽管不是所有的乡村都引进了这个,从而变为三圃制)。旧有的地中海文明地区没有广泛地采用这种轮种制,是因为春季谷类作物适宜的是北方的湿润的夏季气候。

与向三圃制转变相伴随的,是畜力使用上的重大发展。关于这一发展的很多资料,并不归功于职业历史学家,而是归功于一个名叫勒费弗·德·诺特(Lefebvre des Nöettes)的法国骑兵。他退役后致力于研究马的历史。他不像经济史学家那样对中世纪发生的事了解甚多,但是他知道很多关于马的学问,这些知识是无价之宝。勒费弗·德·诺特发现,在古代使用役畜的方法是非常没有效率的,古代人都不知道给马蹄钉掌,以致常使马足受伤而成为废畜。尤其是,古代的挽具笨拙得使人难以置信。他们把一副轭套在马的肩隆上,并且系一根带子绕在马的脖子上,当马向前拉动时,带子压住它的气管,使之窒息。现代坚硬的马轭放在马的肩上,牲口可用全部力气拉负荷,马套上这样的挽具后,其工作效率比用古代的挽具提高三至四倍。

勒费弗·德·诺特认为马轭是 9 世纪欧洲的一个发明,另一些学者则说它是由亚洲中部的蒙古人或者甚至是由欧洲北部的拉普人(Lapps)引进欧洲的。可以确信,从 10 世纪起在欧洲北部广泛地采用了这种挽具。用马作为役畜的优点是劳动速度比行走缓慢的牛快得多;缺点是必须给马喂吃相对昂贵的谷物及干草。但是,在欧洲北部的富饶地区,三区轮作制能生产出大量的谷类作物,其中燕麦可用做马的饲料。大约与此同时,人们开始采用坚硬的马轭并给马蹄钉掌,发明两匹马一前一后挽拉的有效方法(逐步代替两匹马并排牵拉的方法)。人们越来越多地使用马牵拉水轮来研磨谷物。综上所述,这些发明大大地增加了非人力的生产动力来源。

三圃制的采用为农作物轮作的初步实验创造了良机。以前,主要的农作物只是小麦、大麦、燕麦和黑麦,它们的生长取决于土壤和气候条件。农民的饮食基本上是碳水化合物,并用少许肉食和乳酪作补充。在 9、10 世纪,农民在春季播种豆科植物已成习惯做法,重要的是新的田间作物(主要有豌豆、小扁豆和蚕豆)含有相当丰富的蛋白质。因此,10 世纪时的农民比古罗马帝国的无产者享有营养更丰富的饮食。

从 10 世纪起,人口的增长伴随着耕地总数的增加。最早的开垦目标是 9 世纪和 10 世纪初所舍弃的土地,接着,农民逐渐地开垦灌木丛地带和小树林,然后开始一点一点地开垦森林边缘的土地。由于开垦沼泽地,技术上比开垦森林要困难得多,所以一般很少有人这样做。但是,有些地区的农民曾花了大力气坚持开垦,并获得了一些成功。

令人遗憾的是,当代作家对这种巨大的开垦工作不感兴趣,没有为我们详细地阐述这方面的情况,我们所了解的一些知识仅是来自各种地名。对于垦荒(assart),例如像"国王垦地"(Assart-le-Roi)诸类名称表示建在垦地上的乡村,"国王森林"(La Foret-le-Roi)也有类似的意思。有时它是指开垦大片土地和创建新的乡村,但是,更通常是指扩大与森林接界的乡村可耕地(沿着森林的边缘开垦一些地)。无论改进了农业技术后的效果怎么样(专家们讨论了这个问题),毫无疑问,在促进中世纪早期西欧农业总产量增加的所有因素中,以牺牲森林、沼泽地和荒地为代价而扩大可耕地是最重要的因素。

进一步阅读书目

*蒂尔尼:《资料》与《读本》,第一册,nos.29;第二册,nos.11、12。

任何简述中古农业制度的书,必然显得过于单薄。但在波斯坦(M. M. Postan)编的《剑桥经济史》(The Cambridge Economic History)第一卷《中古的农业生活》(The Agrarian Life of the Middle Ages)(第二版,剑桥,1966)中,则考察这个主题的各个方面的复杂性。还可以参见格林布拉特(D. Greenblatt)编《中世纪的农业》(Agriculture in the Middle Ages)(费城,1995)。*杜比(G. Duby)的《中世纪西方的农村经济与乡村生活》(Rural Economy and Country in the Medieval West)(伦敦,1968),以及《欧洲经济的早期发展》(The Early Growth of the European Economy)(绮色佳,纽约,1974);而希顿(H. Heaton)的《欧洲经济史》(Economic History of Europe)(修订版,纽约,1948)提供了更为简明的介绍。希顿十分强调采邑组织模式的多样性。在格雷(H. L. Gray)所著的更好的研究专著《英国的土地制度》(English Field Systems)(麻省剑桥,1915),以及埃米森(F. G. Emmison)的《英格兰中部敞田教区的类型》(Types of Open Field Parishes in the Midland)(伦敦,1937)一书中持同一观点。亦可参见马克·布洛赫的《中世纪欧洲的土地和劳动》(Land and Work in Medieval Europe)(伯克利与洛杉矶,1967),以及斯利切尔·凡·巴赫(B. H. Slicher van Bath)的《欧洲农业史》(Agrarian History of Europe)(伦敦,1963)。欧文兄弟(C. S. and C. S. Orwin)的《开旷的田野》(The Open Fields)(第二版,纽约,1954)叙述了条块制的大田作业,而早期的大田制度在贝雷斯福德(M. W. Beresford)与圣约瑟夫(J. K. S. St. Joseph)的《中世纪英国:空中俯瞰》(Medieval England, An Aerial Survey)(剑桥,1958)一书中做了说明。第一章中援引的*巴克与*怀特的《中古技术与社会变革》(Medieval Technology and Social Change)(纽约,1966)中则强调早期中古时期农业技术的改进。关于农民生活,参见雷夫提斯(J. A. Raftis)编的论文集《中古农民的路径》(Pathways to Medieval Peasants)(多伦多,1981);*罗森纳(W. Røsener)《中世纪的农民》(Peasants in the Middle Ages)(厄班纳,伊利诺伊州,1992)。

第十章　中世纪早期的政府

蛮族入侵时代结束后,就可以看到西欧主要部分划分为三个国家,它们是盎格鲁—撒克逊、西法兰克和东法兰克国家。而意大利半岛,是基督教欧洲中唯一不属于这三个国家控制且人口稠密、土地肥沃的地区。

在北方的斯堪的纳维亚半岛,挪威王国、瑞典和丹麦则开始形成;在东欧,波兰、波希米亚和匈牙利正在发展成为永久性的国家;再往南面是巴尔干半岛,它处在拜占庭帝国的势力范围。西欧地区的主要军事力量是在英格兰、法兰西和日耳曼。在850至1100年之间,由于封建制度的发展和扩大,及敌对力量教皇君主政体的出现,这三个国家中的政治结构发生了重大的变化。在本章里,我们将看到封建制度和教会的影响怎样促使西欧政治体制的形成。意大利国家和教皇国将在下一章中探讨。

30. 法兰西:早期卡佩王朝诸王

加洛林帝国分裂为两个主要的国家,西法兰克和东法兰克国家(最后转变成法兰西和日耳曼),这两个国家在政治结构上是截然不同的,在当时混乱的年代,需要对它做出相应的调整。西法兰克的全部领土都曾是罗马帝国的势力范围,自5世纪以来,它们一直受墨洛温王朝和加洛林王朝的统治。除了布列塔尼和某种程度上的阿基坦外,其他地区的人并不将自己视为拥有独特文化与传统的独立民族。西法兰克按照罗马城市的规定以主教辖区的管辖范围划分为几个郡。伯爵在西法兰克国家的政治结构中是关键人物。作为国王名义上的附庸,他们实际上越来越独立于封建体制之外。有时一个强有力的伯爵拥有好几个郡,一个家族的荣誉程度是透过接管郡的数量多少来体现的。著名的强人罗伯特(Robert the Strong)就是秃头查理国王从武士当中选出来并指定为伯爵(missus)的,罗伯特带领骑士在卢瓦尔河流域抵御维金人。罗伯特和他的同伴虽然在和维金人的战斗中只取得一般性的胜利,但他们在扩充自己的实力方面取得了很大的成功。不久,他们获得昂热伯爵、图尔伯爵、布卢瓦伯爵、奥尔良伯爵、沙特尔伯爵、巴黎伯爵以及其他一些地区的伯爵称号。强人罗伯特的后裔就是后来的卡佩家族,他们成为西法兰克国家最有势力的贵族。在其他的郡中,也有类似的家族确立起其地位。

尽管早期的加洛林王朝国王的王位是父传子继的,从理论上讲,王位继承仍然是选举产生的,而且那些大封建主希望这种理论能够付诸实施。对于选举产生而获得尊崇地位的最高统治者来说,要做出完全违背其选民意愿的事就深感为难了。此外,在一个纯粹选举的制度中,每个大封建主都会感到他自己有可能当上国王。最初,贵族们简单地使用选举原则,在加洛林王朝各式各样的候选人中进行挑选。但在 887 年,他们选举强人罗伯特的儿子、纽斯特里亚的侯爵奥多(Odo,888—898 年在位)为国王。到了下个世纪,加洛林王子们和罗伯特后裔们之间展开了激烈的王位竞争。有时,加洛林王朝的人取得王位,而在其他时候敌对家族的成员取得王位。常常是,每个要求当国王的家族的首领,为了达到这一目的,不惜发动残酷的战争来对付其敌手。从封建贵族们的观点来看,他们的主要愿望是想摆脱国王对自己的控制,这种情况的发生对他们而言是再好不过了。每个封建贵族都会支持那一个许诺给他更多领地和更高职位的人当国王。

西法兰克的加洛林王朝的最后一位国王路易五世(Louis V,986—987 年在位)死后,西法兰克王国的一些贵族们和主教们就选出强人罗伯特皇室家族中的首领休·卡佩(Hugh Capet,987—996 年在位)为王位继承人,他享有法兰西公爵的称号。于是,休·卡佩就此成为该王朝的创始人,并持续统治法兰西国家好几个世纪。其家族中的男性直接继承人成为当下法兰西王位的候选者。

那些推选休·卡佩当国王的贵族们,并不打算在这王座上建立一个新的王朝,他们完全是想继续维持现在已经建立的秩序,透过选举,把君权由一个家族转换到另一个家族。但休·卡佩决定他的家族要以世袭来保住君权,因而,他即位后不久,就宣布王室职责由一个人来承担是太重了,要求贵族们选举其长子作为君主候选人和共同统治者。贵族们很难拒绝这样的要求,尽管怨气十足,但还是服从了。这种规定自休·卡佩执政起开始实行,一直被休·卡佩的继承者们沿袭下去。只有当法兰西的国王确认自己的儿子肯定能继承王位后,才会安然离世,这种状况持续到 1227 年。休·卡佩提出的这项计划,再加上他这个家族男性子嗣绵延不绝,因此才能成功地在法国实行了君权世袭制。

为了理清休·卡佩在历史上的地位,不妨把他放在三个不同的地位上进行分析。他既是西法兰克国家的君主,加洛林王朝君主的继承人;又是封建盟主或者是王国中的大封建主;而且也是其公爵领地的统治者。为了叙述方便起见,休·卡佩即位后的西法兰克王国,在此将统称为法兰西,但这一术语并非指当代的用语。休·卡佩自封为法兰西国王,如同卡洛林王朝的国王一样。法兰西就是现在的巴黎大区,即巴黎与其周围的乡村,这一地区是休·卡佩的势力发展中心,其中也包括他自己的大部分法兰西公爵领地。该地区和法兰西的其他许多公爵领地相比,在财力和势力上并不占优势。

作为一个国王,休·卡佩在理论上拥有加洛林王朝君王所拥有的一切传统权力。他有权颁布具有法律效力的敕令,在他的王国中实施;他有权传召本国每一个具有作战能力的人为他而战。伯爵是他的官员,并以助手的名义协助他执掌政务。他的职责是保卫国家,抵御外敌,维持国内秩序以及支持和保护教会。涂油礼赋予他一种特殊的神性,但是大多数皇家特权对休·卡佩而言没多少实际的用处。要是休·卡佩发布法令,他的伯爵们可以不折不扣地执行,亦可认为是不适合的而不去执行。伯爵们或许会是他的官员,但他们是世袭的职务,他不能对他们进行撤换或控制。王国中的战士都是封建主的附庸,他们必须随领主去打仗,不一定能效忠国王。然而,休·卡佩被当作神授的君主至少具有两项决定性的优势。君主是神圣的,哪怕是最野蛮疯狂的封建贵族,在策划反叛前也会犹豫好长时间。并且他还受到教会强有力的支持。这些由国王任命的主教们,一般而言,宁愿有一个强大王国而不愿看见国家陷入封建的无政府状态。而且,这种支持决不仅限于精神上,法兰西的一些主教们拥有大量土地,并且还封给许多骑士领地以笼络他们。

作为法兰西大封建主的盟主,休·卡佩在封建统治集团中的地位已登峰造极。少数公爵、伯爵、大主教和主教集团是他的附庸,这部分人以后统称为法兰西贵族。至少从理论上说,这些大封建主有替国王从事封建服务的义务。实际上,这样说不太确切,阿基坦公爵好几代人就一直没有承认过卡佩王朝。直到12世纪,法兰西南部的一些有势力的封建贵族,如阿基坦公爵以及图卢兹(Toulouse)伯爵等,才开始效忠于卡佩国王。诺曼底公爵承认,效忠国王和参与王室宫廷事务是他义不容辞的职责,但他坚持认为,当他在为国王效忠、在执行国王的命令时,国王必须亲临公爵辖管领地。法兰西北部的一些大封建主也认为,他们的宗主有权要求他们提供军事服务。然而,他们都是些讨价还价的老手,他们提供给国王的帮助是有条件的,与他们的骑士封臣们实际能够提供的军事帮助相比,这些帮助简直小得可笑。比如像一个实际拥有 2000 名骑士的香槟伯爵,仅提供 10 名骑士供王室使唤。

休·卡佩的实际势力是在法兰西公爵领地,这块领地在他即位后变成了皇家直属领地。在那里,他自己的直属领地中,他行使全部统治权力,向违法者收罚款,向过桥行人收过桥税以及其他一些苛捐杂税。休·卡佩及其宫廷生活来源主要靠直属领地税收,那些在皇家直属领地(亦即法兰西公国)拥有采邑的诸侯,他们对国王效忠的程度,要比其他一些诸侯要高。卡佩国王的势力大小,主要取决于其统辖直属领地的大小、资源的贫富以及统治的有效程度。

事实上,我们不应该把 10 世纪后期的法兰西看作一个统一的国家,更确切地说,它只是由许多封建大诸侯组成的一个松懈的联盟,这些大诸侯们因向卡佩国王行效忠臣服礼而联合在一起。然而,在政治实践上,他们把国王看作是他们中的一员——只是法兰西的公爵。当符合诸侯们某种目的时,他们就会与国王联合起来共同对付另一个大封建主,但当他们感到有利可图时,他们又会联合起来共同反对国王。

在休·卡佩成为法兰西国王之后的一个世纪,宫廷内政治权势分裂的趋势已发展到不能控制的程度。休·卡佩以及他的继承者不仅对诸侯们的割据状态无能为力,而且连自己皇家领地内的原有势力也保不住了。巴黎地区的一些较大封臣,比如普赛特(Puiset)、库西(Coucy)、蒙马雷瑟(Montmorency)等建造了坚固的堡垒,公然不服其公爵和国王的权势。休·卡佩的继任者要想安全地从巴黎到奥尔良出访,必须经过封建诸侯普赛特的许可。普赛特在艾特姆佩斯(Etampes)设置了很大的城堡,以便控制这两座城市间的要道。此外,由于宫廷官职封建世袭的观念非常强烈,以致影响到国王和他在皇家领地中的一些大臣们的关系。那些称为"监管人"(provosts)的行政官员们,替国王管理着领地庄园,负责收税。这些位置是可以承包出租的,就是说,承租人每年为了租地的税金都要和国王讨价还价。另外,这些行政官员也变成世袭官员了,要控制他们几乎也和控制封建诸侯一样难了。

对简朴的宫廷和王室,以及早期卡佩国王们的生活方式想要做夸张的描述是困难的。国王私人教堂里的牧师(chaplain)兼有倾听别人忏悔和做弥撒之职,因为牧师作为教会的执事,是受过教育的,他为国王代写各类书信。那时,像这样的牧师称作国王的大臣(chancellor),在他手下还有其他一些官员以牧师和私人秘书的身份为他服务。还有一些控制皇室政府的家臣,他们都是些大的世俗贵族。内臣(chamberlain)负责看管寝宫,他们替国王保管存放在那里的私人财富。这些财富包括珠宝、衣物或是特许状;同时常常控制着接近国王的门径。王室总管(constable)和典礼官(marshal)看管马匹;管理人(steward)负责供应皇家的膳食,他有一些助手:司膳官(butler)管理葡萄酒,还有专门负责分配食物的分配官(dispenser)。同是这一批照料皇室日常需求的家臣也控制了领地的事务。因而王室总管和典礼官常作为国王的代理人,指挥军队打仗。而最有实力的却是管理人,因为管理人要提供后勤保障,这是他的责任,他主管那些管理庄园、提供补给的"监管人"。在所有现实层面上,他成为行政管理的首脑。12世纪后,管理人的权力日益增大,把国王给架空了。

休·卡佩以及他的儿孙辈都是身强力壮的战士。在动乱的年代,他们也有机会获得成功,宣布享有国王的权力。他们成功地占据了具有战略地位的巴黎周围的皇家地盘。但是,早期的卡佩家族仍然算不上是一个有权有势的大家族,他们在巴黎附近自己的领地周围四处寻找有利的时机,挑起疯狂的战争以对抗法兰西公爵领地的诸侯们的反叛。他们不时地卷进大封建主之间的战争。但许多像这样的大封建主的实力比他们要强得多,国王在这类大事件中不能产生重大作用。人们可能会问到底是什么原因,在这种情况下,使君主仍可以生存下来。可能主要因素还是因为有教会作坚强的后盾。此外,因为国王本身太软弱,不敢触犯这些有权有势的大封建主;并且国王自己所拥有的领地太小了,对大封建主而言,不值得发动战争将之并吞。而且,任何企图违背上帝的旨意、推翻神圣不可侵犯的法兰西国王的行动,都被认为是非常严重的事件。这一行动可能得到的好处太少,似乎不值得去冒这个险。

卡佩王朝的君主统治权力在腓力一世(Philip I,1060—1108)即位时到达最低点,事实上自腓力的曾祖父休·卡佩即位时起,皇家领地的面积一直在缩小。然而,腓力总算勉强控制住了领地的缩小趋势,并且还使领地有所扩大。当布尔日(Bourges)子爵需要钱进行第一次十字军东征时,腓力就买下了他的采

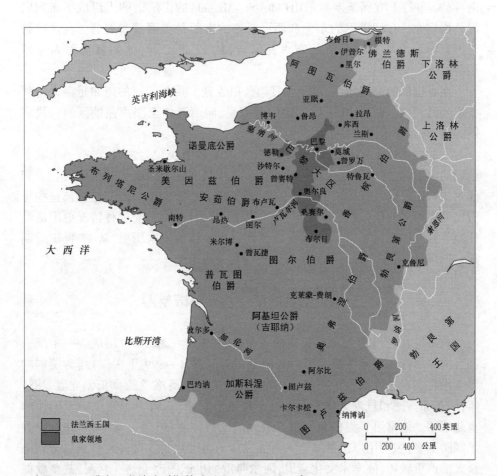

地图 10.1　腓力一世统治时期的法兰西(1060—1108 年)

卡佩王室在当时的势力非常薄弱,实际上只控制着法兰西很小的一部分地区。然而,在腓力统治时期,原先一再缩小的王室领地不再缩小了,并且得到了布尔日地区和枫丹白露以南的一些安茹地区,从而使王室领地有所扩大,从此时起,法兰西国王才能继续保持其控制领土的稳步扩张。

邑。安茹伯爵曾将其兄长抓住后关在监狱里,为了报答国王对他的承认,他以枫丹白露(Fontainebean)皇家森林南面的一些安茹领土相赠。但腓力仍算不上伟大的君主。他无法有效地约束王畿内的诸侯。而且即便皇室领地有所增加,与其最大的封臣们相比,他掌控的资源仍十分有限。这个时期一些封建大国变得相对稳定了。因而,腓力国王想要利用封建公国之间的争执而从中获利的机会变少了。在北部佛兰德斯(Flanders)郡,其面积就是现在的比利时西部和法国最北部的一部分;紧靠佛兰德斯、接近海岸的是诺曼底公爵领地,他是维金人罗洛(Rollo)的后裔的封地。布列塔尼半岛的凯尔特人和一群沿着东部边境从南特(Nantes)下方到圣米歇尔山(Mt.-St.-Michel)的讲法语的人组成了布列塔尼公爵领地。布列塔尼的东面和西诺曼底的南面是美因兹和安茹。在这些封建国家的东面是家财万贯的布卢瓦家族,从12世纪起,他们就自称为香槟伯爵。

在香槟郡的南部地区,属于勃艮第公爵管辖。卢瓦尔河的南面是庞大的阿基坦公爵领地。最后,在王国的地中海海岸,向西延伸至图卢兹地区的一块广阔的地带,是属于图卢兹伯爵的范围。

法兰西诸侯们的权力是各不相同的,大多数诸侯较为强大,没有一个弱于他们的国王、区区法兰西公国的统治者。其中最有实力的诸侯是诺曼底公爵和佛兰德斯伯爵以及香槟伯爵,他们的领地紧靠着皇家领地。国王腓力被这些势力比他强得多的诸侯们完全架空了。在国王腓力统治初期,这种情况更因诺曼征服英格兰而恶化了。[1] 中世纪法兰西君主政体的未来历史,从11世纪后期起,是君权如何在非常不妙的情况下重建起来的历史。

31. 英格兰的萨克森人与诺曼人

英格兰在与丹麦人经过长期的斗争后,在9世纪和10世纪成为一个统一的王国。尽管阿尔弗雷德大帝(Alfred the Great,871—899年在位)作为英国的君主没有实现过统治整个英格兰的愿望,但他仍是英格兰的真正创立者。885年,阿尔弗雷德和丹麦人媾和后[2],在其统治后期,就致力于制订一个宏伟的重建纲领。他重组了盎格鲁—撒克逊人的征兵体制,组建一支海军,并且设置了联防工事,主要用以抵御维金人可能发起的再度攻击。许多大修道院遭到维金人的严重破坏,使学术文化衰退,阿尔弗雷德也试图改变这一状况,甚至敦促俗众学习阅读和写作。阿尔弗雷德国王本身懂得拉丁文,他把一些重要的著作

---

[1] 参见第199—201页(边码)。
[2] 参见第152页(边码)。

翻译或协助翻译成西萨克森方言。这些重要的著作有罗马教皇格列高利著的《牧者的照顾》(*Pastoral Care*)、比德的《教会史》(*Ecclesiastical History*)以及波爱修的《哲学的慰藉》。除此之外,阿尔弗雷德颁布了一部法典,这部法典与早先的法典不同,它不仅记述了本国人民风俗习惯,而且也适当借鉴了其他萨克森部族的法规。

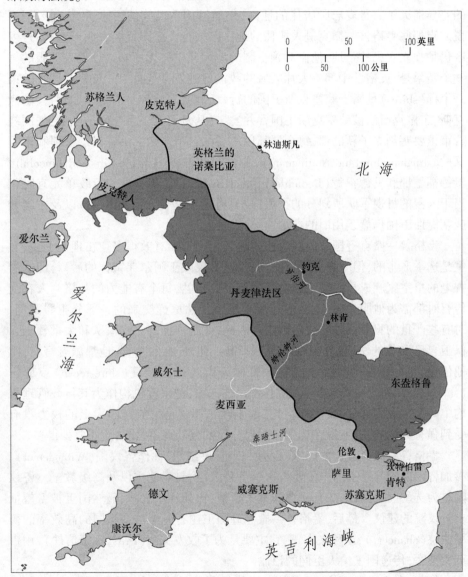

地图10.2 萨克森的英格兰(约885年)

阿尔弗雷德的儿子,长者爱德华(Edward the Elder,899—925年在位)以及孙子埃塞尔斯坦(Aethelstan,925—939年在位)征服了被丹麦人占据的地区,他们的继承者是整个英格兰国土的主人。实际上,他们当时统治的英格兰比现今的英格兰还要大,其王国从苏格兰东部地区一直延伸到爱丁堡,但是,在一个国王统治下的统一的英格兰王国,并不意味着在盎格鲁—撒克逊人和丹麦人之间的差异消灭了。丹麦居民居住的地区,仍然沿用本民族的法律、传统和风俗习惯。当那些盎格鲁—撒克逊人居住的地区已采行大庄园式的农业形态时,丹麦区仍是独立农民的土地,他们对领主制的庄园几乎一无所知。丹麦人征服的另一个结果是,英格兰中部一大片区域的政治地理发生了重组。英格兰设置的第一个郡(shires)是属于威塞克斯王国的行政区域(一些较小的王国如肯特、南撒克斯、东撒克斯已被威塞克斯王国吞并)。在从丹麦人手里夺回的土地上,围绕着市镇要塞创立了新的郡,每个郡都以主要的自治市命名——诺丁汉郡和诺丁汉(Nottinghamshire and Nottingham),林肯郡和林肯(Lincolnshire and Lincoln),贝德福德郡和贝德福德(Bedfordshire and Bedford)等等。这些行政单元有时相当于入侵的丹麦军队所划分的征服区,只有东盎格鲁(East Anglia)以及古老的威塞克斯王国仍然袭用旧的郡治。

盎格鲁—撒克逊国家的政府比西欧其他国家要有效得多。在理论上说,君主是选举产生的,但一般而言,合适的候选人仅限于阿尔弗雷德的后裔,即这个古老的皇室家族成员。国王的地产分布全英格兰,每个有能力的英格兰人在受传召时都需为他服兵役,他一般还要处理当地法庭递交来的一部分犯罪案例,对有些严重的犯罪案件要做出判决。因此,他必须拥有一支军队和大批领土以保卫自己和他的法庭,保证税收源源不断。此外,在每个郡,他都派有官员,由他任免,完全臣服于他——这些官员称为市政司法长官(shire-reeve)或郡守(sheriff)。另外,主教和修道院院长都由他选派,把宗教机构作为其行政管理机构中一个常设的部分。在10世纪,由于阿尔弗雷德家族至高无上的权力没有受到强有力的威胁,所以在英格兰封建分裂割据的现象,比法兰西要少得多。

盎格鲁—撒克逊人的国家,也有一个会议组织,称作咨议院(Witangemot)。参加咨议院的都是王国中的要人——王公大臣、封建地主以及高级教士。咨议院是为选举国王而设立的,在遇到重大事情,比如立法之时,显然国王被希望征求咨议院的建议。最后,盎格鲁—撒克逊国王还有一个与众不同的高效率的衡平法院(chancery),或称文书馆,它主要是为了收发文书(writs,皇家信件),用古英文撰写,传递国王给大臣们的诏谕。

然而,我们必须记住,国王和咨议院处理的行政事务,只是很小的一部分。国王是军队的统帅,他可能会对某些严重的犯罪行为做出惩罚,比如像强奸罪、谋杀罪、纵火罪等。但一般而言,执行法律的是地方法庭。在特定的日子,各郡的自由民会在郡法庭内聚会，郡法庭受当地的郡长（ealdorman，主要军事长官）、郡守以及主教管辖。每个地区的法庭都有自己的习惯法，这些习惯法都是由本地区人民提出，并由主管官员审查后才实施的。定罪的标准依据古老的条顿人的宣誓采证法和神判法的仪式。但是，古代的盎格鲁—撒克逊人对犯罪者实施的惩罚仅仅是罚款了事，这笔钱付给受害者本人或他的家属。到10世纪，国王对某些犯罪侵害行为制定了皇家法令，可以使用肉刑，作为对罪犯的惩罚。

11世纪初，英格兰再次遭到丹麦人的侵略。这次入侵不是一般的以掠夺为目的的小股船只袭击，而是由丹麦国王斯韦姆（Swein）和他的儿子卡努特（Canute）亲自率领的一支声势浩大的舰队。1016年夏，盎格鲁—撒克逊国王铁甲王埃德蒙（Edmund Ironside，1016年在位）与卡努特订立城下之盟，英格兰遂被划分为二。盟约规定，如果一位国王先死，另一位国王就承担统治整个英格兰王国之职。埃德蒙在订立盟约后没有几个月就遭遇不幸。于是，卡努特（1016—1035年在位）成为全英格兰国王。事实证明，卡努特是一个公正而有才干的君主，他没有更改先王制定的法律和沿用至今的风俗习惯。卡努特对教会采取保护和笼络政策。他依靠一小部分丹麦的常备军来保护他在英格兰执政的安全。这些丹麦人组成的常备军是靠征收丹麦金（danegeld）来维持生活的，此税最初征收的目的是用来收买维金人。当卡努特在1035年死后，他的几个儿子为继承丹麦王位，互相展开激烈的争夺战，根本无暇顾及在英格兰维持其统治地位。于是咨议院推选铁甲王埃德蒙的兄弟忏悔者爱德华（Edward the Confessor，1042—1066年在位）成为英格兰国王。

1066年，诺曼人征服英格兰，改变了11世纪中叶英格兰的历史。这一事件发生的情况是这样的：爱德华的母亲是诺曼底公爵理查二世的妹妹，在卡努特统治英格兰期间，爱德华住在诺曼底王宫，当他回到英格兰时，和他一起回来的还有一些他在诺曼底结识的朋友，他封给其中一些朋友土地，并授以土地和官职，对经常来访的一些诺曼贵族们，爱德华在宫殿里给予热情的招待。国王对他的外国朋友和亲戚的这种优待，激怒了在英国有权有势的戈德温（Godwin）家族，戈德温和他的儿子们曾被卡努特封为威塞克斯伯爵。戈德温在咨议院推举爱德华当国王的过程中帮了大忙，后来国王娶了他的女儿为王后，因为爱德华膝下无嗣，戈德温梦想有朝一日他或者他的儿子会当选为国王。但有此野心的除了戈德温外，还有爱德华的外甥——诺曼底公爵威廉（William），威廉认为国王没有子嗣，自己很可能就成为合法继承人。在1051年，威廉找到了一个能够实现自己野心的极好机会，这个机会起因于戈德温和爱德华的诺曼朋友们公开决裂了。布洛涅（Boulogne）伯爵及其部属在多佛（Dover）遭到当地居民的袭击。因为多佛属威塞克斯，归戈德温管辖，所以爱德华责成戈德温处理此事，要惩罚其部属的无理行为。但戈德温伯爵同情这些人，拒绝执行命令，结果是，戈德温

巴约挂毯(Bayeux Tapestry)细部,它展示了哈罗德国王在1066年的黑斯廷斯战役中阵亡的情景。但是尚不能从画中确定哈罗德国王是图左被箭射中的人还是图右被骑在马上的骑士杀死的人。Giraudon/Art Resource, NY

和他的儿子们被流放。威廉借此机会访问了英格兰,后来,爱德华就此答应他作为王位的继承人。

不久,国王爱德华和戈德温家族又重新和解。戈德温死后,由他最有能力的儿子哈罗德(Harold)继任威塞克斯伯爵之位。然而1064年,哈罗德率领的船队在英吉利海峡航行至诺曼底海岸时遇险出事,为威廉公爵的一个封臣所俘虏。根据后来的诺曼编年史记载,哈罗德曾立誓答应在爱德华死后帮助威廉当上英格兰的国王,以此换取自由身。回到英格兰后哈罗德成为英格兰国王的主要得力助手,并娶了威廉的妹妹为妻。然而,当爱德华于1066年驾崩后,咨议院选举哈罗德当英格兰国王。但威廉不想放弃成为国王的希望,他立即派遣信使去见教皇,谴责哈罗德违背誓言。罗马教皇不管是不是愿意认真接办此事,他都有充足的理由支援威廉。罗马教会一直想联合教会组织,以便能在他的直接控制下贯彻各项统一的法律和规章制度。从各方面来看,威廉是个合适的合作伙伴。而英格兰的教会组织很少受罗马教会的影响,它是完全受国王控制的。因此,罗马教皇对威廉强行登基的想法表示了祝福。于是,威廉公爵召集他的诸侯到英格兰去,但在这里遇到了麻烦,除少数人外,诺曼封建主们拒绝随他出征,理由是他们并没有冒险渡海打仗的军事义务。于是,威廉就对冒险者贴出悬赏告示,谁愿意去就有希望得到战利品和采邑。这一招果然灵验,许多人都汇集到他的旗帜下,这些人来自佛兰德斯、布列塔尼、美因兹、安茹和普瓦图等地区。一些和威廉关系密切的诺曼大封建主和许多诺曼贵族的次子们,也加入这支大军。一支强大的舰队已组成,威廉集合起一支约5000名士兵组成的侵略军,只等风向有利就驱船出征。

哈罗德国王此时正处在极端困境中。他的哥哥托斯蒂格(Tostig)对哈罗德继承王位非常嫉恨,于是联合了挪威国王哈罗德(与英格兰国王同名)准备入侵英格兰。两位诺森比亚伯爵——埃德温(Edwin)和莫尔卡(Morcar),对哈罗德并不怀有多少好感,他只能确保他兄弟治下的伯爵领地和他自己在威塞克斯的旧伯爵领地。哈罗德召集起他的军队——由家中的农夫,或禁卫队,以及他从威塞克斯战士中挑出来的精兵组成——驻扎在海岸边准备迎战威廉。但他突然接到报告说托斯蒂格和挪威国王哈罗德正率领军队在北岸登陆,途中与埃德温和莫尔卡的军队遭遇。哈罗德急急忙忙地赶赴北边,在约克郡的斯达福桥(Stamford Bridge)击垮了这支侵略军,随即再次移师南下。

但是,仅仅是在哈罗德取得这一伟大胜利后的三天,威廉公爵顺利地在南岸登陆。1066年10月14日,哈罗德集合疲惫不堪的军队,再加上从威塞克斯和东盎格鲁紧急征召而来的援兵,在黑斯廷斯(Hastings)附近迎战威廉的军队。刚开始时战况是很不明朗的。草草征集起来的军队迅速溃败了,但诺曼公爵的骑兵拿山丘上严阵以待的村夫和常规军无可奈何。威廉运用计谋,例如假装撤退,打乱了萨克森人的队形;继而以重装骑兵攻入缺口,粉碎了萨克森步兵阵。哈罗德和他的兄弟们及其随从都战死在疆场。战争的最后结果是威廉公爵获得了胜利,英格兰新国王的地位从那以后再也没有受到过严重的威胁,在威廉统治英格兰五年后,最后一些残存的萨克森叛军被赶出了其栖居的沼泽地区。

威廉征服英格兰完全是出于侥幸。倘若哈罗德不北上迎战挪威人,他就能够用以逸待劳的精锐部队抵抗威廉公爵的登陆军队;那时鹿死谁手就难说了。要是哈罗德不马上去迎战威廉军队,就不会发生黑斯廷斯战役,他如果采取撤退到内地的策略,等候埃德温和莫尔卡重新编组好诺森比亚人的部队后再一起迎战威廉,他就可能获得极好的制胜机会。或者哈罗德只要不采取主动进攻的战术,只是诱使威廉军队一步步地深入到英格兰内地,他几乎可以十拿九稳打赢这场战争。因为萨克森的精锐部队都是些骁勇善战的士兵,并不比诺曼公爵的士兵差。威廉进军横越英格兰时,他在每一个自治市都设立一座城堡,以便监视那里的市民,现在还残存的类似城堡有著名的伦敦塔(Tower of London)。威廉在英格兰军事部署的另一个值得注意的特征是他首先顾及一旦急需时,可以安全地撤回欧陆。在多佛,他建造了一座很大的城堡,将整个肯特郡置于他的异母兄弟巴约(Bayeux)主教治下。沿着苏塞克斯海岸,在布兰贝尔(Bramber)、刘易斯(Lewes)、黑斯廷斯、佩文西(Pevensea)和阿伦德尔(Arundel)等地建立了一道堡垒网。每一座这样的堡垒都封给其最可信赖的扈从为采邑。倘若萨克森人起来反抗,一旦情势不利于威廉,诺曼人还有南部海岸这些坚固的堡垒为据点,并能以舰队将他们从重围中救回诺曼底。

威廉征服英格兰后首先在军事上面临严峻的局面,因为他受到来自各个方面敌人的威胁。北边是苏格兰,苏格兰国王和威塞克斯家族是亲戚。西边是威尔士,它是丹麦的一个国王统治英格兰后不久才建立起来的。挪威的一支军队曾在他到达前不久被打败。对威廉来说,斯堪的纳维亚人的势力是长期存在的一个威胁。最终的威胁是萨克森人随时都有揭竿而起的可能性。当威廉还是封建国家的一个领主,即诺曼底公爵时,他当然会有建立新的封建军事组织的想法,亦即采邑和军事服役。于是威廉把靠近苏格兰边境东部海岸地区的诺森伯兰郡(Northumberland)作为中心采邑,赐封给一个诺曼大领主,他享有诺森伯兰伯爵称号;把达勒姆郡(Durham)赐封给达勒姆主教。然后,沿着威尔士边境,

地图10.3 被诺曼人征服后的英格兰

威廉建立了另三个中央集权的领地——切斯特(Chester)伯爵领地、什鲁斯伯里(Shrewsbury)伯爵领地,以及赫里福德(Hereford)伯爵领地。这些为对抗苏格兰人和威尔士人的威胁而连成一片的封地,各受一个领主的统一指挥。

对英格兰的其他领土,威廉公爵照最简便的因地制宜的方法进行分封。因为他从不认为自己是一位征服者,相反他认为自己是忏悔者爱德华的合法继承人,理所当然地把皇家土地划归己有。那些没有以武力反抗自己的盎格鲁—撒克逊地主,威廉就让他们保有原先的领地,并成为威廉的诸侯。于是,威廉属下主要军事将领都获得了那些不服管辖的萨克森贵族原先的封地。然而萨克森的封建贵族的财产分布在很广阔的领地内,而不是集中在一个地方。所以,威廉属下的军事将领也只好同样地分而据之。每一个获得封地的领主,不管他是萨克森人还是诺曼人,都必须定期地提供一批骑士为皇家军队服役。由于威廉不了解封给属下军事将领的土地的大小数目,及该土地所能得到的收益,所以他要求提供的骑士的数量只能根据推测而定。威廉也拨一定数额的骑士到主教以及本笃会修道院院长那里去,归他们指挥,所提供的骑士的总数将近5000名。那些从国王那里直接受益的大领主,在自己所属的领地内可进行再分封。要再经过100多年的漫长岁月,才出现了骑士个人长期拥有采邑的情况。

对诺曼人征服盎格鲁—撒克逊人这段历史所造成的影响,历史学家说法不一,至今仍存有争议。一些人认为,诺曼征服代表着英国历史连续性的中断,另一些人则坚持认为"威廉的统治在英国历史上既没有造成灾难,也没有做出什么建树,只是延续而已"。历史的事实似乎是,1066年以后,盎格鲁—撒克逊人的历史虽然大部分得以保存,但也有许多地方发生了变化。12世纪成熟起来的新英格兰国家既非萨克森式的,也不是诺曼式的,而是一种盎格鲁—诺曼的混合式国家。

正如我们所了解到的,威廉认为自己是忏悔者爱德华的合法继承人,他答应维护英格兰古老的风俗习惯,并且承认盎格鲁—撒克逊国王设立的各项法律,公众法庭继续承担维护习惯法之职。盎格鲁—撒克逊人担任的郡长都被撤换了,由诺曼人接替——通常是郡中最有势力的男爵,但行政机构仍然没有改变。另一方面,威廉把俗众和教会的裁判权分开,这与欧洲大陆的、惯例相一致。主教不再在郡法庭上与郡守坐在一起,而是有他自己的宗教法庭,受理教会案件。除此之外,威廉在英格兰政治结构中做出的最重要的改变,把诺曼的封建政治体制引入英格兰的政治体制。威廉的封建法庭(curia)——由他的诸侯组成——替代了英格兰的咨议会。任何一个拥有职位的人都被赐予司法执行权(sac and soc),即对其部众拥有治安管理裁判权——实际上是他们已不陌生的一项特权。而更重要的人享有窃贼审判权(infangentheof),即他们可以在所属的管辖领地内随意吊死被当场抓住的现行偷窃犯。对诺曼封建贵族来说，这是一项重要的权利，能使他们拥有绞刑架——它在领主的世界里是地位的主要象征之一。最后，英格兰的盎格鲁—撒克逊主教和修道院院长们，至少在他们所管辖的部分教区内享有豁免权——阻止皇家官员介入其领地的权力。后来，威廉将此特权推及一些最大的世俗贵族领土。

诺曼征服在许多方面使英国人的政治、社会和经济状况衰退了。少数几个没有被剥夺封地的盎格鲁—萨克森封建主要承担封建服役的重负，成为男爵封臣的萨克森地主更是少之又少。下层阶级的日子也不好过。在盎格鲁—撒克逊人统治英格兰时期，在农民阶层中分有许多等级。在完全自由的农民与生活依赖土地且须付出沉重劳动的农奴之间，还有许多佃户向领主负有各种劳役义务，但他们具有人身自由。诺曼的征服者们把那些中间阶层的农民当作农奴看待，使他们适应封建领主体制的习惯。因此，许多在盎格鲁—撒克逊人统治时期享有自由的小农，在诺曼人统治下必须服从领主的专制意志。

尽管威廉国王成长于封建的环境之中，其政治观念本质上是封建的，但他完全了解一般的封建国家结构的缺陷。他自己在早期作为诺曼底公爵时，曾花费好几年的时间和诺曼诸侯进行过一系列激烈的斗争，对卡佩王朝的君主制度的缺陷了如指掌。他不想让他的英格兰的男爵们和诺曼大封建主一样独立，更不想让他们成为法兰西王室那些有权有势的诸侯。实际上，威廉是欧洲第一个显示了如何运用封建准则来建立一个强盛的中央集权君主政体的统治者。封建骑士服役制度是为国王服务的，国王拥有令人生畏的军事实力，他可以动用军事力量，因为他掌握原先的盎格鲁—撒克逊皇室家族的领地，使他具有巨大的财富和权力，远远超过他的诸侯们。他也继承了盎格鲁—撒克逊君主政体有效率的法庭，并有权以丹麦金的形式不时征收赋税。除了靠近威尔士和苏格兰边境的一些诸侯外，其他的诸侯不能掌握一大片连接的土地，仅仅拥有一些分散的采邑。威廉国王也掌握着选派郡守的权力，这就使他得以透过当地的官员控制地方的法律和行政事务。1086年，他召开了一次由再分封的次诸侯参加的大会，要求他们宣誓直接效忠他。从一开始，国王就阻止了诸侯之间因私仇而发生的武力冲突。威廉确立了他在英格兰的权力后，11世纪的英格兰王国例外地变成一个安定而有秩序的国家。

威廉政府的效率尤其表现在1086年编纂的一份大规模调查中，通称《末日审判书》（*Domesday Book*）。威廉组织皇家委员会到每个郡属法庭举行会议，每个法庭都有一个陪审团，从郡里的每个村庄召唤一名村民列席会议，详细地介绍各自所属地区的资源情况。这些资料被认真地记录下来，然后由皇家行政当局统一按郡属列出，便于使用。在郡属领土中又列出各大男爵们所占有的王室领地，领地归哪个男爵所有都标有姓名，并且也列出转租人的姓名。于是，根据这本清册,可以知道有多少人隐匿财产,并且也可以估出所有者的实际财产。此外,还能了解可耕地面积、劳动力资源、拥有耕地的人数以及其他有价值的财产,比如像森林资源、磨坊和渔场资源。最后,从 1086 年颁布的这部清册中,还能估算出爱德华国王时代每年的财产总数。[1] 显而易见,《末日审判书》是历史学家研究英格兰历史的资料宝库。但威廉国王想要将这本清册为其实际目的服务。在西欧同时代的君主政体的国家中,还没有一个国家有像这样一部资料翔实、内容广泛的关于其臣民们纳税资料的汇编。

威廉和他的男爵们度过了一段充满危险的冒险时期,他们为保住英格兰的统治地位,齐心协力,患难与共。起初,他们作为外来人统治一个陌生的国家,周围都是敌人,但这种情形不久就改变了。威廉所担心的事一件也没有发生。丹麦人曾派兵入侵,杀过几个伯爵,但这都是小股入侵,从未发生什么来自斯堪的纳维亚方面的重大入侵。那些颇有实力的领地受益人在边境前线筑起坚强的防御堡垒,完全有能力抵御威尔士和苏格兰的侵略。实际上,不久诺曼的封建主反而接管了南威尔士的低地地区,并且迫使他们的军队越过河谷进入丘陵地带。威廉在沼泽地带消灭了叛乱后,萨克森人就再也不制造麻烦了。随着威廉地位越来越巩固,他与男爵们的关系也变得紧张起来。威廉决定维护整个盎格鲁—撒克逊君主政体的权力。另一方面,英格兰的男爵们想要得到所有与诺曼伯爵所享有的同等的独立地位。因而,在威廉力求维护以及尽可能扩大王室及其代理人——郡守的势力的同时,男爵们也试图侵犯其势力。只要威廉还活着,他就有能力支配男爵阶级。然而,后来的英格兰国王,并非都能做到这一点。

32. 中世纪帝国

东法兰克国家的政治结构和传统的英格兰和法兰西不同,它的统治者所面临的许多不同的问题有待克服。除了洛林和法兰克尼亚,它的领土并不属于从前的罗马帝国或墨洛温王朝的一部分。10 世纪,洛林在忠诚问题上仍然摇摆于西法兰克和东法兰克王国之间。尽管巴伐利亚曾一度臣服于墨洛温国王的统治,但它还是很少受到这一事实的影响。实际上,它被并入法兰克王国是查理曼的父亲丕平国王的成果。对萨克森的征服纯粹是加洛林的功绩。它始于查理·马特,至查理曼才大功告成。虽然,查理曼在沿斯拉夫的边界建立了一些钦命附庸(vassi dominici),但大体来说封建制度并没有扩展到洛林和法兰克尼亚以外的地方。东法兰克国家的绝大部分地方没有郡的组织,伯爵们只是对地方普通

---

[1]《资料》,no. 79。

法庭拥有监督权的皇家代表。最后,领主制度未能深入日耳曼的领土,实际上,在萨克森还没有庄园制度,这是一片贵族和非贵族的自由农民的土地。

10世纪中叶,加洛林王朝的权力开始瓦解,东法兰克各族的人民并没有忘记他们过去的独立。尤其是萨克森人和巴伐利亚人认为自己是与众不同的民族。一旦他们的国王不能制止维金人和马扎尔人的入侵,他们就会寻求能复兴其古代传统的当地领导力量。因此,在王国的每一个主要地区——萨克森、法兰克尼亚、洛林、士瓦本和巴伐利亚——这些重要地方的土地拥有者就成为这些民族的军事首领,他们拥有公爵的头衔,历史学家把他们称为部落或血缘公爵。这些公爵的权力依赖于他们自己土地上的财富和他们对其人民所产生的个人影响。首先,他们对伯爵们没有权威,也无权过问公爵领地内的主教辖区和修道院的事情。自然,不管怎样,每个公爵都是野心勃勃的,靠篡夺皇室的领地获取了他们公国中的全部权力,使伯爵们依赖于自己。他们还取得了保护教会的权力,在东法兰克人的加洛林末代国王童子路易(Louis the Child,899—911年在位)虚弱的统治下,他们决定全力以赴地朝着成为公爵领地国王的这个方向前进,并确有成效。他们想让王位空置,以巩固自己的权力。

公爵们的目标未能实现的原因有两个——教会和马扎尔人。在日耳曼,就犹如在法兰西一样,出于同样的理由,教会想要建立一个强大的君主制国家。主教们宁愿与一个国王打交道,也不愿与五个公爵打交道。他们认为必须要有一个强有力的统治者,他必须能在全国维持和平与秩序。许多主教都抱着以神为中心的神圣君主国的理想,但要不是因为马扎尔人,教会就无法强迫公爵们选出一位国王。马扎尔人的袭击正达到顶点,对公爵们来说显而易见的是,只有依靠统一的领导,才能制止马扎尔人。因此,他们达成妥协,把最软弱无能的法兰克尼亚的康拉德(Conrad of Franconia,911—918年在位)公爵选为国王。可是,这个企图没有成功,康拉德允许法兰西国王单纯的查理(Charles the Simple,893—923年在位)对洛林进行控制。但对王国中的其他地区,康拉德经常与公爵的大臣们,尤其是教会成员密谋,把矛头对准公爵,在暗中破坏他们的权力;而且他并未认真组织力量反抗马扎尔人。日耳曼的一些大封建主们十分勉强地得出结论,他们宁愿选举最强大的公爵来当国王,即萨克森公爵捕鸟者亨利。在其临终前,康拉德一世指定亨利为其继承人,亨利顺利地继了位。

萨克森王朝[1]的创立者亨利一世(Henry I,919—936年在位)采取了与康拉德截然不同的政策。他强迫所有的公爵确认其国王的地位,然后又让他们作为几乎完全自主的统治者管理领地内的内部事务。亨利在北方致力于巩固他自己的权力。他重新合并了洛林,并与它的公爵结盟。在东部边界,他修建了

---

[1] 参见附录,表3。

前线防御工事,把它们用作进攻易北河对岸的斯拉夫民族的基础。最后,亨利组建了一支庞大的骑兵队伍。结果,它有效地制止了马扎尔人的袭击。他为自己的儿子创造了一个庞大无比的权力基础。

亨利的儿子和继承者,奥托一世(Otto I,936—973年在位),史称奥托大帝,是中古早期最主要的人物之一。他在日耳曼建立了一个强大的王权,并奠定了中世纪帝国的基础,后称神圣罗马帝国,它以这样或那样的形式持续生存至拿破仑时代。955年,他还在莱希费尔德(Lechfeld)战役中,给予马扎尔人以毁灭性的打击。就这样,为东欧有秩序的文明的进一步发展创造了合适的环境。在莱希费尔德战役中被打败的马扎尔人不再大规模地入侵日耳曼,而是撤退至匈牙利,并在那里建立了一个持久的马扎尔人王国。

继位伊始,奥托就明确表示,他与父亲不同,他永远不满足在与其他公爵的关系中仅扮演"第一公爵"的角色。为此,他来到查理曼帝国的旧都亚琛,试图谨慎地恢复加洛林王朝的传统,以庄严的加冕和抹油仪式成为国王。公爵们对奥托的加冕表示了礼仪上的敬意,但当他们认识到他决心不仅在名义上,而且也要在事实上成为国王时,他们就掀起了一阵阵反对他的反叛活动。至938年,奥托粉碎了所有反抗他的公爵,借此大大地增强了自己的权力。法兰克尼亚公爵死于这次作战中,而奥托有意使这个职位空缺,由他本人直接统治了法兰克尼亚。在萨克森,他把一大片土地赐给自己的宠臣马格努斯·比隆(Magnus Billung),但他还是谨慎地保留了公爵的头衔。这样,他完全控制了四大公爵家族中的两大家族。吞并法兰克尼亚公爵的土地,使他一劳永逸地增强和扩大了日耳曼王室地位。

在建立自己的权力以对抗众公爵的过程中,最重要的是,奥托依靠了教会的支持。10世纪时,国王往往被认为是一个神圣的人物,就像教士们通过神职授予而受尊崇一样,国王也被视为享有宗教上的神圣地位。奥托淋漓尽致地扮演了这个神权政治的角色。他按照自己的意愿挑选了王国中的主教和修道院院长,并大大地增加他们的财富和权力。但他要求他们以彻底的忠诚和支持来报答他的保护。法兰西和英格兰的国王们也是依赖教士们的支持,但在日耳曼,比起其他任何地方,教会更是君主政治主要的堡垒。主教们一般掌握着对自己领地的管辖权,还拥有对不属于他们教会的相邻地区的管辖权。一旦需要,他们就顺从地把强壮的战士送到皇家军队服役。通过这个办法,奥托确信自己拥有一支可以信赖的军队,在所有公爵领地里培植了强大有力的王权支持者。如果有公爵起来反叛他,奥托就利用其领地上的教会力量来反对他。奥托政权没有首府,除了伯爵外,只有少量官员。他仅有的部队来自从萨克森招募的战士和教会提供的人员。但是,只要萨克森人跟随他,并且他仍保持对教会的控制,他的君权就非常强大和有效。

地图10.4　奥托帝国(约960年)

奥托一世有力地进行领土扩张政策,创立了一个新的帝国,现在它包括日耳曼王国,意大利的部分地区,以及曾在法国控制下的古代洛泰尔中王国的部分地区。萨克森势力也在扩张,他们跨过易北河后进入斯拉夫地区。

这件象牙镶板说明了世袭王权具有神圣性的奥托理论;位于圣母玛利亚和圣莫里斯之间的基督圣像正接受奥托二世、他的皇后狄奥法诺以及他们的儿子(未来的奥托三世)的崇拜。制作于米兰(约980年)。斯佛雷斯科的卡斯提尔博物馆,米兰。Scala/Art Resource,NY

在统治早期,奥托基本上只是个北部的统治者,他的权力只限于萨克森和法兰克尼亚。在南日耳曼,他的权力仅能控制一些伯爵和教会。只要南部不出现强大的权力中心,这样的局面就没有什么可担心的。但是,士瓦本和巴伐利亚的两个公爵野心勃勃,急于扩张自己的权力,他们贪婪地注视着阿尔卑斯山另一侧的北部意大利的伦巴第,而且,士瓦本公爵还有控制勃艮第王国的野心。在南方,任何一个公爵领地势力的增长,都将破坏日耳曼权力的平衡。何况,处在一个强大的统治者之下的意大利和勃艮第王国的联合,势必会构成对日耳曼王国的威胁,因为这样的统治者必将要求重新获得洛泰尔古王国的其他领土。937 年,在勃艮第的鲁道夫二世(Rudolph II)去世时,对奥托地位的威胁变得危急起来。意大利国王阿尔勒的休(Hugh of Arles)占领勃艮第,奥托迅速采取了行动,把休从勃艮第驱走,遂把前国王的儿子扶上王位,置于其保护之下。14 年后,他亲自率兵入侵伦巴第,为了组建这个新省,他采用曾在日耳曼取得成功的体制。主教们被授权可控制世俗事务和他们教区中的教会事务,这样就能把他们与自己的利益紧密地联在一起。

历史学家们曾指责奥托好大喜功和热衷于征服,把注意力从日耳曼转向意大利,有损于日耳曼的君权。但有一点很清楚,至少,他向南方的扩张纯粹是防御性的。因为,一旦伦巴第缺少强有力的统治者,这片土地就会向任何冒险者开放,奥托不能让它落入南日耳曼诸侯之手。

951 年,征服了伦巴第后,奥托准备立即僭取帝国的王位。隐藏在这意图之后的理由是很简单的,每一个伟大的日耳曼征服者都会骄傲地继用查理曼的头衔。更何况,由洛泰尔皇帝统治的古代中部王国是由意大利、勃艮第和洛林所组成的。所有这些地区都从属于奥托,而将成为皇帝的他将保卫这一传统的头衔。但是,控制着教廷的罗马贵族并不急于恢复帝国的权威。他们的反抗与在日耳曼遇到的麻烦结合在一起——大贵族们的叛乱和匈牙利人新的袭击——延误了奥托的计划。直到 962 年,他率军队入侵罗马,庄严地加冕而当了皇帝。当时的教皇约翰十二世(John XII)是一个极为腐化堕落的人物,起初把奥托当作一个同盟者来欢迎,以为奥托是与反对自己派系的罗马贵族集团相对立的。不久,教皇发现皇帝的统治是严厉的,于是煽动反对他的叛乱活动。奥托因此召集了一次宗教会议,废黜了教皇。从那时起,奥托及其继承者们认为作为皇帝他们可以任命罗马教皇,就犹如他们在日耳曼任命主教一样是理所当然的。

奥托僭取帝国头衔,使他与仍然掌握着南意大利重要城市的拜占庭发生了冲突,尽管他们都受来自西西里的撒拉逊人(Saracens)频繁袭击的困扰。经过一系列不分胜负的战役后,奥托才得以进行谈判媾和。他的头衔及时得到承认,他的儿子即未来的奥托二世与拜占庭公主狄奥法诺(Theophano)成婚。

同他父亲相比,奥托二世(Otto II,973—983 年在位)的统治不那么成功,运气也欠佳。978年,他镇压了由巴伐利亚公爵领导的大规模反叛,980年,他在罗马接受了帝国加冕。两年后,在一场抵抗南意大利的撒拉逊人新的入侵的战争中,他遭到了毁灭性的打击,丧失了大部分兵力。返回罗马后几个月奥托二世就去世了,其去世的噩耗和可耻的失败消息传到萨克森时,一度被奥托一世征服的居住在易北河和奥德河之间的斯拉夫民族突然爆发了动乱。日耳曼殖民者和传教士们被驱赶了出去,萨克森人勉强控制了易北河的旧时的边界,此后,日耳曼的殖民过程停顿达两个世纪之久。

奥托二世留下了他三岁的嗣子,在他母亲狄奥法诺监护下长大的奥托三世(Otto III,983—1002年在位)。他实际上是拜占庭的一个王子,并打算把罗马定为他的帝国首都。他在亚文丁山(Aventine Hill)为自己建造了一座宫殿,任命这个时期最伟大的学者法国人格伯特(Gerbert)为他的教皇。格伯特意味深长地称他本人为西尔威斯特二世(Sylvester II)——西尔威斯特一世曾是君士坦丁大帝时代的教皇。这全部政策出自一个年轻人浪漫的梦想,很可能是受他母亲的影响,但它们从没有取得成功,因为奥托三世在罗马缺乏真正的权力基础。他唯一的力量是依靠一支萨克森军队的支持。罗马贵族集团从未自愿地接受他的统治。总之,奥托三世仅仅活到二十一岁就死掉了,他没有儿子,由萨克森家族中的一个年轻的旁支的首领,亨利二世(Henry II,1002—1024年在位)所继承。尽管,亨利属于萨克森王朝世系,但他的土地和收益主要是在巴伐利亚,他也无法获得萨克森人的效忠,在整个统治期间,他一直忙于维持在日耳曼的地位。

亨利二世是萨克森王朝的最后一个国王。1024年,他死时,日耳曼的贵族和教士们推举奥托大帝一个女儿的后裔——法兰克尼亚的康拉德二世为他们的国王。他即位后,开始称其王朝为萨利安王朝(因为法兰克尼亚是萨利安法兰克人的故乡)。从奥托大帝时代起,日耳曼国王所面临的问题已经起了变化,这里似乎应停下来简单谈谈在日耳曼政治中扮演决定性角色的一个集团:德意志历史学家所谓的"诸侯"(Fürsten),英美学者称之为"大公"(prince)。因此,在萨克森王朝后期,日耳曼出现了许多既不是公爵也不是教士的有势力的封建主。他们地位的性质变化很大,作为伯爵可以拥有完全由个人所有(非封建)的广阔土地;还可以拥有由皇帝或一个公爵授予他的采邑。或许,这个时期最突出的亲王家族是比隆家族。家族的创始人马格努斯·比隆(Magnus Billung)是一位重要的萨克森地主,他曾是奥托一世的宠信,从皇室那里接受了大量采邑。比隆家族逐步地扩充了他们家族的财力,到萨克森王朝的末期,他们已自视为萨克森的公爵;他们的此种地位是否曾被萨克森国王所确认,就不是很清楚了。但是,比隆家族只是许许多多这样的家族中的一个。他们竭尽全力累积自己的财富,攫取特权和管辖权。同时,他们还代表着与法兰西的封建主一样的社会和政治集团,但在早期,他们并没有如此强大的地位。他们把完全属于自己的土地随心所欲地传给他们所喜欢的人。但是,像伯爵那样的职务,即那些拥有管辖权的人,在日耳曼并不是世袭的。从王室那里获得的采邑是否能遗传,也并没有获得国王们的认可。事实上,亲王们的主要目标之一是使他们的职位和采邑可以世袭,但尽可能不赋予他们的下属以同样的权利。

新的萨利安王朝的第一个国王康拉德二世(Conrad II,1024—1039年在位)并非是基督教国王的典范。他是个性格强硬、脾气粗鲁和目不识丁的军人,但他却显示出应付掌管皇室权威的问题的良好能力。1033年,勃艮第王位出现空缺,通过妻子一方的微弱的联系,康拉德二世得到王位,从而把勃艮第并入了日耳曼王室。他同时赢得了对波兰人的重大胜利,并迫使他们承认自己的盟主地位。在对内政策方面,康拉德二世认识到仅把对教会采邑本身的控制当成一个强大的君主国的基础是不够的。他开始建立被称为"封臣"(miniteriales)的在俗随从阶层。他们是从皇室领地中被挑选出来的农民,一般是农奴,然后被训练成战士和行政官员。他们可以作为文官和骑士军队的班底。他们既不与贵族也不与教士有任何家族纽带或利益集团方面的联系。

康拉德的儿子亨利三世(Henry III,1039—1056年在位)即位后,继续执行他父亲的政策。像他所有的先辈那样,他主要依靠日耳曼大主教的支持,但他也发现需要有一个坚强的权力中心,就如奥托大帝在萨克森所拥有的一样。一个真正有效率的政府还需要忠心的俗人官员和充裕的财力收益。萨利安家族成员都是法兰科尼亚的公爵,在士瓦本拥有巨大的财富,如果能在这片土地的基础上再加上南萨克森和图林根,王室就可以控制日耳曼的心脏。亨利三世着手在图林根和南萨克森建造城堡,并由来自他的士瓦本领土上的封臣守卫。自然,这就严重地惹恼了比隆家族——他们自认为是萨克森的公爵,并使多年来几乎一直独立在王室控制之外的所有的萨克森贵族感到惶惶不安。

亨利三世是个能干的君主,十分懂得他作为一个国王和皇帝的作用。同时,他认为教会在其领地的政治结构中是个重要的因素,对其在履行精神职责上所具有的能力也深感兴趣。他支持在自己的土地上所进行的修院改革运动,还鼓励罗马教廷中具有同样观念并希望以教皇制为契机改革整个教会的成员[1]。亨利的政策取决于两个先决条件:第一是贵族们能默许王室权力的逐步增长;第二是教会毫不动摇地保持对君主国家的忠诚。在亨利三世死后,对他的后代来说,这两个先决条件被证明是完全不存在的,但只要他活着,这个制度就仍然起作用。到1046年,他已平定了整个日耳曼。就在那年,当他去意大

---

[1] 参见第217页(边码)。

利巡视,在那里建立他的权力,并在罗马进行皇帝加冕时,日耳曼神权君主政体就这样达于权力和威望的顶峰。

进一步阅读书目

*蒂尔尼:《资料》与《读本》,第一册,nos. 39。

*西德尼·佩因特(Sidney Painter)的《封建君主制的兴起》(*The Rise of the Feudal Monarchies*)(绮色佳,纽约州,1951)一书提供了一份简介,而*彼迪-杜达利(C. Petit-Dutaillis)的《10—13世纪的法兰西和英格兰的封建君主》(*The Feudal Monarchy in France and England from the Tenth to the Thirteenth Century*),是一部真正的比较研究著作。布鲁克(C. Brooke)的《中古中期的欧洲,987—1125》(*Europe in the Central Middle Ages 987-1125*)(纽约,1964)一书中,对法兰西、英格兰和日耳曼均有叙述。关于法兰西,参见*福特尔(R. Fawtier)的《法兰西卡佩王朝诸王》(*The Capetian Kings of France*)(纽约,1966);*邓巴宾(J. Dunbabin)《形成中的法兰西》(*France in the Making*)(牛津,1985);奇布诺尔(M. Chibnal)《奥尔德里克·维塔尔的世界》(*The World of Orderic Vitalis*)(牛津,1984);以及哈兰(E. E. Hallam)的《卡佩的法兰西,987—1328》(*Capetian France,987-1328*)(纽约,1980)。论述盎格鲁—撒克逊英格兰的佳作是斯坦顿(F. M. Stenton)的《盎克鲁—撒克逊的英格兰》(*Anglo-Saxon England*)(牛津,1943)和*怀特洛克(D. Whitelock)的《英语社会的开端》(*The Beginnings of English Society*)(哈芒斯沃思,1952)。亦见奥利森(T. J. Oleson)的《忏悔者爱德华在位时代的咨议院》(*The Witangement in the Reign of Edward the Confessor*)(多伦多,1955)。关于诺曼征服的影响,在*道克拉斯(D. C. Douglas)的《征服者威廉:诺曼人对英格兰的影响》(*William the Conqueror:The Norman Impact upon England*)(伯克利,加州,1964)一书中得到了评估;斯坦顿的《英格兰封建主义的第一个世纪,1066—1166》(*The First Century of English Feudalism, 1066-1166*)(第二版,牛津,1965);以及*洛因(H. R. Loyn)《盎格鲁—撒克逊英格兰与诺曼征服》(*Anglo-Saxon England and the Norman Conquest*)(第二版,伦敦,1991)。简明的概览,可以参见威廉姆斯(A. Williams)《英国人与诺曼征服》(*The English and the Norman Conquest*)(罗切斯特,纽约州,1995);以及巴洛(F. Barlow)的《威廉一世与诺曼人的征服》(*William I and the Norman Conquest*)(伦敦,1964)。*塞尔斯(G. O. Sayles)的《中世纪英格兰的根基》(*The Medieval Foundations of England*)(修订版,伦敦,1950),洛因(H. R. Loyn)的《盎格鲁—撒克逊英格兰的统治,500—1087》(*The Governance of Anglo-Saxon, 500-1087*)(斯坦福,加州,1984),对萨克森和诺曼人时期都有所论述。怀特洛克(D. Whitelock)的《英格兰历史文献,约500—1042年》(*English Historical Documents c. 500-1042*)(伦敦,1955)是一部集全部盎格鲁—撒克逊编年史大成之作,亦包括了巴约挂毯的复制品。更简短一些的文献选集是*布朗(R. A. Brown)的《诺曼征服》(*The Norman Conquest*)(伦敦,1984)。关于日耳曼及其帝国,参见*巴勒克拉夫(G. Barraclough)的《近代德意志的起源》(*Origins of Modern Germany*)(第三版,牛津,1988)和《中世纪的日耳曼》(*Medieval Germany*),共两卷(牛津,1938)。第二卷是一部由德国历史学家撰写的论文集。有一部较老的,但颇为详尽的著作是汤普逊(J. H. Thompson)的《封建制度下的日耳曼》(*Feudal Germany*)(芝加哥,1928)。亦见利塞尔(K. J. Leyser)的

《早期中世纪社会的统治与冲突：奥托的萨克森王朝》(Rule and Conflict in an Early Medieval Society: Ottonian Saxony)(布卢明顿，伊利诺伊州，1979)；弗莱克斯坦(J. Fleckstein)《早期中世纪日耳曼》(Early Medieval Germany)(纽约，1978)；以及哈弗卡普(A. Haverkamp)《中世纪日耳曼，1056—1273》(Medieval Germany, 1056-1273)(牛津，1988)。坎特罗维茨(E. Kantorowicz)的《国王的两个机构》(The Kings Two Bodies)(普林斯顿，新泽西州，1957)一书，论述了早期帝国的神权政治的思想体系。

第十一章 教会的改革

假如来自某些遥远国度——比如中国或印度——的一位异乡人访问地中海地区,以探究 11 世纪早期西方边远地带,他会发现"西方文明"的三个伟大中心。它们是,穆斯林的科尔多巴、穆斯林的开罗以及东正教的君士坦丁堡。假如因其古代荣耀的缘故,这位异乡人碰巧去参观罗马,则他只会发现一座废都,那里的堕落贵族集团为权力而卑劣地争斗着。那里也有一位地方主教,他拥有了不起的祖上的荣光,但此时只是碰巧拥有权力的一个派别的首脑而已。

在加洛林帝国解体后,西部教会达到了腐败与混乱的顶点,其中大多数可能就发生于罗马首都。随后一次普遍爆发的宗教热情复兴了基督教会制度的组织结构,并把教会提升到更高的精神和道德的水准上,这一时期的改革使教会在 12、13 世纪的文化中产生领导作用。

这些改革也导致了帝国与罗马教廷之间的一项斗争,这有助于形成日耳曼和意大利未来的历史。11 世纪罗马教廷明确地否定了皇帝神权政治的传统,这一传统在日耳曼人的帝国就已经确立,并且也是邻近的拜占庭和伊斯兰文明的特征。教会与国家之间的某种紧张关系,以及许多宗教领袖对改革和更新基督教社会组织结构的不断思索,仍将是西方文明所具有的特征,贯穿于整个中世纪和后来很长一段时间。在这些方面,11 世纪的教会改革运动标志着西方社会历史的一个转折点。

33. 分裂与改革

在 9 世纪中叶查理曼帝国瓦解的一段短暂时期里,教会领袖们试图在西欧的土地上维持某种程度上的秩序和教规。以兰斯(Reims)教区的大主教兴克马(Hincmar)为首的法兰西大主教们在取得某种成功之后,试图控制法兰西国王的行动,并且试图使自己成为政治争端中的最终主宰者。当时的罗马教廷产生了其最有影响的一位教皇——尼古拉一世(Nicholas I,858—867 年在位)。在与拜占庭教会有关教长佛提乌的选举问题的争端中,他强有力地再次坚持了罗马教区的最高权力。[1] 在与洛林国王洛泰尔二世(Lothair II,855—869 年在位)的斗争中,他也强硬地强调教廷对于世俗统治者道德品行的裁决权。尼古拉一世粗暴地制止了洛泰尔二世举行非法的第二次婚姻的行为,迫使他请回了

---

[1] 参见第 234—236 页(边码)。

他的前妻,并罢免了两位宽恕国王罪过的日耳曼高级主教。记载这些举动的文字材料给了人们一个夸大了的9世纪教皇真正权力的印象,但它们为后来的教皇在未来的冲突中提供了重要的先例。

另一种有价值的判例集——这一次是伪造的——是同一时期里在法国编造出来的。法兰西主教发现他们自己处于大主教如兴克马(他视他们为臣仆)以及当地封建贵族的强大压力之下,亟须汇编一部教会法,切实肯定地规定只有教皇能罢免主教,并且主教的土地不受世俗统治者的影响。由于在高卢图书馆中找不到这样的教会法,一位勤奋的北法兰西教士决心制作一部。他的方法是伪造一些书信,并把它们硬加到最早基督时代的具有半传奇式的教皇们的身上。然后把这些赝品与真正的教皇敕令集混放在一起,而这整部全集被说成是出自7世纪塞维利亚的圣徒伊西多尔之手。伪造者的初衷是为了捍卫主教统治的独立性,反对当地世俗者和教会的干涉。他这项工作的主要影响是提供了一系列支持教皇在教会内的最高权力的材料,这些材料显然远远早于教皇利奥一世(Leo I,440—461年在位)真正提出教会这些要求的时间。这部《伪教令集》在中世纪期间被当作真品而被普遍接受,并被编进后来的许多教会法中。

强有力的教皇尼古拉一世只是使教皇的权力暂时得到恢复。他死后,实际上教廷与整个西部教会全都陷入了腐败不堪的状态,这是由于当时发生的暴力和混乱所造成的。当时的意大利在政治上是分裂的。西西里和意大利的西南部被穆斯林统治着。亚得里亚海地区留有拜占庭在意大利残存的领地——少数实际上是拜占庭的兵营,另一些则是处于拜占庭影响之下的独立小国。教皇统治着中部意大利,北部有一个实际由自治城市和公爵领地组成的独立王国。虚有其名的"意大利的国王们"统治的地区很少超出波河流域的范围。

教廷处于一个特别脆弱的地位,罗马和教皇国不断受到来自西西里的穆斯林入侵的威胁,没有一个强有力的国王或皇帝能保护他们。只有当某位有权势的当地贵族能够提供城市的防卫时,教皇才是罗马公民的统治者。在这种环境下,教廷被主要当作一个世俗的机构,当作一个奖品,罗马贵族党派为得到这种奖赏而相互斗争。10世纪早期的教皇只是贵族派系斗争的首领——并且常常是其中不体面的首领。著名的狄奥菲拉克特(Theophylact)家族统治罗马达半个世纪之久,并任命了一批无能的教皇,他们的无能在因淫荡而臭名昭著的约翰七世身上表现得最为充分。956年约翰七世在16岁时就成为教皇,一直统治到963年。皇帝奥托一世对他的一连串艳俗的犯罪提出控告,直到将其废黜。11世纪在日耳曼人相当短暂地统治罗马的时期,由日耳曼皇帝任命教皇(其中大多数是明智、善良的人)。而在罗马贵族控制这个城市的更长的时期,则由罗马贵族选择教皇(通常是极其可恶之流)。这时的教廷在其尊严与精神权威方面下降到了最低点。

与此同时,全欧洲教会蒙受了维金人、马扎尔人、萨拉森人入侵的严重损害。在爱尔兰和英格兰西部沿海,凯尔特人的大修道院因维金人的骚扰而几乎毁坏殆尽。在法兰西虽然许多修道院被保存下来,但它们也遭到严重损坏。日耳曼的情况也是大同小异,直到奥托王朝崛起。此外,在整个法兰克人王国,世俗的领主利用混乱局势趁机侵占教会土地。

为了生存下去,教会必须与世俗贵族建立一种密切关系,只有权力才能提供保护,高级教士常常成为国王或一些大领主的附庸,还必须履行通常的封建义务。但由于一个高级教士不能杀人或宣判别人死刑,他就不能正当地领导骑士队伍去作战,也不能执行一个世俗法官的职能。虽然有一些尚武的主教——一些主教基于"敲碎人的脑袋不等于使人流血"的原则在战场上使用权杖——但大多数主教寻找一些其他的方法以履行封建义务。一个高级教士通常选择一个世俗的领主做自己的"拥护者"(advocate)。这个拥护者在战场上率领高级教士的骑士团作战,并代其履行世俗司法职责,教会以一个采邑或一些其他报酬——如以法庭强收的罚金——作为给他们的回报。有些时候,世俗"拥护者"开始控制教会,而且这些大领主自然希望不受任何干涉地指定他们喜欢的主教和修道院院长。与教皇世俗化同步地,主教统治在精神上的高级职能也成为封建统治的附属物。

同样的事情也发生在一般教区。起初,主教和教士住在建有大教堂的城市中,从那里向周围的农村布道。在法兰克人入侵罗马高卢早期,乡村教会开始建立,随着欧洲四分五裂,变成一些小块的半独立的采邑,这一过程加速进行。领主对于其采邑的宗教和世俗方面的事情,全部都想控制在自己手里。他建立教会,在划给教会的土地上征收什一税(即根据教会法律,全部农产品的十分之一要交给教会)和土地税,任命一位教士,支付给他维持生活所必需的最低费用。这样来自什一税和教区土地税的收入,成为领主收入的一项重要来源。而另一后果却是,作为基督教结构中相当重要部分的农村教区系统得以建立。

修道院也落入俗人的控制中,既然每个本笃会修道院都是独立的,那么其会规几乎完全由修道院院长制定,而修道院院长可能是由世俗领主根据实际的政治意图选择任命的。事实上在10世纪的法国,一位基督教会的代表关心的是这一机构的精神职责,但一般而言领主成为名义上的主教并享受教会的收入。

由封建贵族出任的主教和修道院院长,或由世俗领主所雇用的教士都不可能是热忱的宗教领袖。封建时代早期教士纪律标准出现了普遍的衰退,根据西方的基督教会法,教士应该保持独身,并且生活简朴,但这些要求在欧洲任何地方都没有非常严格地执行。在盎格鲁—撒克逊的英格兰教区,教士甚至更高一级教会的神职人员可以结婚,并把他们的神职通过继承方式传给他们的儿子,这都是很普遍的。虽然在欧洲大陆,教士的女伴很少被认作妻子,但相当灵活地被允许存在。这个问题不单纯是一个道德问题,一个有家庭的教士,无论世人是否认为他的子女合法,他极有可能用教会财产资助其子女。另一个当时普遍的罪恶行为是圣职买卖(simony)——出售教会职位。由于基督教会的职位被看作收入的主要来源,它们被丑恶地按级出售,常常是出售给那些最不胜任的候选人。对教会改革者来说,教士结婚与圣职买卖这两项罪恶是当时所有邪恶中的典型。它们似乎象征着精神价值从属于正在腐蚀着整个教会生活的物质利益之下。

尽管宗教热情的程度普遍降低,但总有一些虔诚的教士清楚地看到了当时的邪恶并决心革除这些弊端。10世纪初,一批这样的人成功地开创了一个以修道院改革为主的运动。910年,他们说服阿基坦的威廉公爵建立了克吕尼(Cluny)修道院。在基本章程中订立了各种条款,希望克吕尼能避免其他修道院的弊病,能担当全体修道院改革的先驱。克吕尼不拥有以封建劳役为交换的土地。所有给修道院的馈赠都无条件地作为奉献,修道院仅以做弥撒和祈祷回馈施主。基本章程还坚持了教士有权选择自己的修道院长,修道院有权不受所有当地教会的控制。克吕尼直属于教皇,由教皇授权,这意味着这一团体实际上是独立的。[1]

这些措施的产生使改革成为可能。然后一个革除修道院罪恶根源的尝试开始实行了。这些罪恶根源之一是游手好闲。手抄原稿和绘制插图的工作部分地代替了旧规章中提及的体力劳动。但没有让全体修道士有足够的事情做。克吕尼创始者的解决方法是相对降低本笃会生活中的两个传统因素——个人祈祷和生产性的工作——的重要性,同时大量增加用于共同礼拜仪式的时间。

克吕尼的创始者自然希望其他修道院也在同样基础上建立起来,并希望已建立的修道院接受克吕尼的管理。这里他们打算避免当时修道生活的另一个恶行——对修道院缺乏有效的监督。克吕尼修会只设一个修道院院长,即克吕尼的修道院院长,其他分会都受其管理。修道院院长具有惩戒所有分会的基本责任,并希望经常检查它们。克吕尼在连续几位伟大的修道院院长的掌管下,以惊人的速度发展起来,建立了许多分会,最高傲的法兰西本笃修道院接受了它的管理。此外修会保持着很高的教规水准,克吕尼修道院成为遍布西欧绝大部分地区的许多分会组成的基督教帝国的首脑。

虽然克吕尼的修道院生活的复兴是10世纪波及最广泛的改革运动,但绝不意味着它是唯一的改革运动。在英格兰,一个独立的修道院改革运动在埃德加(Edgar,959—975)国王的支持和圣邓斯坦(St. Dunstan)修道院的推行下开展。法兰西的许多修道院按照克吕尼的模式进行改革,但没有参加修会。在北

---

[1] 《资料》,no. 36。

意大利的许多城市,世俗敬虔运动正在发展,参加者激烈批评教士腐败。另一个非常重要的改革中心是洛泰林吉亚(Lotharingia,洛林),由主教和修道院一起着手实行,得到了奥托王朝国王们的支持,改革者企图同时在主教辖区的教士和修道院中提高基督教徒的生活水准。以洛泰林吉亚的戈斯(Gorze)大修道院为修道院制度改革的中心,其影响仅次于克吕尼。

11世纪中期以后,这些运动合并成一个由教皇领导的伟大的国际改革运动。这一教会的改革运动可以在最直接的字面意义上称之为具有划时代的意义。它改变了中世纪教会的结构,还深深地影响了后来的西方制度史。我们已经看到了到11世纪初,教廷已陷入凄凉状态。但是尽管教皇个人软弱,罗马仍然在基督教世界中作为圣彼得之城而受到崇敬。教皇在教会中的领导地位事实上已没有什么作用,但在理论上没有人对它提出质疑。一些伟大教皇如利奥一世和格列高利一世的书简,仍然保存在教皇档案馆中,其中包含了他们为罗马教廷要求最高权力的内容。如果有一批能够恢复他们伟大先辈传统的教皇出现,那么罗马自然会成为一个普遍的改革运动的中心。

日耳曼皇帝亨利三世使这一教皇世系地位的确立成为可能。1046年,他到罗马举行帝国加冕仪式,看到了一件甚至在当时也是非常丑恶的事件。有三个候选人都宣称是合法的教皇,其中之一是格列高利六世,他是一个热心的改革者,其余两位仅是宗派领袖。亨利并没有试图解决他们各自复杂的权力关系,而是把他们三个全部废黜,代之以一个他自己的日耳曼主教当教皇。这位教皇及其继承者,另一个日耳曼人,分别只统治了几个月,但亨利的第三位教皇利奥九世却从1049年统治到1054年,在这五年里他成功地使教廷在新的改革运动中树立起领袖地位。他不像克吕尼运动那样,仅仅以建立让自己与世隔绝以过平静的基督教生活的修道士团体为目标。毋宁说这位教皇的目标是改革世界。通过坚持独立的宗教法规和系统消除所有圣职买卖来清洗主教和修道院的教士,然后由真正的宗教精英分子组成的教士引导和教化世俗群众。

利奥九世是皇帝的表兄弟,曾是洛泰林吉亚改革运动中心主教辖区的主教。作为一个教皇,他首先显示出是一个出色的教会组织者。在这个角色上,他的主要成就是建立了枢机主教(cardinals)机构,枢机主教从那时起就在罗马教廷中扮演了重要角色。实际上枢机主教这一名称早就存在,但它仅是对一些在城市的大教堂中主持礼拜仪式的罗马高级教士的尊称。利奥九世通过在欧洲各地任命杰出的改革者担任罗马教会的枢机主教,改变了枢机主教这一圣职的性质,用这些人做他最信任的顾问和管理者。利奥九世的枢机主教中有三位特别重要。希尔德布兰德(Hildebrand)后来成为教皇格列高利七世,曾经担任过格列高利六世的秘书,而格列高利六世在1046年被皇帝免职。来自洛泰林吉亚的一位教士亨伯特(Humbert)成为改革运动的主要理论家,他是一位教皇权威的狂热卫道士。彼得·达米安(Peter Damian)是一位意大利教士,作为一位苦行主义者和热情的布道者曾赢得过很大的声誉。他坚决反对当时教会中的弊端,但其政治观点则是保守的。

在这些人的帮助下,利奥九世在罗马召开了一系列宗教会议,制定直接反对圣职买卖和教士结婚的新教令。然而,教皇对仅仅在罗马颁布这些新教令仍不满意,他希望这些新教令能够真正切实施行。他对罗马教会进行重新组织,同时进行的第二项改革是游历欧洲,在主要基督教中心举行会议,以宣传和推行新的改革教令。单单在1049年教皇就主持了在罗马、帕维亚、美因兹和兰斯举行的宗教会议。以后的旅途中又在奥格斯堡、雷根斯堡和特里尔(Trier)召开宗教会议。所有邻近地区的主教和教士们都被召集参加这些会议,每到一地都宣布改革教令,听取对那些靠买卖而获得圣职的高级教士的指控。有时主教被就地免职,有时被召到罗马做进一步的审讯。可以看到教皇的立法和审判权力在阿尔卑斯山以北的国土上,以数世纪中未有的形式有效地进行着。

利奥处理东部教会的事务则不太成功。当罗马教会与君士坦丁堡之间因南部意大利某些有争议的领土而不和时,教皇利奥很不幸地选择了鲁莽的枢机主教亨伯特作为使节前往君士坦丁堡。亨伯特没有进行任何谈判协商的努力,只是递交了一份教皇主张绝不妥协的声明。一旦声明没有被完全接受,他就抛出对东部教长的绝罚。愤怒的民众因此驱逐使节出城。希腊和罗马教会之间的疏远隔阂,在这一事件中得到突出体现,而且逐渐加剧为一种正式分裂,直到今天还没有和解。

尽管在东部遭到失败,但是利奥确实有效地重申了教皇在西部教会的领导地位。当1054年利奥去世时,他身后留下了一个有能力的罗马改革者集团,他们做好了充分的准备以继续他的工作。

34. 从改革到革命

帝国和教廷间的和谐关系并没有维持很久。双方因为主教叙任权之争而又起冲突。近来流行将此事件描述成一次教皇的革命,这的确是对西方制度已有结构的一次激烈挑战。

当罗马改革者开始反对在早期支持其改革运动的帝国权威时,"革命"就开始了。1056年皇帝亨利三世驾崩,留下了一个年幼的儿子亨利四世继承王位。在这位年轻王子漫长的未成年期间,对帝国权力不满的迹象首次出现在罗马的改革家中,不久他们的不满转变为仇恨的敌意。这个问题被卷入了紧接着发生的一场斗争中,要理解它,我们必须回顾一下11世纪中叶帝国政府的组织方式。亨利三世授予他的主教以巨大的世俗权力和财产,但他自己挑选主教,把他们当作皇家的仆从,他们的支持成为政府稳定的基本因素。在法兰西和英格兰或多或少也存在着同样的情况,几乎不存在精神世界与世俗政府分开的想法,国王任命主教,而主教统治世俗的行省,一个王国就是由国王统治的一个统一的教会国家。王室任命高级教士并未被视作一种弊端,而得到了被广泛承认的王室神权政府教义的证明(在9到10世纪混乱期间,教士自身对这种教义做出了阐释,当时较强大的国王似乎是取代混乱局面的唯一方法)。英格兰的加冕仪式把盎格鲁—撒克逊国王比作摩西、约书亚、大卫和所罗门,奥托和萨利安王朝的皇帝们作为上帝在尘世的代表而受到拥戴。11世纪的国王不仅仅指派主教,还实际用"授予"象征主教权力的戒指和权杖的形式向他们选中的人"授予"教会圣职。改革家们开始向这一俗人授职权的惯例挑战。这种举动,即是他们向整个国王权力的基础提出了挑战。

提出挑战几乎是不可避免的。转而对早期教会的教令感兴趣的改革者们付出了大量精力收集古代教规,以此作为他们自己纲领的指南。他们找到了大量经文(真本和伪本)以证明教皇在教会中的绝对权威,而很少有支持国王权力的证明。根据早期教会法,主教被认为应该是按教规选出,并在其他主教的拥戴下就任圣职。盛行的俗人授职权惯例并没有教规基础,正如枢机主教亨伯特在一篇写于1055年左右的论文中所指出的那样:"分派教会圣事和主教荣光——亦即使教会任命基本生效的权杖和戒指——的权力,俗人怎么配承担呢?"然而俗人授职权的缺陷还不仅仅是一个教规理论问题。如果所有教会的主要圣职,包括教皇本身都由世俗国王——他可能是理智、负责的基督徒统治者,也可能不是——随心所欲地任命,那么就不会产生直接由罗马发起的持久、有效的改革运动了。亨利三世曾经做出了审慎、明智的任命;而他的前任康拉德二世就做出了极坏的、臭名昭彰的榜样。没有人能知道亨利四世成年后统治其王国时,将采取什么样的方针。

对改革者们来说,最重要的事情是他们应该保持对教皇职位的控制。因此,在尼古拉二世(Nicholas II,1059—1061年在位)短期任内的1059年,在罗马的一次大公会议上宣布了一条教令,调整教皇选举的方法。新的选举方法排除了世俗罗马贵族各宗派和帝国政府参与选择未来教皇的资格,把教皇的推举委托给罗马教会的枢机主教。[1] 这一制度经过各种程序上的修改,从此一直存在。假如这一大胆的改革遭到粗暴的抵制,尼古拉二世准备就此与半个世纪前已在意大利南部定居的诺曼武士联手合作。[2]

在宣布教皇选举法的同一次会议中,还含糊地宣布以后教士不能从俗人手

---

[1] 《资料》,no.36。
[2] 参见第256页(边码)。

中接受教会,但并没有试图坚持这条教令,也没有写出它的精确含义。另一方面,这条涉及教皇的教令紧接着在1061年教皇一职空缺时就生效了。枢机主教们推选一个名叫亚历山大二世的伦巴第改革家任教皇,在诺曼人的支持下,他在罗马就职,经过两年的犹豫,日耳曼的主教和帝国摄政者终于承认他为教皇。亚历山大二世在位长达12年,为改革者们此前实现的成果提供了一个重要的巩固时期。

他们的另一个主要目标是扩大教廷在整个教会中的权威。教皇的使节不仅活跃于日耳曼、法兰西,而且也活跃于基督教王国的边远地区,如斯堪的纳维亚、匈牙利、西班牙。在所有这些国家,教皇的使节主持了地方教会的宗教会议,在会议上宣布了新的改革教令。在这期间,教皇每年春天在罗马主持一次大公会议也成为惯例,这种大公会议由意大利当地的主教和那时正巧在罗马的外地的高级教士参加。

在教皇亚历山大二世(Alexander II,1061—1073年在位)相对稳定的统治时期内,发生了两件大事。改革者中最激进、最猛烈的希尔德布兰德成为罗马占有支配地位的人物,而在日耳曼,年轻的亨利四世(Henry IV,1056—1106年在位)也逐渐长大。无论怎样,在经过改革的教会和帝国政府之间很有可能发生一项争端,而这场严峻、激烈的斗争,实际爆发则部分取决于这两位对手的个性。亨利四世认为在他漫长的未成年时期,他的皇帝权力已因日耳曼诸侯的侵略而受到严重削弱,他需要日耳曼主教们的支持,且不打算让一位外国教皇来干涉他选择自己想要的、为其个人服务的自由。无论如何亨利都不会与教会改革的事业一致,他不想用教士独身的狂热思想去干预他满意的已婚教士们,他的目标是重建皇权,至于其他任何事情都要服从这一目标。

另一方面,希尔德布兰德在1073年成为教皇,即格列高利七世,他是一个狂热的改革者,深信自己是上帝挑选出来使教会纯净的工具,相信只有彻底粉碎皇帝对教会任命的控制,持久的改革才能继续下去。希尔德布兰德并未意识到这种要求所隐含的政治含义。他认为他是上帝的代表。如果一个国王敢于反抗他的神圣使命,那对一个国王来说是非常糟糕的事情。对希尔德布兰德最明显的指责是他不满足于教士仅仅作为精神权威,他试图使自己成为当时欧洲的最高统治者,然而这个想法似乎过于简单了。他不那么看重当时统治者的权力,也不想得到它;而是藐视世俗权力,并拒绝承认其有任何值得重视的内在尊严或实际权利。对他来说,国王和封建诸侯基本上就是执行警察的功能,他们有责任使用强制力量达到教会所规定的目的。当希尔德布兰德被人指责企图篡夺王权时,他对这种指责似乎真的感到迷惑不解与愤慨。他并不垂涎于警察的职位,他认为这种职位有损于自己的尊严。

1073年亚历山大二世去世后,希尔德布兰德首先被罗马人民拥为教皇,随后正式由枢机主教们选出。在他当选之前,教廷与亨利国王的关系已经变得非常紧张。甚至在温和的亚历山大二世统治下,亨利的五个主要大臣因从事恶名昭彰的圣职买卖而被开除教籍。争端的爆发还涉及米兰的一次选举,在那里教皇和国王各自支持敌对的候选人担任主教,对双方来说,米兰是最重要的。米兰的主教是该城市的统治者,如果要在意大利北部重新建立帝国的统治,皇帝就必须控制这个伦巴第平原上最大城市的统治者。然而圣安布罗斯曾任职的米兰在意大利是仅次于罗马的重要教区。如果改革家要使按教规选举主教的原则不流于空谈,就必须使之应用于意大利各地。

希尔德布兰德现在是教皇格列高利七世,当选后不久就写信给亨利国王,严厉地命令他改正在日耳曼的做法,停止对米兰的干涉。当时亨利正被萨克森发生的一次重大反叛所困扰,只给予了一个安抚性的答复。1075年2月格列高利在罗马主持了一次宗教会议,会上颁布了以后主教与修道院院长不应受世俗君主授职的教令。此后不久,格列高利在他的正式公文上写下了一系列涉及教皇权力的建议,它们通称为《教皇敕令》(*Dictatus Papae*)。它们包括下列这些主张:

所有君王要亲吻教皇的脚。
教皇可以废黜皇帝。
任何人都不能指责教皇。[1]

这些主张连同关于主教叙任权的教令,对帝国政府所有既有理论和实践提出了重大挑战。亨利不打算遵循新教令。1075年夏,他取得了对萨克森的一次重大胜利,秋天他重新开始支持帝国在米兰的候选人。事情很快变成一次危机,格列高利七世写信给亨利威胁说要革除他的教籍并废黜他。国王则以召开日耳曼主教参加的宗教会议作为报复,会上宣布格列高利是一个依靠武力获取教皇职位的篡位者,侵占亨利的国王权力,更进一步证明他与教皇职位不相称。这一会议的消息在1076年2月传到罗马,格列高利七世立即将他的威胁付诸实施,庄严地行使由基督教授予彼得的"约束和赦免"的权力,宣布亨利被革除教籍并废黜了他的国王职位。这是一次古老的圣彼得经文的革命性的运用。[2]

教皇的举动在日耳曼产生了直接而显著的效果,诸侯总是对强大的君主专制制度感到厌恶,亨利四世在萨克森的胜利已经使他的权力过分膨胀,超出了他们所满意的程度。诸侯们高兴的是有了一个反叛的借口,即使原先支持亨利的主教们也被教皇亲自宣布的革除教籍的严重判决感到震动与惊愕。国王发

---

[1]《资料》,no. 37。
[2]《资料》,no. 38。

现自己已被所有的支持者们所抛弃了,必须对诸侯们的要求做出让步,只得同意于 1077 年在奥格斯堡由教皇主持召开贵族与主教参加的帝国议会(Diet)。亨利将在那里向教廷屈服,然后议会将决定他是否适合恢复国王职位。在格列高利七世看来,这是一个使人高兴的前景。然而亨利通过一个使个人蒙羞但在政治上十分有利的行为,打乱了这一安排。

当 1076 年 12 月教皇为参加事先拟定的议会而北行时,亨利翻越阿尔卑斯山,在卡诺沙(Canossa)面见教皇一行,在那里国王赤足扮演成一个卑下的悔罪者,逆来顺受地忏悔他的罪孽,祈求宽恕,格列高利七世竟让国王在外面等了三天,才心满意足地接纳了他的请求。对一个教士来说,面对一个表示悔过的人,给予宽恕是处理的既定方针,但这证明是一个策略上的大错,一旦亨利四世从教皇革除教籍的判决中得到豁免,他在日耳曼再次成功地建立了一个支持他的宗派。继续反对国王的诸侯感到教皇与亨利四世达成私人协议,这是对他们的背叛,于是他们不与教皇协商,就推选了个敌对的国王鲁道夫(Rudolph)。奥格斯堡的议会未能举行,随后三年日耳曼陷入了一场激烈的报复性的内战。

格列高利七世在其即位之初,试图在法兰西、英格兰和日耳曼实施改革计划。法兰西国王腓力一世是一个昏君,一个恶名昭彰的圣职买卖者。他买卖圣职的各种做法中最典型的例子,是关于一个虔诚的修道院院长的故事。这位修道院院长是腓力的一位密友,他请求腓力支持他以候选人身份当选主教,腓力回答说他喜欢这位修道院院长,他将为他物色一个显赫的主教职位。但这位修道院院长没有多少钱,无论如何也不肯购买圣职。而另一方面,腓力已答应王后,以出售主教职位得到的钱购买宝石,最后国王有了一个解决办法,让新任主教答应在一年内支付获得主教教座所需的钱,等王后一拿到钱,腓力就指控这位主教买卖圣职,把他免职,同时确保那位高尚的修道院长取得教座。像这种行为自然激怒了格列高利七世,1075 年他威胁要革除腓力的教籍,但当时教皇卷进与亨利四世的斗争,作为权宜之计,暂缓对法兰西国王采取行动。

在英格兰则情况完全不同,号称诺曼底公爵的威廉,一度曾是改革运动的朋友。他坚决要在其英格兰王国继续任命主教,当然基本上他任命的是一些虔诚的主教。当格列高利七世发布教令反对俗人授职时,威廉拒绝让这条教令在他的王国内颁布。格列高利七世再次指责威廉,但没有革除他的教籍。

经过三年的犹豫不决,1080 年教皇格列高利终于决定支持日耳曼内战中亨利四世的敌人鲁道夫,第二次革除教籍并废黜了亨利国王。然而这一次格列高利的行动却挑选了一个错误的时机。就在教皇宣布支持鲁道夫时,亨利在战争中已开始取得上层贵族的支持。在 1080 年的战争中亨利打败并杀死了他的对手。鲁道夫被处死后,亨利转而对教皇发起进攻。他重新指责格列高利七世是

主教叙任权之争
亨利四世在卡诺沙恳求克吕尼的修道院院长休和托斯卡纳的女伯爵马蒂尔达帮助他获得教皇格列高利七世的宽恕。拉丁原稿4922,编号49r.,藏于罗马梵蒂冈图书馆。*Graudon/Art Resource*, NY

一个篡位者,随后他任命了一位不是按教规选出的教皇,并入侵意大利。经过反复围攻,1084年帝国军队占领了罗马。亨利在圣彼得教堂内由他自己任命的教皇加冕称帝,当时格列高利七世正在几百码之外坚固的圣安吉洛(St. Angelo)城堡中避难。教皇在那里请求他的同盟者——意大利南部诺曼人——的帮助,诺曼人推进到罗马后,帝国军队从罗马撤退。格列高利七世及时地得到解救。

但诺曼人以野蛮残暴而著称,他们在这里完全展现了这一点。他们发现罗马完全任其摆布,于是在撤回南部前把罗马城洗劫一空,并劫持教皇。几个月后格列高利七世去世,他确信他的所有努力都已失败了。

事实上战争还未结束,亨利在位的晚年常常为日耳曼诸侯中不断爆发的叛乱所困扰。在重建他父亲那样强大、稳固的君主政体方面,直到1106年他去世时为止也没有获得成功,当时他自己的儿子亨利五世正领导着一次反对他的叛乱。同时在诺曼人的支持下,教皇重新占领罗马。乌尔班二世(Urban II, 1088—1099年在位)有力地重申了格列高利七世改革计划的要点,包括谴责俗人授职权。法国的腓力这时则受到了被长期延误的、但罪有应得的革除教籍的判决。坎特伯雷大主教圣安塞姆(St. Anselm)把对主教叙任权的斗争推进到英格兰。1100年即格列高利七世第一次颁布教令的25年以后,他提出的这一问题仍然悬而未决。

到12世纪初期,叙任权之争刺激了一批国王与教皇权力论争的文章的诞生,实际上代表了西方政治理论的再生。国王方面支持者中最激烈的言辞来自一位身份不明的盎格鲁—诺曼人教士,通常以"约克的匿名者"而著称。他辩论说国王和教士双方以不同的方式代表着基督,国王代表基督的神性,而教士仅代表基督的人性。这样国王就比教士伟大,就像上帝比人伟大一样。而在另一极端,日耳曼的一位亲教皇的作者,劳特巴赫的马尼戈尔特(Manegold of Lautenbach)则宣称教廷"高于世界上所有的职位与权力",而国王仅仅是一个管理者,由他的臣民推选,如果他不能完全履行其职责,"就像一个牧羊人"一样,也可以由其臣民罢免。尽管像这样极端的论点对实际解决这一争端没有帮助,但是,经过20年争论,在教皇和帝国双方阵营中的温和主义者开始努力使双方妥协。教会最终关心的是世俗统治者不应授予宗教职位。国王最终关心的是即将成为世俗统治者的主教们应当承认他们掌握的世俗权力来自国王。正如法国宗教法规学者沙特尔的伊沃(Ivo of Chartres)在1097年所指出的那样,这两项要求并不必然相互排斥。伊沃认为可以不反对国王向一位按教会法规选举出的候选人授职,以后每一个人都将懂得国王授予的只是世俗的权力。另一位法兰西作家弗勒里的休(Hugh of Fleury)进一步提出国王在举行皇家授职权仪式时,不应使用戒指与权杖,因为这些象征物与主教的精神职责密切相关。

这些建议指出了一条能够解决争端的道路。教皇与尘世国王之间在主教叙任权问题上后来很快在教皇帕斯卡二世(Pascal II,1099—1118年在位)任内达成协议。1107年坎特伯雷的圣安塞姆和亨利一世在英格兰达成协议,这个结果随即得到教皇同意。这种解决方法是一个主教必须首先按教规选出,然后在他就任主教圣职的仪式之前,必须作为一个封建诸侯宣誓效忠于国王,并从国王那里获得采邑和附属于其职位的世俗权力。国王放弃使用戒指和权杖,但由于他能够拒绝任何一个不合他心意的候选人向自己表示效忠,在选择主教上仍具有决定权。与此同时,在法兰西也做了同样的安排,国王腓力的继承者路易六世(Louis Ⅵ,1108—1137年在位)亦达成协议。

在日耳曼问题仍然存在。1111年亨利五世(Henry Ⅴ,1106—1125年在位)率一支军队占领了罗马,打算取得主教叙任权问题的最后解决,为他的帝国加冕仪式做准备。教皇帕斯卡二世认为与英格兰和法兰西取得一致仅仅是暂时的让步,现在他提出了符合自己意愿的解决方法。这是一种非常激进的主张。国王声称有权任命主教,是因为主教领有世俗土地,能行使世俗权限,于是教皇建议主教放弃他们所有的封建土地和世俗权力。他们将重新成为单纯掌管灵修的教士,这样国王就没有理由干涉主教任命了。历史学家阿诺德·汤因比(Arnold Toynbee)曾经指出:如果教会走这条道路,大概早已把整个基督教世界团结成一个强大的精神帝国了,这样的话,以后整个西方文明将发生变化。虽然帕斯卡二世的建议对近代历史学家是有吸引力的,但是实施的可能性却一点也没有。帝国的主教们并不打算放弃他们的财富和权力。毫无疑问,其中的一些人只受世俗考虑的驱使,但即便他们中间最优秀的人也无法被说服。在封建社会中主教能避免从属于世俗贵族的唯一方法就是让自己像封建领主一样统治。一俟教皇的计划公之于世,日耳曼的主教和罗马枢机主教都予以反对,亨利五世随即把教皇像俘虏一样从罗马掳走,几个月后,教皇这次显然是在胁迫之下给亨利五世以用戒指和权杖授职的权力。但教皇的行为又一次被枢机主教否决,现在局势已变得十分尖锐与复杂,在帕斯卡二世在位期间已无法解决。结束争端的是著名的《沃姆斯宗教协定》(Concordat of Worms),它是在亨利五世与教皇卡利克斯特二世(Calixtus Ⅱ,1119—1124年在位)之间于1122年订立的。所采取的方法除了日耳曼国王有权出席主教的选举仪式这一条之外,与英格兰制定的方法相似。[1]

35. 余 波

目前关于主教叙任权的程序上的争论,斗争的结果是一次妥协。国王放弃他们能够作为上帝的代表直接授予神职的神学主张,但是实际上他们继续任命主教。然而对他们来说,要把品行丑恶、不胜任的候选人强加于教会也已是很困难的了。即使他们强迫选举者选举这样一个人,但上诉到教皇那里常常可以阻止他取得主教职位。当然任命主教的标准,12世纪也得到了明显的改进。

这场斗争的所有参与者都受到了不同的影响。其后果至少在英格兰和法

[1]《资料》,no.39。

兰西是重要的,因为在这项斗争的关键时刻,英格兰的国王相当强大,足以令其贵族支持他;而法兰西的国王又相当衰弱,其贵族认为根本没有起来反叛他的理由。日耳曼的情况显然不同,诸侯正崛起并急于抵制强大而有野心的君主权威,教皇格列高利七世正是在这个时间点提出挑战。如果没有主教叙任权的问题,毫无疑问日耳曼也会发生叛乱,但是如果亨利四世不卷入与教廷的斗争,他一定能成功地镇压叛乱,巩固强大的君主政体,而不是让诸侯利用其统治的大混乱,扩大自己的权力。当亨利五世在1125年绝嗣而死时,当时诸侯们忽略了公爵中最强大的霍亨斯陶芬(Hohenstaufen)家族的腓特烈(Frederick),而选择了比隆家族的后代、萨克森公爵萨普林堡(Supplinburg)的洛泰尔为国王。

洛泰尔(Lothair,1125—1137年在位)靠诸侯而不是任何世袭的权力取得王位,因而他在诸侯面前是无权的。诸侯们在王国的各地加强了自己的权力,他们占有官职和采邑,并且代代相传。他们在其领地上到处建立由忠诚的封臣驻守的堡垒,这种篡权思想自然扩展到政治结构之中,小领主和骑士迫使一小批自由人变成农奴,庄园制度在日耳曼的绝大多数地区已稳定加强。到混乱时代的最后阶段,大法官和他们拥有的裁决权都被诸侯们侵吞了。最后封建制度遍及各地,较小的领主成为诸侯的附庸,诸侯们维持他们采邑中世袭继承的官职与地位。亨利四世在建立一个强大中央集权的全国性的君主政权方面曾有令人满意的表现,然而萨普林堡的洛泰尔至多只能算是休·卡佩(Hugh Capet)式的一个傀儡人物。

在这场冲突中,教廷脱颖而出,大大增强了威信。虽然格列高利七世的改革主张没有被完全接受,但是在教会事务中作为基督教世界最高统治者,其地位再次得到有力的维护并被普遍承认。教皇下一世纪的主要问题是建立一个法律和行政组织,使他们能以自己设想的角色更有效地活动。12世纪初还没有适用于整个欧洲的统一的教会法。再者对教皇来说,得到意大利以外各地情况的资料非常困难,他采取的任何行动都可能既是盲目的,又是迟缓的。改革者试图靠运用教皇使节(papal legates)来克服这一困难。一些使节通常具有革除他们所发现的任何弊端的特别权力,而另一些则被派去解决特殊问题。改革者也欢迎主教和其他高级教士到罗马来访问,特别重要的访问,传统上是安排在大主教被选举出来的时候。从很早时候起,教皇常给非常杰出的大主教授予礼帔(pallium)的荣誉——一条白色的、绣上四个紫红色十字的羊毛带子。按照这一习惯,改革者发现了一个给教皇为大主教选举投反对票的机会,一个亲自下令重新选举高级教士的机会。他们宣布一个大主教只有得到礼帔才能履行其职能,并宣布只有极有力的理由,才能允许他不来访问罗马。这些教廷改革后第一批加强集权的措施被证明是有用的,但还不够,在下一世纪可以看到教皇法律和教皇统治机器的进一步大发展。

由于教会在中世纪历史中产生了这样重要的作用,在主教叙任权之争结束时,概述一下教会的组织是有益的。在教皇和枢机主教之下,教会等级制度中的关键人物是主教。大主教比主教更有权势:大主教的教区比主教的更大、更富裕,他可以听取来自主教法庭的上诉。但是他对主教辖区的内部事务不能有效地进行控制。主教在教会里拥有完全的宗教权力,他能够施行所有的圣礼,还能通过圣职任命礼把这种权力转授他人。他能单独主持按手礼,至少在理论上他能任命其教区中的下一级教士,虽然实际上这通常意味着只是对当地施主的选择表示赞同。主教负责教士的纪律,他能控制其教会的土地,简言之,他是教区之内全体教徒和教会财产的主人,除教皇外实际上他独立于任何更高一级宗教权力机构。根据教会法,主教将由教士和教区的人民选举产生,但实际上只有附属于主教座堂的较高级的教士才参加选举。

教规不仅规定了一个选举团的组成,而且规定了协助主教管理其教区和为天主教会服务的主要干事。教士长(dean)是教规中的首脑,在教区中是次于主教的主要人物。秘书长(chancellor)监督天主教教会学校,颁发布道证书。司库(treasurer)负责财政管理。领唱者(precentor)监督唱诗班,安排教堂的音乐事务。每一教区又划分为被称为副主教管区(archdeaconries)的行政区域,每一个教区通常划分为四个区域,管理这些分区的执事长(archdeacons)是协助主要在低级教士中执行教规的主要官员,由于他们的惩戒作用,他们常常是极不受欢迎的(中世纪的学生常常讨论下面这种微妙的问题,"一个执事长是否可能拯救自己的灵魂")。然而执事长职位是非常令人垂涎的,因为它在教会中是通向更高一级职务的踏脚石。执事长得到乡村议长的协助,在乡村议长之下是广大普遍的乡村教士。教士社会也像世俗社会一样分成等级。主教及其干事和教规成员通常是属于封建阶级的成员,教区神父通常是从农民阶层中提拔的。在教会中一个出身极卑微的人晋升到高级职称不是不可能,但自然也是非常困难的。

除了地位比较高的教士还有许多"低级"的教士。记住这点很重要。这些人接受了削发仪式,置身于教会管辖之下,但他们没有被委任为神父,他们也不打算成为神父,他们服务于世俗和教会的尊贵者,担任文书或其他需要文字能力的职位。最后,欧洲世俗政府的行政秩序,在很大程度上是以教皇政府为模式依靠教士发展起来的。

在考虑主教叙任权之争的一些结果之后,我们最后可以询问:是否真的有一次教皇革命呢?当然一个关于教皇权力的激进意识形态被提出;企图推行此一意识形态而导致的叛乱,改变了日耳曼的历史。教皇格列高利七世不但鼓励贵族们起来反抗其国王,而且怂恿一般人民去拒绝那些不接受改革的教士和主教们。如同大多数的革命一样,此次改革并未完全达其目的;许多旧的秩序规则在革命之后仍然持续,但有些事情已经永远不一样了。

在政治方面,这场斗争最重要的结果,是在西方世界结束了全面接受帝王神权统治为政府一般形式的趋势。但这种斗争结果并没有以教皇神权政治的形式来取而代之。格列高利七世提出有关教皇可以罢免国王的主张,永不会被国王接受,最多只是引起进一步的争论而已。主教叙任权之争决定了以后中世纪政府中将存在一种二元性,一种教会与国家间持久的紧张关系。这决定性地影响了西方法治未来的发展方向,自此以后,不再只有一个以神权之名、要求服从的政府制度,而总是有两套制度,互相牵制对方的权力。这场争论的另一个后果是刺激了某些学说的发展,亦即保有对滥用其权力的君主进行抵制的权利。这在直接反对日耳曼国王亨利四世的作品中表现最为明显,而在枢机主教反对教皇帕斯卡二世的事件中,则指出这一思想在教会中也能找到立足点。

不论是否采用革命这一字眼,很明显地在教皇改革运动的时代,西方历史的方向已有改变。基于这一变革的更为广阔的背景来看,对此一运动的意义才会更明白。1100年之前,人口统计的曲线开始上升。伴随人口的增加,停滞了几世纪之久的商业和商业城市开始再度扩张。新的财富使更复杂的文明得以产生。在生活和思想的各个层面,改革后的教会都做出了重大贡献。与"教皇的革命"相关的最大的变化,是教会对世界的态度的转变。经过此前几世纪的暴动和混乱,虔诚的基督徒有一股自然的冲动,要躲在修道院安全的墙壁后面,逃避野蛮的外在世界。11世纪晚期的改革者受另一种理想的激励,他们要走入世界,重整世界,在早期中古欧洲混乱的社会上重建一个和谐的基督教共和国。在下一章中我们将看到他们的成就。

进一步阅读书目

* 蒂尔尼:《资料》与《读本》,第一册,nos. 36—39;第二册,nos. 22—24。

关于主教叙任权之前的改革运动,参见拉塞尔(J. B. Russell)的《早期中古的分歧与改革》(Dissent and Reform in the Early Middle Ages)(伯克利与洛杉矶,1965);罗斯威(B. Rosenwein)的《犀牛的范围:10世纪的克吕尼》(Rhinocerous Bound: Cluny in the Tenth Century)(费城,1982);考德威(H. E. J. Cowdrey)的《克吕尼和格列高利改革》(The Cluniacs and the Gregorian Reform)(牛津,1970)。关于争论本身,在前所援引的著作中——即R. W. 卡莱尔和A. J. 卡莱尔(导言),W. 尼尔曼(第四章),R. W. 萨瑟恩(第七章),C. 布鲁克(第九章)和G. 巴勒克拉夫(第九章)——做富有价值的阐述。至于有关教会生活一般性的概览,参见 * 萨瑟恩(R. W. Southern)的《中古的西方社会与教会》(Western Society and the Church in the Middle Ages)(巴尔的摩,MD,1970)。* 威廉斯(S. Williams)编的《格列高利的时代》(The Gregorian Epoch)(波士顿,1964),是一部有用的现代学者的文集摘要。亦见 * 蒂尔尼:《教会和国家的危机,1050—1300》(The Crisis of Church and State, 1050-1300)(多伦多,1988);特伦

巴赫(G. Tellenbach)的《主教叙任权之争时代的教会、国家和基督教社会》(*Churh, State and Christian Society at the Time of the Investitute Contest*)(牛津,1940);布曼骚(U. Blumenthal)的《主教叙任权之争》(*The Investiture Contest*)(费城,1988)。*伯尔曼(H. Berman)在《法律与革命:西方法律传统的形成》(*Law & Revolution: The Formation of the Western Legal Tradition*)(剑桥,麻省,1983)一书中强调格列高利运动的革命意义。亦见罗宾逊(I. S. Robinson)《主教叙任权之争的权威和反抗》(*Authority and Resistance in the Investiture Contest*)(纽约,1978);以及《教廷,1073—1198:延续与创新》(*The Papacy, 1073-1098: Continuity and Innovation*)(剑桥,1990)。有关英格兰,参见坎托(N. Cantor)的《1089—1135年英国的教会、王权与俗人主教叙任权》(*Church, Kingship and Lay Investiture in England, 1089-1135*)(普林斯顿,新泽西州,1958)与 Z. N. 布鲁克的《英国教会与教廷》(*The English Church and the Papacy*)(第二版,剑桥,1952)。两部有价值的原始资料汇编是*《格列高利七世的通信集》(*The Correspondence of Gregory VII*),埃默顿(E. Emerton)翻译(纽约,1932),以及《11世纪的皇帝的生活与书信》(*Imperial Lives and Letters of the Eleventh Century*),莫姆森(T. E. Mommsen)和莫里森(K. F. Morrison)翻译(纽约,1962)。

第十二章　欧洲及其邻居

在中世纪西欧成长起来的文明的特征,主要是由内部经济的、政治的和宗教的诸因素所塑造的。但是,中世纪文明的特点及其地理范围也受到欧洲腹地与其邻居——北部和东部边疆以及同时期的拜占庭和伊斯兰的伟大文明——之间关系的影响。要理解12世纪大扩张前夕欧洲的地位,我们首先需要观察这些邻近的地区。

36. 欧洲的边疆:基督教的传播

在850年至1050年的两个世纪中,环绕基督教欧洲的边疆地区的宗教和政治结构发生了重要的变化。最主要的发展是,基督教传播到异教民族,而且他们逐渐融入了扩张的基督教世界的文化之中。这些变迁影响到斯堪的纳维亚国家,东欧的波兰、波希米亚和匈牙利,俄罗斯和巴尔干半岛的斯拉夫民族。甚至在11世纪教会改革运动之前——有时由基督教国王派出的热情的传教使团——就已经在努力将基督教传给这些地区的民族。这种基督教化的进程,通常伴随着永久性王国或者公国的建立,它们作为政治单位残留到现代。这些有时似乎并不突出的事件的总体影响是极其巨大的。它们定形了拉丁基督教世界的未来边界,在该地区将发展出独特的西欧文化。

在维金人活跃的9世纪、10世纪的大部分时期,斯堪的纳维亚各有几乎没有什么政治组织。有一些与盎格鲁-撒克逊的百户区法庭以及地区会议相当的地方民众法庭,称之为"塞恩斯"(things)。也有地区酋长们,在不领兵袭击基督教欧洲海岸之时,就相互发起持续的战争。他们中的某一个酋长可能会偶然地取得相当广泛的统治权,但直到900年左右征服全挪威的金发哈罗德(Harold Fairhair)时代之前,无人能被称为斯堪的纳维亚国家的国王。尽管缺少统一性,然而,斯堪的纳维亚诸民族占据着北欧的广大地区。除了斯堪的纳维亚半岛和丹麦,他们还占有诺夫哥罗德和基辅的俄罗斯人国家,弗里斯亚,诺曼底,东部英格兰,斯塔拉斯克莱德(Strathclyde)的西英格兰王国[1],爱尔兰的大部,法罗、赫布里底、奥克尼和设得兰群岛,冰岛,格陵兰岛的一些定居点。这是他们扩张的高峰。

接受基督教(约900年)的第一大批斯堪的纳维亚民族,是定居在东部英格

---

〔1〕英国历史上的不列颠土著王国,其首都为邓巴顿。Strathclyde这一名称是9世纪或10世纪才开始使用的。他们在6世纪已经信奉基督教。870年维金人蹂躏并破坏了邓巴顿。10世纪后半期,它归属苏格兰王国。——译者注

兰的丹麦人和诺曼底的维金人。甚至在此之前,826 年,国王虔诚者路易已派遣僧侣安司加尔(Ansgar)作为传教士前往斯堪的纳维亚。安司加尔在丹麦和瑞典传道不太成功,随后他成为了不来梅(Bremen)大主教。其继任主教继续进行改宗的工作,且得到了来自英国的传教士的帮助。在 10 世纪后半期和 11 世纪前半期,三位伟大的国王——丹麦的蓝牙哈罗德(Harold Bluetooth)、挪威的奥拉夫·特吕格瓦松(Olaf Trygvesson)、瑞典的收税者奥拉夫(Olaf the Taxgatherer)——牢固地建立起三个斯堪的纳维亚王国,确定基督教为其官方的宗教。这些君主放弃异教信仰的目的很可能既有政治的也有宗教的:他们相信教会组织是一个有秩序的国家所必需的。约 960 年,丹麦的蓝牙哈罗德改变了信仰。奥拉夫·特吕格瓦松在英国生活的时候就接受了基督教,当他于 995 年夺取王位之后便在挪威建立起他的新宗教——部分是靠英国传教士的鼓励,部分是靠对不甘心的异教徒的粗暴镇压。与此同时,瑞典的收税者奥拉夫变成了一个基督徒;但是古老的异教信仰顽固地残存于他的国家,而且整个 11 世纪异教与基督教一直冲突不断。旧宗教最大的中心在乌普萨拉(Uppsala)。编年史家不来梅的亚当留下了关于人和动物牺牲献祭仪式的可怕记载,他说,在 11 世纪 70 年代这种仪式仍然在实践着。"狗和马被吊死在人类的旁边。一个基督教徒告诉我,他曾经看见 72 具尸体悬吊在一起。"但是,到 1100 年乌普萨拉的神庙被拆毁。到 12 世纪早期,基督教被普遍地接受了。冰岛接受基督教约在 1000 年,为格陵兰岛建立加达尔(Gardar)主教一职是在 1050 年。

  在一个多世纪的时间里,不来梅大主教被看作北方三个王国里所有主教管区的大主教。但是 1104 年丹麦的伦德(Lund),1152 年挪威的尼达罗斯(Nidaros),1164 年瑞典的乌普萨拉,都设了大主教座。尽管在斯堪的纳维亚国王与教会之间有时会有激烈的争执,但是总体上教会统治集团支持王室权威,且帮助了三个王国的统一。

  整个 11 世纪、12 世纪,斯堪的纳维亚国家的政治史充斥着战争和反叛的传说。三个王国互相作战,每个国家内部则是敌对的家族为王位而斗争。从内部看,这一时期的标志是拥有土地的贵族阶级上升到支配地位。12 世纪后期,丹麦国王开始分封采邑以换取军事服役。后来,这种习俗流传到挪威和瑞典。在三个国家,贵族都以大会议方式集会,努力限制国王的权威。可是,总体上似乎很清楚,封建习惯从没有在斯堪的纳维亚国家成为主导。存在持有封土的贵族,但贵族阶级整体上都从自主土地上获取权力。贵族们负担的军事义务,以及诸如男爵、骑士和扈从之类舶来头衔的使用,给一个本质上的非封建社会戴上了封建的假发。封土持有者和贵族没有司法权力,除非他们碰巧担任王室官职——尽管这在挪威是普遍的;司法权被认为是公共职能,并不与土地的占有一致。尽管教会享有免税的崇高权利,但是高级教士们并不以封土持有其土地。

地图 12.1 基督教的扩张

在 10 世纪期间,重要的发展也发生在东欧的宗教和政治结构上。在德意志王国的东部边疆之外,出现了三个永久性国家——波兰、波希米亚和匈牙利。10 世纪和 11 世纪早期,所有这些国家都主要被德国传教士转变为基督教。奥托一世(Otto I)将传播基督教作为基督徒皇帝的一种使命,也作为扩大其影响的一种方式。于是,968 年他设立一个大主教区于马格德堡(Magdeburg),它没有任何固定的东部边界;他企图以此为中心,将德国基督教带给波兰的斯拉夫人。位于巴伐利亚的雷根斯堡(Regensburg),则是波希米亚宗教转变的主要中心。波希米亚公爵早在894年就接受了基督教,而到10世纪20年代,捷克人中产生了他们的第一位殉教者,圣卢德米拉(St. Ludmila)。设立在布拉格的主教教座起先由德国主教们主持,但982年,一个捷克人圣阿达尔贝特(St. Adalbert)被任命为主教。阿达尔贝特随后曾旅行到罗马,而且与皇帝奥托三世成为密友。后在去波罗的海异教地区传教的途中去世。

奥托三世的短暂统治对东欧基督教的传播至关重要。可能受阿达尔贝特的影响,年轻的奥托(或者他的顾问们)比其先辈更乐意认可国家教会的建立和德国主教们的独立。在波兰,决定性时期是梅什科大公(Prince Mieszko,约960—992年)的统治。梅什科娶了一位捷克基督徒公主,并愿意接受洗礼。不过,他极不情愿地接受了马格德堡德国大主教座凌驾于其教会之上的管辖权。990年,他将自己的土地置于罗马教会的直接保护之下,从那以后他作为教皇的封臣而持有它。1000年,一个独立的波兰格涅兹诺(Gniezno)大主教辖区经皇帝奥托三世批准,由教皇设立。

大约同时,罗马天主教在匈牙利确立地位。在莱希费尔德战役中被奥托一世击败之后,马扎尔人定居下来形成了一个永久性的国家。10世纪下半叶,他们的领袖接受了主要从雷根斯堡、萨尔兹堡(Salzburg)而来的德国传教士;基督教最终由圣斯蒂芬牢固地建立,他从987年到1038年为王。1000年,他从教皇手中接过了王冠,随后建立了直接依附于罗马的匈牙利教会等级制。因此,到1000年左右,波希米亚、波兰和匈牙利都接受了西方基督教,且建立了与罗马教会的直接联系。只有北方波兰和俄罗斯之间的地区仍然有大量异教斯拉夫人。

在匈牙利的南方,巴尔干半岛的诸民族早在一个世纪之前就已改宗,但是这里的改宗进程因为罗马与君士坦丁堡两大教会的较量而变得复杂起来。863年,拜占庭皇帝米哈伊尔三世(Michael III)派遣两兄弟西里尔(Cyril)和美多迪乌斯(Methodius)作为去斯拉夫人那里的传教士。出发之前,兄弟俩创制了斯拉夫字母,且将福音书翻译为斯拉夫语。当改宗取得较大成效后,他们更进一步,创造了斯拉夫人的礼拜仪式。867年他们旅行到罗马,获得了教皇关于这一发明的批准。(西里尔和美多迪乌斯的巨大成就是,当罗马和君士坦丁堡两大教廷日趋紧张之时,他们能够成功地维持着对双方的忠诚。)通过西里尔和美多迪乌斯以及他们培养的学生们的努力,不久所有南斯拉夫民族都接受了基督教。教皇和君士坦丁堡大教长双方都急于赢得新皈依者的忠诚。最终,定居在达尔马提亚海岸的克罗地亚人依附于罗马;塞尔维亚人则接受了希腊东正教。克罗地亚人与塞尔维亚人之间产生的仇恨持续到近代世界。

此时在罗马与君士坦丁堡之间爆发的主要争端,需要更仔细地对待。争吵涉及保加利亚人的忠诚。依纳爵(Ignatius)与佛提乌(Photius)争夺君士坦丁堡大教长的职位,教皇则力图在两个对手之间做出裁决,事情因而变得更为复杂。

事件的结果是复杂的,但事件本身也很重要;它成为希腊东正教与罗马天主教之间逐渐疏离的历史中极其重要的一个篇章。

保加利亚人原本为突厥—蒙古人(Turko-Mongol people),7世纪时征服了现代保加利亚地区的斯拉夫人,随后为不计其数的斯拉夫人所同化。9世纪时他们建立起强大的国家,统治着几乎整个巴尔干半岛,有时甚至威胁到君士坦丁堡本身。到860年,很清楚,爱冒险的机会主义者,保加利亚鲍里斯汗(Khan Boris)愿意皈依基督教。在这一刻,罗马与君士坦丁堡关于教长职位的争端爆发。858年君士坦丁堡开始争吵,教长依纳爵和权势摄政巴达斯(Bardas,他代理年幼的皇帝米哈伊尔三世统治)卷入其中。依纳爵公开谴责巴达斯与其儿媳之间存在不正当男女关系。皇帝于是召集宗教会议,会议废黜了依纳爵,选择巴达斯的朋友佛提乌代替其位。佛提乌是个文雅博学的贵族,很适合教长一职,可是宣布其擢升时,他还只是一个平信徒。通告其就职的惯例书函被送往其他教长那里,包括罗马教皇。

碰巧此时的教皇尼古拉一世(858—867年在位)是整个罗马教皇谱系中意志最坚强、最刚愎自用的人物之一。他回信说,直到他的使团调查清楚整个事件之前,他不能接受佛提乌。他还写道,皇帝理应将一个多世纪以前为利奥三世夺去的南意大利和伊利里亚土地(伊利里亚现在包括鲍里斯的保加利亚)归还给罗马教会管辖。[1] 一些历史学家认为,在随后的整个争端中,教皇的主要动机只是要在这些地区拓展罗马教会的管辖权。

拜占庭人则以典型的狡猾手腕做出回应。他们欢迎教皇的使团,极尽荣耀地款待他们,让他们满载大量的礼物和贿赂而归。可以理解,使团批准了佛提乌的擢升,也没有就教皇所要求的在意大利和伊利里亚做出让步而施压。尼古拉被其使团的表现所激怒,于863年在罗马召集会议,推翻了他们的决定;他拒绝佛提乌,而恢复了依纳爵的职位。

拜占庭人不打算允许罗马插手他们的事务。而且此刻,他们的地位为保加利亚的事件所加强。受到强大的拜占庭军队的威胁,鲍里斯决定采纳东正派基督教。864年,佛提乌为他施洗,而皇帝米哈伊尔本人则是他受洗时的教父。米哈伊尔给教皇去函,冷冰冰地拒绝了他对佛提乌事件的裁决。此函招致尼古拉以绝不妥协的方式发出第二次回复,主张罗马对所有教会的裁决权,包括君士坦丁堡的教会。尼古拉写道,教皇的权威伸张于"整个地球之上,即整个教会之上"。

这些只是口角之争。教皇无法推行他的主张。但是,情形再一次被野心勃勃的鲍里斯汗复杂化。尽管接受了东正教,鲍里斯并不想依附于拜占庭的教

---

[1] 参见第130页(边码)。

长。他要求有一个自己的教长,并要求继续实行不同的保加利亚习俗的权利,而它们与希腊正教习惯相冲突。这一次,佛提乌犯了外交上的失误,他轻蔑地漠视这些要求。鲍里斯因此再次转向了罗马。尼古拉急忙寄给他一封抱有同情心的长信,保证派遣一个大主教到保加利亚,且承认那些即使野蛮但实际上并非异端的保加利亚习惯。(教皇在多妻制上坚守底线,但认可了女人可以穿裤子。)最重要的是,教皇介绍给保加利亚的一项神学教义,从此之后将引起希腊教会和罗马教会之间无休止的麻烦。它涉及三位一体神学中的一个模糊观点。古代的君士坦丁堡会议(381)曾经颁布过一部信经,内中包括"圣灵,自父而出"之语。西部教会(开始于西班牙)则习惯于修正这一表述,宣称圣灵出自"圣父和圣子"(*patre filioque*)。尼古拉的使团在与鲍里斯的谈判中确认了这一原则。导致双方抓住借口谴责对方的原因,是因为涉及的神学思想过于深奥,还是纯粹由于语言上的技术问题,这一点并不清楚。总而言之,867年的东部主教们举行宗教会议,开除教皇尼古拉出教会;由此开始了所谓佛提乌分裂(Photian schism)。

同年,宫廷政变后新皇帝巴西尔一世(Basil I,867—886年在位)掌权。在他统治下,未决的争端解决了。依纳爵恢复教长职务,但他于877年去世。佛提乌继承其位,这次得到了教皇的确认。879年,罗马与君士坦丁堡之间的交流重新建立起来;但是关于"圣子"(*filioque*)的争论或者罗马普世裁决权的主张,并没有达成任何实质性的协议。至于保加利亚,鲍里斯不久就不再迷恋教廷,毕竟它并没有派给他一个杰出的高级教士当大主教。870年,鲍里斯又转向东部教会,而且从君士坦丁堡接受了一个大主教和12个主教,他们为他的国家建立起东正教教阶制。从那以后,保加利亚牢固地维持着它对东正教的隶属关系。9世纪90年代,他们采用了由西里尔和美多迪乌斯推广的斯拉夫礼拜仪式。

一个世纪后,拜占庭教会的传教征服事业在斯拉夫民族中间取得了最后一项成就——俄罗斯的皈依。皇帝巴西尔二世(Basil II,976—1025年在位)成为一个非常强大的统治者,但是在位的早期,他却为一系列的反叛和不成功的战争所累。987年,他请求基辅大公弗拉基米尔(Vladimir, prince of Kiev)的帮助。(基辅公国最初由瑞典的维金人建立。从10世纪中叶开始,其统治者采用斯拉夫人,而非斯堪的纳维亚人的名字。)弗拉基米尔同意提供帮助,也同意接受正统基督教,但有一个条件:巴西尔将其妹妹,拜占庭最高等级的公主,"生于帝王之家"的安娜,送给弗拉基米尔做新娘。在所有记事中,这个弗拉基米尔是个邪恶且残忍的怪兽。人们很奇怪为何如此一个人物竟然接受了基督教。其原因可能至少部分为政治的,正如斯堪的纳维亚诸王一般。弗拉基米尔想要创建一个强大的公国,而一个有组织的教会能够帮助它建立一个有组织的国家。当要求一个拜占庭公主嫁给他时,他已经有数个妻子和八百多个姘妇。但是巴西尔在这件事情上没有选择余地。悲惨的安娜被火速送往基辅，弗拉基米尔则遵守了协议中自己的诺言。他接受了基督教，让自己所有的人民都受洗礼。

弗拉基米尔的儿子雅罗斯拉夫——以智者雅罗斯拉夫（Yaroslav the Wise）而闻名——是不同类型的人。在其统治时期（1015—1054）建造了许多拜占庭风格的教堂，包括基辅的圣索菲亚大主教堂，其灵感来自查士丁尼在君士坦丁堡的杰作。希腊工匠被引进来，以马赛克和彩色圣像装饰教堂，他们将自己的技艺传给了以后几代的俄罗斯艺人。根据一个后来的编年史家的说法，雅罗斯拉夫热爱书籍，在他当政期间许多拜占庭宗教著作——布道词、圣徒传记、关于礼拜仪式和教会法的作品——被翻译为斯拉夫文字。

从1037年开始，基辅有了自己的大主教和独立的教会组织。此时基辅国家正成长为一股主要的力量，而基辅本身则成为早期中世纪世界的大贸易中心之一。尽管基辅在宗教和文化上向拜占庭看齐，但其统治者也与西方诸王国维持着广泛的外交关系，与其中的几个缔结了婚姻联盟。例如，雅罗斯拉夫的一个女儿嫁给了法兰西国王亨利一世，因此成为所有未来法国国王的女祖先。

在礼拜仪式上，俄罗斯人使用的是圣西里尔为南斯拉夫人创造的斯拉夫礼仪，它与西里尔字母——现代俄罗斯文字的基础——同为西里尔的发明。在礼拜中使用斯拉夫语言（后来称古斯拉夫语）帮助了俄罗斯文学的培育以及他们的民族认同的形成。

东欧9世纪、10世纪的宗教变迁产生了持续的后果。如我们所见，波兰人、波希米亚人、匈牙利人和克罗地亚人采用了西方拉丁基督教；塞尔维亚人、保加利亚人、俄罗斯人则接受了东正教。早期中世纪确立的宗教忠诚持续影响东欧的政治和文化，直到今天。

37. 拜占庭：伟大与衰落

在拉丁基督教世界与伊斯兰统治的领土之间，矗立着拜占庭这道许多个世纪中抵抗穆斯林侵略、保卫基督教欧洲的屏障。罗马帝国瓦解之后，西欧渐渐地发展出不同于东部帝国的自己的独特文化；但是，在整个中世纪，拜占庭依然从未停止过以不同的方式影响西方文明的成长。在早期中世纪，最终为罗马教会所接受的那些基督教信仰的基本教义，主要是由希腊神学家在东部皇帝召集的宗教会议上苦心孤诣思索而得。意大利艺术为拜占庭模式所主导直到13世纪。中世纪西方一再企图建立新罗马帝国的努力，不仅为有关古罗马的记忆，而且为拜占庭帝国政府活生生的现实所激发。查士丁尼伟大的法典，从1100年左右在意大利再发现时起，深远地影响了西方世界的法律传统。最后，君士坦丁堡在中世纪末期为土耳其人攻陷之后，从东部帝国逃亡而来的学者们帮助激发了西方文艺复兴对希腊学问的兴趣。

到此为止,在本章我们只提到东正教的扩张,以及希腊与罗马教会之间的较量。现在,我们需要考察拜占庭文明的其他某些方面。在 9 世纪,君士坦丁堡仍然是一个伟大帝国的首都,比同时期的任何西方王国更强大和更文明。帝国不完全是一个欧洲国家,或者甚至不是一个欧洲占支配地位的国家;其财富和劳动力的主要资源位于安纳托利亚省(现代土耳其)。君士坦丁堡是一个巨大的通商口岸,是伸展至中亚甚至远至中国的商业网络的中枢。

三项持久的制度——文官、军队和教会,为世代相传的皇帝服务,它们都是国家稳定的要素。在君士坦丁堡,有精致的官僚制度,从最有文化和最勤勉的市民中间招募官员,监管税收、外国事务和所有内政管理事宜。各省则由军事贵族统治,坚韧的自由农民居住其中,他们提供了拜占庭骑兵部队的士兵。教会为人们提供了一个共同的宗教,而且制定了吸引拜占庭社会所有阶层的辉煌的礼拜仪式。这些仪式也给外国人留下深刻影响。根据后来的一个俄罗斯编年史家的记载,当弗拉基米尔正考虑皈依基督教之时,他派出使团考察邻近各民族的宗教。其使节们发现在穆斯林的清真寺或者西方基督教教堂里,没有东西值得羡慕。但是,此后他们来到拜占庭。

> 随后我们来到希腊,希腊人领我们到他们礼拜其上帝的大厦。啊,我们不知道自己是在天堂还是在人间。因为凡间绝无此豪华壮观,或者美丽。[1]

教会也提供了帝国的意识形态。尽管个体的皇帝经常被废黜,有时被暗杀,但无人怀疑皇帝的职位乃由上帝所设立,以管理基督教世界的一切事务。拜占庭帝国充分意识到它与古典晚期基督教罗马帝国的连续性。即使他们有时发现,承认查理曼或者奥托一世的皇帝头衔有外交上的便利,他们也从未停止将西方皇帝仅视为蛮族新贵。伦巴第主教卢特普兰德(Liudprand)曾作为外交使节被皇帝奥托一世派往君士坦丁堡;关于他在那里的经历,他写下了生动的记事。他的记录鲜活地证明,自晚期罗马帝国时代起,拜占庭与西方文化之间的鸿沟如何变宽了。卢特普兰德被帝国宫廷的壮丽豪华弄丢了半个魂,并完全被拜占庭人的傲慢和他们的圆滑世故激怒了,他们总是挫败他代表奥托一世讨价还价的企图。[2]

在由巴西尔一世(867—886 年在位)开创的马其顿王朝统治下,拜占庭帝国开始了一个发展和生机勃勃的新时代。这是一个军事扩张和文化复兴的时

---

[1]《资料》,no. 31。
[2]《资料》,no. 30。

代。但首先,帝国不得不击退一系列新的攻击。860年,一支维金人舰队从基辅出发沿第涅伯河而下,威胁君士坦丁堡。根据教长佛提乌所写的一份记录,仅仅因圣母玛利亚奇迹般的干预,城市才得以保全。907年,基辅大公奥莱格(Oleg)指挥了一次更为可怕的攻击。他蹂躏了君士坦丁堡远郊的一些地方,但没能够突破城墙。他改为商定一份商业协议,准许他的商人在希腊人的首都建立一个贸易中心。奥莱格通常被看作基辅公国的真正创建者;从基辅延伸到北方的诺夫哥罗德的基辅公国形成了第一个俄罗斯国家。(它的人民已经以罗斯人[the Rus]而闻名。)10世纪期间,随着罗斯人在巴尔干地区和拜占庭世界充当中间人,基辅与君士坦丁堡之间兴旺的贸易成长起来了。

另一个对拜占庭的主要威胁来自保加利亚国王西缅(Symeon),他是接受了东正教的国王鲍里斯的儿子。西缅在君士坦丁堡接受过教育。此人精力旺盛,野心勃勃,他认为统率一支强大军队的基督教统治者可以觊觎皇帝的宝座。战争第一次爆发于894年,表面上是一次关于贸易的争执。896年,西缅赢得了一次主要的胜利,随后达成了和平,帝国政府保证每年付给他补偿金。当913年补偿金没有继续支付时,西缅重燃战火。这一次,他的军队围攻君士坦丁堡,威胁要占领城池。帝国政府——以一个七岁皇帝的名义统治的摄政政府——采用了外交手段。城门向西缅敞开,他不是作为征服者而是作为尊贵的客人。在一个相当神秘的仪式上,教长尼古拉授予他一顶皇冠和皇帝的头衔——虽然教长必定不打算让西缅成为拜占庭的皇帝。这可能建立起与保加利亚最终的和平;但是,君士坦丁堡一次宫廷政变让由年幼皇帝的母亲佐伊(Zoë)支配的一派掌握了权力。她废除了913年的协议。西缅再次开启战事,而且他持续骚扰帝国的边疆直到他927年去世。

保加利亚的亡国发生于两次后来的战役。由约翰·提米斯克斯(John Tzimiskes)指挥的966年第一次战役,征服了该国的东部;由巴西尔二世指挥的1014年的第二次战役,则攻克了保加利亚领袖塞缪尔(Samuel)在西部的最后要塞。这次战役为巴西尔赢得了"保加利亚人屠夫巴西尔"(Bulgaroctonus, Basil the Bulgar-slayer)的绰号。皇帝抓住了14000名俘虏。他弄瞎了所有人,只有每第100名留下一只眼睛,引领其他人返回去找其统治者。当塞缪尔看到其军队可怖的幸存者时,他立刻中风而亡。

927年西缅之死,让拜占庭军队得以着手在东地中海发动对穆斯林的重新征服战役。从10世纪30年代到70年代的一系列战役,征服了几乎全部的叙利亚和巴勒斯坦,从北部亚美尼亚(Armenia)延伸到伟大的安条克城的约深100英里、长500英里的一带领土。961年,穆斯林沿希腊海岸发动袭击的重要基地——克里特岛也被重新征服。

巴西尔二世的长期统治期间(976—1025),拜占庭达到其权力的鼎盛。巴西尔完成了亚美尼亚的征服,统治着从阿塞拜疆延伸到亚得里亚海的伟大帝国。我们已经提及他在位时的两个重大事件——保加利亚的最终征服和基辅的弗拉基米尔皈依基督教。保加利亚的灭亡重建了古罗马帝国沿多瑙河的边疆。保加利亚被合并到拜占庭帝国,且一段时间内不再作为一个独立国家而存在。弗拉基米尔皈依东正教甚至有更深远的后果。它确保了拜占庭宗教和拜占庭文化——虽然不是拜占庭政治权威——将支配绵亘从黑海到波罗的海的广袤地区(现代的乌克兰和西俄罗斯)。

拜占庭不仅在 10、11 世纪早期变得更为强大,此时也有古典研究的伟大复兴,有时称其为"拜占庭文艺复兴"。学者们搜寻古代的抄本,自学古典希腊语写作,或者某些与其相关的东西。诗人们则以古代的韵律创作诗歌。历史学家们向波利比乌斯(Polybius)和普鲁塔克(Plutarch)学习,探究事件的潜在原因,超越了简单的编年记录。哲学家们撰写关于柏拉图和亚里士多德的评注,也满怀激情地研究古代晚期的新柏拉图作家。君士坦丁九世(1042—1055 年在位)建立了一座哲学学校以鼓励此类研究,学校由当时最伟大的学者米哈伊尔·帕塞拉斯(Michael Psellas)主持。在更为基础的水平上,学生们用心记诵荷马的长诗,而字典、语法和百科全书帮助了新学问的流传。

古典文化的复兴中,古典模式的研究通常最为重要,如果它激发的不单是模仿,而是新创造的作品。在拜占庭的艺术和宗教领域,这一点最为清楚。通过对脸部表情、衣服褶皱和布景背景等引入自然主义的细节描绘,艺术家学会了让传统拜占庭风格生气勃勃。在宗教作者中,主要的人物是被称为"新神学家"的西缅(Symeon,约 949—1022)。在 58 首诗歌系列中,他完成了一部神秘神学的伟大作品;他极力主张,精神生活应该引向上帝的直接显圣,上帝将以不可名状的光向神秘主义者显现。这一作品从古代新柏拉图思想中获取了灵感,但是,当西缅用诗歌方式呈现其说教时,他并非只是照抄古典诗歌的韵律模式,而是代之以抑扬顿挫的节奏写作,让其作品赋有感染力,且容易为更广泛的读者所理解。

尽管有上述时代的所有伟大成就,但是约 11 世纪中叶,拜占庭陷入急速的衰落。这部分是由于一系列政治危机,部分是由于长期存在的社会问题。

在马其顿世系最后一个统治者女皇提奥多拉(Theodora,她是王朝建立者巴西尔一世的第六代玄孙女)1056 年死后,政治变得十分不稳定。提奥多拉提名米哈伊尔六世(Michael VI)——帝国文官系统中一名高官——为她的继承人;但一年后,在一次由艾萨克·科穆尼(Issac Comnenus)领导的军事叛乱中,米哈伊尔被推翻。1059 年则轮到艾萨克被迫退位。没有任何合法继承的清晰世系,皇帝的宝座似乎向任何有足够权力以攫取皇位的人物敞开。帝国的敌人和心怀不满的臣民不久就利用了这种局势。保加利亚人兴起了新的反叛。克罗地亚本身作为一个独立的王国而建立。匈牙利越过帝国的边境发起袭击,1064 年夺取了贝尔格莱德。在巴西尔二世死后 50 年间,似乎他所建立的中央集权国家正处于崩溃之中。

刚刚提到的社会问题起因于拜占庭省内的管理模式。从希拉克略时代以来,帝国被划分为军区(themes),被军事首领的世袭贵族阶级所主宰。在 10、11 世纪,这些大贵族持续地增强对地方农民的控制,经常使他们陷入农奴的境地。这在两方面削弱了拜占庭国家。农民份地曾经向帝国国库贡献了大量税收;而从军事权贵那里征收赋税则相当困难。甚至更重要的是,强壮、自由的农民也当兵,而且他们曾经构成了帝国军队的主力。在君士坦丁堡,政府已经意识到问题,而且从 934 年开始到巴西尔二世 996 年颁发的一个法令为止,长长的一系列法令试图限制"大人物"(mighty)对穷人土地的蚕食。但是,法令颁布如此频繁的事实,表明它们是无效的。而且巴西尔二世死后,对农民土地的剥夺必定变得不受抑制。当来自农民的兵源减少,最终只能由外国雇佣兵来补缺。11 世纪的历史学家约翰·斯泰利泽斯(John Stylitzes)写道:"因为缺少军饷和供给,军队没有武装且意志消沉,……军队最英勇的那部分被从军事名册上勾销了。"当一股新的侵略力量——塞尔柱突厥人——出现在伊斯兰世界,拜占庭的军力就不足以应付新出现的局面了。

38. 伊斯兰世界

750 年攫取了权力的阿拔斯王朝定都于新建的巴格达城,邻近古波斯的都城泰西封(Ctesiphon)。[1] 从大马士革迁到巴格达,象征着在伊斯兰国家结构上的一次变迁。受神圣王权的古波斯传统的影响,巴格达哈里发不仅称呼自己"先知的代理",而且是"上帝在大地上的影子"。他们本人为精致的盛典和仪式所围绕。当哈里发出现在盛大庄严的场合,一个行刑官站立在他的身边,象征他生杀予夺的绝对权力。没有代表会议或参议院来限制哈里发的权力。原则上,他为伊斯兰教的神圣法律沙里亚所约束[2];但假如他践踏了法律,并不存在制度性的机构来实施法律。反对暴政的唯一依靠是造反。

哈里发实行一套复杂的官僚制度和常备军统治,这套官僚系统包括各种各样的部门。官僚机构和军队主要由波斯人和其他非阿拉伯人——从前被蔑视的马瓦利(mawali)充任。阿拔斯的胜利,有时被认为标志着伊斯兰世界的主宰

---

〔1〕 参见第 127 页(边码)。

〔2〕 Shari'a,又译为"伊斯兰教法"。它以《古兰经》、《圣训》、公议和类比(格亚斯)为基础,后来发展出四大教法派。——译者注

从阿拉伯人向波斯人的转变。但这一观点过分简单化。阿拔斯人本身是阿拉伯王朝。(他们系出自先知的叔父阿拔斯。)更重要的是,作为政府和宗教的语言,以及伊斯兰世界所有较高世俗文化的语言,阿拉伯语持续存在。伊斯兰教和阿拉伯语为阿拔斯帝国所有不同的民族提供了共同的传统。

在阿拔斯王朝,不间断的征服和扩张战争标志着伍麦叶时代的结束。随之而来的相对太平和内部稳定的时期,经历了经济增长和文化活跃的大潮。

帝国昌盛的基础是繁荣的农业。富饶丰产的底格里斯河、幼发拉底河和尼罗河流域,出产大量的谷物,主要为小麦和大麦。叙利亚和北非也是谷物生长的主要地区,每英亩产量远比西欧要高,可能多达4—5倍。遵循古代中东帝国的榜样,阿巴斯在美索不达米亚修建了大量灌溉工程——一串复杂的大坝、运河和以固定间隔挖掘的水井加以连通的地下水渠。

帝国相对贫瘠的地区供养了有时为游牧的阿拉伯部落看管的大量羊群。分布于从伊拉克到北非的枣椰树,是重要的副食资源。叙利亚种植橄榄树,而且也有葡萄园,尽管《古兰经》禁止葡萄酒。在阿拔斯时期,许多原本种植在东亚的作物被推广到地中海地区。水稻生长在美索不达米亚,甚至远至西部的西班牙。原产于印度的棉花被种植于叙利亚尤其是埃及。甘蔗也成为埃及的主要作物。

帝国的农业用地主要为小自由农民耕种。奴隶则主要被用作家内仆役和士兵,也有一个相当少见的例外,数以千计的奴隶被用作南部伊拉克产盐沼泽地的劳工。

伊斯兰世界最普遍的工业是纺织业。从丝绸的刺绣长袍到供穷人穿戴的粗质布料,每一种织物都有生产。在皇帝内府和富裕阶级中间,对奢华服装有巨大的需求。当哈伦·拉希德(Harun al-Raschid)809年死时,他巨大的藏衣室收藏有4000件绣金丝袍和4000多件毛皮服装。这些奢华的服饰部分为国有工厂、部分为私人手工业者制造。每个地方都在生产日常使用的地毯。最精美的地毯,通常为重要的艺术品,来自亚美尼亚和布哈拉。阿拔斯王朝初期由中国传入的造纸,是另一种重要的工业。小专家作坊生产香水、药品和化妆品。陶瓷、玻璃器皿和金属制品之类的生产,既为国内使用也供应出口。

共同语言的存在既有利于商业又有利于宗教,促进了自中国伸展至西班牙的巨大商业网络的成长。穆斯林商人定期从红海或者波斯湾的港口远航,越过印度洋,前往中国和东印度地区。另一条商路自陆上从巴格达通往中国。从中国和印度进口的物品包括香料、丝绸、白银、纸张、香水、大象和黑檀木。拜占庭帝国供应金银器皿、专门工匠,也供给女奴和太监。另一条经过俄罗斯通往斯堪的纳维亚国家的商路,则给伊斯兰帝国带来毛皮、蜂蜡、蜂蜜和奴隶。(在瑞典的考古发掘中,发现了数千穆斯林钱币。)为促进商业和从中营利,一种复杂的银行业成长起来。在巴格达发出的信贷证书(Letter of credit)可以在数百英里之外的城市得到承兑。

阿拉伯世界繁荣的经济支持了充满活力的知识生活。在这一领域中最主要的成就是复原大量古希腊作品并翻译为阿拉伯语。在已经融入伊斯兰帝国的聂斯托利派基督徒中间,研究希腊哲学的传统一直保持着。并且在阿拉伯征服的时代,他们将许多希腊作品翻译为叙利亚语。第一批阿拉伯语翻译大多数是由基督徒和犹太学者自叙利亚版本完成的,但是后来哈里发们努力从君士坦丁堡获取希腊语原文抄本。

这似乎令人奇怪,穆斯林并没有简单忽视或者有意弃绝古希腊异己的异教徒文化;而且,他们的确没有表现出对古典神话或者诗歌和戏剧的兴趣。但是,伊斯兰学者热情拥抱整个希腊的科学和哲学传统。可能最初的动机来自对实际有用的知识的渴望。第一批被翻译的作品,是关于医学、地理学、天文学和数学的著作;而且这些学科在穆斯林学术中总是最突出的。(天文学是一门实用科学,因为在占星预测和航海中都需要它。)

在所有这些领域,穆斯林不仅保持了古典传统,而且做出他们自己的杰出贡献。在第一手观察的基础上,许多医学论文丰富了、有时甚至修正了古希腊权威的作品。最伟大的穆斯林医生是拉齐(al-Razi,约865—925),在西方以拉齐斯(Rhazes)而闻名。他写下了过百篇关于各种问题的短小论文,包括一篇著名的准确细致描述天花症状的论文。拉齐的一些论文题目提醒我们关于医学的人性方面。它们包括《论即使高明医生也不能医治所有疾病的事实》和《为何恐惧的病人易于放弃哪怕熟练的医生》。拉齐最伟大的著作是12卷本的医学巨著百科全书。1270年它最终被翻译为拉丁文,有无数的西方中世纪抄本,而且自1486年始反复出版印刷。

在地理学上,穆斯林也以第一手资料补充了古典文献。与奇异的故事如辛巴达的旅行(Travels of Sinbad)相伴随的,是许多严肃的见闻广博的著作。杰出的一部是由比鲁尼(al-Biruni,973—约1056)写的《印度之书》(Book of India),他本人曾经在印度旅行。穆斯林科学家在天文学上的主要贡献是实践的而非理论的。他们改进了星盘,一种用来测量地平线上天体高度的工具;而且他们使用经过改进后的工具,进行了许多新的观测,并在此基础上创建了新的天文表。他们的观测揭示了托勒密旧体系中各种各样的异常现象,但是他们并没有超越托勒密的地球中心理论,去创造一种新的宇宙论。在数学方面,穆斯林尤其有创造力。自花剌子模(al-Khwarismi,死于846年)开始,他们发展了新的代数和三角学。他们也从印度采用了我们称之为"阿拉伯数字"的数字体系和最重要的零号(它本身是一个阿拉伯字)。用9个数字和一个零号,任何数字——无论多大——都可以表达出来,而且所有的数学运算都大大地方便了。

除了研究这些实际的学科,穆斯林思想家也努力获取希腊形而上学的遗产。750—1000 年间,亚里士多德的所有主要著作都被翻译为阿拉伯文,伴随着新柏拉图者的论文和评注。当译本出现后,穆斯林思想家转向调和所有新知识与伊斯兰教所揭示的真理的任务。这类工作的先锋是金地(al-Kindi,约死于 870 年),他把穆斯林的宗教教义与一套新柏拉图哲学联系起来。更困难的是将亚里士多德的哲学吸收进伊斯兰教思想的架构,主要是因为在亚里士多德的体系中缺少造物主上帝。然而,亚里士多德的研究兴盛起来了。从 10 世纪起,三个最著名的名字是,法拉比(al-Farabi,死于 950 年),伊本·西那(阿维森那,Ibn Sina, Avicenna,死于 1036 年),伊本·鲁仕德(阿威罗伊,Ibn Rushd, Averroes,死于 1198 年)。法拉比写下大量关于亚里士多德的评注,使希腊哲学家的著作更易于被讲阿拉伯语的人们所接受。阿维森那是一个折中主义学者,他在许多领域写作,且利用亚里士多德派和新柏拉图派双方的文献。阿威罗伊有力地坚持亚里士多德学说的正确性,甚至当它们似乎与穆斯林信仰相矛盾之时。作为法官,他在科尔多巴享有杰出的名声,但最终被罢黜,晚年名誉扫地。他死之后,将伊斯兰教与希腊哲学结合的努力,在阿拉伯世界终于走到尽头。但是,最后三位大师的这些著作一旦在 12 世纪、13 世纪被翻译为拉丁文,就在中世纪西方哲学的发展中取得了无与伦比的重要地位。我们将在后面的一章中考察它们。

尽管穆斯林人民在阿拔斯时代享有共同的宗教和共同的法律,但他们并没有维持一个统一的政府;相反,穆斯林帝国衰败分裂为诸多独立的国家,正如查理曼帝国在西方的命运。从一开始,西班牙就拒绝承认巴格达的新王朝。伍麦叶家族幸存的一支于 756 年建立了一个独立的国家。其首都科尔多巴成为了伊斯兰文化的辉煌中心;科尔多巴的大清真寺(The Great Mosque),现在是一座大教堂,作为穆斯林建筑最壮丽的样本之一存留了下来。伍麦叶国家维持到 1031 年;此时一系列内战导致西班牙分裂为许多小公国。在北非,摩洛哥于 788 年在什叶派统治者伊德里斯统治下成为一个独立国家;从 800 年开始,突尼斯由一个世袭王朝统治,只对哈里发名义上忠诚。820 年,哈里发马穆(al-Mamun)允许他的一个将军在东部大胡里斯坦(Khuristan)省建立另一个世袭的埃米尔统治。后来,古波斯帝国的其他地区变成地方王朝统治下的自治。

869 年南部伊拉克的非洲奴隶中间爆发了大起义,他们被称为辛吉(Zanj)。哈里发的军队花了 14 年才镇压了起义;而埃及统治者利用这种情形主张自己的自治,877 年击败了一支派来对付他的军队。

埃及后来成为伟大的法蒂玛帝国(Fatimid empire)的中心(如此称谓,是因为其统治者自称为先知之女法蒂玛的后裔)。阿拔斯帝国诸自治省份的统治者,通常承认巴格达逊尼派哈里发原则上的权威,即使他们在实践中忽视这一点。但是,法蒂玛人是伊斯兰教异端激进什叶派的成员。他们首先于 909 年在突尼斯掌权,然后于960年征服了埃及,并且扩张到叙利亚和西阿拉比亚,包括圣城麦加和麦地那。法蒂玛帝国在开罗建立新都,那里成长为穆斯林文化和商业的又一个伟大中心。在那里,他们设立一个相对抗的哈里发政权,挑战巴格达对伊斯兰世界的宗教领导权。

在巴格达本身,从9中世纪中叶起,哈里发逐渐落入世袭将军们权力的控制之下。最后的屈辱来自945年,一个波斯家族白益(Buwayhids)占领了巴格达,自任统治者。白益人属于什叶派。他们承认逊尼派哈里发继续为中央政府合法权威的传统象征,但是实际上他们自己实行君主统治,恢复了波斯头衔"诸王之王"(Shahinshah, king of kings)。他们任意拥立和推翻傀儡哈里发达一个世纪。

在此我们需要考察的最后的政治和军事发展,是从中亚草原而来的游牧民族——塞尔柱土耳其人的入侵。他们最初进入帝国是作为奴隶,或定居者,或雇佣士兵,就像日耳曼民族渗透进古罗马帝国那样;但是,约1030年他们发起了对胡里斯坦(Khuristan)大规模的入侵,随后,他们继续前进,于1055年夺取巴格达。土耳其人是逊尼派穆斯林,他们使哈里发恢复了某些古老的尊严,但没有实际权力。土耳其人领袖采用苏丹的头衔,代替白益成为帝国实际的统治者。在巴格达确立其统治后,他们在叙利亚击败了法蒂玛的军队,为阿拔斯国家收回该省。最后,土耳其人向小亚细亚富裕的拜占庭土地前进。在决定性的曼齐刻尔克战役(Manzikert,1071)中,他们击溃了拜占庭军队,随后占领了安纳托利亚地区(现代土耳其),到此为止它一直作为抵抗所有伊斯兰入侵者的基督教堡垒而存续。正是由于这次胜利,不久,激起了拉丁西方发起十字军反击。

在地中海世界,伊斯兰文明与基督教文明并存了许多个世纪。本书主要关注的是基督教西方的文化,因此我们需要特别考察伊斯兰和基督教世界之间的联系如何影响西方文明的发展。在某一层面上,它们很少相互作用。穆斯林和基督教神学家从没有开始任何意义上的相互对话。每一团体都视对方为代表了一种明显的低等宗教。在更为具体的层面上,联系则富有成果,虽然优势多是单方面的;较为落后的西方民族没什么可教给穆斯林的,但是有许多要从他们那里学习。穆斯林将全新的灌溉技术和各种新的作物引入西班牙,包括水稻、甘蔗、棉花、柑橘、柠檬、杏树和菊芋。(所有这些词都来自阿拉伯文献。)西方商人学会了使用阿拉伯数字。穆斯林航海者给地中海世界带来三角帆船,使船只能够逆风航行。阿拉伯语的医学论著一旦被翻译成拉丁文,就成为西方学校中的标准教材。阿拉伯的天文表一直使用到13世纪中期,才被为卡斯提尔国王阿方索十世(King Alfonso X of Castile)预备的阿方索天文表(the Alfonsine tables)所代替。所有这些与伊斯兰世界的联系,提高了基督教欧洲的物质和文化生活水平;但是它们并没有影响其基本特征。伊斯兰对西方知识文化真正深远的影响,不是来自伊斯兰教本身,而是来自经由阿拉伯文献留传的古希腊哲学的整个遗产。

进一步阅读书目

蒂尔尼:《资料》与《读本》,第一册,nos. 30—31;第二册,nos. 27。

关于"欧洲的边疆",参见哈勒斯基(O. Halecki),《欧洲历史的界限和区分》(*The Limits and Divisions of European History*)(伦敦,1951);德佛里克(F. Dvornik),《中欧和东欧的形成》(*The Making of Central and Eastern Europe*)(伦敦,1949)和《欧洲历史上的斯拉夫人和文明》(*The Slavs in European History and Civilization*)(新布伦瑞克,新泽西州,1962);弗拉斯托(A. P. Vlasto),《斯拉夫人进入基督教世界》(*The Entry of Slavs into Christendom*)(剑桥,1970)。德佛里克,《佛提乌分裂》(*The Photian Schism*)(剑桥,1948)是关于希腊与拉丁教会之间起源或分裂的一项重要研究。也参见,布朗宁(R. Browning),《拜占庭与保加利亚:跨越早期中世纪边境的比较研究》(*Byzantium and Bulgaria: A Comparative Study Across the Early Medieval Frontier*)(伦敦,1975)。费恩(J. V. A. Fine),《早期中世纪巴尔干:从 6 世纪晚期到 12 世纪晚期的批判考察》(*The Early Medieval Balkans. A Critical Survey From the Late Sixth to the Late Twelfth Century*)(安娜堡,MI,1983);鲍鲁斯(C. R. Bowlus),《法兰克人、摩拉维亚人和马扎尔人:为中多瑙河而战》(*Franks, Moravians and Magyars. The Struggle for the Middle Danube*)(费城,1995)。更综合的研究有,*巴勒克拉夫(G. Barraclough)《中世纪东欧和西欧》(*Eastern and Western Europe in the Middle Ages*)(伦敦,1970);雷塞(K. J. Leyser),《中世纪德国与其邻居,900—1250 年》(*Medieval Germany and Its Neighbors, 900-1250*)(伦敦,1982)。斯堪的纳维亚的皈依在关于维金人的诸著作中有讨论,本书在第 5 章引用过;在道森(C. Dawson)的《欧洲的形成》(*The Making of Europe*)中也有讨论,本书第 1 章引用过。也请参见,卡拉斯(R. M. Karras),《奴隶制与中世纪斯堪的纳维亚的社会》(*Slavery and Society in Medieval Scandinavia*)(纽黑文,CT,1988)。当时可信的文献是不来梅的亚当(Adam of Bremen)的《汉堡—不来梅大主教们的历史》(*History of the Archbishops of Hamburg-Bremen*),切恩(T. J. Tschan)译(纽约,1959);《萨克森语法:丹麦人历史》(*Saxo Grammaticus. The History of the Danes*),费舍尔(F. Fisher)译(托瓦托,NJ,1979)。早期基辅国家的基本文献是《俄罗斯基本编年史》(*The Russian Primary Chronicle*),克罗斯和舍尔波维茨—魏策尔(S. H. Cross and O. P. Sherbowitz-Wetzor)译(剑桥,MA,1953)。

关于拜占庭,除第 5 章引用过的著作外,请参见詹金斯(R. Jenkins),《拜占庭帝国诸世纪,610—1071 年》(*Byzantium: The Imperial Centuries, 610-1071*)(纽约,1969);安哥尔德(M. Angold),《1025—1204 年拜占庭帝国政治史》(*The Byzantine Empire, 1025-1204: A Political History*)(伦敦,1984);奥波伦斯基(D. Obolensky),《拜占庭联邦:500—1453 年东欧》(*The Byzantine Commonwealth: Eastern Europe, 500-1453*)(纽约,1971);特雷得哥特(W. T. Treadgold),《780—842 年拜占庭的复兴》(*The Byzantine Revival, 780-842*)(斯坦福,CA,1988);霍华德—约翰逊(J. D. Howard-Johnson),《拜占庭和西方,约 850—约 1200 年》(*Byzantium and the West, c. 850-c. 1200*)(阿姆斯特丹,1988);哈维(A. Harvey),《拜占庭帝国的经济扩张,

900—1200年》(*Economic Expansion in the Byzantine Empire, 900-1200*)(剑桥,1989);胡塞(J. M. Hussey),《拜占庭帝国的教会与学问》(*Church and Learning in the Byzantine Empire*)(牛津,1937)和《拜占庭帝国的东正教会》(*The Orthodox Church in the Byzantine Empire*)(牛津,1986)。诺维奇(J. J. Norwich)编, *《克里莫纳的琉得普兰德:君士坦丁堡大使和其他著作》(*Liudprand of Cremona. The Embassy to Constantinople and Other Works*)(伦敦,1993)提供了一个西方主教所见的拜占庭的生动画面。米歇尔·普瑟拉斯(Michael Psellus)的《回忆录》(*Chronographia or Memoirs*)由索特尔(E. R. A. Sewter)在《十四位拜占庭统治者》(*Fourteen Byzantine Rulers*)(芝加哥,1984)中进行了翻译。

关于伊斯兰的历史,除在第6章引用过的之外,也请参看罗宾逊(F. Robinson)编,《剑桥插图伊斯兰世界历史》(*The Cambridge Illustrated History of the Islamic World*)(剑桥,1996);拉丕都斯(I. Lapidus),《伊斯兰社会的历史》(*A History of Islamic Society*)(剑桥,1988);隆巴德(M. Lombard),《伊斯兰世界的黄金时代》(*The Golden Age of Islam*)(阿姆斯特丹,1975);李曼(O. Leaman),《中世纪伊斯兰哲学概论》(*An Introduction to Medieval Islamic Philosophy*)(剑桥,1985);罗森达尔(E. I. J. Rosenthal),《中世纪伊斯兰世界的政治思想》(*Political Thought in Medieval Islam*)(剑桥,1962);瓦特森(A. Watson),《早期伊斯兰世界的农业发明》(*Agricultural Innovation in the Early Islamic World*)(剑桥,1983);达尼埃尔(N. Daniel),《阿拉伯与中世纪欧洲》(*The Arabs and Medieval Europe*)(伦敦,1975);萨瑟恩(R. W. Southern),《中世纪西方的伊斯兰观》(*Western Views of Islam in the Middle Ages*)(剑桥,MA,1962);瓦特(W. M. Watt),《伊斯兰对中世纪欧洲的影响》(*The Influence of Islam on Medieval Europe*)(爱丁堡,1972)。

第五篇

全盛的 12 世纪

The Flowering of the Twelfth Century

第十三章 欧洲的扩张:第一次十字军运动

前面的章节已叙述了9世纪到11世纪西欧中世纪文化中的社会、经济、政治和宗教的发展。西欧文明在9世纪能否得以完全生存下去,是令人质疑的。10世纪西方的宗教和西方的制度开始向北欧和东欧的边疆地区扩展。大约1050年以后,伴随这一缓慢扩展的是一次在地中海地区直接针对穆斯林占据的西班牙、西西里和巴勒斯坦地方的公开征服运动。

这一时期,巨大的扩张浪潮是许多条件造成的,正如我们所知,这一时期在许多方面是充满活力与生气的。西欧中部地区的人口、生产率和财富极为迅速地增长,有剩余的人力与财富可用于扩张。在新的征服运动中,罗马教廷与封建地主阶级结成密切的联盟,在地中海地区,意大利的城市居民也加入了这一行列。首先我们必须记住这是一个教会改革和宗教普遍复兴的时代。在所有对发动十字军运动产生作用的因素中,单纯的宗教热情,必须被视为最重要的因素之一。

39. 西班牙与西西里

11世纪初,穆斯林控制着西班牙南部三分之二的地区,巴利阿里群岛(Balearic Islands)、科西嘉、撒丁岛、西西里、整个北非海岸、巴勒斯坦以及叙利亚的一部分。宗教热情和政治、经济上的野心,推动着西欧人进攻这些穆斯林土地。封建地主阶级,尤其是封建地主的幼子或次子,看到了许多可能获得宗教和世俗奖赏的机会。通过从事他们特别喜爱的工作,能得到灵魂的拯救和富庶的采邑。新兴的意大利城镇,尤其是热那亚、比萨,急于免除穆斯林不断从海上骚扰的危险,使他们能在地中海西海岸安全地经商。罗马教廷可能有更复杂的动机。当然教皇们希望扩张基督教信仰和他们的权威,但是也可能他们认为把封建地主阶级的好战性,导入另一个值得称道的途径,这是个绝妙的主意。教会正拼命试图依靠"上帝的和平"和"上帝的休战"[1]来减少封建战争,为贵族的竞争力量找一个新的出路,可以帮助这一伟大事业。

穆斯林对西班牙的征服,从来没有完成过。当萨拉森人(Saracen)的军队在8世纪横行于这个国家时,西哥特军队的残部,退到了西北角,在他们那里建立了阿斯图里亚斯(Austurias)王国。到1000年,这个王国被分成莱昂(Leon)和

---

[1]《资料》,no. 35。

卡斯提尔(Castile)两个国家。在这些土地的东边,沿着比利牛斯山脉的南部边缘,查理曼建立了西班牙边区。到9世纪末,西班牙边区的西部,变成独立的纳瓦尔(Navarre)王国,包括首府设在潘普洛纳(Pamplona)的巴斯克人领地,和后来称为阿拉贡的(Aragon)的地区。嗣后在1035年,阿拉贡成为一个独立的王国。古老的西班牙边区的东部,称为巴塞罗那(Barcelona)郡。这些地方——莱昂、卡斯提尔、纳瓦尔、阿拉贡和巴塞罗那——组成了11世纪中期基督教的西班牙。

当穆斯林政权在埃米尔、后来又在科尔多瓦的哈里发统治下,明智地联合起来的时候,基督教国家除了自保之外,几乎无力做任何事情。他们之所以能成功地自保,那是因为骁勇善战拥有军事力量的穆斯林内部不和的结果。然后在1031年穆斯林首领之间发生的争端,在科尔多瓦哈里发完全瓦解时达到顶点,出现了20个独立的穆斯林王国,这给了基督教国家一个大好机会,在当时的西欧,对外扩张的力量已很强大了。

到11世纪初,克吕尼的教士们正在比利牛斯山脉的南部建修道院。不久教士们开始鼓励法兰西的贵族,从事对西班牙穆斯林的远征。1018年,一个诺曼人的大领主罗杰·德·托尼(Roger de Tony)率领一支军队去西班牙进行对异教徒的战争,从那以后,来自北方、通常由法兰西伯爵们率领的远征,经常对穆斯林进行骚扰进攻。11世纪下半叶,基督教的西班牙大部分逐步处于两个君主的统治之下,这两个君主是莱昂和卡斯提尔国王阿方索六世(Alfonso VI,1065—1109)与阿拉贡和纳瓦尔国王桑丘·拉米雷斯(Sancho Ramirez,1063—1094)。[1] 在强大的法兰西骑士团帮助下,特别是诺曼和勃艮第,这两个国王发动了对穆斯林的进攻。1085年阿方索夺取了托莱多(Toledo)重镇,虽然这就是他统治时期最大、最突出的收获,但他和桑丘·拉米雷斯进行的连绵不断的长期战争,严重地削弱了所有伊斯兰国家的势力。这是强大的武士和半传奇性的西班牙民族英雄罗得里戈·迪亚士·德·维瓦尔(Rodrigo Diaz de Vivar)的时代,通常称为熙德(the Cid)。然而尽管来到西班牙的法国骑士成为为信仰而战的十字军的参加者,这却并不是西班牙贵族的态度,穆斯林是他们的邻居——昔日是他们的敌人,未来是他们的朋友。在两个基督教国家之间的战争中,双方都不反对求助于穆斯林。当熙德与其君主阿方索六世关系友好时,他勇敢而成功地为其君主阿方索六世而战斗,但他们俩也经常争吵,此时他便乐意为穆斯林王公效劳。一次,他率领一支穆斯林军队击败了巴塞罗那的伯爵,俘虏了他,并成为有争执的领土,即莱里达(Lerida)周围地区领地的总督,然而他对这位伯爵非常仁慈,后者让自己的儿子和继承人与熙德的女儿结了婚。

---

[1] 参见附录,表9。

阿方索六世和桑丘·拉米雷斯成功的战役很快使西班牙的穆斯林小王公们深信，没有帮助他们就难以抵抗基督教势力，他们向阿尔穆拉比特人(Almoravides，当时是占据西北非的柏柏尔人中的一支)的统治者求援。1086年，阿尔穆拉比特人抵达西班牙，他们的军队使阿方索六世让熙德停止对莱里达和瓦伦西亚的大规模征服。对基督教徒来说很幸运的是，阿尔穆拉比特人不久开始与西班牙的穆斯林王公发生争吵，穆斯林政权迅速开始分裂。1118年阿拉贡征服了穆斯林的萨拉戈萨(Saragossa)公国，1137年与巴塞罗那合并成了一个领土很大的国家。与此同时，卡斯提尔和莱昂的国王阿方索七世(Alfonso Ⅶ，1126—1157年在位)深入穆斯林领土，甚至一度占据了科尔多瓦的南部城市。

在12世纪初期的战斗过程中，葡萄牙首次以一个单独的王国出现，它起先是隶属于莱昂王国的一个郡，面积为近代葡萄牙国家北部的三分之一。伯爵阿方索·恩利克斯(Alfanso Henriques，1112—1185)发动了反对穆斯林和他的表兄弟封建君主卡斯提尔的战争，1139年教皇干涉了这后一项争执，商定了一个合约，阿方索·恩利克斯作为教皇的附庸，取得了葡萄牙国王的头衔。四年后，一次幸运的意外事件，使新国王得以向南扩张其领土。一支由英格兰人、佛兰芒人、北日耳曼人组成的十字军在到巴勒斯坦参加第二次十字军东征的路上，停留在奥波尔图(Oporto)，听取了阿方索·恩利克斯的求援。他们夺取了里斯本(Lisbon)，并在他们上路前把它转交给了葡萄牙国王。这样到12世纪中叶，西班牙地区一半是基督教徒，一半是穆斯林，已出现的最重要基督教王国是卡斯提尔、阿拉贡和葡萄牙。

在11世纪基督徒的西班牙领土正在扩大时，西班牙教会受到越过比利牛斯山脉的以及来自罗马的新影响。康波斯提拉(Compostela)变成了中世纪社会伟大的朝圣中心之一，因为根据古老的传说，使徒雅各的躯体就埋在那里。法兰西朝圣者和骑士在整个11世纪涌入西班牙北部，同时克吕尼的教士们把罗马教会实行的宗教仪式引进西班牙。在穆斯林最初入侵西班牙时期，西班牙的基督教徒怀念他们古代西哥特式的礼拜仪式，起初对克吕尼的新仪式有所抵制。但教皇格列高利七世(Gregory Ⅶ，1073—1085年在位)坚持要求西班牙接受罗马习惯的仪式，把这作为教会改革和集中权力的一部分。阿方索六世接受了罗马教廷的政策，在1080年布尔戈斯(Burgos)大公会议上采用了罗马的礼拜仪式。阿方索六世也允许格列高利的使节主持改革性的宗教会议，但必须以他统治的卡斯提尔王国作为教皇的直属采邑为条件。

1146年随着一支新的强悍的穆斯林民族——阿尔穆哈德(Almohades)的到来，西班牙历史揭开了新的一章。1125年阿尔穆哈德人推翻了阿尔穆拉比特人在北非的政权，西班牙的穆斯林对基督教徒新近的成功感到惊恐，转而向他们求援。阿尔穆哈德人花了将近20年的时间巩固穆斯林王国的政权，然后开始

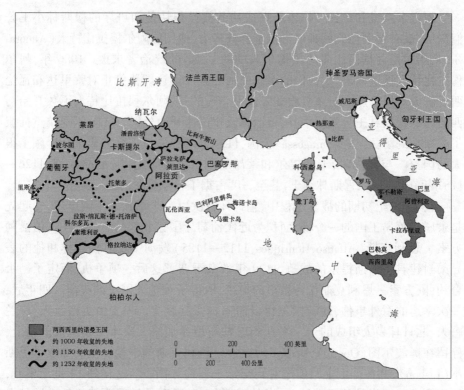

地图 13.1 地中海西部（约 1140 年）
伊比利亚半岛仍然被划分为基督教与穆斯林的势力，显然没有建立起一个中央政权，尽管一些主要的地区，如莱昂、卡斯提尔与阿拉贡的小国王们，通过发动圣战、反对南部异教徒，积极地寻求扩张自己的领土。但在意大利南部，却出现了一个新的王国，它由诺曼家族的冒险家们所组成，旨在于实现封建骑士的主要抱负——为自己谋求土地与附庸。

了一场对基督教徒的强大战役，很快就收复了被阿方索七世所征服的大部分领土。然而不久他们发现自己正面对着西班牙历史上最有才能的尚武国王之一——卡斯提尔国王阿方索八世（Alfonso VIII, 1158—1214 年在位），双方都准备进行一场决定性的战役。阿尔穆哈德人召集了在西班牙的所有摩尔人的军队，并从北非调遣更多的军队。教皇宣布对穆斯林进行新的十字军东征。欧洲的许多骑士在出生于西班牙的纳博讷（Narbonne）大主教率领下加入了阿方索的军队，除莱昂之外的所有基督教国家的军队也都加入。1212 年 7 月 16 日双方军队在拉斯·纳瓦斯·德·托洛萨（Las Navas de Tolosa）相遇，结果基督教徒以压倒之势取得胜利，阿尔穆哈德人政权就此告终。

西班牙诸王国的主要弱点是，无论什么时候，只要他们取得对穆斯林的胜利后,就出现了松懈的迹象,转而进行彼此间的征战。这样直到 1230 年阿方索八世的孙子斐迪南三世(Ferdinand III,1217—1252 年在位)成为莱昂和卡斯提尔的国王,对穆斯林的战争才重新大力展开。1236 年斐迪南东取了科尔多瓦,1248 年占领了塞维利亚,同时阿拉贡的国王詹姆斯一世(James I,1213—1276 年在位)已征服了马霍卡(Majorca)和梅诺卡(Minorca)。1238 年詹姆斯东取瓦伦西亚,到斐迪南三世在 1252 年去世时,穆斯林已丧失了除格拉纳达省之外的所有西班牙半岛的领土,格拉纳达省直到 15 世纪才被天主教徒斐迪南(Ferdinand the Catholic,1479—1516 年在位)从穆斯林手中夺取。

中世纪西班牙基督教会的制度在全国并不一致,巴塞罗那郡曾经是西班牙边区的一部分,其伯爵被深深地卷入法国南部的封建政治。由此,这一地区产生了完全遵循法国模式的封建制度。在较少程度上这种情况也发生在阿拉贡,那里贵族似乎已靠封建租佃制掌握了他们的土地。但并没有高度发展的阶级统治,大量封建贵族都是国王的直接附庸。西部各小国——卡斯提尔、莱昂和葡萄牙——很难称为封建性的,这些小国中虽然存在着一些以军事服役作为交换条件而掌握土地的人,但许多贵族和教士看来已有私有财产。没有封建的阶级统治,掌握采邑的附庸与同样武装了的农民武士并肩作战。欧洲典型的农奴只存在于从未被摩尔人占有的土地上,在新征服的土地上,土地更多地是由自由农民或奴隶耕种。

在西班牙之外,穆斯林和西欧民族进行的直接接触是在意大利南部。9 世纪穆斯林已征服西西里,并向意大利内地派出强大的突击队,他们夺取了许多城镇,对农村进行大肆掠夺,甚至威胁着罗马本身。他们实际上是被得到拜占庭舰队支持的教皇军队驱逐出境的,但是意大利南部仍处于政治大混乱的状态,有些地区由拜占庭帝国的官员统治,另外一些则掌握在伦巴第首领手中,在这些集团之间不断发生一些小战事。

11 世纪初,一批从耶路撒冷朝圣回来的诺曼武士经过意大利南部,他们马上发现这里有让他们充分施展才干的环境。这些冒险家中有三兄弟,他们是名叫唐克雷·德·霍特维尔(Tancred de Hauteville)的诺曼小领主的儿子。起先这些诺曼骑士是单纯的雇佣武士,谁向他们提供的报酬最优厚,就为谁打仗。但是不久他们开始为自己占有土地,当大哥威廉 1046 年去世时,他已是阿普利亚(Apulia)的主人了。与此同时,兄弟们表面上向家中送去一些激发热情的报告,其内容为在意大利南部有许多机会等待着优秀的骑士,不久唐克雷的几个小儿子加入了家族冒险。他们之中有两个杰出的领袖——称为"自作聪明者"(Guiscard)的罗伯特和罗杰。

1059 年教皇承认罗伯特为阿普利亚和卡拉布里亚(Calabria)的公爵,这些封地使教皇得到了罗伯特的效忠。罗伯特(Robert,1057—1085 年在位)随后开始征服拜占庭帝国统治的南意大利地区,并派其兄弟罗杰(Roger,1061—1101年在位)入侵西西里,两兄弟都取得了胜利。1071年攻陷巴里(Bari)使罗伯特取得了拜占庭在意大利南部的最后一块领地。1072年两兄弟把他们的力量联合起来,夺取了巴勒莫(Palermo)。在此后二十多年罗杰稳步推进,征服了全西西里。欧特维尔家族的另一个伟大人物是罗杰的小儿子罗杰二世(Roger II,1103—1154年在位)。他于1103年成为西西里伯爵,当"自作聪明者"罗伯特的孙子于1127年去世时,罗杰取得意大利南部的领地。三年后教皇授予他西西里国王称号,作为教皇的封臣进行统治。罗杰的王位传给了他的儿子威廉一世(William I,1154—1166年在位),以后又传给了其孙子威廉二世(William II,1166—1189年在位)。

罗杰一世和罗杰二世以高度的中央集权政府建立了一个强大的国家。他们试图平等地对待他统治下的各族人民,他们在法庭上使用拉丁语、希腊语、阿拉伯语。在他们占有的王国中,由王室任命的职业法官执行诺曼封建习惯法、罗马法和穆斯林法律,受高等法官监督。财政事务掌握在两个部门手中,部门的名称贴切地说明了这个奇特国家的复杂性。杜安·萨克里茨(Duana de Secretis)负责一般皇室的收入,而杜安·巴罗乌姆(Duana Baronum)则征收封地的收入。"杜安"起源于阿拉伯人的"迪万尼"(divan)一词,"萨克里茨"是一个普通的希腊名词,"巴罗乌姆"是指封地上善良的拉丁人。王国的贵族和骑士在正规的封建阶级政权下被组织起来,他们对皇室的义务被详细地登记在一本《男爵选名册》(*Catologus baronum*)中。相较西欧其他君主,西西里国王有一大有利条件。作为教皇的封臣和西西里异教徒的征服者,他们得到教皇委派的永久性教廷使节的封号。这样他们得以对王国的高级教士有绝对的控制权,能够自己解决来自基督教会法庭的所有上诉。在诺曼民族中,极具政治才干而获得巨大胜利的英格兰诺曼人,也比不过这个西西里的王国。

11、12、13世纪西欧武士和城镇人民对地中海沿岸的穆斯林主宰者的进攻具有重要、持久的影响。除格拉纳达省以外的整个西班牙半岛,巴利阿里群岛、科西嘉岛、撒丁岛和西西里从萨拉森人手中被重新夺回,并入基督教的欧洲。现在我们必须转到更引人注目,而结果却是更不成功的对中东穆斯林的远征。

40. 拜占庭、伊斯兰与第一次十字军东征

11世纪下半期,当基督教徒在西方逼退穆斯林的时候,在东部地中海地区的情况则完全不同。在君士坦丁堡,伟大的巴西尔二世(Basil II,976—1025年在位)的继承者是一系列软弱无能的统治者。他们在滥用帝国财富,去维持一种即使按拜占庭标准也是过度奢侈的宫廷生活时,却无法保持足够的边防力

量。1081年阿列克塞·科门纽斯（Alexius Comnenus,1081—1118年在位）皇帝建立了一个更有力的新王朝，但这时帝国的形势已变得危急了。拜占庭帝国以前也曾经历过政府衰弱时期，但总能度过危机。11世纪正当帝国处于最虚弱的当头，一个强大的、侵略性的强国塞尔柱土耳其人在伊斯兰世界崛起，帝国新的危机就此产生。1071年皇帝罗曼努斯四世（Romanus,IV,1067—1071年在位）轻率地向土耳其人发动进攻，土耳其人在亚美尼亚的曼齐刻尔克（Manzikert）与他相遇，消灭了帝国的军队，俘虏了皇帝。结果拜占庭帝国丧失了它的全部亚洲领土。丧失这些领土对帝国是极具破坏性的，因为落入土耳其人手中的各省，曾是帝国最富庶的省份，并且在军事人力资源方面，具有特殊的价值。

第一次十字军东征是在拜占庭皇帝希望收复失土的请求下发动的。在曼齐刻尔克战役前两个世纪中，拜占庭和罗马之间的关系并不稳定，有时还非常对立。产生摩擦有两个原因：希腊人不愿接受教皇对教会实行有效领导的要求，他们希望在意大利南部保持其政权的地位。正如我们所知，在教皇尼古拉一世（Nicholas I,859—867）在位时，教皇与拜占庭教长佛提乌[1]之间爆发了一场争论，后来10世纪中期在奥托一世试图称帝之时，争端重新爆发。罗马和拜占庭之间最近一次争端发生在1054年。[2] 当时，教皇的使节枢机主教亨伯特擅作主张驱逐了希腊教长。[3] 诺曼征服拜占庭在意大利的领地，以及"自作聪明者"罗伯特入侵马其顿，更无助于解决问题。

尽管在这种不和的背景下，西方仍然存在着一种感情，认为希腊人是基督教徒的伙伴，无论怎么说，当他们正与一个共同的敌人伊斯兰势力战斗时，希腊人应该得到支持。在曼齐刻尔克战役以后，米哈伊尔七世（Michael VII,1071—1078年在位）请求格列高利七世帮助对抗土耳其人时，教皇倾向于答应他的请求。距离1054年争论只过了20年，实际上帮助对抗土耳其人可以弥合双方的裂痕。但是在教皇实际行动之前，格列高利卷入了与皇帝亨利四世的论战，结果他不想再进行另一次冒险。后来在1094年科穆宁（Comneni）王朝的创始者皇帝阿列克塞·科门纽斯向格列高利的继承者乌尔班二世（Urban II,1088—1099年在位）又提出了类似的要求。

教廷鼓励发动一次对土耳其人的伟大的远征，这一思想感染着教皇，但在他的思想中这种远征的形式与阿列克塞所设想的不大一样。皇帝想要一支骑士军，帮助他收复亚洲的省份，教皇乌尔班对此显然不感兴趣。他有一个进攻在叙利亚和巴勒斯坦的土耳其人政权的想法，打算收复这些正统基督教信仰的圣地。

---

[1] 参见第234—235页（边码）。
[2] 参见第218页（边码）。
[3] 《资料》，no.40。

1095年11月27日，教皇乌尔班在奥弗涅(Auvergne)山中的克勒芒召开的一次宗教会议上鼓动十字军东征。穆斯林的胜利是基督教世界的耻辱，欧洲的贵族应该停止相互之间不断的冲突，把他们的剑转向基督教的敌人，帮助东方的教会，收复圣地。这将是一场圣战，所有在这场战争中死去的人们将获得进入天堂的奖赏[1]。会后乌尔班周游法兰西，宣讲十字军东征。其他狂热的讲道者也透过各种途径号召人们去从事神圣的事业。

　　尽管乌尔班二世完全不了解小亚细亚、叙利亚和巴勒斯坦的地形、气候以及土耳其人的军事策略，他绝不是一个做白日梦的空想家，不会天真地以为任何人都能在上帝的帮助下打败异教徒。因此，他决定派出一支他认为最好的骑兵队——装备精良的西欧骑士团。在他完全认识到贵族们不会彼此信服时，他任命了勒皮(Le Puy)主教阿希马尔(Adhemar)为大军的领袖。男爵领袖们形成了一个显赫的集团，有英格兰和法兰西国王的兄弟——诺曼底的罗伯特公爵和维芒多瓦(Vermandois)的休(Hugh)伯爵。佛兰芒人和帝国西北封地的人们，由佛兰德斯伯爵鲍德温(Baldwin)和其兄弟下洛林公爵布荣的戈弗雷(Godfrey de Bouillon)领导。法国南部的人们集合在一位对西班牙穆斯林作战中累积了丰富经验的图卢兹伯爵——圣吉尔的雷蒙德(Raymond de St. Gilles)的旗帜之下，最后"自作聪明者"罗伯特的儿子博希蒙德(Bohemond)停止了与其兄弟罗杰·博萨(Roger Borsa)争夺阿普利亚继承权的残酷战争，参加十字军东征。值得注意的是，没有任何一位伟大的国王参加第一次十字军东征，法兰西的腓力一世和日耳曼的亨利五世反而都卷入了与教皇的争端，在宣布进行十字军东征时被革除教籍。

　　很不幸，教皇乌尔班向那些在农村宣传十字军东征的人们传递的是他的狂热，而不是他的良好见识。虽然乌尔班一度仅仅寄望于尽职的、能够武装其部队并为其筹措资金的领主们参加，但传道者还是把十字授予身无分文的骑士，以及敢于冒险的农民。这些人没有什么可准备的，就于1096年春天出发去圣地，这就是所谓的农民十字军。他们的领袖是隐士彼得(Peter the Hermit)，一位最成功的传教者，和名为沃尔特·桑萨瓦尔(Walter Sansavoir)的法国骑士。在日耳曼南部大批日耳曼十字军加入了彼得的部队，其中包括一些贵族。这些部队没有携带补给和钱财，他们只能靠获取馈赠和抢劫养活自己。他们有些人开始在匈牙利掠夺，后来被愤怒的匈牙利人所摧毁。有一批人在匈牙利边界上遇到匈牙利国王的打击。另一批十字军和平地通过匈牙利，但却在经过保加利亚时大肆抢劫。最后他们终于到达了君士坦丁堡。阿列克塞看到来援助他的竟是一些半武装的、完全没有纪律的匪徒，就赶紧把他们装运上船，通过海峡运往

---

〔1〕《资料》，no.40。

小亚细亚,土耳其人很快就在那里把他们击败,一部分人设法在拜占庭的要塞寻求庇护,等待男爵们的援军的到来。

尽管农民十字军一无所获,仍然是一种值得注意的信仰表现。数以千计的人们,自信地面对长途跋涉的艰辛与凶恶的敌人。他们非常善良地相信这是上帝的意愿,在旅途中上帝将会给他们以希望,使他们战胜土耳其人。

十字军的主力及后续部队在 1097 年初到达君士坦丁堡,皇帝阿列克塞再一次面临一个问题。他希望得到一支在他手下为得到军饷而服役的骑士队伍。事实上他却得到了一支由他们自己的贵族指挥的装备不错的——如果称不上精良的话——军队,这些贵族领袖们的首要目的是收复圣地,而帮助他只是附带的目的。阿列克塞采取的政策既简单又明智。他以粮食支持十字军,并将之运输到小亚细亚,要求领袖们宣誓效忠作为回报,但是阿列克塞没有能避免由他危险的同盟者造成的任何麻烦。对西方的贵族和他们的人来说,希腊人是颓废、软弱、生活奢侈、不能信任的;同时拜占庭皇帝和他的国民认为,西方人只是未开化的蛮人。这并非完全错误的认知,布荣的戈弗雷和他的手下在向皇帝宣誓效忠以前,就在他驻扎的君士坦丁堡郊区进行抢劫和烧掠。一旦等到所有的十字军都安全抵达小亚细亚,皇帝才可以大大地松一口气。[1] 1097 年 5 月,十字军包围了尼西亚,这曾经是土耳其人的首府,紧邻君士坦丁堡的一个险要堡垒。尼西亚陷落的一个月后,它被拜占庭帝国的军队占领,当十字军开始长途跋涉到巴勒斯坦去时,阿列克塞着手清除附近地区的土耳其人。

与其说是深谋远虑,不如说是好运气,十字军选择了一个有利的时机,进攻阿拔斯帝国的西部边境。这一地区的穆斯林首领摆脱了巴格达苏丹的控制,正在互相激烈争斗。小亚细亚的大多数地区附属于罗姆(Rum)的苏丹,一些小王公统治着阿勒颇(Aleppo)、安条克和大马士革,一旦罗姆的苏丹知道其首府尼西亚陷入包围后,他就开始召集军队,但一直到十字军占领了这个城市,又开始前进穿过其王国时,他才做好战斗的准备。十字军考虑到他们处于敌国的土地上,便采取了非正规的进军方式,军队分成两部分,北路由诺曼底的罗伯特和博希蒙德率领,而南路军则由布荣的戈弗雷和图卢兹的雷蒙德领导。根据一些记载,这种分配是偶然的,又有人说是因为马匹缺乏饲料。但无论如何,两路纵队没有认真地相互保持接触,只是模糊地知道对方的位置。

不幸的是没有什么资料可以用来确定十字军的人数,当代的数字说十字军有 10 万骑士,60 万步兵,这完全不能相信,可能有 2000 名至 3000 名骑士,8000 到 12000 名步兵。7 月 1 日领导北路军的博希蒙德,从其密探口中知道一支强

---

[1]《资料》,no. 42。

大的土耳其部队正在逼近,他立即把他的辎重物资和非战斗人员安置在一个小沼泽地中,命令步兵保护他们。然后他派信使去通知另一队南路军,让他的骑士在战场上拉开阵势。土耳其军队完全由马背弓箭手组成,人数上也大大超过十字军,土耳其人很快包围了骑士军,在他们的阵地周围逡巡,向他们大量射箭,而不走进十字军射程之内。虽然土耳其人的箭落在全副盔甲的骑士身上,除了惹恼、激怒他们外,没有什么作用,但许多马匹被射死,骑士们处于无助的境地。十字军的处境看来极为无望,突然之间布荣的戈弗雷和他的骑士出现在附近山上,并马上向土耳其人发起冲击之前,十字军的处境看来极为绝望。戈弗雷的出现彻底瓦解了土耳其的战略。在两支重装骑兵的剑与矛的夹击之下,土耳其人绝望了,许多人被杀,其他人仓皇出逃。

这一称为多利留姆(Dorylaeum)战役的巨大胜利,在精神上击溃了当时的土耳其人,他们不敢再继续进攻向安条克进军的十字军了。十字军的胜利当然纯粹是出于好运气,布荣的戈弗雷其军营离战场只有6英里,博希蒙德的信使却花了5个小时才找到。他们明显不知道上哪儿去找,险些无法及时找到援兵。

十字军获胜后,他们面临的唯一危险就是严重的供给不足。许多步兵死于饥饿,军队丧失了大量马匹,在军队被严酷的征途完全毁灭之前,军队幸运地到达了一个友好的亚美尼亚基督教国家,然而戈弗雷的兄弟鲍德温带领一小队随从离开大部队,为自己在埃德萨(Edessa)附近建立一个采邑。其余部队前进到安条克南部。几个月的围攻之后,安条克陷落了,博希蒙德通过贿赂土耳其指挥官,为十字军取胜立下大功,因此宣称此城归属于他,抢来了安条克亲王的封号。但在几天之内,新的土耳其军队到来了,包围了城中的十字军。就在此时十字军战士团发现所谓的伟大圣物,即耶稣受难时制穿他肋间的那支长矛,大受鼓舞。1098年6月28日,他们出发迎战,这时土耳其人犯了一个错误,他们在背水的有限空间内与十字军遭遇,被迫在一个死角内近身迎战,其结果是基督教徒又一次获胜。

博希蒙德留在据点为自己在叙利亚北部开辟采邑,十字军大部队则不顾沿海城市中的土耳其驻军继续沿海岸线前进。1099年6月这支军队到达耶路撒冷,并进行围城。7月13日他们胜利地进入这座城市,接着对当地居民进行了可怕的屠杀,根据当时的记载,在所罗门圣殿有10000人被屠杀,殿内血深及踝。即使没有热情的夸张,编年史家所欢呼的"上帝的惩罚"也是一件可怕的事情。[1]

---

[1]《资料》,no.41。

41. 十字军参加者及其国家(1099—1204 年)

一旦十字军在耶路撒冷站稳脚,他们就着手选举一个领导他们创建国家的国王。在包围安条克和向耶路撒冷进军时,图卢兹的雷蒙德就不断地和博希蒙德发生争执,两派都不让对方有机会登上王位。唯一的一个中立的重要领导人是布荣的戈弗雷,他随即被选为国王。戈弗雷不久向戴姆伯特(Daimbert),亦即比萨大主教和耶路撒冷的教长行效忠礼,也就是承认其王国由教会统治——戈弗雷与其说当上国王,不如说是获得"圣墓的保卫者"(Defender of the Holy Sepulcher)的头衔更为恰当。新王国的组织深受最初各自征服的形态所影响。鲍德温获得埃德萨地区,博希蒙德保留安条克,图卢兹的雷蒙德获得的黎波里(Tripoli)。

在十字军占领耶路撒冷的一个月中,他们不得不保卫他们的征服土地。耶路撒冷在落入十字军手中之前并不是土耳其领土的一部分,而受埃及法蒂玛(Fatimid)哈里发的一个官员的管辖,这位官员立即派遣一支军队前来收复。戈弗雷立即召集部下,在巴勒斯坦最南端的阿斯卡隆(Ascolon)附近迎战埃及人。哈里发的军队大部分是由没有弓箭手的轻装骑兵组成,无法与欧洲骑士相对抗。戈弗雷轻易地赢得了彻底胜利,第一次十字军东征遂告结束。

布荣的戈弗雷在占领耶路撒冷后,不到一年就去世了,由其弟埃德萨的伯爵鲍德温继承其位。他成为耶路撒冷拉丁王国的真正创始人。在意大利海军分遣队的援助下,鲍德温(Baldwin,1100—1118 年在位)征服了十字军行军至耶路撒冷途经的所有沿海城镇。他也进入约旦(Jordan),在那里建立了堡垒。戈弗雷把那些已征服的土地和许多将被征服的土地分作采邑,鲍德温一世继续这样做。耶路撒冷以及提尔(Tyre)和阿克里(Acre)变成王室领地。伟大的男爵们统治着国王直接授予的采邑,同样地把采邑给予他们手下的人,建立起一个完全成熟的封建体系。欧洲两个最完全的封建国家英格兰和法兰西的君主除了领主特权之外,还拥有盎格鲁—撒克逊和法兰西的国王权力,至少在理论上是这样。然而耶路撒冷没有王国,也没有传统的王室,因此国王只是一个封建主。王国中真正的权力掌握在由大地主(tenant-in-chief)组成的高等法庭(High Court)手中。这个团体选举国王,国王没有这个团体的同意不能做任何事情。对涉及贵族的所有案件,高等法庭充当最高法院,同时它也充当最高行政会议和立法会议。每一个男爵有自己的封建法庭,在他自己的封邑中履行同样的职责。男爵为国王提供封建服务,但这些服务的性质和范围由高等法庭决定。可以说,耶路撒冷的拉丁王国是一个真正的封建国家,国王除了依封建习俗拥有宗主权之外,没有任何权力。

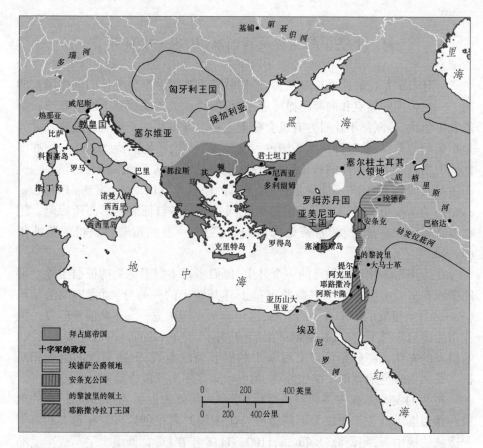

地图 13.2　第一次十字军东征与拜占庭帝国

拜占庭帝国的困境是引发十字军东征的最初动力。帝国致力于与穆斯林势力的斗争，以求生存。然而，从地图上看，十分明显的是，十字军参加者的目的是为了实现他们的抱负，他们耗费许多精力不是为保护帝国，而是为自己创建新的王国。

　　高等法庭和男爵封建法庭是为显赫的采邑持有者服务的。另一种法庭叫有产者法庭（Courts of the bourgeoisie），审理平民诉讼。每一个领主都在自己的领地上设立一个有产者法庭，领主的代理人子爵掌握这个法庭，但判决权由领主在其领地上的有产者中指定的十二位陪审员行使。在各地法官主持下的下级法庭负责当地百姓的事务，如此一来，在耶路撒冷王国，封建司法权和领主司法权之间有了明确的区分。

　　耶路撒冷王国和叙利亚三个十字军国家——安条克公国、的黎波里以及埃德萨郡——之间的关系从来没有明显地建立起来。这些国家的领主向耶路撒冷国王效忠，如果是少数派，国王通常行使监护权，但是领主不臣属于高等法庭。每一个采邑有其自己的封建惯例和它自己的法庭。像耶路撒冷国王一样，每一个采邑都是组织严密的封建国家。

王国常备守卫部队的一个重要部分,是由两大军事团体——圣殿骑士团(the Knights of the Temple)和耶路撒冷的圣约翰医院骑士团(the Knights of the Hospital of St. John)——来提供的。在鲍德温一世统治下,一个名叫休·德·帕扬(Hugh de Payen)的法兰西骑士和他的八个随从施行正式的教规宣誓,为朝圣者从沿海到圣城沿途提供警卫,不久他们在所罗门圣殿附近得到了一所房子,成为著名的圣殿骑士。1128年教皇以及一次宗教会议正式把圣殿骑士建成一份军事宗教团体。明谷的圣伯尔纳(St. Bernard of Clairvaux)在西多会的基础上为他们起草了一份规章。[1] 这样他们就变成一个僧侣组织,它的首要职责就是与穆斯林作战。圣殿骑士为三个西班牙的军事团体——卡拉特拉瓦(Calatrava)、阿尔坎塔拉(Alcantara)和圣地亚哥(Santiago)骑士团——提供了一个模式,其组建是为了进行对萨拉森人的斗争。在耶路撒冷为圣约翰医院(这个医院早在11世纪就已建立,以照料基督徒朝圣者)服务的人们也仿效他们的榜样。虽然他们继续经营医院,但也组为一个军事团体。几年以后,在1198年,另一个团体条顿骑士团建立起来。这两个圣地最资深的骑士团从耶路撒冷国王手中得到了大片土地,这些土地大多是在最前沿地区。他们修建了大量驻有强大驻军的堡垒来保卫这些领土。堡垒中最著名的,大概是位于土耳其和的黎波里郡之间边界的骑士城堡(Crac des Chevaliers)。

在其顶峰时期,医院骑士团能在战场上提供500名骑士,圣殿骑士团提供300名骑士。这些庞大的军事组织只在很小程度上得到当地财政上的支持,两个团体需要全欧洲大量钱财以支持他们在圣地的活动。这样他们为耶路撒冷王国装备了一支常设的武装力量,由土耳其势力之外的捐赠供养。如果两个团体没有激烈地相互争斗,其作用将会更大一些,他们合在一起仍是拉丁王国的主要支柱之一。

当时人数不等的临时访客——十字军和武装的香客加强了拉丁王国的常备军事力量。圣地突然发生一个特殊事件,也许就会带来大量东征的十字军进行援助。在两次主要远征军之间,不断有个人或小团体的十字军涌入。这些从欧洲来的骑士并不都有助于政权稳固,阿拉伯贵族奥萨马(Ousama)在他于12世纪末写的自传中指出,对穆斯林来说,与在巴勒斯坦居住了较长时间的法兰克十字军更容易相处。他们已能宽容穆斯林的宗教,并懂得东方的方式,但是来自欧洲的好战的新移入者,总要引起麻烦。[2]

最后,还要记住如果没有意大利各城市的海上舰队,拉丁王国就不能建立,

---

[1] 参见第300—302页(边码)。
[2] 《资料》,no.43。

国祚会更短。他们掌握着制海权,把穆斯林舰队一直限制在海湾中。第一次东征军队在向耶路撒冷进军途中所需的补给是由一支意大利舰队提供运输的,舰队上的军队参加了占领圣城的战斗。没有海上援助,鲍德温一世不可能征服沿海城镇。在拉丁王国存在期间,正是意大利的船只给圣地运来了给养,带来了朝圣者。本来十字军国家是需要欧洲源源不断的援助的前沿阵地,对其存续至关重要的交通,则是由意大城镇维护的。

1144 年摩苏尔(Mosul)的统治者征服了埃德萨郡。穆斯林的这一胜利使基督徒世界感到恐慌,促使教皇鼓励第二次东征以收复失土。这一号召获得成功,主要是因为明谷的圣伯尔纳,他付出了他全部的热情、精力和演说能力,鼓励欧洲的贵族参加十字军。西欧的两大主要强国的君主——法兰西的路易七世和日耳曼的康拉德三世接过了十字架。但是法兰西大领主中只有佛兰德斯的伯爵加入国王队伍。康拉德正处于与日耳曼诸侯长期不和的艰难处境之中。[1] 因此虽然十字军领导人的级别给人印象深刻,但他们的军队规模似乎不是很大。西西里国王罗杰二世准许十字军将领们乘他的船舰前往圣地,但将领们宁愿由陆路前进。

离开尼西亚 10 天后,康拉德的军队遭到土耳其人进攻,几乎全军覆没。康拉德本人和大约十分之一的人员设法退到尼西亚,在那里乘船去巴勒斯坦。正当战败的康拉德退回尼西亚时,路易到达尼西亚,穿过小亚细亚继续前进。在山间峡谷中他遭到土耳其人的攻击,丢掉了他的辎重,丧失了许多马匹和军营中的大部分随员,这使国王相信了不适合走陆路。于是路易向海边前进,带领他的全部骑士和部分步兵乘船前往安条克。由于那里没有足够的船只,其余的步兵奉命继续由陆路前进,不久遭到土耳其人的屠杀。路易一到安条克,当地宗主雷蒙德就催促他帮助收复埃德萨,但国王坚持他要去耶路撒冷。说不清他的动机是燃烧着的参拜圣墓的渴望,还是把王后埃莉诺从其过分热情的叔叔、安条克亲王雷蒙德手中夺走的决心。在耶路撒冷他遇到了康拉德,两位君主决定进攻大马士革。起初对大马士革的围攻进行得很顺利,但后来两位国王激烈地争执起来,康拉德放弃战斗,回国去了。路易也不能单独坚持下去。第二次十字军东征确切地说一无所获。

12 世纪末叶,耶路撒冷王国遭到一支新的穆斯林武装的威胁。1169 年,史称萨拉丁(Saladin,1137—1193)的著名的库尔德将军成为埃及的统治者,推翻了法蒂玛王朝。到 1186 年,萨拉丁已是埃及和穆斯林叙利亚两国的统治者了,十字军国家要在两端边界面对同一个政权。1187 年 6 月,萨拉丁召集了他广阔领土上的所有军事力量入侵耶路撒冷王国,进军到加利利湖(Sea of Galilee)并

---

[1] 参见第 332、335 页(边码)。

包围了太巴列(Tiberias)。这座城市很轻易地陷落了,但它的主人——的黎波里伯爵雷蒙德的妻子——带着她的卫队退到城堡,被萨拉丁军队的一支分队围困在那里,耶路撒冷国王盖伊·德·路西南(Guy de Lusignan)决定竭尽全部力量,做最大的努力,以打败萨拉丁军队。他召集了其采邑上新征的军队和骑士团体。王国城堡的驻军几乎已被抽空了。盖伊可能征集了1200名骑士,15000名步兵。

军队集结在萨法里亚(Saffaria),坐落于距太巴列约16英里的一个水源充沛的山谷。但是它们之间的16英里几乎是寸草不生的荒漠地区。虽然妻子、孩子被围困在太巴列,的黎波里的雷蒙德奉劝国王在萨法里亚等待萨拉丁,因为那里有充足的水源和马的饲料。然而其他一些领主则坚持去寻找穆斯林军队。这是一个致命的错误。军队在离太巴列6英里的海廷(Hattin)被土耳其马上弓箭手们所包围。伯爵雷蒙德和一小部分随从从穆斯林军队中夺路而逃,余部或被杀或被俘。萨拉丁给予了国王盖伊和其他俘虏相当的礼遇,但他杀死了每一个落入他手中的圣殿骑士和医院骑士。海廷战役完全摧毁了拉丁王国的军事力量,萨拉丁毫无困难地征服了整个巴勒斯坦和叙利亚内地,包括耶路撒冷区域在内。

当海廷危难的消息传到欧洲,教皇鼓励发动一次新的十字军运动,把圣地从萨拉丁手中解救出来。在第三次十字军东征中,英格兰的亨利二世(Henry II,1154—1189年在位)、法兰西的腓力·奥古斯都(Philip Augustus,1180—1223年在位)和日耳曼皇帝腓特烈一世(Frederick I,1152—1190年在位)都参加了十字军。[1] 但法兰西和英格兰的国王太热衷于他们之间的争吵,没有马上动身,腓特烈在1189年不顾他们独自出发了。他沿着熟悉的陆上通道穿过巴尔干半岛和小亚细亚——许多军队曾经在此丧生。然而腓特烈是一位极有才能的战将。他手下掌握着武艺精良的步兵弓箭手,他们的箭射得比土耳其人远,能在很远的地方射伤敌人,他知道什么时候使用骑兵更好。土耳其人一次又一次进攻十字军,但总是被打得丢盔卸甲,损失惨重。当他抵达罗姆苏丹的首府伊康尼姆(Iconium)时,他发动猛攻,占领了这座城市,并发现这里粮食和其他战利品充足。首府被占领使苏丹受到严重的打击,只要腓特烈尽快离开,苏丹许诺会让他自由地通过其领土。不幸得很,腓特烈皇帝在卡利卡德纽斯河(Calycadnus River)中洗澡时被淹死了,虽然他的军队安全到达安条克,但许多人在那以后回国去了。

亨利二世在他东征的准备工作尚未完成时就死了,他的继承者、以狮心王[2]

---

〔1〕 参见第324、333和336页(边码)。
〔2〕 参见第390页(边码)。

出自一本《旧约》的战争微型画,显示出13世纪中叶骑士们使用的盔甲与武器。请注意左边的笔迹:1507年一位波兰枢机主教向波斯皇帝呈献这份手稿,并附有波斯文的插图说明。已放大。法国,约1240年,手稿638,编号23V。The Pierpont Morgan Library/Art Resource, NY

而著名的理查一世(Richard I,1189—1199年在位)于1190年夏天与腓力·奥古斯都一起从法国中部的费泽莱(Vézelay)出发。经过一个冬天在西西里的激烈争吵,两位国王于1191年春天从墨西拿(Messina)渡海。1189年夏耶路撒冷王国残剩的基督教军队包围了阿克里。一年后腓特烈一世军队的余部加入了他们的队伍,1191年年初夏腓力·奥古斯都和理查赶到了。由于理查和腓力继续争吵,因此难以对城市进行一次全面的进攻,但是最终驻军因缺粮而投降。不久,国王腓力回国去了,理查在耶路撒冷的地域内继续前进,但力量不足,无法进行围攻。他前进到巴勒斯坦南部,在阿斯卡隆建立了一个坚固的堡垒,嗣后他与萨拉丁休战。基督教朝圣者被允许自由进入耶路撒冷,雅法(Jaffa)和其他一些沿海城镇又回到了拉丁领主们手中,对由西欧三个主要国家的统治者领导的伟大十字军来说,这实在是相当微不足道的成就。

第四次十字军东征由教皇英诺森三世(Innocent III,1198—1216年在位)[1]发动,但以最惨的全军覆没而告终。1204年英诺森三世成功地组织了一支军队,乘坐一支威尼斯舰队前进。但威尼斯对他们自己的商业事业比收复圣

---

[1] 参见第345页(边码)。

地更感兴趣,尤其是要保护他们在与君士坦丁堡有利贸易中的垄断地位。从开始时起,威尼斯就诱使十字军误入歧途。起先他们劝说欠自己许多钱的十字军东征者为威尼斯去占领达尔马提亚沿海的基督教城市扎拉城(Zara)。英诺森三世开除了进攻此城的全部军队将士的教籍,但是却宽厚地允许他们继续向圣地东征。然而威尼斯另有计划。当时在两个候选人之间爆发了争夺拜占庭皇位的战争。威尼斯决定支持其中一个以大额黄金作贿赂的皇帝,此人并允诺将以拜占庭军队去保卫圣地,且保证把希腊和拉丁教会联合起来。

十字军领袖同意以军队保证威尼斯支持的皇位候补者入主君士坦丁堡。他们在这一行动中取得了胜利,但是后来城中的人民进行了暴动,反抗向他们强行征税的统治者。在这时十字军自己占领了这个城市,并且在三天之中纵情狂欢,大肆抢劫。他们抢劫、亵渎了希腊基督教堂,让一个妓女登上圣索菲亚教堂大教长的宝座。最后,"十字军"运动的一个主要后果,是使几世纪来对抗穆斯林进攻、保卫了欧洲东部通道的古代拜占庭帝国土崩瓦解。

一个君士坦丁堡的拉丁帝国建立起来,佛兰德斯的鲍德温伯爵取得了皇帝头衔,但他直接控制的只有首都和阿德里安堡(Adrianople),以及两个城市之间的土地和邻近的小亚细亚的沿海地区。为了十字军男爵们的利益而建立了帖撒罗尼迦(Thessalonica)王国,雅典公国、亚该亚(Achaea)公国和其他一些邦国。虽然这些小邦在理论上是由皇帝控制的采邑,但实际上它们是独立的。威尼斯得到了君士坦丁堡的大片土地、埃维亚岛(Euboea)、克里特岛、科孚岛(Corfu)的全部和一些有价值的港口,如都拉斯(Durazzo)。此外,还允许威尼斯贵族建立一些岛国,作为总督的采邑而占有。同时一些拜占庭王公在十字军未及的地区建立了一些国家。狄奥多尔·拉斯卡里斯(Theodore Lascaris)在尼西亚建都,自称皇帝,他的妻子是一位拜占庭皇帝的女儿。在阿尔巴尼亚的崇山峻岭中,帝国皇室的一个私生子建立了伊庇鲁斯君主国(despotate of Epirus)。最后两个科穆宁王公建立了特拉比松(Trebizond)帝国,它由黑海南部沿海地区组成。

直到最后进攻君士坦丁堡为止,英诺森三世坚持不把他的十字军从圣地移走。但在最后他对建立拉丁帝国表示欢迎,视其为上帝的显灵。很久以后当得知伴随着征服而发生的凶残抢劫时,他大为吃惊。但不久他安于既成事实(fait accompli),十字军所做的,毕竟是为了拉丁基督教世界又增加了一个王国。

在讨论十字军对欧洲的影响问题上已花费了大量笔墨。当人们考虑到远征在物质和人力上的巨大花费时,这些影响看来实在是非常微小——事实上是微不足道的。十字军东征的需求促使意大利城市掌握地中海的控制权。东征回来的士兵毫无疑问把一些东方的知识和东方的物产带回本国。但是不能说没有十字军东征,意大利各城市就找不到东方的市场,就不能让欧洲人爱上糖和香料。然而研究中世纪的历史学家对十字军仍然具有极大的兴趣,因为十字军提供了关于中世纪人民的实际动机和想法的材料。

虽然毫无疑问,一些人参加十字军是为了得到采邑和抢劫,因为他们认为本国土地太抢手了;或者有些人是单纯爱好冒险;但是很清楚大多数人是被真正的宗教热情所感动,完全相信东征是一条救赎的道路。无数人典押甚至出卖了自己的土地,离乡背井,面对恐怖而漫长的征途:路途上需要穿越荒芜的土地,渡过汹涌的海洋,为上帝与敌人作战。按一般设想,一位十字军战士是再也回不了家的,虽然许多人回来了,但通常已经筋疲力尽,家破人亡,更多的人则在遥远的土地上找到了他们的坟墓。十字军东征是中世纪文明巨大生命力和扩张力量的一个证明。但是十字军的野蛮残忍证明,基督教的宗教理想和军事贵族的尚武精神结合是极为困难的。在许多方面——好的与坏的——十字军为通常的说法"一个信仰的时代"的内涵提供了最突出的例证。

进一步阅读书目

蒂尔尼:《资料》与《读本》,第一册,nos. 40—43;第二册,nos. 14。

关于西班牙最好的通史是奥卡拉汉(J. F. O'Callaghan)的《西班牙中世纪史》(*A History of Medieval Spain*)(绮色佳,纽约州,1975)。较老的梅里曼(R. Merriman)的著作《西班牙帝国的兴起》(*The Rise of the Spainish Empire*),第一卷(纽约,1918),至今仍有价值。至于新近更详尽的研究成果,参见伯恩斯(R. I. Burns)的《瓦伦西亚的十字军王国》(*The Crusader Kingdom of Valencia*)(麻省剑桥,1967);格利克(T. F. Glick)《中世纪早期伊斯兰西班牙与基督徒西班牙》(*Islamic and Christian Spain in the Early Middle Ages*)(普林斯顿,新泽西州,1978);以及*赖利(B. F. Reilly)《西班牙基督徒与穆斯林之争,1031—1157》(*The Contest of Christian and Muslim Spain, 1031-1157*)(牛津,1992)。简明的概览有*杰克逊(G. Jackson)的《中世纪西班牙的形成》(*The Making of Medieval Spain*)(伦敦,1972);赖利(B. F. Reilly)《中世纪西班牙人》(*The Medieval Spains*)(剑桥,1993)。至于基本文献,参见康斯特布尔(O. R. Constable)《中世纪伊比利亚:基督教、伊斯兰教与犹太教史料选读》(*Medieval Iberia: Readings from Christian, Muslim and Jewish Sources*)(费城,1997)。一部叙述诺曼人扩张的经典著作是哈斯金斯(C. H. Haskins)的《欧洲历史上的诺曼人》(*The Normans in European History*)(波士顿,1915)。有关他们在西西里的殖民地情况,参见诺威奇(J. J. C. Norwich)的《南方的诺曼人:1016—1130》(*The Normans in the South, 1016-1130*)(伦敦,1967)。

有大量论述十字军的文献,纽霍尔(R. A. Newhall)的《十字军》(*The Crusades*)(修订版,纽约,1963),是一部导论性的概要。两部出色的大部头历史著作是*任西曼(S. Runciman)的《十字军东征史》(*A History of the Crusades*)(共三卷,纽约,1964—1967),以及塞顿(K. M. Setton)编的《十字军历史》(*A History of the Crusades*),第二版,共六卷(费城,1969—1989)。一册的概览有*里雷—史密斯(J. Riley-Smith)的《十字军简史》(*The Crusades: A Short History*)(纽黑文,康涅狄格州,1987),其中有丰富的参考书目。亦见理查(J. Richard)的《耶路撒冷的拉丁王国》(*The Latin Kingdorn of Jerusalem*)两卷(纽约,1979);*斯梅尔(R. C. Smail)

《十字军战争》(Crusading Warfare),第二版(剑桥,1995);弗兰斯(J. France)的《在东方的胜利:第一次十字军东征军事史》(Victory in the East:A Millitary History of the First Crusade)(剑桥,1997);以及 * 阿蒂亚(A. S. Atiya)的《十字军,商业与文化》(Crusade Commerce and Culture)(纽约,1966);此外,关于第四次十字军,参见布雷德福(E. Bradford)的《大背叛》(The Great Betrayal)(伦敦,1967);以及奎勒(D. E. Queller)的《第四次十字军东征》(The Fourth Crusade)(费城,1977)。另外参见波威尔(J. Powell)的《十字军的分析:1213—1221》(The Anatomy of a Crusade, 1213-1221)(费城,1986),以及西伯利(E. Siberry)的《十字军的评论:1095—1274》(Criticism of Crusading, 1095-1274)(牛津,1985)。论述希腊与拉丁教会之间关系的,参见埃夫里(G. Every)的《拜占庭的教长制》(The Byzantine Patriarchate)(伦敦,1962)。十字军编年史的译作中有麦金蒂(M. E. McGinty)翻译的《沙特尔的富尔彻:第一次十字军编年史》(Fulcher of Chartres:Chronicle of the First Crusade)(费城,1941);希尔(R. Hill)翻译的《法兰克人的事迹》(Deeds of the Franks)(伦敦,1962);马茨尔(F. Marzials)翻译的《十字军回忆录》(Memoirs of the Crusades)(伦敦,1908);以及安德(A. J. Andrea)翻译的《占领君士坦丁堡的战利品》(The Capture of Constantinople:The "Hystoria Constantinoplitana of Gunther of Paris")(费城,1997)。让人尤感兴趣的是,索特(T. R. A. Sewter)译 * 《安娜·康尼娜的政事记》(The Alexiad of Anna Comnena)(巴尔的摩,马里兰州,1969);加布里埃利(F. Gabrieli)译《阿拉伯人的十字军史书》(Arab Histories of the Crusades);以及波特(G. R. Potter)翻译的《奥萨马自传》(The Autobiography of Ousama)(伦敦,1929),该书代表拜占庭和穆斯林的观点。一部有益的指导中世纪和近代十字军的文献著作是 * 布伦戴奇(J. Brundage)的《十字军:文献概览》(The Crusade:A Documentary Survey)(密尔沃基,1962)。托平(W. P. Topping)翻译的《罗马尼亚的巡回裁判》(The Assizes of Romania)(费城,1949),是一部供研究十字军国家的封建结构的好资料。关于十字军的理论,参见拉塞尔(F. H. Russell)的《中古的正义战争》(The Just War in Middle Ages)(剑桥,1975);有关军事等级,参见巴伯(W. Barber)《新骑士:圣殿骑士团史》(The New Knighthood:A History of the Orders of the Temple)(剑桥,1994);以及福雷(A. Forey)《从12世纪到14世纪早期的军事等级》(The Military Orders from the Twelfth to the Early Fourteenth Centuries)(伦敦,1992)。

第十四章 经济复兴与社会变化

11世纪和12世纪,西欧文明赖以存在的经济体制发生了根本的变化。这个变化的基本特征是,以活跃的货物交换为基础的经济逐步恢复,以及随之而来的货币流通量的不断增加。到1200年,人们能够出售多余产品,购买自己不能生产的东西了。与市场贸易的增长必然联系着的是专业技术的复兴和城市的发展。教士、骑士和农民被引入了一个商业、店主和工匠的社会。这些新现象对中世纪文明的各方面——政治、文化、社会和经济——产生了深刻的影响。本章将叙述贸易和商业的复兴,市镇的扩展,以及货币经济的恢复,并且揭示这些发展对中世纪社会的基本影响。

42. 商业的恢复

西欧贸易的普遍衰落始于2、3世纪的内战,而日耳曼民族的入侵使之加剧,到9世纪则跌到了谷底。曾经作为罗马帝国主要商业通道的地中海航线,大部分被穆斯林控制着。他们占据着非洲和西班牙海岸,以及西地中海的岛屿。问题倒不是穆斯林地区拒绝与基督教地区贸易往来;而是基督教西方没什么可以出口与其交换。此外,穆斯林海盗的出没使海上航行风险很大。

但是新的商业系统慢慢地建立起来。当维金人在英格兰、法兰西和基辅建立永久定居点后,他们延续了伟大的航海传统,但以贸易为主而较少打劫。他们以毛皮和奴隶为主要出口,交换制造品,如衣料,法兰西的剑、甲胄,当然还有金银,以补充以往那些掠夺来的大量财富。斯堪的纳维亚慢慢建立一个商业网络。此一网络沿着欧洲北部海岸和顺着俄罗斯河流网络远至黑海与君士坦丁堡一带地区。

同时,在地中海地区,水上城市威尼斯成为一个主要贸易中心。在意大利诸城市中,威尼斯较为独特,它没有广大的农业土地环绕,因此最早的居民以海为生,先是捕鱼,后来则经商。10世纪末,威尼斯运送粮食、酒类和木材到君士坦丁堡,从那里换回上等的丝织品,再卖给它意大利北部的近邻。也就在那个时期,来自阿马尔菲(Amalfi)的商人已经和开罗建立了广泛的贸易往来。北意大利的城镇开始有了一些自己的工业,主要是毛纺织业。但是最初毛纺织业的市场是十分有限的,因此,开辟新航线、沟通新市场便成为意大利海岸商人居留地的主要任务。10世纪时,热那亚和比萨商人不顾始终存在的穆斯林海盗的威胁,开始沿海岸向法兰西航行,进行商业冒险。直至11世纪初年,穆斯林海盗船队还定期对热那亚和比萨进行劫掠。但在1016年,热那亚和比萨的联合舰队

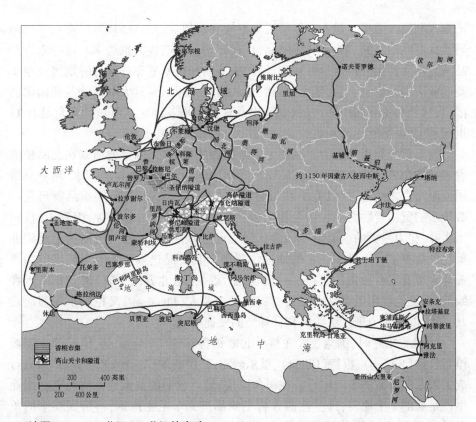

地图14.1　12世纪、13世纪的商路

香槟郡统治者的财富与影响很容易从地理上领会：对西欧的贸易与商业最方便的陆地商路，是通过法兰西来进行的，而对遍及欧洲大陆的进出口商人来说，香槟市集是主要的市场中心。

把这些穆斯林海盗赶出了撒丁岛。在热那亚和比萨攻取科西嘉岛和撒丁岛并袭击非洲的穆斯林港口时，南意大利的诺曼人冒险家占领了西西里。1092年，诺曼人征服结束，这时西地中海对基督教国家的商业来说，就完全畅通无阻了。

十字军运动大大加快了热那亚和比萨的发展。1097年，一支热那亚舰队开辟了至安条克的航线。接着热那亚和比萨的商船便正式航行前往新建立的耶路撒冷拉丁王国，运送十字军战士、朝圣者和补给。与此同时，两个城市的海军舰队逐步从穆斯林手里夺取了对东地中海的控制。耶路撒冷的君主们及其贵族们及时地酬谢了他们的盟友。热那亚和比萨获得了可以自由进入拉丁王国市场的权力，并由此而获利匪浅。他们获准在一些主要港口建立商人居留地，在那里意大利商人们可以在自己的法律下共同生活。东方的物品从世界最大的商业中心之一的巴格达流向大马士革，再从那里转到叙利亚和巴勒斯坦港口的意大利商人手里。过去曾经通过威尼斯和其他亚得里亚海港口,点点滴滴地转运到西欧的丝绸、糖、香料等物品,现在开始由新航线大批运入。这些东方产品从热那亚和比萨沿海岸再转到马赛、纳博讷和巴塞罗那。这一时期另一个主要商业活动是奴隶贸易,其主要路线是从斯拉夫国家到意大利或法兰西南部的港口,再从那里到西班牙、叙利亚和埃及这些伊斯兰国家。但是这个贸易在 11 世纪和 12 世纪时逐渐衰弱。

当北意大利正在成为复兴的地中海商业的中心时,佛兰德斯则在北欧扮演着同样的角色。这个位于现在的比利时和法国西北部沿海岸的国家,从罗马帝国征服高卢之前起,就以毛织品而著名。在加洛林王朝时期,毛织品就已是少数抢手的贸易货物之一。佛兰德斯曾严重地遭受维金人的劫掠,但到 10 世纪下半叶,势力强大的伯爵们在该地区建立起了秩序,不久佛兰德斯的毛纺织业就比以前更富有生机了。它的地理位置便于其产品进入市场。当斯堪的纳维亚商人带着家乡珍贵的土产——皮货、猎鹰——从北方南下时,佛兰德斯近在眼前,而且能够用毛织品来交换。后来佛兰芒人(Flemings)又控制了莱茵河及其支流,以此作为进入法兰西和日耳曼的便捷航线。

11 世纪中叶时,佛兰芒人在整个北欧销售着他们的毛织品,他们的主要城镇布鲁日(Bruges)、根特(Ghent)、里尔(Lille)、伊普尔(Ypres)和阿拉斯(Arras)成了繁荣的贸易和生产中心。在很久以前,佛兰德斯的盐碱地无法为毛纺织业生产足够的羊毛原料,佛兰芒商人将毛织品带到羊毛生产区,再带回换来的羊毛。11 世纪时,南英格兰是他们主要的羊毛来源地之一;12 世纪时,西多会开始在北英格兰的荒地以及威尔士饲养羊群,因此英格兰成为西欧的主要羊毛产区。作为其出售羊毛的回报,英国商人从佛兰德斯带回了呢布。他们也进口大量的法国葡萄酒,尤其是产自波尔多周边地区的葡萄酒。

12 世纪,北方商业组织集中在佛兰德斯,而地中海网络逐渐相互联系起来。意大利商人携带东方商品来到马赛,从那里越过普罗旺斯推销到罗讷河河谷等地,并进入法国中心地带。然而这经由陆路的贸易危险大而代价高。除去运输的实际费用外,还要花钱来满足沿途的封建贵族的勒索。每个男爵都宣称有权对通过其领地的商人收取通行费。假如他急于捞到一大笔钱财,他就会让人将商人的货物抢劫一空。

早在 12 世纪,一个强有力的封建王朝在这种情形下看到了获取一大笔税收的一个好机会。香槟伯爵们统治着索恩河上游与莱茵河、塞纳河以及卢瓦尔河支流之间的土地,这是这一贸易涉及的主要地区。这些伯爵设法将这片土地变成一个广大的贸易市场,他们在一批主要城镇,例如特鲁瓦、普罗万和马恩河上的拉格尼(Lagny-sur-Marne),设立了市集。伯爵们为市集专辟场地,在那里设立货摊,指派纠察维持秩序,设置法官调解纠纷,还设立了货币兑换,为来自许多国家的商人兑换各种货币。这些市集是间隔开的,以便其领土上总有某处能进行贸易。此外,市集组织得井井有条,每天进行某种或某几种不同产品的贸易。市集交易期间不付款,而只仔细标清并记住账目。市集的最后一天,所有商人到货币兑换处换取法定的市集货币"特鲁瓦镑",然后支取货账。伯爵对在市集出售的所有货物收取销售税,并以高价出租货摊,还对违反市集规定者处以罚款,此外,在货款兑换中还获取利益。他用这些收入扩充自己的权力,发展市集贸易。那些居住于商人前往市集所经过的主要干线沿途的男爵们接受赠礼作为岁入,以取代效忠和服务,其主要作用,是保护前往伯爵市集的商人。

香槟市集成了意大利商人和北方商人的会合地。意大利商人带来了意大利产品,如纺织品、精制的刀剑和健壮的伦巴第战马。他们也带来在叙利亚换来的丝绸、糖和香料。来自遥远的北方商人带来毛皮、蜂蜜和森林土产。佛兰芒人带来了毛织品,英格兰人则带来十分珍贵的锡器。在大约200年时间里,这些市集是西欧最重要的商业市场。

香槟市集是特别突出的,因为它们构成了一个巨大的国际市场,且全年都在经营。但是,许多重要的中世纪城市都拥有一年一次的市集。这种大市集贸易基本上是我们所称的批发市场。外国商人带来商品卖给当地商人,当地商人再将其销往国内各地。但王公贵族们在这些市集上购货是很多的。当波士顿市集即将开市时,林肯郡郡长会收到国王的家事管家送来长长的购物清单。13世纪初,林肯郡的主教罗伯特·格罗塞特斯特(Robert Grossteste)写信给一个贵族妇女,指导她如何管理家务。罗伯特对她说,每年她和她的管家应该合计出她以及她一家人在一年中需要什么,并且知道在什么市集上购买这些东西最好。

商业复苏自然提高了对硬币的需求,但是西欧没有什么金矿,在14世纪之前用黄金这种贵金属来铸币是不多见的。意大利在和伊斯兰国家的贸易交往中较早地累积了黄金。热那亚和佛罗伦萨于1252年铸制金币。甚至在这之前,皇帝腓特烈二世就已引人注目地发行了漂亮的金币,称奥古斯塔里(augustales)。但西欧中世纪大部分硬币是银币。基本的硬币是银制的第纳里(denarius),或称便士。12便士折合一个索里达(solidus),或称先令。20先令折合一个里布拉(libra),或称镑。还有一种是马克(mark),值13先令4便士。英格兰只有一种货币,就是英镑,但是欧洲大陆,每个稍有地位的领主都有铸币权。13世纪时,国王路易九世宣布,他的货币"巴黎镑"应该全国通用,但这并没有制止地方上其他货币的流通。对于身负重债的领主或国王来说,使自己的货币贬值以便比较便宜地偿还债务,始终具有强大的诱惑力。

在12世纪和13世纪初,经营外汇的主要是两大军事团体,一个是圣殿骑士团,另一个是医院骑士团。他们在西欧各地拥有巨额财产,而集宗教尊严与武装力量于一身这一点使他们的财产特别安全。他们在一个国家收来的钱,再在另一个国家花掉。英格兰约翰国王与这两个军事团体都有大额业务往来,以为他在战争中被俘获的部下支付赎金,以及资助他在欧洲大陆的盟友。但到 13 世纪,有些商人的经商范围已十分广泛,这使他们能参与外汇生意。一个西欧君主在派遣驻罗马教廷的使团时,给使团成员的信上写道,使团的支出若达到一定数额,将由国王的财政来偿付。这样,意大利商人将会预先付款给英国使团,然后他们的代理人再在伦敦收回欠款。

43. 城市与行会

商业的复苏在促进 11 世纪以后城市生活的发展方面扮演了重要角色。经济意义上的市镇——商人和工匠做生意并用赚来的钱购买食物、养活自己的地方——随着日耳曼人的入侵,从西欧基本上消失了,然而还是有大批人集中居住的地方存在。在法兰西,古罗马的市依旧是主教们以及往往是伯爵们的宅邸,它们很可能成为重要修道院的所在地,如鲁昂有属于诺曼公爵的鲁昂塔(Tower of Rouen),还有大教堂和圣瓦恩(St. Ouen)大修道院。它们都是在城外拥有农田庄园的中心地。塔里驻有公爵的官员和守卫军队。大教堂周围,除了服务于教堂的教士外,始终有一些具有专门技能的工匠,他们照顾教堂的建筑,制作礼拜用品,或做其他必要的事务。在巴黎西堤岛(the Ile de la Cité),有大教堂、主教宅邸、教士寓所以及一处王室住宅。在塞纳河左岸,是圣热纳维耶芙(St. Genevieve)修道院和圣日耳曼(St. German des Prés)修道院。塞纳河另一边稍北一点,是圣丹尼斯(St. Denis)修道院。总之,虽然古代市镇缺少真正的城市生活,但它们仍然是世俗和教会的行政中心。

由于工匠和商人在这些古代的中心逐步重新定居,一些中世纪的商业城市发展起来了。国王、伯爵、主教和其他大贵族十分愿意鼓励他们的佃户成为专业工匠。看来每个住着贵族的庄园都有几个专业工匠,如铁匠和打制武器的工匠。如果是大贵族或高级教士所在的庄园,就会有许多这样的工匠。假使有几个这样的庄园靠在一起,例如在鲁昂那样,就会有大批工匠定居,这反过来又吸引商人去购买和出售工匠的多余产品。

另一方面,一些商人移民团通常在古老的罗马帝国边界之外建立了一些新的城市。这些商人居住在一些军事要塞,如城堡或修道院的周围,而这样的战略要地往往位于一条主要的贸易路线上,或位于两条甚至几条贸易路线的交叉口。一旦遭到攻击,商人们就可以躲入要塞的城墙里。倘若移民地永久建立并得以繁荣,还要在定居地四周建造一道新的城墙。有时定居者超出了这个初时设防的界线,就再建一道城墙来保护这些处于郊外的居民。经济史学家亨利·皮朗论证了低地国家的许多城市,正是以这种方式发展起来的;其他的历史学

第十四章 经济复兴与社会变化 269

科尔夫市镇
在这幅英格兰西南部的科尔夫市镇照片中,保存了中世纪小市镇的形态,城堡与教堂居于中心位置。从13世纪起,在城堡城墙的保护下,市集开始兴办,与此同时,在这个中心附近,工匠数量开始增长。

家则强调古老的行政中心在这种中世纪城市生活方式中的重要性。

同古代世界和现代世界的大都市相比,所有的中世纪城市都是很小的。一个繁盛的商业城市,包括长期定居的商人和足以吸引外国经商者的市集,通常只有5000左右的居民。许多住在这种城市的人还可在周围农村耕种土地或在城市周围的共有地上放牧牲畜。在北欧,只有伦敦、布鲁日、根特这几个最大的商业中心,才有多至40000居民。意大利的大城市——威尼斯、佛罗伦斯、热那亚、米兰和那不勒斯——分别有100000左右人口。整个中世纪(以及此后相当长时期),欧洲人口主要在农村。但是,由于城市累积了巨大财富,开始对经济生活和政治生活施加影响,而这和它们的人口数量是极不成比例的。

中世纪城市的工匠和工人一般是从周围农村的农民转变而来的。商人阶层的起源比较复杂,比较有争议。有时,一个逃亡农奴可能拼凑一点货物,成为一个沿街叫卖的小贩。这些人中的少数最成功者可能发迹成为富商。但从商者中更典型的似乎是骑士的次子,或一些富有的农民,后者会为其事业注入资本、技术和勇气。[1]

中世纪城市居民有某些共同的重要利益。他们不管原先是什么出身,都需要自由而不要奴隶契约,因为他们要经营自己的事业并获得合理的收益。由于农奴拥有的任何东西都要被任意征税,因此,对没有自由的工匠来说,就缺乏刺激来使他们竭尽全力从事生产。这种缺乏自由导致的生产能力低下,对想以经商为生的人来说,更为严重。做生意必须在外面奔跑,而农奴却无权离开领主的土地。除了人身自由的基本要求外,城市居民发现在他们自己的财政和司法方面,获得尽可能多的自治也是十分有益的。

到11世纪末,大批的手工艺者、商人以及想从商的人从领主那里获得他们所需要的特权。这最初可能是由手工艺者和商人发起的。他们向领主提出,如赏给他们特权,就给领主一笔令其心动的钱。通常他们能一次拿出一大笔钱来刺激领主的胃口。后来,主动性往往来自领主,当一个贵族看到邻近的贵族因城市兴旺而大获其利时,就会步其后尘。有时一个领主会给居住在他的城堡附近的一些人赏予特权,目的是以此来吸引其他人。

通常领主给予的特许证规定,在得到特许的市镇中,每一位居民都应是自由的,另外,任何在那里住满一年零一天的人也应获得自由。这样,如果一个逃亡农奴逃到城里住满一年零一天而不被抓回,他便成了自由人。领主常常规定他自己的农奴不能利用这个权利,但始终乐于接受其他领主的农奴。然后,商人或手工业者必须缴纳用于生产的房子和仓库的租金——货币。如果他为领主提供劳役服务的话,他就不可能有效地经营生意。因此,特许证往往规定,城市居民应用土地租用(burgage tenure)的方式来使用土地和房子,即以货币租用。租金价格在特许证中经常是固定的。最后,必须确保市民财产不被任意剥夺,如果领主可以随心所欲搜刮钱财,就不会有人去拼命赚钱。但这个保障是很难实施的,因为领主向佃产敲诈钱财的方法实在太多了。特许证常常规定向领主所交之税不得超过某一数额,对犯罪的罚款也常常有所规定。在某些情况下,领主让自己的货币贬值的权力也受到限制。总之,领主任意搜刮钱财的机会尽可能受到了限制。

以上叙述的三个基本特权,几乎在所有城市特许证里都能发现。还有一个规定是共同的,即一个自由民在城里犯了罪,只有在城市法院才能受审,对自由民在城里的财产提出申诉,也只有在城市法院才能进行。商人对商业争端需要快速裁决,许多领主就给予市民这类案件的裁判权——有权成立一个商人法庭(pied-powder)。给予这种特权,自然就包含有成立某种政治机构的权利。一旦

---

[1]《资料》,no.51。

这种机构成立,领主往往给予其低级司法权,或处理我们所谓治安监察之类的案件的权力。城市政府可能采用一个镇长或市长加一个市议会的形式。在英格兰,一个城市经常从国王那里购买成立自治政府的权利,这个政府在城市里代表王权。自由民的官员在城里为国王收税,并执行郡守的功能。有时市长由领主委任,有时则由自由民选举产生。

许多城市的许可证专门写明居民可以组织行会,另一些城市许可证则默认行会已经存在。在日耳曼人中,"行会"(guild)一词很久以来指的是一个社会团体,特别是饮酒俱乐部。但是城市许可证里的行会很显然不是这类组织。事实上,它是自由民创建的,为他们共同利益服务的组织。一方面,他们组织起来使其具有各种保障,当一个商人因事故或贵族的抢劫而丢失货物时,行会同人会帮助他东山再起。假使另一城市的商人对行会会员拒付欠款,行会就会扣留那个城市来的市民。行会会员死后,其他行会会员会将其埋葬,并照顾他的遗孀和子女。行会常开办学校让会员的孩子受教育,它还常常起到宗教兄弟会的作用,资助宗教节庆,援助当地教会。在经济方面,行会确保其会员在城市商业中的垄断地位,非行会人员不得在城市的商店里出售货物。外国商人携货进城,必须将货卖给行会会员,或至少缴纳一笔巨额的销售税。[1] 行会经常代表其会员和领主打交道。实际上,行会官员通常是城市行政官员,他们往往是一人而身兼两职。

最初,在大多数城市里只有一个行会,手工业者和商人都是同一行会会员。但随着时间流逝,这两个集团分裂了。商人远比手工业者赚钱,因此富有得多。他们在利益上存在矛盾。商人把各种商品运来城市,想以高价出售而获取丰利;而使用这些东西的手工业者则要求降低价格,结果往往是手工业者退出行会而另建他们自己的手工业行会,这样,最初的行会成了商人行会。到12世纪末,在大多数城市里,比较重要的行业都有其行会,它们在13世纪里以惊人的速度发展起来。每个能想到的行业都有自己的行会——甚至还有娼妓行会。在复杂产业里,生产过程中的每道程序都有各自的行会,如纺织业,就有纺纱工行会、织布工行会、漂洗工行会和染色工行会。一个行会的会员们通常住在同一条街上。

手工业行会的基本作用与商人行会是相同的。行会埋葬死去的会员并照顾其遗孀和子女。它组成一个宗教兄弟会来指导行会的宗教生活,沙特尔大教堂中殿的漂亮的彩色玻璃窗,是该城行会捐献的。行会也严格掌握会员的经济活动,它规定必须维持价格和质量,还规定制作方法。而且,为了确保商品不会供过于求,行会还控制从业人员数量。工匠从当学徒(apprentice)起开始做工生

---

[1]《资料》,no.49。

涯,服务于师傅直至学会手艺。学徒的数量和学徒期的长短由行会决定。学徒期满,要制作一样"代表作"来显示他的能力,以此来证明他有资格成为一个师傅(master)和行会会员。有时学徒被要求再当几年有工资的雇工,称为"帮工"(journeyman),在这之后他才能自己开店,自己收学徒。

手工业者的妻子通常和丈夫一起工作。有时妇女自己培养一门手艺,并被相应的行会接纳为正式的会员。例如一个寡妇继续从事其亡夫的事业是很常见的事。有些行会,尤其是与纺织有关的,成员以女工为主。13世纪的巴黎有五个与丝织工业不同方面有关的行会,其成员主要都由女性组成。[1]

到目前为止,我们讲到的城市是经济实体和社会实体,并假设基本的政治权力,如高级司法权,尚由领主掌握。事实上,北方的许多城市从未取得广泛的政治权力。例如巴黎,自由民有选举出来的市长,即掌管商人法庭并行使低级执法权的商人首领;但高级司法权还掌握在巴黎的王室领导人手里。说服封建诸侯和大贵族交出经济特权和低级司法权是很容易的,但要他们放弃更多的权力是极其困难的。一个城市要获得广泛的政治权力,通常采用武力而不是劝服,这种武力一般来自市民们的结义联盟——我们称之为公社(commune)。

公社最早出现于意大利,那里的城市生活从未衰落到像北方那样的程度。特别在伦巴第和托斯卡纳,基本的城邦概念——城市和围绕城市的乡村的统一体——的观念还保存着。城市通常由主教统治,在其周围拥有土地的贵族是主教的封臣。不管贵族住在城里还是住在农村庄园里,他们都对城市的事情感兴趣。皇帝依靠主教作为皇权的堡垒,因此,皇帝的权力加强了主教的政治权力。但接近11世纪末时,城市居民对主教的统治日益不满,商人和手工业者与主教的贵族封臣组成结义联盟或者公社,摧毁了主教的权威。富有的商人和农村贵族的联盟——这在意大利屡见不鲜,而在北欧则很不典型——证明是很难对付的。我们知道,到1080年,卢卡(Lucca)和比萨有了独立的公社。在下一世纪里,主教普遍被剥夺了政治权力,公社建立了自己的政府。在12世纪和13世纪,这导致了一场与皇帝的长期而艰苦的斗争(关于这场斗争将在以后的章节里讨论),但最终,公社胜利了,许多大城市发展成为独立的城邦。

在11世纪下半叶,法兰西和佛兰德斯也开始出现公社,但这些地区的公社是由市民单独组成的。当这些结义的团体揭竿而起武装反对世俗领主时,成功的希望是很少的,因为这些世俗领主常常能集中足够的力量镇压他们,而主教就很少有这个力量。有记载的北方最早的公社的起义是1077年由坎布雷(Cambrai)人反对大主教领主的起义。在1111年,拉昂(Laon)的市民出钱向主教购买了组建公社的权力,几年后主教企图废除这个权利,于是爆发了一场流

---

[1]《资料》,no. 95。

血冲突，主教在暴动中被杀。[1] 在差不多同一时期，其他北方城市的公社也夺取了政权，比如博韦(Beauvais)、努瓦永(Noyons)和圣康坦(St. Quentin)等。12世纪下半叶，许多城市往往通过劝说和行贿而不是用武力的方式获取一定程度上的政治独立。虽然各地情况并不一样，但还是可以对此做些概括。公社选举自己的领导人，在其势力范围内领主的代理没有权威。它对领主承担的义务是明确固定的——往往是每年提供一笔定额款项，还提供一定的兵役。城市官员享有高级司法权和管理城市的充分权力。但在法兰西和英格兰，所有城市都仍臣服于国王的最高政治权威，没有发展成为像意大利的公社那样的独立城邦。[2]

最后，应该说说中世纪城市的基本面貌。由于建造城墙费用极其昂贵，因此城墙内的空间往往被充分利用。这意味着街道极其狭窄，常被路边楼房的第二层遮住。事实上，房屋建造得十分密集，又紧挨城墙，因此，一旦发生围城战，许多房屋就会毁掉。14世纪前，几乎所有房子都用木头建造，因此，城市很容易一下子烧毁，随后也会立即重建。城市的主要建筑特色是教堂，多到不可胜计。伦敦在1200年时有多达120座教堂。如果城市靠近主教城，就会在成排的房屋中看到高高耸立的大教堂，那是市民的骄傲和光荣。除了大教堂外，还有大量的学院和修院的教堂，以及教区的教堂建筑群。从远处看，教堂的塔楼和尖塔是城市的主要面貌。

除了教堂，突出的建筑就数一个或几个城堡了。在意大利城市里，众多防卫森严的塔楼标志着贵族的宅邸即坐落于此。在北方，城市往往围绕着封建城堡发展起来。巴黎有两个皇家大城堡，卢浮宫(the Louvre)和巴士底(Bastille)，还有一个小一点的堡垒，那是国王的主教教座所在地。在伦敦，除了皇家城堡伦敦塔外，还有两个贵族的要塞；在温切斯特(Winchester)，国王和主教都拥有城堡。除了教堂和城堡外，城市的主要建筑还有市政厅，它向众人展示着城镇的富有和繁荣。

44. 社会与经济状态

商业复苏和交换经济的恢复对中世纪社会具有深刻的影响。最引人注目的影响之一是造就了中等阶层——中产阶层(bourgeoisie)，或者市民阶级。当然，这个阶级内部存在着广泛的区别。富有的商人无论从社会地位或从经济地位上，与为生计而挣扎的雇工都相去甚远。然而，他们都具有共同的特点。在

---

[1]《资料》，no. 47。

[2]《资料》，no. 48。

法律上，他们都是自由人，其财产的大部分都是可动产——货币或存货。他们都在市政府统治下住在城市里。一般来说，北方市民和农村贵族之间毫无感情而互相嫌憎（我们已知在意大利情况就不同了）。商人认为贵族是游手好闲之徒，一旦机会来临，就会掠夺自己的钱财。贵族则把商人看作竞争对手，认为商人对他们独占的社会领导地位提出了挑战。商人拥有的现金比贵族多，经常穿着华丽，过奢侈的生活。但是他们需要把金钱作为资本，用于商业冒险，因此，花钱往往精打细算。贵族由此而认为商人过于吝啬。贵族的财产在土地上，他的钱就是纯收入，因此他们花钱能够也确实大手大脚。

中世纪的评论家喜欢把社会分成三个等级——"祈祷者、战斗者和劳动者"。教士是最高等级，服务于上帝，努力拯救人们的灵魂。贵族是第二等级，从整体上保护教会和社会不受它的敌人的破坏。第三等级从事生产劳动，提供其他两个等级的物质需要。商人毕竟不那么符合这个描述，很难为商人在中世纪找到一个既能接受又被重视的角色。诚然，始终有某种程度轻微的社会变动。在整个中世纪，出身穷苦但异常能干的人会在教会中升到很高的地位，一些日耳曼农民封臣设法建立了骑士家庭。不过，也有少数例外情况。市民阶级的崛起改变了这个局面。人数众多的整个阶级能够，而且的确取得了经济上和贵族平等的地位。而以出身论贵贱的理论却发展得十分缓慢。这种理论明显要把中产阶级保持在他们原有的地位上。然而通常是通过向王权提供服务的方式，一个连续不断的由商人向贵族等级渗透的局面出现了。

一个更有生机的经济崛起，向 12 世纪人们根深蒂固的思想提出了挑战，也更改了他们的社会结构。在中世纪早期，人们倾向于相信上帝按照他所想的方式创造了世界，因此它在本质上是稳定的、不变的。对他们来说，某一笔钱在将来某个时候只能买到比较少的东西，或由于价格提高同样的产品将会更加值钱，这些可能性似乎不会发生。国王和贵族爽快地收取固定的租金，永久地出租土地和权利。甚至当面临通货膨胀时，他们似乎对发生的一切还没有任何清楚的认识。这种对经济稳定的信念导致了政府财政领域里的信念，即一个君主应该用古老的传统岁入来支持他的政府和法院，除非遇到某种突发情况，任何增加王室财源的做法基本上都是不道德的。同样，中世纪早期的整个农村社会也预设了一种固定不变的社会秩序。永恒不变的义务植根于固定的小块土地上。农奴被束缚在土地上，领主有义务保护他。但商业对这种僵硬的事物模式恰恰是一种否定。来去自由的权利正是商人生活方式的实质。这样，富裕的中产阶级就构成了瓦解封建生活模式的一股崭新的、进步的潜在力量。

第十四章 经济复兴与社会变化 275

王室官员收现金税而不是征劳役与实物。请注意称硬币的天平。取自《坎特伯雷故事集》(Canterbury Psalter) 中的一幅插图的放大细部。英文, 约1148年, 皇家手稿171, 编号230r。Trinity College Library, Cambridge, England

中世纪君主对新生的中产阶级的态度可被描述为天生的敌视，但这种敌视由于贪求金钱而得到软化。不论流行的理论怎么说，君主们确确实实需要大笔收入，他们发现城市是十分有用的税源。在 12 世纪，君主对城市兴起的态度发生了明显的变化。12 世纪初，法兰西的路易六世极力设法镇压新出现的公社；而他的孙子腓力·奥古斯都相反却鼓励城市发展。城市提供的大笔现金税收，终能使君主们摆脱在治理国家上对封建土地使用费的依赖，这样也改变了中世纪政府的实际情况。

教会起初以怀疑的眼光看待所有的商业活动，毕竟商业的全部目的是赚钱，而根据基督教道德观念，贪婪是十恶不赦的罪恶。但一旦商业活动发展到相当普遍，被人们认为是一种普遍的生活方式时，宗教教义就无法阻止其发展了。中世纪道德家的说教集中于经济伦理的三个方面——贫困救济、公正价格和高利贷。他们的说教受到基督教教义、流行习惯以及人的自然倾向的影响。在第一个问题上，即对待穷人和病人的态度，基督教的因素具有很大的作用。很少有其他文明比中世纪文明给予这种不幸更多的重视，在人力物力方面给予更好的照顾。依据教会法，教会有义务将其部分税收用于救济穷人。穷人和病人被看作上帝的赐福而不是诅咒，因为它们给予人们施行基督教最重要的美德——博爱——的机会。每个有钱人都被希望给予穷人施舍。王侯贵族都有施赈吏，慷慨地分发救济品。不管是世俗领主还是基督教会领主，或富有商人，都建立了医院来照顾病人。中世纪救济贫困的原则里不包括阻止商业活动的内容，只要商人愿意用他们的收益向穷人慷慨施舍就行了。然而，在中世纪晚期，这一情况发生了两大变化：对乞丐和流浪者的态度变得严苛了；但为防止社会动乱，城市开始建立公共济贫体系，成为个人慈善和教会工作的补充。

教会关于合理价格的教义也没有为商业发展设限。中世纪关于公正价格的观点，比人们想象的要灵活。有些人提出几种不同的理论，试图根据商品的用途、稀有度或者生产成本来确定其价值，但最为人们普遍接受的是托马斯·阿奎那(Thomas Aquinas)的理论，他直率地提出"合理价格"是在开放市场通过合理的讨价还价而确定的。换言之，只要不是以次充好，不是用囤积商品来制造商品匮乏，从而扰乱市场，商人为商品的要价就是"合理价格"。

中世纪教会对高利贷的态度，尤其是对银行业务发展的干扰，确实构成了对大规模商业的阻碍。根据中世纪教义，对基督徒兄弟姐妹的贷款索要任何利息都是邪恶的。因此贷款事业大部分由犹太人从事[1]。这种教义源自于金钱本来无益的古典思想，也受到基督教《圣经》上"无所给予也无所乞求"思想的影响。假使一个同胞处于贫困中，基督徒的明显责任是帮助他。利用同胞的困

---

[1] 参见第 368 页(边码)。

境从他身上榨取利益显然是罪过。这种思想方式在中世纪初的农村、农民社会中是可以理解的。教会关于有息借贷的禁令,把中世纪农民从乡村放债者破坏性影响中拯救了出来,而这种放债者在一些东方农民社会里扮演过十分重要的角色。但是中世纪教义没有区别消费贷款和投资贷款。不过,从 13 世纪以后开始发生了重要变化,这些变化主要根据以下观念,即放债人有权为借贷索要一笔资本损失风险费。

45. 农民的生活

城市的成长和随之而来的农产品市场的发展,意义深远地改变了农村社会的组织,在很大程度上是对农民有利的。由于这个变化是逐步产生,而变化的许多方面是同时进行的,因此很难依序逐一叙述。其中一个方面是获得自由的农奴大批增加。教会始终鼓吹领主让农奴获得自由是一种虔敬的行为。许多领主会因虔诚和对良好服务的酬谢而释放个别农奴,但大规模的释奴运动还必须有待于更强烈的动机出现。这个动机随城市的发展产生了,假使农民愿意努力劳动而获得了剩余产品,城市的发展使农民可以将其出售,这样乡下的农奴就能够向领主提供一笔令其动心的金钱以换取自由。而且,城市的存在也使自由更吸引人。城市里有着自由人可以利用的大把机会。同时由于城市引诱农奴出逃,它也增加了领主的烦恼。

另一个有利农民的因素是 12 世纪时农业村落的大量增加。在 10 世纪和 11 世纪耕地扩充时期,使新土地成为可耕地是通过混乱的"擅自占有"或者开垦(就是扩大已有村落的可耕地面积)[1]来实现的。12 世纪,君主和大封建主经常主动请农民移居于他们的土地,建立新的村落。这样做对领主显然是有利的,大片荒芜的土地使他毫无收益,而一旦土地有人耕种,他就可以收租。为了吸引移居者,领主就要提供优惠条件,通常包括人身自由,免去大部分劳役,并给予村落社会相当大的处理其自身事务的自治权。新的村落通常收到一份类似我们在上面章节里谈到过的城市特许证那样的一份特许证。一个被广泛效仿的典型例子是路易六世(Louis VI, 1108—1137 年在位)给予卢瓦尔农村的洛里斯(Lorris)小镇的王家特许。它保证每个居民能以固定租金租到房屋和土地,住满一年零一天即获人身自由,对市民不任意征税和任意处罚。[2] 这些"洛里斯自由"(Liberties of Lorris)非常得人心,因此许多授予其他法兰西乡镇的特许证都纷纷模仿。新建立的村落在法兰西叫作"新城"(ville neuves)。在

---

[1] 参见第 187 页(边码)。

[2] 《资料》,no. 48。

现代法国,维尔纳夫(Villeneuve)仍是个十分常见的地方名字。

"新城"的吸引力可能促使邻近的领主在建立村庄时,给予农民们更优越的条件以防止他们逃跑。这样,在12世纪和13世纪时,大批地解放农奴成为十分常见的现象。自由农民仍然缴租金并为领主服务,但这些现在被特许证永远固定;他不会再经常遭受领主的任意盘剥了。

不论一个人仍然是农奴还是变成了自由农民,农产品市场的发展总要改变他的地位。一旦农民能够出售部分农产品,并能用货币向领主纳租,领主和农民两方面就都会欢迎这种变化。农民由衷地厌恶传统的劳役。当气候适宜于播种、收割或割草时,他们被迫到领主的土地上劳作而让自己的土地空着。从领主的观点来看,这些劳役也是乏味的,勉强的劳动是无效率的劳动。当时论述庄园管理的著作中有许多篇幅描述了如何监督农民劳工并迫使他们每天完成足够的劳动量的方法。如果领主收取现金而不是劳役,他就可以雇用劳动力去耕作其领地,用赚来的钱支付佣金。有时,领主甚至更进一步,把领地分成若干农庄,再将它出租给许多佃户耕种,而领主只需要一个收租人就可以了。这个过程,有时称之为"庄园的解体",始于12世纪但在13世纪时似乎停顿下来,因为当时上升的物价使庄园耕作有利可图。然而,在中世纪末期,它又以比以前大得多的规模得以恢复[1]。

当租金代偿方法首次出现时,对领主和佃农双方来说只是提供了方便而已。但一旦佃农以固定的货币租金占据了土地,任何价格上涨和货币贬值都会改善他的境况。13世纪时在市场扩充的推动下,物价缓慢但稳步地上升。结果,固定租金的实际价值下跌,对农民来说是得益,而对领主来说是损失。然而,虽然我们已经谈到的发展总体而言对农民有利,但还必须看到,这种改善一般是缓慢的,而且并不是统一的。12世纪末,一个村庄的人口往往还包括各种等级的农民,有自由农民,也有不自由农民。在许多村子里,我们在前面的章节里描述的条件还继续存在——强制的劳役、对领主直接的隶属地位和一份勉强够吃的伙食。[2]

现在,让我们把眼光从经济变化的一般原则转到农民生活和农民文化的一些细节上来。在关于13世纪英格兰村民的社会学的一份开拓性研究中,乔治·霍曼斯(George Homans)再现了旧式庄园中一个农民家庭寻常的全年活动的情形。除了少数变化外,他的描述基本符合欧洲北部大部分农民的情况。他叙述的故事并不只是一天接一天单调乏味的劳动,尽管这确实占据了每个农奴生活的主要部分。最明显地决定农民生活的是一年四季的变化,及受此影响的

---

[1] 参见第547页(边码)。

[2] 《资料》,no.79—81。

劳动。不过,劳动周期也受到教会大大小小节日的打扰。此外,古代习俗的延续也给予农民生活某种色彩和多样性,这些习俗来自基督教以前世界的自然崇拜和庆祝丰收仪式。这样的习俗完全融入农村的生活方式,即使农民可能还不懂得他们习俗中的原始宗教意义。

教会的三大节日是圣诞节、复活节和五旬节(分别庆祝基督的诞生、复活和复活之后五十天圣灵降临到使徒之中)。但是还有一些日子被单列出来成为节日,以纪念受欢迎的圣徒,或圣母的特殊节日。其数量稳步增长,常常达到一年50个,在有些主教管区多达100个(每个星期天也是节日)。有充分证据说明,人们以极大的热情庆祝这些节日。12世纪时一个作家写道:"在节日里……青年练习跳跃、舞蹈、摔跤、抛石和投标枪……,库特里亚(Cytherea)带领少女跳舞直到月亮出来。"

农耕年的周期开始于平安无损地收完前一年的庄稼之后的9月底,米迦勒节(feast of St. Michael and All Angels,9月29日)是它的标志。米迦勒节常常是开始租约、结账、缴纳一年的费用的日子。10月开始耕地耙土、播种冬季作物,通常是小麦或黑麦,为下一年的丰收做准备。然后是万圣节前夕的庆祝活动,这是典型的异教和基督教的混合节日。许多宗教都在接近年底之时庆祝死人的节日,11月1日就是古代北欧的这样一个节日(它是构成一个周期的四个节日之一,另外三个是在2月1日、5月1日和8月1日。在中世纪,这些节日继续用这样或那样的方式庆祝)。由于农民无论如何都要庆祝死人节,因此中世纪教会统一规定11月1日为万圣节,11月2日为万灵节。农民们虔敬地参加弥撒,在11月1日庆祝圣徒们的天福,在11月2日为炼狱里的灵魂祈祷。但真正令人兴奋的庆祝活动是在万圣节前夕。人们知道那时死人的灵魂到处游荡,要采取方法避开它们。于是教堂的钟声彻夜敲响,大堆篝火燃烧着,人们围着它跳舞,有时还戴上假面具。这一夜也适于占卜,预测将来(有许多游戏,这些游戏的结果能预测一个姑娘或小伙子是否会在来年结婚)。

在11月里还需要耕地,上年收下来的谷物需要脱粒和贮藏。但是这个月里最富有特点的事情是屠宰牲畜,牲畜夏天在户外放牧,到了冬天没有足够的饲料让它们全部过冬,于是剩余的牲畜在11月宰掉,肉就腌起来在冬天吃。

12月主要是用来准备12月25日开始的圣诞庆祝活动。圣诞节,一个冬至的古老节日,自从4世纪以来一直作为基督的诞生日来庆祝。它是农民一年中最大的节日,是理想的庆祝时机。那时有丰富的贮藏食品,田里没有什么活干。在圣诞节那天,弥撒举行完后,农民们通常聚集在领主宅邸一起庆祝。接下来的12天都是节日,直到1月6日主显节(feast of Epiphany)告终。这是欢庆、饮酒和大家摆脱日常束缚的时光,被推举出来的一个叫"作恶的领主"(Lord of Misrule)的司仪主持狂欢(在城里叫"小鬼主教"[Boy-Bishop])。这时也上演神秘的哑剧,这些哑剧的情节虽然在每个村庄各不相同,但主题始终是共同的。往往是一个或几个人物被杀,然后又奇迹般地复活。大概这是一种庆祝一年的死亡与再生的古老仪式之遗风。

2月2日人们在教堂拿着点亮的蜡烛庆祝圣烛节(Candlemas),那是圣母玛利亚的节日。在2月里,农业劳动的步伐开始加快。在三圃制村庄里,上年种过小麦的土地现在必须翻耕,并且准备春播——大概是燕麦或大麦,还有豌豆和蚕豆(无论农民何时耕耘和播种自己的土地,领主的土地也必须得到耕种)。在这个季节里,教会的日程表主要是即将来临的复活节。这个节日没有固定的日期,可能是3月22日和4月25日之间的任何一个星期天。复活节前的40天是大斋期(Lent),这是为即将来临的节日以斋戒和苦行做准备的时期,可能是农民们一年中到了这个时候没什么东西吃的缘故。

我们讲的复活节(Easter)这个词来自曙光女神(Eostre),盎格鲁—撒克逊的生育女神。但在农民看来这个节日充满了强烈的中世纪基督教的象征性。整个大斋期间,教堂的祭台挂着帐幔,钉在十字架上的耶稣像被布帏遮盖着。在耶稣受难日(Good Friday),帐幔被撕去,耶稣像展示出来,人们双腿跪地匍匐而行,亲吻置于祭台脚边的十字架,这个仪式叫作"爬向十字架"(creeping to the cross)。在复活节前夕,有个仪式叫作"新火"(new fire)。在黑暗的教堂里,用点燃的一团火去点亮一个巨大的耶稣蜡烛,这是耶稣的象征,是"真正的亮光"。最后,在复活节早晨是基督年的最快乐的庆祝活动,复活弥撒。

复活节后的一个星期是假日。复活节50天之后是另一个教会大节日圣灵降临节,随后的一个星期也是假日。复活节和圣灵降临节中间是五朔节(May-day)。这并不是教会的节日,但农民以巨大的热忱欢庆这一节日。五朔节是年轻人的节日,是鲜花和花环的节日,是播种爱情的日子。乡村里的小伙子和姑娘走到乡间去采集山楂花(在英格兰,人们称山楂为"May")。人们选出一个五月王后(May Queen)。大家围绕着五朔节花柱,或在教堂院子里跳舞。我们知道中世纪农民在节日里喜欢到村子的教堂院子里跳舞,因为教会方面常常对此表示责难。教会确实不赞成集体跳舞,尤其在教会节日里。一个中世纪道德家写道:"如果说在节日里从事如耕地之类的奴隶劳动是极大的罪孽的话,那么跳舞远比耕地罪孽深重。"但农民似乎对这样的告诫毫不在乎。

如果仅以高潮和节日来描写农民一年生活的中的话会给我们一个错误的印象,除非我们还记得农民在中世纪庄园里连续不断劳动的情景。初夏几个月的劳动尚算简单,但他们仍有着必须要完成的任务——复活节之后更多的耕地,粮田和菜地里没完没了的除草,还有剪羊毛、运输和施肥等。另外,始终要挤奶,还要饲养和照料其他牲畜。村民们只能抽出时间庆祝6月24日纪念施洗约翰的仲夏节(Midsummer),尽管这个庆祝活动也确实是基督教之前遗留下来的。在仲夏节前夜,年轻人举着点亮的火把在田里穿来穿去,还滚动着火轮下山,但这之后,漫长的夏季中几乎每一个小时都被催逼着进行费力的劳动。7月是对村子经济十分重要的收干草时节。除非能收藏足够的干草去饲养过冬牲畜,否则村子将处于可悲的困境之中。

最后一个主要节日是收获节(Lammas),来自盎格鲁—撒克逊人的"面包的节日"(hlaf-mass)一词。这个节日在8月1日,传统上标志着谷物收割的开始。到这时村里每个可出动的男女和小孩全部投入劳动。农民的主要食物是面包,他过冬的粮食依赖于小麦或黑麦的收成是否充足。就在他最需要在自己土地上劳动时,领主的管家会来催他去收割庄园的庄稼,那几周的劳动是艰苦的、忙乱的。最后在9月某个时候,收割结束,整个村庄可以轻松一下了,他们在领主的院子里举行晚宴庆祝收割完成。然后又将是米迦勒节,于是整个周期又周而复始。

农民生活的较早记录主要是由教会土地持有者所保留的庄园调查和庄园法庭名册所构成。利用其他一些原始资料,尤其是遗嘱、教会法庭档案、在英国还有验尸官的案卷(coroners' rolls),晚近历史学家已经大大丰富了我们关于农民家庭的细节知识。考古工作是关于中世纪村庄物质文化的另一信息来源。中世纪遗嘱提供了关于继承习俗多样性的重要史料。教会法庭档案经常处理婚姻纠纷,因此能够就农民家庭内部关系提供深入洞察。验尸官的案卷记录了对暴力和事故死亡的调查。它们有时呈现出关于村庄生活阴暗面的生动写照。出自法庭档案和验尸官案卷的史料表明,在约1300年的英国乡村,杀人犯罪甚至比现代美国还要普遍。然而,当时针对财产的犯罪没有现在频繁。正如人们能够预期的,在食物短缺的荒年,犯罪率就增加。

新史料表明,在某些方面相较于早年没有发生太多变化。农民居住于一室或两室的茅屋,通常附有饲养农家牲口或储藏谷物的牛棚。主要食物仍然是面包,再大抵补充以蔬菜和水果。也有些奶酪与一点瘦而多筋的肉食,可能加一点以蜂蜜制成的甜食。饮食是简单而一成不变的。然而,人们或许会注意到,它与现今营养学家推荐给现代人的最健康的食物"金字塔"恰好一致。农民的饮食并非不健康,问题是有时他们得不到足够的食物。然而,一般说来,13世纪农民过得比10世纪要好。

与较早时期一样,农民家庭由核心家庭构成,典型的为已婚夫妇和两个或三个孩子。孩子人数少,主要被解释为特别高的婴儿死亡率;但是富裕家庭总体上比贫穷家庭规模要大,而这表明农民试图以生育控制或堕胎来限制出生率以与家庭财力相适应。

地区与地区之间,甚至同一地区的村庄之间,继承习惯变化很大。一个普遍习俗是,当丈夫先妻子而亡,财产的一部分,通常是三分之一留给其寡妇以维生。除此之外，农民的财产有时在其活着的诸子中间分配，而且有时长子拿走财产的大部分。例外的是，在英国肯特郡，最年幼的儿子是主要继承人。女儿们通常在父亲活着时分到了一份嫁妆，而这就使她们无法进一步提出继承要求。

已婚子女并不与任一方父母居住在一起而形成扩大的家庭团体，而是代之建立起自己的家庭。一桩村庄婚事通常起始于细致协商过的婚姻协议，在此双方父母详细说明他们将为年轻夫妻贡献些什么——可能是现金，或者农庄牲口，或者家庭动产，或者一块土地。婚礼之后，丈夫和妻子带给婚姻的所有财产都落入丈夫控制之下，然而没有妻子的同意，他通常被禁止转让妻子的那一份。

一旦结婚，一个农民妇女就与其丈夫在养育家庭和谋生上结成了伙伴关系。农村妇女分担着季节性的例行农活。犁田的工作由男性担任，但妇女帮忙收割，而拾取收割后遗落的谷穗通常也是妇女的工作。妇女背着装有动物粪便的篮子以帮助在田中施肥。妇女还要照料在房屋外一小块土地上饲养的牲畜——母鸡、猪或一头牛。中世纪文献通常提到挤奶妇和牧羊女。在家中妇女煮饭、烘焙、缝纫并且看顾小孩。纺织是妇女的传统职责——因此有纺织女（spinster）一词。酿酒也是妇女的工作。农民家庭通常自己酿酒，但在一个繁荣的村庄通常会有一位"制酒者"，亦即一个专门酿酒出售的女子。村中其他工匠——木匠、车匠、葺屋匠和铁匠——几乎都是清一色的男性。

我们不能误以为12世纪和13世纪的农村社会是一致的和静态的。在任何一个村庄聚落中，农民的经济地位都有着巨大的差异。有些是富有的小农；有些则仅能糊口。一份13世纪英格兰庄园清单上列举了53位有名有姓的农民。[1] 其中18位，包括两名女人，每位拥有一维尔格特（virgate）的土地，相当于30英亩，是很富有的农人。5个人拥有1/2维尔格特（亦即15英亩）土地。30人为佃农，只拥有一间茅舍和周围一小块土地。这些人可能实际担任村中的工匠或作为雇工受雇于领主和较富有的农人邻居。有时候农民家庭的财富在两三代之间就有很大的改变。一个有能力的人，有一桩好婚姻，生下一群强壮的儿子，可助其开辟荒地、扩大土地，最后终能拥有大片产业。贫弱生病的农民可能得出售土地，只留下一点或根本没有土地留给后代。如果产业由数个继承人平分，每人分到的太少不足以维持家庭生计，那么就需要出卖劳力以贴补家用。偶尔，一个农家儿童也许接受一些基础教育，而成为村庄中的神父、社会中举足轻重的人物。有些农人离开农村至附近城镇寻找机会，或可因此致富，也可能饥贫。

从10世纪至13世纪，中世纪村民的条件得到了改善。然而，很重要的一

---

[1]《资料》，no. 79。

点是不要夸大他们的物质生活。生活始终不很稳定,享受的时节一过,青黄不接的挨饿时期就来了。这时上一季粮食已吃完而下一季尚未收割。著名经济史学家马克·布洛赫(Marc Bloch)在描述中世纪法兰西农村生活时,指出了始终存在于整个中世纪时代的某些真实面貌(他把中世纪分成两个"封建时期",即大约1050年以前的时期和1050年以后的时期)。"两个封建时期的人与自然很亲近——远比我们亲近,他们所了解的自然远没有我们今天所认识的那么驯服和柔顺……如今只在我们的幼儿童话里出现的野生动物——黑熊,尤其是狼——在荒野到处觅食,甚至在田野里也会出现……夜晚,只有微弱的烛光,四周一片昏暗,非常的寒冷。总之,在所有社会生活后面,是一个原始的、屈从于不可抗力的、未经改善的自然差别的背景。"

我们必须始终记住,中世纪的环境基本上相似于我们今天的"未开发"社会。中世纪人没有可利用的外来资源。即使在中世纪最好的时期,饥饿率、疾病率及婴儿死亡率用现代水准衡量仍是骇人听闻的。13世纪中期英格兰的预期寿命是35岁,相当于20世纪30年代中国人的预期寿命。用现代西方的水平衡量,这个数字低得可怕;但是另一方面,和大多数其他前工业化社会相比,这个数字又高得出奇。

46. 骑士精神:一种新的社会准则

货币经济的发展对骑士阶级最初的影响非常令人愉快,并且大大地改变了骑士阶级的生活方式。骑士可以出售其领地上生产的剩余产品和从佃农那里收来的地租。有了这些钱,他就可以购买他从未享受过的各种奢侈品。他对笨拙的农妇用本地羊毛制作的粗陋衣服已不再满意,而能够购买佛兰德斯织布机织的优质毛织品了。糖和香料成了他日常饮食中不可缺少的部分。在礼宾场合,他穿着来自东方的丝绸长袍。他的盔甲是由熟练的工匠做的。他很快就过起了比他祖先奢侈得多的生活。对拥有许多庄园的贵族来说,变化就更明显了。他不必再为了吃掉每个庄园的供给而从一个庄园跑到另一个庄园,而可以固定住在一个庄园的宅邸,出售其他庄园的农产品,靠赚来的钱维持生活。他能够在主要居住地建造漂亮的石头城堡,弄得更舒服,以代替4、5个泥土底基的木头城堡。他搬出阴森冷冽的城堡主楼,建造一座舒适的房子,四周用高高的石墙环绕,侧翼立着高大的塔楼。房子里有一个漂亮的大厅,内设一个敞口的大壁炉,供贵族及其侍从宴会之用;还有小一点的私室,供贵族及其全家使用。墙上起先装饰着壁画,后来挂上挂毯。所有这些比起10世纪和11世纪简陋的条件,是个巨大的改进。毫无疑问,对我们来说,即使是中世纪最好的石头城堡也似乎是寒冷、透风、不舒适和不卫生的。但后来的君主们拥有的宏伟的巴洛克式和洛可可式宫殿也是如此。中世纪各个时代只懂得豪华,至于讲究舒适是现代的发明。

商业的复兴大幅度地加大了广大贵族——骑士和小贵族——和封建诸侯之间的差别。前者只可以从小型市集上,或从过路商人的过桥税中获得一些收入,他们收入的大部分还是来自农业。但是掌握大型市集和拥有规模宏大、商业繁荣的城市则可以获取巨利,而这些都掌握在封建诸侯手里。当香槟市集处于繁荣顶点时,香槟伯爵们位列法兰西最富有的贵族之中,而佛兰德斯伯爵则从他繁荣的城市获取了巨额收入。虽然说所有贵族都从商业复兴中获得好处,但是大贵族远比小贵族得益更多。

在 12 世纪和 13 世纪时期,众多动力结合起来,至少在某种程度上使骑士的道德标准和生活方式变得文明起来。货币经济的恢复确实在这个变化中起到了某些作用,因为它使骑士们过着更自在、更奢华的生活,也加强了封建诸侯的权力。诸侯们能够在更大程度上维持领地的秩序;而更加安逸的生活也许会降低一个人的野蛮程度。于是出现了新的、更文明的骑士道德标准——我们一般称之为骑士精神(chivalry)——的最初征兆。像人们期望的那样,它与战争有关,似乎主要旨在让参战者更加文明。一个骑士俘获另一个骑士后,不再给他戴上镣铐、投入地牢,直到家族和陪臣付钱赎回。相反,俘虏被待若上宾。实际上,不久就形成了一个惯例,抓到俘虏后,如果他无法筹到赎金但承诺一旦凑齐便送回的话,那就会放他回去。另一个问题是,骑士的盔甲极其闷热、笨重,穿上后极不舒服,热天穿着它外出相当不好受。不过一个骑士无法预见什么时候会遇到敌人,因此不敢卸甲骑马。到 12 世纪中叶,攻击手无寸铁的骑士被看作是不正派的,实际上是不光彩的。任何体面的骑士都会给敌手一个穿盔戴甲的机会,然后再发动攻击。这样就使骑士可以轻松地外出,置盔甲于马背上,一旦需要再取出穿上。

潜藏在这个比较文明的行为准则背后的意识是骑士的荣誉观。乘人之危会使人们对进攻者的勇敢和本领产生怀疑,因此是有失体面的。到 12 世纪末,许多骑士不再承认他们为利益而战。在理论上,他们仅仅为荣誉而战——为自己在同伴中的威望而战斗,为子孙后代的声誉而战斗。在实际上,大多数骑士对可能获得的利益仍然抱有强烈兴趣。威廉·马歇尔的传记作者———位备受敬重的英格兰领主一贯认为,他的英雄仅仅为荣誉而英勇战斗,但是他的叙述清楚地表明,威廉时刻密切关注夺取俘虏和战马的所有机会。而传记作者自己也颇为得意地引用了威廉在一次马上比武期间所获利益的估算。

影响骑士行为的另一个重要因素是教会潜移默化的教化所造成的影响。从日耳曼武士皈依时起,教会就一直耐心、始终如一地试图对他们灌输教会道德规范。教会始终反对并力图抑制封建战争。它宣扬为掠夺财物而战斗是罪孽的。在11世纪,一些教会会议宣称"上帝的休战与和平"。[1]尽管二者都没有得到彻底实施,但它们在减少和缓解封建战争方面产生了一定作用。诚然,在整个中世纪,教会的理想和封建上层阶层的内在倾向始终是对立的。教会宣扬和平的宗教信仰,而封建上层阶层的整个道德观植根于对战争的崇尚。十字军东征最清楚地显示了教会对骑士阶级的影响。尽管促使人们去反对基督教世界的敌人的动机多种多样,但很明显宗教狂热是最重要的一个因素。教会发现劝服武士们不打仗极为困难,而把他们好战的能量引向教会的敌人则相当容易。

12世纪时对武士的行为的另一个重要影响来自一种对妇女在封建社会中的作用的新的强调。这部分由于教会的影响,部分由于新风行的骑士爱情(courtly love)。虽然如我们所知,教会教导妇女要臣服于丈夫,但它一直倡导尊重妇女,对妇女要温文尔雅。12世纪和13世纪时期,教士们坚定不移的要求也可能大大改善了妇女的社会地位,但只有在婚姻领域,才能找到最确凿的根据。[2]在中世纪之初,封建阶级中无人对自己在婚姻上的喜新厌旧、停妻再娶感到任何愧疚。到12世纪,在教会法之下婚姻关系得以稳固地建立。[3]假使双方自愿,即使一个十分勉强的借口就可以解除婚姻;但如女方反对,教会就会坚决保护她的利益,教会的这一权利也被普遍接受。

骑士爱情对中世纪社会的影响完全不同于教会。它的中心原则是,如果一个骑士献身于侍奉一位女士——通常是有夫之妇——对她百依百顺、爱慕备至,他就会最有效地赢得声誉。发明这个奇特见解的是法兰西南部的抒情诗人,而在北部传播它的则是像阿基坦的埃莉诺(Eleanor of Aquitaine)和香槟的玛丽(Marie of Champagne)那样的伟大女性。她们发现这种新的理论是极富吸引力的,这是易被理解的。骑士爱情文学以及它表达的思想,将在另一章里讨论。这里我们感兴趣的仅是骑士的行为。女人们的影响——无论是直接造成的,还是借助灌输了其思想的文学作品——是无法估计的。虽然骑士们乐意整夜聆听骑士爱情的浪漫故事时,但很难估计这些故事对他们的实际行为所产生的影响到底有多大。他们的行为的确有某种改进,至少是表面的改进。大多数骑士想学会一些讨好女士的手艺,如唱歌、演奏乐器或背诵抒情爱情诗等,妇女得到更多的体贴。毋庸置疑,在13世纪勾引一个贵族妇女的方式远比11世纪时复杂而讲究得多。有许多材料证明妇女地位的改善是十分广泛的。因此,在11世纪,妇女很少能向封建主效忠而获得土地并支配土地,如果没有丈夫,她只

---

[1] 参见第167页(边码)。《资料》,no.35。

[2] 参见,第169—170页(边码)。

[3] 《资料》,no.57。

能被托交某个男子监护。但是到了 13 世纪初,领主就经常接受寡妇为她所继承的土地而宣布的效忠。

　　从马上比武大会(封建贵族阶级最喜爱的娱乐活动)的发展,可以看到中世纪影响骑士行为的全部因素。正当封建诸侯们成功地减少了臣下之间的互相残杀,并开始强行为采邑带来和平时,骑士们可憋不住了。战斗不但是他们的生活功能,而且是他们的主要乐趣。于是,他们开始组织半友好的竞技战斗,称为"马上比武大会"(tournaments)。例如,某个大领主派出信使去农村,宣布在某日某地诺曼底的骑士将与法兰西岛(Ile de France)的骑士进行马上比武。到了那一天,骑士组成两派,双方相互进攻,如同一场正式战斗一样。实际上,这些最初的赛马比武和打仗也没什么不同。一般情况下,有两个用绳子隔开的安全区,供骑士穿戴或修理盔甲。抓到俘虏后都放掉,让他们去筹集赎金。至于其他方面,马上比武与打仗的不同之处仅仅是除了娱乐和个人得益外,没有其他目的。

　　自然,热血的骑士在这样的交战中难以控制自己的情绪,因此常有人被杀死。这纯粹是为娱乐和利益而杀人,从教会的观点看这显然是一种罪恶。所以教皇禁止马上比武大会,并严厉警告要开除所有参加者的教籍。但这并未太大地影响马上比武在骑士中的流行。另一方面,部分由于教会的作用,马上比武成为一种文明得多的活动。到 12 世纪后期,双方大规模的"厮杀"(melée)常常变成一系列一对一的比武。不久,这些比武,即格斗(joust),变成主要的,继而是唯一的马上比武内容。在 13 世纪下半叶,我们知道马上比武的武器是钝矛和鲸骨制成的刀剑。然后女士开始作为观众出席观战。比武结束后,举行盛大宴会,在宴会上由地位最高的女士给最好的格斗士颁奖。这样,骑马枪术比赛就成了重大的社会活动。在比武中,骑士为获得荣誉和博得女人的赞美而战斗——没有人希望他们受伤。

　　对妇女地位和骑士道德礼仪的变化,必须小心谨慎而不要言过其实。维多利亚时代并非诞生于 13 世纪,没有骑士会在《国王叙事诗》(Idylls of the King)中认出自己来。丈夫仍然残忍地毒打自己的妻子。法庭只是在审理有关强奸妇女和谋杀亲夫的案件时,才让当事妇女到庭作证,除此之外,妇女的证言一概不予接受。拥挤的城堡中的生活方式使我们根本无从谈及妇女的端庄。在 14 世纪,兰德里塔骑士(Knight of La Tour Landry),一个十分刻板的道德家,劝告他的女儿们不应在太多生人在场的大厅中脱衣服。此外,妓女仍然充塞城堡,贵族不以有私生子而感到羞耻。总之,伦理道德和举止方面的变化十分重要,但还只是相对的。

进一步阅读书目

*蒂尔尼:《资料》与《读本》,第一册,nos. 47—51、79—81;第二册,nos. 12—13、19、32。

最详尽的叙述商业与城市生活复兴的著作是波斯坦(M. M. Postan)与里奇(E. E. Rich)合编的《剑桥经济史》(The Cambridge Economic History)第二卷,即《中古时代的商业与工业》(Trade and Industry in the Middle Ages)(剑桥,1952)。亦见第八章中援引的希顿的《经济史》;奇波拉(C. M. Cipolla)编的《方坦纳欧洲经济史:中古时代》(The Fontana Economic History of Europe: The Middle Ages)(伦敦,1972);卢扎特(G. Luzzatte)的《意大利经济史(至1500年)》(An Economic History of Italy [to 1500])(纽约,1961);*洛佩斯(R. S. Lopez)的《中古时代的商业革命:950—1350》(The Commercial Revolution to the Middle Ages, 950-1350)(英格伍德—克里夫斯,新泽西州,1971);恩尼(E. Ennen)的《中世纪的城镇》(The Medieval Town)(阿姆斯特丹,1979);以及贝雷斯福德(M. Beresford)的《中古时代的新城镇》(New Towns of the Middle Ages)(纽约,1967)。以及雷诺德(S. Reynolds)的《中古英国城市史的简介》(An Introduction to the History of Medieval English Towns)(牛津,1977);以及*希尔顿(R. H. Hilton)《封建社会时期的英国乡村和法国乡村比较研究》(English and French Towns in Feudal Society. A Comparative Study)(剑桥,1995)。理解商业复兴的背景有两本重要著作,*刘易斯(R. Lewis)与鲁尼思(T. Runyon)的《欧洲海军与海运史,300—1500》(European Naval and Maritime History, 300-1500)(布卢明顿,印地安纳州,1985);以及*斯音福德(D. Spufford)《中世纪欧洲的货币及其使用》(Money and Its uses in Medieval Europe)(剑桥,1987)。有关行会角色的有伊布斯坦(S. A. Epstein)的《中古欧洲的薪资劳工和行会》(Wage Labour and Guilds in Medieval Europe)(查珀尔希尔,北卡罗来纳州,1991)。皮朗(H. Pirenne)写有两部较为简略的出色著作,它们是*《中世纪欧洲的经济与社会史》(Economic and Social History of Medieval Europe)(伦敦,1937)和《中世纪的城市》(Medieval Cities)(普林斯顿,新泽西州,1925)。克拉克(M. V. Clarke)的《中世纪的城邦》(The Medieval City-State)(伦敦,1926)一书亦富有价值。关于中世纪的社会经济理论,参见鲍德温(J. B. Baldwin)的《中世纪公平价格的理论》(Medieval Theories of the Just Price)(费城,1959)和《雇主、商人与王公》(Masters, Merchants and Princes),共两卷(普林斯顿,1970);纳尔逊(B. N. Nelson)的《高利贷的思想》(The Idea of Usury)(普林斯顿,新泽西州,1949);努南(J. T. Noonan)的《高利贷的学术分析》(The Scholastic Analysis of Usury)(麻省剑桥,1957)。蒂尔尼(B. Tierney)的《中世纪的济贫法》(Medieval Poor Law)(伯克利与洛杉矶,1959);约翰·吉尔克里斯特(John Gilchrist)的《中世纪时代的教会与经济活动》(The Church and Economic Activity in the Middle Ages)(纽约,1969);以及布莱克(A. Black)《欧洲政治思想中的行会与市民社会》(Guilds and Civil Society in European Political Thought)(绮色佳,纽约州,1984)。研究有关城镇与乡村社会生活的最佳著作有*卢查尔(A. Luchaire)的《腓力·奥古斯都时代的法兰西社会》(Social France in the Age of Philip Augustus)(纽约,1912);*霍姆斯(U. T. Holmes)的《12世纪的日常生活》(Daily Living in the Twelfth Century)(麦迪逊,威斯康星州,1952);*贝尼特(H. S. Bennett)的《论英国庄园生活》(Life on the English Manor)(剑桥,1937);霍曼斯(G. C. Homans)的《13世纪的英国乡村》

(*English Villages of the Thirteenth Century*)(麻省剑桥,1941); *布洛赫(M. Bloch)的《法国农村史》(*French Rural History*)(伯克利与洛杉矶,1970);佛西尔(R. Fossier)的《中古西方的农民生活》(*Peasant Life in the Medieval West*)(牛津,1988);以及第八章中援引的杜比(G. Duby)的《乡村经济》(*Rural Economy*)。亦参见汉纳华特(B. Hanawalt)的《束缚:中古英格兰农民生活》(*The Ties That Bound:Peasant Life in Medieval England*)(牛津,1988)和《英格兰社会的犯罪与冲突:1300—1348》(*Crime and Conflict in English Communities, 1300-1348*)(麻省剑桥,1979)。有关骑士制度的理论与实践,参见 *佩因特(S. Painter)的《法国的骑士制度》(*French Chivalry*)(巴尔的摩,1940)和《威廉·马歇尔》(*William Marshal*)(巴尔的摩,1933);高蒂尔(L. Gautier)的《骑士制度》(*Chivalry*)(伦敦,1965); *杜比的《骑士社会》(*The Chivalrous Society*)(伯克利与洛杉矶,1977)和 *加格(C. S. Jaeger)的《殷勤有礼的起源》(*The Origins of Courtliness*)(费城,1985);以及斯特里克兰(M. Strickland),《战争与骑士制度:英格兰与诺曼底关于战争的行为和认知》(*War and Chivalry:The Conduct and Perception of War in England and Normandy, 1066-1217*)(剑桥,1996)。关于中世纪社会中的"边缘化"阶级,参见 *莫拉(M. Mollat),《中世纪的穷人》(*The Poor in the Middle Ages*)(纽黑文,1978); *博斯韦尔(J. Boswell),《基督教、社会宽容与同性恋》(*Christianity, Social Tolerance and Homosexuality*)(芝加哥,1980),以及《西欧被遗弃的儿童》(*The Abandonment of Children in Western Europe*)(纽约,1988);奥蒂斯(L. L. Otis),《中世纪社会中的娼妓》(*Prostitution in Medieval Society*)(芝加哥,1985);布罗迪(S. N. Brody),《灵魂之疾:中世纪文学中的麻风病》(*Disease of the Soul:Leprosy in Medieval Literature*)(绮色佳,1974);以及盖雷梅克(B. Geremek),《中世纪晚期巴黎社会的边缘人》(*The Margins of Society in Late Medieval Paris*)(剑桥,1987)。论妇女的活动,参见 *赫利希(D. Herlihy)的《中古欧洲女性作品》(*Opera Muliebra:Women's Work in Medieval Europe*)(纽约,1990)以及 *《中古家庭》(*Medieval Households*)(麻省剑桥,1985)。新近有几部叙述妇女角色的论文集,参见 *吉斯奈(J. Kirshner)和魏普勒(S. F. Wemple)合编的《中古世界的妇女》(*Women of the Medieval World*)(纽约,1985);莫尔威奇(R. T. Morewedge)编的《中古时代妇女的作用》(*The Role of Women in the Middle Ages*)(阿尔巴尼,纽约州,1975)和斯图尔特(S. M. Stuard)编的《中世纪社会中的妇女》(*Women in Medieval Society*)(费城,1976)。亦见吉斯夫妇(J. and F. Gies)的《中古时代的妇女》(*Women in the Middle Ages*)(纽约,1978); *威廉斯(M. Williams)与埃科尔斯(A. Echols),《在地坑与圣座之间:中世纪的妇女》(*Between Pit and Pedestal:Women in the Middle Ages*)(普林斯顿,1994);以及全面的概览, *夏哈(S. Shahar)的《第四阶级:中古妇女史》(*The Fourth Estate:A History of Women in the Middle Ages*)(伦敦,1983)。

第十五章　宗教与学术

12世纪既是中世纪经济大发展的时期,又是文化繁荣昌盛的时期。这一时期被称作是一个"人文主义"的时代,这一含糊不清的名词还有很多其他的含义。描述后来的文艺复兴的一句人所周知的名句:"发现了世界、发现了人类"也适用于这一时代。12世纪的作家们比中世纪初期的作家更鲜明地显示出他们的活跃个性,那时出现了"人文"研究的复兴,即古典文学作品。最重要的是,从12世纪起,中世纪文化充满着一种对自然世界崭新的、充满信心的态度。

我们发现,在12世纪的抒情诗中,对自然界怀有一种强烈的感情,而在哥特艺术里则有一股崭新的自然主义。知识分子和艺术家曾一度确信,他们探测自然界的全部神秘和美妙,虽然他们仍然坚定地相信一个超越宇宙的上帝并信仰天启宗教。教会改革运动的领袖们试图把自然的人类社会,改造成一个井然有序的统一体,它表现上帝对宇宙的管理。法理学家竭力恢复斯多葛哲学和早期基督教的自然法思想,以此作为人类行为的指南。哲学家们则试图把亚里士多德的自然科学和基督教的启示调和起来。

有关中世纪文明的这些方面中的某些部分,我们将在以后的章节里讨论。[1] 在这一章里我们将讨论12世纪时基督教会和思想文化的基本发展。在这些方面我们发现了新的动向,其一是修院改革,在他们鼓励的宗教虔诚的形式上,再次出现了强烈的人道主义和尊重人格的因素;其二是在神学和哲学方面出现了新的思想方法,还有法律学科的大规模恢复。

47. 新的修会:明谷的伯尔纳

11世纪下半叶和12世纪上半叶,宗教狂热的巨大浪潮影响了中世纪生活的各个方面。一些人狂热地追求一种更纯洁的超现世的宗教形式,以至于完全脱离老的教会而纷纷组成异端集团。[2] 在已建立的教会里,特别在新的修会的形成中,逐渐兴起了新的生活方式。因此在1066年,英格兰有48所本笃会修院,其中36所是男修道院,12所是女修道院。到1154年,共有245所男修道院和72所女修道院,分属6个宗教团体。整体上说,这些新的修会分属不同的类型,有着不同的宗教生活目的和社会生活目的。11世纪时在意大利出现了隐

---

[1] 参见第17、19、20章。
[2] 参见第353—359页(边码)。

修士生活方式的复兴。这一运动的领导人从教会早期数百年的"沙漠之父"(the Desert Fathers)的故事中受到鼓励。到11世纪末,法兰西也出现了相同的运动,新运动最具影响力的是西多会(order of citeaux),它是纯修道院式的组织,主要严格遵守本笃会教规。而另一种宗教生活是由入世的教规,亦即教士集团所代表的,这些教士集中在一起过着共同生活。我们将依次叙述这些不同类型的组织。

新的隐士般的宗教团体中最重要的一个是加尔都西会(Carthusian order)。该会创建人布鲁诺(Bruno)是兰斯主教座堂学校的教师。他隐居了数年后,带着一小批追随者漫游到了格勒诺布尔(Grenoble)的主教管区,在一个贫瘠的山谷里定居下来。1084年,他在该地建立了加尔都西会的第一个修道院,取名为大夏特尔修道院(La Grande Chartreuse)。修道士们几乎整天待在单个密室里,只有在参加某些教会仪式,以及礼拜天和节日里在修会食堂就餐时才聚集在一起。他们忌肉食,一星期中三天食用面包和水,另四天吃蔬菜、牛奶或干酪,以及酒和水。由于该教会拒绝接受除荒芜的山谷之外的任何财产,因此这些修道士是很贫困的。因为该教会严格的教规只适合于极端崇拜者,因此开始时它发展得相当缓慢。到中世纪后期才获得巨大发展,并在基督教修道生活中占据了重要地位。

西多会受到了12世纪最伟大的宗教领导人之一圣伯尔纳的激励,尽管伯尔纳不是该宗教团体的实际创始人。1098年,莫莱姆(Molesme)修道院院长罗伯特,在该修道院里努力改进本笃会会规的仪式方面,变得灰心丧气。于是,他带领一批修道士移居到西多,在那里建立了一个严格遵守会规的隐修院。不久,罗伯特回到莫莱姆,但西多修道院一直勉强坚持到1109年。那一年,精力充沛而富于想象的斯蒂芬·哈丁(Stephen Harding)成为该修道院的院长。很快,1113年,一个名叫伯尔纳的勃艮第年轻贵族和大约30个同伴进入了这所隐修院。三年后,伯尔纳当上了明谷分院的院长。从那时到1153年他逝世为止,明谷的圣伯尔纳(St. Bernard of Clairvaux,1090—1153)在西方教会中成为一名举足轻重的人物。

伯尔纳是一个宗教事业的热心人,一个神秘主义者,在许多情况下是一个狂热者。他相信自己的观点是正确的,并喜欢和与他观点不一致的人争论。他用激烈的语言严厉批评学者和神学家彼得·阿伯拉尔(Peter Abelard)[1],批评圣丹尼斯修道院院长,修道士和政治家苏格(Suger)。还抨击整个克吕尼修会,斥责他们缺乏宗教热情。同时,他也显示出宽容的精神和通情达理的处世态度。他彬彬有礼地对待他的僧侣,甚至对有罪过的人也是如此。当勃艮第公爵

---

[1] 参见第308—310页(边码)。

要求被接纳为修道士时,伯尔纳告诉他待在原处。世上有许多善良正直的僧侣,但很少有虔诚的公爵。由于伯尔纳的神圣和雄辩享有极大威望,因此他常常被请求介入公共事务。他活跃的个性也常常使他未受请求而主动介入公共事务。他担任过法兰西国王路易七世的顾问,他帮助建立了新的军事组织圣殿骑士团。在争论激烈的12世纪30年代教皇选举中,他左右时势,施加了决定性影响,促使公众支持教皇英诺森二世(Innocent II,1130—1143年在位)。他带头鼓吹第二次十字军运动,第二次十字军的凄惨后果是伯尔纳社会活动生涯中为数不多的挫折之一。他所鼓吹的十字军运动导致了对犹太人的大屠杀。这使他感到震惊,于是他运用他的影响力去制止这个十字军狂热的副产品。

伯尔纳具有出色的领导才能和鼓动才能。由于他的鼓动和影响,西多会获得了惊人迅速的发展。1115年,有5个西多会修道院(Sistercian house),分别是西多会(本院)、拉法特(La Ferté)、彭提格尼(Pontigny)、明谷和莫里蒙德(Morimond)。1153年伯尔纳逝世时,发展到343个,而到13世纪末,这个数字又增加了一倍。在西多会全盛期,其修院规模宏大且数量众多。英格兰的里尔瓦尔克斯(Rievaulx)修道院在1142年拥有650名僧侣,而在这同时英格兰最大的本笃会教堂——坎特伯雷基督教堂拥有的僧侣不超过150人。

西多会创始人的基本意图是绝对服从最严格解释的本笃会规。他们坚持会规规定的穿着朴素、膳食清淡的苦行僧生活。他们主张教堂和其他建筑力求简单,不加装饰。圣坛上的物件如十字架和烛台,也应力求简单,用便宜的一般材料制作即可。在西多会教堂中,他们摒弃在其他教堂大量装饰的金银饰品。他们主张缩短礼拜时间,不必采用在克吕尼修会教堂中常见的长时间的礼拜仪式,这样可以留出时间进行个人祷告和从事体力劳动。此外,西多会修士不必由农民来供养,其修道院将建在无人居住的地方,并应谢绝庄园以无偿提供农民劳动的方式赠送的礼物。

每个西多会僧侣每天都要花一部分时间在田里或工场里劳动,僧侣的生活再一次提供了来自富有的贵族家庭的人们为上帝之爱而从事像农民一样的劳动的实例。但是,由于西多会僧侣耕作的只是荒地,此外还必须每天花数小时进行祈祷和学习,因此,他们的劳动无法完成所有必要的任务。所以,西多会就召收在修道院里做杂工的僧侣。这些从农民中吸收进来的俗人杂役僧侣,虽然也宣誓为修道院奉献,并且和僧侣们一起每天做两次祷告,但他们仍然是文盲,他们的作用是从事大部分维持修道院生活所必需的体力劳动。这样,一个大宗教团体首次向广大未受教育的农民开放,提供了一种修道院的生活。

西多会拒绝接受有人居住的土地,这一做法产生了重要后果,后果之一是它毫无疑问地在西多会的迅速发展中产生作用。建立一个老式的本笃会修道院是十分昂贵的,需要有钱庄园的捐赠;而建立一个西多会修道院只需要领主捐赠一片没多少价值的荒地。这种捐赠更加赋予西多会精神上的威望和神圣利益,与建立修道院不用花费很多钱这一点相结合,对任何既关心这个世界的幸福又关心另一个世界幸福的领主,都产生了一个强大的感召力。此外,西多会在他们占据的荒地上进行的生产劳动,对社会普遍产生极大的贡献。在英格兰,他们把约克郡大片荒芜的沼地改造成了放牧羊群的牧场,从而使英格兰成为一个巨大的羊毛生产中心。在东欧,西多会开发了大片盛产粮食的新农田。事实是,西多会在农业生产上获得极大成功,以致他们并非长期处在他们所热切追求的贫困之中。

西多会组织是一个成功的折中体,它既区别于完全自治的本笃会修道院,又不同于高度集中的克吕尼修会体制。西多会体制基本是等级森严的僧侣统治体制,是封建政治结构中的一种形式。当一个新的西多会修道院建立时,这个新组织的核心是一批来自老修道院的僧侣。例如,西多会本院拥有分院修道院,如明谷和彭提格尼;明谷和彭提格尼又有自己的分支修道院,它们也能再开拓成立新的修道院。修道院母院保留对分院的统治权。修道院母院的主持被邀对分院进行正式访问,并视察其遵守教规的情况。这样,在克吕尼团体内由克吕尼主持人一人承担的各种责任,在西多会内是由许多主持人分散承担的。所有西多会修道院院长每年在西多举行一次会议,讨论整个西多会的问题。这个会议可以撤免不太称职的修道院院长。最后,四个资格较老的分院(拉法特、彭提格尼、明谷和莫里蒙德)的院长奉命视察西多,如果必要的话,可以撤换西多修道院院长。这样,西多会就能有效地监督和控制,同时各个修道院又具相当大的独立性,并可防止西多修院院长有太大的权力。

西多会会则中一个更有意义的特点值得一提。本笃会修道院和克吕尼修道院一直招收男青少年作为献身会士(oblates),接受修道院生活的培训。当他们达到成年期,让他们选择是留在修道院还是还俗时,他们中大部分人自然愿意继续过已经习惯了的修院生活。结果,在这些修道院里,真正具有宗教热忱的修道士就比较少了。而西多会不接收 16 岁以下的人入会,并且严格执行一个规定,即任何新入会者必须作为见习修道士服务一年,然后才能进行正式入会宣誓,因此,西多会的僧侣全部都是自愿的,对他们而言,修道院的生活是自由选择的职业。

西多会是新的修道院中最成功的团体。尽管随着时间的流逝,它放松了执行最初规定中的某些部分,但仍保留较高水准的戒律。在几个世纪里,它坚持在荒芜的土地上进行生产来服务于社会,并且以维护基督教生活的典范来服务于教会。虽然西多会由于神圣和巨大的崇高威望而享有很高的声誉,但它始终未得到同时代人们的青睐。其他宗教团体和入世教士对这些人的存在大为不满,因为这些人过着一种比他们所愿意承受的更苛刻的生活。此外,贵族和高级教士往往把修道院当作方便的旅馆,从这一观点出发,西多会的修道院是最令人失望的。他们拒绝女宾入院,宾客入院,一律食用僧侣吃的那种填不饱肚子的伙食。对牛津的副主教沃尔特·马普(Walter Map)来说,西多会真是太吝啬了。沃尔特问道,那么为了躲避罪孽而需要这种苛刻生活的人们难得不是已经严重堕落了吗?

12世纪的教会在出现这些完全是修道院性质的新团体的同时,还产生了大量具有"受教规约束的神职人员"(regular canons)的新团体。从很早起,基督教会的改革者们就试图对服务于大学教堂入世教士们规定一个半修院性质的会规,加强他们的纪律。像圣彼得·达米安和教皇格列高利七世那样的改革者,是这一政策的有力支持者。于是受教规约束的神职人员的人数越来越多(在会一词来自拉丁语 regula,意思是一个规定)。到 1100 年,这些团体中的大多数都采用了一条规则,由于该规则基于圣奥古斯丁的一封信的内容,因此称为圣奥古斯丁会规。奥古斯丁会在 12 世纪和 13 世纪时迅速发展扩大。虽然这些受教规约束的神职人员所效仿的规则和正规的修道院会规没什么不同,但毕竟存在一些基本的区别。在一个普通修道院里,许多僧侣并非教士,但所有受教规约束的神职人员必定被任为教士职位。受教规约束的神职人员并非像僧侣那样完全与世隔绝,因此能够做些僧侣不能做的服务。受教规约束的神职人员可以做类似教区教士做的服务工作,他们在创办医院和救济院方面尤为有用。

在这一时期所建立的其他受教规约束的神职人员的团体中,最重要的是普雷蒙特利修会(the Premonstratensian)(由于他们所穿的宗教教衣的颜色不同,奥古斯丁会常被称为"黑袍"修会教士,而普雷蒙特利修会常被称为"白袍"修会教士)。普雷蒙特利修会是由圣伯尔纳的朋友诺伯特(Norbert)在 1120 年建立的,他们明确希望像西多会修道院和普通本笃会修道院的关系那样,保持和奥古斯丁修会的关系。普雷蒙特利修会遵循根据西多会会规而制定的严格的教规,它是一个按照西多会方式组成的有限制的团体。在它的早期,白袍修会教士服务于教区教堂,有着入世教士的作用,但随着时间推移,这些修道院就越来越变成纯粹修道院性质的修院。

新的宗教团体所代表的不仅仅是正在改变的教会组织形式。他们也可以作为代表 12 世纪基督教特点的新的灵性的范例,这种新的灵性就是理解和表达上帝和人之间关系的新的方式。在较老的本笃会和克吕尼会修道院里,僧侣没完没了地向上帝祈祷,在这过程中以忠诚地崇敬上帝来表达对他的敬意,此情此景很像附庸忠诚地崇敬领主那样。而新涌现的类似隐士的运动则追求以个人的默祷方式来更直接地感受上帝的灵性,在这方面和在其他方面一样,明谷的伯尔纳是这一时期最有影响的领袖人物。他在西多会里鼓励一种新的表示虔诚的方式,这种新的方式比中世纪初的宗教更加具有心灵上的神秘性,又更加具有个人性。

伯尔纳在为他的追随者所撰写的论述宗教生活的论文和书简中,描绘了一种"逐步感受到上帝"的方式,分四个阶段去爱上帝,透过这种爱,心灵会获得和上帝忘我般的神秘统一。这些著述是宗教文学的经典著作[1],但伯尔纳的说教经常涉及更为普遍的题目,他会用生动的语言重新创作人们已熟悉的"福音"故事。基督故事里的主要人物耶稣、玛利亚和一些使徒一直受到人们的崇敬,然而他们都是使人敬而远之的人物。伯尔纳赋予他们栩栩如生的个性。他关照人们不要只是敬畏一个遥远的上帝,而要对耶稣表示热烈、深情的爱。他强调圣母玛利亚作为求情者的角色,她能够使人们成为她的儿子。一个冷酷的罪人也许会因为自己的内疚而感到十分害怕。伯尔纳为她勾画了一个温柔、宽厚、无比仁慈、乐于助人的女性形象。大概就是在这个时期,以"圣母玛利亚的奇迹"(Miracles of the Virgin)知名的关于玛利亚的故事集开始广为流传[2],伯尔纳的说教大大促进了对圣母玛利亚的崇拜。

虽然中世纪教会对妇女的态度很矛盾,但妇女仍积极地参与 12 世纪的新宗教运动。当中世纪道德家们忆起伊甸园中夏娃的罪恶时,他们就鄙视妇女为软弱、罪恶与易受诱惑的,然而他们也承认耶稣的母亲玛利亚是所有人类中最完美者。在 12 世纪中,妇女的地位不论在宗教或世俗事务上均日益重要。同时对圣玛利亚的崇拜日增,抒情诗人运动和对骑士爱情的崇拜使妇女成了世俗文学中的重要角色,在这一气氛下,12 世纪时许多为妇女信教而设立的修道院纷纷出现,有一些遵奉旧的本笃会会规,另一些则采用西多会改革过的会规。还有,受教规约束的女神职人员的修道院也和受教规约束的神职人员的结盟中建立起来,最大的女性教堂大概是阿布里斯尔的罗伯特(Robert de Arbrissel)所建立的丰特夫罗修道院(Fontevrault)。罗伯特是一个教士,曾经在布列塔尼、曼恩、安茹三地交界的地方隐居,罗伯特作为传教者和宗教领袖,对妇女们具有很大的吸引力,他在农村高贵的妇女中拥有强大的追随者。在丰特夫罗修道院中,主要组成部分是一批修女,她们过着严格的苦行生活,过着忏悔祈祷的生活。此外,有一帮教士,他们作为神父为修女服务,还有一批在修道院里做杂工的杂役修女,修女中有许多是贵族出身的妇女,她们在修道院中占支配地位。修道院女院长统治修道院中各个部分——修女、僧侣和杂役修女。虽然西欧有许多女修道院,但是像丰特夫罗修道院那样既规模宏大又十分富有,且在宗教界和世俗社会中都享有极大威望的修道院却鲜为人见。

新的受教规约束的神职人员团体对 12 世纪的精神性具有独特的贡献。

---

[1] 《资料》,no. 46。

[2] 《资料》,no. 55。

一些僧侣,如伯尔纳,有时从事修道院以外的活动,但这被看作是背离他们真正的主要本职的事情。受教规约束的神职人员则比较经常地从事救济、办学、从医这样的外界活动,并把这些活动看作生活方式的基本部分,他们的宗教写作里反映了这些活动。在老式的修道院的虔诚风气里,僧侣崇敬上帝的目的是希望通过为上帝服务来完美自己,受教规约束的神职人员并不放弃这样的观点,但他们增加了一个新的重点。对他们来说,自我完美的一个基本意图是为他人做出榜样,他们著述里的一个重新提起的题目是,人需要用为同胞服务来为上帝服务。最终,所有12世纪特有的精神性——对耶稣的个人信仰、神秘性的体验、为同胞服务——在13世纪出现的男修道士团体中全部汇聚在一起。[1]

我们对于修道院制度在10、11、12世纪时期西欧文明中的重要性,再怎么高度评价也不为过。而且,我们所谈到的所有宗教团体存在于整个中世纪以及以后很长时间(其中大部分至今存在)。在中世纪后期,执行会规的标准往往比较松懈,出现了许多对僧侣不轨行为的控诉。人们也许会怀疑中世纪后期修道院对社会的服务,是否值得其支持者在财务上予以如此巨额的奉献。然而,假使人们不接受且轻视精神性的服务,他们一定不会奉献如此多的财物给修院。

但是中世纪的人们把这些精神贡献看得高于一切。在僧侣为了全人类的利益特别是为了教堂捐助人的灵魂而对上帝的无穷无尽的祷告中,为教堂慷慨资助的人获得了报偿。用完全的功利主义的标准衡量,修道院的维修也许是对生产资源的一种巨大浪费,但中世纪不是功利主义的时代。

48. 主教座堂学校:安塞姆、阿伯拉尔与彼得·伦巴第

虽然12世纪初修院改革运动如火如荼,但是修道院并没有在接下来的时期里继续成为文化学术活动的中心。在旧有的本笃会结构中,西多会代表了最后的复兴和振兴的伟大运动。12世纪时,文化的领导地位已经开始从僧侣转向入世教士,从修院转向主教座堂学院,尽管也不可避免有所例外。例如,12世纪时巴黎的圣维克托修道院建立了著名的神学研究院。影响这一文化重心转移的因素有:修道院生活墨守成规十分保守,而12世纪是个迅速发展和变化的时期,修道院不接触也不赞同城市里新的商业生活,他们也不赞成12世纪出现的新的思想运动。这个时代最优秀的人才越来越多地投入纯思维的神学,投入逻辑学,投入法律研究,他们形成了许多各不相让的思想学派,互相进行激烈的抨

---

[1] 参见第361—366页(边码)。

修道院中的日常生活

站在门口的打铃者,以告知祈祷时间;在抄写室里,僧侣们和年轻的助手正在工作。西班牙文手稿彩色画,手稿429,编号183。*The Pierpont Morgan Library/Art Resource*, NY

击,而这一切和修道院传统的礼拜仪式的虔诚行为是大相径庭的。

除此之外,教皇的改革运动使教会在中世纪社会中扮演更积极的角色,改革者们要重新改造世界,而不只是逃避到修道院中。明谷的伯尔纳一直在旧思想和新观念之间选择,但始终举棋未定,在他之后,几乎所有最有活力的教会领导人,都献身大修道院以外世界的行政和改革事业,而最有才华的学者则想教授这些领导人,于是,旧修道院中心之外的新经院得以迅速发展。

在意大利,自罗马帝国末期以来,就一直有给学生上课并收取学费的私人教师。在阿尔卑斯山北部,一些最优秀的学者通常依附于一个权威的或富有的教会,从而从教会获得一份正式的薪俸。11 和 12 世纪时期,许多重要主教座堂城市(特别在北法兰西)以学术中心而著名,在那里,学生能得到所有"七艺"的指导(尽管重点大多是有关 *trivium*[语法、修辞、逻辑三学科]的写作和哲学方面的内容)。[1] 早在 11 世纪初,富尔伯特主教(Bishop Fulbert)就已经在夏特尔建立了一所著名的文学研究学院。拉昂以神学研究而著名,奥尔良则以法学研究出名,兰斯、讷韦尔、图纳依艾等城市都有颇有名望的学院,而最重要的是巴黎正在成为阿尔卑斯山北部最伟大的学术研究中心。

随着这么多新的学术中心的发展,思想界也空前活跃。在古代曾经使最敏感的异教徒和基督教徒感到迷惑不解的老问题(这些问题曾一度有幸被忽视),12 世纪又突然重新出现了。两个这样的问题在 1100 年左右开始讨论,并且在整个中世纪始终争论不休。这一时期有两个伟大、富有创造力的思想家,每人各关注着其中一个问题,这两大问题,一是证明上帝的存在,另一是给一般概念的本质下定义;两个大思想家,一个是圣安塞姆(St. Anselm,约 1034—1109),另一个是彼得·阿伯拉尔(Peter Abelard,1079—1142)。

第一个问题很好说,却不容易解决。我们能用推理来证明上帝存在吗?如果不能,我们能够确定有一个上帝吗?圣安塞姆是致力于这一问题的那一时代具有代表性的思想家,因为他开始是僧侣,但后来离开修道院成了主教(他作为坎特伯雷大主教,在谈判解决英格兰主教叙任权之争论中发生了主要作用),安塞姆当然绝不会真正怀疑上帝的存在。他认为,基督教信仰是世间一切真正的知识的起端,他写道,"我相信是为了我可以理解",但他也认为,理解的过程是很重要的,他还认为,一个基督教徒通过再三思考,可以增加宗教信仰的知识,并可以学会如何劝说异教徒。安塞姆在证实上帝的存在时,一开始借用了赞美诗作者的诗句:"蠢人才在心中默念'没有上帝'。"安塞姆的"证明"试图显示"没有上帝"的说法是内在地自相矛盾的。[2] 安塞姆争辩,如果要下定义,上帝

---

[1] 参见第 32、407—409 页(边码)。
[2] 《资料》,no. 44。

就是一个"比想象得出的任何事物都要伟大的事物",而一个实际存在的事物要比仅仅在人们主观想象中存在的事物更伟大,因此,我们头脑里上帝的概念正是指上帝的存在,所以,"上帝不存在"的说法是自相矛盾的。最初,这种争辩很容易受责难。一个名叫戈尼罗(Gaunilo)的僧侣写了一本讽刺性的小册子《代表蠢人》(On Behalf of the fool),在哲学史上获得一席之地。戈尼罗写道,一个人由此可以说,因为我们能想象一个尽善尽美的海岛,所以这样的海岛就肯定存在。安塞姆回答说,实际上,他的论证仅适用于对上帝的解释,并不适合于对任何存在的事物进行解释,他并不坚持我们所想象的每一个美好的事物都必然存在,但是他的争辩确实适合于上帝这样的美好事物。一边想象这样的存在,一边否定这样的存在,这是自相矛盾的。自12世纪以来,这个问题始终在哲学界争论不休,至今莫衷一是。

12世纪第二个大的哲学问题是基本术语,即"一般概念"。这些术语被用来描述各种个体的整个种类。这样的概念既可能是具体的,又可能是抽象的,就像"玫瑰花"或"美丽"这样的单词那样。问题在于要决定自然界里是否存在着符合于这些基本概念的任何事物。感觉只告诉我们数不清的单个物体的存在。因此,断言只有单个事物存在,这好像是一个常识。但是,当我们对数不清的单个的花,运用一个共同的概念即玫瑰花时,我们感到我们正在有意义地使用这个概念。除非所有单个玫瑰花都具有某种真实的性质,否则它怎么会是具有意义的呢?古希腊时代提出这个问题的柏拉图认为,在感觉的世界之外还存在着一个"形式"的或"理念"的世界,我们明显感觉到的每一个单个的物体仅仅是贮存于另一个世界的原型"理念"的不完整的例子。这一理论叫作哲学的"唯实论"(realism),因为它断言宇宙的概念是真正存在的,与此对立的理论叫"唯名论(nominalism)",因为它坚持,一般概念仅仅是人们发明的名称。这整个问题是难解的,而且似乎是无意义的,但一个哲学家如何看待这个问题可以决定他对许多十分重要的问题的认识。在政治学方面:集体(国家)比组成它的个体更实在吗?在伦理学方面:是不是有固定不变的道德原则,还是对个体行为有不同的标准,奉行者可以根据自己的好恶来判断?在神学方面:是不是有一个比基督三位一体的三个人物更为实在的神授实体?

在11世纪末,一个名叫罗色林纽斯(Roscellinus)的人开始教授激进的唯名论,而尚波(Champeaux)的威廉则教授柏拉图的唯实论。在他们中间的是彼得·阿伯拉尔,他以灵活的头脑和傲慢的个性在12世纪上半叶开始统治巴黎的学院。阿伯拉尔教导说,一般概念确实存在的,但他们并不是单独存在的,不是与他们生来即存在的个别事物分离的。当我们说"美丽"这个词时,我们就涉及真正存在的一些事物,而它仅仅在实际的单个事物里存在。它并不是在一个它自己的"理念"世界里独立存在的。想象从单个的事物分离的一般概念是人类理智的一种抽象能力,这一观点直到 14 世纪初才被基本接受。

阿伯拉尔一生经历坎坷。他生于 1079 年,是布列塔尼一个骑士的儿子。他曾在尚波的威廉指导下学习,但他不满足于威廉的学说,根据他自己所讲,他在一次公开辩论中击败了他的老师。他曾教过一段时间哲学,此后师从拉昂的安塞姆(不是那位伟大的安塞姆),继续学习神学这门较高深的学科,不过他又和他的老师吵架了。阿伯拉尔写道,安塞姆的语言极为丰富,但这些语言没多大意思。阿伯拉尔宣称,他自己可以做得更好,为了实现这自我夸耀,他开始作一系列有关"以西结书"的演讲,他的系列演讲大受欢迎。1113 年他定居巴黎,成为一名神学教师,这时,他处于其学术生涯的高峰,辩论时口齿伶俐,令人生畏,用他一位对手的话说:"其雄辩才能是令人佩服的。"然而,当他写下自己的一生经历时,他将其称为《灾难的历史》(*A History of Calamities*)。从他教书巴黎的时刻起,灾难开始降祸于他。首先是一场爱情悲剧。阿伯拉尔投宿于圣母院(Notre Dame)的一个修会教士富尔伯特的家里,富尔伯特和年轻的侄女埃罗伊兹(Heloise)住在一起。阿伯拉尔和埃罗伊兹相爱成为情人,埃罗伊兹有一个孩子,这时阿伯拉尔坚决要和她结婚,埃罗伊兹则宁愿做阿伯拉尔的情人也不愿因为他们的草率婚姻而破坏他的前程(阿伯拉尔将来有可能会得到教会的高级职位)。他们的婚姻暂时得以保密,但这一桃色事件的消息不胫而走,传遍各个学院,成为巴黎街谈巷议的资料。富尔伯特感到耻辱,他雇用了一帮地痞对阿伯拉尔大打出手,并阉割了他,阿伯拉尔只好进入巴黎附近的圣丹尼斯修道院,而埃罗伊兹则被迫去做修女。这样,事情才算了结。他们在分离后还互相通信,埃罗伊兹一直热爱着他,而阿伯拉尔则在书信中表现得不动声色、规规矩矩。他们通信中流露的思想是 12 世纪新"人文主义"的另一种征兆。[1]

彼得·阿伯拉尔在圣丹尼斯修道院并未得到安静。起初,他同僧侣们争吵。他争辩说,他们的创建者并不像传说的那样是《新约全书》中提到的大法官丹尼斯(Dionysius)。后来,他的某些学说被指责为异端邪说,一个地方宗教会议谴责他,并下令烧毁冒犯他们的书籍。阿伯拉尔曾一度想到巴黎之外去隐居,但他的学生跟着他出城,坚持要他教他们。接着,他成了他家乡布列塔尼的一个修道院的院长。但是,这个地方既野蛮又无纪律,他在这里受了几年罪后,于 1133 年逃走了。他先在兰斯后在巴黎重新开始教书生涯,似乎又将在学院里建立权威。他是一个具有魅力的教师,一直强烈地吸引着年轻人,但经常激怒年龄大的人。不幸的是,阿伯拉尔这时引起了明谷的伯尔纳的嫉妒和反感。伯尔纳认为,阿伯拉尔正在用错误的教学腐蚀青年人的思想,于是他运用自己的所有影响力,谴责阿伯拉尔的异端邪说。阿伯拉尔第二次遭谴责,但这一次

---

[1]《资料》,no.45。

他决定向罗马教皇呼吁,于是他出发前往罗马,在经过勃艮第时,他患了重病,只好在克吕尼修道院里避难。修道院院长,"可敬者"彼得(Peter the Venerable)是一个大学者,他劝阿伯拉尔留在修道院,几个月后,阿伯拉尔死于克吕尼的一个小修道院。临终前,伯尔纳曾去看望过他。彼得写道,在这最后的会面中,"他们的敌对得以平息",他们在基督教徒的兄弟之爱中诀别。

阿伯拉尔对一般概念问题的解释,是他对刻板的形而上学的主要贡献。他还写过一篇关于伦理学的重要论文,认为任何行为的道德价值唯一取决于行为者的目的,但首先他以其哲理风格而著名,正是这点引起了伯尔纳的仇视。在阿伯拉尔两次受难时,卷入的问题是有关圣父、圣子、圣灵三位一体和上帝恩惠等极为高深的神学问题,但谁都肯定明白,阿伯拉尔真正有罪的是他批评圣经解释时所使用的推理方法。在他最有名的著作《是与否》(Sic et Non)中可以看到这种推理方法,这本书由一系列有争论的命题组成,其中一些属于基督教信仰的基本问题。阿伯拉尔先提出一个问题,如"上帝能做一切事情——或者刚好相反",然后,他从最有威望的教会著作家那里征引了一系列经文,最后证明肯定的观点是正确的。接着,他又从同样的权威人士那里征引了另一些经文,同样明确证明否定的观点也是正确的,然后,他再提出一个问题来。阿伯拉尔并未调和相互矛盾的经文,而把这些留给他的学生们,他写道,练习会"使他们的头脑敏锐",但他郑重地写了一个导言,导言指出了必须使用的分析方法。同一个词可能有不同的意见,断章取义会导致误解,甚至《圣经》的文句也可能因笔误而被讹用,早期的基督教教父们有时改变了他们的某些观点,所以,即使是从他们的原著中引用的句子,也未必能表达他们成熟的思想。[1]

阿伯拉尔用这样的话总结他的看法:"我们透过辩论来探究,透过探究达到真理",这和安塞姆的"我相信是为了我可以理解"的认识大相径庭。但阿伯拉尔并不是一个试图破坏基督教信仰的宗教怀疑者,相反他是一个信仰者,只不过指出应该运用逻辑方法来保护它。他著作的全部要点在于,一个人不能用拒绝理性和仅仅依靠权威去解决神学问题,因为凭借文本的巧妙组合,能证明公认的权威以外的几乎任何一件事情。征引权威经典并不是目的,而是理性探究的必要过程的起点。阿伯拉尔在这一点上过于固执,言辞过于激烈,并因为急躁而遭恶果,但他的主张是无可辩驳的,而且他所建议的神学研究中应该运用的"辩证方法"在他死后不久便被各学院普遍采用。彼得·伦巴第首先在巴黎成功地采用了阿伯拉尔的方法,大约在1150年,他编写了一本引语汇编,叫作《教父名言集》(Book of Sentences)。这本汇编比阿伯拉尔的书要丰富得多,它备有注释,告诉读者所有的征引原文根据传统信仰该如何解释。

---

[1]《资料》,no.45。

《教父名言集》很快便被作为神学教学的标准教材,并在中世纪一直使用。对它的评论不计其数,其内容涉及基督教神学的所有方面。12 世纪下半叶,彼得·伦巴第在巴黎神学院中最重要的继承人是拉尔夫·阿登特(Ralph Ardent)、库尔松的罗伯特(Robert of Courçou)、斯蒂芬·兰顿(Stephen Langton)以及姓名滑稽的彼得·卡梅斯托尔(Peter Comestor)(就是"贪吃者彼得"——但这指的是书,他被看作是贪婪地吃书的人)。彼得·伦巴第追随者们最重要的成果,可能是对教会神圣教义做出最终明确的定义。对这个教义的全面研究将会帮助我们记住,12 世纪思想界的理性倾向是十分有助于一种超自然主义的宗教的。一次基督教的圣礼被解释为是一种"内心感化的外部标志"。人们普遍认为,耶稣规定了某些仪式和习俗,神的感化会透过这些仪式和习俗授予信徒,基督教会教士的基本作用就是忠诚正确地实施这些圣礼。但耶稣究竟规定了多少圣礼,这个问题始终没有统一认识。11 世纪,授予一个国王圣职的仪式算不算圣礼,这个问题人们争论不休,在经过授职权之争后,神学家们对此心领神会,决定它不属于圣礼。彼得·伦巴第的追随者最后归纳成七种圣礼:弥撒、洗礼、按手礼、临终涂油礼、补赎、婚礼和圣职授任礼。弥撒当然是最高圣礼,像所有的人那样,对相信教士把面包和葡萄酒变成耶稣的肉体和血液的人来说,弥撒是一种庄严的奇迹和教会精神力量的真正象征。洗礼、按手礼和临终涂油礼是每一个基督徒生与死道路上的足迹。圣职授任礼使耶稣与他使徒的宗教权威得以传宗接代。补赎允许犯了罪而又真正悔改的人免除处罚。婚礼则解决了一个严重的进退两难的问题,教会依据其禁欲主义的传统,一贯宣扬独身生活的优越性。然而,假使所有的男女都独身,人类就会很快绝迹,因此,婚礼就被当作一种圣礼,它使为了生育后代而进行的交配神圣化。

我们必须对补赎这一圣礼进行详细一点的介绍,一则因为它具有头等重要的意义,二则因为实施这一圣礼的方法变化很快。这一苦行赎罪制度背后的基本思想是比较简单的,耶稣的献身已经为人们赢得了上帝的宽恕,当一个人对罪过真诚后悔,并对神父忏悔时,他便得救了,因为他避免了极大的痛苦,但心灵上还留着污点,只有在炼狱里逗留一段时间才会被抹掉。如果做了一件或几件使上帝中意的事,就会缩短甚至完全避免在炼狱里的涤罪,这些行为就叫作"补赎"。11 世纪以前,很少做忏悔,只是犯了所谓不可饶恕的大罪时才做忏悔。大约到这时,爱尔兰人不管犯了大罪小罪都要忏悔的习俗被广泛接受,显然,这一变化大大增强了教会对人们生活的影响。[1] 在每一次忏悔时,教会的伦理说教大大影响了人的思想,这些说教涉及每一个想象得到的有关问题。赎罪规则书或罪孽目录书以及适合于它们的自我惩罚始终是基督教文学的重要

―――――

〔1〕 参见第 112 页(边码)。

组成部分。随着忏悔和补赎的概念的变化，这些内容越来越复杂和详细，实际上，它们是与人类伦理道德有关的教会法规的汇编。

49. 法律的恢复

中世纪知识分子对秩序怀有强烈的爱好，这是对暴力骚乱的一种自然反应，而他们的文明正是从这些骚乱动荡中形成的。当我们阅读安塞姆或阿伯拉尔深奥的富有哲理性的思辨作品时，我们必须牢记，在他们当时所处的社会，地方性战争司空见惯，所使用的法律程序，有如现代世界中一些未开化的原始部落社会一般的落后。每个采邑都有自己的一套风俗习惯，在一个王国里，没有适用于整个王国的习惯法，人们关于法律本质的观念，还停留在蛮族入侵罗马帝国时所带来的那些观念层次上。这样，法律并未被看作是由法定的立法者颁布，并在必要时由其改革的一种法规结构，而被想象成自远古以来就自生存在的古代的风俗习惯。当然，实际上随着时间的推移也必须有所改变以适合历史的发展，继承下来的旧法律被后代人的封建习俗所改变。早期习俗中规定的罚金制度增添了更严厉的处罚内容——对比较严重的犯罪处以断肢或死刑，并还保存着原来不合理的野蛮的提取犯罪证据的程序和方式。12世纪的日常裁决中，还保存着古条顿族人的习俗，善于思考的人很自然对这样一个法律制度极为不满，而且，旧的法律条款极不适合妥善处理新兴城市的商业生活中出现的问题。

这一整个背景解释了研究古典罗马法的巨大热潮的原因，大约从1100年开始，古典罗马法成了中世纪学院最热门的研究课题。在中世纪早期几个世纪里，意大利和南法兰西还保持着罗马法律的一些零星内容。在拉韦纳和罗马这样的城市里，公证员和修辞学教授还讲授一些关于法律的程式和合法的辩论这样的基本课程。后来，在1100年前夕，一个叫伊尔内里乌斯(Irnerius)的教师开始在博洛尼亚(Bologna)讲授罗马法律全集，因为查士丁尼已将罗马法律编集成典。从那时开始，博洛尼亚成了整个中世纪世界法律研究中心。伊尔内里乌斯的成就在于掌握了罗马法律的全文，并从整体上对其进行阐述，他遗留下来的作品是一些评注，这些评注解释正文里难以理解的词语，或者说明各部分相互之间的关系。后来出现了一个评注家学派，他们继承了伊尔内里乌斯的工作。12世纪中叶，有四个特别有名的评注家，以四大博学者著称，他们是布尔加鲁斯(Bulgarus)、雨果(Hugo)、雅各布(Jacobus)和马丁努斯(Martinus)。传统上人们认为，他们是伊尔内里乌斯的学生，而他们的学生又把罗马法律的研究带到了遍布西方各地的主要学术中心。

至今我们所知，到11世纪，查士丁尼法典只有一份完整的原稿保存在意大利,一些历史学家一直在想象,如有可能找到这一原稿,或许就会改变欧洲法学的整个历史。但这种推测是不得要领的,如果有人需要手稿的话,他能够很容易地从拜占庭得到。1100年左右新的发展是突然出现了一个社会,能够理解和欣赏古典法学,并运用其为自己的目的服务。中世纪思想家们在查士丁尼全集里发现了根据理性原则组织的很复杂的法律全本,他们也发现了强烈的立法统治权论——12世纪变革的形势使新的立法成为可行。在古典法学里,尽管某些原则被看作是一成不变的,但为了适应社会变革的需要,也可审慎地改动或采用某些特殊的法律。古老的法律并不等于是好的法律,如果环境变了,法律也必须改变,这就是一个国家立法者的观点。

罗马法的条文中关于统治权来源的问题并不都是明确的。中心思想是,罗马人具有为自己立法的天生权力,但已经将此权力转让给皇帝。但有的条文认为,皇帝的权力不来自人民,而是来自于上帝。中世纪的法学家是这样来解释这一矛盾——上帝建立了皇帝的职位,而皇帝个人则是由选举产生的。总之,他们对统治权力来自上面还是下面,即来自上帝还是来自人民的问题,并不十分感兴趣,他们很容易设想既来自上帝又来自人民。当时的社会舆论认为,上帝的精神在起作用,这正如12世纪一位法官所写的:"在这方面,上帝是创造者,我们是他的工具。"

西欧各国的法律制度都吸收了罗马法的特定原则,但各国吸收的程度各不相同,例如意大利城邦国家吸收得很多,而英格兰则较少。但吸收一些孤立的法学原则并不代表12、13世纪时罗马法研究的主要影响,罗马法学研究最重大的影响,是给予中世纪的人们一种新的观念,告诉他们什么是法学体系,鼓励他们把传统法律编纂成有体系、有条理的法学大全。1189年,格兰维尔(Glanvill)写了《论英格兰的法律与习惯》(*On the Laws and Coustoms of the Realm England*)一文,这是关于英格兰法律的首篇重要论文,该文谈到了罗马成文法的传统,并自豪地宣称:"虽然英格兰的法律是不成文的,但我们称其为'法律'也不见得不合理。"将近13世纪中叶,王家法官亨利·布雷克顿(Henry Bracton)纂写了一篇内容更广泛的论文,涉及英国的习惯法,其中包括大量的罗马宪法的内容。其他的一些法律汇编是为法兰西和日耳曼各地区制定的。大约1265年,国王阿方索十世(King Alfonso X),即卡斯提尔的智者(the Wise of Castile),制定了《七法全书》(*Siete Partidas*),这是受罗马法学原则极大影响的另一部法律汇编。罗马法重新在西方思想里面引入国家的观念,政府被认为是拥有立法权的公共权威。根据封建惯例,实施政府的功能已基本成为一种私有特权,一种财产权利,跟采邑中的其他财产权一样。古典法学家也许无法肯定公共权力到底来自上帝还是人民,但他们很明确表示它绝不来自庄园土地的拥有者。另一方面,中世纪早期的国王们是完全在条顿或封建惯例的范围内行事的。从13世纪起,国王们开始审慎地制定新的法律,他们很清楚实际上这就是在立法,他们丝毫不装腔作势,说什么只是解释或重申古老的惯例。

在任何一部非教会性的法律汇编出现之前,教会就已系统地运用罗马法的原则去处理行政管理上的具体问题。主教叙任权之争引起了对于古代教会法规的广泛兴趣,11世纪时制订了几部重要的教规集,但没有哪一部作为权威的教规而被普遍接受。整个西部教会没有任何一部统一的教会法规,例如,法兰西的婚姻法就与意大利的婚姻法不同,博洛尼亚的一个修道士格拉提安(Gratian)补救了这一不足。大约在1140年,他编写了一本规模宏大的教规大全,称为《教令集》(Decretum)。尽管这个教规大全明显受查士丁尼法典的影响,但它最初的译本并未直接从罗马法中借取任何条文。相反地格拉提安试图表明,教会的教规能在它们自己的范围内形成一个完整的法理结构,就像查士丁尼法典在其自己的范围内所形成的那样。比起他的前辈来,格拉提安不仅提供了一个丰富得多的经典大成,而且以彼得·阿伯拉尔的精神在这部教规大全里加了许多评注,明确说明如何解决教规与教规之间相互矛盾的问题(格拉提安为此给自己的著作取了个名称,《不一致的教规的协调》)。他编纂的教会法大全相当成功,很快便被作为权威的教会法著作而被普遍接受。[1]

罗马法和教会法都很重视古典和早期基督教的自然法的概念,从这时开始,自然法在中世纪法学和政治理论中占据了主导地位。查士丁尼的《法学汇编》(Digest)给自然法则下的定义是"始终正确公正的法则",这反映了斯多葛主义,即某些司法原则是事物本质所固有的,人类理性能理解它们。格拉提安在他所编《教令集》的开头部分加了一个基督教的维度:

> 人类以两种方式受支配,即受自然法则和人类惯例的支配。《旧约全书》和《福音书》包含着自然法则。每个人被要求对他人做他希望他人对他做的事;每个人被要求会对他人不做他不希望他人对他做的事。(参见《马太福音》7:12)

这样自然法就规定了广泛的行为准则。人类创造法律是为了在特别情况下运用自然法的准则,此外还补充大量的附加规定,用来说明人与人之间以及统治者和社会之间的法律关系。

格拉提安的法规十分强调教皇作为最高立法者和最高法官的作用。这一时期的几个大主教,他们本身就是重要的教规法学家,特别是亚历山大三世。他们利用《教令集》中规定的教皇职位的权力,颁布了许多新的法规,建立了教

---

[1]《资料》,no.57。

皇法庭,作为有效的高级上诉法庭,审理来自西方基督教世界的各种上诉案。从欧洲边远地区上诉的案子通常由教皇的代表进行调查,因此,如果英格兰有两个修道院为财产继承而发生纠纷,并上诉到教皇那里,教皇就会指派两名英格兰的高级教士作为他的司法代表。教皇代表们审查案情、听取证言、搜集证据,最后向罗马发出一份调查资料,然后,教皇根据他们的报告做出最终判决。

这是教皇权力发展的一个重要阶段。12世纪法学家对教皇的理论主张和他们的前辈并无重大不同,然而不同的是,这时教皇开始创立一个合适的管理机构,实际实行这些主张。从那以后,过去教皇的最高司法权转化为对所有西部教会比较重要事务的监督。

教皇实施的教规当然涉及所有与教士和教会财产有关的事情,但没有神职的宗教信徒也是教会成员,教规也节制着他们生活的许多方面。婚姻嫁娶、遗嘱检验、基于信任而建立的契约的执行、关于誓言誓约(这在封建社会里是非常重要的事情)的争论、扶贫济穷、管理教育、镇压异端、阻止高利盘剥——所有这些事情都受教会教规的控制。教会法庭的审判程序和罗马法规定的程序基本相同,审判员接受书面证词,并在适当时查问证人。从低级法庭向高级法庭上诉,有一个严格的等级体制,该体制的任何一级有权越级向教皇上诉。我们上面谈到,罗马法学重新把公民法律和国家的思想引进了中世纪世界,但最早运用这些思想的是中世纪教会。正如大法律史学家梅特兰(Maitland)所写的:"在中世纪,教会就是一个国家。"

到12世纪末,在巴黎、牛津和博洛尼亚兴起了一些重要的宗教法规学者的学派。这些"教会法令专家"(Decretists)专心致力于解释格拉提安编纂的旧的教会法规,并使这些法规和当代教皇颁布的法规一致起来。教会法规学对现代学生来说也许是一门枯燥乏味的课程,但对当时12世纪人们来说是一门令人神往的研究课程,当时这一科目吸引着一些最优秀的人才。他们并不是仅仅机械地运用旧的教规对待特定的事件,而是全面的阐述整个新的、统一的法学体系,从事前人没有做过的创造性工作。12世纪留下了大量的宗教法规学家的注释和论文,这些文献的大部分是关于上面提到的基督教和类似基督教的那类问题。但在考虑教会的宪法法规时,这些宗教法规学家被引导去广泛地论述我们现在称之为政治理论的问题。他们的思想在两个问题上对后来整个中世纪的思想界产生了巨大影响。

例如,某个教会法学家的论证导致了个体自然权利观念的早期形成。在《教令集》(*Decretum*)的第一句话里有一个词,*ius naturale*,传统上意指自然法。但是,12世纪的教令集研究者们认为,该术语也能够指称所有人固有的自然权利。另外两个论题,涉及教会—国家关系问题和统治权问题,也体现了教令集研究者的著作对于后世政治理论的决定性的影响。

格拉提安的《教令集》中的几处文字,给后世的评注者提出了教会和国家的问题,而且,二者均特别重要。其一是一段引文,阐释了教皇格拉修斯有关僧侣权威与王室权力的观点。其二是一段有关因为教皇扎迦利的参与而导致法兰克国王希尔德里克被罢免的描述。大约在1200年,发展出两个对立的思想派别,他们对这些文本给出了不同的解释。比萨的雨哥西奥(Huguccio of Pisa)是温和的"二元论"派的最杰出代表,1188年他出版了一部重要的《教令集大全》。遵循教皇格拉修斯的思想,雨哥西奥写道,上帝已经确立了帝国和教会的尊严,并且为其划定了各自的行动范围。皇帝的权力并非来自于教皇,而是各路诸侯以及推举他的子民。教皇为皇帝举行的加冕礼仅仅意味着一种名义上的尊严,而没有权力的实质。当那些古老的文本谈到教皇罢免国王或是皇帝的时候,它们的意思只不过是说,如果世俗的诸侯们决定除掉已经变质为暴君的统治者,教皇可以批准对这一行动。

雨哥西奥所有这些观点,都遭到了下一代最重要的教会法学家阿拉尼斯(Alanus)的反对。阿拉尼斯是英国人,在13世纪初年的博洛尼亚,是闻名遐迩的法学教授。阿拉尼斯写道,如果基督教社会构成了一个统一的形体,那么它也应该有一个单一的头脑——"否则就成了一个怪物"。这个头脑只能是教皇。因而,教皇就拥有精神权力和世俗权力这两把"剑"。一切合法的政治权威均出自教皇。假如有必要,他可以依据其固有的权威罢免皇帝,或是其他任何统治者。在整个中世纪,雨哥西奥和阿拉尼斯的这两种对立观点一直都不乏支持者,不过,阿拉尼斯的观点在教廷中更为流行,也更为后世的教会法学家所接受。

统治权问题,也就是解释一个统治者和他所统治社会的关系的问题,这个问题是在宗教法规学家思考教皇对教会权力本质的过程中产生的。他们热切地希望在教会里建立一个中心权力,这一权力强大到足以消除在过去许多世纪里逐渐形成的恶习,他们发现了罗马法中有关统治权的观点,可以用来解释这种权力。因此,他们接受罗马法中所有的"专制主义"的措词,热情地描述教皇的职位。在以下此类文句里,"教皇"(pope)一词直接用来代替"君主"(prince),例如:"君主的意志具有法律效力""君主不受法律的约束""君主心灵的神殿中怀有全部法律"。从严格的司法意义上说,教皇就是一个基督教的皇帝,一个其意志便是法律的立法者,一个从他那里无法再上诉的最高法官。

宗教法规学家在达到这一点后,继续考虑一个古典法学家根本无法接触的问题。如果教皇滥用这些大权的话,应该怎么办?宗教法规学家都是基督徒,他们相信,所有的人都具有自由的意志,不论教皇的地位多高,但他毕竟也只是一个人,他也可能犯罪,他也可能因手握大权而腐败,他也可能犯有过失,《教令集》中实际上提到了几件古代教皇犯罪和犯有错误的案例。法规学家们无法容忍这样一个教皇而使整个教会声誉下降并受到破坏。他们一致同意，如果教皇在能想象得到的最坏的案件中实际上已成了一个异教徒，那就必须以某种方式废黜他。一些人认为，如果教皇成了一个声名狼藉的罪人，那也应该废黜他，关于如何进行这样的废黜，进行了反复的讨论，但一直没有统一的决定。[1]

由教皇犯罪而造成的问题并不只是一个程序问题。假若教皇的意志"即是"法规，那他的行为怎么可能是犯罪呢？假若教皇是信仰问题上的最高法官，那他的言论怎么可能会被指责为异端邪说呢？当然，有人会说，教皇受上帝法规的制约，但如果教皇是上帝规定的唯一解释者，那就不可能解决这个问题。宗教法规学家找到了一个可解决这个难题的方法，他们把罗马法中统治权的理论和基督教早期教会领袖关于教会本质的思想混合起来。他们认为，尽管人可能会失败，但整个教会团体——"信徒们的集合"——绝不会失败或犯错误。他们进一步强调，一个宗教会议代表了整个教会团体，所以，宗教会议也不会犯有过失。因此，即使是教皇也必须受宗教会议所制定的法规的约束，至少在"涉及信仰和涉及教会全体的福利"的问题上必须这样。

宗教法规学家认为既可坚持这一观点，同时又称教皇为"最高立法者"和"最高法院"，因为根据他们的理论，教皇是一个普世大公会议的领导人。诚然，教皇是教会最高立法者，他能够以各种方式立法，有些立法形式优先于其他立法形式，反映教会一致意见的宗教会议制定的法规，可说是教皇立法的最高阶段和最高权威的形式。因此它们对教皇个人具有约束力，对今后的许多教皇也具有约束力，这种观点在12世纪末被普遍接受。

这一有关宗教法规学家思想的复杂章节，在中世纪历史上占有十分重要的地位，因为这正是后来非宗教领域里议会王权理论的先声，该理论认为"议会中的国王"意味着国家统治权。中世纪后期几乎所有的政治理论都不过是以更一般方式来表达12世纪后期的法学家早就首先阐述过的司法理论。在后面的章节里，我们将看到这些法理学家们的专门的学说是如何被编排进中世纪后期有关立宪政府的一系列深奥微妙的理论的。

进一步阅读书目

* 蒂尔尼：《资料》与《读本》，第一册，nos. 44—46, 57—58, 63；第二册，nos. 15—17, 21。

在第七章援引 * 萨瑟恩的《中世纪的形成》(*The Making of the Middle Ages*)与《中世纪的人道主义》(*Medieval Humanism*)（纽约，1970）两书中，作者才华洋溢地叙述了12世纪总体的时代文化。最佳的概览是本森(R L. Benson)和康斯特布尔(G. Constable)编的《12世纪的文

---

[1]《资料》，no. 63。

艺复兴和更新》(*Renaissance and Renewal in the Twelfth Century*)(麻省剑桥,1982)。有两本较老的佳作是*哈斯金斯(C. H. Haskins)的《12世纪的文艺复兴》(*The Renaissance of the Twelfth Century*)(麻省剑桥,1927);以及泰勒(H. O. Taylor)的《中世纪思想》(*The Medieval Mind*)两卷,第四版(纽约,1925)。克拉杰特(M. Clagett)等合编的《12世纪的欧洲与近代社会的基础》(*Twelfth-Century Europe and the Foundations of Modern Society*)(麦迪逊,1961),是一部有用的论文集。新近有两部阐述性的著作是*布鲁克(C. N. L. Brooke)的《12世纪的文艺复兴》(*The Twelfth Century Renaissance*)(纽约,1969),与*莫利斯(C. Morris)的《个人的发现:1060—1200年》(*The Discovery of the Individual, 1060-1200*)(伦敦,1972)。12世纪修院制度的最佳研究著作是诺尔斯(D. Knowles)的《英格兰的修会》(*The Monastic Order in England*)(剑桥,1940)。*勒克莱卡(J. Leclercq)的《热爱求知与祈求上帝》(*The Love of Learning and the Desire for God*)(纽约,1961)一书对修院文化做了一个良好介绍,康斯特布尔(G. Constable)在《12世纪的宗教改革》(*The Reformation of the Twelfth Century*)(剑桥,1996)一书中讨论了修院的革新运动。有关妇女的信仰团体,参见麦克纳马拉(J. A. Mcnamara),《武装的姐妹:两千年的天主教修女》(*Sisters in Arms:Catholic Nuns Through Two Millennia*)(麻省剑桥,1996);以及韦纳尔德(B. L. Venarde),《女修道院与中世纪社会》(*Women's Monasticism and Medieval Society*), 890-1215(绮色佳,1997)。

关于圣伯尔纳,参见威廉斯(W. Willams),《明谷的圣伯尔纳》(*Saint Bernard of Clairvaux*)(曼彻斯特,英国,1935);詹姆斯(B. S. James),《明谷的圣伯尔纳》(*Saint Bernard of Clairaux*)(伦敦,1957);吉尔森(E. Gilson),《圣伯尔纳的神秘神学》(*The Mystical Theology of St. Bernard*)(伦敦,1950);布莱德罗(A. H. Bredero),《明谷的伯尔纳:在异教与历史之间》(*Bernard of Clairvaux:Between Cult and History*)(Grand Rapids, MI, 1996)。至于伯尔纳的著述,见其《全集》,伊尔斯(S. J. Eales)译,五卷本(伦敦,1953)。关于女性的灵性,参见*拜纳姆(C. Bynum),《作为母亲的耶稣》(*Jesus as Mother*)(伯克利与洛杉矶,1982)《圣宴会与圣斋戒:食物对于中世纪妇女的宗教意义》(*Holy Feast and Holy Fast:The Religious Significance of Food to Medieval Women*)(伯克利与洛杉矶,1987)。

在所有标准的中世纪思想史著述中均有关于12世纪哲学的发展的叙述。最详尽的一本概览是吉尔森(E. Gilson)的《中古基督教哲学史》(*History of Christian Philosophy in the Middle Ages*)(纽约,1955)。比较好的简明著作有*科普尔斯顿(F. C. Copleston)的《中世纪哲学》(*Medieval Philosophy*)(伦敦,1952);*莱夫(G. Leff)的《中世纪思想》(*Medieval Thought*)(哈蒙德斯沃思,1950);*诺尔斯(D. Knowles)的《中世纪思想的演进》(*The Evolution of Medieval Thought*)(巴的摩,MD,1962);勒斯科姆(D. E. Luscombe)《中世纪思想》(牛津,1997)。卡雷(H. M. Carré)的《唯实论派与唯名论派》(*Realists and Nominalists*)(牛津,1946),是一部更专门的研究著作,亦见奇纽(M. D. Chenu)的《12世纪中的自然,人与社会》(*Nature, Man and Society in the Twelfth Century*)(芝加哥,1968),与*斯莫利(B. Smalley)的《中古圣经研究》(*The Study of the Bible in the Middle Ages*)(牛津,1941)。关于阿伯拉尔的影响,参见格雷恩(L. Grane)的《彼得·阿伯拉尔》(*Peter Abelard*)(纽约,1970),与勒斯科姆(D. E. Luscombe)的《彼得·阿伯拉尔学派》(*The School of Peter Abelard*)(剑桥,1969);以及(J. Marenbon)《彼得·阿伯拉尔的哲学》(*The Philosophy of Peter Abela*)(剑桥,1997)。在上面援引的泰勒与*吉尔森(E. Gilson)的《埃罗伊兹与阿伯拉尔》(*Heloise and Abelard*)(芝加哥,1951)的

书中,对埃罗伊兹与阿伯拉尔的历史作了精辟的叙述。至于原始资料,参见阿伯拉尔的*
《悲惨的历史》(Historia Calamitatum),莫克尔(J. T. Muckle)翻译(多伦多,1954),与《埃罗伊
兹和阿伯拉尔的书信集》(Letters of Heloise and Abelard),斯科特—蒙克里夫(C. K. Scott-Moncrieff)翻译(纽约,1942)。或者(B. Radice)译 *《阿拉伯尔与埃罗伊兹通信集》(The letters of
Abelard and Heloise)(伦敦,1974)。关于安塞姆,参见萨瑟恩的《圣安塞姆及其传记》(St. Anselm and His Biographer)(剑桥,1963)。安塞姆的《证道篇》(Proslogion)已由迪恩(S. N.
Deane)翻译(芝加哥,1935)。有关文艺的发展及其影响参见*斯多克(B. Stock)的《文学的
含意》(The Implications of Literacy)(普林斯顿,1983)。

　　维诺格拉多夫(P. Vinogradoff),《中世纪欧洲的罗马法》(Roman Law in Medieval Europe)
(reprint)(Holmes Beach,FL,1994)提供了有关罗马法的最好的简介。关于教会法,参见 *
布伦戴奇(J. A. Brundage),《中世纪教会法》(Medieval Canon Law)(London,1995);库特纳
(S. Kuttner),《来自不和谐的和谐》(Harmony From Dissonance)(Latrobe,PA,1960);以及赫
姆霍尔兹(R. H. Helmholz),《古典教会法的精神》(The Spirit of Classical Canon Law)(Athens,
GA,1996)。讨论12世纪教会法学者的政治理论的著作,参见乌尔曼(W. Ullmann),《中世纪
的教皇》(Medieval Papalish)(London,1949)。也可以参考蒂尔尼(B. Tierney),《教会会议理
论的建立》(Foundations of the Conciliar Theory)(Cambridge,1955)(reprinted Leiden,1997)以
及《自然权利的观念:自然权利、自然法与教会法的研究》(The Idea of Natural Rights:Studies
on Natural Rights,Natural Law and Church Law)(Atlanta,GA,1997)。专门有关格拉提安的研
究,参见乔多罗夫(S. Chodorow)的《12世纪中叶的基督教政治理论与教会政治》(Christian
Political Theory and Church Politics in the mid-Twelfth Century)(伯克利,1972)。有关婚姻法和
两性关系请参见布朗迪吉(J. A. Brundage)的《中古欧洲的法律、性和基督教社会》(Law,Sex,
and Christian Society in Medieval Europe)(芝加哥,1987);有关战争法见胡塞尔(F. H. Russell)
的《中世纪的正义之战》(The Just War in Middle Ages)(剑桥,1975)。格拉提安的《教会集》
的第一部分,已经由汤姆森和戈尔德利(A. Thompson and J. Gordley)译出,参见 *《格拉提
安:法律论集》(Gratian:The Treatise On Laws)(华盛顿特区,1993)。

第十六章 封建君主政治：帝国与教廷

12世纪的法律复兴并非仅仅是一件学术理论上的事情。在此期间，欧洲的几个主要王国内，已经建立起更有秩序和更有效力的政府体制。不同国家中的君主面临各种不同的问题，并以不同的方式做出反应。英格兰国王通过采取非封建方式的王室司法权的方法，补充他们作为封建贵族的权力，从而大大增加了他们的权威性。在法兰西，最重要的发展，是王室领地的范围大为增加。在日耳曼，一个新王朝通过重申帝国对伦巴第的要求，试图为建立起一个强大的君主制国家打下基础，但是这却导致了与罗马教廷发生了一轮新的争执。到12世纪末，英法两国君主制有了相当力量的增强，然而意大利与日耳曼的前途，则仍然未卜。

50. 英格兰：诺曼人与金雀花王朝

当征服者威廉一世逝世后，他将诺曼底公国遗赠给他的长子罗伯特，同时将他的英格兰王位给予他的次子威廉二世（William II, 1087—1100年在位）。[1] 他的第三个儿子（幼子）亨利得到少数诺曼封地的支持。威廉二世史称鲁弗斯（Rufus），是个完全令人讨厌的人物，专横武断，贪婪成性。他的贪婪导致他不惜一切手段来尽力榨取皇家税收的经济源泉，特别是能够谋求现金的那些封建法权。当一位男爵死后，国王就会让那位继承人支付一笔他所能出得起的尽可能高的继承费。当一位男爵要出嫁女儿希望获准时，他也不得不付出一大笔费用。如果一位男爵去世，留下一位未婚配的女儿时，国王即可将此女许配给出价最高者。至少还有一种情况是，一旦男爵去世，鲁弗斯就会从男爵领地的陪臣处征集来一笔援助金。威廉二世不得不面对好几个男爵发动的反叛，不过这些反叛至少不完全是由于他是封建主滥用其权力所造成的结果。他的兄长罗伯特感到自己应拥有英格兰，就像他已经拥有诺曼底一样，所以，不断地在英格兰进行骚扰，制造麻烦。威廉二世则以入侵诺曼底的举动加以报复，诺曼底在罗伯特温和但又无能的统治下，已经处于一种完全混乱的状态之中。最后，罗伯特将诺曼底抵押给了鲁弗斯，而后在第一次十字军东征时离开了诺曼底。[2]

---

[1] 参见附录，表4。
[2] 参见第258—259页(边码)。

第十六章 封建君主政治：帝国与教廷 311

选自"武斯特的约翰的编年史"中的几幅彩饰画，画中说明亨利一世所做的许多噩梦：王权已不再强大到足以控制农民（上图）、武装佃户（中图）和教会（下图）。英文，约1150年。Corpus Christi Colleqe, Oxford, UK/Bridgeman Art Library, London, New York

1100年的某一天,当威廉·鲁弗斯正在打猎时,据说他的一位贵族同伴为了一只鹿而误伤了他,而且——或许是偶然事故——一箭就使他受到了致命伤。当时国王的兄弟亨利,在不远处,但却没有迅即赶往现场,反倒是急速地把在温彻斯特(Winchester)城堡的王室国库拿到手。亨利对杀死他兄长的这个人并未采取行动,事实上,此人是克拉尔(Clare)的名门望族,在亨利在位期间成为英格兰最有权势的人物。

由于威廉去世时在场,亨利获得了英国的王位。他要求领土的欲望几乎不亚于或至少不比他兄弟罗伯特的贪欲小,在这种新情况下,他感到不得不安抚那些拥立他为国王的男爵们。在加冕之日,他颁发了一道神圣的诏谕,其内容是他许诺结束由他兄弟所确立起来的滥用权力的做法。亨利批准的这一文件是至为重要的,因为他将依法受到制约,且条文中有几点是明确规定的。但以实际价值而论,意义不大,因为亨利从不会让这些许诺束缚他的实践。他继续执行他兄弟的政策,甚至劲头更足。

国王亨利一世(Henry I,1100—1135年在位)是一位精力充沛、讲究效率的统治者,也是一位富有竞争性的领袖。男爵们反叛他,部分原因是罗伯特阴谋策动,而另一部分原因是出于对亨利强力统治的不满。他粉碎了这次起义,并流放了反叛者。嗣后亨利入侵诺曼底,经历一段漫长的斗争,俘获了他的兄弟,并把他囚禁于一座英格兰古堡中。尽管法兰西国王路易四世(Louis IV,1108—1137年在位)对当时在诺曼底所发生的事情不断进行干预,使亨利不能给予这一公爵领地任何可称之为和平与秩序一类的东西,但他对那里的蠢蠢欲动的领主们的统治远比罗伯特公爵更为有效。在他的高压手段下,英格兰是和平与安定的楷模。

亨利一世延续了他的父亲和兄长所采取的开拓性策略(并且有他自己的发明创造),在英格兰增加了王室政府的权力。威廉一世与威廉二世曾坚持公诉,即较严重的罪案,应由皇家特别法官审理。他们时常为此目的派出一些法官,但通常只简单地吩咐郡长代表皇家法院去审理他们。亨利一世建立了皇家法院作为其行政机构的一个正规部门,并派他们跑遍全英格兰来听取公诉。威廉·鲁弗斯早已开始让职位较低的一些人来替代拥有郡长官职的男爵们,这样他们就会更加依靠君主。亨利完成了这一过程,他的一些郡长们与高等法院的法官们中,绝大多数人都受过他的恩惠,而被用来取代具有独立财源的男爵们。

亨利及其官员们的重要工作之一是开展有效的财政管理。他的前辈们在坚固的城堡内已保存了一笔储备金,不过所有流动基金都储存于王室的金库内,并由他的财政大臣们掌管。亨利从他的宫廷里派遣了三位财政大臣,并确认他们为温彻斯特的终身财政官。不久,有一位获得司库(treasurer)头衔,其余两人通称为财政大臣(chamberlains of the exchequer)。

亨利的财政司库制定出了一套皇家收入的记账制度。英格兰的郡长要一年两次接受一伙皇家官员（又称为财政大臣[barons of the exchequer]）召唤，以呈报他们的账目。每位郡长对其所辖的郡都拥有一笔一定数目的租金，即"地租"，从中他能扣除由皇家要他支付的那笔钱。郡长呈交出授权他支付的命令给财政大臣，随后大人们结算他的账款。他也得对他自己手上税收的任何特殊经济来源做出说明，例如，由于未成年的继承人之故而受国王监管的男爵领地，郡长们随身带上他郡中的这些欠着国王钱的人来偿还他们的欠债。所以当账目还清时，男爵们懂得国王的税收是怎么一回事，更为重要的是弄清楚了谁还欠国王钱。这种记录被称之为为"卷筒案卷"（Pipe Rolls，亦称"御库卷档"）。我们有一份亨利一世在位时代保存下来的这种记录，和一份从亨利二世统治开始时的连续系列记录。

亨利同时代的一位传记作者曾不加掩饰地赞赏说，他显然是受天的旨意在世上占有一席之地，且极为成功。但不幸的是，在他极为众多的后代子孙中仅有两位是合法的，一个儿子叫威廉，一个女儿叫玛蒂尔达（Matilda）。威廉还是年轻人的时候，与一伙年轻贵族们一起狂饮，喝得酩酊大醉，随后登上一艘船，而且船长与船员也都一样地喝得醉醺醺地。突然遇到风暴，结果，船上全体人员遇难，就这样亨利没有了男嗣。他迫使主教们和英格兰的男爵们宣誓效忠于他的女儿玛蒂尔达，即神圣罗马帝国皇帝亨利五世的寡妇，安茹伯爵若弗勒（Geoffrey）的妻子。

亨利唯一活着的其他近亲是布卢瓦伯爵蒂鲍（Thibaut）及其兄弟斯蒂芬，是亨利姐妹的两个儿子。亨利一世去世时，由亨利赐封为布洛涅（Boulogne）伯爵的斯蒂芬匆匆前往英格兰，觊觎王位。英格兰的贵族们曾发誓拥立玛蒂尔达，可是他们却对她毫无热忱，无人相信一个女人能有效地治理英格兰，而且男爵们强烈地怀疑安茹的若弗勒，他是个头等的封建强盗，不可能会按照他们的心意有效地统治英格兰。斯蒂芬为人厚道，文质彬彬，又和蔼可亲，因此男爵们选他为国王。蒂鲍伯爵数度进行抗议，反对在他的前面立他的弟弟当国王，可是他又因在法兰西拥有巨大产业而忙得不可开交，因此管不到这方面的任何事情。另一方面，玛蒂尔达与若弗勒准备打仗。正当若弗勒入侵诺曼底时，玛蒂尔达越过英格兰，集合她的拥护者，对斯蒂芬国王开战。

斯蒂芬国王的整个统治时期（1135—1154），双方处于剧烈的内战。[1] 对于男爵们来说是机会难得。每个领主都能用高价出售他的土地与特权，可以不讲忠诚，而且，如果其他一方开价更高的话，可以一再地出售。在英格兰各地，新男爵要塞纷纷兴起，当强大的男爵逐渐巩固其权力，并且实际上脱离王室而

---

[1]《资料》，no. 61。

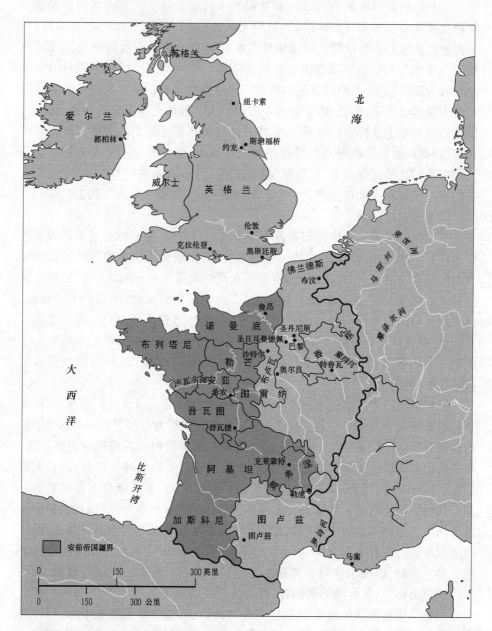

地图 16.1　安茹帝国与法兰西(1189 年)
如果对英格兰国王在欧洲大陆的保有地的幅员扫上一眼,英格兰与法兰西统治者之间旷日持久的争吵与纠葛的性质就能一目了然。英格兰国王控制的领土远比法兰西国王以及在法律上归属于他附庸的领土更为广袤。

独立时,较次要的人士也各自集结一群士兵,以一些城堡为基地,无情地掠夺乡村地区。战争终于因斯蒂芬与玛蒂尔达的儿子亨利达成协议而停止。协议中规定斯蒂芬仍然继续为王,但死后王位则由亨利继承。1154年亨利即位为亨利二世,同时兼有安茹公爵与诺曼底公爵的头衔。又经由与埃莉诺(Eleanor)女继承人联姻,使他同时成为阿基坦公爵。因此他统治一片极广大的领土——通常称为安茹帝国——由苏格兰边界一直到比利牛斯山。他是当时西欧最强大的君主。

然而在英国,亨利发现其王权正处于最低潮。男爵们由斯蒂芬和玛蒂尔达两方强索了许多皇室直辖地,并强迫小男爵和世袭官员们效忠并服侍于他们。他们在内战中获利,扩充土地,拥有坚固的城堡。斯蒂芬已经认可了那些不经国王的许可非法建造的堡垒——它们原本应当摧毁。亨利考虑的则是任何一座非法堡垒如果具有危险性的话,那么他不是把它夷为平地就是据为己有。在世袭官职方面,亨利常常不理睬那些对他提出要求的人,而只委派自己人。在他继位的数年中,他已经收复了在斯蒂芬时运不佳的统治期间失去的大部分土地。

亨利积极运作,以便在各个可能范围内增加王室权力。如同诺曼诸国王一样,他拥有英格兰男爵们的封建宗主的身份,他决心尽量行使这一权力。按封建的习俗规定,在一个附庸为他女儿定亲之前,需要先得到他的领主的许可,因此诺曼国王们总是以很好的价格出售他们的许可权——这是一种暧昧的传统做法,亨利一世早已严肃地答允要予以废除。亨利二世对其祖父妄自滥用的权力加以改进,他迫使男爵们接受在得到他的许可之后才能让他们的儿子们结婚,而且作为恩惠要索取费用。当一位男爵的土地还没获得称号、而他的儿子要继承之时,亨利通常觉得有必要收取所谓合适的继承金,即100镑,但如果在这块土地的封号上还有任何疑团,或者说继承人不是儿子,那么他就会想要多少就征收多少。他也特别地留意对有负于他的诸侯们提高军事劳役的价码。

亨利的战争主要在法国进行,而英格兰的封建征兵制度对于与法国的战斗没有多大的用处。因为运送和供应5000名骑士是不可能的事情。况且,封建征兵制度受到一个服役有期限的约束,在期限届满之前,仅能勉强地横渡英吉利海峡。亨利试行过多种方法来解决这个问题,他曾要求延长服役期,可是最方便的解决办法是允许他的诸侯为他名下应该负有义务的每一名骑士付出一笔钱,而后把这笔钱用于雇佣军上。对这制度唯一的反对意见是,此事常使男爵们比国王获得更大的好处。大多数男爵获得的封地也比他对国王负有义务所提供的骑士的封地要多得多,因此当亨利征收一种兵役免除税(scutage)时,即根据骑士盾甲付款,男爵们征收的钱超过了他付给国王的。诺福克伯爵对他的主子负有提供60名骑士的义务,但是他却受封有162名骑士的封地,如果国王征收的兵役免除税按每个指标付费,则伯爵支付60个指标,余下102个归他自己。1166年,国王召开了一次大审判会,目的是为了弄清他的男爵们到底有多少名骑士获得封地和可供使用,由此来要求他们按照整个数目支付兵役免除税。男爵们表示反对,而最终这问题得到了妥协:在亨利一世去世之前受封的男爵们得要支付全部费用,但以后受封的不付。结果是为王室获得了大量收益。

在斯蒂芬统治期间,王室对教会的控制削弱了。亨利试图重申在这一领域内的王权,但是,他遇到了一些困难。1164年,他颁布了经过一些修改过的《克拉伦登宪章》(Constitution of Clarendon),它重申了亨利一世早已行使的权力。主教们在他们出任圣职典礼仪式之前要对国王效忠(这一文件至少给予国王在主教职位任命上的否决权)。除非获得国王允许,英国教会不向教廷进行任何上诉。受到犯罪过失指责的教士们首先受到教会法庭的处分,并剥夺其教士身份,而后再受皇家法庭的处分。坎特伯雷的大主教托马斯·贝克特(Thomas à Becket)最初对这些法令加以默许,但后来谴责这些法令违反教规,尤其是反对最后一点。贝克特认为首先剥夺教士的神职身份,其次又使他蒙受世俗法庭的处罚,是对同一错误进行两次处罚。正是在这种争论的过程中,"一事不再理"的概念进入了英国法律。

托马斯·贝克特曾是国王的臣仆,他是一名伦敦商人的儿子,受过坎特伯雷大主教的家庭教育,不久成为副主教,随后他进入了皇家政府,并晋升为国王的大臣。亨利二世发现他是一位杰出的行政官员,也是一个忠实的朋友。当1162年,坎特伯雷大主教职位空缺时,贝克特通过国王的影响被委任此公职,这是一个很典型的中世纪的个人成功的故事。但是身为大主教,他开始有所转变,他变得非常虔诚,并在每一件涉及教会权利的问题上开始拼命反对国王。当他谴责《克拉伦登宪章》时,国王把他撵出宫廷加以流放。1170年他与国王之间出现过半信半疑的重修旧好,贝克特也就得以回到坎特伯雷,但是他迅即掀起一次新的争吵,原因是他把那些在他流放时期已经支持国王的高级教士逐出了教会。在矛盾激化时,亨利说他很想撵走如此一位"添麻烦的教士"。四位骑士立即领会国王的心意,随即骑马来到坎特伯雷,在那里的大教堂内的祭坛前对他下了毒手,将其杀死。渎圣罪行引起一阵反国王的情绪,因此他必须在所有来自教廷方面的未解决的问题上进行妥协。亨利保留接受主教们效忠于他的权力,但不得不承认英国教会法庭有权向罗马教皇法庭进行上诉。中央集权的罗马教皇的司法权体系就是在此时发展起来的,而且,由于亨利的挫败,英国教会完全成为臣服于罗马教会法规的臣民了。

亨利二世对英国君主制发展的主要贡献,是扩大了皇家法庭的司法权。亨利一世派遣他的法官走遍全国,聆听向国王法庭提出的诉讼。亨利二世着手扩大

一幅 13 世纪的彩饰画再现了大主教托马斯·贝克特在坎特伯雷教堂里被杀害的情景,当时他和国王亨利二世吵翻。选自《卡罗诗篇与祈祷书》。Courtesy of The Walters Art Gallery, Ballery, Baltimore [MS W. 34f. 15v]

法官们的事务。以往，可以上法庭的罪案唯一的途径是上诉，或者由受害一方或由他的朋友或亲戚之一正式控告，在这种制度下，许多罪犯没有受到惩罚，如果一个被杀害的人，没有朋友或亲戚，就无人来提出上诉。如果嫌疑犯是个有势力的人，指控他就可能不明智了。亨利开创了由政府来启动的检举人制度，他命令每 100 人（郡的分区）中有 12 个人和每个乡镇中有 4 个人，要在法官们或者是郡长面前出庭，并要宣誓阐明，在他们的区内，在他统治的开始时期，是否有任何人犯有谋财害命、打家劫舍或者盗窃的嫌疑。如果他们说某人有嫌疑，那人就会被逮捕，并把他带到国王的法官面前。他在那里要受神意裁判法审判——就是说，经过某些正式的宗教手续，把他的手脚捆绑起来，然后把此人投入池中，这种做法的理论根据是，经过正式祝圣过了的水是圣洁的，因此会拒绝一个罪人，所以罪人会漂浮起来。一个无辜的人会被圣水与水槽所接受并沉下水去。亨利似乎对这种考验方法的有效性并不十分相信，如果一个人被证实无辜，但十二个陪审员坚持说他们怀疑此人，他仍然要遭受流放。这种方法就是陈述陪审团（jury of presentment）的先驱，即大陪审团（grand jury）。它把更多的刑事案件送上了法庭，因此改善了公众秩序。并且，当国王没收判刑罪犯的全部财产时，就在物质上增加了王室的收益。

在民法范围内，亨利同样地具有创见，他的第一步是把财产所有权置于法庭保护之下。根据当时的法律，土地的合法权益人可以强制性地驱逐占有者而不用担心受罚。因此，如果一个有势力的领主要求一片土地而驱逐土地的占有者，他可以享受财产，尽管他的对手想建立自己的所有权。亨利颁布法令说，如果任何人在没有法庭命令之时，用武力驱逐土地占有者，则受害者可向法官提出控诉。法官将要求郡长召集 12 个人在自己面前发誓，这个被夺去土地的人是否未经法律批准而受到暴力手段的驱逐。如果陪审团说他确实已受到这样的驱逐，则他就可以取得土地的占有权，而这个夺人土地的人则要受到重罚。如果陪审团说他不曾受到如此驱逐，则原告因提出不实指控而要受罚。因此，占有权受到了保护，而国王则不管这桩案子的结果如何，都要征收一笔地租，这类性质的案子被称为"占有权巡回审判庭"（possessory assizes）。他们引入小陪审团（petty jury）惯例以裁决民事诉讼。[1]

大陪审团的创建和占有权巡回审判庭，在并不侵犯男爵们的司法权下，大大地增加了皇家法庭的事务。这些都是一套新的办案程序，在以前从未有过。但是亨利的其他发明则是有害的，这就是在封建法庭中听到有关土地所有权归属问题的争执时，如果争执双方是属于同一领主的附庸，但在郡的法庭中他们支持不同的领主的话，则审判的唯一方法是进行格斗。原告不必亲自搏斗，他

---

[1]《资料》，no. 75。

可以由一个相信他的要求是正当的附庸代劳。然而，据说他也可以挑选他最好的武士，派上场。显然，付诸格斗的审判是一桩危险的事情，而且也不可能被一个确信自己是正义的当事人所接受。国王亨利提出了一种可供选择的方法，被告可以接受这格斗的挑战，也可以从大法官法庭处寻求一种法令，或称成文书令（writ），亦即命令郡长召集24名骑士，对天起誓，申言何方有权得到土地。这种方法称之为大法庭（grand assize），通过这一方法，皇家法庭对于封建法庭和普通法庭的事务并无损伤。

除了从封建法庭中透过大法庭方式来办案外，国王甚至会更直接地干预他们的事务。封建法庭中的诉讼当事人，若感到他受到了不公正的对待，就会获得一张他的案子转到皇家法庭的文书令。这样，如果一个寡妇认为她丈夫的继承人不曾给予她一份足够的陪嫁，而且领主法庭并不支持她的立场的话，她就能获得一个命令继承人来指定她作为要求这笔陪嫁应得产业继承收入的文书令，几乎任何案子送呈皇家高等法院法官面前都能有用。

亨利二世的这些法律的创新是普通法（common law）的重要开端。普通法意味着在整个王国领域内均可适用的法律，即是说它适用于所有的人和所有的地区。每个民间的封建法庭都有它自己的习惯法，但是皇家高等法院法官不管在什么地方都可以实施国王的法律。皇家法庭的司法权是由亨利二世加以扩大的，可是，越来越多的案子送过来了。皇家法官不论在何时听到一桩利益受到损害的事似乎需要纠正时，他往往会捏造一份使其可以送交到自己法庭上去的命令。这一过程到13世纪才停止，那时男爵贵族们坚持国王及其法官们如果不经他们同意，不得再用这种方法来制订新的法律。从此以后，法律上的主要变化通常是由议会中的国王签署的法规（statute）引起的。[1]

在12世纪末，刑事案件中唯一的证据方法就是神意裁判，除非被告特别要求陪审团审判。然而1215年的第四次拉特兰大公会议谴责这种神意裁判法，并禁止教士参与其事。由于神意裁判法是一种"上帝的审判"，若无神职教士的帮助此法就无意义，所以英格兰的法官们突然发现他们自身没有审判罪犯的任何方法，他们尽了最大的努力来说服每一位受指控的人去要求受陪审团的审判。有一段时间，他们只得释放那些拒绝劝说者。嗣后，他们发明了一种足智多谋的计划，如果一个人拒绝陪审团审讯，就不能定罪，但取代的是他得受到剥光衣服之苦，缚绑在一块石头上面，身上加有一块木板，并把一块重石压在木板上，直到他被石头压死为止。这种酷刑（peine fort et dur）的威胁足以劝说许多被告接受陪审团的审判，因此，小陪审团在审判罪案中成为正当的审判手段。

亨利二世的政府并不受他的男爵们的欢迎，他们埋怨亨利二世拼命增加他

---

[1] 参见第395—402页（边码）。

们的封建服役,并把案子从他们的法庭中抢走。他们企望恢复以往斯蒂芬执政时他们所享有的独立性。同时,亨利一世与其长子亨利二世不和,他给儿子一个皇家头衔时,却并没有给他土地或者城堡,甚至没有正常的税收利益。这使得王子大为不悦,因此与他的岳父,即法兰西国王路易七世,及英格兰与诺曼底持不同意见的男爵们拟定一项阴谋,结果是发生了一次男爵们和路易七世入侵诺曼底,和苏格兰国王入侵英格兰相结合的大叛乱。这是对亨利国王的行政管理上的最大考验,最后证明这一行政管理表现出色。由于有几位忠实的男爵们的拥护,国王的官员们成功地保卫了他的国土,而且镇压了反叛。亨利宽恕了他的儿子,但是他的几个男爵们却因此而受到了长期的监禁,而所有叛乱者眼见他们的城堡被夷为平地。直到约翰王的统治时期,英格兰国王没有再受到他的男爵们所制造的更多的麻烦侵扰。

51. 法兰西:从腓力一世到腓力·奥古斯都

当腓力一世(Philip I,1060—1108 年在位)终于登上法兰西王位时,卡佩王朝的命运已岌岌可危。诚如我们所知,腓力成功地制止了皇家领地的缩减,而且甚至有些增加[1],不过腓力并非是一位强有力的君主。特别在他的晚年,当他日益发胖,而且昏昏欲睡时,更证明他已无力保持对他皇家领地上的小领主们行使有效的权威,只能让各大诸侯在其周围采邑上各自为政。其性格虽然不值得尊敬,他倒是一位善于应酬的人,然而事实上他并非是个给人深刻印象的国王。

腓力的继承人,他的儿子路易六世(Louis VI,1108—1137 年在位)是个身材魁梧的人,不知疲倦,精力充沛。他随即着手进一步控制大巴黎区(Isle de France)小领主们。这是一场长期缓慢而又痛苦的斗争,但是路易是一位能干和有决心的国王,而且比起先王,他也是一个更讲道德信誉的人,同时他受到教会的热烈支持。最重要的是,他依靠苏格(Suger)的帮助,苏格是巴黎附近圣丹尼斯修道院的院长,一位对法兰西君主既忠实又讲效率的臣仆。1125 年,路易委托他掌管政府方面的全体文官,因此,大大削弱了旧王室公职人员的权力。苏格建立起一支庞大而合格的僧侣执事人员,未来的法兰西皇家官僚会从其核心中产生出来,并提供一个比之前更为有效的行政机构。路易死后,苏格写了一本国王传记,该书可视为一本很有效的皇家宣传品。它结合了对路易连续不断征战的生动有力刻画与苏格自己对王权的理想,即一个致力于保护教会和维护

---

[1] 参见第 192—194 页(边码)。

秩序与司法的强权皇家政府。[1]

路易在约束他的诸侯方面遵循着一种通常的程序。他首先召集一位领主到他的法庭来回答有关某些暴力行动的事情,在倾听后,就发给他一张安全通行证,可以回到他自己的城堡去。当然,如果男爵受到了法庭谴责的话,那他就可能会在回家后藐视国王,而且公开造反,于是路易就会把他逐出教会,并且会率领自己的军队和教会土地上的军队向他进攻。好几次,路易在战场上被击败,且常常攻不下一座坚固的城堡,不过最终他还是成功了。他的附庸中最麻烦的两个人是休·德·普伊塞(Hugh de Puiset)和汤姆·德·马利(Thomas de Marly),但结果他们也只能听凭其城堡被摧毁和采邑被掠夺,至于其他领主则迅速屈从于国王。从那时起,以蒙莫利西(Montmorency)为首的大巴黎区的男爵们成为卡佩王朝国王们的忠实仆从,路易的继承者们就是在这些忠实的仆从中间发掘总管与元帅,领导他们的军队去战斗的。

路易在北部法国的权力受到他的大封臣诺曼底公爵和英国国王亨利一世的权力限制。但是,他确实开始使大采邑的领主们感到王室权威的存在。当他获悉克雷芒(Clermont)伯爵,即阿基坦公爵的一个附庸,正在围攻克雷芒—费兰特(Clermont-Ferrand)主教管区城的克雷芒主教时,他集结了一支军队,并很快地解了围。此事使得公爵惊讶不已,因为他确已效忠于路易国王,并完全承认他的封建义务。后来,当佛兰德斯伯爵被杀害时,路易占领了这个地方,惩处了罪犯,并按照他自己的选择册封了一个伯爵。尽管他的这位伯爵最终被佛莱芒人所拒绝,但路易仍然坚持他作为封建君主所拥有的权威性。1124 年,当时日耳曼的亨利五世打算再次发动一次对法兰西的入侵,路易向王国中的封建领主发出了号召,并且确实从法兰西北部附近所有的大封建领主们处获得了坚强的分遣队。面对这种强大的武力,亨利五世放弃了他的侵略。或许表明路易威信的最好迹象就是当阿基坦公爵感到他的死期行将临近,就把他的女儿与继承人埃莉诺委托给了国王。

路易六世逝世之时,卡佩王朝君主制的基业牢固地建立起来了。起初除了他那些先辈们所有的王室领地外,他一无所有,但是,他渐渐使王室领地牢固地掌握在他的控制之下,而且至少在两大块采邑上,让人感到他的权威性。凭借这些基础,他的继承者们可以建立起一个强大的国家。

他最后的措施是安排长子路易与阿基坦的女公爵埃莉诺的婚姻。乍看之下,阿基坦这大片公爵的领地从南面的布列塔尼、安茹和图雷纳到比利牛斯山脉,另一面是从比斯开湾沿海到阿尔勒斯(Arles)王国疆界,看上去是一块广大无比具有价值的领土,然而实际上与其领主的力量比起来,卡佩王朝君主的有

---

[1]《资料》,no.60。

效统治力量是微弱的。阿基坦公爵们只能有效地控制着几个围绕着他们主要城镇的小区,例如普瓦捷、波尔多和贝约恩,其余的公爵领地是由强大而凶狠的男爵们掌握着,他们对公爵毫不在意。埃莉诺的儿子,理查·金雀花(Richard Plantagenet)想要显示一个有能力的武士愿意生活在马鞍上,身先士卒,并永远地居住在公爵的领地上,以便能多少约束一下男爵们,并在大的采邑上行使真正权威,但是居住在巴黎的公爵是一个文雅而又虔诚的人,对此实则无能为力。路易对阿基坦的统治仅仅是一种形式而已。卡佩王朝在阿基坦所获的利益并未能超过在巴黎附近有一二座城堡的一小块男爵领地。

埃莉诺与路易两人在个性方面不甚和睦。路易七世(Louis Ⅶ,1137—1180年在位)是一位文质彬彬、稳重而虔诚的君王,他的主要兴趣在于保护教会。埃莉诺的祖父阿基坦的威廉九世是一位抒情诗人,她脑中浸润着崇尚骑士之爱的思想。即使人们不顾及有关她生活方式的当代种种风流传说,但仍然会不得不得出这样的结论:她绝不是一本正经的女人。按照当时的流言蜚语,埃莉诺与其叔父即安条克亲王雷蒙,还有法国国王的管家若弗勒·金雀花即安茹伯爵,有着暧昧关系。她后来嫁给了后者的儿子。这些事情中的第一件事特别令人感到惊讶,因为事情是发生在十字军东征时期。[1] 尽管埃莉诺的轻浮或许给她丈夫带来了烦恼,但是他俩之间的婚姻破裂有其他的原因。埃莉诺替路易生了两个女儿,但没有儿子,可是卡佩王朝的未来却取决于男性继承人。不管其确切原因如何,路易与埃莉诺同意分手,而且早在1152年,在法兰西主教们的一次会议上宣布他们的婚姻无效,理由是血亲通婚。数月后,埃莉诺成为诺曼底公爵和安茹伯爵亨利的新娘。

尽管在名义上丧失了对阿基坦的统治,但对卡佩王朝并非是一个严重的打击,不过由诺曼底与安茹的主人来拥有那片公爵领地是特别危险的,当两年后亨利当了英格兰国王时,这一威胁变得更为尖锐。路易充分认识到这一点,但是他却无可奈何,他宣布婚姻为非法,因为此事是未征得作为封建领主的他的同意而做出的安排,因此他发动战争反对亨利,但这并没有给年轻的公爵带来很大的麻烦。

路易七世与卡斯提尔的公主的第二次婚姻,只生了几个女儿,而在1164年,他又娶了第三个妻子,即布卢瓦的阿代勒(Adèle of Blois),她是香槟伯爵自由者亨利、布卢瓦伯爵蒂鲍、兰斯大主教布卢瓦·威廉伯爵的妹妹。而路易与阿基坦的埃莉诺所生的两个女儿,叫作玛丽(Marie)和阿利克斯(Alix),几乎在同时下嫁给香槟伯爵与布卢瓦伯爵。由于这一联姻,使得国王与布卢瓦家族之间结成了牢固的联盟。原先布卢瓦家族对他和他的父王是非常敌视的,为了获

---

[1] 参见第265页(边码)。

得这种强有力的封建家族的支持,来反对力量更为强大的亨利·金雀花,路易显然是出于政治考虑。但是意志薄弱的国王不久就受到他意志坚强的姐夫的控制。有一段时期,看上去好似法兰西会在诺曼底公爵与香槟伯爵之间形成分裂局面。

尽管路易有许多弱点,但是他却努力地维持他王朝的地位。他遵循其父亲的政策,通过保护教会、反对掠夺成性的领主们以增加君主的威信。虽然在战场上并非英格兰亨利二世的对手,但他在那时略施诡计,就使亨利二世受了伤。因而,他支持了亨利的敌人,大主教托马斯·贝克特。分化的同时,他还帮助并鼓励由亨利的三个儿子领导的男爵的叛乱,但是路易本身却没有什么斩获。亨利镇压了这次叛乱,而且更坚决地牢牢抓住他的大片领地不放,包括英格兰、诺曼底、布列塔尼、曼恩、安茹和阿基坦。在布卢瓦家族的控制下,路易七世迈入了昏愦之年。

路易七世与布卢瓦的阿代勒生有一个儿子,取名腓力,他就是后来闻名的腓力·奥古斯都(Philip Augustus)。[1] 当腓力年满十五岁时,他决定解除他年迈父王对布卢瓦家族的依靠。为了取得人们对他的支持,他剥夺了他舅舅的权力,娶了佛兰德斯伯爵亦即阿尔萨斯(Alsace)的腓力的侄女为后,并寻求亨利二世的谅解。这些冒险活动取得了成功,他在1180年其父死去前一年有效地控制了王国,并使他名正言顺地当了国王。

尽管腓力·奥古斯都(1180—1123年在位)是在亨利二世的帮助下才掌权的,但他却体认到其首要任务,是必须将金雀花王朝的势力击败。当英格兰国王占据着诺曼底、曼恩、安茹与阿基坦时,法兰西君主绝不可能强盛起来。何况,亨利并不满足于已拥有的地盘,他好几次试图吞并图卢兹郡。一开始,腓力只能采用如同他父亲所用的阴谋诡计。他煽动亨利的儿子起来反对亨利,并支持他们叛乱。当亨利在1189年去世时,他的两个有继承权的儿子,理查与约翰,都与腓力结盟。但是一旦登上英格兰王位后,理查(Richard,1189—1199年在位)完全证实了他就像他父亲一样,是一个难以对付的敌人,而此时的腓力只能满怀希望地等待着机会。1190年初,理查与腓力在第三次十字军远征中一起出征,他们在西西里打了一次小仗,并在整个远征过程中争吵不休,直到1191年7月,腓力宣布他决定撤离巴勒斯坦回国。他借口健康欠佳,但或许他实际动机是政治性的。佛兰德斯伯爵已经去世,而腓力迫切地想要获得他妻子的遗产。此外,由于理查待在巴勒斯坦,或许是一个难得的机会,可以夺取他的土地。

腓力抵达法国后不久,再次玩弄手腕——与理查的兄弟约翰结盟。腓力愿扶立约翰成为英格兰国王,条件是约翰交出其在欧陆上的王朝采邑。不久理查

---

[1] 参见本书附录,表2。

风闻这一阴谋传闻,急忙从巴勒斯坦返回。他在亚得里亚海的海峡登陆,并乔装改扮,试图夺路穿过他的敌人奥地利公爵的领土,但不幸被识破而遭俘虏。这位手头捉襟见肘的公爵不久就将他卖给了日耳曼皇帝亨利六世。腓力立即提供给亨利一大笔钱,以便继续囚禁理查,而亨利本来就痛恨他,因此接受了腓力的请求。虽然如此,理查还是受到良好待遇,因为他的秘密使者收买了日耳曼的诸侯,要求将他释放,后来在 1194 年,他支付了一笔巨额赎金之后获得了自由。因此腓力的计划再度受挫,现在他只能靠自己跟他骁勇善战的对手、也是当时最能干的战士理查在一个长期而持久的战争中相对抗。1199 年,理查在与小波瓦特凡(Poitevin)的男爵的争执中被杀,尽管腓力试图借机削弱金雀花王朝的势力,但却成效甚微。

国王腓力发现理查的继承者,约翰一世(John I,1199—1216 年在位)是位不难对付的对手。虽然,约翰是个称职的统领与能干的行政官,但他缺乏理查个人的气质,无法获得男爵们的忠心和信任。何况,曾有一位觊觎英格兰王位的对手——约翰的侄子阿瑟,即布列塔尼公爵和安茹伯爵,是他长兄若弗勒的儿子。阿瑟与腓力结成联盟,向约翰在普瓦图的封地发起了攻击。不过,阿瑟遭到了袭击,并被俘虏,被关入法雷斯(Falaise)城堡后很快就不见踪影,从此再也没人见到过他,看来很可能已被约翰处死,但没有绝对的证据证明是约翰干的。不过阿瑟在布列吞(Breton)与安茹的附庸们立即要求释放他们的领主,当此事遭到拒绝时,他们倒向国王腓力这边。

腓力已储备了一笔钱,而且对于如何来使用这笔钱也没有任何顾忌。当他能够收买一座城堡的警察时,他就如此做,在他无法使用贿赂手段时,他就蓄养起一支雇佣军。约翰既缺钱又缺乏下属对他的信任。腓力逐个地攻克皇家的堡垒和诺曼底的大城镇。后来他进入图雷纳,并成功地围困奇诺(Chinon)与洛什(Loches)要塞。到 1205 年年底,他成为诺曼底、曼恩、安茹与图雷纳的主人,而且接受了普瓦图的大部分男爵的臣服。约翰拒绝接受失败,他前往英格兰募集基金以收复在法兰西的失地,并和他的侄子奥托四世(Otto Ⅳ,1208—1215 年在位)[1],即神圣罗马帝国皇帝,联合莱茵河流域的诸侯们,以及公开接受贿赂的所有法兰西附庸们建立起一系列的联盟。1214 年这一大联盟受到打击,约翰入侵安茹,同时奥托与他的军队从北面进军巴黎,腓力在法国北部的布汶(Bouvines)迎战奥托,并彻底地击溃了他。这一伟大的战役结束了长达一个世纪以来英格兰人想恢复对诺曼底、曼恩或者安茹的控制所产生的威胁。

征服诺曼底、曼恩、安茹,改变了卡佩王朝的地位。单就诺曼底一年所交出

---

[1] 参见第 346—347 页(边码)。

的岁入数额,就与征服前整个王室领地岁入一样多。腓力在获得这些土地之前,大约他的一半岁入来自于阿托亚(Artois)郡,这些收益是来自他的第一个妻子的叔叔佛兰德斯伯爵的财产。因此,腓力二世的税收是以往法国君主的四倍之多,因而他可以使君主政体的权力远远胜过任何大诸侯的权力。

然而王室领地这些新增加的财富,与卡佩王朝君主政体较为初级的组织机构完全不相适宜。因此腓力创建了两个新的行政官员阶级——地方法官(baillis)与城堡管家(seneschals)。这些官员中的每位官员都被委托主管相当大的一片地区。诺曼底被划分为五个行政管辖区(bailiwicks),地方法官行使司法大权,并征收国王的税收,用作支付正常薪金。他们也作为王室代理人来代行处理国王与拥有领地的附庸之间的关系。他们常在区与区之间被调动,以避免他们与所管辖的人民及城市有共同利益而有所勾结。而且,地方法官是从中等阶级中抽调的,他们蒙受国王的恩惠,忠于职守,所以致力于国王的事业。城堡管家们控制着五个行政管辖区,这些地区都接近敌人领土,所以需要一支强大的军队。他们都是些男爵与骑士,都能指挥国王的军队,对地方上偶尔发生的战役也可以应付。在另一种情况下,他们的职能与那些地方法官的职能一样,无论地方法官还是城堡管家,都有代理人来帮助他们管辖他们的五个行政管辖区,随着这些人在人数上的迅速增长,逐渐形成一个相当可畏的官僚系统。

52. 帝国与教廷

当萨利安(Salian)世系的最后一位君主亨利五世于1135年去世,诸侯们选择萨克森公爵洛泰尔(Lothair,1125—1137年在位)继位。但是,既然本质上是诸侯们的制造物,洛泰尔作为国王只是一个傀儡。至于他们的下一任统治者,诸侯们转向了士瓦本的霍亨施陶芬家族(Hohenstaufen),选举康拉德三世(Conrad III,1137—1152年在位)为国王。然而,其资格遭到了强大的韦尔夫(Welf)家族的领袖,巴伐利亚公爵亨利的质疑。亨利娶了洛泰尔的女儿兼女继承人吉尔特露德(Gertrude),因而除了自己的巴伐利亚之外,他也有资格继承萨克森公爵领地。其子狮心亨利最终继承了这两大公爵领地。

以韦尔夫家族与霍亨施陶芬家族之间无休止的战争为标记,洛泰尔的统治就是一段近乎无政府的时期。日耳曼的诸侯们虽然要一位弱者为国王,不过他们并不希望内部持续混乱。事实上他们需要一段时期的和平,来巩固他们先前以牺牲萨利安王朝为代价而取得的利益。然而,无政府状态也有利于一大批小领主们,因为他们的城堡现在已遍布各地,而且对于诸侯们的权威性,已构成一种严重的威胁了。因此,当康拉德于1152年逝世时,诸侯们准备立一位能维持秩序的人来当国王。他们选择了霍亨施陶芬家族的士瓦本的腓特烈,又称巴巴罗萨,他是洛泰尔死敌的儿子。这似乎是一个理想的选择。腓特烈是霍亨斯陶芬家族的首领,康拉德的侄子,也是亨利四世的曾孙。他是韦尔夫家族的新领袖,萨克森与巴伐利亚公爵亨利(狮心王)的第一个表兄弟[1]。而且不管诸侯们是否了解这一点,腓特烈还是一个一流的政治活动家,他足以与英格兰亨利二世和法兰西腓力二世奥古斯都匹敌。

当腓特烈一世(Frederick I,1152—1190年在位)登基时,萨利安国王的皇家领地几已丧失殆尽,相反地,在洛泰尔与康拉德的统治期间,日耳曼诸侯们在树立他们自身半独立统治者的形象上却有很大的进展。腓特烈在日耳曼享有牢固权力的唯一基础,是他自己家族在士瓦本公爵领地上所拥有的大量土地。新国王可以有两个明显的选择,他可以开始着手收复萨利安国王的领地,特别是在法兰克尼亚与南萨克森的那些领地,并同时试图削弱诸侯们的权力。这件事势必会卷入一场与他表兄弟狮心王亨利的战争。另一选择,是他采取一直诱惑着士瓦本公爵的政策,把势力扩张到勃艮第王国与意大利。腓特烈选择的就是这第二个方案。腓特烈把日耳曼留给诸侯们。他接受他们的效忠,并坚持要他们承认他是他们的封建主,而且要他们履行封建义务,但他还是给予他们自由地约束那些比他们地位更低的领主们的权利,因为后者不得不成为他们的附庸。日耳曼至少已经成为一个封建国家了。但仍有一个大的问题有待解决,就是日耳曼王国的前途,是继续建立一个强而有力的君主制度的封建主义基础,如英格兰诺曼国王们已经做的那样,还是由诸侯们各自成为独立的统治者。1158年,腓特烈明确地做出了他的决定,坚持认为,在所有的封建效忠的誓言中,绝对地效忠国王必须予以确认。

1156年,腓特烈与勃艮第的碧翠斯(Beatrice)结婚,并以她的名义占领这个王国。他计划的下一步骤是在伦巴第恢复帝国的权威。自从亨利四世[2]统治以来,一场伟大的政治革命已在该地区爆发。各城市的贵族与商人们已经剥夺了主教们的政治权威,并建立起自治共同体(communes)。由于主教们曾具有伯爵地位,而且职位相当于帝王的代理人,自治共同体所拥有的许多权力也就具有了帝国权力的性质。伦巴第自治共同体忙于他们内部之间剧烈的敌对活动,因而处在无法有效地抵抗帝国权威性的地位。腓特烈进军伦巴第,并要求有权得到伦巴第王位。他无意恢复主教们的职责,但他却坚持他具有选择自治体行政官员的发言权,而且认为这些官员得承认他们是他的代理人,以及他应当得到他们的正常税收。并且,他坚持认为这些城镇官员的权威性应限于城内,而

---

[1] 参见附录,表5。
[2] 参见第220—224页(边码)。

帝国的官员则在农村行使帝国的权利。

腓特烈对意大利的入侵几乎不可避免地造成与教廷的冲突。教皇决定维持他们在主教叙任权争论中业已取得的独立性,同时也害怕在意大利恢复帝国的权力。尽管腓特烈首次访问罗马时是以阿德里安四世(Adrian IV,1154—1159年在位)的同盟者的身份出现的,当时教皇的位子因为自治共同体的兴起而不能稳固,但两位统治者的初次会面,气氛并不融洽。国王和教皇会见时,传统的做法是,国王要扮演侍卫官的角色,为教皇牵马坠镫,伺候他下马。不过,腓特烈拒绝这么做。而教皇见腓特烈不肯低头也拒不下马。这两个顽固的家伙都企图羞辱对方,最终教皇也没有下马。僵局到第二天才被打破。(腓特烈给教皇牵了马。)但是,随后罗马自治共同体的领袖们写来一封信,信里说,如果腓特烈肯奖赏他们一万五千磅银币的话,他们才乐意把帝国的王冠给他戴上。腓特烈恼羞成怒,发表了长篇讲话。他绝不会从这些他认为是乌合之众的人手里接过王冠的。他自命为皇帝,就凭征服者的身份,成为查理曼和奥托大帝的合法继承人。稍后,腓特烈进了罗马城,接受了阿德里安的正式加冕。

教皇们并不反对授予帝国的称号,只要它仅仅是一种徒具虚名的尊严而已,但是,作为一个真正想统治意大利的"罗马"皇帝,就难免要宣称对罗马本身行使统治权,因为教皇们是作为临时性的君主在罗马统治的。阿德里安对这一威胁的反应是,微妙地予以暗示,腓特烈所主张皇帝的任何权力是由其上级——教皇掌握着的。1157年,阿德里安排了两名使节携带一封信件前往设在贝桑松(Besançon)的帝国议会,信中陈述帝国是一个由教皇册封授予的"封地"。中世纪拉丁语"*Beneficium*"(封地)一字的简明含意就是"Benefit"(恩惠),不过它也可能具有一块封地的法律意义。皇帝的大臣达塞尔的雷纳尔德(Rainald of Dassel),将教皇的信翻译给与会的各个贵族听,但选择此词第二种含意的阐述。因此这样一来,教皇的信件明显地宣称帝国是一片封地,并由最大的封建主教皇所持有。腓特烈愤怒地加以拒绝,于是教皇不得不取消这一要求(同时宣称他从未有此念头)。[1]

1159年,阿德里安四世逝世,绝大多数枢机主教选择亚历山大三世作为他的继承人。亚历山大三世以毫不妥协的反帝国立场而闻名,此外他曾经是1157年那两名使节之一,早在贝桑松他就曾激怒过皇帝。为此腓特烈拒绝承认这次选举,并任命一个非经选举而产生的教皇。因此,当他想在伦巴第寻求建立自己的权威时,他与教廷卷入了一场剧烈的世仇之争。起初,腓特烈获得了成功。1162年,米兰被攻陷,且大部分地方被摧毁。腓特烈在伦巴第布满了野蛮的日

---

[1] 参见《资料》,no.62。

耳曼骑士,而且他以高压手段统治着伦巴第,不久,这些帝国的代理人,在达塞尔的雷纳尔德的指挥下,不顾一切地建立起许多行政区。他们不再争执不休,并在1167年,以全体联盟形式结合成立了伦巴第同盟。在经过几年小规模战斗后,当1176年腓特烈派兵前去镇压他们时,他们在莱尼亚诺(Legnano)大战役中打败了他的军队。此后,腓特烈与许多城市进行了停战谈判,与教廷媾和,并于1177年承认亚历山大三世为教皇。

腓特烈在莱尼亚诺的失败,在很大程度上是日耳曼发生骚乱的结果,狮心王亨利及其诸侯们的联盟已拒绝派遣他们的军队援助他。在莱尼亚诺战役之后,这位皇帝回到了日耳曼并决心击溃他的敌人,不久,他的机会来了。狮心王亨利野心勃勃、傲慢自大。他掠夺了教会的财产,并与一伙主教们发生激烈争吵。腓特烈把他作为附庸召集到庭,并剥夺了他所有的封地。狮心王亨利告退回到他岳父英格兰的亨利二世的宫廷,于是腓特烈成为日耳曼的主人。萨克森的公爵领地分成两半,同时,西部即威斯特伐里亚(Westphalia)给予科隆(Cologne)的大主教,然而东部地方划给了安哈尔特(Anhalt)的伯尔纳。巴伐利亚给予维德尔斯巴赫(Wittelsbach)的奥托,他是腓特烈最忠实的拥护者之一。

在日耳曼巩固了自己的地位后,腓特烈返回意大利。但是此番他使用的是外交手腕,而不是诉诸战争。1183年,他与伦巴第联盟做出最后的和解,各自治共同体均可获得独立,但是他们的官员们承认他们都是帝国的代理人,同时各城市每年要支付一大笔行使帝国司法权的费用,而且同盟答应帮助腓特烈在托斯卡纳和斯波莱托建立他的权力,这一权力是他从不忠实的韦尔夫六世那里夺取来的。皇帝的下一步骤是和西西里达成一个协议。腓特烈的儿子和继承人亨利,娶了国王罗杰二世的女儿康斯坦茨(Constance)为妻,她是当时的国王威廉二世的姑妈。[1] 托斯卡纳、斯波莱托以及安科纳(Ancona)都被划分为行政区,而且均置于日耳曼伯爵们的管辖之下。这些伯爵行使着司法权,并大幅度地征税。由于托斯卡纳的几个大城市,例如佛罗伦萨不受这一制度所限,仍作为自治共同体而存在,所以腓特烈的政策没有遭到积极的抵制。然而,他位于意大利中部地方的一些土地,也受到教廷索取,由此而导致霍亨施陶芬家族与教皇之间进一步的争执。

腓特烈·巴巴罗萨已建立起一个新的帝国,这与萨克森和萨利安王朝皇帝们所统治的帝国是根本不同的。他们的目的在于建立一个强大的中央集权的德意志王国,并使勃艮第与意大利两地成为帝国的附庸国。在腓特烈的治理下,日耳曼是一个封建君主制国家,所以他的大量税收来自日耳曼境外

---

[1] 参见第256页(边码)。

的地方——即勃艮第、伦巴第、托斯卡纳、斯波莱托以及安科纳,他的政治权力中心是在士瓦本以及中部意大利。除了为他的帝国政权奠定物质基础之外,弗里德里希还想为帝国提供一个健全的理论基础。罗马法研究的重新兴起,为独立于教皇之外的皇帝权威提供了合法性的基础。他也采取步骤强调皇帝职位的神圣性。1165年时,查理曼被追认为圣徒——不幸的是他是被一位假教皇所追授的,所以他未能长期享受这一地位。腓特烈是第一位使用"神圣皇帝"称谓的君主。也是在此时,一些帝国的理论家也争辩说,照理皇帝应当统治所有的基督教世界,尽管实际上像法兰西和英格兰国王作为独立的君主来进行统治。

1190年,腓特烈·巴巴罗萨逝世时,日耳曼政府的未来模式仍然是尚待确定的。诚如我们已经说过的,腓特烈以一个封建国王的身份在那里统治着。在他自己的士瓦本的公爵领地和一些王室领地,例如戈斯拉尔之外,他只是以诸侯中一个宗主的身份进行简单统治。但是在对抗最大的诸侯狮心王亨利的正当过程中,他已经显示了封建义务只能由一个强有力的国王来强制实施,甚至要与最强大的诸侯相对抗。而且日耳曼的军队,必会支持在那里恢复王权的尝试。许多城镇在财富与规模上都迅速地得到发展,而且他们公开反对诸侯,而赞成强有力的君主制。另一方面,为了换取诸侯们支持对抗狮心王亨利,腓特烈不得不接受这样的原则,即所有已划分给国王的封地,在满一年之后可以再次授予。因此,日耳曼的国王们不可能像法兰西统治者所做的那样,扩大他们的领地。再说,皇家权威的基地托斯卡纳和士瓦本分开如此之远,因此不可能是非常地牢靠的,而帝国在意大利的要求,是造成与教廷冲突的一个经常性的根源。一切事情均取决于腓特烈的继承人的政策。如果他们能够避免和教皇的冲突,而且能够系统地利用中部意大利提取来的税收来建立他们在日耳曼的政权的话,则这块国土后来的历史或许会完全不一样了。

事实上,人们可以看到腓特烈的继承人的统治已产生了决定性变化,由集中于日耳曼的事务而转到进一步卷入意大利的事务中去了。1190年腓特烈·巴巴罗萨在小亚细亚地方渡河时被淹死,当时他正领导着第三次十字军的先锋队。王位由他的儿子亨利六世(Henry Ⅵ,1190—1197年在位)继承,他当时已是日耳曼的国王,因此,保证了王位的延续。这位新皇帝面临着一个极大的诱惑——即西西里的皇冠。国王威廉二世(William Ⅱ,1166—1189年在位)死时膝下无子女可继承他的王位,而他的姑妈康斯坦斯,即亨利六世的妻子,极其想把王位弄到手。但是西西里人对于接受日耳曼诸侯的统治并不热心。然而,也有一派强烈赞成康斯坦斯。于是西西里就成为亨利野心的焦点。

亨利六世对他的日耳曼王国不予重视。他花费时间去这个王国,目的只是想从奥地利的公爵手中领走被俘的英格兰理查一世,并安排与收集为赎取他而

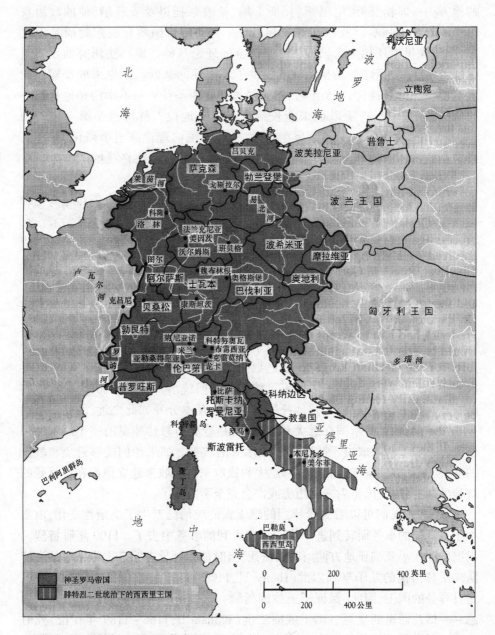

地图 16.2　腓特烈·巴巴罗萨帝国

日耳曼正在变成一个封建国家：在皇帝腓特烈一世治理下，他的权力基于他本人的士瓦本公国和北意大利，对日耳曼的王公们享有宗主地位。但是，由于继任的诸皇帝忙于插手意大利的事务，使王公们得以任意统辖他们的领土和他们的附庸，以及更小的贵族们。

需支付的第一笔分期付款的赎金。[1] 他也迫使理查效忠于他,并且给予他纯粹是徒有虚名的勃艮第国王荣称。或许他希望这些事情的安排终可使得韦尔夫家族不再获得英国人的支持,如果确定是这种情况,那他就会大失所望。接着在1194年,亨利挥师南方,并入侵西西里,不久,他就完全拥有了诺曼王国,并且还在重要的行政岗位上安置了一些日耳曼官员。他那时处于他的权力顶峰,是给人印象深刻的帝国真正的主人,包括日耳曼、勃艮第和整个意大利,以及西西里。

由于拥有诺曼王国,亨利得以实现长久以来由其国王们所拥有的广大的地中海,所以这位皇帝一登上西西里王位后就开始计划征服希腊,并对巴勒斯坦发动十字军东征。但是在从事这些冒险行动之前,他需要与教皇以及日耳曼诸侯们达成协议。为了组织起庞大国家,实现未来的完整统一,亨利成功地说服了诸侯们接受其子腓特烈为下一任日耳曼国王。他下一步行动就是转向教皇。他要求从帝国全部教会中的所得中抽取一大笔岁入,以换取由教廷所要求的中部意大利的土地。但是除罗马外由一个人统治整个意大利,以及它在眼前的近邻所引起的恐惧对教皇来说,则是太可怕了,所以他拒绝接受这些条件。而谈判受到西西里人的一次来势凶猛的叛乱所中断,亨利残酷地镇压了这次叛乱,但几乎紧接着而来的是他的逝世。留下一个未曾实现的伟大地中海帝国的美梦。

初看起来好像亨利之过早去世对他的帝国并无大的损害,因为统治着西西里和意大利的日耳曼官员们仍牢牢地占据着自己的岗位。亨利年轻的小兄弟,霍亨施陶芬的腓力急匆匆地赶回日耳曼,当了他年轻的侄子腓特烈的摄政者。这个机会是太好了,致使帝位得以转到韦尔夫家族手中。狮心王亨利已死,但是他的第二个儿子奥托住在英国的宫廷里(他已与亨利二世的女儿玛蒂尔达结婚)。国王理查向他提供了大笔的钱,并送他去日耳曼寻求幸运之神。由于慷慨解囊,花钱大方,奥托迅速地召集了一伙诸侯,并于1198年当选为日耳曼的国王。这个举止促使了霍亨施陶芬的腓力的拥护者们催促他去夺取王冠——他迅速听从了这一劝告。于是在12世纪末,日耳曼出现了两个敌对的国王,并再度卷入内战。

进一步阅读书目

* 蒂尔尼:《资料》与《读本》,第一册,nos. 60—62。
在前援引的第九章中的布鲁克、塞耶斯(Sayles)、福蒂尔、珀蒂-迪塔利(Petit-Dutaillis)、

---

[1] 参见第334页(边码)。

巴勒克拉夫和汤普森的著作中，叙述了12世纪的政治发展。亦见普尔(H. L. Poole)的《从末日审判书到大宪章》(From Domesday Book to Magna Carta)，第二版(牛津，1965)；乔利夫(J. E. A. Jolliffe)的《安茹政府》(Angevin Government)(伦敦，1955)；克兰奇(M. T. Clanchy)《从记忆到书面记载：1066—1307年的英格兰》(From Memory to Written Record: England, 1066—1307)(第二版，牛津，1993)；有关大宗的原始资料文选，参见道格拉斯(D. C. Douglas)与格里纳韦(G. W. Greenaway)合编的《英国历史文献》(English Historical Documents)，第二卷(纽约，1953)。论述英国习惯法起源的经典著作有波洛克(F. Pollock)与梅特兰(F. W. Maitland)的《英国法律史》(History of English Law)二卷，第二版(剑桥，1898)。还可以看看米尔索姆(S. F. C. Milsom)，《英国封建制的法律框架》(The Legal Framework of English Feudalism)(剑桥，1976)。*凯利(A. Kelly)的传记著作：《阿基坦的埃莉诺与四位国王》(Eleanor of Aquitaine and the Four Kings)(麻省剑桥，1950)一书重现了英国和法国历史的许多细节。有关亨利二世的标准传记著作有毕伦(W. L. Warren)的《亨利二世》(Henry II)(伯克利，1973)。也可以参见*奇布诺尔(M. Chibnall)，《玛蒂尔达皇后：英国的王后、王太后及夫人》(The Empress Matilda: Queen Consort, Queen Mother and Lady of the English)(牛津，1991)；以及吉林厄姆(J. Gillingham)，《狮心王理查》(Richard Coeur de Lion)(Rio Grande, OH, 1994)。探讨托马斯·贝克特复杂个性的最佳著作是诺尔斯(D. Knowles)的《大主教托马斯·贝克特：性格研究》(Archbishop Thomas Beckett: A Character Study)(伦敦，1949)。关于诺曼人的西西里，参见诺威奇(J. J. C. Norwich)的《太阳王国：1130—1194》(The Kingdom in the Sun, 1130-1194)(伦敦，1970)。在与弗赖辛的奥托同时代的编年史中叙述了腓特烈·巴巴罗萨与教廷之间的斗争，参见*《腓特烈·巴巴罗萨的业绩》(The Deeds of Frederick Barbarossa)，米罗(C. C. Mierow)翻译(纽约，1953)。关于帝国的理论，参见福尔茨(R. Folz)的《西欧帝国的概念》(The Concept of Empire in Western Europe)(伦敦，1969)。有关冲突中的主要人物传记著作，参见芒兹(P. Munz)的《腓特烈·巴巴罗萨》(Frederick Barbarossa)(绮色佳，纽约州，1969)；帕考德(M. Pacaut)的《腓特烈·巴巴罗萨》(Frederick Barbarossa)(纽约，1970)；乔丹(K. Jordan)的《狮心王亨利》(Henry the Lion)(纽约，1986)；与鲍德温(M. W. Baldwin)的《亚历山大三世与12世纪》(Alexander III and the Twelfth Century)(纽约，1968)。有一部现已翻译出来并可供使用的古典名著是汉普(K. Hampe)的《萨利安与霍亨施陶芬王朝诸帝王治下的日耳曼帝国》(The German Empire under the Salian and Hohenstaufen Emperors)(牛津，1973)。以及*富尔曼(H. Fuhrmann)的《中古盛期的日耳曼：约1050—1200年》(Germany in the High Midde Ages, c. 1050-1200)(剑桥，1986)。

第六篇

中世纪文明的收获

The Harvest of Medieval Civilization

第十七章 教皇权力和宗教异端

13世纪是人类在宗教组织、法律、哲学、建筑、艺术和文学等各领域有辉煌成就的时代。该世纪初的教皇英诺森三世(Innocent III,1198—1216年在位)在才能与功绩上是中世纪教皇中最杰出的一位。在他和之后的继位者的治理下,中世纪教会在精神、思想和世俗权力方面达到登峰造极。教皇君主政体使教会组织完善,并扩大了教廷处理教会事务和世俗事务的权力。教会法也得到逐步完善、发展和应用。到了1234年,由教皇格列高利九世颁布的《教令集》(Decretals)是一部最完善的教会法。随着时间的流逝,旧僧团的热情大为降低,而新的托钵僧团或乞丐僧团充当了精神领导。

然而,中世纪文明的发展愈成熟,就愈失去弹性而不易变动。13世纪是一个异端时代,有时是源自于大众的狂热;也是一个教会严厉镇压异端的时代。由于教会领袖致力于建立一个更完善的基督教社会,因此对于怀疑教会权威的人缺乏宽容之心。再者,世俗君主的权力扩增,他们对于教皇的指挥不再有耐心,于是增加了危险性。教皇与皇帝们之间长期、激烈的争斗,以及教皇与其他统治者之间的剧烈冲突是13世纪的标志。对教会来说,幸运的是,精神领域与政治领域的敌手——宗教异端和世俗君主尚未结成紧密的联盟,这一联盟是宗教改革时期的标志,而在13世纪还仅仅有模糊的迹象;教会暂时占上风,压倒了敌对者。

53. 教皇英诺森三世

1198年,枢机主教团擢升洛泰里奥·迪·塞尼(Lothario di Segni)为罗马教皇。当时,他只有37岁,出自势力显赫的贵族家庭,具有担任教会高级职务的素质。进入罗马教廷之前,他曾在巴黎研究神学,亦在博洛尼亚学习教会法,对这两门课程不但融会贯通且具有独特的见解。有些历史学家认为他完全接受了由教会法学家如阿拉努斯(Alanus)[1]发展和成熟的教皇神权政体理论,并付诸实践;其他人则认为他更讲究实用,但一致同意他的目标是将教廷的政治权力推到最高点。尽管英诺森三世积极参与政治活动,但他不只是一位政治家,其最大特点是始终将精力放在教会的道德革新和改善教会内部的行政管理上。我们没有理由认为他参与世俗政治活动只是为了个人的野心。英诺森对于皇帝统治下的普世基督教联盟的中世纪梦想毫不同情,他清醒地认识到:真正的

---

[1] 参见第316—317页(边码)。

力量在于正在形成中的各个民族国家。他认为,必须保证欧洲君主能够承认罗马教皇为最高审判者和仲裁者,只有那样,基督教世界的和平与宁静才能得到维护。[1]

英诺森任教皇初期,由于布兰斯维克的奥托(Otto of Brauswick)和霍亨施陶芬的腓力(Philip of Hohenstaufen)有争端,使得他有机会插手帝国事务。英诺森的前任西莱斯廷三世(Celestine Ⅲ,1191—1198年在位),是一位80多岁的老人,无力抵制亨利六世的侵占活动,亨利死时拥有圣彼得教堂的大部分财产,并且拥有属于教皇领地的西西里王国。在1197—1198年间,局势发生了戏剧性的变化。亨利死后又留下年幼的继承人腓特烈,与此同时,最有能力的英诺森继承西莱斯廷的教皇职位,这位新教皇决定恢复教皇领地,并从帝国手里夺回西西里。1200年,他对枢机主教会议解释说,日耳曼诸侯有权任命国王,在加冕皇帝之前教皇有责任审查其适当性。根据英诺森的说法,当选举发生争执时,教皇能决定哪位候选人更为合适。

根据这一原则,英诺森起初支持韦尔夫家族的奥托,反对霍亨施陶芬家族,他还保护年幼的腓特烈,并支持他享有继承西西里国王王位的权利。奥托并不很乐观,最初几乎无人支持他,然而在1208年,有位私敌谋杀了腓力,这样,奥托很快就控制住日耳曼。1209年,教皇庄严地为奥托加冕称帝,但是不久英诺森就对他感到失望,因为他虽已承诺归还教廷的领地,却没有任何行动。更糟糕的是他还聚集军队侵犯西西里岛,英诺森立即将他逐出教会,并声明剥夺他的皇帝头衔。接着,年轻的君主腓特烈做出庄严的承诺:他一旦接受皇帝头衔就会放弃西西里岛,于是英诺森立即提名他为候选人。在英诺森的支持下,腓特烈成了日耳曼的主人(其实在1214年,腓力·奥古斯都在布汶[Bouvines]战役中败于奥托,因此帮了腓特烈大忙)。英诺森死后,腓特烈企图同时控制西西里岛和日耳曼。但英诺森在世时,他的帝国政策似乎极为成功的,因为在11世纪是由皇帝任意选择教皇,而现在则是教皇选择皇帝。

英诺森不但插手皇帝的事务,而且卷入基督教地区其他统治者的争斗。在法兰西,他必须处理他前任未能解决的法兰西王室的争议。腓力·奥古斯都在他的第一个妻子去世之后,与丹麦公主英吉珀格(Ingeborg)结婚,腓力主要目的是通过婚姻从丹麦获得大笔钱财,并希望丹麦舰队能支援他攻打英格兰。但他甚而未见这位新王后一面就对她厌倦了。两年后,他以血缘接近为理由说服一群法兰西高级教士废除了这门婚姻。由于他们之间根本无血缘关系,因此这项决定是以政治权力而不是以教会审判做出的。英吉珀格与她的丹麦亲属上诉罗马法庭,年迈的西莱斯廷教皇宣布这项决定无效。腓力根本不理会教皇的声

---

[1]《资料》,no.64。

明,于 1196 年与阿格尼斯(Agnes)结婚,她是南巴伐利亚领主——麦郎(Meran)公爵的女儿。英诺森三世绝不允许一位国王在他的治下蔑视教廷的权力。他派特使去说服腓力放弃这桩婚姻,如果他拒绝,则对法兰西施以停止所有宗教活动的禁令(包括停止所有教堂的公众礼拜仪式),在腓力拒绝做出让步后,教皇于 1200 年 1 月正式宣布停止法兰西所有宗教活动的禁令。腓力因此禁令引起众怒,他并不打算冒削弱他在法兰西影响力的风险。更何况同年 7 月阿格尼斯去世,因此上述问题的解决与否对腓力已无关紧要,这样,他才做出让步。同年 9 月,法兰西的宗教活动恢复,但腓力仅仅是同意这项婚姻废除的决议无效;他保留了重新讨论此案的权力,而且马上这样做。直到 1213 年,腓力认为有必要与英诺森进行联合,英吉珀格才正式恢复她的法兰西王后地位。

英诺森与英格兰国王约翰存在许多争执,长期进行的激烈争论之中尤为重要的是关于坎特伯雷大主教的任命。1205 年,休伯特·华尔德(Hubert Walter)大主教去世,国王决定让自己的亲信诺维奇(Norwich)主教——约翰·德·格雷(John de Grey)接任大主教。他获悉休伯特去世的消息后,立即前往坎特伯雷,要求大教堂教士会(cathedral chapter)的教士们同意在 12 月之前不采取任何行动以选举新的大主教。很明显地,约翰王是想利用这段时间来为他的亲信接任大主教铺路。但是一些教士秘密开会,选举他们的副院长为大主教,并派他去罗马要求教皇批准这项选举。这些教士们要求副院长在抵达罗马之前,不要透露风声。遗憾的是这位副院长不能守密,不久约翰王获悉这位副院长自称当选大主教。约翰王勃然大怒,快速赶往坎特伯雷,迫使僧侣否决较早的这项选举,并重新选举约翰为大主教。约翰立即起程赶往罗马,要求罗马教皇批准这项选举。这样,英诺森面临两项不可取信的选举,他弄清这两项选举内幕后,宣布它们无效。选举副院长为大主教是秘密安排的,只有部分教士参加并且未经英格兰国王获准,因此无效。但是,一旦其中一项选举上诉到罗马,除非由罗马教皇做出决定,否则任何其他选举都是无效的,因此,约翰的选举也是无效的。英诺森命令所有相关的教团派遣全权代表到罗马集合。

教士会代表抵达罗马后,教皇命令他们当场选举大主教。支持约翰和副院长的势力平分秋色,于是英诺森提议选举斯蒂芬·兰顿(Stephen Langton),他是约克郡(York)的牧师,著名神学家和枢机主教。教士们接受了这项提议,并一致选举斯蒂芬为大主教。当要求约翰的代表们认可斯蒂芬为大主教时,他们声明他们只有权力认可约翰为大主教。于是教皇写信给约翰王告知这项选举,并要他接受斯蒂芬为大主教。国王对此事的回信措辞严厉,他个人反对斯蒂芬任大主教,因为这个选举未经他同意。他同时派遣代表前往坎特伯雷,将教士们赶出教堂,并代表国王占有了基督教堂中的财产。

1207 年 6 月,英诺森正式命名斯蒂芬为坎特伯雷大主教,并为他穿上大主教的礼帔。这样他就直接向约翰王提出挑战,结果造成了长期错综复杂的争斗,在此只能简述当时的情况。1208年3月英格兰被处以停止一切宗教活动的禁令,1209年11月,约翰王被逐出教门。1212年年底,英诺森宣布废黜约翰王,命令法兰西国王腓力·奥古斯都将约翰王逐出王国,在这期间双方进行了一系列的谈判。起先,约翰王坚持不接受斯蒂芬为大主教,但至1208年他才有所妥协。他提出认可斯蒂芬为大主教的条件是:要求教皇同意这种事情下不为例,而且以后坎特伯雷大主教选举必须征得英王的同意,否则无效。这也是他在其余争论中所坚持的立场,英诺森不愿满足他的全部要求,而约翰王也不急于解决这场争斗。当教皇宣布停止英格兰所有宗教活动时,他本人已侵占教堂和教士的所有财产,只要这场争斗持续下去,财富就会源源流入他的私库,无论是停止英格兰所有宗教活动或是把他逐出教门都丝毫没有给他带来麻烦,然而这些决定为民众带来巨大痛苦。最后,腓力·奥古斯都在1213年聚集军队入侵英格兰,约翰王不得不做出让步。他接受斯蒂芬为大主教,并同意归还夺自教堂的钱财,嗣后他向教皇屈服,自认为罗马教廷的附庸。

  英诺森和约翰双方都试图保持各自的地位,这是这场著名争斗的关键问题。教皇的职责是让杰出人士担任教会高级职务,斯蒂芬完全能胜任坎特伯雷大主教的职务。他是英格兰人,一位著名的学者,献身于教会的政治家。他的竞争者——约翰·德·格雷纯粹是一位朝臣和文官。从另一方面来说,国王不会同意在他的王国中无权选择大主教。坎特伯雷大主教是一个重要的政治职位,拥有很大的男爵领地,所以国王坚持那里的大主教人选必须征得他的认可。争斗的结果,英诺森获得最后胜利:约翰王无条件接受斯蒂芬为大主教,而且自认为教皇附庸,这使教廷的威信大增。但是到了1213年,约翰王的要求发生了变化。他属下的男爵们放荡不羁,他认为必须寻找支持的力量反对他们。英诺森坚决支持约翰王反对这些男爵,而斯蒂芬却同情这些男爵,不积极执行教皇的命令,于是他被停止教职。〔1〕而约翰王实际上从未归还他侵占教堂的大笔钱财。总之,这场争斗的结果是皆大欢喜,约翰王和英诺森双双获胜。

  这三场争斗清楚地表明英诺森手中所掌握的权力。他两次选择皇帝,强迫腓力·奥古斯都接受英吉珀格为王后,并迫使约翰王屈服。这样,他与西欧三个主要国家的领袖争斗都获得胜利。在一些次要国家,也同样获得胜利。如使阿拉贡国王自认为教皇附庸,并迫使葡萄牙国王像前任一样服从罗马教廷;强迫卡斯提尔国王放弃有血缘关系的婚姻,并使其成为教皇附庸。虽然这些教廷附庸并无真正作用,但是能够提高教皇的威信,而且附庸每年需向教廷进贡,因此从某种意义上说,也增加了教皇的财源。

---

〔1〕 参见第391—392页(边码)。

乔托创作的壁画"英诺森三世的梦"的细部。画中显示出英诺森梦见,阿西斯的方济各及其追随者将支持纷争不断、需要改革的教会,并使教会复兴。此画位于阿西斯的圣方济各教堂的上层。*Alinari/Art Resource, NY*

当然,英诺森三世也遇到过挫折。他声称在其任职期间,主要目的之一是发动一场成功的十字军运动,去消灭圣地的异教徒,却从未成功。1204年,他无法调停法王腓力和英王约翰的冲突,同样地也未能调停挪威有关继承权问题的争端,挪威国王斯维尔(Sverre)根本不理会教皇。但是这些失败与他的功绩相比是微不足道的。当时,他可以称得上是一位自古以来最伟大的教皇。

在教会改革方面,英诺森最持续性的工作是1215年在罗马举行大规模的大公会议(第四次拉特兰大公会议[the Fourth Lateran Council])[1],这次会议具有深远的影响。参加这次会议的有400多位主教,800多位修道院长,以及欧洲所有大君主的代表。这次大公会议实施了立法改革:为了驳斥当时的异端,冗长的教会法令重申了天主教信仰的要素;对圣餐化体的教旨(即圣餐的面包和酒化为耶稣的血和肉)亦做了严格的规定。要求天主教徒每年至少在神父面前忏悔一次;禁止神父参加法庭仲裁,至此,世俗法庭不得不用更合理的方法进行法庭裁决。为避免主教职位长期空缺,教会规定:如果教士们在三个月之内未能选出主教,大主教有权介入和任命新主教。在每一个大主教区,每年要举行一次主教会议,出席的主教能够谴责任何一位主教的不良行为。对教士们的道德生活做了详细规定:教士必须是独身、不赌博、不狩猎、不经商、不沾酒、不穿华丽的服装、不持有一个以上"拯救灵魂"的有俸圣职(即教士的职责)。大公会议的教规制定了一项原则——神父要少而精,而不要多而滥,由于当时未能充分实施这项原则,所以中世纪的教会并没有从这项规定中得到很大的裨益。

唯有有实力的教皇才能对强有力的世俗君主和大公会议行使其权力。但教会组织的发展、财源的累积、教皇君主政体权力的加强过程是连续的事件,不能根据某位教皇去讨论这些事件的全部过程。伟大的教皇能进行重要的革新,但是,一些没有能力的教皇由于有一批能干的官吏,同样能获得很大的成就。因此,我们不再继续讨论教皇英诺森的突出个性,但要讨论这一时期教会和教廷制度发展的广泛特征。

整个12世纪和13世纪,罗马教皇法庭及其代理的活动范围不断扩大。任何人如要向罗马教皇法庭提出上诉,只要向教皇呈交一份书面报告,概述诉讼理由即可。通常上诉者委托代理人到罗马,如果代理人不精通教会法,他可以聘请当地的法律精通者整理好上诉案。虽然没有规定要赠送任何礼物,但赠送一些礼品给教廷法庭成员是很有利的。到了13世纪,教廷法庭受理的上诉案大增,既包括骑士企图摆脱其妻子的平常诉讼案,也包括德勒的彼得(Peter of Dreux)公爵与布列塔尼主教之间激烈争斗的大诉讼案。正是这种易于上诉到罗马法庭的制度,才使得教会法广为普及。这也使得教皇能熟悉教会组织内部

---

[1]《资料》,no.65。

的问题和教会与世俗的关系。另一方面,司法权集中也有其缺点,它导致了抗议声四起。宗教审判的代价是很大的,而且,随着诉讼案不断增加,处理诉讼案的效率大为降低。易于向罗马上诉,意味着罗马法庭将处理更多原来是地方就能解决的诉讼案,通常诉讼当事人在这过程中要浪费许多时间。

同期,罗马教皇开始大量使用特使,有时地方主教接受作为教皇使节的委托。因此,当英王理查一世带领十字军出征时,他的首席法官休伯特·华尔德大主教在英王外出时代理统治英格兰,并被授予教皇使节的权力。事实上,约克郡大主教与坎特伯雷大主教之间不断争斗,在这种情形下,只有特使才能管理全英教会。地方主教接受教皇使节委托就是一种接受特权的手段,正是教皇法庭成员充当特使,才将教皇的影响带到欧洲的每一个角落。无论在何处,只要教皇认为有必要,他就会派遣一位特使到那里。例如:罗马派特使去英格兰接受约翰王的臣属,宣布停止英格兰所有宗教活动,调解英王与其教会之间的关系。在约翰王于1216年去世时亨利三世尚未成年,教皇命令他的特使去保护这位年幼附庸的利益。实际上,这位特使和彭布鲁克(Pembroke)的威廉·马歇尔(William Marshal)伯爵联合统治了英格兰数年。当卡斯提尔的布朗歇(Blanche of Castil)担任摄政代其未成年的幼子路易九世统治法兰西时,教皇委派一名特使去帮助他。那时,特使通常处理重大事务,如镇压阿尔比派(Albigensians)异端与发动十字军运动等。教皇依靠特使能够在广大的基督教世界中减少其政府所受到的主要障碍。

教廷的活动范围迅速扩大,因此要求位于罗马的中央行政管理机构也有相应的发展。罗马教皇法庭最重要的分支机构是大法官法庭。教皇对于当地极少派遣特使或大使,大多数情况是以书信形式传送命令、决定、要求、劝告等。重要书信由教皇亲自口授,日常书信由他的官员负责。由于精确的陈述是极其重要的,因此这种工作由训练有素的人员来担任。同时,为了防止伪造,必须要有固定的格式和惯用语。中世纪伪造风气盛行,因此,每位国王甚至大多数男爵都用固定格式书写重要文件。每张特许状需有许多见证人署名。伪造地方大财阀的特许状是要冒风险的,因为署名的见证人能够辨认,许多人知道其格式。但是,教皇书信的见证人——枢机主教,离其目的地通常较远,很少人知道这些枢机主教,并且教皇的大法官法庭的书信格式也鲜为人知,因此,伪造教皇书信是极普遍的现象。防止伪造并对教皇及其前任书信存档的最好方法是对发出的书信进行登记。由于英诺森三世和其继任者的努力,这种登记方法广泛应用。大法官法庭先于西欧君主使用这种方法,并比他们发展得更快,许多君主从大法官法庭那里学到这种方法。

教会行政人员的增加和活动范围的扩大使得开支大增,教皇一直在努力寻找新的税收来源。教皇,作为圣彼得教堂财产的领主,能够得到同世俗领主相等的收益。罗马教皇对自用地产领地及乡镇征收租金,并征收过桥税,市集销售税,这些税收与司法收益构成了教皇收入。许多教皇附庸除提供各种服务以外,还要支付年租金。当英诺森三世收复被腓特烈一世和亨利六世霸占的教廷领地时,他将整个教廷财产组织在一起,并从中大大获益。

也有出自教皇国之外的收入。有些国家,包括英国,向教廷缴纳被称为"彼得便士"(Peter's Pence)的年贡。此外,教皇还对整个教会教士的收入征收不定期税。此类税收起初是打算为十字军供给资金的。1228年,教皇要求收取教士收入的1/10支付对腓特烈二世作战的费用。从那时期起无论何时,只要教皇需要大笔钱用于各种目的,并对教会具有一定作用,就能征收这项税收。实际上,他从未得到这项税收的大部分,国王们也不想让教皇榨干自己王国的钱财,教皇们通常不得不将其中大部分收益分给地方统治者,以确保获准征税。

54. 阿尔比派异端与韦尔多派异端

在这一时代,人们可以看到教廷和教会的权力处于巅峰时给他们的地位带来了新的威胁。其中,对中世纪教会组织结构的主要危险来自深深扎根于基督教本身的理想和教义中的各种概念。基督教徒到处宣扬世俗财富的危险性,他们认为:骆驼穿过针孔比富人进入天国还要容易。要求信徒们不要为了自己的未来而积蓄财富。早期,狂热且受迫害的基督教团的财产是公有的。修道生活的最基本概念是:理想的基督教徒的生活是清贫,修士或修女不能享有个人财产,所有财产都属于教团。尽管如此,教会的财产迅速累积,一些高级教士的生活越来越奢侈。正如我们所看到的那样,财富不仅使他们脱离了使徒的清贫,而且也使他们深深卷入了世俗事务。教皇帕斯卡尔(Paschal)清楚地认识到这一问题,为博得教士和狂热信徒的支持,他提倡放弃所有非绝对必需的财产。在12世纪,面对教士的富裕和奢侈与使徒式清贫理想之间的强烈反差,许多诚挚的基督教徒深深苦恼着。

大多数此类民众保持着对教会的忠诚,而且力图在教会内部过一种使徒式的生活。但在中世纪修院制度主流之外产生的改良派是一群狂热者,他们渴望原始的使徒生活,反对当时教会的一切制度。虽然存在许多不同的改革派,在教义方面尽管不相同,但是都强调清贫和苦修。大致上可将他们分为两类:一些人虽然认为自己是基督徒,但他们反对传统正教的基本教义;另外一些人接受传统的基督教的基本教义,但他们认为当代的教会已不再忠实于它们的教义,因而也就失去了其权威性。12世纪时,这些运动的主要代表是纯洁派(Cathari)和韦尔多派(Waldensians)。(纯洁派也称阿尔比派[Albigensians],这名称来自法国的小镇阿尔比[Albi],那里是他们的宗教活动中心。韦尔多派是以其创始者彼得·韦尔多[Peter Waldo]而命名的。)

纯洁派的基本教义是神学二元论。按照《旧约》说法:"最初是上帝创造了天地",但纯洁派教义认为:上帝代表善良与光明,它只创造了精神;撒旦代表邪恶和黑暗,它创造了物质世界。精神的本质是善良的,物质的本质是邪恶的;灵魂是善良的,肉体是邪恶的。整个世界是光明与黑暗、精神与物质力量之间搏斗的战场,人类生活的目的是将自己的灵魂从肉体的困扰中解脱出来,以便死后进入光明的王国。

这些信仰在许多方面与正统基督教义不同。如果肉体是邪恶的,上帝就不可能化身为一个人。因此,根据纯洁派教义:基督不是上帝,而是上帝的密使,他不属于人,但以一个人的面貌出现。再者,对于纯洁派来说,要求通过物质元素,如洗礼水、圣餐面包和酒授予天恩的圣礼仪式是亵渎上帝的。纯洁派也谴责婚姻,因为他们认为婚姻导致生儿育女,这就使更多的灵魂陷入邪恶——物质的肉体。

这些信仰与东方的摩尼教极为相似,这种教义是由基督降世后3世纪的先知摩尼(Mani)所倡导的。由于12世纪圣奥古斯丁曾著书反对摩尼教[1],因此,当时许多天主教神学家们对它非常熟悉。当12世纪的神学家们在其同时代人中碰到二元论信仰时,他们立即指责这些不同意见者为摩尼教徒,现代历史学家尚不能肯定12世纪的欧洲是否出现过摩尼教,也不能肯定纯洁派的出现是由于反对教会腐化的一种自发的反应。但可以肯定西方的纯洁派受到来自博格米勒派(Bogomils)传教士的影响。博格米勒派是二元论教派,这种教派产生于保加利亚,10世纪和11世纪蔓延到整个拜占庭帝国。问题是我们不能弄清博格米勒派与原始摩尼教的关系(如果存在的话)。博格米勒派分为两派,在西欧各自有拥护者。它们分别被称为"温和二元论派"(moderate dualists)和"绝对二元论派"(absolute dualists)。这两派都认为,魔鬼撒旦创造了物质世界,其本质是邪恶的。但是"温和二元派"认为撒旦是上帝的逆子。"绝对二元论派"则认为任何东西最初都存在两个平等的、有创造力的本源,即善与恶。显然,"绝对二元论派"更加背离正统基督教,是更严谨的摩尼教徒。

但这两种形式的"二元论"教义产生的实际效果是相同的。既然所有的物质东西都由撒旦创造,所以根据纯洁派教义谓完美的生活是克己苦行,它的崇拜者必须是独身者,不能吃荤。坚持这种原则的教派之所以能存在,是由于存在两个层次——"完美"(Perfecti)和"信仰"(Credentes)。"完美"层次可引导克己苦行的理想生活,此属于教士阶级。他们可通过一种净化仪式(Conso-lamer-tum)进入这个境界。"信仰"阶层则可随意生活,他们能从事任何职业,组成家

---

[1] 参见第41页(边码)。

庭和食肉。他们唯一基本的义务是拒绝效忠当时基督教会,并在死前接受净化仪式。这种仪式是在其成员临死前举行的,它的目的是洗涤其生前的所有"罪恶"。事实上,为了防止重新"犯罪",最好的方法被认为是仪式后立即自杀。

有关纯洁派信仰方面的知识,我们大多从他们的基督教敌人的记载中得到,其教义最主要特点是直接反对教会的教义。[1] 例如,他们认为犯罪者的灵魂不是永久被毁灭的,而是能够在人体内再生的,灵魂能够存在,直到它得到"拯救"为止。另外,我们看到:纯洁派拒绝基督化身为人形的教义和教会的圣礼仪式,在他们的敌对者眼中极其痛恨他们对婚姻的谴责,因为纯洁派反对的不是性关系本身,纯洁派反对小孩的诞生——这刚好与中古教会的道德教义相反。因此,纯洁派经常指责"非自然"的性关系。最后,纯洁派完全拒绝任何方式的宣誓,拒绝履行基督教的信仰,这使他们成为教会和虔诚平信徒之敌,他们拒绝宣誓的做法在当时是很危险的因素,因为当时社会的凝聚力在很大程度上取决于人们的宣誓。

纯洁派的主要吸引力在于他们的"完美"所引导的苦行生活。然而,一些敌对者指控他们苦行的"完美",认为这是荒诞之极,如他们通过与裸女同睡考验其独身生活,然而即便他们的迫害者一般也承认他们严格遵守了克己生活。因此他们的苦行生活与天主教教士的奢侈生活形成了鲜明的对比。事实上,纯洁派活跃的地方是天主教教士特别不称职的地方。一些虔诚的基督教徒,尤其是低层的穷教徒,觉察到纯洁派与基督教教士的不同,于是逐渐倾向于纯洁派。也许有充分的"自由",使得成为"信仰"阶层对更多的人有吸引力。正统基督教的反对者可能大大地夸张了"信仰"阶层的道德放松。

12世纪,除"纯洁派"外,也出现其他派别,他们传授使徒清贫和克己苦行的生活,最有名的领袖是韦尔多。韦尔多是里昂(Lyons)的一位富商,他通过放高利贷赚钱。1173年,他听了一位游吟诗人讲述圣阿列克谢(St. Alexis)的故事,阿列克谢是一位罗马富裕贵族的儿子,但他放弃他的地位和继承权,过着清贫和独身生活,到处乞讨。韦尔多对这个故事印象深刻,那天晚上他决定要超过圣阿列克谢。他要求妻子在其个人财产和不动产之间做出选择,不动产是维持她的生活。当她选择不动产后,他开始施舍个人财产。首先,他归还了他得到的所有高利贷,然后他对慈善机构慷慨解囊,再把其余的钱分给里昂的穷人。摆脱了他的财产后,他开始挨家逐户乞讨为生,这伤害了其妻的自尊心,她向里昂大主教提出上诉。大主教命令他只能向他的妻子而不能向其他人乞讨,但这时他业已过着清贫生活。[2]

---

[1]《资料》,no.68。

[2]《资料》,no.67。

当韦尔多开始遵循使徒的生活方式时,想要从原始资料《圣经》中了解精确的自然生活。由于他不懂拉丁文,所以请了两位教士为他翻译部分《新约全书》。以此为武装,他开始传播基督教生活方式的概念,不久,有些人同他一起到乡村传教。现在教会中的《圣经》是经过几个世纪逐渐翻译出来的,知识浅薄的人读了这本书后,很自然地会有完全不同的结果。1178年,里昂主教获悉韦尔多和追随者正传播错误教义。根据教会法,任何人未经其主教许可不能传教,但这项规定执行的不是很严格。然后,大主教开始镇压韦尔多及其追随者:下令他们不得在公共场所传教。韦尔多感到困惑,他和他的追随者对《新约全书》的内容了如指掌,并且以它传播基督的生活,这难道有错吗?他带领一小批追随者来到罗马,向教皇提出上诉。教皇亚历山大三世同意他们过清贫生活的计划,但规定他们未经主教许可则不准传教。

但由于他们对《新约全书》的研究已使他们确信传教是使徒生活的必要组成部分,因此,韦尔多及其追随者不理会教皇的禁令。他们充满活力地去传教,一步步地扩大区域。1181年教皇指责他们同纯洁派一样为异端,同年,里昂一位新的大主教将他们逐出其教区外。他们的教义不久流传到整个邻近地区,特别是在法兰西南部广为流传,在那里他们同当地的纯洁派一起致力于宗教改革活动。

韦尔多追随者被称为"里昂的穷人和韦尔多派"(the Poor Men of Lyons and Waldensians)。他们的基本目的是过基督教义中完美的基督徒生活。由于他们不肯放弃传教所以遭遇许多麻烦,但他们认为这是使徒生活的主要部分。因此,他们犯了两项罪:未经许可传教和不服从教会当局。然而,最初几年他们并没有去攻击教会和它的教义,但当他们被称为异端并遭受迫害时,他们开始攻击他们的敌人。然后他们宣布:通过阅读《新约全书》,能从耶稣那里学到"拯救"的生活方式。所有想获"拯救"的人们只需要领会基督的旨意,并以其作为生活准则,就知道教会和教会圣礼仪式是毫无作用的。随着他们的思想进一步的发展,他们开始认为他们是真正的使徒继承者,因为他们过着使徒的生活,那些不严格遵循基督教义生活的主教不是使徒的真正继承者。看来,在1181年指责他们为异端是不公平的,那时他们只不过是倔强的狂热者,但不久他们成为真正的异端和天主教教义真正的根本性的攻击者。

当英诺森三世登上罗马教皇宝座时,他决心采取有效措施反对法兰西南部的阿尔比派异端。最初,他使用和平的方法,他委派西多(Citeaux)修道院院长和特使彼得·德·卡斯塔尔诺(Peter de Castelnau)领导布道者到该区传教。但这些人未能成功,这位特使未能劝说该区的大贵族对这些问题产生兴趣。那里的主要统治者是图卢兹伯爵——雷蒙六世(Raymond Ⅵ),他是一位奢侈的君主,有好几位妾,几乎对宗教一点儿兴趣也没有。但他参加宗教活动并对教会慷慨解囊。同时他对异端也有好感,拒绝采取任何措施反对他们。他的附庸,贝济耶(Béziers)和卡尔卡索内(Carcassone)子爵雷蒙·罗杰(Raymond Roger)采取同样态度。福亚(Foix)伯爵更是毫无偏袒,他本人是正统的天主教徒,但他的妻子和一位妹妹却是韦尔多派,他的另一位妹妹是阿尔比派。

1204 年,英诺森三世失去了耐心,他接受了那些主张采用武力消灭异端的策略。但当图卢兹伯爵拒绝提供军队时,他不得不另外招募军队。英诺森请求腓力·奥古斯都率领一支军队去镇压异端。当时,法兰西国王正忙着与英王约翰作战,无法再率兵出征。英诺森在 1205—1207 年间重复请求了几次,但都没有成功。与此同时,法兰西南部出现了危机,即 1207 年来自卡斯塔尔诺的彼得特使将图卢兹伯爵逐出教门。次年,特使被伯爵随从杀死,但无迹象表明是伯爵下令杀死的,教会却要他负责任。英诺森三世立即批准将他逐出教门,并不再承认其为效忠的附庸,同时教皇重新请求腓力出兵。

腓力·奥古斯都面临一个困难的抉择,这时,他和约翰王的战斗并非很激烈,有多余的军队可供使用。但无缘无故地攻击附庸的领地是明显地违反封建惯例的,这也许会引起法兰西其他大贵族的惊慌。腓力并不认为逐出教门就是进行镇压的充分理由。总之,法兰西国王并不是一位愿为教会冒险的人,从政治上讲,用十字军反对图卢兹伯爵是不明智的。但腓力不反对其附庸参加十字军攻打图卢兹。英诺森也只能对此满足,他对十字军进行传道,并在法兰西北部组成一支骑士军队。在教皇新特使——阿诺德·阿马里克(Arnold Amalric)总指挥下,十字军于 1209 年初夏进军法国南部。

7 月,十字军到达贝济耶镇,这里是异端盛行地。7 月 21 日攻下这个镇,杀光镇上所有的人。当攻下该镇时,有人曾提醒特使:许多善良的天主教徒居住在贝济耶,他简单地答:"杀光!杀光!上帝会认出自己的信徒。"单在一个教堂里,就有 7000 名避难的人被杀光。贝济耶镇可怕的命运留下了严重后果,这地区的人们充满了恐惧。雷蒙·罗杰在其坚固的大本营——卡尔卡松(Carcassonne)投降,他本人被软禁。

这位特使不久离开军队,并被提升为拿波内(Narbonne)大主教。不久,由于他在该城市和邻近地区就世俗权力的问题和十字军发生激烈争吵,结果是西蒙·德·蒙特福特(Simon de Montford)接替他的位置。西蒙是蒙特福特·阿摩利(Montfort l'Amaury)领主,也是英格兰的莱切斯特(Leicester)名义上的伯爵。在卡佩王朝和金雀花王朝争斗时,西蒙一直支持腓力·奥古斯都,因此他仍属于蒙特福特·阿摩利男爵阶级,但他从未能够获得富裕的英格兰莱斯特伯爵的领地。他只不过是个小男爵,但却是一位野心勃勃的人,盲目崇拜教会,具有很高的军事才能。卡尔卡松城投降后不久,其主人——雷蒙·罗杰子爵在十字军监狱中失踪了。军队领导立即提升西蒙为贝济耶和卡尔卡松子爵。随后他攻下图卢兹郡好几个要塞,并杀光了大批异端分子或至少有异端嫌疑的人。

1213年,阿拉贡国王彼得宣称拥有朗格多克(Languedoc)部分的主权。彼得是个不知忧愁的鲁莽骑士,他喜欢骑马比武和漂亮女人。西蒙抓获替彼得送信给当地一位淑女的信差,信上说这位国王出征的目的是出于对她的爱。为此西蒙对其部下说,我们面临的敌人没有什么可怕,他是一个为了取悦荡妇而向上帝宣战的人。西蒙然后在慕雷特(Muret)战役中给了彼得沉重的打击。

无论如何,西蒙的成功只是短暂的。1218年,图卢兹城里发生暴乱,西蒙试图镇压未成并遭杀身之祸。西蒙之子阿摩利接管该郡,但是他没有能力统治,于是将采邑让予法兰西国王。国王路易九世(Louis IX,1226—1270年在位)最终将图卢兹郡给了前任郡主之子雷蒙七世(Raymund VII)。雷蒙获得王室赠与的条件是必须与国王的女儿结婚,公主是国王之兄阿方斯(Alphonse)——普瓦图(Poitou)伯爵——的继承人。一旦阿方斯去世,普瓦图和图卢兹二郡成为王室的领地。因此,镇压阿尔比派的十字军最直接的成果是王室的权力很了不起地扩张至法兰西南部。

镇压阿尔比派的十字军达到了既定的目标。法兰西南部保护异端的贵族势力遭到摧毁,异端完全处在教会控制下。此时只要依靠有效组织,发现异端分子并将他们带上法庭,教会就能清除他们。宗教裁判所(Inquisition)的逐渐发展正是出于这种需求。

55. 异端与宗教裁判所

"异端"(heresy)一词来自希腊语,意为"选择"(choice)。今天大家都认为人们有选择自己宗教信仰的自由。即使中古时期的教会在禁止对异教徒和犹太教实行强迫的改宗时,也承认选择宗教的自由。但是在中古时期,假如某人已是个基督徒,之后却选择背弃教会的训导,会被看作是攻击整个社会的基本价值。对于中世纪的人民而言,异端是一种背叛,不仅是一种错误也是一种罪恶。

根据12世纪教会法规定,将一案件送上教会法庭有两种形式:其一,是由宗教法庭庭长,通常是副主教提出指控;其二,由个人提出指控,在异端势力较强地区,这种制度执行的并不怎么好。副主教们没有空去处理异端事件,个人通常同情异端或害怕他们复仇。在欧洲大部分地区,异端也是违反世俗法律的罪犯;但是世俗的处罚也不适当。定谳其是否有罪的唯一方法是由被告所做的免罚宣誓和将手插入热水中,如不烫伤便算无罪的古老方式来决定。有时候暴民攻击可疑的异端,即便是在法律程序上仍是未确定结果的状况下,不经等待就杀害他们。

对教皇而言,应付异端须使用新方法,1184年教皇卢修斯三世(Lucius Ⅲ)要求主教们在各自教区内进行调查,对所有可疑的异端进行审判,但主教们也没有空去执行这项任务。英诺森三世严厉要求加重对异端的惩罚,将异端视同罗马法中的背叛罪。然而法兰西南部的教士缺乏勇气和反对异端的热情。因此,英诺森三世委派特使——彼得·德·卡斯塔尔诺等到那里,他们的最初目的是通过争论说服异端,同时,他们也有权力逮捕和审判他们。教皇格列高利九世(Gregory Ⅸ,1227—1241年在位)以一个固定的专门组织取代教皇代表与异端进行争斗,他命令新的方济会和多明我会的修士进入教区,寻找和审判异端。到了13世纪中叶,这种宗教裁判员遍及各教会。这些裁判者的任何行动不受地方教会当局的结束,而是直接受教廷指挥。这样就组成了特别调查组和特别法庭与异端进行争斗。宗教法庭的目的是双重的,既为了拯救异端的灵魂又为了防止他们腐蚀其他人。

尽管从现代法学的观点来看,宗教法庭的公正性似乎是不可能的,但是宗教法庭的程序是企图为被怀疑为异端的人们提供一种公平与合理的审判方式,比旧式的神命裁判或者胡乱的民众暴力要好。当宗教裁判官员达到某城市,他首先进行公开的讲道,谴责异端,号召所有基督徒揭发被怀疑为异端分子的任何人。随后,裁判官从上诉人那里获取证据,并以文字形式登记。当然,一个无辜的人可能被错误地和恶意地告发,因此当嫌疑犯被传唤接受讯问时,他被允许说出他认为可能会起诉自己的任何敌人。任何被这样点名者的证词都被放弃。但是,嫌疑犯不允许知道谁是其真正的起诉人,也不允许他们在法庭上对质。对保护告密者免遭被指控者家庭或朋友的报复,这一政策被认为是必需的。

对被指控者的讯问是秘密进行的,目的是确保罪行的坦白和忏悔的表达。[1] 根据中世纪法律,认罪被认为是罪行的最确凿的证据。证人可能撒谎,或者被误解,证据可能被伪造,但是被告本人的供词似乎是无可置疑的。认罪被认定应当是自愿的,但是,根据罗马法规则以及许多中世纪世俗法庭的习惯,裁判官被允许对冥顽不化的对象实施刑罚。根据其程序规则,拷打只能被使用一次,而且在用刑之下的认罪必须在后来的场合自愿地被复述。但是,规则可能被"持续"(continuing)而非"反复"(repeating)用刑所回避。要是嫌疑犯最终认罪且忏悔了,他会被指定某种赎罪苦行。这可能由节食、鞭打、佩带特别的标记、朝拜圣地或者监禁等构成。一个异端分子的财产通常也被没收。要是一个异端分子拒绝忏悔,或者确实接受了赎罪苦行但随后又重新堕入异端,他将被转交给世俗政府接受建议为"仁慈地"处置他的惩罚。但是,对异端分子来说,"仁慈"通常意味着在火刑柱上烧死。裁判官们非常了解这一点。

---

[1]《资料》,no.69。

从现代公正和人权的观点来看，宗教法庭是极其残酷和不公正的，但不能忘记，我们所处的时代已完全摒弃那样认为只有唯一"拯救"之途的观点，现在很少有人把异端看成是犯罪和社会的危险因素。然而，对中世纪的人们来说，异端是最严重的不敬上帝罪，它是一种损害人们灵魂的传染性疾病。为了公众利益，它必须被清除。宗教裁判所的行动或许会受到贪欲、报复心理，甚至是政治因素的影响。但是宗教裁判所的目标却是公正的，领袖大多是虔诚的，如果不说是狂热的话；但宗教裁判所也有其伪善的一面，使人难以为它辩护，如在上刑、自供和将异教徒移送世俗政府等方面违反自己制定的规则和原则。教会不能坚持自己的正义，总之，真诚的历史学家只能称它为邪恶的宗教裁判所，即使他本人深信，在当时的环境下，宗教裁判所的存在是一种可以理解的罪恶。

56. 方济各会与多明我会

中世纪教会对于异端所带来的威胁，其采取镇压方式并非唯一的反应。一样的宗教冲动导致一些人民变成异端，同时也促成两个新的宗教派别——方济各会与多明我会（the Franciscans and Dominicans）——它们在加强教会的基础上扮演了重要角色。我们曾提及这些修道士就是宗教裁判官，不过他们当中仅一小部分从事这种活动；他们的主要工作是赢回异端与借着传教和教导增加基督徒的热忱，并且竖立起个人的模范。最好的修道士在苦行方面与纯洁派（the Cathari）的"完美者"可以匹敌，在投身于使徒式的贫穷方面与韦尔多派亦不相上下。他们表现出在已建立的教会里可以过着福音传道的生活。虽然教皇英诺森三世发动攻击阿尔比派的十字军以对抗法兰西的异端，但是教皇知道教会的问题不能只靠武力解决，他热心地鼓励新修会的成立。

事实上，方济各会的起源和早期发展与韦尔多派的那些活动几乎完全类似。圣方济各（St. Francis，1182—1226）是阿西斯（Assisi）富商的儿子，他是一位活跃的年轻人，喜欢唱温文尔雅的爱情歌曲，一直在阿西斯及邻近地区参加战斗。在一次战斗中被俘，送进监狱后不久患病，从此他的头脑中似乎就转向思考严肃的问题了。1206年的一天，当他正在阿西斯外一座年久失修的圣·达米安（St. Damian）小教堂祈祷时，突然间隐隐约约从禁台上方的耶稣受难像那里听到几句话："方济各，修复我的教堂。"从此，方济各以此作为行动准则，他从父亲的商店里筹集了一些物品出售，将收入捐献给教士去修复教堂。但是他的父亲不赞赏他的这种观念，甚而监禁他一段时期，所以他离家出走，受到地方主教的保护。然后，出现了戏剧般的一幕，方济各弃绝他的父亲及其所有的财产。他脱光了身上的衣服后宣布：

>迄今为止,我一直称呼彼得·伯纳多(Peter Bernadone)为父亲……现在,我把属于我父亲的钱与他给我的穿在我身上的衣服全部归还。从现在起我将说:"我们的天父在天堂",而不再称彼得·伯纳多为父亲。

有一段时间,他到一些地方亲手修建教堂,那时正处于动荡年代。方济各以为他正为上帝服务,但是不知自己的天职究竟是什么。一天,在教堂里他听到一位教士正在朗读《马太福音》:"当你离去时,请宣传这些神旨:'天堂就在眼前……你免费获得你需要的东西,你也要不吝地捐献你拥有的东西,你身边不要藏有金银财宝,在路途上,不要带行囊,只带所穿之衣、草鞋和手杖……'"方济各忽然得到启发,"这正是我寻求的"。他大声呼喊道:"我将一心一意地以它作为传教教旨",从那时起,他到处流浪,布讲使徒生活的美德。每天,他经由劳动挣得能够生活的报酬,如果没能得到报酬,就接受救济,他只保留当天需要的钱和食品。方济各本人是一位具有非凡魅力的人物,他性格开朗,对其他人的疾苦富有同情心,人们爱戴他并从他身上得到勇气。不久,他就有了一小批追随者,他对他们制定了一套简单规则,它与一般修道院规则的主要区别是:它要求绝对清贫。一般修士都需要发誓过着个人清贫生活,但他们居住的修道院都很富有。方济各坚持主张:他的修道士不能具有任何形式的个人和集体财产,必须依靠自己的劳动和乞讨生活。他们不能有钱,甚至禁止他们碰一下钱。这些托钵僧不能住在修道院内,而要生活在民间,四处传教和帮助穷人。尤其需要指出的是,方济各非常热心关怀麻风病患者。

方济各对大自然的鸟类、动物、花卉、太阳和风等所有东西特别爱好。有许多关于他对野生动物特殊喜爱的趣闻,现代仍有许多有关方济各个性的多情善感的散文。那时,威胁教会的异教徒认为物质创造是一种邪恶。有学问的人可依靠知识在争论中驳斥他们的教义,但方济各则依靠最深沉的情感,唤起普通民众来驳斥这种教义。他们认为,上帝创造的世界是善良的,所以这世界到处都是美好的。他还具有优雅的个性和文学才能,依靠这些,他能对其他人发表自己的见解,他的《太阳颂》(Canticle of the Sun)是用意大利的方言写成的第一部杰出的诗作。在诗中,他号召所有人赞美他们的造物主上帝。[1]

方济各并不打算用严格的教规约束成员,每天,他们都自由地生活。他订出的第一条"教规"就是"福音集"的戒律,它强调"福音"派教徒进行传道的义务和清贫美德。1210年,方济各前往罗马,请求英诺森三世批准他非同寻常的教规。对方济各会来说,这是关键的时刻,他们这时的处境同彼得·韦尔多与教皇交涉时的韦尔多派的处境极为相似。基本区别是方济各会献身于教会和圣礼

---

[1]《资料》,no.70。

此人进入宗教生活,摒弃物质欲望的恶魔,全神贯注地聆听耶稣"福音"故事、抛弃邪恶。一张法国"圣经道德画"的局部,13 世纪后期,Ms. Harl. 1527, fol. 33r. Reproduced by permission of the British Library [MS. Harl. 1527, fol. 33, detail]

仪式的事业,正是异端抛弃的东西,而这一点使得方济各会在天主教会中成为规模很大的教团。同样,教皇犹豫不决,因为方济各会教规含义是明确的,但他们为什么不加入当时存在的教团呢?有一位枢机主教指出,教会在逻辑上不能拒绝批准耶稣教义的生活方式。英诺森本人对韦尔多派当时的情况记得很清楚,他害怕产生新的异端分子。最后,他明智地认识到,这些来自阿西斯的传道士衣着褴褛,具有特殊的品质,于是他口头上批准了他们的教规和同意他们传教。

方济各会发展极为迅速,他们的总部在阿西斯的波琼古拉(Portiuncula)教堂周围的数间简陋小屋,但他们的足迹踏遍整个意大利。1217年,派出传教士越过阿尔卑斯山脉,来到突尼斯和叙利亚。1219年有更多传教士启程前往法兰西、日耳曼、匈牙利和西班牙。这些传教士遇到了许多困难,由于他们的生活方式使许多人认为他们是异端。方济各本人随十字军一起抵达达米埃塔(Damietta),再取道前往埃及苏丹的宫廷,并在苏丹面前传道,然后抵达巴勒斯坦。1220年,骚乱的消息迫使他返回意大利,他的追随者正在要求改变教规。

在方济各的理想公式中,存在着自相矛盾的地方,这样就不得不进行变革。方济各不信任组织,他认为只有非常小规模的小组应不受任何约束而存在,他允许小组不受控制地扩展。1210年,制定的第一个教规在一群狂热者中执行得很成功,方济各对这些狂热者能进行劝导。但对于遍及整个基督世界的拥有几千名成员的教团,这部教规就显得不足了。从一开始方济各就强调绝对服从的美德,但他没有制定任何正式的管理制度,修士们不知道他们应该服从谁。而且,方济各要求修士们传授正统天主教教义,但不让他们在神学院内学习。然而,如果他们要站在天主教的立场上反对异端时,就需要神学知识,这就要求有长期住房和书籍。最后,方济各还规定:他的追随者不应当有特权和宗教权力,他们应通过传教和实例转变人们信仰。他拒绝接受罗马给予他们不受地方主教权力约束的特权,但是顽固的主教们拒绝他们传道的地区是最需要他们进行传道的地方。

方济各在1220年回到意大利,他对于早期那种质朴氛围的消失感到烦恼,遂退出教团的日常行动活动。他开始制定新教规,但第一个草案仍然含糊,所以受到主要修士们的批评。1223年,方济各拿出了第二套草案,这个草案得到罗马教皇批准,并成为方济各会的正式教规,它重新强调了每位修士绝对清贫的责任,并在教团内部实行正式的等级制度。最后,在他临死时口授遗嘱,重申他的清贫、质朴和谦恭的理想。[1]

方济各于1226年去世,之后,发生了一连串的变化。1230年的罗马教廷训

---

[1]《资料》,no.70。

谕规定:地方修道士能以修会名义保存财产和接受捐赠。在必要时,方济各会院长能筹集基金。1245 年,另一部教皇训谕改变了某些措辞,规定地方修道院院长若为了"方便"起见可以筹集基金,1245 年的训谕也将所有教团的房屋合法所有权交给罗马教廷。从 13 世纪 20 年代开始,方济各会成员定期进入大学学习。1254 年,教皇亚历山大四世(Alexander Ⅳ)对他们做出让步,准许他们在任何未经主教允许的教区传道和聆听忏悔。1300 年,对此做了修改,最后的教规规定:修道士必须持有主教批准的证书方能聆听忏悔,但每位主教必须按某教区人口比例发给一定数目证书。这些改变是否必要和公正,现代历史学家持有不同的观点,有些人认为这些改变是必要的,但另外一些人则认为这些变化象征着高贵理想的腐败。其中大部分的改变是由方济各本身所提出的,并且大部分修会成员赞成这些改变。但也有些激进分子憎恨这些改变,有些人背叛圣方济各的理想而做折中处理。在中世纪后期,这些"方济各会属灵派"(Spiritual Franciscans)对罗马教廷进行了激烈的抨击[1]。

  第二大的托钵僧修会的创始人是圣多明我(St. Daminic,1170—1221),他完全不同于圣方济各。他是一名学者,具有天赋的行政管理和立法才能,多明我生于卡斯提尔,并在那里成为教士。1205 年,他和他的主教当面要求英诺森三世将他们以特殊身份派到亚洲的鞑靼地区(Tartars)。英诺森认为当时有更紧迫的事要做,因此将他们派到法兰西南部,对阿尔比派进行传教。在那里,他们认为与异端争论的最好办法是请一些倡导宗教生活的有识之士说服异端,使他们认识到错误,多明我决定以创立新教团的方法实现他的理想。1215 年,他出席第四次拉特兰会议,请求教皇允许他组织一个献身于传教的托钵僧修会。当时,会议刚好通过禁止建立新修会的法令,教皇建议他采纳圣奥古斯丁的教规,这教规是很含糊的,因此可用于任何天主教组织。这样,他创建了多明我会(Domincans),并被称为"黑衣修士"(the Black Friars),与被称为"灰衣修士"(the Grey Friars)的方济各会形成对照。

  虽然多明我会教规要求所有追随者过清贫生活,但它的道德规范与圣方济各完全不同。方济各强调亲手劳动和各种类似于关心麻风病患者的服务,但多明我并不打算这样做。其修会的最基本任务是传教,因此他的修道士必须掌握神学知识,多明我为其成员建立了许多不同等级的学校。修士们在"人文学院"(*studium artium*, school of arts)学习二年后,再转到"自然学院"(*studium naturalium*, school of nature)学习三年,最后到最高等级学院——神学院(*studium theologiae*)学习。最重要的神学院被称为"神总学院"(general),因为它吸收所有修会成员共同学习。

---

[1] 参见第 478 页(边码)。

多明我会教规有两个特点,其一是以极大的热忱学习知识,教规中规定知识的需要高于一切。其二是为修会组成了代议政府结构,多明我会分成数个大主教区,它们由主教区修道院院长管理,它们统属于大司祭(master-general)领导,这些执行管理员由其教团成员选出。并且,每个主要官员有一个修士会议,立法必须征得会议通过,主教区会议由所有教堂的负责人和一名选出的代表组成。在修会的教士中还建立了"三年轮回"制度:第一年,所有主教区的修道院院长集会一次,接下来的两年,各主教区选出的代表们单独集会,修道院院长不参加。在这三年中制定出修会的法规。除大司祭以外,所有官员都有规定的任期,大司祭职称是终身的,但是如果他管理不善,按照规定可由全体教士罢免他。

方济各和多明我都为妇女建立了修道团体。就方济各而言,这一选择是由当时一个英雄式的女圣徒,阿西斯的克拉尔(Clare of Assisi)造就的。克拉尔逃离其贵族家庭,加入方济各会,且坚持过着与方济各一样的绝对清贫的生活。但是,流浪托钵僧的生活被看作不适宜于妇女,因而,方济各于1212年在圣达米安(St. Damian)安排克拉尔为一个修女团体的领袖,他帮助她们重建毁坏的教堂。到该世纪末,已经存在许多"贫穷克拉尔"(Poor Clares)的联合修道院。1206年,多明我第一次于普鲁伊尔(Prouille)建立一个修女团体,为他从纯洁派派争取过来的贵族妇女们团体提供支持。后来,他在马德里、罗马和博洛尼亚建立了其他修道院。在13世纪,多明我会修女的修院也迅速增加,尤其是在意大利和日耳曼。

除多明我会和方济各会外,13世纪还出现过其他一些托钵僧修会,大部分规模较小并且寿命不长。其中仅有两个产生了持续的影响,即加尔默罗会(Carmelites),或者白衣修士僧(White Friars),以及圣奥古斯丁的托钵僧隐修会,以奥斯丁托钵僧(Austin Friars)或者黑袍托钵僧(Black Friars)而知名。在1274年的里昂宗教会议上,两派都被认可为有效的托钵僧修会。

在教会中,托钵僧是极为重要的组成部分。也许在13世纪里它们最重要的贡献是保护宗教的最高权威,反对异端的破坏。他们除了在基督教地区与异端争斗外,还派传教士到其他地区。13世纪中期,来自亚洲中部的蒙古人征服了巴比伦(Babylonia),并对叙利亚、巴勒斯坦和埃及构成威胁。教皇和法兰西国王路易九世都认为,他们能劝蒙古人与基督教徒联合起来反对穆斯林。他们各自派了一位方济各会教士来到和林(Karakorum)的大汗那里,这两位教士受到可汗款待。可汗是一位心胸宽广的异教徒,相比伊斯兰教他更青睐基督教。由于蒙古人受到埃及苏丹的一连串打击,这项联合计划从未获得成果,但托钵僧在蒙古帝国中建立了基础。一群方济各会教徒进入中国,直到元朝被推翻的1368年为止,他们的传教士在这一地区非常活跃,从1289—1328年,蒙特·科尔维诺的约翰(John of Monte Corrino)在中国辛勤工作,并成为元大都的大主教。多明我会在亚洲也非常活跃,1318年教皇将这一地区分为两部分,将北部亚洲的传教活动委托于方济各会,将亚美尼亚、波斯和印度的传教活动委托多明我会。

托钵僧在西欧各地的日常工作并不是那么引人注目,但是其重要性并不亚于他们所承担的特别任务。第四次拉特兰大公会议规定基督教徒每年必须忏悔一次,但教区教士的数量相当少,并且缺少学识,所以很难实施这项法令。托钵僧到处传教和聆听忏悔,他们也履行某些教士的义务,如埋葬尸体等。毫无疑问,他们的行动产生效果,但也引起了地方教士的嫉妒。在捐赠与各项规费方面,他们存在着不停的争论。此外,托钵僧的地位也引起非议,罪犯喜欢在旅行托钵僧面前忏悔,因为他们对这些罪犯的过去不知情,况且第二天托钵僧必定离开该地。一般托钵僧接受丰厚的礼品后,可减轻罪犯的罪行。在旅行时,托钵僧挨家逐户乞讨,但在教堂中,他们过着舒适与奢侈的生活。现在的人们只要读一下乔叟的《坎特伯雷故事集》(Canterbury Tales),就能了解14世纪末期的人们对他们的指责。[1] 在大学中,他们与世俗教士(secular clergy)进行激烈争论。正是罗马教皇的支持,才使他们能够坚守阵地。各处的世俗教士感到信徒的捐赠和规费已不能维持自己和托钵僧的生活。尽管如此,即便他们并不总是能配得上他们那些高尚的理想,托钵僧还是持续地为教会生活做出了重要贡献。中世纪文化史上的最伟大人物之中,就有不少人是多明我修士或方济各修士,如大阿尔伯特(Albertus Magnus)、阿奎那(Aquinas)、圣文德(Bonaventure)、奥卡姆(Ockham)。

罗马教皇对托钵僧偏袒是不难理解的。尽管教皇对教会的权力不断增大,但他对地方教士的控制却是有限的,托钵僧形成了一支具有组织的大团体,并受教会直接指挥。每个修会都有全体教士的代表,执行权力属于其个人,他对教皇负责,这样托钵修会大大增加了罗马教廷君主政体的力量。

57. 基督教社会中的犹太人

在12世纪和13世纪期间,大多数人民的生活水准逐渐获得改善,但是中世纪欧洲的犹太人却遭受动乱与审判。[2] 说真的,犹太学者对于12世纪的知识复兴有其贡献。在法兰西南部的纳博讷是犹太法典的学术中心;犹太哲学在西班牙蓬勃发展,尤其是摩西·梅蒙奈德(Moses Maimonides,1135—1204)的著作,结合了犹太与希腊的思想;在法兰西北部的特鲁瓦,伟大的拉希(Rashi,即

---

[1]《资料》,no.109。
[2]《资料》,no.66。

索罗门·本·以德，Solomon ben lsaac，1040—1105）是北部众多犹太法学专家之中的第一位。这个时期也是自犹太人被驱逐以来，大部分西欧地区的犹太人民逐渐遭受压力的时期。

  基督教统治者对于犹太人的官方态度在教会最早几个世纪时已建立，多半在圣奥古斯丁的作品中可看出。奥古斯丁告诉人们：虽然犹太人在基督时期犯了大错，上帝仍示意他们当中的一些人应当继续存在。他们继续存在为"旧法"(the Old Law)的历史真实性和《旧约》的预言提供见证。异教徒不承认基督徒虚构弥赛亚来临的预言，只要犹太人存在，对于先知的言语就提供了独立证据。在奥古斯丁看来，犹太人会继续存留至世界末日；他们最后的信仰改变将宣告基督再次的降临。这种神学理论的接受表示中世纪天主教教会经常推翻对犹太人徒宽容的政策——或许是怨恨的宽容，但总是承认犹太人有权信奉自己的宗教，并且免于被迫改宗。教皇格列高利一世（Gregory Ⅰ，590—604 年在位）将此政策写在书信中，与在 12 世纪正在发展的教会法类似。"因为犹太人不应获允超出法律所认可的"，格列高利教皇写道，"所以他们依照法律所获得的权利也不应受到损害"。从 12 世纪初以来，此变成罗马的犹太居民向每一位新教皇请求权利的习惯。

  虽然未废除合法的宽容政策，但是在英诺森三世召开的第四次拉特兰大公会议的法令有了更严厉的注解。这个法令宣布：

> 有时候因为误会，基督徒与犹太或萨拉森妇女有染，以及犹太人和萨拉森人与基督徒妇女有染。因此……我们命令犹太与萨拉森男女……以其穿着来区别与其他人民的不同。

  此屈辱性的条款并未清楚地表达其意向。在中世纪时期，不同阶级的人们本来就习惯有不同的穿着，英诺森宣布不鼓励基督徒与犹太人发生两性关系，这也是犹太拉比与教皇所支持的。法令的实行在欧洲各地不同，只是世俗君主通常认为法令意味着犹太人必须穿上缝有特别标记的外套。很清楚，那是屈辱社会地位的标志，因此犹太人随时试图抵抗或规避法令。

  特殊的标志象征着犹太人在中世纪社会的地位。他们在基督徒统治的世界中形成一个弱小和受排斥的团体，这种情况自 4 世纪罗马帝国变成基督教帝国以来一直存在。当时，犹太人散布在整个地中海世界。他们逃过野蛮人的侵略，在 11 世纪的西班牙、法兰西南部和意大利的犹太人口大量增加。在地中海的这些地区，犹太人通常与其邻人基督徒从事相同的贸易活动与技艺。其中有一些人是富商，一些是贫穷的小贩，一些是农人，一些是工匠。在西班牙当内科医师的犹太人特别著名，犹太人也担任西班牙基督教国王的行政人员。

在北方的法兰西和日耳曼地区的犹太人促进 10 世纪至 11 世纪期间商业的复兴。(在英格兰,犹太人只有在 1066 年诺曼征服之后才明显增加。)在北方的这些地区里,犹太人的经济活动比起南方地区更加受到限制。在城市里的行会制度和乡村的封建制度排除了犹太人大部分的商业活动和农耕活动,加入行会或获得封地必须宣誓,此系基督教宣誓的过程,犹太人被阻止这么做。犹太人只好去做放贷的工作,这是唯一对犹太人开放的工作。

我们已知道教会法禁止基督徒之间放高利贷。[1] 犹太法律也禁止犹太人向他们自己的民族放贷取息,但是允许他们向其他民族放贷取息。于是,犹太放贷者成为挥霍无度的基督徒贵族和财政紧迫的政府以及需要投资冒险的商人最重要的金钱来源。如果某位主教即将有个建筑计划,或骑士计划继续十字军运动,或者是贵族想纵情于个人的挥霍,通常会向犹太放贷者借钱。利息相当高,标准利率是"本金一镑,每周的利息是二便士",年率高达43%。利息采复利计算,不小心的债务人立即发现他们面临偿还不起的借款,即将丧失作为抵押债务的土地或动产。如此的金钱往来导致对犹太人敌意的增加,但是借款对于放贷者有利可图。1136 年,林肯的亚伦(Aaron of Lincoln)去世,没有直接的继承人,国王没收他的财产,由于相当多,国王还特别在英格兰财政部成立一个部门处理,称为"亚伦财政部",以处理这些财产。

在教会对犹太人施予宗教宽容时,他们完全依赖世俗统治者给予人身上的保护以及帮助他们收回贷款。在地方分权的乡村,如在法兰西,统治者既非国王也非地区封建领主,所谓保护"他的"犹太子民仅仅是在财政上利用他们。犹太人无权对抗统治,他们在法律上的地位有如农奴。12 世纪的英格兰法律书籍简单地宣称:"犹太人和他们所有的财产属于国主所有。"在法兰西,犹太人若未获允许就离开地主的领域,将视同逃亡的农奴,会被追讨回来。在西西里和日耳曼地区,犹太人正式被指称为"皇室的农奴"。因为犹太人无权对抗国王,国王可以任意向他们征税。在英格兰,除了专横的税外,国王固定征收犹太人所收取贷款的 10%,以及征去世的犹太人其 1/3 的地产。在某种程度上,情况是互相有利的:犹太人需要保护,国王需要金钱。但是实际上的结果是犹太人成为导管,其向基督徒放高利贷所赚取的利息都流入国王的私库里。这对国王来说相当有利,但是加速增加犹太人的怨恨。

然而,只要犹太人受到有效的保护,犹太人就能在中世纪的社会里生存与繁殖。当时并没有正式的犹太街(ghettos),不过,犹太人通常会在某个城市聚居形成自己的村落。如此的安排使得犹太人的个人生活集中在他们的家庭,其社会生活环绕在犹太教会堂的四周。富有的犹太人经常建立坚固的石造房屋,

---

[1] 参见第 285 页(边码)。

那是他们与外边的基督教世界隔开的庇护所，他们能够在那里从事不受干扰的宗教活动。基督教的节日通常在教堂或在户外举行庆祝活动，或在领主的大厅飨宴，但是犹太的年度大节日——逾越节（Passover）、住棚节（Sukkoth）、献殿节（Honukkah）均属于家庭节庆，全家人在犹太教会堂里庆祝。犹太法律接受西欧严格的一夫一妻制，所以犹太人的家庭包含一位丈夫，他的妻子与儿女，加上可能是基督徒的仆人。法律上禁止基督徒在犹太家庭工作，中世纪教会五申三令地禁止，但是对这种"坏风气"的一再反对表明法律未被好好的遵守。在犹太教法律文献里有很多资料显示犹太家庭的基督徒仆人，例如讨论在安息日是否能做家务事。（一位小心奉行教规的犹太拉比会在星期五晚上关上暖炉并带着钥匙，以免他过于勤劳的女仆在星期六点火。）尽可能留下年轻的女婿在家里。犹太女子有时在未成年时就与只有几岁的小男孩婚配，年轻夫妻住在新娘家里，直到他们有能力建立自己的小家庭为止。家中的男孩受到完善的教育，通常在5岁至13岁接受教育，老师由犹太村社聘雇或者由私人聘雇。最先学习的是希伯来字母，然后再阅读福音。女孩并未接受正式教育，但有些犹太妇女识字，少数人有学识。虽然犹太拉比认为花时间教育女子是不正确的，但是如果犹太女子感觉到有受教育的需求，没有理由相信她们不应该接受教育。

根据法律内容，犹太人获允维持旧的犹太教会堂，但不能建新的会堂。法律从未认真执行，因此只要有犹太人的村社就会建立会堂，每日的祈祷仪式与安息日的礼拜仪式在此举行。教皇英诺森三世曾向法兰西国王抱怨在桑斯（Sens）城建立的犹太教会堂比基督教教堂还要高；他催促国王调查他们有何企图心。中世纪的犹太村社集中在会堂附近，形成大的自治领域，有个代表组成的会议以掌管村社事务。会议也分配税收，分配穷人补助金，执行地方制定日常生活的法令。基督教统治者通常允许犹太人有自己的法庭，审判纠纷与惩罚违反犹太法律的人。

在基督教社会里的犹太人其生活应是相当愉快的，基督教会给与他们的权利，理论上会被认真地执行。事实上，自1100年以来犹太人所受到的煎熬倍增。1096年第一次十字军东征是犹太史上转捩点，一些十字军成员对抗基督的敌人——萨拉森人——而前往圣地作战，同时也认为犹太人是基督徒的敌人。一位法兰西编年史家描述在鲁昂的十字军成员的反应。他们一个传一个说道：

> 我们希望在东方战斗敌人，但是在我们眼中看到的犹太人比起其他民族更加敌对上帝。我们正要回头处理这件事情。

然后他们把目标转向犹太人并屠杀他们。就法兰西本身而言，这只是一件孤立的事件，但是当十字军向东移军经过日耳曼时，在特里尔（Trier）、沃尔姆斯、美因茨、科隆（Cologne）等城市重复施行大屠杀，其后在莱茵地区亦是如此。数千位犹太人一起被屠杀。在这些暴行之后，每一次新的十字军运动都对犹太人施以新攻击。教皇对暴行感到遗憾，主教们有时试图保护其城里的犹太人，但是仍然发生暴力。

12世纪中叶以后，因毁谤者声称犹太人谋杀基督徒小孩使得基督徒更加憎恶犹太人。这种说法最先出现在英格兰的诺维奇（Norwich）。在1144年耶稣受难日（Good Friday）前一天发现一具男孩尸体，谣传犹太人拐骗这位男孩并拷打他，把他钉在十字架上以轻蔑地再现基督被钉在十字架上的情景。地方当局不相信这个故事，并且保护犹太人；这位死去的男孩很光荣地被葬在大教堂里，并被视为殉道的圣者。不久在英格兰其他地区有很多类似的意外报道，接着在欧陆地区的城市亦发生这种事。伴随着告发惯例的谋杀罪，亵渎圣体的故事开始传开。他们说犹太人亵渎圣体——指献给神的圣餐所用的面包和葡萄酒，基督徒相信圣饼会变成基督的身体。表面上如此的控诉是荒谬的。很明显地，正统的犹太人不相信基督教义理的化体说，这样的故事普遍被接受说明基督徒对犹太人民态度的转变。很多基督徒认为犹太人实际上知道基督徒教义是真的，但因顽强抵抗的意图而拒绝承认。

史家最终认为对于犹太人普遍敌意的增加是基于经济因素或宗教的因素。通常不能很清楚地分开这两种动机；怨恨、仇恨、偏见会丑陋的混合在一起出现。对于发生在英格兰北部约克郡的事件是很容易解释清楚的。1189年3月，当理查一世筹划第三次十字军运动时，一群骑士聚集在那里。依据编年史家纽堡的威廉（William of Newburgh）说明，他们当中有一些是向犹太人借款的"阴谋分子"，一天晚上，阴谋分子闯入刚过世的富有犹太人本尼狄克的屋内，杀害他的寡妻与子女，并抢走屋内的财物，这象征着该城反犹太暴动的开始。大约有150位犹太人逃到王室城堡里避难，被一群骑士与市民暴徒包围。此外，出现一位疯狂的隐士，以言词煽动暴乱，激起大家的暴怒；当这位隐士被从城堡扔出来的石块击中而身亡时，宗教上的愤怒激增。当时是星期五，是逾越节的前夕，犹太人知道他们无法再抵抗下去，于是决定自我牺牲。他们放火烧毁建筑物，然后是他们的拉比约格尼的约姆托伯（Yomtob of Joigny）杀掉他的妻子、儿女，其他男人也照样杀掉其家人然后再互杀。翌晨，只有几位犹太人留下来。当他们出现在颓废的城堡时，乞求允许他们改宗，结果都被杀害。接着一群骑士火速冲入教堂里，那儿收藏着犹太人放贷的记录，于是强迫保管人交给他们，就在教堂的地板上烧毁这些文件。最后这些骑士才满意地展开他们的十字军运动。

虽然有这些悲剧，欧洲的犹太人在12世纪时似乎仍然增加，甚而数年后约克郡立即建立一个犹太人村社。但是13世纪时期犹太人变得愈来愈不安全。在13世纪30年代有新的发展，有位改信基督教的犹太人，名为尼古拉斯·多宁（Nicholas Donin），他使教皇首次明白指引犹太人生活仪式与民俗的犹太法典。多宁认为犹太人已抛弃摩西的宗教观，由新的犹太法典宗教取代。所以犹太人不再是基督徒所认定的"旧法"诚信的监护人。教皇下令公开烧毁犹太法典。再者，新的托钵僧修士视努力使犹太人改信基督教为他们神圣的职责，方法是传教和公开的辩论。一旦托钵僧遭遇挫折，他们就指责犹太人拒绝接受基督教的昭然真理。

犹太人日渐低落的地位最后的发展是基督徒在银行业和放贷业的大量增加。一些基督徒经常规避禁止放高利贷的教会法，从13世纪以来，教会法专家本身开始承认放贷可以收取合理的报酬。更早时期，犹太人已在经济上的短期资金流通方面占有一席之地，犹太人现在不再需要此工作。放贷的基督徒也会遭怨恨，但是犹太人因宗教之故而加倍被怨恨。1290年，爱德华一世国王强迫犹太人离开英格兰王国，直到1656年才能返回。法兰西国王腓力四世没收犹太人所有的财产，同样地于1306年驱逐他们。在中世纪后期，对犹太人的不宽容延伸至日耳曼地区；北方的犹太人在波兰建立了他们主要的庇护所。西班牙一直到1492年都有大量的犹太人，此后，基督徒的统治者斐迪南和伊莎贝拉征服了格拉纳达最后一个摩尔人的地区。他们驱逐所有不接受基督教的穆斯林与犹太人。意大利是唯一的例外，在整个中世纪时期犹太村社持续繁荣。犹太人从未被驱逐出罗马，犹太村社在罗马继续维持约2000年之久。

进一步阅读书目

* 蒂尔尼：《资料》与《读本》，第一册，nos. 64—70；第二册，nos. 33—34。

穆德（J. H. Mundy）在《中世纪盛期的欧洲》（*Europe in the High Middle Ages, 1150-1309*），第二版（伦敦，1991）一书中，对13世纪的生活及思想的方方面面都做了探讨。英诺森三世最好的传记著作，参看 * 塞耶斯（J. E. Sayers），《英诺森三世：1198—1216年欧洲的领导者》（*Innocent III: Leader of Europe, 1198-1216*）（伦敦，1995）；以及提尔曼（H. Tillmann）的《教皇英诺森三世》（*Pope Innocent III*）（纽约，1980）。爱德华兹（C. Edwards）的《英诺森三世：教会捍卫者》（*Innocent III: Church Defender*）（巴吞鲁日，路易斯安那州，1951）一书，提供了一些有关教皇活动范围的看法，而 * 鲍威尔（J. M. Powell）编的《英诺森三世：基督的牧师或世界之主》（*Innocent III: Vicar of Christ or Lord of the World*）第二版（华盛顿，1994）一书则摘译了几位欧洲学者的著作，做了有益的介绍。论述英诺森的教廷权力的思想，参见瓦特（J. Watt）的《13世纪教廷君主国的理论》（*The Theory of Papal Monarchy in the Thirteenth Century*）（纽约，1965）。亦见切尼（C. R. Cheney）与森普尔（W. H. Semple）合编的《教皇英诺森三世关于英格兰的书信选》（*Selected Letters of Pope Innocent III Concerning England*）（爱丁堡，1953）和彭宁顿（K. Pennington）的《教会和主教：12和13世纪的教皇君主制》（*Pope and Bishops: The Papal Monarchy in the Twelfth and Thirteenth Century*）（费城，1984）。英诺森若干

关键文献的译文，参见蒂尔尼（B. Tierney），《教会与政府的危机》（*The Crisis of Church and State, 1050-1300*）再版（多伦多，1988）。

论述异端运动出现的作品参看＊摩尔（R. I. Moore）的《欧洲异端的起源》（*The Origins of European Dissent*）（纽约，1977）和第十章援引的拉塞尔（J. B. Russell）的《异端和改革》（*Dissent and Reform*）。中世纪纯洁派的最佳入门书是韦克菲尔德（W. L. Wakefield）与 A. P. 埃文斯（A. P. Evans）的《中世纪盛期的异端》（*Heresies of the High Middle Ages*）（纽约，1969）；亦见韦克菲尔德的《异端、十字军与法兰西南部的宗教法庭：1100—1250》（*Heresy, Crusade, and Inquisition in Southern France, 1100-1250*）（伯克利与洛杉矶，1974），以及朗西曼（S. Runciman）的《中世纪的摩尼教徒》（*The Medieval Manichee*）（剑桥，1955），以及斯特雷耶（J. R. Strayer），《阿尔比派十字军》（*The Albigensian Crusade*）（安娜堡，MI，1992）。利（C. H. Lea）的《宗教裁判所的历史》（*A History of the Inquisition*），三册（纽约，1888）一书从未超出全面指控宗教裁判所的范围。带有更多怜悯心的阐述的著述是由维康达尔特（E. Vacandard）的《宗教裁判所》（*The Inquisition*）（纽约，1918）；梅科克（A. L. Maycock）的《宗教裁判所》（*The Inquisition*）（伦敦，1927）；香农（A. C. Shannon）的《13 世纪的教皇与异端》（*The Popes and Heresy in the Thirteenth Century*）（纽约，1955）所提供的。最近整个叙述的参看＊彼得斯（E. Peters）的《宗教裁判所》（*The Inquisition*）（柏克利和洛杉矶，1989）；摩尔（R. I. Moore）在《压迫社会的形成》（*The Formation of a Persecuting Society*）（牛津，1987）一书试着解释不宽容的成长。亦见博斯韦尔（J. Boswell）的《基督教、社会宽容和同性恋》（*Christianity, Social Tolerance and Homosexuality*）（芝加哥，1980）。

关于一般宗教的观点见＊布鲁克（R. and C. Brooke）的《大众宗教和中世纪》（*Popular Religion and the Middle Ages*）（伦敦，1984）；哈米尔顿（B. Homilton）的《中世纪西方的宗教》（*Religion in the Medieval West*）（伦敦，1986）；和＊吉尔里（P. Geary）的《福塔·萨卡拉：中世纪中叶圣骨的盗窃》（*Furta Sacra: The Theft of Relics in the Central Middle Ages*）（普林斯顿，新泽西，1978）。

关于新的托钵修会请见布鲁克（R. Brooke）《托钵僧的来临》（*The Coming of the Friars*）《纽约，1975》。有两部论述圣多明我的出色的著作是，麦道内特（P. Mandonnet）的《圣多明我及其著作》（*St. Dominic and His Work*）（伦敦，1944），以及维卡尔（M. -H. Vicaire）的《圣多明我及其时代》（*St. Dominic and His Times*）（纽约，1964）。论述修会的发展情况，参见欣纳布希（W. A. Hinnebusch）《多明我会的历史》（*History of The Dominican Order*），第一册（斯塔藤岛，纽约州，1966），以及加尔布雷斯（G. R. Galbraith）的《多明我会的规条》（*The Constitution of the Dominican Order*）（曼彻斯特，英国，1925）。至于原始资料方面，参见莱纳（F. C. Lehner）的《圣多明我：传记文献》（*Saint Dominic: Biographical Documents*）（华盛顿，1964）。在为数众多的圣方济各传记著作中最佳的著述是，萨巴蒂尔（P. Sabatier）的《阿西斯的圣方济各传》（*The Life of St. Francis of Assisi*）（纽约，1894）；卡思伯特神父（Father Cuthbert）的《阿西斯的圣方济各》（*St. Francis of Assisi*）（伦敦，1925）；恩格尔伯特（O. Engelbert）的《阿西斯的圣方济各》（*Saint Francis of Assis*），第二次修订版，英文版（芝加哥，1966），该书是一部内容及为丰富的传记著作。论述方济各会及其问题的，参见穆尔曼（J. Moorman）的《方济各会的历史》（*A History of the Franciscan Order*）（牛津，1968）；R. 布鲁克的《早期方济各会的管理》（*Early Francisican Government*）（剑桥，1959）；以及兰伯特（M. D. Lambert）的《方济各会的贫困》

(*Franciscan Poverty*)(伦敦,1961);和布尔(D. Burr)的《奥利维和方济各的贫困》(*Olivi and Franciscan Poverty*)(费城,1989)。哈比格(M. A. Habig)编的《阿西斯的圣方济各:有关圣方济各生平的英文文献》(*St. Francis of Assisi:English Omnibus of Sources for The Life of St. Francis*)(第四版芝加哥,1983年)一书是翻译资料与评论性入门的著名文集。关于妇女的宗教团体,参见前面第十五章所引述的麦克纳马拉(J. A. McNamara)的著作。

论述基督教欧洲与远东之间联系的,参见莫尔(A. Moule)的《1553年前中国的基督教徒》(*Christians in China Before the Year* 1553)(伦敦,1930),以及 * 德劳丁(M. Drawdin)的《蒙古帝国》(*Mongol Empire*)(纽约,1950),以及 * 摩根(D. Morgan),《蒙古人》(*Mongols*)(牛津,1986)。当然,最著名的阐述性著作是 *《马可波罗游记》(*The Travels of Marco Polo*),拉思兰(R. E. Latham)翻译(哈芝斯沃斯,1958)。

中世纪犹太史方面有很多著作。最详尽的著作是巴伦(S. Baron)的《犹太人的社会史和宗教史》(*A Social and Religious History of The Jews*),第二版,共十三册(纽约,1952—1967)。比较短的作品有 * 罗斯(C. Roth)的《犹太史》(*A History of the Jews*)修订版(纽约,1961)和 * 西纳姆(E. A. Synam)的《中世纪的教皇和犹太人》(*The Popes and the Jews in the Middle Ages*)(纽约,1965)。在探索近代反犹太主义的中世纪起源的作品中有 * 特拉奇坦堡(J. Trachtenberg)的《魔鬼和犹太人:中世纪犹太人的观点及其与近代反犹太主义的关系》(*The Devil and the Jew:The Medieval Conception of the Jew and Its Relation to Modern Anti-Semitism*)(纽约,1966); * 加恩(J. Cohen)的《托钵僧和犹太人》(*The Friars and the Jews*)(绮色佳,纽约州,1982);查桑(R. Chazan)的《信仰的短剑:13世纪基督徒的传教和犹太人的回应》(*Daggers of Faith:Thirteenth-Century Christian Missionizing and the Jewish Response*)(伯克利和洛杉矶,1988);兰穆尔(G. Langmuir)的《历史、宗教和反犹主义》(*History,Religion,and Anti-Semitism*)(伯克利和洛杉矶,1990);和《反犹主义的界定》(*Toward a Definition of Antisemitism*)(伯克利和洛杉矶,1991);和 * 波·琪亚—徐亚(R. Po-chia Hsiah)的《礼拜谋杀的神话》(*The Myth of Ritual Murder*)(纽黑文,康涅狄格州,1988)。有关中世纪晚期的西班牙对待犹太人的态度,参见尼伦伯格(J. Nirenberg),《暴力的社团:中世纪对少数人群的迫害》(*Communities of Violence:Persecution of Minorities in the Middle Ages*)(普林斯顿,1995);以及尼坦亚胡(B. Netanyahu),《宗教裁判所在15世纪西班牙的起源》(*Origins of the Inquisition in Fifteenth-Century Spain*)(纽约,1995)。

第十八章　中世纪政府的发展

13世纪,欧洲许多地区的世俗君主政体与罗马教廷制度同样得到了加强。在这些地区(除日耳曼帝国外),贸易的复兴、城镇的发展和交换经济的再现,深刻地影响政府机构的发展。国王能得到税收,以此雇用公务员和士兵。他们的各项活动不再取决于封建附庸提供的服务。随着中产阶级的出现,政治形势变得错综复杂。这些中产阶级有自己的欲望和野心、社会利益和经济利益。国王、贵族和农民仅仅依靠土地产品生活的朴实世界已不复存在。

在此期间,西欧三大国——英格兰、法兰西和帝国(日耳曼帝国)呈现了稳定的政治情况,并且逐渐产生各种政治机构,至少500年之内这些机构一直存在。一位18世纪的学者观察11世纪这一地区的机构时,会发现一切都很陌生;但如果他对1300年的机构做一些研究,却能揭示18世纪机构的秘密。13世纪,这三个国家发展的过程是不一致的。11世纪最强大的君主政权(日耳曼帝国)成为那时最弱的国家,同时,原先最弱的卡佩王朝的法兰西成为最强大的国家。这是一个发展、变化和进行伟大的政治活动的时代。

58. 霍亨施陶芬帝国

腓特烈二世皇帝(Frederick Ⅱ,1215—1250年在位)是在教皇英诺森三世帮助下登位的,但他却是罗马教皇最危险的敌人。在血统上他算是半个西西里岛人,并具有该地的气质。他觉得日耳曼是寒冷、潮湿和阴暗的地区,那里有许多沼泽地和森林。在1220年之前,他一直居住在北部王国,他之所以这样做是为了尽量少引人注目,而离开那里以后,他仅回去做过一次短暂的访问。在他的日耳曼王国里,腓特烈更坚定地,也可以说是尽情地执行他先辈的一般政策[1]。他给予王公们所要求的一切。其附庸全部由世袭统治者组成,他们享有司法权力。国王同意,未经封建领主许可不得在其领地内建造堡垒和征收税收,并将皇家最后的几个坚固堡垒——日耳曼城镇交给了封建领主。无需说,这种对待诸侯的态度只获得某种意义上的成功:它使得诸侯们保持沉默。一旦他们从腓特烈那里得到他们所需要的一切后,他们对这些待遇就没有兴趣了,并且拒绝支持他出征意大利。

腓特烈二世是一位杰出的人物,他能抓住他本国同时代人的想象力,对以

---

[1] 参见第339—341页(边码)。

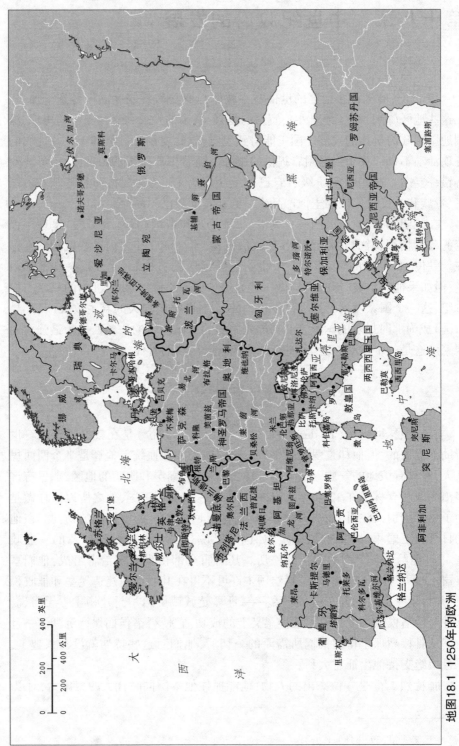

地图18.1 1250年的欧洲

后的作家也同样有吸引力。[1] 他受过良好的教育,常识渊博,是一位诗人,也是诗歌的赞助人。他在西西里宫廷中长大,深受伊斯兰文化的影响,据说,他有一个住满穆斯林美女的后宫。有关他与教会对立的说法或许是有所夸大,但可以肯定的是,他比起当时的许多君主更少虔诚。他对教士的职位以及教皇的权威没有多少敬畏,他也不在乎与伊斯兰君主保持友好关系。总之,他是一位典型的君主,无论他统治哪一个王国,教皇从未对他怀有好感。1220 年,当他离开日耳曼时,决心将意大利建成由西西里的诺曼王国主宰的集权国家。这样,他几乎马上成了罗马教廷的死敌。

英诺森三世的继承者洪诺留三世(Honorius Ⅲ,1216—1227 年在位)是一位温和的教皇。由于腓特烈带领十字军出征和同意恢复罗马教皇的领地,这些领地从腓特烈·巴巴罗萨(Frederick Barbarossa)时代一直控制在皇帝手中,所以他赢得了这位教皇的宠爱。但是腓特烈并不想遵守其诺言,这样使洪诺留犯了大错误。教皇未要求他放弃西西里岛,就授予他为皇帝。腓特烈随后集中精力巩固其在西西里岛王国和意大利中部的权力。在意大利中部,他的父亲和祖父所用的官员被一些无影响力的西西里岛人所取代。即便是温和的洪诺留在任职末期也逐渐不能容忍腓特烈二世的所作所为。下一任教皇——格列高利九世(Gregory Ⅸ,1227—1241 年在位)是一位宗教狂热者,他决定保卫属于罗马教廷的每一寸土地,并立即以皇帝违背进行十字军出征的誓言为借口,迅速将腓特烈逐出教门。

随后,腓特烈赶往圣地,根本不在意是否与教会达成和解,这使得教皇非常气愤。接着发生的十字军东征是一桩令人感到不愉快的事件。当腓特烈到达耶路撒冷时,因为他是被逐出教门的人,遭到了教长(patriarch)的猛烈抨击,这丝毫没有使他感到苦恼。他率领军队向巴勒斯坦进军,并坚持与拥有耶路撒冷的埃及苏丹进行协商。最后,苏丹做出让步,腓特烈得到了耶路撒冷、伯利恒、拿撒勒和其他一些小镇。总之,他占有了圣地及一条与此相连的狭长地带。在耶路撒冷,基督徒和穆斯林都享有宗教自由。腓特烈则同意不支持任何十字军反对苏丹和攻击其领地,这项协议使教长感到担忧。腓特烈进入耶路撒冷后不久,该城就被停止一切宗教活动。随后,腓特烈获悉罗马教廷的军队正入侵其意大利领地,仓促回国,结束了他在那里的活动。然而,需要指出的是,腓特烈得到的利益比任何十字军要多,他收复了耶路撒冷。

返回意大利后,腓特烈轻易地打败了罗马教廷的军队,并于 1230 年迫使格列高利媾和。次年,对腓特烈的统治来说是一个关键时刻。在西西里岛,他在梅尔菲(Melfi)召开了一次大公会议,为西西里王国颁布了一部法令。在立法审

---

[1] 《资料》,no.74。

判方面，它强调了国王的至高无上权力，这大大削弱了封建贵族和市民的权力，并将主要的民事和刑事案件收归朝廷处理。西西里岛被划分为 11 个大教区，每个教区的刑事和内部事务分别由帝国委派的首席司法官和内务大臣负责；地方官员受中央政府派遣的专员依次监督。有时这种体制被认为是现代专制国家的原型，然而它具有进步的一面。腓特烈积极支持商业，降低关税，虽然其他税收仍很高，但每个阶层都要承担。他经常召开代表大会，会议中，来自城市的代表与贵族和高级教士一起向国王提出各项建议。

同年，他颁布了《梅尔菲宪法》(Constitution of Melfi)。在拉韦纳，腓特烈主持了一次会议。会中，他将在伦巴第的许多城市实行同样政治体制的计划公布于众。同年他还对日耳曼公布了《支持君主宪法》(Constitution in Favor of the Princes)，在宪法中他赋予每个君主在其领地至高无上的权力，腓特烈的意图是很明显的。在意大利形成高度君主政体的同时，日耳曼却可以自行其是，因它远离帝国的中心，是个不重要的省份。[1]

该项计划的最难之处是要征服伦巴第。不久，在教皇支持下，与腓特烈·巴巴罗萨[2]作战的伦巴第同盟重新组成。1239 年，教皇再一次将腓特烈逐出教门。1241 年，格列高利教皇去世，帝国正准备攻打罗马。下任教皇是西莱斯廷四世(Celestine Ⅳ)，但上任两星期就去世了，他的继承人英诺森四世(Innocent Ⅳ，1243—1254 年在位)是另一位拥有强大权力的教皇，并且是一位伟大的教会法学家和顽强而又固执的战士，在统治初期，他逃离罗马而越过阿尔卑斯山，在里昂建立了罗马教皇法庭，腓特烈无力控制那里。英诺森召集了一次宗教会议，再次宣布将这位皇帝逐出教门，并废除其帝国皇位。与英诺森三世不同，英诺森四世优先考虑紧迫的政治问题，用教皇权力以各种名目向各地教会收取钱财（经常采取模棱两可的手段），资助其在意大利连年不断的战争。

同时，英诺森四世力劝欧洲各君主进行干涉。虽然英王亨利三世是一位虔诚的君主，但是缺乏借口干涉的理由；而法兰西的圣路易却不太同情教皇的极端要求，最后使得英诺森的努力一无所获。腓特烈则寄给其本国许多王公的一些华而不实的信，痛斥罗马教廷的世俗势力，宣称他打算在自己领地内将教会改造为符合使徒清贫理想的状态。[3] 当时抱有传统思想的天主教君主对此建议感兴趣，但认为这种做法有些过分。事实上，双方最后都未能获得国外盟国的有效支持，结果是皇帝一方与得到教皇用金钱支持的伦巴第同盟的另一方之间发生了激烈争斗。虽然腓特烈获得多次战役的胜利，但他从未能赢得战争的

---

〔1〕《资料》，no. 72。

〔2〕参见第 337—338 页（边码）。

〔3〕《资料》，no. 73。

最终胜利。在战场上由于缺少人力和财力,所以他不能打败同盟的军队。随后,设防的城镇一个个地失去了。

腓特烈二世皇帝死于1250年,伦巴第仍然未被征服;而且从所有实际目的而言,他的死亡标志着霍亨施陶芬家族的终结。腓特烈二世的儿子康拉德在日耳曼被承认为国王,但是他只是一个傀儡。他在西西里岛的地位在逐渐加强,但是还没有来得及巩固其在那里的权力,就于1254年去世了。日耳曼的选帝侯因此分裂为两派,各自选出一位外国诸侯当皇帝。这两位未来皇帝是卡斯提尔的阿方索十世(Alfonso X)和康沃尔的理查,后者是英王亨利三世的兄弟。他们两人不得不慷慨贿赂日耳曼的诸侯们,但都未能在日耳曼建立起任何有效的权力。从日耳曼诸侯的观点看来,没有能建立起一个令人完全满意的局面。最终在1273年,选侯们一致同意选出哈布斯堡(Hapsburg)伯爵鲁道夫(Rudolph)为国王。他是一位不起眼的小贵族,由于指责帝国对罗马教皇国提出所有的要求,而赢得了教皇的支持。尽管鲁道夫(1273—1291年在位)有效地行使他的权力,并通过他的儿子与奥地利女继承人的婚姻关系,为未来他的王朝的兴盛奠下了基础,但他并未能加强日耳曼的王权。事实上,在那里他几乎无事可做,日耳曼的诸侯们已成为这王国中的主人,他们不准许重新恢复行之有效的王室权威。本质上,日耳曼已不再是一个单一的国家,而是处在一位选出的国王之下,拥有笼统君主权的松散的君主联盟。

在腓特烈二世竭尽其全部精力于意大利发生的冲突时,他的王国边界发生了两件重要事情,对东欧的未来发展有着深刻影响。第一是条顿骑士团的扩张,侵入了普鲁士。当初建立这个骑士团的目的是保卫圣地,但在13世纪初,其成员开始发现在异教徒的斯拉夫人中有一个更值得作战的战场。1226年,腓特烈二世封赫尔曼·凡·索尼扎(Hermann Von Salza)为东普鲁士条顿骑士团总指挥。1231年条顿骑士团越过维斯杜拉河(the Vistula),经过30年不断扩展和一连串的战争,占领了东普鲁士附近的土地,这里的异教徒居民不是在刀剑的逼迫下改宗就是被驱赶出去,取而代之的是日耳曼移民。13世纪的下半叶,普鲁士成为日耳曼人和基督教徒的天下。

在东方的第二件事是蒙古游牧民族侵略欧洲,这是自奥托大帝955年粉碎马扎尔人政权后又一次对欧洲的威胁。1237年,一支通称为"金帐汗国"(the Golden Horde)的蒙古大军,在成吉思汗(Genghis Khan,1206—1227年在位)的孙子拔都(Batu,1224—1256年在位)指挥下横扫俄罗斯南部大草原地带。草原地带的游牧民族和俄罗斯王公们被打败和征服。在打败匈牙利军队及波兰和普鲁士骑士联军后,蒙古大军继续前进,蹂躏了匈牙利和波兰,同时他的军队正在掠夺亚得亚里海东海岸。拔都获悉他的叔叔——大汗(the Great Khan,即窝阔台可汗)去世的消息后,立即赶往中亚参加王位竞争。他的军队则退到俄罗斯大草原,并在那里建立了一个蒙古政府。许多历史学家认为,如果拔都没有受到阻碍,他可以轻而易举地蹂躏西欧各国,从而使西欧的文明有可能不复存在。事实上,蒙古人并不是无敌的,埃及人多次打败过他们,西欧的军队也同样打败过他们,幸运的是西欧没有卷入这场战斗。虽然蒙古人从匈牙利和波兰撤退了,然而,他们继续控制着俄罗斯南部的斯拉夫民族。由10世纪维金人冒险家最早建立起来的罗斯国家一直受到鞑靼人的统治达两个世纪。

59. 地中海:西班牙与西西里

在13世纪期间,卡斯提尔和阿拉贡成为两个最强大的西班牙王国。1230年以后,莱昂(León)与卡斯提尔永久性合并;从1137年起,巴塞罗那(Barcelona)与阿拉贡合并。(葡萄牙仍保持独立,1234年香槟的狄奥巴得[Theobald of Champagne]伯爵继承纳瓦尔[Navarre]小王国,以后那里受法兰西的影响。)当时,西班牙王国正充满活力、生气勃勃。人们正进行立宪尝试、商业扩展,并获得了极大的文化成就。但中世纪的西班牙政治一直不十分稳定。

各王国都有特点。在每个王国中,旧基督教领地与从穆斯林手里新征服的领地之间的情况也是截然不同的。西班牙的城市生活不断发展,这种生活正是12世纪的主要特征。到了12世纪末,许多西班牙城镇(尤其在北部)要求享有王室特许状授予的特权。1188年开始了新发展。莱昂许多城市的代表应邀出席"代表会议"(Cortes),即国王和贵族会议,这次会议主要是讨论王国的财政和立法问题。半个世纪里,包括城市代表的同样会议在所有西班牙王国中召开。由于来自城市的代表没有权力影响出席的成员,因此,早期的西班牙"代表会议"并不成熟。但中世纪后期的代表大会,每个代表都有权参加决策[1]。在西班牙,城市代表如此早就能参加议政,说明了城镇和中产阶级日益发展的重要性。

在南部地区,城市生活并不发达。穆斯林领地安达卢西亚(Andalusia)被卡斯提尔征服之前,是一个发达的城市,但被征服后,许多居民被驱逐。卡斯提尔中心地带的大部分地区是以游牧经济为主,大批的半野生的牛群和羊群在领地内四处闲逛。全国被划分为许多大牧场,归军团或者世俗贵族所有,这些人都参加"收复失地运动"(Reconguista)。几世纪后,这种形式的大牧场转移到西属墨西哥,包括现代的得克萨斯(Texas)。

阿拉贡占有的瓦伦西亚(Valencia)穆斯林领地是一块灌溉良好的沃土,拥有许多小农场。在被征服后,穆斯林农民继续在这里工作,他们支付给基督教领主

---

[1] 参见第395—402页(边码)。

沉重的租金。在一些较大的农业大庄园里，经常使用奴隶劳动力。在所有新征服的领地内，教团力量和控制穆斯林人口的问题阻碍了立宪政府的发展。

收复失地运动的主要后果是：它使得伊斯兰教、犹太教和基督教的传统汇集成为一种灿烂的复合文化。卡斯提尔的阿方索十世（Alfonso X,1252—1284年在位）是一个伟大的学术赞助人。他喜欢自称为"三教之王"。在他统治下，托莱多（Toledo）成为繁荣的文化生活中心。11世纪和12世纪，西班牙的犹太人和穆斯林中富有独创性新思想的最伟大的时代已告形成。13世纪，他们产生第一流的综合性著作。犹太学者将大批伊斯兰哲学著作译成卡斯提尔语。他们还设计出了一套重要的天文表献给国王，史称"阿方索铜表"。阿方索的法律学家编纂了一部重要的法典，这部法典称为《七法全书》(Las siete Partidas)，它综合了卡斯提尔的法律，基本上借鉴了罗马法和教会法体系。

不幸的是，虽然阿方索作为一个文化赞助者极为成功，但作为一个政治家却建树甚少。在政治事务中，他一直野心勃勃，但始终未能如愿。霍亨施陶芬王朝垮台以后，日耳曼正处于无统治者的时期，这时他是帝国皇位的两个主要候选人之一（另一位是国王的母亲——碧翠斯[Beatrice]——是腓特烈·巴巴罗萨的孙女）。但阿方索未能登上皇位，甚至未能保持其自己的卡斯提尔王国的安定。1275年，当他的儿子斐迪南死后，阿方索根据罗马法的原则，坚持斐迪南的幼子为王位继承人。然而卡斯提尔的贵族支持斐迪南的弟弟桑丘（Sancho）为继承者，因此爆发了内战。最后桑丘继承王位，称桑丘四世（Sancho IV，1284—1295年在位）。由于没有建立明确的继承法，以后卡斯提尔的政治历史充满继承问题的争端和内战，在这过程中，贵族派支持自己的候选人登上王位，或者有时处于少数派时，就试图力争控制摄政会议。

在邻国阿拉贡，由于诸子均分王国领域的做法，使政治形势变得错综复杂。当詹姆斯一世（James I,1213—1276年在位）征服马略卡岛（Majorca）时，将它作为独立王国授予其幼子，同时其长子彼得继承了大陆领地。但是，阿拉贡旧王国的人民与加泰罗尼亚（Catalonia）人民之间的紧张关系根深蒂固。加泰罗尼亚靠近巴塞罗那，旧阿拉贡王国是个陆军强国，当地人民主要关心西班牙半岛内部的事务。加泰罗尼亚人善于航海，他们喜欢在整个地中海地区扩展商业网路和产生影响力。阿拉贡国王与加泰罗尼亚臣民一样雄心勃勃，为了能自由地在海上冒险，他们授予旧阿拉贡城市一些特权抚慰那里的贵族。虽然阿拉贡也存在着继承权的争斗和内战，但它的政治史却受到一个更大的主题所支配，即它的国王们都在寻求有朝一日能成为统治地中海的伟大皇帝。詹姆斯征服马略卡岛只是迈出第一步，至13世纪末期，阿拉贡人统治了西西里岛、撒丁岛和科西嘉岛。同时巴塞罗那成为中世纪商业大城市之一，在财富和势力上，它与威尼斯和热那亚并称。

腓特烈二世死后，意大利的主要政治问题是西西里岛王位的安排。教皇英诺森四世极力想把西西里王国并入罗马教皇国。腓特烈死后，那不勒斯立即发生一场反对帝国政府的叛乱，它得到教皇的积极支持。但腓特烈的儿子康拉德成功地镇压了这次叛乱。1254年康拉德去世后，他的同父异母兄弟曼弗雷德（Manfred）在西西里夺取了权力。曼弗雷德是腓特烈二世的私生子，他以康拉德的幼子——康拉丁（Cornadin）的摄政者身份正式进行统治。康拉丁是王位的合法继承人。曼弗雷德是位受人尊敬和能干的统治者。不久教皇认识到这一点，为了把他赶下台，他不得不把西西里授予一些具有征服能力的外国君主。起初，英诺森四世求助于英王亨利三世，亨利三世正想为其幼子——埃德蒙·克劳奇巴克（Edmund Crouchbark）得到西西里岛王位。教皇从亨利那里得到钱财，资助部队与曼弗雷德作战，但在1258年，曼弗雷德赢得了决定性的胜利。同年，英格兰男爵们明确表示，他们不再资助国王在地中海的冒险。接下来，教

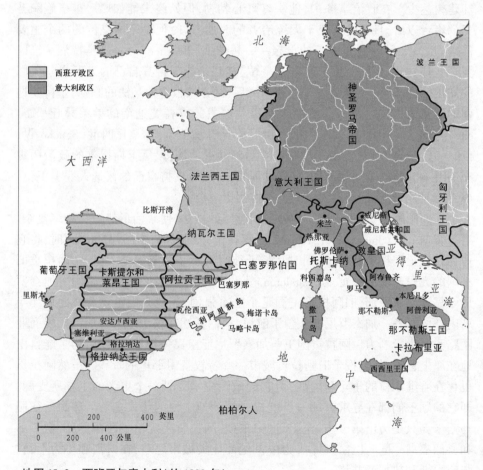

地图18.2　西班牙与意大利（约1300年）

皇求助于法兰西,并授予路易九世在安茹(Anjou)的兄弟——查理为西西里国王。1266年,查理入侵西西里,在贝尼温陀(Beneventum)战役中打败曼弗雷德,并将他杀死,这样查理正式为王,终于在西西里重新建立起霍亨施陶芬王朝的势力。1268年,年轻的康拉丁王子带领日耳曼部队进入意大利南部。但不久,作为霍亨施陶芬王朝最后一位君主的康拉丁,在战争中被打败,被俘并当众处死。1282年,查理成为西西里无可争议的国王,当时内乱和接二连三的阿拉贡人的侵犯使得查理的权力受到挑战。

在意大利北部,由于帝国政权的崩溃,使得一些较大的城市各自为政,任意追求自己的政治和经济目标。当时有许多自治市存在,但只有少数几个大城市具有重要的影响。1284年,热那亚获得了一场大的胜利,它打败了宿敌比萨(Pisa),并成为这一地区的主要航海国。佛罗伦萨确立了在托斯卡纳(Tuscany)城市联盟中的主宰地位,1293年,开始采用新共和国宪法,但这并没有结束具有佛罗伦萨政治特色的宗派之争。米兰是伦巴第平原上的一个主要城市,由维斯孔蒂(Visconti)家族控制。威尼斯是伟大的商业帝国的首都,它是一个少有的稳定的共和国政府的典范。[1] 如果我们综观这个半岛,意大利与西班牙一样,在13世纪下半叶充满经济活力,但政治形势动荡不定。

60. 法兰西:王室权力的增长

法兰西在政治发展过程中,与日耳曼和意大利形成了鲜明的对比。整个13世纪,法兰西的王室权力不断增长。腓力二世·奥古斯都(Philip Ⅱ Augustus,1180—1223年在位)为强大的君主政体的发展奠下了基础。随后四代的卡佩王朝国王继续这种发展。王室领地逐渐扩大,婚姻带来的联盟使图卢兹郡及香槟大采邑也成为王室领地。如果国王们能保持其手中的领地,14世纪初的王室领地会超过半个法兰西。但这种情况没有发生,因为腓力·奥古斯都的儿子——路易八世(Louis Ⅷ,1223—1226年在位)恢复了原有政策,将世袭封地(appanages)分封给国王的次子们。

在所有的封建君主制国家中,如何对国王年轻的儿子们进行分封是一个难以处理的问题。即使王室税收准许以现金支付给他津贴,也没有哪个雄心勃勃的王子会感到满意。他想得到自己的庄园和附庸,以使自己独立,并最终能拥有一块采邑领地。早期的卡佩王朝很幸运,因为其家庭很小。他们定期将王室领地分配给儿子们,但由于儿子很少,这样做的后果影响不大。路易八世只是简单地执行当时的惯例,把他的采邑分封给他的年轻的儿子们,但他有三个儿

---

[1] 参见第532—535页(边码)。

子要分配,他们是罗伯特(Robert)——得到阿托斯郡(Artois),阿方索——得到普瓦图郡,查理——得到安茹和曼恩。而路易自己的领地是从母亲那里继承得到的,其中一半是腓力从英格兰的约翰手中夺来的领地,不再属于王室直接控制。

粗看分配世袭封地是不明智的,许多历史学家也是这样认为的。事实上,当时这是完全必要的,因为腓力和路易八世的领地非常庞大,所以通过行政管理难以奏效。通过分配世袭领地,国王可将土地分配给能够管理和可以信赖的领主。但从长远考虑,这项政策会减弱国王的力量。国王的兄弟们通常是会效忠于国王的,他们的儿子或许会同样地感到应对国王的儿子负有义务。但在第二代的堂兄弟之间的联系就变淡了,谈不上有这种力量。至1328年,只有四大古代采邑保存下来,它们是佛兰德斯、布列塔尼、勃艮第和阿基坦,但世袭领地的分配产生了一批新封建君主。然而到了13世纪,这种政策的深远后果并不明显,世袭封地持有者暂时效忠于王室,国王的权力似乎比以前加强。

从前几章叙述可知:对城镇发展、商业振兴和交换经济的重视大大增加了较大封建君主的权力。城镇的富裕和市集的繁荣使这些封建君主的财产越来越多,他们能够雇仆人和士兵服从其指挥。较小的贵族却无能为力。腓力国王及其继承者们用钱雇中产阶级官员和贪财的士兵,这样,领地中的小男爵们就不得不屈服于国王。

但其他封建君主们也以同样方式扩展其力量。在这期间,卡佩王朝国王极为幸运地把许多大的采邑掌握在王室手中。13世纪,当人们谈及靠着牺牲贵族的代价扩大王室权力时,这主要是指王室领地的扩大。这期间,君主权力不断增长,部分原因是国王学会了管理领地的更有效手段,但主要原因是尽管进行了封地封禄,领地的范围仍比12世纪大为扩充。在巴黎附近,路易六世(Louis Ⅵ,1108—1137年在位)管理非常得法;从北海到地中海地区,路易九世(Louis Ⅸ,1226—1270年在位)统辖着一块幅员庞大的领土。王室领地发展的两个主要阶段是:腓力征服约翰的北部采邑和由于镇压阿尔比派的十字军的漫长过程而得到的广阔领土。

整个13世纪中期,法兰西中世纪最伟大的国王行使着扩大的王室权力。路易九世(后称圣路易)是中世纪未曾有过的一位理想的封建国王,他非常勇敢、慷慨和极端虔诚,并受到普遍的尊敬。中世纪国王中很少有人敢与路易说同样的话:"我独自安眠,绝对安全,因为没有人对我怀有嫉妒之心。"路易的传记作者儒安维尔(Joinville)告诉我们许多关于这位国王献身于人民和主持公道的故事。有时,他会在文森那(Vincennes)森林一棵大橡树底下不拘礼仪地主持朝廷事务,纠正他注意到的任何错误。当他坚持自己的看法时,他渴望给予他人以答辩的权利。他没有将亨利三世赶出加斯科涅(Gascony),而是与他讲和。

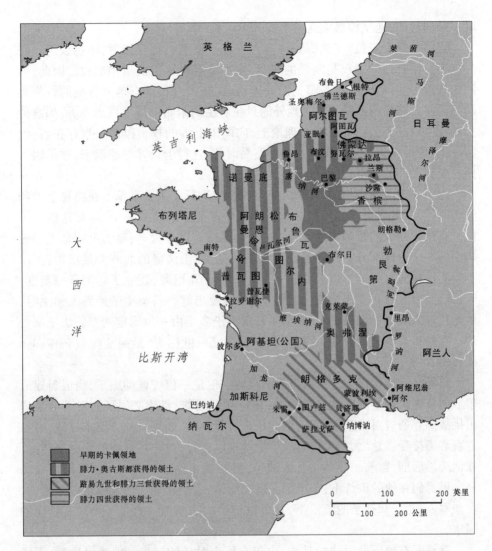

地图 18.3 法兰西王室领地（约 1300 年）

在 12、13 世纪，法兰西国王们不惜以牺牲英王及其法兰西附庸的利益为代价，稳固地扩展王室领地，他们发展中央集权体制，有效地管理了他们的统治地区，可将此图与 200 年前腓力一世控制地区的地图做一比较。

亨利放弃拥有诺曼底、曼恩、安茹和普瓦图的主张，以报答路易承认他拥有作为法王附庸的加斯科涅领地。当他的男爵们抗议他对英格兰做出不必要的让步时，路易却说："我们两国应该和平，这是最合适的。"曾经有一个人要求恢复其对采邑的权力，因为路易父亲曾封地给他。当这个人拿出一张撕得粉碎的特许状时，路易的官员们劝路易不要接受这项要求，但国王能在损坏的文书上认出其父亲的封印,他坚持尊重这一事实。[1]

当路易登上王位时,他听到许多人抱怨王室官员掠夺钱财,不讲公道。路易认为行使合适的王权是宗教的职责,他不能容忍官吏们滥用职权。因此,他决定派遣一些调查员,代表国王四处查访,这些人有权调查地方官员的行为和消除民怨。路易也鼓励王室领地外的封建君主的附庸向国王提出上诉,揭露他们的领主对其不公正的对待。理论上,向国王上诉的权力以前一直存在着,但实际上,这种权力是徒有虚名。直到路易时代,这种上诉才普遍起来,这是因为路易受到人们的尊敬,并有权实施他的审判权力。

为了处理不断增加的诉讼案,王室的组织进行了重要变革。在路易七世和腓力时代,王室成员、男爵、高级教士和骑士都能了解这些案子,通常这些案子由具有法律知识的牧师协助处理。这个法庭随着国王流动,事实上它是王室机构中的一个组成部分。在路易九世在位时期,国王法庭的业务大量增加,所以不得不设在固定的地方以经常进行公正开庭。在巴黎,建立了定期开庭制度。若诉讼当事人有必要出庭时,男爵和主教也要出庭。若案子牵涉到大领主时,他的代理人就要参加法庭审理,但是日常诉讼多半由一位固定的专职法学家处理。在路易九世统治时期,这种中央王室法庭后世称为"最高法院"(Parlement of Paris)。

路易坚定地增加王室控制男爵的权力。他是一位虔诚的国王,痛恨封建战争。他首先采取措施限制这种战争,规定在开战前,贵族必须预先对其对手提出挑战。并通告对方亲友,问清他们是否打算参战,如果有一方要求停战,另一方就必须接受。总之,私人进行战争变得难以进行,对它感兴趣的人越来越少。在他统治后期,路易一律禁止私人战争,甚至禁止他的贵族们率领军队四处骑马。男爵们在他的训练下,个个都能遵守纪律,这是其他任何人都难以做到的。在他本人、儿子和孙子的统治下,几个世纪中的法兰西一直是一个很有秩序的国家。

路易既有他所处时代的品德,也犯有那个时代的过失。他憎恨异端,不能容忍犹太人。他所支持的唯一一战争是镇压异端的十字军出征。支持十字军出征的热情导致他一生遭受极大挫折。由腓特烈二世在1227年率领别有用心的十字军拉丁王国收复了耶路撒冷城市,但是到了1244年又重新被土耳其与埃及苏丹的联军所夺取。路易想夺回它,但所有企图都遭到失败。1249年,路易加入了十字军,召集了一支大军,其计划是攻打穆斯林势力的中心——埃及。这支军队收复了达米埃塔(Damietta),然后向尼罗河三角洲进军。但不久,这支军队在尼罗河的许多支流处迷失了方向,于是他们遭到了埃及军队的袭击,并

---

[1]《资料》,no.71。

被彻底打败,路易及其许多贵族随从被俘。路易付了一大笔赎金后才获释,并在巴勒斯坦居住四年之久,他唯一的收获是建造了几座堡垒。1270年,路易九世和他的兄弟——安茹的查理又带领一支十字军东征,但进入突尼斯不久,路易就死了,由于没有他的领导,十字军一败涂地。

路易的继承者——腓力三世(Philip Ⅲ,1270—1285年在位)和腓力四世(Philip Ⅳ,1285—1314年在位)坚持在法兰西实行路易的政策,他们的官吏们继续干涉贵族的司法权,私人战争仍受到压制。巴黎议会成了更加复杂的组织,在腓力四世统治时期,它已分为三个部门,其中包括受理案子的"审判厅"(chambre des plaids)、接受申诉并决定是否受理的"申诉厅"(chambre des requests)和执行司法调查的"调查厅"(chambre des enquetes)。

处理王室财政事务的方法也有重大发展。腓力的中央财政管理部已包含对巴黎圣殿骑士团修道院的司法和宗教首领的账目进行年度的审计工作,而该骑士团的团员扮演着王室代理人的角色。大教堂(the Temple)也用作储藏国王的财产。当腓力征服约翰的采邑时,他全盘接受了安吉文(Angevin,即安茹王室)国王们制定的复杂而有效的金融体制。他和他的继承者以它作为典型制度,改善其行政管理。第一步,他组织一批官员和王室执事执行年度审计,然而,腓力发现他们不能花很多时间去处理如此多的工作,因此又组成了一个审计法庭(chambre des comptes)。腓力将国库从大教堂转移到卢浮宫,任命专门官员保管其财产。

除管理金融和在法庭内执行司法的人员外,国王还有一批发誓效忠并能进谏的议员作为其顾问。这样,在卡佩王朝初期,议会、审计法庭和最高法院各自发挥其作用,但这样不意味着其中成员的工作非常明确。一位重要的官吏也许插手于所有部门的工作。但通常,王室行政由专门人员管理。也应看到中央行政管理的发展产生了新的官僚,当人们考虑中央管理人员和地方法官(baillis)其他人员工作时,就会知道其中许多人员不尽职责,白拿国王的薪水过活。

每一个封建领主都有其"法庭"(curia),即全体附庸集会制度。卡佩王朝的国王们也有同样的"法庭",成员每隔一段时间聚会一次,通常在圣诞节和复活节举行。在处理重大问题时,如有关大附庸切身利益的立法,国王就会召集附庸开会。由于法兰西国王只是一个封建君主,所以通过附庸集会能收集到许多建议。当卡佩诸王发挥有如国王的作用时,他们的感觉与行使大封建主权力的人的感觉完全不同,他们觉得有必要与其他臣民相互接触。由于各个城镇是国王的财源和军事力量的重要组成部分,因此对国王来说,受到那里臣民的信任是极其重要的。而且,由于税收取代了纯粹的封建收入,有些小贵族并非是国王的附庸,他们能从这项政策中得到许多好处。不久国王发现,一项税收政策或立法能得到与之有关人员的认可,就很容易实施,因此,国王还时常收集不属于"法庭"成员的建议。1302年,腓力四世正与罗马教廷进行一场生死存亡的争斗,他认为有必要得到全体臣民的支持,因此,他召集教会、贵族、城镇的代表召开了第一次"三级会议"(Estates General)。[1]

这次会议积极支持国王的政策,使他能够领导团结一致的人民与敌人斗争。在紧急情况下,腓力及其继承者就会召开这种会议,如果国王需要资金或进行破除旧习惯的立法,这种集会显得更为重要。总之,习俗和传统限制了封建君主的权力,要改变或冲破这些习俗,必须征得代表们的同意。经常召开三级会议是因为它对国王有用,并且能够加强国王的权力,得到三级会议的同意,国王能做以前不能做的事。只是到了后来,人们发现由于三级会议能够否决国王,所以也限制了国王。

腓力二世、路易九世及其仆从都为增加王权而工作,但他们只能在习俗约束的范围内行使其权力,他们以很大的热情在卡佩王朝国家建立起封建君主政体。另一方面,在腓力四世时期,宫廷中有另外一批人,他们对王权有不同的认识。这些人精通罗马法,他们认为国王是上帝在世上的代表,由上帝赋予绝对的权力统治王国。总之,为了国家的利益,他能做出任何决定。这些观念在很大程度上为所有官僚体制的成员所接受。这些国王的臣仆所发展的与其说是提高国王个权力的观念,不如说是提高国王政府地位的观念。而且他们倾向于认为他们自己就是王权,即政府。在腓力四世统治法国的时候人们不仅可以发现绝对王权的迹象,权力强大的官僚制度已经初见端倪。

61. 英格兰:君主立宪制的发展

在13世纪,英格兰同法兰西一样,王室权力大为增加,但各种反对势力也在增强。亨利二世的儿子——理查(Richard,1189—1199年在位)和约翰(John,1199—1216年在位)继续其父亲的王权政策。他们以各种名目大量敛取钱财,继续扩大王室的司法权。理查富有魅力,但却是一位不检点的君主,他长得英俊,个性坦率、开朗、慷慨大方,是诗歌赞助人,自己似乎也能写几首诗,作为十字军领导人,他常常支持教会。那时,他还是一位特别能干的士兵,在英格兰的唯一兴趣是获得钱财并资助其带领十字军出征与腓力·奥古斯都艰苦作战。他与大部分男爵和睦相处,但也有几个人与他作对,当他在日耳曼监狱里时,反对人士与约翰及腓力阴谋陷害他,有些男爵们既喜欢他,但又害怕他的佩剑。

约翰与其兄弟迥然不同,他是能干尽责的国王,是一个不厌其烦的人。对

---

[1] 参见第481页(边码)。

政府的工作非常认真,亲自处理朝廷事务和财政事务,采取各种措施改善行政管理。他认识问题的能力远远超过其兄弟。那时,英格兰城镇与日俱增,商业兴盛,农产品市集快速增加。从事农业的封建阶级成员和商人的财富也大量增加,但王室的收入却一成不变,增加甚微。约翰决定采取措施以增加王室新的收入,他能够用征收更多特别税和提高王室领地租金等手段增加其收入,但他同时制定新措施改善其收入。在这之前,亨利二世曾征收一种税和财产税资助十字军出征,理查曾征收这些税支付他的赎金,但约翰征收这些税用于打仗。他还征收关税,由于郡长呈缴给朝廷的固定金额很少,所以,约翰任命专门管理员取代郡长,这些人拿固定工资,呈缴所有征收到的钱财。总之,约翰是位有效率的君主,一直努力增加其权力和收入,但这也得罪了许多男爵,很多人对他的政策不满。

中世纪国王必须具备的条件是善于打仗,这正是约翰所缺少的。他虽然在苏格兰、威尔士和爱尔兰的战役中获得了胜利,但他的欧洲大陆冒险计划全部失败。在与腓力作战中,他失去了诺曼底。他联合奥托四世皇帝企图击败法兰西,结果以惨败告终。[1] 不管是否公正,有些人称他为"软剑约翰"(John Softword)。同时,他还有一个严重缺点,即不肯原谅他人。如此一来,最好的男爵也会变得不安分守己,因为国王在位期间与每个男爵发生争吵是难免的。理查与男爵争吵后,如果不彻底消灭对手,就会完全原谅他。约翰表面上原谅一个人,但他决不会再信任他,结果在他统治末期,他不相信任何男爵,也没有任何男爵相信他。约翰极端好色和残酷,他诱奸附庸的妻子和女儿,还确信无疑地下令谋杀他的侄子——亚瑟(Arthur),将一位失宠男爵的妻子和儿子饿死在王室城堡中。有位现代历史学家言简意赅地总结了约翰的个性,"残忍,纵欲,伪诈"。

在约翰统治时期,许多男爵和抱有私愤的小集团一直在密谋反对他。1214年秋,他在欧洲大陆被打败后返回英格兰时,所有与他为敌的男爵们联合起来反对他。他们举行了一次大会,组织了一次叛乱。坎特伯雷大主教斯蒂芬·兰顿会见了他们。斯蒂芬不会支持约翰,因为约翰拒不接受他为大主教,并将他放逐七年之久,还将斯蒂芬的亲戚赶出王国,但斯蒂芬是那个时代的一位伟人。在巴黎,他是神学教授,并是罗马教廷的枢机主教。他认为,正像教会有教会法一样,世俗社会也要有法治,国王、男爵和其他任何人都应服从这种法。他要求男爵们抛弃个人恩怨,制订一项改革计划以唤醒所有的男爵。

1215年早春,男爵们举行武装叛乱,约翰不知所措,他一面进行谈判,一面从加斯科涅召集军队。最后,起义者在愤怒的市民支持下占领了伦敦,控制了

---

[1] 参见第335页(边码)。

战略要地。约翰不得不屈服,在温莎(Windsor)附近的泰晤士河大草原上一个叫作兰尼米德(Runnymede)的地方,叛乱者与国王会面,并递交一份改革计划(称为《男爵条款》[*Articles of the Barons*]),约翰接受了他们的要求,并在计划上盖上御印。随后,王室执事的专家们开始起草正式的宪章,使这项改革计划具体化,我们现在称这份文件为《大宪章》(*Magna Carta*)。[1]

《大宪章》的条款分为四个部分,其中第一部分只包括一项条款,处理教会与国家的关系,约翰同意教会拥有全权。然后有十五个章节论述有关国王与附庸的封建关系,约翰同意:对男爵和骑士所收的"资助费"分别不能超过100英镑和5英镑,并同意在征收特别税之前,必须征得所有王国内佃户负责人代表大会的同意;之后的三十五个章节论述国王政府组织程序和实施方法,例如,约翰同意不能向郡长超收钱财,只能向各部收取固定的地租;另有一章规定,与国王无关的臣民之间的民事案件不能由临时法庭处理,而要由威斯敏斯特定期开庭的法庭处理。《大宪章》的前三部分包含了男爵们的改革计划,第四部分则是为了满足男爵们个人要求而制定的,他们要求享有一定的权力,并由他们当中选出一个25人组成的委员会以保护他们的权力。

《大宪章》中的许多规定在当时具有一定意义,然而有两个值得注意的地方。国王约翰承诺:如未经佃户负责人同意,不能征收额外税(国王长子接受骑士勋章、长女结婚、支持他人释放的赎金这三种已得到认可的情况例外),但在以后新版的宪章中,取消了这一规定。另外,国王应当遵守宪章,而且它也是议会控制税收的依据。《大宪章》第三十九章这样写道:"自由人不受逮捕,不受监禁;任何人不能剥夺这些人的财产和受法律保护的权利,不能将他们流放或以任何方式迫害和反对他们,上述任何行动必须按国法或由其伯爵的判决后才能实施。"这段著名的章节是现在英国和美国保证人生而自由的概念基础。政府必须通过正常的法律程序,即我们所称的"正当的法律手续",才能对个人采取行动,上述章节不限于男爵或骑士,而是对当时任何自由人都适用。然而在1215年,英格兰享受这种自由的人还不到半数,但随着时间的流逝,越来越多的人享受了这种自由和权利。无论何时,英格兰男爵只要认为国王过分专制,但又无特殊理由指控他,他们就会要求国王重新承认《大宪章》,这样他必须承认国法的最高权威。《大宪章》也被用作为英格兰国王的永久提醒物,国王成为"有限的君主"。

约翰的儿子亨利三世(Henry Ⅲ,1216—1272年在位)是位很软弱的君主,在他的统治时期,他受一些未经谨慎挑选的朋友和得宠者的支配,其中大部分是他的妻子和亲戚,他们都是外国冒险家。约翰死后,伊莎贝拉(Isabelle)王后

---

[1]《资料》,no.76。

与拉马什(La Marche)伯爵休·德·吕济尼昂(Hugh de Lusignan)结婚。这样，她的几位儿子也来与他的同父异母的兄弟在朝廷中争夺财产。亨利与普罗旺斯伯爵的女儿埃莉诺(Eleanor)结婚，这样，其毫无财产的叔叔在英格兰得到了一个清闲的职位。这些亲戚得到官衔、土地，并且引诱亨利卷入代价很大的外国冒险。那时，亨利是位很虔诚的国王，他从不违抗教皇的命令。教皇这时正与霍亨施陶芬的腓特烈皇帝进行着激烈的斗争。[1] 教皇说服亨利后，在英格兰搜集了大笔钱财，并将愚蠢的国王卷入征服西西里岛的鲁莽的计划。这项计划纯粹是为了他的第二个儿子，国王本人不能得到任何好处。因此，在亨利统治时期，他一直需要搜集钱财，但得到这些钱财后，又不能好好地使用它。男爵们憎恨他偏袒外国亲戚，憎恨他屈服于教皇和过度奢侈。然而，像许多弱者一样，当他觉醒后，就会变得鲁莽、反复无常、专横跋扈，他经常滥用手中的权力。

为了国王和他们的自身利益，男爵们试图控制国王，这也许是亨利统治时代的最吸引我们的现象。在亨利统治初期，男爵们尽力想使国王能有效地用钱。当他们不能如愿以偿时，就拒绝支付"特别附加税"。1258年，国王对西西里岛所采取的既花钱又不能成功的政策激怒了男爵们，在莱斯特(西蒙·德·蒙特福特的一个儿子，曾领导阿尔比派十字军)伯爵——西蒙·德·蒙特福特领导下，男爵们采取了强有力的措施。他们强迫国王接受男爵司法官管理他的政府，并由男爵控制王室的行政事务。亨利不能容忍这些措施，企图打败他的对手，但他以失败告终，并被俘虏。西蒙·德·蒙特福特与他的联盟者以亨利的名义统治英格兰达数年之久。西蒙梦想英格兰成为一个封建统治的国家，其目的是为了王国的利益。但是一旦获胜后，他无法控制男爵联盟，为了争夺胜利成果，他们激烈争吵，个个贪婪成性，不愿受到任何约束。亨利的儿子——爱德华利用这种有利形势，与西蒙的对手协商后逃出监狱，并召集一支军队。爱德华是一流军人和政治家。他的行动如此迅速，令西蒙的儿子们大为震惊，他们立即前往求助于其父亲。在伊夫舍姆(Evesham)战役中，爱德华打败了西蒙的军队，杀死西蒙后西蒙一伙人被彻底打垮。

爱德华一世(Edward Ⅰ，1272—1307年在位)确实是一位可畏的君主，他有效地统治英格兰，并经常在议会中与贵族和王国其他达官贵人协商，赢得了这些人的支持。他面临的首要问题是恢复其父亲在位时因内战而丧失的领地，男爵们趁当时的混乱之际篡夺了各种特权(特别是司法权)，他们禁止行政司法长官进入他们的领地，并接管了他们的职权。他们阻止佃户上诉郡的分区法庭，迫使他们在自己的私设法庭中处理佃户们的诉讼案。爱德华决定收回内战期间被侵占的王室权力，并且阻止今后的侵权行为。他命令所有领主在王室法官

---

[1] 参见第376页和第383页(边码)。

面前申报他所享有的任何特权,即法律上享有的豁免权或王室赋予的特权。领主们必须出示在理查国王统治时期拥有的王室特许状或证明其享有的特权。事实上,爱德华并没有剥夺许多领主的豁免权,他只要求他们付出一笔钱,然后就批准他们业已篡夺的豁免权。但一旦领主享有其申报的豁免权后,如果未经王室批准支持他的地位,则不能再申报新的豁免权。这样,有效地阻止了个人篡夺公共权利的行为。

爱德华采取的另一项措施是阻止封建阶级的增加,并开始逐渐地减少它。13 世纪后半期,不断分赐采邑,使得封建体制更加复杂,在真正拥有一块领地的领主和国王之间就可能有六至七个领主,这样就很难加强封建职责。土地拥有者付给国王的各种税收,大多数被其领主所侵吞。爱德华采取不经过领主,直接向土地真正拥有者征税的办法,解决了这个问题,并且停止分赐采邑,这由一项所谓《买地法令》(quia emptores)具体规定。在那之前,法律上禁止土地出售,它只能以采邑形式赐予。如果有人想买一块土地,他只能付一笔钱给土地持有者,然后他得到的只是采邑。爱德华在规定中允许买卖土地,但是买者需保留卖者的领主头衔,这样有效地终止了分赐采邑进程。直到 1660 年真正取消封建体制之前,领主和附庸一直存在,同时也有越来越多的人开始直接占有王室的土地。

爱德华统治时期,英格兰的行政部门已分化成几个特别部门,在亨利一世时代,我们了解财政部是如何建立的。在亨利二世时期,我们看到了法庭在当时的重要性。[1] 虽然,财政部和法庭(curia regis)的作用是完全不同的,但他们却是同一班人马。国王周围的官员和随从既充当财政官员、法官,又充当顾问。随着时间流逝,这些机构成为专业化。在财政部有四位男爵管理,他们主管账目,处理国王的税收,大臣代表是一位独立的官员,被称为财务大臣(chancellor of the exchequer),他主要签署凭证,催债务人归还所欠的钱财。那时出现了两个不同的王家法庭,其中之一是民事诉讼法庭(court of common pleas),由四位法官组织,处理臣民中的民事案件;另外一个是王座法庭(courts of king's bench),处理任何有关国王利益的民事和刑事诉讼案。最后,还有一群盟誓者当国王的顾问。当时另一方面的重要发展是英格兰议会,在下一节中将讨论。

在爱德华统治时期,为了把整个不列颠统一在一个王国之中,曾采取了两项措施,其中有一项措施夭折,而另一项措施完全成功。自从诺曼人征服英格兰后,英格兰的男爵和骑士一直与威尔士人进行作战,并从后者手中夺得了许多土地。早在亨利一世统治时期,威尔士南部的低地和从英格兰向西流入威尔士的肥沃的河水流域,由诺曼人的贵族所控制。但威尔士人自己占据着山地要

---

[1] 参见第 323 页和第 329 页(边码)。

塞,并不时地攻击他们的敌人。英格兰国王常常率领军队进入威尔士,这些军队沿着峡谷前进,而威尔士人守住要塞,远离英军。在亨利三世统治下的内战时期,威尔士曾支援蒙特福特派。当爱德华登上王位时,他决心彻底打败威尔士。他在英格兰收集到钱财后,就从东部和南部攻入威尔士。爱德华将威尔士人赶入遥远的山谷,然后召集西部一些郡的步兵封锁他们,在群山周围筑起一道铜墙铁壁以加强防守。不久,威尔士被迫投降,威尔士因此分成几个郡。虽然威尔士人多次起义,但从未摆脱英格兰统治。1301年,爱德华授给他的儿子"威尔士王子"的称号,这一头衔此后一直属于王位的继承人。

  1290年,苏格兰王室年长的支系中的最后一位子孙——玛格丽特(Margaret)死后,使爱德华有机会扩大其在北部的影响力。当时,很多人都在争夺苏格兰王位,爱德华受托有权决定谁是王位的合法继承人。他的法律专家们进行了长期的认真争论,最后将王位授予约翰·巴里奥尔(John Baliol)。他是英格兰贵族,并且是苏格兰国王兄弟的母系后裔。但当英王试图通过干涉苏格兰内政,使其宗主权成为事实时,苏格兰发生了暴乱,并驱逐了巴里奥尔。随后爱德华大举入侵苏格兰,不久占领了它。一个名叫威廉·华莱士(William Wallace)的苏格兰爱国者领导了一次起义,但失败了,后来被绞死。然而不久苏格兰出现了另一位起义领导人——罗伯特·布鲁斯(Robert Bruce),他也是英格兰贵族,他的祖父是同巴里奥尔争夺王位的主要对手。当爱德华在其他地方忙碌时,布鲁斯大举进攻他的军队。爱德华得到起义消息后,立即向北前进,企图镇压起义,但他到达苏格兰边界时就死了。这给了布鲁斯一个喘息的机会。当爱德华二世(Edward Ⅱ,1307—1327)准备再次攻击他时,布鲁斯已夺取了在苏格兰的所有英格兰的要塞,只剩下最后一个要塞控制在英格兰人手中。爱德华带领大军前去支援这个斯特林城堡(Stirling Castle)。在一条名叫班诺克伯恩(Bannockburn)的小溪旁,双方交火相遇,但爱德华被布鲁斯及其军队彻底打败了。在罗伯特·布鲁斯领导下,苏格兰再次成为一个独立的国家。

62. 代议制政府:观念与组织机构

  爱德华一世在位时期,英格兰政府最重要的发展是议会的出现,可以把它看成是13世纪全欧洲普遍运动一部分。代议制政府的发展不只是英格兰独有的现象,同时期里,西班牙、西西里岛和匈牙利都发展了代议制议会。14世纪,斯堪的纳维亚国家建立了相同的制度,一些日耳曼公国也建立了类似制度。1302年法兰西召开了第一次三级会议。1215年,至少从第四次拉特兰大公会议算起,教会代表大会也被认为是一种代表团体的会议。由此可见,召开参与政府决策的代表大会是中世纪后期的普遍现象。然而另一方面,在人类的政府发展史上也有十分例外的现象,东方任何伟大的文明都不曾发展这种体制,古希腊和罗马也没有建立任何类似的制度。这种制度的发展如此不同寻常,而尤其重要的是这种政府制度的发展史是产生于中世纪的欧洲,但从未出现在其他任何文明国家,这正是现代历史学家广泛探讨的问题;然至今尚未找到一致的答案。中世纪欧洲的国王没有成为东方式的专制神权君主,其原因是不难弄清楚的。难以驾驭的封建男爵和教会与国家之间的紧张气氛,皆足以阻止君主的专制行为。但我们很难找到促进中世纪代议制政府发展的积极因素。

有关代议制政府的发展,一直存在着两种主要的说法。19世纪英国辉格派(Whig)的主要历史学家倾向于这种看法,即那时的议会制度是代表一种理想的管理形式。他们认为:在中世纪早期原始的条顿人部落中,人们天生对于自由的热爱是代议制产生的根源。在一个国家,代表大会的真正出现和它能够取得支配地位是伟大政治家斗争的结果,他们在议会立宪政体的理想鼓舞下,经过几世纪的艰苦斗争,促使在具体的制度中实现这种理想。特别是由于"爱德华一世的固有天赋、政治英明和诚实",使得英格兰在1300年前后正式成立了议会。

当今,很少再有人接受上述明显过时的解释,因为它将现代人的动机强加于中世纪人的身上。现在较为人们所接受的解释认为:这种制度不是产生于抽象的观念与理想,而是产生于个人之间和压力集团内部的抵触和调整。统治者寻求权力,这对其本身来说无可非议,政府需用钱财,臣民反对赋税,这些就是政治的真正要素。这样,中世纪的人们不可能具有现代立宪政府的理想,并制定适合这种理想的制度。中世纪的国王召开代表大会,只是因为他们发觉组织这样的会议比较方便。

很多现代历史学家认为,上述第二种说法显得较为客观和现实。当然,两种说法都各有其理由,但也有其不完善的地方。人们总是受个人利益影响,统治者总是想扩大其权力,政府总是需要更多的钱财,但这些情况并不是代议制政府发展的正规因素,它不能说明为什么只在中世纪欧洲发生。仅仅注意政府制度的一般特征并不能清楚解释中世纪体制的特有特征。我们需要解释的真正问题是:为什么中世纪欧洲的统治者(不像其他的统治者)能方便地召集代表大会?要解释清楚这一点,我们必须考虑一下中世纪欧洲关于社会和政府的观念和设想。如果历史学家要真正清楚上述问题,他就必须解释这种有关的设想是如何产生于中世纪社会本身的结构,而不是寻找现代理想某些虚构的前身。

显而易见,中世纪统治者召开代表大会都有其动机,腓特烈二世皇帝召集梅尔菲会议的意图是强迫大会承认其君权和实施一项立法。法兰西当初召开三级会议的目的是动员全国舆论支持国王的宗教政策。在英格兰,召集议会的重要原因之一是国王想使自己的税收计划得到获胜。召开教会大会的目的是讨论有关立法改革,并明确正统信仰和处理高层的教会政治问题。但是当时的人们始终承认的一个前提是,在一个特定的社会,只有最高的权威才能贯彻重大的革新措施,而且这一权威只存在于与代表全社会的集会相结合的君主制度中。这样的设想在罗马帝国、拜占庭帝国和伊斯兰国家都不存在。

要清楚这种想法起初是如何形成的,我们必须回顾基督教、罗马人和条顿民族所形成的影响,正是这种影响非凡的结合,才构成了中世纪的文明。12世纪的教会法学家经常在大会上讨论基督团体统一的问题,从而形成了最早的代表大会具有至高无上的权力的基本思想。多明我会的组织结构进一步说明了这种思想是如何渗透到代议制政府的复杂体制中。[1] 中世纪国王并未受到任何压力去模仿这种基督教的模式,当一种尝试能带来好的直接效果的时候,他们才会去进行这些尝试。事实上,他们证明有了很好的效果,中世纪国王面临的主要问题是要制定新的法律和增加新的税收(这是社会结构本身变化的需要),但他们的任何创新都受到臣民们的反对。11世纪初期,如果国王想要废除旧法律,制定新法律,这简直是一件不可想象的事。当罗马法再次生效和教会法发展后,罗马君权理论使立法创新成为可能,而且这种理论知识不仅是大学学者所有,中世纪国王雇用的官僚中也包括拥有这种知识的人员。(通过新近对英格兰爱德华一世政府中61个中级职位行政官吏调查表明,他们中的大部分人至少学过罗马法或教会法。)这些人认为国王能够立法。但事实上,产生于封建和采邑习惯的坚定信念会阻扰制定新法,最终追溯到条顿民族的风俗习惯,也认为是法律不是来自上面下达的命令,而是整个社会生活的自然产物。

针对这个问题,世俗律师们开始讨论由教会法学家早期提出的有关统治者与集团之间关系的问题。[2] 他们认为统治者能够实施任何法律,但必须征得王国中所有集团的同意。13世纪英格兰的法学家亨利·布拉克顿(Henry Bracton)表明了这种观点。布拉克顿不是一位理论家,而是一位王室法官。在1260年前后一段时间里,他在重组英格兰政府时产生重大作用,他不断重申:在英格兰王国中,法律面前国王与民众的权利平等;他知道罗马法的格言:"君主的任何意志都要受法律约束",并将它应用于英格兰国王,他写道:"国王要受法律的约束。"布拉克顿的法律定义明确地解释了这种反论:法律代表了国王的意志,但法律并不是国王独一无二的意志:"任何法律须经当权人士和国王的同意,法律代表国王或君主的意志,但君主和国王的权力要受到法律的约束。"一旦法律被制定后,它未经颁布这项法律者的同意,不得更改。

布拉克顿清楚地知道,法律应由王国中的团体决定,但他仍认为政治团体应由封建男爵组成。然而在13世纪后半期,城市商人和王国骑士都是全国团

---

[1] 参见第366页(边码)。
[2] 参见第317—318页(边码)。

体中重要的组成部分。实施新的法律和新的税收政策时,他们的行动产生了一定作用,但是如果他们真正要参加中央集会,则还需要做出一些新的努力。所有封建男爵都能亲自出席他们所代表的这种团体大会。

即使在 13 世纪之前,各地有许多关于统治者与地方代表进行协商的先例,国王通常召集来自城市的商人,听取他们对财政问题的意见。尤其在英格兰,那里具有选举一位代表乡村社团发言人的传统。早在 1086 年,英格兰开始召集来自各村的评审员代表会议,对编纂《末日审判书》提出建议。1213 年,约翰国王从每个郡召集四位骑士"讨论王国事务"。通常这些骑士是从该郡选出的,是属于设立在威斯敏斯特国王法庭中"记录在案"的人。

以上所有的事实有助于我们明白代表大会后来的发展。但派遣一位报告地方事务的报信人与选举一位被授予全权的公众代表之间仍存在着巨大差别,这种选举代表的思想似乎来自于基督教法。一位职业教会法学家的大部分日常工作是处理基督教会中法人和大教堂教士之间的诉讼,这种诉讼通过各自的代表在法庭上进行抗辩。因此,在政治领域,开始召集大的团体代表大会的同时,有关法人团体权力代表的高级法学体系不断发展。法学家在讨论中所使用的关键词语是技术的术语"全能"(*plena potestas*)与"全权"(*plena auctoritas*),团体也赋予代表"全能"与"全权"。13 世纪初期,许多召集世俗会议的文书和基督教文件都使用这种术语。1283 年,英格兰首先使用了"全能"术语,从 1294 年起,召集议会的文书中正式使用这种术语。1294 年所采用的文书形式一直在英格兰使用,至 1872 年,其变化甚微,许多欧洲大陆会议也以同样文书形式进行召集。

现在,我们就能根据中世纪的思想背景和习俗考虑英格兰议会的发展。以议会为例,有两点理由能说明中世纪代议制政府的发展:许多不同寻常的文件在英国仍存在。从这些文件中,我们能较细致地探索议会制度的发展,而且,英格兰议会是中世纪最有生命力的议会,议会的活力使得中世纪代议制政府的传统一直能够存在。直到现在,它仍以一种新的形式存在。

13 世纪创造了"parliamentum"(议会)这一名词。最初它并不涉及特别制度,而被用来描述两人与多人之间的"会谈"和讨论,13 世纪 40 年代,这一名词开始用于英格兰大会。在召开这种大会时,国王与法官,顾问和国家主要官员一起会见领地的主教和男爵。最初的议会不包括选举的代表,但是男爵们不再认为他们仅仅代表自己个人,而是代表整个王国。在 1258 年的改革运动中,男爵们将自己称为"王国的团体"。

1265 年,西蒙·德·蒙特福特从每个郡召集两名骑士,从每个自治市召集两位公民,他们与高级教士和男爵一起开会。这是首次选出的代表出席英格兰议会。西蒙的目的是获得骑士和市民的支持,因为,那时的男爵领地上的支持者

第十八章 中世纪政府的发展 385

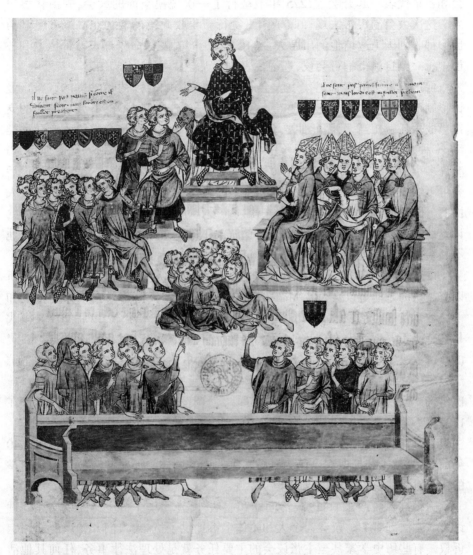

腓力四世正在主持最高法庭(约 1322 年)。贵族和教士们坐在国王下面的左右方,在这两排人的上方挂着他们的纹章。*Bibliotheque Nationale de France*, *Paris*[A69/569. FR. 18437.2]

倾向于背弃他。随后,由于西蒙被指责为叛逆者,并在次年被打败和处死,因此他的行动对将来未起任何作用。然而,下一位国王爱德华一世开始正式主持议会和召集代表一起开会。1275年他举行了一次规模空前的大会,并由代表出席。这次大会制定了法规和赋予国王实行新税收政策的权力。高级教士和男爵们都收到国王邀请他们出席大会的信,国王同时发信命令郡长在郡法庭和各郡中每一个自治市举行会议,选举代表出席大会。

促进中世纪国王召集代表大会的各种因素影响着爱德华一世的政策。爱德华制定了许多法律。不久他卷入了一场战争,这样,他不得不寻求国人的支持。战争耗费相当大,因此他要不断增加税收。中世纪英格兰的税收有两种类型,一种是在乡村征收资助骑士开支的税,另一种是在国王领地内征收地租,当时许多市镇都属于国王的领地。《大宪章》规定前者必须征得大会的同意,但后者可不经大会同意。在镇上,要征收地租,自亨利二世以来通常须先与纳税人协商。国王派他的代理人到镇上来谈判。爱德华则通过召集镇代表出席大会,讨论地租,从而简化了这种手续。在他统治王国的末期,财政收入窘困,因此他不断召开代表大会。

1295年,爱德华举行了一次特别大会,由于无明确举行这次会议的理由,所以它被认为是模范议会(the Model Parliament)。乡村、城市及自治市的代表和下层教士代表与基督教和世俗领主一起参加了大会。事实上,以后的议会模式与它有所不同。因为14世纪以后,下层教士代表不再出席议会,而在自己召集的会议上决定赋税政策。1297年,召开了一次更重要的大会,爱德华当时正忙于战争。1296年爱德华由于未经同意征收了新关税,因此激怒了商人和贵族。次年,议会领袖要求重新讨论《大宪章》,强调征税必须征得大会的同意。在1297年《宪章确认书》中[1],语句有了一些有趣的变化,其中包括了"大主教、主教、修道院院长、副院长……伯爵、男爵……和所有领地的团体"的称呼。40年前,高级教士和男爵们已认为自己是领地中的团体。那时起,在英格兰,选举的代表有法律权力决定税收政策。

除批准赋税政策、讨论政治问题和立法外,爱德华一世主持的议会还处理许多日常法庭事务。议会为个人和团体上诉提供了机会,人们开始广泛使用上诉权。有些历史学家甚至主张议会的主要任务就是处理法律事务,任何其他活动处于次要地位。显然这有些过分,确切地说,议会从某种意义上说是法庭。中世纪人称议会为"高级议会法庭"。如果我们知道,"Court"这个名词在中世纪的含义是指一种能处理司法、立法、金融和行政管理事务的大会,那么我们才能了解"高级议会法庭"的真正含义。议会中司法权力的行使能加强其制度。

---

[1]《资料》,no.77。

在法兰西,司法议会与三级会议总是分开的。议会的另一特征是选举郡骑士代表,即较低层次的封建贵族。其他一些国家,较低层次的封建贵族若是其家庭的首领则被视为代表。英格兰的体制还产生了强有力的下议院(House of Commons)。

我们不能过分夸大爱德华一世时代的下议院,但其代表经常与议会一起开会,这对将来的议会发展具有重要的意义。然而,1307年爱德华去世时,许多事仍处于不断变化中。虽然爱德华经常召集议会,认为这样做是有益处的,但法律并不要求其继承者继续这一做法。议会的最终的组成和结构尚未确定,14世纪初,公认的议会大会仍然能在没有代表出席的情况下召开(虽然有代表出席的大会越来越普及)。即使代表参加了大会,他们也处于次要地位。实际上,代表们的唯一作用是承诺税收政策。他们尽到这一义务后,就得离场。而主教和男爵们则继续讨论国家高层次的事务,任何新的举措总是由国王和大贵族提出。但是,尽管我们需要提出所有必要的保留意见,我们仍能确信:英格兰议会是西方历史上最有影响的政治组织之一,至13世纪末,它开始发展成为一个真正的政府机构。

进一步阅读书目

*蒂尔尼:《资料》与《读本》,第一册,nos. 71—77;第二册,nos. 25—28。

关于13世纪的帝国,参看第九章援引的巴勒克拉夫与汤普森的著作,但需补充下列这些著述:它们是坎特罗威茨(E. Kantorowicz)的《腓特烈二世》(*Frederick II*)(伦敦,1931);马森(G. Masson)的《霍亨施陶芬王朝的腓特烈二世》(*Frederick II of Hohenstaufen*)(伦敦,1957);阿布拉菲亚(D. Abulafia),《腓特烈二世:一个中世纪的皇帝》(*Frederick II: A Medieval Emperor*)(London,1988);洛伊施纳(J. Leuschner),《中世纪晚期的日耳曼》(*Germany in the Late Middle Ages*)(Amsterdam,1980);贝利(C. C. Bayley)的《13世纪日耳曼选帝侯的形成》(*The Formation of the German College of Electors in the Thirteenth Century*)(多伦多,1949)。关于意大利,参见拉尔纳(J. Larner)的《罗马涅的领主们》(*The Lords of Romagna*)(绮色佳,纽约,1965);巴特勒(W. F. Butler)的《伦巴第同盟》(*The Lombard Communes*)(纽约,1966);韦利(D. P. Waley)的《13世纪的教皇国》(*The Papal State in the Thirteenth Century*)(伦敦,1961);以及*《意大利的城市共和国》(*The Italian City Republics*),第三版(伦敦,1986)。关于西班牙,应当查阅第十一章中援引的卡拉汉、梅里曼与杰克逊的著作。亦见施奈德曼(J. L. Schneidman)的《1200—1350年加泰罗尼亚帝国的兴起》(*The Rise of the Catalan Empire, 1200-1350*)(纽约,1970);以及比森(T. N. Bisson),《中世纪的阿拉贡王国》(*The Medieval Crown of Aragon*)(牛津,1986)。关于法兰西,除了第九章中援引的福蒂尔与珀蒂—杜塔利的著作外,亦见斯塔雷耶(J. R. Strayer)与C. H. 泰勒合著的《早期法兰西的税制研究》(*Studies in Early French Taxation*)(麻省剑桥,1939),以及伍德(C. T. Wood)的《法兰西的封地与卡佩王朝的君主制》(*The French Appanages and the Capetian Monarchy*)(麻省剑桥,1966);以及

鲍德温(J. W. Baldwin)《腓力·奥古斯都的统治》(The Reign of Philip Augustus)(柏克利,CA,1986)。叙述路易九世统治时代的最佳的入门书是儒安维尔(Joinville)的《圣路易史》(History of St. Louis),J. 埃文斯翻译(牛津,英国,1938),或黑格(R. Hague)的译本(纽约,1955)。路易九世时代的法律译文,见阿克赫斯特(F. R. P. Akehurst),The Etablissements de Saint Louis(费城,1996)。亦见拉巴热(M. W. Labarge)的《圣路易》(Saint Louis)(伦敦,1968)。第九章中援引的塞尔斯的《中世纪的创立》(Medieval Foundations)一书,包括13世纪的英格兰。叙述得更详尽的有波威克(F. M. Powicke)的《13世纪》(The Thirteenth Century)(牛津,1953)。有三部约翰国王的传记佳作,它们是:*S. 佩因特《约翰王的统治》(The Reign of King John)(巴尔的摩,1949);沃伦(W. L. Warren)的《约翰王》(King John)(伦敦,1961);阿普尔比(J. Appleby)的《英格兰国王约翰》(John, King of England)(纽约,1958)。论述《大宪章》并附有大量早期文献参考资料的一部新近出版的佳作是霍尔特(J. C. Holt)的《大宪章》(Magna Carta),第二版(剑桥,1992)。下列作者提供的著述中在论述斯蒂芬·兰顿的作用上,持有不同的看法。它们是 F. M. 波威克的《斯蒂芬·兰顿》(Stephen Langton)(牛津,1928;纽约,再版,1965),以及理查森(H. G. Richardson)与塞尔斯(G. O. Sayles)合著的《中世纪英格兰的统治方式》(The Governance of Medieval England)(爱丁堡,1963)。关于男爵领地的改革,参见特里哈恩(R. F. Treharne)的《男爵领地的改革计划》(The Baronial Plan of Reform)(曼彻斯特,1932);*马迪科特(J. R. Maddicott),《西蒙·德·蒙特福特》(Simon de Montfort)(剑桥,1994);以及卡朋特(D. N. Carpenter),《亨利三世的统治》(The Reign of Henry III)(Rio Grande, OH,1996)。爱德华一世,参见萨尔茨曼(L. F. Salzmann)的《爱德华一世》(Edward I)(伦敦,1968)。以及*普雷斯特维奇(M. Prestwich),《爱德华一世》(Edward I)(伯克利,1989)。有关原始文献,参见罗斯韦尔(H. Rothwell),《英国历史文献,1189—1327》(English Historical Documents, 1189-1327),第二版(伦敦,1996)。

有几部叙述中世纪政治思想的著作中讨论了代议制政府的理论。其中最详尽的是卡莱尔斯和《剑桥中世纪政治理论史》,皆在导言中已援引。一卷本概览的佳作是*凡·吉尔克(O. von Gierke)的《中古的政治理论》(Political Theories of the Middle Ages)(剑桥,1900);麦基尔韦恩(C. H. Mcllwain)的《西方政治思想的发展》(Growth of Political Thought in the West)(纽约,1932);*莫罗尔(J. B. Morrall)的《中世纪时代的政治思想》(Political Thought in Medieval Times)(伦敦,1960);* W·厄尔曼的《政治思想史:中世纪》(A History of Political Thought: The Middle Ages)(巴尔的摩,1965)。*布莱克(A. Black),《欧洲政治思想,1250—1450》(Political Thought in Europe, 1250-1450)(剑桥,1992);和莫纳罕(A. P. Monahan)的《同意,强制和限制:议会民主制在中古的起源》(Consent, Coercion and Limit: The Medieval Origins of Parliamentary Democracy)(多伦多,1987)。*比森(T. N. Bisson)的《中世纪的代议制机构》(Medieval Representative Institutes)(欣斯代尔,伊利诺伊州,1973)是一部有益的论文集。更专门的著述是克恩(F. Kern)的《王权与法律》(Kingship and Law)(牛津,1939);E. 坎特罗威茨的《国王的两个机构》(The King's Two Bodies)(普林斯顿,新泽西州,1957);波斯特(G. Post)的《中世纪的法律思想研究》(Studies in Medieval Legal Thought)(普林斯顿,新泽西州,1964)。布莱克(A. Black)的《欧洲政治思想中的行会和市民社会》(Guilds and Civil Society in European Political Thought)(绮色佳,纽约,1984);威尔克斯(M. Wilks)的《中世纪后期君主统治的问题》(The Problem of Sovereignty in the Later Middle Ages)(剑桥,1963);蒂尔尼(B. Tierney)的《宗

教、法律和宪政思想的成长》(*Religion, Law, and the Growth of Constitutional Thought*)(剑桥, 1982)。E. 刘易斯(E. Lewis)的《中世纪的政治思想》(*Medieval Political Ideas*)共两册(纽约, 1954),是一部优秀的原始资料翻译文选。关于特定地区的代议制机构的著述,参见马罗吉(A. Marongiu)的《中世纪的议会:比较研究》(*Medieval Parliaments: A Comparative Study*)(伦敦,1968),此书专论意大利;比森的《朗格多克的议会与选民代表》(*Assemblies and Representation in Languedoc*)(普林斯顿,新泽西州,1964);卡拉汉(J. F. O' Callaghan),(《卡斯蒂尔—莱昂的代表会议,1188—1350 年》*The Cortes of Castile-leon, 1188-1350*)(费城,1988);克拉克(M. V. Clarke)的《中世纪的选民代表与赞同意见》(*Medieval Representation and Consent*)(伦敦,1936)。关于英国议会的头绪纷繁的文献资料,在 * G. L. 哈斯金斯(G. L. Haskins)的《英国代议制政府的发展》(*Growth of English Representative Government*)(费城,1948)和斯普福特(P. Spufford)的《英国议会的起源》(*Origins of the English Parliament*)(伦敦,1967)中做了很好的摘要。有关中世纪政府制度,参见 * 斯特雷耶(J. R. Strayer),《论现代国家的中世纪起源》(*On the Medieval Origins of the Modern State*)(普林斯顿,纽约州,1970);以及布莱思(J. M. Blythe),《中世纪的理想政府与混合宪法》(*Ideal Government and the Mixed Constitution in the Middle Ages*)(普林斯顿,新泽西州,1992)。

第十九章 思想界

13世纪具有知识特征的活动是综合性作品的创作,这类作品企图介绍一定领域中作为和谐整体的一切详尽的知识。高水准的著作如圣托马斯·阿奎那的《神学大全》(Summa Theologiae)。他在我们视为独立学科的若干领域——如哲学、神学、法律、心理学、物理学——中广泛撷取资料,并力图把它们整合成统一的知识体系。进行此类创作的重要机构是中世纪的大学。13世纪的哲学通常称之为"经院哲学"(scholastic),因为它是以教师为业的人们在学校中发展起来的。人们可在准备用作大学教科书的著作中发现这一时期知识方面最伟大的进展。当然,是像《神学大全》这样一部作品,并非普通教科书。

在考虑大学之前,我们应该注意中世纪教育不能以学术机构的术语单独加以阐述。每一个男爵家庭都是一所培养年轻贵族的学校。男爵看出,由他监管的下属和亲属子弟要造就成出色的骑士,需要一定的培训。当一个年轻人在形式上授予骑士时,他得先从学校毕业,并准备在社会中占一席地位。男爵夫人管理女孩子的教育,使之待嫁。在城里,行会的学徒制度行使着类似的职能,学徒们在雇主家中经其指导下学做生意。当学徒完成他的"杰作",并在形式上为行会接纳为师傅的手艺人时,他算是通过最后的考试。同样的制度引进了学术界,一个文科学生事实上是某位师傅所带的徒弟。当他完成必要的学业并证实他具有必要的熟练程度时,他就可以当老师。在这种情况下他是"文学硕士"。

63. 最早的大学

如我们现在所知,大学——开设取得学位资格的定期课程的学者和学生的团体——起源于12世纪末期和13世纪初期。"大学"这个名词就其共同意义而言,基本上表示"包罗一切",而且可用于任何一群为共同目的而合作的人们。它也适用于行会成员。人们发现,它既适用于英格兰男爵们,甚至也适用于作为整体的英格兰人民。大学,基本上是教育行会。在欧洲北部,大学是教师的行会,在意大利和南欧则是学生的行会。两种情况表明,成立大学是保护其成员,并促进其共同教育利益。由于教师和学生无须经由君主特许就可成立这样的合作组织,故未能引起当代编年史家的注意,三所最古老的大学——博洛尼亚大学、巴黎大学和牛津大学成立的日期因此无法确定,剑桥大学成立日期更难查考。人们大概只能说,什么时候他们获得某种形式的官方认可。后来大学由君主举办,从此它们成立的日期就容易确定了。

中世纪早期修辞学教师继续在意大利任教。自然,在较大城镇中这种人为数不少。博洛尼亚由于富于表达艺术的、卓有成效的教学而令人瞩目。许多重要的修辞学著作是博洛尼亚教师创作的。此后,在 11 世纪意大利法学家开始不满足于他们使用的罗马法简编,他们要探讨这一学科更深奥的知识。这种热情随着重新发现查士丁尼的《民法大全》(Corpus Juris Civilis)而高涨。众所周知,意大利很快发掘出罗马法典的全文本,其主要研究中心是博洛尼亚。11 世纪后期,有些参考资料提及名叫佩波(Pepo)的教师,他在博洛尼亚颇有令名。不过,博洛尼亚作为法学研究中心,其声誉之真正奠基人还是伊尔内里乌斯(Irnerius),他显然是在对实际使用法典注释方面第一个包含罗马法典的综合知识。我们已经讨论过的宗教法规的组织者与编纂者格拉提安,12 世纪在博洛尼亚工作过。随着医学研究从萨莱诺(Salerno)的著名医科学校扩展到意大利全境,12 世纪末期博洛尼亚至少开过四门课:修辞学、民法、宗教法规和医学。

博洛尼亚学校的声誉吸引了全西欧的学生,他们蜂拥而至,在各科教师指导下学习。作为个体,这些学生不能使自己免受地主、店主以及教师的勒索,因此他们很快成立了两个互相保护的行会。来自意大利境外的学生成立了意大利"外邦人行会"(the Ultramontane guild),或称"民族"(nation),而意大利人成立了意大利"本邦人行会"(the Cismontane)。每一民族均由一位选举的校长(rector)任首领。教授不同科目的教师迅速成立了他们自己的行会,不过学生的行会除了学位要求以外,在各种问题中均占主导地位。教师或教授必须宣誓服从校长领导,离城须得到校长允许。讲课迟到或拖堂要处罚金。开始时教师完全以学费为生,后来才在各个学科中确定了依职等支薪。

为巴黎圣母院(Notre Dame)的声望吸引到法兰西首都来的教师们成立了巴黎大学。校长乃是有权监管学校和颁发授课证书的官员,允许合格的教师在斯德岛(Ile de la Cité)大教堂附近的校舍内授课。实际上,这些教师和教会学校本身之间唯一的联系是他们获得校长颁发的聘书,尤其在教师中有像阿伯拉尔那样有独创精神的人物时。在塞纳河左岸,正对斯德岛的一座山上耸立着圣热纳维埃夫(St. Genevieve)修道院。它的原址现为先哲祠所占,祠内饰有关于圣热纳维埃夫生平善行的壁画。同校长争吵过的教师常渡过塞纳河在修道院院长保护下进行教学。随着时间演进,修道院附近的土地以及倾斜到塞纳河的坡地变成巴黎大学的场地,斯德岛基本上为教师们所抛弃。现在巴黎大学仍耸立在那里,即拉丁区中心。

12 世纪末叶,在巴黎任教的教师已经成立一个行会,或称大学。在 1200 年,一部授予巴黎教师与学生特权的腓力二世奥古斯都(Philip Ⅱ Augustus)特许状提到这所大学,10 年之内称为学监(Proctor)的大学的官员即属此列。至 1219 年文科教师分为四个同乡会,每个同乡会以学监为首,即法兰西、诺曼底、皮卡第(Picardy)及英格兰。约在13世纪中叶出现经过选择的文科教师首领，称为院长。神学、教会法及医学教师成立了以院长为首的独立学院。院长在理论上只是文学院的首脑，不过，由于管辖范围最大，所以他自称是大学的主要官员，在一场同神学院长的长期艰苦斗争之后终于赢得了这样的认可。

英格兰牛津城在地理位置上处于中心地带，12世纪前半期，来自巴黎，甚至还有博洛尼亚的行脚教师(Wandering masters)偶尔也在那里讲学。亨利二世与法兰西路易七世之间或多或少持续不断的敌对状态使得巴黎的英籍学者处境相当困难。1167年，亨利命令他们全部回国。这可能明显地标志作为大规模学校中心的牛津城的建立，尽管这一事实从未被证实过。肯定地说，1185年前吉拉尔杜斯·坎布里西斯(Giraldus Cambrensis)在各位教师和学生之前读过他的一本著作，1209年前一位或许过分热情的编年史家估计，牛津的学生人数约为3000名。1214年，人们首次听到当选的大学首脑被称为校长(chancellor)——一个有别于大教堂首座的职务。剑桥大学，英国的第二大大学（依据建立的时间居第二位），可能是13世纪初由来自牛津和巴黎的移民所建立。由于早期大学除了简单地租借供使用的设备之外，没有校舍，因此一旦他们卷入跟地方当局的争执，教师和学生就容易迁移。

13、14和15世纪里成立了许多大学。1222年，博洛尼亚的移民在帕多瓦(Padua)开办了一所大学。1224年，腓特烈二世在那不勒斯成立了第一所大学，由受封的诸侯们掌管。六年后教皇在图卢兹成立了一所大学，帮助镇压阿尔比派异端。13世纪末，西班牙和葡萄牙也成立了大学。14世纪意大利建立了七所、法兰西四所、日耳曼五所。15世纪法国有七所新建的大学，意大利和日耳曼也成立了许多其他大学。

尽管巴黎大学、牛津大学、剑桥大学在很多方面不尽相同，它们的主要特征基本上一致，可以用一般性的名称加以探讨。每一所大学都进行了长期斗争，争取摆脱僧俗两种权威的束缚以取得独立性。由于教师和学生留着教士一样的发式并享有教士同样的地位，他们在理论上免遭世俗政府的逮捕和处罚。实际上，大学首脑为他们自己争得广泛的世俗权力。他们为达到目的所采取的手段几乎都是一样的。一个学生犯了法，如捣毁酒店或攻击市民，市民及其官员会设法逮捕这个学生。这就会引起骚乱，有时是一场轩然大波。有一次牛津大学的学生被武装暴徒包围了好几天，由于学生也武装起来，这场争夺至为剧烈，直到王室军队抵达才告结束。一场暴乱之后，大学官员向国王呼吁，国王几乎总是以扩大大学首脑的俗权来解决争端。巴黎大学学监对依附他的人也有管辖权。此外，他对大学特需物品供应的行会，如书商、墨水制造商、纸商也有监督权。

大学校长们也要从当地教会的监督之下寻求自由。他们希望控制自己的

在巴黎大学执教的阿莫里·德·贝内。14世纪初期法兰西圣丹尼斯丹修道院所藏的《法兰西编年史》中的插图细部。Reproduced by permission of the British Library [Ms.Roy.16G VI, fol.368V, detail]

事务,并且形成他们自己的学习课程。当巴黎大学刚刚形成之时,学位与聘书授予权操在圣母院教士会校长手里,巴黎主教拥有对教师和学生的服务管辖权。经过长期、剧烈的斗争,包括对教皇多次呼吁之后,主教和校长的权力转变为纯粹的礼节形式。主教已把管辖权授予学监,尽管校长继续颁发证书,但不得拒绝向由各学院向他推荐的人颁发证书。牛津做得更加成功。它位于林肯主教管区,而林肯主教教座远离牛津。在 13 世纪期间,大学校长取得了对教师和学生的完全教会司法权。因此,大学作为学者们的自治团体而出现,西方世界最早的这些制度致力于知识的传递和推广。

一个要上大学的学生,他得显示自己读、写拉丁文的能力。一旦入学,学生开始学习语法、修辞、逻辑(三文),教师朗读一篇著作,如普利西安(Priscian)的《语法基础》(Instiues),并有较著名的前辈对课文进行评注,然后加上教师本人的讲评。这一过程称之为"听"书。在巴黎,当一名学生听过两本语法书、五本逻辑书后,就可成为一名文学士。然后他可担当一种学科的助教,并可指导他人获取该学位。他也被要求学习别的"大学文科":算术、几何学、音乐与天文学(四艺)。这样攻读五六年可获得文科硕士学位。除了听书以外,还要求学生读几本书。在牛津,一名攻读学位的应考人必须找出数位教师宣誓证实他已经听过和读过指定的必修课程。[1]

获得文科硕士资格后,学生可以离开大学,或者开始教授文科课程,或者进行获取法律、医学或神学学位的长期学习。现在,学生们又要大量听课文及教师讲评。律师们通过民法和教会法的文本得到训练;医学学生要阅读伽伦(Galen)和希波克拉底的拉丁文译本;神学学生则要研习彼得·伦巴德(Peter Lombard)的《教父名言集》(Sentences)和《圣经》。学习过程各有不同,学生们会就一些可议之处展开辩论,亦即"争议"。同时,还会有 Quodlibets(意即"无论你喜欢什么"),教师将对学生提出的问题给出正式的说法。尽管在所有的高等科目中,神学是"学问之女王";但中世纪的神学家一直抱怨大多数学生宁愿从事较有利可图的法律和医学职业。

大学的智力靠通过不断向课程增补新材料来维持。在七门文科课程中,四艺通过新形式的精确研究而加以改革。欧几里得(Euclid)的"几何学"在 12 世纪中期前被译成拉丁语,阿拉伯三角学、代数学、算术,以及我们所熟知的"阿拉伯数字"(实际起源于印度)12 世纪后期为人们所熟悉。下一节将讨论翻译完成后,三文的研讨对象基本上变成亚里士多德的哲学了。直至 12 世纪末,医学博士一直使用伽伦和希波克拉底现成的译文。神学家只好应付由教皇和全体会议颁发的新的训令。由于颁布了日新月异的教会法规,因此教会法规在当时

---

[1]《资料》,no. 82。

不断增加和变化,在格兰西(Gratian)之后这一世纪的教皇和宗教会议教会汇编成一部权威性法典,称为《教令集》(Decretals),它是教皇格列高利九世在1234年颁布的。13世纪中叶,学究式的教会法学者的主要工作是阐释这部汇编。霍斯廷西斯(Hostiensis,约1200—1271)对《教令集》做了最重要的诠释,他最后任奥斯提亚(Ostia)的枢机主教,此外还有西尼巴尔多·德·弗艾西(Sinibaldo de Fieschi,约1200—1254),他后来成为教皇英诺森四世。以后汇集的教令汇编成为正式的《天主教教会法典大全》(Corpus Juris Canonici)分别于1298和1317年颁布。当然,古罗马法律"大全"不能以同样方式增补(尽管法理学家郑重地把中世纪皇帝的法令也归到查士丁尼法规上),不过到了13世纪末,民法研究找到一个新方向。法理学家不只是解释查士丁尼旧条文,而是着重改编罗马法规,使它更有效地为他们的社会服务。"后注释家"(Post glossators)派最伟大的人物是萨索费拉托的巴尔托洛斯(Bartolus of Sassoferato,1313—1357)。

13世纪后半期,许多善男信女开始关心贫苦学生的境遇。学生食宿开销大,很多人无力支付。这些慈善人士建筑房舍,使穷学生能免费或廉价食宿,并让若干名教师与学生同住。当某位学生在学习上需要帮助,他可以向同住的教师求教。在几所大学历史上产生重大作用的学院就这样产生了。巴黎首批学院之一是路易九世(忏悔者)的神父罗伯特·德·索邦(Robert de Sorbon)于1258年建立的,此人至今仍负盛名。至1500年,巴黎约有60所学院。1264年罗切斯特(Rochester)的主教默顿的沃尔特(Walter of Merton)在牛津成立了默顿学院,大约同一时期英格兰北部大贵族约翰·巴里奥尔(John Baliol)建立了巴里奥尔学院。剑桥第一所学院是建于1284年的"彼得屋"(Peterhouse)。土地与租金使学院获得充裕的基金。这项基金往往包括对一些教堂收入的权利,这项权利可赠给接受过圣职的教师。中世纪后期,大学范围内的讲课变得没有以前那么重要,学院接管了大部分教学工作。

中世纪的学生与现今的学生大同小异[1]。有些人学习,有些人不肯学习。不少人酗酒、嫖妓;大多数人一直缺钱用。我们有些手册,上面有学生写信的范本。这类信件大多是以不同的借口向父母、亲戚或监护人要钱的典型实例,但其他信件则表明怎样邀请一位小姐吃晚饭。由于中世纪是一个野蛮时期,教师和学生都喜欢闹事。一位杀死数名同事的日耳曼教师,最后因为在学院会议上刺死某人而被开除。牛津一位教授让他的学生去杀害曾经冒犯过自己的教士而受到控告。牛津校规禁止学生把弓箭带进课堂。学生与居民间的流血骚乱时常发生,学生抢劫和盗窃极为常见。不过重要的是要注意,获得学生身份并不难,这种身份对于那些基本上是罪犯的人,倒是一件迷人的伪装。学生不受

---

[1]《资料》,no.83。

俗权约束,教会法庭以宽大无边出名。15世纪的巴黎城市犯罪最严重的部分恰在大学所在地后面,有很多居民冒充学生。

尽管大学有很多明显的缺点,但对中世纪的文明产生巨大的作用。它支持着学者们并为他们提供一个利于学习的环境。它们成为思想生活的重要中心。大学毕业生充实了所学专业人员行列。不继续在大学教课的文科教师,可充当一般学校的校长或行政人员。民法博士或在使用罗马法的国土上实践,或充当世俗王子王孙的仆人。教会律师从事教会法庭大量业务工作。神学博士或任教授职位,或就教堂肥缺。简而言之,若没有大学,中世纪后期文化发展似乎是完全不可能的。

64. 穆斯林与犹太教思想:亚里士多德的再现

我们已经讲到许多希腊科学著作在12世纪首次译成拉丁文。迄今这项翻译工作最重要的结果是把亚里士多德全集传入西方思想界。13世纪经院哲学的内容与结构脱胎于把亚里士多德的思想同化于基督教义中的尝试。因此,我们必须了解中世纪思想家首次如何提出这个问题。

在罗马帝国衰落以后,仍然蜚声于西方的亚里士多德的唯一著作是波爱修(Boethius)[1]所译的基本逻辑学论文。亚里士多德杰出的希腊文原稿在拜占庭保存完好,不过在那里并没有激励哲学思想任何创造的传统,这种情况在穆罕默德的世界就不同。西方基督徒最终恢复了全部希腊哲学遗产,主要是通过与阿拉伯世界的接触。

750至900年间,所有亚里士多德的著作被译成阿拉伯文,一些直接译自希腊文,一些由古叙利亚文转译。[2] 许多新柏拉图主义著作也被进行过类似的翻译,而且误归在亚里士多德名下。从10世纪到12世纪伊斯兰世界众多伟大思想家(犹太人和阿拉伯人)努力翻译这些著作,并使他们的教义同犹太教和伊斯兰教的一神论宗教协调起来,这绝非易事。亚里士多德的哲学描述了宿命论和永恒存在的宇宙,它似乎排除了通过上帝本人首创和随之而来的人类历史上天意的干预。而且,亚里士多德的学说反对灵魂不朽。在他的哲学中,如同在柏拉图的学说中一样,一切物质均由质与形(matter and form)组成,对亚里士多德来说,形不单独存在于形本身之内。人的头脑只知道存在于物质中的形。(彼得·阿伯拉尔不知道亚里士多德的形上学,但对宇宙问题获得基本类似的

---

[1] 参见第79—80页(边码)。

[2] 参见第243页(边码)。

结论。)[1]对亚里士多德来说,灵魂是人的形。那么,这就很难解释在躯体死后,灵魂是否能单独存在。柏拉图只讲灵魂不死,亚里士多德的学说至多是含义不清。

对13世纪西方学者来说,阿拉伯和犹太哲学家中有四个特别重要的人物。他们是:阿威森布朗(Avicebron,原名所罗门·伊本·加比罗尔[Solomn Ibn Gabirol],1021—1070)、梅蒙奈德(Maimonides,原名摩西·本·梅姆[Moses ben Maimum],1135—1204)、阿维森那(Avicenna,原名伊本·西奈[Ibn Sina],980—1037)与阿威罗伊(Averrois,原名伊本·拉什德[Ibn Rushd],1126—1198)。阿威森布朗的杰出贡献是称为"形式质料说"(hylornorphism)的教义,它成为作者死后200年在巴黎引起热烈争论的课题。教义认为,精神的本质,如人的灵魂,像肉体一样是由质和形组成的。(尽管由不同各类的"精神物质")根据他的理论容易理解到死后灵魂可以脱离肉体而单独存在,但几乎不可能解释灵魂与肉体又是怎样统一形成一个人。梅蒙奈德是一位造诣很深的犹太法典学者,他努力调和亚里士多德同《旧约全书》教义的矛盾。他拿出证据,证明类似托马斯·阿奎那的那种上帝存在的说法,不过他也介绍了曾引起较保守的犹太法学博士们怀疑的基督教《圣经》本文的寓言解释。阿维森那讲授作为一切生命起源的新柏拉图起源的教义。一种创造性智能发轫于一神,由此,一种次等智能依次终止于物质世界。这种教义几乎可与穆罕默德阐释《旧约全书》所能接受的创世说一致。

最后一位伟大的阿拉伯哲学家是阿威罗伊,他毫不妥协和不受玷污地把自己奉献给亚里士多德纯粹的教义。他强调世界的永恒性,即宇宙在时间上从未有过开端的教义,他也否认个体灵魂不死。对阿威罗伊来说,只有一个活跃的智力在每个人的理性中运作。个体会自然地死去;只有宇宙理性永远存在。这些教义显然与《古兰经》相抵触。因此,阿威罗伊宣布《古兰经》只表达了普通人可以捉摸的近似真理。对哲学家来说,还有一个更高级的、纯粹理性所达到的真理境界。这些观点受到正统伊斯兰教徒的猛烈抨击。阿威罗伊在晚年遭受侮辱并被放逐。

基督教作者最初是从阿拉伯文而非从拜占庭了解亚里士多德的著作,可能是在阿拉伯人之中,他们碰到了亚里士多德哲学生气勃勃的传统。当然,几乎所有12世纪亚里士多德著作的拉丁文译本均来自基督教与伊斯兰教毗连的地区。有一些在西西里译成,最大的翻译中心是西班牙的托莱多。如此产生了几种后果,亚里士多德的著作进入西方世界都有犹太人和阿拉伯人的注释;阿拉伯学者误将新柏拉图主义的论文汇编入亚里士多德全集;最后许多版本产生问题,因为希腊文原著译成阿拉伯文,再从阿拉伯文译成拉丁文。在摩尔贝克的

---

[1] 参见第308页(边码)。

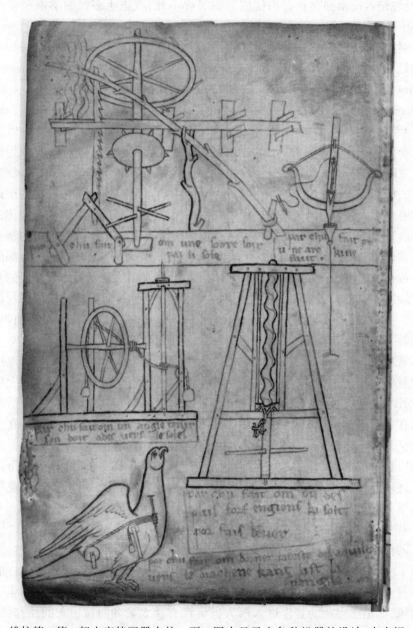

维拉德·德·贺内寇特画册中的一页。图中显示出各种机器的设计：水力锯（左上）、百发百中的弩（右上）、日晷（中左）、起重器（中右）、机械鹰（下）。手稿残片。Bibliothèque Nationale de France, Bris [B62/72, FR. 19093.22]

威廉（William of Moerbeke）对照希腊原文进行了一系列逐字翻译之后，这种困难状况在 13 世纪中期才被克服。

亚里士多德第一部蜚声西方世界的新作是他的高级逻辑论文。彼得·阿伯拉尔于 1142 年去世时，他只知道"旧逻辑"（波爱修所译的著作）。至 1160 年，称为"新逻辑"的亚里士多德的其余逻辑学著作风行于巴黎。12 世纪后半期全部亚里士多德科学著作主要由多米尼克·甘迪萨尔维（Dominic Gundisalvi）及克雷蒙那的杰拉德（Gerard of Cremona）所译，他们是在托莱多大主教雷蒙赞助下工作的。此后，亚里士多德不仅作为哲学体系的奠基人，也是各个领域里的伟大导师而闻名于西方世界。西方学者在他的著作中不断发现了新逻辑和形上学，而且还有新的伦理学、心理学和政治学理论，新物理学、天文学、气象学和动物学。但丁称誉亚里士多德为"洞悉各门学科的巨匠"。

65. 中世纪的科学与技术

至于中世纪的科学，亚里士多德的巨大威望一开始具有一种荒谬可笑的影响。亚里士多德说，自然科学应该建立在导致科学结论之前的广泛观察的基础上。13 世纪的人不使用这种最佳方法，只满足于吸收亚里士多德大部分成果，甚而一成不变且不加以批判。并非说中世纪的人不能观察自然或者对于此事不感兴趣。13 世纪的雕塑和绘画以及许多实用论文，如腓特烈二世有关猎鹰训练术的著作，提供了自然界详细观察的证据。13 世纪，萨莱诺（Salerno）和博洛尼亚的医学博士们进行了尸体解剖。阿尔伯塔·马格努斯（Albertus Magnus）——阿奎那的老师，在评注亚里士多德生物学著作时补充了有关日耳曼本土的植物群与动物群的第一手资料。不过最新收集到的证据表明，并没有批评亚里士多德的科学假设或其结论的意图。

因此，13 世纪末一位有学问的人所绘的有形宇宙的图画基本上与古希腊的类似。他采纳了经典理论，即地球由四种元素——土、水、气和火——组成。他们认为地球是球形的，但设想是固定在宇宙的中心点上。最基本的物质"土"形成中心；然后有一层水；再是一层气；最后是美妙的火元素。在北半球，星辰的力量在某些地方把地球吸引到水面上。在地球之外，宇宙由一系列同轴心的结晶球状物组成，日、月、行星像宝石一样镶嵌在上面。最后是固定的恒星的外球。在亚里士多德的宇宙观中，每种物质有充分解释天然潜力的倾向，发挥潜力直到休止状态。这一观点适用于生物，也适用于非生物。这样研究人的本身属性可以归结到理性伦理科学，它显示人怎样达到安宁与幸福状态。在非生物中事物的内在性质决定它们运动的方式。重的"土"样的东西，性质上属于较低的土球,故有下沉倾向;另一方面,火属于较高的火球,故有上升倾向。如果任何物体向一个方向运动,而不是其"自然"方向,那是向它施加了一种力。这种推动天体的力是一位神奇的"第一个推动者"发出的,是它造成了固定恒星的天体旋转,这样又把运动传达到次等天体。阿拉伯的新柏拉图主义者的构想与众不同,他们虚构出每一天体各有一个主导智能统辖并推动它。这种思想在中世纪被广泛接受。有些中世纪思想家也知道更为复杂的非正圆旋转轨迹的托勒密(Ptolemaic)体系,设计这种轨道来解释行星运动的不规则性。

超越亚里士多德所叙述的物质世界的企图通常只会产生占星术和炼丹术的伪科学。若相信占星术则至少要对天象观测及绘制预示天体运动图表感兴趣。阿拉伯数学及星盘之类仪器输入欧洲促进了这项工作。炼丹士们从一切物质均由土、气、火、水组成这一普遍信仰出发,希望通过不同物质的结合,使它们在受加热、冷却等不同过程而点铁成金。他们发明了几件有用的化学器具,并在蒸馏方面采取了有价值的新方法。尽管他们从未学过怎样提炼黄金,可是他们确实学会怎样酿造白兰地。不过,他们的努力基本上是方向不明的。他们所有重大成果都是在偶然机会中获得的。

医学知识主要来自希腊和阿拉伯的教科书,而且中世纪的医生们没有远离他们的教导。例如,伽伦说,躯体充满着四种体液——热和冷,温与燥。于是,中世纪的医生就试图以平衡诸体液来治疗疾病;因此,冷食被认为可治发热。同样,占星学理论惯常被用于帮助解释疾病的成因。在经验式的调查研究方面,当时有一些微小的尝试。12世纪的萨莱诺实践着动物解剖,而13世纪末的博洛尼亚则有人体解剖。但医生们总是力图将他们实际上所见的与他们从阅读伽伦所了解的正确东西加以调和,而在解剖学上没有取得重要进展。在医疗实践中,医生们随意使用大批主要了解自阿拉伯药学著作的草药疗法和药物。其中有些具有真正的治疗价值。另一些自现代观点来看,则似乎仅仅是异想天开;但是可能在某些病例中,因一剂健康的安慰剂功效的辅助治疗,它们产生了治愈的效果。

中世纪的外科医生——通常没有在大学医学院里受训——在骨折的处理和伤口的治疗中,有许多机会获得实用技术。在这方面有一些进步。传统上一般认为,医生应该力图排除每一个伤口的浓液。这是一个会置人死地的处方。但到1300年左右,意大利医生开始传授:伤口应该简单地以酒清洗,且让其自己痊愈。我们了解到女医生的存在——在1282年巴黎的税收文献中列举了9位——而分娩妇女的看顾几乎完全交给接生婆,但是妇女很少受过理论上的医学培训。作为例外,1100年左右生活于萨莱诺的一位名叫特罗塔(Trota)的女医生写了一篇医学论文。13世纪一本特别的著作,以《特罗塔手册》(*Trotula*)而知名的被广泛应用的妇科和产科手册,被认为是她所写,但它的真正作者不为人所知。

13世纪在实用科学上比纯科学获得更加引人注目的进展,也就是受到现实生活需要而非炼丹士玄妙的实验的刺激而获得的进展。低级但极为有用的工具,像纺车、独轮车投入使用。踏板机械首次被用于操纵车床及织机,磁罗盘从中国引进,阅读用的眼镜发明出来了。水轮用于启动日益精致的传动链条,后者反过来又开动锯床或冶炼厂的风箱,风磨坊得到广泛使用。某些中世纪的作者为从印度输入西方的永动思想所迷惑,偶尔他们也探索制造磁性驱动的永动机的可能性。中世纪工程师通过制造第一批重力驱动的机械钟(约1300年)确实以新法利用了重力,这些机械钟可列为名副其实的齿轮装置。这些钟或许是当时为止任何社会创造中最精致、最复杂的机械。

尽管亚里士多德的物质世界的全景图在13世纪没有重大改变,但在应用技术方面比理论科学有了更为明显的进步,在科学方法学领域也获得某些进展。在这方面最重要的人物是英格兰人罗伯特·格罗塞特斯特(Robert Grosseteste,1168—1253)。1215年,他担任牛津大学校长,并自愿做1224年到达牛津的第一批衣衫褴褛的方济各会修士的导师。通过他的工作,他成为英格兰方济各会所有学校的奠基人。1235年格罗塞特斯特被选为林肯郡的主教,他在英格兰高级教士这个职位上,在教会与国家事务中产生重大作用几达20年之久。

作为哲学家,他的主要特点是坚持第一手知识,第一手观察。他认为,研习神学的学生应该懂得希腊文和希伯来文《圣经》的真正原文;哲学学生应该学会读希腊文的亚里士多德著作;自然科学学生应该直接观察自然现象。格罗塞特斯特本人特别热衷于光学。在新柏拉图主义和基督教两种原文中"光"是用于表示神力的象征,对一个中世纪的人来说,这种象征不仅是一种字面上的意义,它还包含有在实在的光与圣约翰的"照耀每个人的真光"(《约翰福音》1:9)某种意味深远的联系。格罗塞特斯特深信,真实的、物质的光的作用其完善的知识使人更深入地了解整个宇宙的本质。这使他在科学方法学上做出第一个重要贡献。光的辐射可用几何学方法加以充分叙述,由于对此项工作的兴趣,格罗塞特斯特坚持用数学来表达物质的规律,以作为自然哲学家工作的必需部分。他自己最令人瞩目的成就是用复杂的数学解释虹的形成。格罗塞特斯特对科学方法学另一个重大贡献是他发展了用实验证明假设无根据的原则。人人都明白,自然哲学家应首先观察自然现象,然后提出假设,以说明所观察的事实。格罗塞特斯特更往前前进了一步。正常情况下,几种假设会说明同样一组事实。因此,有必要通过细心寻找进一步使假设无效的证据,消除错误假设或取消在逻辑上来自假设的命题。这种程序成为现代实验方法的基础。

现在,格罗塞特斯特的追随者方济各会修士罗杰·培根(Roger Bacon,

尼科尔·奥雷姆在工作:靠近书桌竖立着一架浑天仪——中世纪的一种发明,用于教授天文学。取自奥雷姆翻译的亚里士多德《定天镜与世界》一书,法文,14世纪手稿。Bibliothèque Nationale de France, Paris [A54/154, FR. 565.1]

1220—1292)比格罗塞特斯特更为人们所熟悉,不过他不是第一流的思想家。培根基本上是一位卓越的、富有想象力的批评家。他雄辩地证明,人类知识的进步受到阻碍是由于厚古薄今、世俗偏见以及哲学家们不肯承认自己的无知。在研究自然现象时,他提倡使用"实验事业"。他预料到飞机、潜水艇、机械船的发明。所有这一切无疑是令人钦佩的,不过几乎没有证据证明培根曾进行过任何有意义的独创性实验,可以确信他未发现新的科学规律。

亚里士多德物理学第一个最大的突破,出现在14世纪两位巴黎哲学家让·比里当(Jean Buridan,约1300—1370)和尼科尔·奥雷姆(Nicole Oresme,约1330—1382)的著作中,他们二人批评亚里士多德的运动规律。亚里士多德认为,如果一个物体处于运动状态,这物体应该是运动着的,因为有一种力不断地对它作用。但是一支标枪一旦离开投掷者的手,是什么力作用于标枪?亚里士多德回答说,原先的运动在大气中造成干扰。空气在标枪之后冲入,以填补第一次运动所造成的空间,这就推动着标枪进一步向前运动,造成了新的干扰等等。不过,这种解释似乎与运动中的物体实际作用情况前后矛盾。中世纪批评家辩解说,根据亚里士多德的理论,一支两头尖利的标枪完全不能穿过空气,或者说只会缓慢运动(因为标枪后部几乎没有一个可由空气来推动的面),不过这显然不是事实。而且,当力源离开了纺车,纺车在停止前要继续旋转一阵。这种持续的圆形运动用亚里士多德的理论是完全可以解释的。因此,比里当设想,一种力作用于一个物体,使之处于运动状态,这一物体就获得了推动力。这股推动力使物体保持运动状态,直至被一股抵消的力所阻止,如摩擦力。在真空中,运动的物体会继续无止境地运动。

比里当的年轻同事尼科尔·奥雷姆特别研究了落体运动,第一次正确地为等加速度规律下了定义。比里当和奥雷姆两人发现推动力的理论既可用于天体又可用于地上的物体。没有必要假设任何力在持续不断作用于它们使之保持运动状态。一旦天体被赋予一次开始的推动,它们就会持续在真空中无限期地运动。奥雷姆甚至把宇宙比做由上帝开始上过发条的大钟。他进一步注意到,天体旋转的全部理论是未经证实的假设。所观察到的现象可以同样妥善地以假定地球旋转来说明。[1]

这些是从亚里士多德的世界全景图出发,向着16、17世纪"科学革命"的科学思想方面首次迈出的几大步。现在,在反对把这些发现说成完全不足道的早期思想学派时或许有一种夸大了中世纪科学发现重要性的倾向。事实上,中世纪物理科学的成就比大多数其他领域要小得多,只不过是早期创造性工作中的涓滴细流。不过,那是因为在14世纪我们相当接近整个现代科学传统的源头。

66. 哲学与神学:托马斯·阿奎那

宗教是中世纪文化的主题。因此,亚里士多德哲学在神学领域提出的问题对中世纪的思想家来说,似乎比他在自然科学方面提出的问题更重要。神学问题更加引起中世纪学者的注意。提出这样的问题是由于多项原因。首先,亚里士多德哲学比柏拉图更加唯物主义化,更少神秘性。最后,亚里士多德教过(或被认为传授过)许多直接与基督教相抵触的教义,如宇宙的永恒性与个人灵魂

---

[1]《资料》,no. 84。

死亡。做一个柏拉图主义者和一名基督徒并不太难,只要有一点信仰就行了。要做一个亚里士多德主义和一名基督徒,则要求有相当的创造力。可是通过最有名的哲学家纯理性的分析才可得出亚里士多德的结论。(亚里士多德的威望如此崇高,中世纪作者一般只把他称之为"那个哲学家"。)如果理性与信仰发生矛盾会怎样呢?这是13世纪思想家的中心问题。

为了解决因为同时研究宗教天启与亚里士多德思想而引起的信仰与理性冲突问题,人们已经做了一系列的努力,13世纪的基督教哲学乃是最新的一种。伊斯兰教与犹太教学者已经面对着我们所看到的问题,不过他们无法满意地处理它。正统派伊斯兰宗教领袖成功地谴责了阿威罗伊,他的异端邪说造成的丑闻导致了狂热的反唯智论,使得阿拉伯人的整个理性传统被切断。梅蒙奈德与犹太法学权威的际遇也好不了多少。他们大抵反对在理性与信仰鸿沟之间架起桥梁的企图,并后退到庇护犹太教律法学里。西方对新亚里士多德的危险的第一个反应又是简单消极的。1210年,一个地方教会会议规定在巴黎不准学习有关亚里士多德自然科学的书籍,违者开除教籍。1231年,教皇格列高利九世修改了这一裁定。他被告知说,遭受谴责的亚里士多德著作包含有用和无用的内容,因此他成立了一个委员会来检查这些有争议的著作。委员会要进行去伪存真的工作,同时继续禁止错误的著作。没有留下该委员会已经行使职权的记载。1255年,所有亚里士多德的科学著作(未经删节的)收入巴黎文科博士学位学习的教学大纲中。[1] 1263年,乌尔班四世教皇恢复了1231年的禁令。在巴黎似乎没有人理睬他。亚里士多德的科学既引人入胜又极为重要,哪怕教皇已经下禁令,人们也舍不得放弃它。它所提出的问题,如果能加以解决的话,也只有经过深思熟虑与激烈争论之后才能解决。

13世纪中期,三个不同的思想学派在巴黎出现。最保守的思想家——奥古斯丁派力图维护圣奥古斯丁教义的纯洁性,以免被"异教徒"思想所玷污。这种态度在方济各会中很常见,最伟大的倡导者是圣博纳文图拉(St. Bonaventura, 1217—1274),1257年时他担任方济各会教长。奥古斯丁派的名称不能完全按字面解释。13世纪中期的思想家都受到大量阿拉伯文和希腊文译文的影响,各主要学派思想体系是亚里士多德、新柏拉图和基督教义的混合物。例如,博纳文图拉热情捍卫形式质料说(即灵魂为质与形结合而成的观点)。他认为,这一理论对于捍卫基督教有关灵魂不灭的教义是必要的,他深信这是奥古斯丁所倡导的。其实,这一教义是犹太思想家阿威森布朗在11世纪发明创造的。

尽管13世纪全部哲学体系来自共同的渊源,它们之间的侧重点差异甚大。奥古斯丁强调直观知识和一心向善作为寻求真理的必要手段。博纳文图拉对

---

[1]《资料》,no. 82。

通过自己天生才能的锻炼使人脑获得真理的能力持怀疑态度。他认为，神灵启示也是必要的。像他同时代所有思想家一样，他认为，人们感知的物质世界是上帝亲手创造的，这样可以向人们揭示某种神灵性质的东西。他（一位有仁慈的方济各会感情的人）写道："生物世界像一本反映造物主的书。"但是圣博纳文图拉不像圣方济各，他认为，脱离已经创造出来的世界，详细论证以确定上帝是否存在没有必要。他赞赏地重复着圣安塞姆（St. Anselm）的论点，上帝的思想在人脑中存在证实了上帝的确存在[1]，不过圣博纳文图拉几乎认为这样的证据完全没有必要。未经神灵启迪的思想在任何情况下都肯定不能掌握真理；未经启迪的思想只能看到自己的直观事物或相信上帝实体本质的外部世界[2]。与这些确信同时，有一种倾向于草率地排斥神学方面任何哲学命题的态度。这些命题似与信仰相抵触，并认为驳斥对于哲学水准的争论是一种次要的事情。奥古斯丁会比大多数中世纪哲学家更赞成哲学几乎是"神学的女仆"；他们打算让这位"女仆"留在适当的位置上。

在奥古斯丁派的对立面上有一个称为拉丁阿威罗伊派的小组，他们的主要代言人是布拉班特的西格尔（Siger of Brabant，约 1240—1284）。他们采纳了阿威罗伊的评注作为亚里士多德学说的确切解释，而亚里士多德的学说又作为无可辩驳者的理性之结论。这样，他们作为哲学家相信宇宙在时间上没有开端，死后灵魂融入单一的"活跃的智能"中。但作为基督徒，他们有义务相信上帝从无到有创造了宇宙，个人灵魂是永生的。因此，西格尔及其追随者维护通常称为"双真理"理论的教义。也就是说，他们认为哲学和神学的结论可以互相冲突，但两套结论都是有根据的。其实，西格尔从未使用真理（真实）这个词来叙述理性的结论。他为神圣地揭示信仰的真理而保留那个词。他的论点可能已经成为自称宗教怀疑论但不揭露他自己信奉异教罪的一种方法。更为可能的是，他是一位忠实的信徒，他认为应限制人的智能，某些自相矛盾的论点是不能解决的。不管西格尔的信条如何精确，他的观点——教会的核心教义与人的理性相矛盾——似乎对保守的神学家具有高度破坏性。

在奥古斯丁派与阿威罗伊派之间屹立着圣托马斯·阿奎那（St. Thomas Aguinas，1225—1274），现在通常把他看成中世纪最伟大的思想家。他是意大利南部一位男爵（亚奎诺伯爵）的儿子，属于霍亨施陶芬家族。（托马斯·阿奎那是皇帝腓特烈二世的第二个堂兄弟。）他在那不勒斯大学求学，后来于 1224 年加入多明我会，在巴黎和科隆的阿尔伯特·马格努斯手下工作。阿尔伯特是位博学者，也是第一个确实全部掌握亚里士多德著作的西方学者。在和他一起研

---

[1] 参见第 307 页（边码）。

[2] 《资料》，no. 84。

究之后,于1252年开始在巴黎讲学,1259年至1268年他来到教廷。1268年,具有显赫地位的阿奎那回到巴黎,完成了著名的《神学大全》。

托马斯死于50岁前,考虑到这点,他的确留下了数量巨大的著作,印成现代版本足有32大卷。他为《新旧约全书》与亚里士多德等各种著名书籍写过评注。除此之外还有许多具有争议的短篇论文,最后他的两本主要成名作是《反异教大全》(Summa Contra Gentiles)和《神学大全》。第一篇是论述"自然宗教"的论文,也就是人的理性可以确立的宗教原则;第二篇采纳了基督教义作为神圣地揭示真理的手段,把真理归入探讨宇宙的全部属性以及人在其中的地位的综合。

《神学大全》所采用的方法是12世纪阿伯拉尔首创的,通常并列观点相反的课题进行辩论,是"辩证"方法的最高典范。这部著作分成若干问题,每个包含较广的探讨领域。问题再细分成条款,每一条款都提出一个特定的问题。那么第一个问题"至于教义,指的是什么,它的外延是什么?"第一条就是"除了哲学,是否也需要更进一步的教义?"托马斯对探讨问题的方法提供了良好的实例。是他对《旧约全书》与亚里士多德著作提出异议,他建议,合理的哲学应该提供世人所需的全部知识。而与此观点相反他又引用了圣保罗原文:"上帝赋予灵感的'圣经'是有益的……"在这一点上托马斯提出了自己的结论。神的启示对人必不可少。因为某些基本上是救世的真理,人的理性尚无法掌握。最后他回答了开始提过的异议。以后的全部条款以同样精确的方式加以讨论。《大全》包含600多条,讨论时,阿奎那提出并回答了大约10000项异议。

第一条款确定了全篇著作的基础。阿奎那认为,有理性真理和信仰真理,但不像阿威罗伊派,他确信两种真理从不互相冲突。他接受了全部亚里士多德知识的理论——人的头脑反映感知的经验,可以获得有关物质宇宙的真理。但他又补充说,也有超自然的真理,人们所以能知道这些真理只是由于宽厚的上帝愿意揭示它们。例如,人们凭自己的理性可以知道上帝的存在,不过,只有神灵的启示才可以告诉人们上帝是三位一体。同样,基督中上帝的化身或基督存在于圣餐中,只能作为信仰的真理被感知,而不是通过理性证明。但对阿奎那来说,超自然的真理与自然知识不矛盾,而是补充与完善。他最典型的说法是:"神的恩典不是破坏自然,而是完善它。"超自然真理和自然真理一起构成一个基督哲学家可以自信地探索的无所不包的统一体。

阿奎那接受了几乎全部亚里士多德的科学,但是在亚里士多德明显与基督教义有所矛盾之处,他提出反对"哲学家"的理由。在这种情况下,阿奎那不单纯乞灵于神灵启示的高级权威,而是在自己的阵地上,即通过理性哲学辩论力图驳倒亚里士多德。这样他论证亚里士多德从未最后证实的哲学基础:宇宙从永恒就开始存在。阿奎那本人认为,对人的理性来说,确定宇宙在时间上有无开端是不可能的。在其他问题上,阿奎那表示,亚里士多德从未持有属于他的见解。例如,他表明源于阿维森那(不过常归于亚里士多德)的教义是与这位哲人的思想不相同的。而且他表明,活跃的智能结合的教义是阿威罗伊的发明,在亚里士多德的著作中未明确叙述过。阿奎那认为,就亚里士多德来说,灵魂是一种纯粹的形,但他又坚持说,这样见解与基督有关永生的教义并无不同。

托马斯·阿奎那像基督徒一样可能成为理性主义者。他特别强调他全部著作中无限的神灵理性,他把人的理性视为物质世界与纯精神的上帝之间的一个环节。理性既可能体察外部自然界,又可体察人本身内部的自然界。阿奎那著名的有关外部自然界的论点是力图显示五种证实上帝存在的方法。当圣安塞姆想证实上帝的存在,他以柏拉图的方式,从头脑中上帝的思想出发。圣托马斯作为优秀的亚里士多德主义者,从感知经验的事实出发。看见东西被移动这一事实暗示着第一推动者的存在,他论证说,同样,看到事物被推动这件事暗示着第一推动者的存在。在第三个论点中,阿奎那指出,在感知经验中存在的物体是瞬息万变的。它可以存在,也可以不存在。它们本身不包含自己存在的任何原因。不过阿奎那辩解说,对于既然存在的事物来说,某种事物必然应该存在。上帝是这种实体,他那必然存在的内部自然界必将成为一切其他生命基础。(阿奎那使用"本质"这个词来描绘任何事物的本质,即决定其内在自然的本质,用他的术语来说,上帝的本质确切地说就是存在。)第四,阿奎那论证说,我们辨认出事物完美程度上的不同等级,这暗示一种只有上帝身上才存在的绝对完美的标准。最后,我们可以观察到自然界秩序井然的系列事件,它们不是纯属偶发事件的结果(例如,由一粒种子成长为一棵植物);对阿奎那来说,这暗示着一位统治宇宙的上帝的存在。根据安塞姆的论点,这些"证据"已经被所有哲学家们讨论了若干世纪,而且至今仍在讨论中。[1]

在反映人的本质上,阿奎那力图改写亚里士多德的伦理学和政治学,为基督教社会的需要服务。他心甘情愿地接受亚里士多德的观点;人合适的目标是达到人世间幸福的境界,一种伦理学理性体系能把人引向这种目标。不过对阿奎那来说,这仅仅是人的一个目标,而且是一个较小的目标。较高的目标是"至福",感到神的存在。亚里士多德举出智力生活作为达到幸福的最佳方法。阿奎那同意,不过他又补充说,智能的最高目标是了解上帝。这一目标只有在来世才能完全达到,来世的灵魂拯救不仅要求实行亚里士多德的自然美德,而且也要实现信仰和博爱的基督美德。

在政治理论方面,阿奎那的影响是相当大的。自奥古斯丁时代以来,神学家们通常设想,只有人陷入罪孽之中国家才会存在。用这种观点来看,君主强

---

[1]《资料》,no.84。

制权力是上帝部分作为匡救,部分作为罪恶的惩罚而强加于人的。阿奎那紧跟着亚里士多德,相反主张国家对人是自然产生的。人有很多潜力获得善(智力的、物质的和道德的),这种善只有在与他同胞的社会中才可以获得。这样的社会无论何时存在,都需要一个政府,因为有了共同利益才要求一个共同承认的、保护他们的权威。国家权威的适当形式是一件被人的本性和需要的合理反映所决定的问题。照例,阿奎那的基督教品性促使他越过亚里士多德前进了一步。如果人的唯一目的是在世界上过一种自然幸福的生活,国家就要提供一个足够完善的社会以满足他们的全部需要。不过,因为他有一个超自然的命运,一种来世与神同在的生活,教会就必须匡正它,以免误入歧途。

除了特别坚持作为法律必需的基础的理性并表示偏爱有限的君主政体(在13世纪末期这是一种习见的观点),阿奎那并未精心设计他自己的政治理论。同样,他对教会与国家间正确关系的观点是模棱两可的,因为他从未仔细探讨过这个问题。不过,他论述国家自然起源的教学中为政教分离与合乎宪法的政府等几种较晚的理论奠下基础。国家是天然的社会,这种传统的思想已经为一个多世纪罗马法的学生所熟悉,不过他们没有弘扬教义,它仍游离于神学与哲学思想的主流之外,阿奎那生气勃勃地重新坚持亚里士多德的教学法,很多世纪以来第一次使作为自然哲学一个重要部分,不作为法律和神学一个分支的政治理论研究成为可能的了。这一点是重要的,因为后来的思想家不仅重复希腊关于国家的思想,而且他们倾向于形成在他们自己社会中成长的普遍的政治法规的概念。直到14世纪早期像赞成政府的权利、政府从属于法律、大多数人决定的有效性等这类思想在深奥的政治哲学的著作中受到保护。

在研究托马斯·阿奎那著作时,我们碰到一位宁静而智力超群的思想家对他所处的时代重大问题发表宏论,不仅是理解为什么中世纪之后他的思想长时期作为罗马天主教会的官方哲学而被接受。但正是由于那个原因,重要的是认识到当时阿奎那是一位有高度争议的人物。他的批评者们认为,在损害一般信仰的情况下他过分强调理性。保守的教会人士把他看成一个大胆而又危险的激进分子。在13世纪,阿奎那没有被认为是基督教思想的领袖,而是几个竞争的哲学体系中产生的一个特别的哲学体系的奠基人。

思想界许多重大成就——建立大学、创造微妙的神学和法律的哲学体系、开创一种新的科学方法学——应归功于13世纪的人们。不过他们之中,甚至包括托马斯·阿奎那,没有人达到他们大多数人所追求的结果——和谐的、令人满意的、一切有用的知识的综合体。无论如何,他们在创立一个使中世纪的人们自己满意的综合体上没有成功。[1]

---

〔1〕 参见第488—489页(边码)。

进一步阅读书目

*蒂尔尼:《资料》与《读本》,第一册,nos. 82—84;第二册,no. 31。

关于中世纪大学的典范历史著作是拉什达尔(H. Rashdall)的《中古的欧洲大学》(The Universities of Europe in the Middle Ages),修订版,共三册(牛津,1936)。最近的描述参见里德·西蒙斯(H. de Ridder-Symoens)编,《欧洲大学史》第一卷《中世纪的大学》(A History of the University in Europe. Vol. 1, Universities in the Middle Ages)(剑桥,1992)。较简明的入门书有 *哈斯金斯的(C. H. Haskins)《大学的兴起》(The Rise of the Universities)(纽约,1923); *威鲁佐夫斯基(H. Wieruszowski)的《中世纪的大学》(The Medieval University)(纽约,1966); *列福(G. Leff)的《13 和 14 世纪的巴黎大学与牛津大学》(Paris and Oxford Universities in the Thirteenth and Fourteenth Centuries)(纽约,1968)和 *包尔德文(J. W. Baldwin)的《1000—1300 年中世纪的学院文化》(The Scholastic Culture of the Middle Ages, 1000-1300)(列克星敦,麻州,1971);又见弗鲁洛(S. C. Ferruolo),《大学的起源》(The Origins of the University. The Schollos of Paris and Their Critics, 1100-1215)(斯坦福,CA,1985);亦见基布勒(P. Kibre)的《中世纪大学的民族》(The Nations in the Medieval Universities)(剑桥,麻省,1948)。索迪克(L. Thorndike)的《中世纪的大学记载与生活》(University Records and Life in the Middle Ages)(纽约,1949),是一部出色的原始资料汇编。

有关这个时期的哲学发展,参见第十二章中援引的中世纪思想通史。亦见萨顿(R. W. Southern),《学院人文主义与欧洲的统一》(Scholastic Humanism and the Unification of Europe),第一卷(Oxford,1995)。夏普(D. E. Sharp)的《牛津大学的方济各哲学》(Franciscan Philosophy at Oxford)(牛津,1930);罗什(F. J. Roensch)的《早期的托马斯学派》(The Early Thomistic School)(迪比克,艾奥瓦州,1964); *休西克(I. Husik)的《中世纪犹太哲学史》(A History of Medieval Jewish Philosophy)(纽约,1958)。在 *吉尔森(E. Gilson)的《中世纪的理性与天启》(Reason and Revelation in the Middle Ages)(纽约,1938)一书中,讨论了阿威罗伊派的地位。关于博纳文图拉,参见贝顿尼(E. Bettoni)的《圣博纳文图拉》(Saint Bonaventura)(圣母马利亚,印第安那州,1964);吉尔森的《圣博纳文图拉的哲学》(The Philosophy of St. Bonaventure)(纽约,1938);德·芬克(J. de Vinck)翻译的《博纳文图拉文集》(The Works of Bonaventure)(帕特森,新泽西州,1960—),迄今已出五册。介绍托马斯·阿奎那的最佳著作是吉尔森的《阿奎那的哲学》(The Philosophy of Aquinas),第二版(剑桥,1939),以及切纽(M. D. Chenu)的《走向了解圣托马斯之路》(Toward Understand St. Thomas)(芝加哥,1964)。其他研究佳作是格拉博曼(M. Grabmann)《托马斯·阿奎那》(Thomas Aquinas)(纽约,1928); *马里顿(J. Maritain)《圣托马斯·阿奎那》(Saint Thomas Aquinas)(伦敦,1931); *科普尔斯顿(F. C. Coplestone)《阿奎那传》(Aquinas),共两册(纽约,1945)。以及戴维斯(B. Davis),《阿奎那的思想》(The Thought of Aquinas)(牛津,1992)。吉尔比(T. Gilby)等译《神学大全》(St. Thomas Aquinas: The Summa Theologiae), 60 卷(纽约,1964-1975)。小的节录本有 *伯克(V. J. Bourke)编的《阿奎那传(袖珍本)》(The Pocket Aquinas)(纽约,1960); *古德温(R. P. Goodwin)编的《圣托马斯·阿奎那选集》(Selected Writings of St. Thomas Aquinas)(印第安纳波利

斯,1964);* 比格吉尔利(D. Bigongiari)编的《圣托马斯·阿奎那的政治思想》(*Political Ideas of St. Thomas Aquinas*)(纽约,1963)。以及西格蒙德(P. E. Sigmund)编《圣托马斯·阿奎那论伦理学与政治学》(*St. Thomas Aquinas On Ethics and Politics*)(纽约,1988)。

关于中世纪的科学,有两部较老的大部头入门书,它们是导言中援引的索迪克的著作和萨尔顿(G. Sarton)的《科学史导论》(*Introduction to the History of Science*),三册(巴尔的摩,1927—1947)。有两部出色的入门书是 * 克龙比(A. C. Crombie)《中世纪与早期近代科学》(*Medieval and Early Modern Science*),修订版(纽约,1959),以及戴尔斯(Dales)《中古的科学成就》(*The Scientific Achievement of the Middle Ages*)(费城,1973)。至于更专门的研究著述,见格兰特(E. Grant),《现代科学的中世纪根基》(*The Foundations of Modern Science in the Middle Ages*)(剑桥,1996)。参见西莱西(N. G. Siraisi)的《中世纪和文艺复兴早期的医药》(*Medieval and Early Renaissance Medicine*)(芝加哥,1990);克龙比(A. C. Crombie)的《罗伯特·格罗塞特斯特与实验科学的起源》(*Robert Grosseteste and the Origins of Experimental Science*)(牛津,1953);M. 克拉杰特(M. Clagett)的《中古的机械科学》(*The Science of Mechanics in the Middle Ages*)(费城,1958);威斯赫普威(J. A. Weisheipl)的《中古物理理论的发展》(*The Development of Physical Theory in the Middle Ages*)(伦敦,1959);格兰特(E. Grant)的《中古的自然科学》(*Physical Science in the Middle Ages*)(纽约,1971)。关于罗杰·培根,参见伊斯顿(S. E. Easton)的《罗杰·培根》(*Roger Bacon*)(牛津,1952),以及伯克翻译的《大著作》(*Opus Maius*)(费城,1928)。论述技术的佳作有辛格等合编的《技术史》(*A History of Technology*),共两册(牛津,1956);* 厄谢尔(A. P. Usher)的《机械发明史》(*A History of Mechanical Inventions*),第二版(剑桥,麻州,1954);* 金佩尔(J. Gimpel)的《中世纪的机器》(*The Medieval Machine*)(纽约,1976);奥维特(G. Ovitt)的《重建完美:中世纪文化的劳工和技术》(*The Restoration of Perfection: Labor and Technology in Medieval Culture*)(新不伦瑞克,新泽西州,1987);此外,更深入一步的入门书有 * L. 怀特的《中世纪的技术与社会变化》(*Medieval Technology and Social Change*)(牛津,1962)。有关阿拉伯人的教科书,参见沃尔泽(R. Walzer)的《希腊人进入阿拉伯》(*Greek into Arabic*)(牛津,1962),以及彼得斯(F. E. Peters)的《亚里士多德与阿拉伯人》(*Aristotle and the Arabs*)(纽约,1968)。

第二十章 建筑、艺术与文学

一位 11 世纪编年史家写道,在他一生中,欧洲已被"教堂的白袍"所覆盖。不过他所见到的只是开端,建筑活动在整个中世纪都异乎寻常的繁盛。宗教建筑是中世纪突出的艺术形式,发展于 12 世纪、完善于 13 世纪的哥特式大教堂是中世纪文明最伟大的美学成就。大教堂建筑师的时代同样见证了杰出的拉丁文著作和方言文学的创作。到 13 世纪末,一个给人深刻印象、富于创造性的文明从中世纪早期的混乱中出现了。本章我们将叙述中世纪文学和艺术中某些重大的成就,并试图介绍促使其产生的某些精神上的东西。

67. 罗马风格的文化:建筑与礼拜仪式

在中世纪历史中,被我们称为罗马风格的年代——从查理曼时代到 12 世纪中期——在宗教文化领域中有两项引人注目的发展。第一个是罗马风格建筑的出现,第二个是精心安排的西方教会礼拜仪式。

在评价中世纪建筑学成就时,需要牢记的一个重要考量是产生了大量杰作。数百座中世纪大教堂和修道院以及数千个教区教堂一起保存了下来。对于一个"不发达的"、"前工业化的"社会来说,所负担的工程量是惊人的。而且,大建筑物的体积也很惊人。约翰·哈维(John Harvey)指出,在君士坦丁时代后 7 个世纪里,西欧没有建造任何在规模上能与伟大的古典长方形教堂相比的建筑物。例如,在罗马的君士坦丁长方形教堂(Basilica of Constantine)大厅长达 265 英尺,宽 83 英尺。在罗马帝国衰亡后 500 年耸立于西方的最令人惊叹的建筑物是位于亚琛(Aachen)的查理曼教堂(约 800 年)。这是一所八边形的穹顶建筑,某种程度上不乏庄严,但其实际大小只有大约 50 英尺宽。相比之下,建于 1097 至 1099 年的威斯敏斯特城的威廉·鲁弗斯(William Rufus)大厅长 238 英尺,宽 83 英尺,而下一世纪许多大教堂又比它大得多。规模的问题是重要的,因为大规模的建筑物提出了建筑学的问题,这有助于刺激导致哥特式设计出现的建筑学实验。

罗马帝国后期,意大利基督教教堂常常是简单的长方形教堂——带有木制平顶的长方形建筑物。内部由一个中殿(nave)及一个或几个以成排柱子分隔的侧廊。大抵用美观的大理石和马赛克装饰。东端圣坛所在的后殿(apse)通常盖以半圆顶。有时与中殿成直角的耳堂(transept)将后殿与教堂的其余部分分隔开来,赋予整个建筑物一种恰如其分的象征性的十字形。中殿上的屋顶通过稳

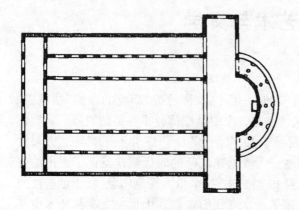

长方形教堂平面图

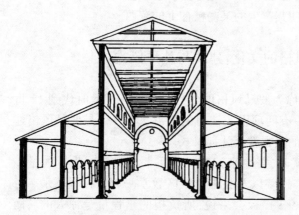

天窗(长方形教堂)

稳架盖于贯穿整个建筑物的两堵内墙之上,而高于侧廊。中殿两边的柱子用半圆拱连接,用以支撑内墙,高出于侧廊之上的墙体上开出天窗(clerestory),帮助建筑物采光。这种建筑有罗马的城外圣保罗大教堂(St. Paul's-Outside-the-Walls)。

这种长方形教堂风格在意大利一直到中世纪都占主导地位。它唯一的重要对手是拉韦纳尤为多见的拜占庭穹顶建筑。少数宏伟的中世纪教堂是以拜占庭风格建造,如著名的威尼斯的圣马可教堂。不过,当大规模建筑活动在 10 至 11 世纪于北方开始后,设计人比较喜欢沿袭罗马传统。罗马因素融入中世纪建筑犹如罗马法律融入中世纪法学一样。在这两种情况中,真正的古典主题复活了,不过它们被不同文明的人们赋予一种变化了的意义,最终被建成不同于古罗马人想象的任何——石造的或思想的——大厦。

早期罗马式的教堂在基本形式上类似古代的长方形教堂。大多有两翼伴以侧廊的长方形中殿,天窗,与中殿成直角的耳堂;有时中殿还有延长部分,在耳堂之后,称为唱诗席(choir)。教堂东端是一个圆形后殿,通常为一条回廊(ambulatory)所环绕。罗马式建筑师伟大的革新是,他们以圆石拱顶代替了古典长方形教堂的木制平屋顶。(这种拱顶,对罗马人并不陌生。正是由于他们在大规模建筑上的使用,才产生了罗马风格的新特征。)木屋顶常常有火灾的隐患,这无疑有助于刺激建筑风格的改变,尤其是人们需要建造许多罗马式教堂以取代被维金人焚毁的那些建筑。不过大石拱顶的建造提出了一些困难的建筑问题,所以全部努力不能简单归因于功利的目的。罗马风格的建筑师显然发现旧式的平顶与天窗的墙和半圆拱之间缺乏有机联系,因而在美学上不能令人满意。或许在建造献给永恒上帝的教堂时,若使用本质上不永恒的建筑方法,也会伤害他们敏感的宗教情感。

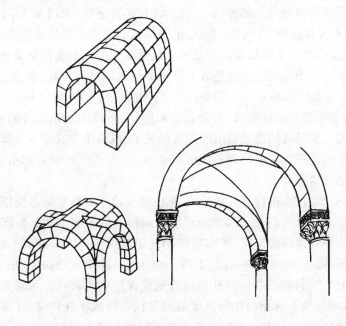

筒状拱顶和交叉拱顶

罗马式屋顶最简单的式样是筒状拱顶(barrel vault),一条盖住中殿的石砌孔道,有时用连接中殿两侧成对柱子的横拱来巩固。它的重量巨大,只能以没有窗户或其他东西的厚实的墙来支撑。在两条筒状拱顶交叉处,就像耳堂一样,形成了交叉拱顶(groin vault)或称十字拱顶(cross vault)。一个交叉拱顶围出一个方形或长方形的空间;罗马式建筑的最后形式中,每个由中殿两侧的柱列所造成的长方形被视为一个独立的"隔间"(bay),并覆以十字拱顶。十字拱顶的侧向压力主要集中在它的角上。如果在这些点上用扶壁巩固墙体,那么墙的其他部分可以开窗孔。费泽莱(Vézelay)的修道院大教堂提供了这种风格的光辉典范。[1]

---

〔1〕 参见第435页(边码)插图。

不过，在罗马式建筑所有形式中，石屋顶十分沉重，要有厚实的墙和柱来支撑。即使在费泽莱，窗子也是狭窄的，在大多数教堂中窗子只是一条狭缝，所以罗马式建筑内部是幽暗而朦胧的。建筑物有一种神秘、宏伟、凝重的气氛。它们被称为"上帝的城堡"，这种说法不只是比喻而已。罗马式建筑的年代也是城堡建筑的年代，为 10 至 11 世纪建筑物所特有的厚墙、窄窗，一般说来在军事建筑中有高度实用性。

罗马式建筑师广泛使用装饰性雕塑，尤其是在他们的教堂外部，这一点再度破除了罗马长方形教堂的传统。入口大门，尤其是其上的半圆形门楣（tympanum）雕刻着人和动物，再现着《圣经》里的场景。这些形象是象征性的，而不是肖像，它们全部服从于建筑设计的要求。最受欢迎的门楣主题是圣徒簇拥下的基督圣像。另一个常用的主题是启示录中提到的四灵：人、狮、牛、鹰，用来代表四"福音"：马太（Matthew）、马可（Mark）、路加（Luke）和约翰（John）。鸽子可能表示教堂；羔羊表示耶稣基督；百合花表示纯洁；玫瑰表示殉道者的血；荨麻表示邪恶势力。罗马式的雕塑是庄严的僧侣艺术，以简单形式给人以像内部圆拱一样的浑厚的质感。这是一种石质表现主义，它无意于寻求自然主义，但表达了强烈的宗教情感。

在罗马式大教堂进行的礼拜仪式，在庄严与富于象征意味方面堪与建筑和雕塑相匹敌。这里我们又一次发现被纳入新结构的古老形式。根据在古罗马长方形教堂中观察到的仪式，圣本笃特别规定其修士一天要碰面七次，一起祈祷和唱赞美诗。6 世纪后期以后，本笃会修士把"日课"（Divine Office）仪式带到北欧。七个"祈祷时刻"的典礼也从修道院推广到大教堂以及北方其他重要教堂。"日课"、每日弥撒与执行圣事的宗教仪式构成了礼拜仪式，即中世纪教堂庄严的公众礼拜。到 8 世纪，许多地方在操作上已发生变化。为了制止这种分歧，丕平国王在 752 年法兰克—教皇联盟之后很快把罗马教堂的礼拜式引入高卢。查理曼三令五申：罗马习俗在他的王国内所有教堂均应遵守。从此罗马礼拜仪式在西欧普遍风行，尽管在中世纪从未完全统一过。（例如，英格兰保留"塞勒姆礼拜"［rite of Sarum］，米兰保留"安布罗斯礼拜"［Ambrosian Rite］。）而且，罗马礼拜本身也不是一成不变的。在北欧的大教堂和寺院，罗马礼拜仪式经历不断变化，在 10 世纪中期（奥托大帝时代）开始反过来影响罗马本身的礼拜仪式。

9 世纪与 10 世纪是重大发展和系统化的时代。查理曼的朋友阿昆（Alcuin）带头编出经过校正的布道经文，并鼓励推广。他的门徒梅斯的阿马拉里乌斯（Amalarius of Metz）写过一本有关罗马礼拜仪式大全的喻言式书评（allegorical commertary）。在同一时期礼拜仪式在最初的核心材料之外又补充了大量新内容，如新编赞美诗、万福玛利亚日课（offices of the Blessed Virgin）、亡者祷文、圣徒纪念等。克吕尼新内容大修道院尤其精于设计此类辅助性祈祷文。

　　这种成长与变化过程贯穿整个中世纪，并实际上沿续至今。不过到11世纪时中世纪的礼拜仪式的基本结构已出现。日课和弥撒构成每日祈祷的精细的周期，每日祈祷又相互衔接形成一整年的连续模式。教堂的"礼拜年"环绕着三大节日：复活节、圣灵降临节和圣诞节；任何一定日期的祈祷文主要都与这些神圣的节日有关。不过每日的礼拜周期也与世俗年的季节变换有关。在圣诞节，中世纪的人是以照亮世界新的"光明"来崇拜耶稣基督的。不过，在异教时代，圣诞节这个日期是冬至节，标志着一年中最黑暗的一天已经过去，太阳开始重新回归北半球。复活节是耶稣复活的节日，准备过节时，人们回忆耶稣的格言："如果小麦没有掉进土地并死亡，它仍旧只是一颗麦粒；如果它死了，就会滋生出许多麦粒。"当然这一点可理解为耶稣基督死亡、埋葬和复活。但是复活节也是一个春天的节日，此时，去年秋天播入土地的麦种开始发芽，肉眼可见的新生命长满田野。许多礼拜祈祷文是以这样的方式赋予季节活动变化周期以宗教仪式的意味。

　　礼拜音乐早期的发展是引起当前专家争论的复杂问题。或许第一首基督颂歌来自犹太教堂的赞美诗。没有手稿保存下来帮助我们追溯这种发展。6世纪之后发展起来的格列高利圣咏也是如此。（它声称是纪念伟大的教皇格列高利的，但没有明显的证据说明他对这种风格发展有过贡献。）我们确实有标有乐谱的9世纪的手稿，当时已有数百首礼拜音乐传世，而且不断有新的乐曲谱写出来。这些最早的手稿中记录的格列高利圣咏可能是融合罗马与高卢因素而作。曲子全是"单声的"；也就是，唱诗班的全体歌手，唱同一曲调。如果他们用风琴伴奏（这种情况很普遍），它也奏同一曲调。因此，格列高利圣咏常被称为"素歌"（plain chant）。这是最朴实、最庄严的音乐。

　　素歌在中世纪一直被修道院唱诗班所颂唱，但是从10世纪（可能时期更早些），多声乐曲补充了单声颂歌。最早用现代五线谱记谱法写成的音乐作品出自阿勒索的圭多（Guido of Arezzo，约992—1050）之手，他的作品也记述了对位法较简单的方式。到了13世纪有很多记谱方法，能够正确指出音乐的节奏和曲调。

　　中世纪音乐家的创造力和适当的记谱方法的发展，首先是作为帮助记忆的手段，其次是保存音乐文本的方法——这是古代世界所不知的——使得整套新的音乐语言的成长成为可能，其美学上的成就可与宏伟的大教堂媲美。

　　当音乐在学校中作为七艺之一得到研究和学习时，它被视为一种关于数字与比例的数学；音乐的和谐表达了内在秩序与整个宇宙的和谐。研究这些艰深奥义的学生有时候歧视制作真实的、引起美感的音乐——即我们能实际听、唱、演奏的那种音乐——的普通的音乐从业者。阿勒索的圭多对于领唱者与真正的音乐学者做了轻蔑的比较："他并不了解他所做的事，应该被称为畜生。"

但正是教堂里这些实践的音乐家、领唱者、唱诗班指挥,以及世俗世界里的吟游诗人和游吟歌手建立了中世纪音乐的丰富遗产。12 和 13 世纪的礼拜赞美诗变得越来越复杂,对位法的曲子大量增加。13 世纪法兰西的圣歌包含三种旋律,有时候不同的曲调配合不同的歌词。世俗音乐直到 13 世纪大部分是单声的;吟游诗人借用圣歌的形式演唱情歌,有时候在原本神圣庄严的曲调中填上轻快的歌词。教堂音乐仍然使用风琴,当局者不赞成加上其他的乐器,认为过于轻浮。不过,吟游诗人经常以竖琴、木琴乐器、琵琶和吉他伴奏演唱(他们以弓演奏,其他的从西班牙传进来)。自 13 世纪以来,有专为乐器而作的曲子,可能用来给舞蹈伴奏。

12 和 13 世纪时期,教堂音乐发展得更为复杂与精致,这也是结构相对简单的罗马风格逐渐让位于愈发繁复的新事物——新哥特风格的时期。

68. 哥特式大教堂

费泽莱大教堂在各方面达到了罗马式建筑技术的顶峰。然而,中世纪的建筑师仍旧不满足。他们要使教堂更加高耸入云,他们要打开教堂使之充满光亮。后来,大约是 12 世纪中叶,一系列建筑新发明导致新哥特风格的产生,使得中世纪的美学和宗教上的冲动得到最成熟的表达。基本技术新发明是肋架拱顶(ribbed vault)和尖形拱顶(pointed arch),后者是前者的必要附属物。在首批新的拱形结构体系的实验中,方形或长方形开间两侧,以及各角对角线两侧,都立有肋拱连接。这是一个简单地把两根对角肋拱加到人们所熟知的交叉拱顶上的问题。这种结实的构架巩固了拱顶,肋拱形成的较小三角部分用轻质石板填补,以代替罗马式屋顶沉重的砖石结构。

简单肋拱所造成的明显困难是对角线拱,由于它们在较长基线上竖立起来,要承受比其他四根拱更大的重量。效果显然不能令人满意,结果拱顶不能达到最大限度的稳定,中世纪建筑师通过实验和错误很快发现这一问题。他们决定使用尖形拱顶。罗马式建筑师有时也使用尖形拱顶,不过只是作为从穆斯林建筑借来的装饰。现在它成为发展哥特式建筑技术的关键因素。如果在方形或长方形边上的拱是尖的,它们可以竖到与对角线交叉点同样的高度。这种新发明开创了各种令人振奋的可能性。尖形拱顶产生了比圆拱较多垂直、较少水平的侧向压力,这一点与较轻的石制屋顶工程一起,使建筑师得以把拱升得更高,并使之在不太重的柱子上保持平衡。由于天窗高踞于中殿之上,就出现了如何在肋拱将屋顶的重量传递给柱子的应力点上进行加固的问题。这个问题最终被哥特式技术革新——飞扶壁(the flying buttress)——所解决。建筑物外侧建起沉重的石墙墩。拱从这些墙墩的顶端升起,越过侧廊的低屋顶,在应

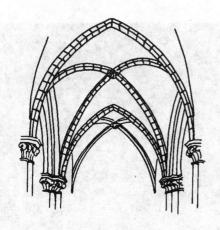
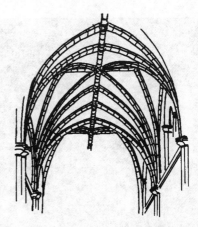

哥特式肋架拱顶

力点上支撑中殿拱顶的肋拱。(其他拱可以从较低的墙墩上升,以支持侧廊的墙体。)教堂全部重量就落在肋拱、拱和柱的复杂结构上。[1] 实际上,墙不再作为承载面。墙上可按设计者的意愿开窗。在中世纪后期某些教堂中,像剑桥的国王学院礼拜堂的墙几乎全由彩色玻璃屏饰所取代。

为了实用目的应用建筑学新成果本身并未产生哥特式教堂。早在1104年就完工的达拉姆(Durham)大教堂中殿,只有一根哥特式肋拱,而整个结构在总效果上是罗马式的——一座有厚墙、大而重的墙墩和狭窗的建筑物。当人们开始仔细开发新建筑术内在美学可能性时,哥特式建筑就应运而生。大修道院院长苏格(Suger)于1140至1150年资助建造巴黎附近的圣丹尼斯(St. Denis)修道院教堂,在修建中做了初步尝试。尖形拱顶用于唱诗席与中殿,并随之谨慎探索了增加窗户大小的可能性。12世纪40年代一支从事彩绘玻璃的工人队伍在圣丹尼斯形成,他们又把这门艺术带到别的许多中心。他们以夺目的原色彩绘小块玻璃取得异常光辉的效果。玻璃被镶嵌于薄铅框内,形成表现宗教主题的画面:基督的生平、某些《圣经》故事或使徒行传。这样的窗户使整个建筑物充满了绚丽的色彩,但还谈不到获得成功。如同许多中世纪的人一样,苏格醉心于新柏拉图主义关于光的神秘主义。他认为,为崇敬基督而建的教堂,"真光"(true light)自身就是光芒万丈的,他针对照明效果而煞费心机。当他的教堂的光辉的唱诗席完成时,他心满意足地写道:"整个圣殿充满了一种奇异的、连续不断的光。"

---

[1] 参见第442页(边码)插图。

约建于1104至1130年(更远处的后殿建造较晚)的勃艮第费泽莱拉马德莱娜修道院大教堂用交叉拱顶建成的罗马式中殿(其后为唱诗席)。*Scala/Art Resource, NY*

始建于1248年的科隆大教堂的哥特式中殿。*Bildarchiv Foto Marburg/Art Resource, NY*

罗马式教堂雕塑——最后的审判。为吉塞尔伯特斯(Giselbertus)于1135年之前所塑。欧坦(Autun)的圣拉扎尔大教堂(Cathedral of Saint-Lazare)西门口的门楣。*Bildarchiv Foto Marburg/Art Resource, NY*

哥特式教堂雕塑,约1200年,沙特尔大教堂北耳堂中门上的人物雕塑。从左至右:麦基洗德、亚伯拉罕和以撒、摩西、撒母耳和大卫王。*Bildarchiv Foto Marburg/Art Resource, NY*

第二十章 建筑、艺术与文学 *421*

罗马式深浮雕,苏雅克(Souillac)教堂大门口的先知以赛亚石墩柱,约1120年。*Bildarchiv Foto Marburg/Art Resource, NY*

晚期哥特式彩饰木雕:微笑的圣母和圣子。法国,彩绘橡木,高15.875英寸。*The Metropolitan Museum of Art, Gift of J. Pierpont Morgan*, 1917 [17.190.725]

兰斯大教堂的西立面,始建于1211年。依照建筑本身的线条所雕的图案突出了昂扬高耸的效果。*Bildarchiv Foto Marburg/Art Resource, NY*

法兰西火焰式风格的晚期哥特式石制窗饰,玫瑰花窗外环以命运之轮。亚眠大教堂南耳堂,约1500年。*Bildarchiv Foto Marburg/Art Resource, NY*

巴黎圣礼拜堂(Ste. Chapelle)上教堂内景,建于1243—1248年,展示了几乎全由炫目的彩色玻璃饰屏组成的墙。*Bildarchiv Foto Marburg/Art Resource, NY*

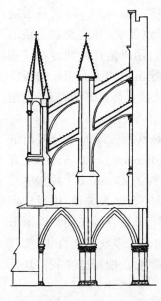

飞扶壁

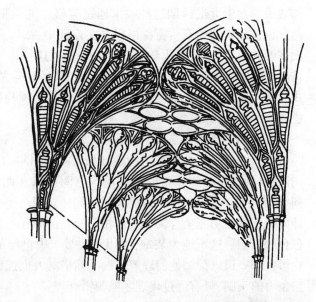

扇形火焰式拱顶

圣丹尼斯新风格很快在法兰西岛上的其他教堂得到模仿和发展。这种风格被1175年承担重建坎特伯雷大教堂任务的塞恩斯的威廉(William of Sens)带到了英格兰。13世纪时哥特式建筑遍及基督教世界,尽管意大利人从未真正精通北方风格,也从未产生与法兰西设计师同样的审美趣味。(他们宁愿保留大墙面绘制壁画,而不扩展其教堂窗子的大小。)西班牙出现了一种特异风格:在从北方基督国家借鉴的罗马式和哥特式建筑基本形式的基础上,通过穆斯林工匠的装饰砖、制陶术与彩砖地板而有所变化。

到13世纪中期,法兰西哥特式建筑在巴黎、兰斯、亚眠、沙特尔的教堂中达到和谐且完美的程度。成熟的哥特式风格的教堂所产生的视觉印象与罗马式教堂有很大不同。哥特式建筑有一种高耸入云的气概。精心设计的稳定和平衡取代了巨大和厚实。两种主要的革新——广泛使用彩绘玻璃和肋拱——产生了一整套新的审美观。罗马式教堂幽暗的地方在哥特式教堂则光彩四溢。而且,哥特式建筑以崭新的方式发挥"功能作用"。也就是说,一座建筑物的审美效果由结构部件本身——肋、拱和起实际支撑作用的墙墩——而造成。不用隐藏这种结构框架。建筑物的美,恰恰存在于建筑技术的优雅运用之中。

这有另一个必然结果。如果说,罗马式建筑和艺术(像古典艺术)强调容积和体积,那么哥特式风格的美学价值基本上在于线条。哥特式大教堂布满了精心设计的窗花格。顶肋的线条一直贯通到支撑柱,产生了一种优雅的凹槽效果。其他肋拱的线条通向拱顶,开头或许是为了巩固拱顶,不久变成纯粹的装饰效果。在中世纪后期这种技术通过英格兰的扇形拱(fan vault)得到最后定型。越来越精致的石质窗花格竖立在窗孔中,镶以彩色玻璃。(这类窗花格的火焰般的形状产生了"火焰式"[flamboyant]这一术语,用以描述后期哥特式建筑高度装饰性的流派。)在13世纪,最初作为建筑主题出现的美丽蜿蜒的哥特式线条主宰了各种视觉艺术——雕塑、图案、绘画与挂毯。甚至书法在13世纪也变成了哥特式的。

对早期哥特式建筑,现代评论家最称道的常常是其因极简而十分突出的"功能主义"风格。中世纪的清教徒如明谷的伯尔纳(Bernard of Clairvaux)也有同感;早期较简朴的风格的某些优秀范例可以在西多会(Cistercian)教堂中找到,就像在彭提尼(Pontigny)所保留的那样。但对绝大部分情况来说,中世纪设计师并不认为功能美与装饰艺术相匹配。例如在兰斯,其雄伟的正面饰以形形色色的雕塑。这不纯为装饰,也用于说教。中世纪的人大多数是文盲,需要视觉形象和布道以帮助他们理解宗教。苏格本人也强调这点,他写道:"我们缺乏想象力的头脑,只有通过代理才能领悟真理。"

哥特式雕塑的主题和符号仍旧和罗马式艺术一样,不过风格有些变化。人物变得更加栩栩如生,常常类似真人的画像。以新自然主义方式来雕刻花卉和动物。植物学家可以从雕刻的哥特式叶饰中辨认出几十种真实的植物:海芋、蕨、苜蓿、耧斗菜、常春藤以及许多其他植物。除了人们熟悉的农村动物以外,哥特式雕塑家还雕出东方走兽:狮、象、骆驼,还有奇特的神话中的怪物:龙、蛇怪、狮鹫、独角兽。在强调哥特式建筑的内在逻辑时,我们不应忽视哥特式装饰中纯想象的成分。当然,几乎所有刻画的动植物都有某些象征性宗教意义,不过世俗风光和符号在大教堂里也有刻画,包括对七艺的描绘和展现一年中每个月份的农业劳动的场景。

哥特式教堂是中世纪人整个世界的缩影。雕刻和玻璃彩绘两者都描绘了他们的活动,象征着他们的信仰。其比例以源自古代毕达哥拉斯学派的数学比率为基础。这比率被视为表达了宇宙内在的和谐。对于中世纪的人来说,他们的教堂象征化了的宇宙本身就是神圣的造物。物质世界是上帝思想的实体化。因此,整个物质创造乃是神圣真理——人的理性智慧可部分领会,但不能完全掌握它——的象征。理性的尽头是跃入信仰和美的机会。一位12世纪的人写道:"如果上帝所愿望的一切是美好的,那么具有暂时美的一切可以说都是永恒美的影像。"

大教堂与中世纪其他重大文明成就(如经院《大全》)之间可做无数类比,这一点已经阐明。哥特式大教堂在使用数学比例上可与中世纪音乐相比拟,在其包罗万象和结构复杂性方面可与中世纪最精美的文学作品相媲美。不可否认,存在着这样一些相似之处,强调它们可能也有用处,但不能让它们在中世纪建筑活动的一些事实上对我们造成误导。有过一种模糊的思想：当要建立一座大教堂的时候，虔诚的主教把他的信徒召集到身边（或修道院院长召集他的修士），他们一块块砌石头，直到设法使那个时代普遍的宗教本能具体化为一座哥特式大教堂。这自然是荒谬的。正如艺术史家艾米尔·马勒(Emile Mâle)所观察的："本能永远不会使任何东西凭空产生。"中世纪大教堂是被称为石匠大师(master-mason)的精明专业建筑师所设计的，他们既制定教堂建筑方案，又监管实际建筑工程。其中最优秀的是大建筑师，不过在施工中他们从未试图用石头模仿经院《大全》。大教堂的建筑工是技艺高超的石匠和其他手工艺人，他们组成行会，每日按工付酬。他们也并不爱好读《神学大全》。

无疑地，存在于哥特式大教堂与中世纪其他文明成就之间的类似点必须用许多中世纪人共同的基本思想态度加以解释。人们随处可以碰到一种使大量复杂细节服从于整体设计的意志。这种态度在哲学、神学、法律和文学以及在建筑学中均可发现。在这些活动背后，当然有一种共同的宗教信仰。教堂作为中世纪基督教合适的象征而出现，因为建造它们是为了满足其资助者——个人或全社会——的要求。他们的感情由中世纪的信仰而定型。可是潜在的宗教动机本身不能充分解释哥特式建筑的实际形式。毕竟，拜占庭文化也是深度基督教化的，但其建筑师从未建造任何一座哪怕是一点点类似于哥特式的教堂。最伟大的艺术作品不能用完全理性的术语加以解释，无疑，关于哥特式建筑的出现将永远具有一种神秘的要素，但是当探讨中世纪文化时，情况往往也如此。我们至少可以了解到，其发生的基本过程涉及基督教的和古典的主题与明确的北方情感之间的相互影响。

由晚期古典形式改造而来的罗马式建筑的建造者想以石块兴建大教堂来表示对基督教上帝的尊崇。肋拱的引进可能是由于结构上的效能。但是，就相关的结构技术而言，比如罗马式达拉姆的肋拱在逻辑上并不必然会发展到复杂的、装饰性强的哥特式格洛切斯特(Gloucester)窗花格。古罗马人懂得怎样建造肋拱，而且显然发现了这种结构从其审美眼光看是毫无趣味的。不过，对角线肋和横肋的线条却对历来有抽象线条艺术古老传统的北方人展现了地中海世界从未梦想过的审美效果。只有当我们回想起早期的日耳曼和凯尔特艺术中的复杂线条图案，哥特式的出现才变得可以理解。[1]

一场类似的争论也见之于照亮中世纪教堂的伟大的透明彩绘玻璃墙。这里又发生了一次古典象征手法与北方情感巧妙的结合。光的形象作为神力的象征，既是古典的又是早期基督教的，不过这种象征手法只在北方漫长的冬天中追求真实光明的人们中引起了强烈感情，并促使了一种全新的艺术形式的产

---

[1] 参见第114页(边码)。

生。奇怪的是，中世纪时期习惯上被称为"黑暗世纪"，但在科学上、艺术上、礼拜仪式的象征性上，整个文明都为光所吸引。

69. 拉丁文学

所有中世纪学者都得学习作为教堂和学校教学的媒介语言——拉丁语。他们通过普里西安(Priscian)和多纳图(Donatus)的古老语法学习它，1199 年后又依据亚历山大·德·维勒杜(Alexander de Villedieu)的《教理》(Doctrinale)——一本以容易记忆的诗句写成的通俗教科书——学习拉丁语。像我们现在一样，中世纪很少有人学习拉丁语。但是对他们来说，它不是一种死亡的语言，他们的拉丁语讲得很流畅。他们可以用拉丁语思考，用拉丁语辩论，用拉丁语讲笑话，最重要的还有用拉丁语写诗。

中世纪的每一世纪都留下一项拉丁文诗歌遗产，不过在这一领域如同其他领域一样，创作活动的大兴盛产生于 11 世纪末期和 12 世纪。最有名的文学研究中心是沙特尔(Chartres)，在那里受过优雅的拉丁文风格训练的英格兰人索尔兹伯里的约翰(John of Salisbury)，于 12 世纪初留下了一份教学方法的报告：

> 称为变格的晚练习，包括很多语法，除非天资非常迟钝，一个人花一年时间可以掌握说和写的方法。

但也不全是语法和练习。沙特尔的伯尔纳(Bernard of Chartres，刚才提到过的约翰的老师)也把古代诗人和演说家介绍给他的学生们，并教他们怎样以类似的文采去写作。他的学生"每日写散文和诗歌，通过相互对比来训练他们"(当伯尔纳当上沙特尔校长时，教堂西侧的那面正在建设中——多纳图、西塞罗的像和先知、使徒的像一起雕刻在那里)。学习古文的某些学生，也学写古诗。大部分为模仿之作，偶尔也有例外。拉瓦丁的希尔德伯特(Hildebert of Lavardin，约 1055—1133)写过庄重、静谧的庄严诗句，技巧娴熟，以致被误认为真的古典诗作。

但是，大量拉丁文诗句是以不同风格写成的。古诗以长短元音为基础。中世纪诗人发现了运用古老语言的新方法；他们写的诗句押韵，注重重音韵律。许多出色的赞美诗就用这种方法写成，被公认为最好的一首说明了写作技术的精湛。下列重音句型中，"一下接着一下，如同锤子敲在铁砧上"[1]：

---

[1] Anon, *The Seven Great Hymns of the Western Church*, 7th ed., New York, 1868.

> *Dies irae, dies illa*（一旦可怕的天罚之日来临）
> *Solvet saeclum in favilla*（整个世界将化为灰烬）
> *Teste David cum Sybilla*（正如大卫和女巫们所预言）

大多数中世纪的诗句没有达到这样高的水平。有很多空谈饮酒、爱情、自然和青春欢乐的歌谣，全都充满生命与欢乐气息。[1] 这些世俗抒情诗被称之为哥利亚斯诗歌（Goliardic poetry，以 Golias 命名，即《旧约》中的哥利亚，他的名字在中世纪常用来表示魔鬼）。这些哥利亚斯游吟诗人们是一伙流浪学生，他们声称是受哥利亚斯庇护的神秘的"流浪帮"（Order of Vagabonds）。哥利亚斯诗歌或许是这类学生所写，更常见的或许是一些仍在回忆学生时代的老人所写。有一个这种人俗称匿名诗人（Archpoet），他是皇帝腓特烈·巴巴罗萨的大臣、科隆大主教达塞尔的雷纳尔德（Rainald of Dassel）的随从。（我们在巴巴罗萨的贝桑松[Bensançon]会议一节里已经提到过雷纳尔德。）[2] 这位大臣是个严厉的人，不过他显然发现了这位匿名诗人的诗韵具有非凡的魅力。哥利亚斯诗歌的精神在匿名诗人的《忏悔录》（*Confession*）中得到了淋漓尽致的表达，书中他公然反对上流社会的一切准则，赞扬爱情的愉悦与饮酒作乐。有一节诗[3]特别有名：

> 死在酒馆是我的心愿，
> 在生命结束的时刻，
> 让我以酒沾唇：
> 这会使天使们
> 热烈地齐声恳求，
> "九天之上的上帝啊，
> 请给这酒徒恩典和赦免"。

到 13 世纪末，在巴伐利亚的本笃拜恩（Benedictbeuern）修道院的一批修道士抄下了一本早期诗歌集。这本手稿幸存下来，为我们保留了一整套各种主题的世俗拉丁文抒情诗。[4] 其中还有一首优秀的饮酒歌：

---

[1]《资料》，no. 54。
[2] 参见第 337 页（边码）。
[3] J. A. Symonds, *Wine, Women and Song*, London, 1884.
[4] 以下拉丁文诗歌及译文引自 Helen Waddell, *Medieval Latin Lyrics*, W. C. Constable, London, 1929。

> *Potatores exquisiti*（对你们这批老于此道的酒徒）
> *Licet sitis sine siti*（尽管解不了渴）
> *Et bibatis expediti*（为成功而干杯）
> *Et syphorum inobliti*……（把酒敬向四方……）

其中还有因渴望而受折磨的爱情诗：

> *Si me dignetur quam desidero*（如果我倾心的她肯屈尊爱我）
> *Felicitate Jovem supero*……（我连朱庇特也不屑一顾……）

还有赞美春天和青春的诗：

> *Nunc ergo cannut juvenes*（此刻年轻人唱着歌儿走去）
> *Nunc cantum promunt Volucres*……（每只鸟儿也在歌唱……）

在这些充满异教色彩的诗作中，也有人严重地抗议上帝的至爱正从"罗马的尊贵之地"消失。

> *Dic Christi veritas*,（哦，基督的真理，）
> *Dic cara raritas*,（哦，最珍奇的宝物，）
> *Dic rara caritas*,（哦，最罕见的博爱，）
> *Ubi nunc habitas?*（如今，你们在哪里？）

449　　哥利亚斯诗人的作品大部分是抗议文学。它们通常是采取散文形式的讽刺诗和打油诗。例如，《银币马可福音》(*The Gospel According to Mark[s] of Silver*)模仿《圣经》语言来嘲笑教廷的腐败，以受贿成性的教皇训诫枢机主教结尾："在我接受的时候，你们也接受了。"这一切对教皇来说是十分难堪的。事实上罗马教会在12世纪的操守比先前好得多，不过毫无疑问人们希望它更好。

　　历史著作形成了中世纪拉丁文学另一个重要的分支。从很早开始，许多修道院以年鉴形式保留与其利益相关的事件记录。12世纪前，几乎所有这些记录范围都很狭窄，而且无足轻重。上面会记录修道院院长之死，接班人的选择，修道院重要执事人员的更换，赠送修道院的礼物，附近贵族生活中的大事——尤其是修道院的捐赠者们——偶尔也有一桩更加遥远的事件，如国王或教皇之死。它们是历史的材料，但本身很难说是历史。尽管整个中世纪大多数的修道院年鉴一直遵循这种较原始的形式，但真正的史家常被委托来记载这些事件，这样也就变成真正的历史。12世纪，一位名叫奥德里克·维塔里斯（Orderic Vitalis）的诺曼僧侣写过一本《教会历史》（Historia Ecclesiastica）。这本书基本上是他们修道院的编年史，不过奥德里克有一股真正的历史热情，并不反对题外话。每当他叙述某诺曼望族时，他总想记述其历史。他用了很大篇幅记述诺曼公爵们的活动。最后写出了一部包罗万象——也有几分混乱——的11至12世纪早期的诺曼历史。另一些法兰西史家受十字军运动的刺激，关于第一次十字军有两部重要作品，是诺让的吉伯特（Guibert of Nogent）和沙特尔的富尔伯特（Fulbert of Chartres）用拉丁文写成的。以后的十字军编年史家更常用法文记载。

12世纪，日耳曼西多会修道院院长弗莱辛的奥托（Otto of Freising）在一篇名为《双城》（The Two Cities）的著作中力图写出一部关于奥古斯丁准则的历史哲学大全。他也在《腓特烈·巴巴罗萨的事迹》（The Deeds of Frederick Barbarossa）中记述了他的时代。许多其他中世纪史家企图概括从创世纪到他们自己时代的全部人类历史，把来自《圣经》与某些古典历史或史家手头有的中世纪早期编年史凑成历史的早期部分。这种介绍性的资料被随便地从一本编年史抄进另一本。这些著作在作者开始记录他那个时代发生的事件时才开始具有独立的历史价值。

所有中世纪国家中，英格兰是历史著述最大的中心。早在9世纪，阿尔弗雷德大帝命令许多修道院记载编年史，今天称为盎格鲁—撒克逊编年史（Anglo-Saxon Chronicle），它们提供了直到12世纪英格兰历史的概况。12世纪也有很多修道院，如坎特伯雷、沃西斯特（Worcester）、达拉姆和贝里圣埃德蒙（Bury St. Edmunds）都出过杰出的史学家。或许其中最伟大的是马姆斯伯里的威廉（William of Malmesbury），他的《英格兰国王史》（History of the Kings of England）是以极好的叙事技巧和对事件的理性判断为特征的一部重要的文学作品。到12世纪末，大多数主要史学家都不是来自修道院，只有圣阿尔班（St. Albans）修道院例外。13世纪两位著名的中世纪编年史家都来自那里。他们是温德沃尔的罗杰（Roger of Wendover）和巴黎的马修·帕里斯（Matthew Paris），他们以无比的文采和气势记述了他们当代的重大事件。

中世纪编年史家缺乏支配现代史家的一个动机：深入到过去时代生活和思想的独特形式中去的愿望。他们把尤利乌斯·恺撒视为有一群封建骑士扈从的封建帝王。他们想象中的亚历山大身穿中世纪盔甲，住在一个中世纪城堡里。另一方面，他们在记载、评价刚发生事件的愿望中显示出合理的历史本能。他们在近代批评家看来对不太真实的道听途说的二手故事过分轻信，既然修道院编年史家是上帝的奴仆，为上帝的光荣而著述，他不太可能抗拒神迹或放弃指出道德意义的机会。使用他们的著作必须慎重，不过他们提供给我们有关中世纪历史知识的历史框架。

俗人的自传或传记相对来说为数极少。彼得·阿伯拉尔写的《苦难史》（*Historia Calamitatum*）[1]是唯一的例外。修道院院长苏格作为圣丹尼斯教堂的建造者对中世纪建筑的发展，作为路易六世的大臣对于法兰西国家的发展都产生了重要的作用。他也是一位著名的作家[2]，他的《路易六世传》（*Life of Louis VI*）提供了一幅12世纪初法兰西王室庄园状况栩栩如生的图景。许多非正式传记的著作包含有关重要人物生活与个性的细节。例如，布雷克隆的乔斯林（Jocelyn of Brakelond）的编年史在描绘修道院院长贝里圣埃德蒙的萨姆森（Samson）时，为一位伟大的中世纪高级教士提供了一份生动的个性素描。俗人传记极少，但有无数中世纪圣徒的生平。圣徒在民间宗教方面产生极重要的作用，当时的人对圣徒的生平叙述有广泛的兴趣。圣徒的生平常常被多次重写，每次都更加充实，更加详细。这些记述当然充满了奇迹故事。这对具有中世纪信仰和宗教思想的学生有很大价值。

中世纪产生过许多其他品种的拉丁文著作。有很多祈祷书和关于各种实用问题的论文。13世纪一位名叫亨利的沃尔特（Walter of Henley）的英格兰人写过一篇农业论文。英格兰的财务大臣理查·菲茨·尼尔（Richard Fitz Neal）写过一篇记述英格兰国库手续的著作。许多学者写过如何正确训练青年的作品。这些作品通常是想指导王子和贵族的教育。也有关于主要的贵族运动的专书——打猎、马上比武。最后，中世纪涌现过一批轶事收集者。其中最著名的是索尔兹伯里的约翰，他在沙特尔学习之后，又在罗马教廷度过几年，写了一篇他在那里的经历的生动报告。他也写过一本政治理论著作《论政府原理》（*Policraticus*），这本书在中世纪后期因对诛弑暴君的讨论而驰名。在另一本叫《元逻辑》（*Metalogicon*）的书中，约翰追忆他的学生时代，批评了12世纪中叶的教育倾向。他为过分集中于形式逻辑而惋惜，只把它看成枯燥的文字游戏，担心这种浮夸会挤掉他脑中已经形成的所有合理的、人性的文学观。约翰作为沙特尔的主教度完他的余年也算他的幸事，沙特尔是他作为青年学生首个熟悉的城市，在12世纪末仍是人道主义的根据地。

70. 但丁以前的方言文学

索尔兹伯里的约翰的失误在于他认为新哲学研究只是徒劳无功；但他发现学校对学习拉丁文学存有巨大偏见并有所排斥则是正确的。的确（如果我们排除一些伟大的赞美诗的话），生产富有想象力和创造性的拉丁文学著作的能力

---

[1] 参见第308—309页（边码）。

[2] 参见第331页（边码）。

(和愿望)几乎没有熬过12世纪。即使在以前,大多数最有意义的文学是用方言写成的。用拉丁文写作的诗人写出许多光辉的短抒情诗,不过在美学成就上堪与伟大的哥特式教堂媲美的复杂的长篇中世纪文学著作是用日耳曼语和罗曼语写成的。

保存下来最早的这类著作起源于日耳曼,早期日耳曼人习惯于为纪念武士英雄事迹而创作在节日或宴会场合吟唱的诗歌。据说查理曼下令编一本这类歌曲集,不过,即使他的命令被执行了,这本歌曲集也早已散失了。我们现有的可能是大量文学作品的残篇。迄今,这些早期作品最重要的是盎格鲁—撒克逊的史诗《贝奥武甫》(*Beowulf*)。这首诗似乎是由丹麦半岛异教时期所创作的几首歌合并而成,经一再传诵,在盎格鲁—撒克逊改宗之后整理和书写下来,并饰以基督教的观点。故事的中心主题是贝奥武甫的英雄业绩,他杀死两头凶恶的怪物和一条喷火的龙,不过在最后一次探险中身亡。这首诗是一篇文学杰作,读者会在诗中体会出早期日耳曼文化真正的气概。除了一两个残篇外,《贝奥武甫》是我们仅存的盎格鲁—撒克逊史诗的范例。它也是保持原貌的现存最古老的日耳曼方言文学。

但是,早期日耳曼文学仍有一大批以相对较晚的版本留存了下来。其中最古老的《希尔德布兰特之歌》(*Hildebrandslied*)——匈奴阿提拉时代的故事,它可能也是查理曼时代的一首歌,通过一份11世纪的手稿流传至今。《尼伯龙根之歌》(*Nibelungenlied*)是由源于早期日耳曼时代的故事编成的,不过其形式却属于13世纪。这些使人入迷的英雄主义和魔法的混合物形成了西欧文学传统的重要部分。后来,劫掠欧洲沿海并栖居于北大西洋荒岛甚至美洲海岸的维金人创作了有关他们冒险活动的长篇萨迦(*sagas*)。同样,我们最早的手稿来自12世纪,但许多故事涉及时代更早。没有读过这类文学的人不可能理解这些狂放的冒险家的伟大成就。事实上正是在萨迦中我们可以充分领会日耳曼人的战士特性——热爱自由、无法忍受束缚、勇不可当、慷慨大方——这就形成了中世纪上层阶级伦理观的重要组成部分。晚期军事骑士气概只能通过日耳曼武士的知识加以领会。

《贝奥武甫》只是盎格鲁—撒克逊文学的一小部分。还有两位伟大的宗教诗人,卡德蒙(Caedmon)和基涅武甫(Cynewulf),以及许多这方面的次要作者。我们已经指出,阿尔弗雷德国王将各类著作译成盎格鲁—撒克逊语——伟大的格列高利的《牧灵书》(*Pastoral Care*),奥罗修斯(Orosius)的历史,比德的《英国教会史》和波爱修的《哲学的慰藉》(*Consolation of Philosophy*)。在盎格鲁—撒克逊的英格兰,拉丁文专供高级教士写作纯宗教课题的著作。编年史、官方文件、皇帝法令、战争传说与贵族行止,甚而民间宗教著作也用方言写成。因此当拉丁文在西欧其余国家占统治地位时,英格兰自己的书面语言和文学蓬勃发展。只是在诺曼征服之后,盎格鲁—撒克逊语逐渐衰落,在 14 世纪,才作为中古英语再次出现。

到 11 世纪末,方言文学开始在法兰西出现。这个王国的人民说两种不同的罗曼语——在北方是朗格多尔语(langue d'oil),在南方是朗格多克语(langue d'oc),这两种语言以"是"这个词的不同发音而得名。朗格多克语最早的文学是以爱情为主题的抒情诗,这些诗的来源不详。显然,一定数量的通俗诗歌从罗马时代起就在法兰西南方保存下来,这些可能成为最早的范本。后来,在比里牛斯山脉另一侧的西班牙,抒情的爱情诗在阿拉伯人中繁荣起来。有证据证明诗的形式——如果不是诗的观念的话——是自此而来。无论如何,在 11 世纪最后几年,法兰西南方诗人开始用朗格多克语写爱情诗。[1]

这种想法引起这个地区最伟大的封建王公——普瓦图伯爵和阿基坦大公威廉九世的兴趣。威廉公爵开始写诗。他最好的一首抒情诗是描写出发到圣地(巴勒斯坦)的感情:

>既然现在我想歌唱,
>我要作一首歌令我悲伤,
>在普瓦图或利穆赞(Limousin),
>我不再作爱情的奴仆。

威廉的提倡足以使新艺术大众化。在阿尔卑斯山和比里牛斯山之间迅速涌现许多诗人。他们被称为吟游诗人(troubadours)。有些吟游诗人地位很高,如威廉公爵;许多人出身骑士;但其他一些只是有才华、借此谋生的诗人。吟游诗人的诗作的基本思想是赞美一位高尚的妇女的益处。通过爱慕一位高贵的妇女,男人能变成一个好骑士、好诗人。这种爱可能十分遥远,但仍能带来好处:

>我将到达最忧伤、最欢欣之地,
>让我只见她一天,
>我远方的情人。

第一批吟游诗人是一些富于想象的艺术家,不过这种诗很快变成陈腔滥调。所有妇女都是金发、白皮肤。她们的情人对饮食没有兴趣,不注意冷和热,一心只爱他们的情人。如果某人向他的情人忠实地、长期地献殷勤,为她写许多诗,她可能会报以一个微笑,一个吻或者甚至更加亲昵的表示。由于这些妇

---

[1]《资料》,no. 53。

女大多是结过婚的,学者们早在怀疑,这种诗是否属于通奸。答案似乎很简单。当诗人是一位大贵族,毫无疑问,他期望并常常得到最终的报答。当然,阿基坦的威廉公爵不是美丽的妇女们遥远的求爱者。不过当这位诗人是一位崇拜大贵族之妻的恭顺骑士时,如果有正常判断力的话,他会把爱局限于赞美。由于妇女的高贵将给她的情人带来声望,女贵族成为吟游诗人歌颂的常见主题。吟游诗人的诗在意象、清新与活力方面于12世纪中期达到高峰。再发展100年后,就变得越来越墨守成规,缺乏真情实感。可怕的阿尔比十字军蹂躏了这块吟游诗的国土,毁灭了许多赋予诗歌以生气的无忧无虑的精神。

写诗的方式和对爱情的兴趣被阿基坦的女公爵埃莉诺(Eleanor)带到法兰西北部,此时她已成为国王路易七世的妻子。埃莉诺是最早的吟游诗人威廉公爵九世的孙女,也是许多诗人的赞助者。当埃莉诺与路易发生婚变之后,她成为英格兰王后,她的宫廷此后一些年仍是文学和骑士爱情的中心。由于她煽动儿子造反,被囚禁在温切斯特城堡时,许多吟游诗人为之痛哭流涕。作为骑士爱情的赞助人,埃莉诺的地位被她的两个女儿:香槟女伯爵玛丽(Marie)和布卢瓦女伯爵阿利克斯(Alix)所取代。玛丽在特鲁瓦(Troyes)的宫廷变成法兰西文学的首府,而她的孙子香槟伯爵蒂鲍四世(Thibaut Ⅳ)是13世纪多产、最有才华的抒情诗人之一。写诗在北方如同在南方一样时兴。埃莉诺之子——英格兰国王理查一世是一位热心但不太出色的诗人。13世纪前半期,法兰西北方出现了十余个抒情爱情诗的贵族爱好者。而且,这种风气流传到意大利和日耳曼,在那里沃尔泽·凡·德尔·福格威德(Walther von der Vogelweid,死于1228)写过绮丽的情歌以及许多讽刺诗。[1] 日耳曼情诗歌手(minnesingers)风靡时间相对较短,但吟游诗人的传统继续盛行于意大利,直到文艺复兴。同时,在法兰西和日耳曼大城镇的自由民中诗歌写作盛行起来,一直持续到14世纪。

当吟游思想移植到北方,"爱"(love)这个词出现了另一种不同的含义。对吟游诗人来说,遥远的倾慕与忠实地为一位妇女效劳会得到爱赐予的好处;不过北方作者讲到爱时,他们指的是性关系。高贵的妇人被奉上神坛纯属于形式问题,从来没人怀疑过诗人要从她那里获得什么。这种变化可能归因于北方男子比南方男子缺乏教养,更粗鲁;但是也可能来源于他们关于爱的新概念。当12世纪的男子想得到信息,他们自然会去求助某些古代的权威。这种骑士爱情的信徒们很快找到这样一部著作:奥维德(Ovid)的《爱的艺术》(Ars Amoris)。

奥维德描写了一个社会,在那个社会里妇女极少被束缚于永久性的婚姻中,她们是罗马宗教中有宗教职务的最高元老的妻子。大多数丈夫和妻子经过双方协议可以分居,许多夫妻不因形式上的法律联系而烦恼。奥维德所说的

---

[1]《资料》,no. 53。

妇女,不是约束很少的妻子,就是彻底解放的女冒险家。奥维德的爱既不是骑士般的,又不是富于浪漫色彩的;而纯粹是肉欲的。但是,骑士爱的拥护者们不管他那粗鄙的想法,从书中汲取关于爱情本质的奇谈怪论。为香槟女伯爵玛丽效劳的特鲁瓦的克雷蒂安(Chretien de Troyes)翻译了《爱的艺术》。玛丽宫廷的另一个侍臣牧师安德鲁(Andrew the Chaplain)大胆地利用这本书,创作了一本称为《论爱情》(De Amore)的骑士爱情小册子。安德鲁献出他的作品(或许是蓄意挖苦)来指导那些想投身于骑士爱情的人们。他审慎地为爱情下定义,说明什么人适合去身体力行,发明了爱情准则,并提供了谈话样板以有效地勾引对方。以防他的读者不相信骑士爱情,他的最后一部分是对女人尖刻的挖苦。[1]

当抒情诗在法兰西南方得到发展时,另一种法兰西文学——"武功歌"(chanson de geste)——出现了。"武功歌"是11世纪末期和12世纪的产物,虽然作者常取材于早期传说。尽管诗歌中一些事件有历史意义,但是做了很大改变,这些诗歌无法被史学家当作史实记载使用。例如,查理曼大帝在西班牙的某场战役之后,他的后卫部队在比利牛斯山狭窄的山隘口遭到巴斯克人(Basques)狙击,受重创。而在《罗兰之歌》中后卫部队却是在宽阔的谷地受到萨拉森人的攻击。[2]

"武功歌"显然最初是供封建制度下的男性娱乐而创作的。其主要成分是男人感兴趣的两个课题:战争和封建政治。它们讲述的是英雄事迹,其主题是忠诚、勇敢和复仇。在这些诗中妇女所占地位很少。后来只有少数诗歌中隐约露出骑士爱情的思想。抒情诗是写来取悦妇女的,但"武功歌"倒是很配合男性的胃口。

12世纪中期以前,很需要故事。贵族及其廷臣们在漫漫长夜里需要娱乐,有好故事可讲的流浪的游吟诗人一定会获得丰厚的报酬。作为这些故事的创作者的行吟诗人(trouvère)受到宫廷召唤,所以动用了一切他们可以找到的素材。来自罗马文学的传说是最常见的。这样,一位行吟诗人的浪漫故事是以埃涅阿斯(Aeneas)的故事为基础的。由于骑士爱情有许多繁文缛节,埃涅阿斯爱过狄多(Dido)又抛弃了她,最后娶到了拉维尼亚(Lavinia)。不过对12世纪的法兰西作者来说,故事的主要来源还是威尔士的民间传说。

直到12世纪中期,一位名叫蒙默思的杰弗里(Geoffrey of Monmouth)的英格兰教士用拉丁文写过一部《不列颠国王史》(History of the Kings of Britain)。杰弗里叙述了特依洛人布鲁塔斯(Brutus)怎样来到英格兰当上国王的。他后来又叙述了王国的历史,直到盎格鲁—撒克逊人到来。国王中有一位英勇武士名叫

---

[1]《资料》,no. 56。
[2]《资料》,no. 52。

亚瑟,他顽强地同国家的敌人战斗。杰弗里的同时代人毫不犹豫地说,他的著作纯属虚构,许多现代学者也有同样的观点。杰弗里本人说,他是从古老的威尔士书籍中撷取的材料。现在毫无疑问,大量威尔士民间故事——巨人和仙女或英雄与美人的传说——交织成以后的亚瑟王传奇。总之,似乎有足够证据说明,威尔士确有这样一位英雄,杰弗里是从威尔士传说中得知的。尽管如此,杰弗里的书极为风行,大约1155年此书由诺曼人瓦思(Wace)译出法文版。从此以后,亚瑟王和他的骑士常被作为故事的神奇主题而采用。而且,行吟诗人深入探讨威尔士民间传说并提供了许多杰弗里没使用过的故事。

或许这些新材料最著名的使用者是香槟的玛丽最宠爱的作家特鲁瓦的克雷蒂安。他把威尔士故事注入骑士爱情的思想。当他需要有些变化时,他不拒绝使用古典材料。他的一篇短篇小说《克里格斯》(Cliges)一半取材于亚瑟王宫廷,一半取材于君士坦丁堡。所有亚瑟王的英雄克雷蒂安都注意到了。他写了一本叫《特里斯特兰》(Tristran)的书,现已佚失,一本《兰斯洛特》(Lancelot)和一本《伯西瓦尔》(Percival)。《兰斯洛特》纯粹是一本描写骑士爱情的书。亚瑟王最优秀的骑士兰斯洛特为了爱情放弃了一个骑士应拥有的一切宝贵的东西。他与君主的妻子——圭尼维尔(Guinevere)王后通奸,犯下了封建时代的滔天大罪。他被装进绞刑囚车。他抵制了其他妇女的诱惑,他是最完美的骑士情人。实际上,克雷蒂安对兰斯洛特持有怀疑态度。他谨慎地说,女伯爵玛丽把这份材料交给他,告诉他怎样去使用。后来他写出了拒绝了所有妇女的基督教骑士的伯西瓦尔。克雷蒂安是一个讲故事的能手,他的故事仍旧有很大的可读性。克雷蒂安同时代的人——法兰西的玛丽写过叙事短诗,或称短抒情诗,这些诗歌是威尔士传说、骑士爱情和她自己的生平见闻巧妙的结合物。她的特殊才能和魅力使得她的作品也能为现代读者所接受。

亚瑟的资料流传极广,为许多作家所利用。到13世纪为止,关于亚瑟王及其骑士已发展出一整套故事,以寻找"圣杯"(the Holy Grail)为高潮。此时法兰西人的示范再次激励了日耳曼作者。沃尔夫拉姆·冯·埃森巴赫(Wolfram von Eisenbach)的《帕尔齐法尔》(Parzifal,约1220)是"圣杯传奇"中最突出的。随着时间的推进,故事拉长了,数量也多了起来。15世纪,一位英格兰骑士托马斯·马洛礼爵士(Sir Thomas Malory)从中抽出一些资料写出他的《亚瑟王之死》(Morte d'Arthur)。他以非凡的才能和热情写成的这部出色的亚瑟王故事集,从那时起一直以各种方式鼓舞着英语作家,其中包括阿尔弗雷德·罗德·丁尼生(Alfred Lord Tennyson)、马克·吐温(Mark Twain)、艾略特(T. S. Eliot)以及音乐剧《卡米洛特》(Camelot)的作者们。这是我们文学遗产的重要部分。

另一类有趣的法兰西文学是讽刺寓言诗(fabliaux)——常以伊索寓言为基础的短篇故事。这些故事在才智方面可能有欠打磨,显然想取悦于不爱挑剔的读者。某些学者设想这些故事原来打算迎合城镇自由民的口味,毫无疑问,它们在城堡贵族宅邸也备受欣赏。法兰西的玛丽是著名讽刺性寓言诗集的作者,她的《莱斯》(Lais)描写了贵族的生活,此书在细腻刻画方面并非上乘之作。

戏剧构成了中世纪各种主要语言的方言文学的重要分支,这些戏剧同样具有一种朴实的风韵。到13世纪,常常上演三种戏剧:以《圣经》为根据的神秘剧,来源于圣徒生平的奇迹剧,和演员常常扮演拟人化的美德和罪恶——智慧、愚蠢、愤怒、欲望——的道德剧。这些剧偶尔在古罗马大剧场上演,更常见的是在城市广场上布景简陋的木头搭成的舞台上演。英格兰戏剧也在四轮马车上演出,这种车辆在城市里缓缓行进,停在几处为不同观众重复表演。较大的神秘剧集,如林肯剧(Lincoln plays),表现人性的沉沦和觉醒,有几十个场景,取材于《新约》《旧约》。城市的行会常常各自负责制作一个特定的场景,在任何可能的地方选一个合适的地点。木匠可以扮演制作诺亚方舟;酒商模拟在迦南(Cana)的婚礼;面包师装作为5000人供应食物。

即使是最庄严的剧目中也会穿插粗糙、滑稽的情节,不过这只显示了宗教在何种程度上成为中世纪日常生活的重要部分。某些情节看上去可能破坏了现代的宗教感情。恶魔常作为受嘲弄的小丑出现;更令人惊讶的是,圣约瑟有时被刻画得冷漠无情。显然,中世纪的人无法不注意到一个戴绿帽子——即使是被上帝——的男人的可笑。在林肯剧中,亚瑟作为一个脾气别扭的吝啬鬼出现,在他和妻子前往伯利恒的旅途中,他对妻子粗暴无礼。玛丽要求他爬上樱桃树给她摘几颗樱桃,他粗鲁地拒绝并愤怒地说:"让那个令你养孩子的人替你摘樱桃吧!"但说话之间樱桃树奇迹般向玛丽弯下来,给了她樱桃——这无疑会使观众大为高兴。

从12世纪后期以来,我们发现了用法文写的重要的历史或传记性著作。第一部这类著作是瓦思的《鲁的传奇》(Roman de Rou)——一部较平庸的韵文体的诺曼底公爵的历史。一部更伟大的作品记述的是第四次十字军攻陷君士坦丁堡的事实,为杰弗里·德·维拉杜安(Geoffrey de Villehardouin,死于1213年)所作。维拉杜安是参加他所记述的十字军的平信徒(非修士)。稍晚,约在1225年,一位佚名作者用法文写了一部伟大的英格兰伯爵威廉·马歇尔(William Marshal)的传记。这位史家比他的大多数同时代人要老练得多。他仔细地在他知道的与他感觉不太确实的东西之间加以区别。他常引证其来源。有几次他承认为他提供消息的人有分歧,他也不知道发生了什么事情。与他的主人公经历直接有关的每件事,他是非常精确的。到13世纪末,儒安维里(Joinville)贵族约翰口授了一部中世纪最著名的传记《圣路易史》(History of St. Louis)。他提供了一幅伟大君主的光辉画像。他对家庭琐事的关注和生动的文风,使这本书今天读起来像他那时代一样引人入胜。[1]

西班牙伟大史诗《熙德之歌》大约于1140年用卡斯蒂利安方言创作。在下一个世纪,国王阿方索十世(Alfonso X,1252—1284)组织用方言编写了卡斯蒂利安的伟大历史——《通史大全》(Grande Generale Estoria)。

意大利方言诗发展得比法兰西缓慢,尽管阿西斯的圣方济各所写的《太阳颂》(Canticle of the Sun)是13世纪初期的杰作。意大利最著名的诗人是但丁(Dante Alighieri,1265—1321),他的《神曲》(Divine Comedy)被普遍认为是整个中世纪最伟大的文学成就。但丁采用了献身于一位妇女会使一位骑士变得高尚的中世纪骑士精神的常见观点,并把这种观点转化为圣爱的寓言。他的早期作品说明他是怎样和年轻的佛罗伦萨姑娘贝阿特丽齐(Beatrice)相爱。诗人25岁时,姑娘死了。他绝望了一段时期后,转向哲学研究,1308年写了《飨宴》(The Banquet)——亚里士多德伦理学的意大利文注释。同时,但丁由于支持反对教皇在意大利的政策的政治流派而被流放,离开了故乡佛罗伦萨。在政治倾向上的阅历使他成为一个教皇制度辛辣的批评家和强烈的保皇派。在一篇名为《帝制论》(On Manarchy)的文章中,他支持皇帝统治世界。

但丁的杰作《神曲》是他去世前几年写的。这是对整个基督世界与人的生命在其中的位置的幻想,反映了当时神学家和哲学家的观点,以无与伦比的洞察力与文学技巧表达出来。这本诗集叙述了作者的地狱、炼狱和天堂之游。在每一个层面上但丁描写所遇到的形形色色的人——历史人物、中世纪传说人物、当代的知名人士。(但丁为他的宿敌——教皇卜尼法斯八世[Boniface VIII][2]在地狱里保留了一个特别的位置。)人们认为,这部著作在文学上可与阿奎那的《神学大全》相媲美。在《大全》里,人们发现,所有那个时代公认的有关精神和物质世界以及人类善恶的思想统统归结在这部重要著作里。但丁的《神曲》是一部类似的艺术著作。在天堂、炼狱或地狱中都能发现代表人的生命中不同方面的人们,根据其信仰的原则,每个人都处在各自适当的位置上。对于某些秉性来说,但丁似乎进行了更完美的综合:比起对善与恶的抽象讨论,通过个体的男人和女人,可以更清楚、完整地呈现人类思想和行为的复杂性。否则,一个人可能得长时期努力钻研《神学大全》才能了解教会对骑士文学的态度;不过,当弗朗切斯卡告诉但丁阅读《兰斯洛特》怎样使她和保罗陷入罪恶之中时,这种相互关系就清楚明了地显现出来。而尚武的男爵和吟游诗人伯特兰·德·博恩(Bertran de Born)在地狱中受苦不是由于抢劫商人或蹂躏农村,而是使年轻的亨利王子疏远了他的父亲英王亨利二世。

---

[1]《资料》,no.71。

[2]《资料》,no.87。

但丁的人物具有象征意义,但他们也是真实的,他们论述历史和宗教以及(常是辛辣地讲述)但丁所处时代和世界的事情。这种评论总是在现实主义和讽喻这两个层面上游走。关于第一部分,遨游地狱和炼狱,诗人的领路人是异教徒维吉尔(Vergil)。升入天堂时向导却是贝阿特丽齐。但丁青年时代失去的情人作为寓言人物重新现身于他的伟大作品之中,象征着基督启示的神圣光芒。在"天堂"一章结束时,贝雅特丽齐引导但丁进入至高无上的天国大门,全书结束于诗人进入上帝的所在,伴以但丁所见的充盈于整个宇宙的神圣之爱:

主宰太阳和其他星辰的爱

但丁的诗像宏伟大教堂和经院神学的《大全》一样,可以用来再一次提醒我们:基督信仰是中世纪文化的中心主题。

进一步阅读书目

* 蒂尔尼:《资料》与《读本》,第一册,nos. 52—55,87;第二册,nos. 30。
许多论述中世纪艺术并附有漂亮插图的著作是富有价值的。其中最重要的研究著作是福西隆(H. Focillon)的《中古时代的西方艺术》(The Art of the West in the Middle Ages),共两册(伦敦,1963);莱萨比(W. R. Lethaby)的《中世纪艺术》(Medieval Art),修订版(伦敦,1949);安东尼(W. W. Anthony)的《罗马式壁画》(Romanesque Frescoes)(普林斯顿,新泽西州,1951);格雷博(A. N. Grabar)与诺登福尔克(C. Nordenfalk)的《11—13世纪的罗马式绘画》(Romanesque Painting from the Eleventh to the Thirteenth Centuries)(洛桑,1958);布兰登伯格(A. Erlande-Brandenberg),《哥特艺术》(Gothic Art)(纽约,1989);威廉森(P. Williamson),《哥特雕塑,1140—1300》(Gothic Sculpture, 1140-1300)(纽黑文,1995);阿诺德(H. Arnold)《中世纪的彩色玻璃》(Stained Glass of the Middle Ages)(伦敦,1939);肯普(W. Kemp),《彩色玻璃的故事》(The Narratives of Stained Glass)(剑桥,1997)。相关工具书,如罗斯(L. Ross),《中世纪艺术:术语词典》(Medieval Art:A Topical Dictionary)(韦斯特波特,CT,1996)。有关建筑,参见科南特(K. J. Conant)的《早期中世纪的教堂建筑》(Early Medieval Church Architecture)(巴尔的摩,1942);克拉彭(A. W. Clapham)的《西欧的罗马式建筑》(Romanesque Architecture in Western Europe)(牛津,1936);法兰克尔(P. Frankl)的《哥特式建筑》(Gothic Architecture)(哈蒙德斯沃思,1962)。论述肖像画的标准著作是,* 马勒(E. Mâle)的《哥特式的肖像画:13世纪法兰西的宗教艺术》(The Gothic Image:Religious Art in France of the Thirteenth Century)(伦敦,1913)。

有关建筑技术,参见 * 鲍伊(T. Bowie)编的《维拉尔·德·奥内库尔的速写簿》(The Sketchbook of Villard de Honnecourt)(布卢明顿,印第安纳州,1968);* 金贝尔(J. Gimpel)的《教堂建筑师》(The Cathedral Builders)(纽约,1961);以及菲奇(J. F. Fitchen)的《哥特式教堂的建造》(The Construction of the Gothic Cathedrals)(纽约,1961)。马克(R. Mark),《光线、通

风与建筑：建筑大师秘辛》(Light, Wind and Structure: The Mystery of the Master Builders)（剑桥，MA，1994）；和《科学革命之前的建筑与技术》(Architecture and Technology up to the Scientific Revolution)（剑桥，MA，1993）。下列一些著作涉及艺术与建筑之间的关系，以及中世纪社会与文化的背景：* 亚当斯（H. Adams）的《圣米歇尔山与沙特尔》(Mont-Saint-Michel and Chartres)（华盛顿，1904），是一部古典名著；* 豪泽（A. Houser）的《艺术社会史》(The Social History of Art)，第一册（纽约，1957）；* 西姆森（O. von Simson）的《哥特式教堂》(The Gothic Cathedral)（纽约，1956）；* 帕诺夫斯基（E. Panofsky）的《哥特式建筑与经院哲学》(Gothic Architecture and Scholasticism)（拉特罗布，宾夕法尼亚州，1951）；* 哈维（J. Harvey）的《哥特世界：1100—1600》(The Gothic World, 1100-1600)（伦敦，1950）。苏格对圣丹尼斯教堂的描述已由帕诺夫斯基翻译出来，即《修道院院长苏格论丹尼斯修道院教堂》(Abbot Suger on the Abbey Church of St. Denis)（普林斯顿，新泽西州，1946）。

关于拉丁文学，参见拉比（E. J. E. Raby）的《世俗拉丁诗歌史》(A History of Secular Latin Poetry)，第二版（牛津，英国，1957）；《基督教拉丁诗歌史》(A History of Christian Latin Poetry)，第二版（牛津，1953）；* 柯蒂乌斯（E. Curtius）的《欧洲文学与拉丁中世纪》(European Literature and the Latin Middle Ages)（纽约，1953）。H. 沃德尔在 *《流浪学者》(The Wandering Scholars)（伦敦，1934）一书中，对游吟诗人做了生动介绍，并在 *《中世纪拉丁抒情诗》(Medieval Latin Lyrics)（伦敦，1933）中，热情洋溢地翻译了他们的诗篇。另一部翻译诗集是西蒙兹（J. A. Symonds）的《美酒、女人与歌曲》(Wine, Women and Song)（伦敦，1925）。上述提及的绝大多数的英文编年史已翻译出来，已收集在《博恩古籍文库》(Bohn Antiquarian Library)中。有关十字军的编年史，参见第十一章。介绍祈祷文学与音乐的最佳入门书是阿佩尔（W. Apel）的《格列高利的圣咏》(Gregorian Chant)（布卢明顿，印第安纳州，1958）。也可以参考霍普金斯（R. H. Hopkins），《中世纪音乐》(Medieval Music)（纽约，1978）；以及尤达欣（J. Yudkins），《中世纪欧洲音乐》(Music in Medieval Europe)（Englewood Cliffs, NJ, 1989）。尤其有用的著作是巴克尔（J. W. Barker），《关于中世纪的教学中对音乐和唱片的运用》(The Use of Music and Recordings For Teaching About the Middle Ages)（Kalamazoo, MI, 1988）。现在有不少中世纪音乐的唱片可供使用。

在第七章与第十三章中援引的萨瑟恩与泰勒的著作中是很有价值的方言文学研究。一部出色的介绍中世纪传奇故事的书是 * C. S. 刘易斯（C. S. Lewis）的《爱情的寓言》(The Allegory of Love)（牛津，1938）。至于使用不同方法写作的，参见德诺米（A. J. Denomy）的《骑士爱情的异端》(The Heresy of Courtly Love)（纽约，1947）。克尔（W. Kerr）的《史诗与爱情小说》(Epic and Romance)（牛津，1908）一书至今仍有价值。有关吟游诗人文学的导论，参见阿克赫斯特与戴维斯（F. R. A. Akehurst and J. M. Davies）编，《吟游诗人研究手册》(A Handbook of the Troubadours)（伯克利，加州，1995）。有关女性作者，参见博金（M. Bogin）《女性吟游诗人》(The Women Troubadours)（纽约，1976）；社会背景方面，参见皮特森（L. Paterson），《吟游诗人的世界》(The World of the Troubadours: Occitan Society c. 1100-c. 1300)（剑桥，1995）。至于萨加的介绍，参见菲尔波茨（B. S. Phillpotts），《埃达和萨迦》(Edda and Saga)（波士顿，1973）；以及沙赫（P. Schach），《冰岛萨迦》(Icelandic Sagas)（波士顿，1984）。一部简短地介绍但丁复杂世界的研究著作是伊阿努奇（A. A. Ianucci）编，《但丁：同时代人的看法》(Dante: Contemporary Perspectives)（多伦多，1997）。E. 吉尔森（E. Gilson）的《哲学家但丁》(Dante the

Philospher)(纽约,1949);登特里维斯(A. P. d'Entréves)的《作为一个政治思想家的但丁》(*Dante as a Political Thinker*)(伦敦,1952)。有关戏剧,参见杨格(K. Young)的《中世纪教会戏剧》(*The Drama of the Medieval Church*)(牛津,1933),以及克雷格(H. Craig)的《中古的英格兰宗教戏剧》(*English Religious Drama of the Middle Ages*)(牛津,1955)以及比德(K. Beadle)编,《剑桥中世纪英语戏剧指南》(*The Cambridge Companion to Medieval English Theatre*)(剑桥,1994)。还有许多中世纪方言文学的翻译作品,下列这些普及版本可以利用。*莱特(D. Wright)的《贝奥武甫》(*Beowulf*)(哈蒙特斯沃思,1957);*斯科特—蒙克里夫(C. K. Scott-Moncrieff)的《罗兰之歌》(*The Song of Roland*)(伦敦,1920);*辛普森(L. B. Simpson)的《熙德之歌》(*The Poem of the Cid*)(伯克利,1957);* R. 卢米斯与L. 卢米斯(R. S. and L. H. Loomis)的《中世纪爱情小说》(*Medieval Romance*)(纽约,1957)(包括伯西瓦尔、特里斯特兰、奥卡辛与尼克莱,加文爵士等),* D. 塞耶斯(D. Sayers)与雷诺(B. Reynolds)的《但丁的喜剧》(*The Comedy of Dante Aligheiri*)(哈蒙特斯沃思,1949—1962)。许多丰富多彩的中世纪文学在琼斯(C. W. Jones)的《中世纪文学翻译作品集》(*Medieval Literature in Translation*)(纽约,1950)中做了介绍。

第七篇

危机中的中世纪世界

The Medieval World in Crisis

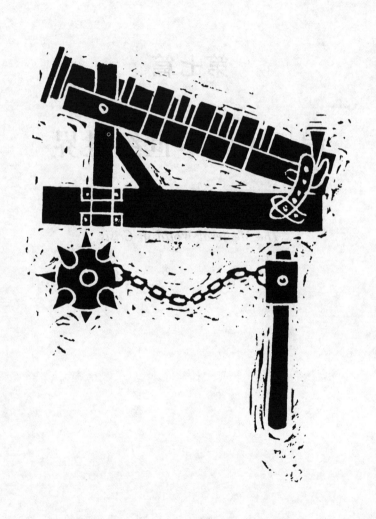

第二十一章 苦难世纪

14世纪是个迅速变化的时代,大抵是越变越坏。有新的战争、一场前所未有的瘟疫、骚乱、饥馑、教会分裂。由于这样的发展,中世纪后期常被称为崩溃的时代,或者说只出现幽暗微光的"衰落"文明。不过,这样的说法是过分简单化了。14、15世纪的人们在许多领域里发挥了创造力。他们创造出光辉的文学艺术新作品,哲学、科学思想有了新的发展,代议制政府的系统理论——早期的近代欧洲整个政治框架在英国的下议院里产生。某些中世纪的制度和思想的确在腐败,但其他的习俗和思想适应了新时代变化的环境,焕发出新的生机。在这个时代结束时,西方文明重新进入扩张的时代;不过,它不再是13世纪的文明。中世纪后期精确地说是一个极端复杂的时期,因为它是一个过渡时期。下面的章节,我们将考虑分裂13世纪貌似稳定的文明的某些力量。

71. 中世纪文明的问题:
思想、社会、经济与政治

1275年,中世纪的男女有理由希望,他们的社会正迈向一个可持续若干世纪的宁静的文明。开始于11世纪的宗教热情的高涨,已经改变了社会的结构,促进了深刻的哲学与精美的艺术作品的产生。12世纪二元论者的异端邪说受到压制,教皇被一致接受为基督教的共同领袖。皇帝和教皇的斗争趋于结束,帝国找到新的领袖——哈布斯堡的鲁道夫。欧洲繁荣起来了。西方大国彼此和平共处,乐观主义者可能认为,这个时代的基本的政治问题已经解决,将来没有理由再发动大战。

这种平静的外貌只是一种假象,13世纪获得的成就是光辉灿烂的,但并不稳定。最常被引作"中世纪的综合"(medieval synthesis)的那些作品都充满了明显的紧张感。托马斯·阿奎那的《神学大全》含有希腊哲学和基督教义的成分,以后的思想家常常认为它们在本质上是水火不容的。最伟大的天主教诗人但丁非常敌视当时的教皇。哥特式大教堂并不象征着静止的文明,而是动态的明争暗斗。

在13世纪末,中世纪生活和思想的每一领域——知识、经济、政治和宗教——中都存在促进根本改变的力量。在知识生活方面,突出的事实是阿奎那的"综合"未能博得一致同意。巴黎主教于1277年对阿威罗伊的学说提出一系列批驳,其中就有阿奎那为之辩护并列入自己思想体系的教义。多明我会成功地使阿奎那命题恢复地位,并开始把阿奎那看作自己团体的正式博士。但在多明我会之外,他的哲学没有被广泛接受。例如,方济各会宁愿追随博纳文图拉[1]或邓斯·司科脱(Duns Scotus,约1266—1308,他提出了一个比阿奎那更加"现实主义"的办法以解决共性问题;更强调对抗理性的意志)。一开始思想领袖之间只是在一个普遍接受的思想框架之下存在一些技术上的分歧;不过,14世纪最伟大的逻辑学者奥卡姆的威廉(William of Ockham,约1285—1349)对先前中世纪整个哲学传统提出了彻底的批判,并为大学的世界引入了一种怀疑论的新氛围。他的著作下面还要讨论。[2]

对13世纪的人来说,由于社会结构的改变,尤其是封建制度逐渐过时而产生另一些问题。以货币交易为基础的交换经济的发展大大改变了领主与附庸之间的关系。随着货币收入增加,一个领主可以雇士兵为他作战,雇官吏为他管理家业。领主取消了40天即可结束回家的封建徭役,他可以拥有军队,其服役时间取决于报酬多寡。而且,通过聘请中产阶级当军官,领主可以找到符合其利益的代理人。出身封臣的管家,总会顾忌其同僚封臣的看法;而一个中产阶级的管家没有这样的同情心。也有一种用付款方式来抵偿例行的封建徭役的倾向。领主可以向附庸收一笔钱免去后者在主人家的服役,前者可以用钱雇士兵。逐渐地领主与附庸之间的关系变得较少个人性质,更多的是纯粹金钱关系。到13世纪末,以骑士服役获得土地大多变成一种昂贵的土地持有方式。

在某种意义上,这一切变化可看作进步的迹象。困难的是,中世纪的社会的整个延续性有赖于对封建价值观毫无保留的认可,至少在欧洲北部是如此。在12、13世纪社会结构有了根本性的改变,不过没有可以为占主导地位的封建贵族阶层所广泛接受的一套替代的价值观。因此,尽管它们越来越脱离社会现实的主流,封建体制继续主宰中世纪生活的各层面。中世纪法理学家早就发展了罗马法关于作为主权基础的公共权威和民众认同的理论,但王国仍然作为封建财产的一部分被继承,或通过谨慎的联姻而获得。与土地有关的习惯法中充满了过时的封建规则。大贵族继续玩骑士式的封建游戏,尽管如果他们真的投入战斗很容易被雇佣的弓箭手射下马来。社会思想在适应变化中的现实上有很大的滞后。

在经济领域里也发生了极大困难。中世纪早期欧洲某些丰富的自然资源已枯竭。所有的沃土都已被开垦。农业生产停止增长;白银和其他金属的产量下降,因为钻进地层深处的矿井被洪水淹没。12、13世纪长时期商业繁荣趋于萧条。

---

[1] 参见第420页(边码)。

[2] 参见第488—489页(边码)。

我们在前几章中叙述的中世纪文明的全部成就是在稳定增长的农业经济基础上获得的。财富的稳定增长促进了商业资本的积累。这也使得复杂的、开支大的政府机构的创建成为现实，而不会对其管辖的民众造成过分的压力。在萧条的经济中，中世纪生活的每个领域里开始出现彼此相关的压力。商业网和国际金融的增长使得欧洲不同地区在经济上加强了相互依赖；但这种相互依赖在困难年代会造成脆弱性。在14世纪40年代，佛罗伦萨两家最大的商行——佩鲁齐(Peruzzi)和巴尔第(Bardi)——破产，使许多客户倾家荡产。佛罗伦萨银行倒闭是因为英格兰国王爱德华三世拖欠了大量借贷；爱德华也债台高筑，因为他想筹款和法兰西打仗。

到13世纪末政治和经济状况恶化了。13世纪70年代那种相对平静的局面不复存在。英法两国在13世纪中期仍旧处于和平状态，只是因为亨利三世是一位懦弱的国王，而路易九世则宽宏大量，不愿利用其封臣的软弱。英格兰诸王占领过法兰西一个省，为以后统治者制造冲突提供了大把机会，这些冲突终于导致了毁灭性的"百年战争"。

而且，尽管事实未立即明朗化，英诺森四世消灭了霍亨施陶芬家族在意大利的势力，在地中海地区开创了一个不稳定的局面。帝国的分裂消除了对教皇的威胁，不过也削弱了整个西方世界的力量。到13世纪末，西方基督社会不再有能力控制12世纪的征服地，更遑论进一步的扩展。如众所周知的，日耳曼没有遭受1242年蒙古人的大举入侵，只是运气好。[1] 中世纪最后几年没有从中亚来的大举进犯也属幸运。另一方面在东地中海萨拉森人继续发动频繁进攻，在那里西方的地位不断受到侵蚀。

耶路撒冷的拉丁王国自1249年圣路易十字军东征失败之后势力局限于海岸边几个要塞城市，此时也难以为继了。它之所以持续了这么长时间，很大程度上是因为1258年蒙古人到来，攻占了巴格达。蒙古人占领埃及若干年。1260年埃及苏丹击溃蒙古人并准备转而对付拉丁国家。要塞一个接一个地陷落，直到1291年拉丁王国最后的大本营被攻陷。1291年阿克里长期英勇抵抗，使大多数基督徒得以逃往塞浦路斯。巴勒斯坦圣殿骑士团的军队在保卫阿克里城堡时全军覆没，一群强悍的医院骑士撤往塞浦路斯。几年以后，他们把司令部转移到罗得岛(Rhodes)，在那里继续作为一支西方基督教世界强悍的、好战的前哨部队，直到被苏莱曼大帝(Suleiman the Magnificant)统治下的奥斯曼土耳其(Ottoman Turks)于1522年击溃，并被迫撤退到马耳他岛为止。

拜占庭帝国曾是重要的堡垒，对抗伊斯兰的进攻已有数世纪之久，却变成第四次十字军东征中争执不休的公国们的屠宰场。1259年一位名叫米哈伊

---

[1] 参见第380页(边码)。

尔·帕里奥洛加斯(Michael Palaeologus,1224—1282)的希腊将军占领尼西亚(Nicea)王国并取得了皇帝封号。他于1261年成功地重新占领君士坦丁堡,这样在古代都城的基础上又有了一个拜占庭帝国。不过,这是一个残缺不全的可悲国家。皇帝只控制了都城本身及其近郊,小亚细亚的尼西亚附近的土地,以及帖撒罗尼迦(Thessalonica)的一部分。米哈伊尔不能给拜占庭政权带来任何大的复兴,他和他的继承人统治拜占庭直至1453年陷落,其间陷入于同威尼斯和法兰克公国无休止的争端和阴谋中。同时,新的穆斯林敌人奥斯曼土耳其开始进攻这个帝国东部各省。中世纪后期无论教皇、国王还是皇帝都从未成功地组织一次有效的十字军东征以对抗他们。政治理想主义似乎已经与圣路易一起逝去了。

72. 人口与气候

14世纪文明的许多问题产生于中世纪社会的内在紧张和中世纪人民审慎的选择。如果让史学家进行褒贬,我们可以"谴责"个别统治者在中世纪后期做了许多错事。不过除了这些人为的麻烦以外,14世纪的社会不得不应付一连串的人口问题,并忍受整个西方历史中最大的自然灾害——黑死病。这些都是中世纪世界发生危机的重要因素。

尽管每个地区情况不同,关于14世纪早期欧洲的状况可以做出两项宽泛的概括。这一地区的人口正处于饱和状况;同时气候也逐渐变坏。

在1000年至1300年间,西欧人口增加率大约是2.5倍。例如,英格兰大概从大约200万增至500万,法兰西从600万增至1400万,日耳曼从400万增至1100万,意大利也差不多。这些数字是非常粗略的估计,不过总增加率是十分明显的。显然我们不能说欧洲绝对人口过剩;自18世纪以来,同一地区开始负担更多的人口;但是根据当时的技术水准和土地开垦情况来看,1300年欧洲人口显然达到极限。这种情况最明显的迹象是,人口增加的曲线在13世纪后期拉平,然后下降。

在增长期间,一般农村人口增加较快;城市人口勉强持平,通过周边乡村的移民来保持或增加人口数量。农村人口不断移入城市,即使在总人口停止增加之后也如此,这也可说明14世纪早期农村人口过剩。到处都有保存下来的精确数字。例如,日耳曼北部的吕贝克(Lübeck)有10000至15000人,14世纪前半期由于移民关系,每年新增加约180个家庭。只要城市工商业繁荣,这种移民就代表了着劳动力良好的再分配。然而事实上在14世纪,我们在欧洲不同地区可以碰到对城市贫困以及对农村流浪汉的抱怨不断增加。1330年编年史家维拉尼(Villani)沮丧地记录下佛罗伦萨有17000名穷人的情况。在欧洲另一端,英格兰东部一个小小的村庄布朗顿(Broughton)提供了另一种统计数字。最近调查表明,这一地区在1288年到1340年间流失18%的人口,这种流失大部分是移民造成的。离开故乡的人可以在别处找到相同的或更好的机会,这可能是一种乐观的猜想。

英国庄园记录提供了有关人口与土地持有情况之间关系的丰富资料。如果能比较12世纪与13世纪同一地产的调查资料,它们能显示农民拥有土地规模在持续下降。据一般估计,拥有10至15英亩土地是可以提供一个标准家庭足够口粮的最低标准。不过,到13世纪末,大约50%的英格兰农民拥有10英亩或更少土地。在一项涵盖约13500块土地的大规模取样中,超过1/3的人只有2英亩或者更少的土地。这些数字并不能如它们有时所暗示的那样,证明英格兰一半人口生活在长期赤贫状态、处于饥饿边缘。拥有土地过少,靠务农无法负担其家庭生计的农民总是以各种方法增加收入:从事一项手艺,或最常见的是抽出部分时间为富裕的邻居帮工。但这数字的确表明,前几个世纪的人口增长已达到某一限度。而且农业增长使人们开始耕作贫瘠的土地。1300年左右,有迹象显示:产量明显下降,一些太贫瘠、没有产出的土地已被荒弃。英格兰大规模开垦肥沃荒地的行为到13世纪晚期逐渐消失,大概因为这类土地已无利用价值。某些小规模的开垦依旧到处进行[1],但也仅是勉强与放弃耕种的贫瘠土地持平。人口呈现停滞或有所下降。

人口饱和的证据也来自欧洲其他地区。诺曼底的博蒙特·雷·罗杰(Beaumont le Roger)郡有23个村庄,在1313年有10万以上的人口,与现在没有多大区别。该区土地价格从1204至1270年稳定上涨,但从1270至1313年持续不变或下跌,这说明了1300年左右人口的稳定。意大利丰富的档案叙述了一段同样的历史。1300年圣吉米尼亚诺(San Gimignano)的托斯卡纳市(Tuscan)周围的农村人口密度也接近20世纪的水准。高租金说明皮斯托亚(Pistoia)周围土地短缺;农民一般必须付年收入的一半以上给地主(除此以外还有沉重的城市捐税)。这一地区的人口1244年大约为34000人,不过100年后却减少几达1/4。1250至1275年间租金达到最高额。

在进一步考虑这些人口趋势的内在含义之前,我们需要看看另一个影响农民生产的因素:14世纪气候条件的缓慢变化。气候学家可从多种资料中调查出以往天气情况的长期变化。石化的花粉粒显示出不同时期尤其是在贫瘠地区盛行的植物品种,这可为气候条件提供充分的证据。研究树木的年轮(专业人士称"树木年代学"[dendrochronology])显示了雨量变化,冰川消长则提供了气温变化的证据。这些种类的资料可以用中世纪书面资料,尤其是旱涝季节、收

---

[1] 参见第187页(边码)。

获情况以及葡萄园分布等资料来补充。从一切可以利用的资料中,可以得出一幅相当清晰的图像。大约从 1000 年至 1300 年中世纪盛期是北欧耕作气候条件最佳的时期——即"气候适宜期"(climatic optimum)。不过到 1300 年,一个周期性变化来临,天气明显变得寒冷和潮湿。大约 1550 年,平均温度进一步下降,寒冷的天气一直持续到 19 世纪。在过去的一百年中,气候又普遍转暖了。

气候条件不会单独决定历史的进程;重要的问题是人们怎样应对(这个称为欧洲"小冰期"的环境不利时期从 16 世纪持续到 19 世纪,是一个极端重要的发展时期)。但是,在一个相当长的时期内,中世纪晚期的气候变化的确给中世纪社会——尤其是北欧——造成了额外的压力。在山区,森林线爬低,而高海拔的土地被荒弃;斯堪的纳维亚能生产粮食的土地面积缩小了。浮冰使北大西洋的航行更加困难。到格陵兰的航线变得难以航行,基督徒的维金人村落不复存在;其最后幸存者显然被这一地区原始的爱斯基摩人所同化。提供北欧主要食物来源的鲱鱼,几乎从波罗的海销声匿迹。荷兰低地发生灾难性洪水。13 世纪拥有大量酿酒工业的英格兰,不再种植葡萄。(20 世纪气候转暖,近年来葡萄在英国重新又进行商业性种植。)

这些变化发生得很缓慢。12—15 世纪平均温度变化大约是摄氏 1° 至 1.5°。这在一个人的一生的时间中是觉察不到的;不过,一度之差可以影响夏季生长季节的长度和植物的分布。逐年的正常起伏比长期趋势更容易注意到;坏年景的可能性总是存在的;不过,由于气候逐渐变坏,大灾年发生的机率多少有所增加。

最坏的可能性发生在 1315—1317 年,这个时期饥馑和流行病遍及欧洲。1315 年 5 月份开始下大雨,一直持续了整个夏季和秋季。[1] 农民和领主眼看灾难逼近,想用有组织的祈祷以避开。坎特伯雷大主教命令他的教士进行庄严的游行,摇着法铃,抬着圣物,咏唱连祷文。一位法兰西作家描写过类似的平信徒游行,赤脚或赤裸全身走路。"很多人,甚至妇女也光着身子……他们虔诚地抬着圣徒遗体和其他受崇拜的圣物。"在这种情况下祈祷没有什么效应。到处粮食歉收,饥殍遍野。(某年可怕的 9 月,当粮食烂在田里,法兰西国王决定同佛兰德斯伯爵打一场小规模的战争;幸而他的部队陷入很深的泥沼里,因此撤兵,而没有造成更多的不幸。)真正的大灾难于 1316 年来临,此时又值歉收。次年冬天许多人死于饥饿和折磨饥民的疾病。流传着许多人吃人的可怕谣言。英格兰编年史家记载过父母吃自己子女的事;爱尔兰作家讲过尸体被从墓地里挖出来;波兰作家叙述过从绞架上攫食罪犯尸体的事实。

很难从我们掌握的一些只言片语的信息中形成关于 14 世纪初的一个脉络

---

[1]《资料》,no. 88。

清楚的图像。某些学者试图把 1315 至 1317 年的灾年看作中世纪欧洲社会和经济历史的决定性的转折点;另一些学者指出饥荒年份发生在中世纪历史每一个时期,到 1320 年情况已趋于正常,缓慢的气候变化显示出明显效果的时间要长得多。例如关于 14 世纪早期英格兰的状况,从"饥馑和人口过剩"(M. M. 波斯坦)到"除了灾年之外在所有年份都是一个繁荣的国家"(J. C. 罗素),有各种看法。在评价这些判断时,我们应该记住,即使在"繁荣"时期,一个中世纪农民也只能指望维持基本生活标准,以及发生"灾年"的可能性在 14 世纪有所增加。

在评价人口统计证据时,也有类似困难。可以肯定人口对资源造成了某些压力,一个长期稳定增长时期之后人口也确实开始轻微下降。但是还不清楚这种下降在何种程度上缘于更低的出生率,又在何种程度上缘于更高的死亡率。中世纪的人可能通过晚婚和少生来有意识地调节人口压力,以保持他们的一般生活标准。但是许多史学家认为,因物质生活条件每况愈下,人们普遍营养不良,因而在面临黑死病之灾时异乎寻常地不堪一击。

73. 黑死病

黑死病或称淋巴腺鼠疫,主要是一种啮齿动物的疾病,由寄生在受感染的老鼠身上的跳蚤传播给人。跳蚤从老鼠身上摄取鼠疫杆菌,然后传入被叮咬者的皮肤。这种疾病的症状是发高烧、四肢疼痛,最典型的是淋巴结肿大(腹股沟腺炎)。这种疾病不一定致命,但是它对营养缺乏、身体虚弱的人们有毁灭性的影响。有两类鼠疫的亚变种几乎是致命的:影响血液循环的败血型鼠疫和肺炎型鼠疫,后者杆菌侵袭肺叶,症状类似肺炎。而且,肺炎性鼠疫有很高的传染性。黑死病的报告认为它就是 14 世纪广泛传播的流行病。

黑死病在欧洲传播之前,只在 6 世纪发生过一次,它横扫了查士丁尼帝国。1347—1350 年的流行病发源于中国;欧洲人首次患这种病是在通往远东的商队路线的终点站——黑海港口,商人们从克里米亚把鼠疫带到君士坦丁堡,然后到热那亚、西西里和威尼斯。1347 年意大利全境受到蹂躏。同年年底,鼠疫流传到法兰西在地中海的马赛港,很快波及教皇都城阿维尼翁,几周内枢机主教团有半数罹难。1348 年席卷法兰西,秋天又传到英格兰。1349 年全年不列颠群岛鼠疫大爆发。1350 年此病传遍北欧,从冰岛传到俄罗斯。

死亡人数是灾难性的。中世纪的报告说,被感染的城市有一半居民死于鼠疫。尽管我们应该估计到某些夸张成分,并考虑到某些地方完全逃过此劫,看来欧洲总人口可能近 1/3 消失。不过这还不是全部真相。在黑死病爆发后鼠疫仍在欧洲局部地区流行了几个世纪,在首次爆发后 50 年又发生了几次重大的

"死亡之舞"(A danse macabre):骷髅与象征社会各阶层的人跳舞。上卢瓦尔省的拉·赛兹-蒂埃(La Chaise-Dieu)修道院教堂壁画的局部,约 1460 年。*Giraudon/Art Resource,NY*

流行病。到1400年欧洲人口比起鼠疫前减少1/3至1/2。显然到15世纪前半期停止下降,这一世纪的后半期人口又缓慢回升。但是,直到17世纪欧洲人口密度才恢复到13世纪的水平。英国最后一次鼠疫爆发是1665年著名的伦敦大瘟疫;1720年马赛爆发的瘟疫是欧洲最后一次。这样的流行病并不是因为卫生状况或医疗水平的改善而停止的。有种解释认为瘟疫平息是因为18世纪带疫黑鼠被不同品种的褐鼠所取代。而且,很自然地,在长达数代人的进程里,幸存者们将会获得对于鼠疫的免疫能力。

当时关于鼠疫的记载描写了对此疾病的不同反应。有些教士同他们的教徒在一起,照料他们。有些人求助于祈祷而庄严死去。有些人会采取这样一种生存哲学:"该吃吃,该喝喝,为我们明天死去而高兴。"不过,最常见的景象还是惊恐万状,道德败坏。人们逃离发生瘟疫的城市;父亲抛弃自己的家庭;找不到人护理病人;死者得不到体面的掩埋。[1]让情形变得更恐怖的一点是:没人能理解这场灾难。人们不知道鼠疫是魔鬼所为,还是上帝的惩罚。巴黎大学医学院宣布,1348年的流行病是1345年土星、木星、火星在水瓶座反常地连成一线引起的。行星连线造成热、湿环境,这些条件反过来又使地球散发出有毒的蒸气。认为这场瘟疫是由于某种投毒行为造成的信念流传甚广。整个欧洲不受欢迎的人和团体被指控通过水源放毒,蓄意散布瘟疫。大部分怀疑集中在犹太人身上,他们是中世纪基督教狂热无从躲避的牺牲者。当1348年瘟疫在日耳曼传播时,日耳曼城市发生过骇人听闻的屠杀犹太人事件。教皇克雷芒六世(Clement VI)宣布一项明智的教谕,指出犹太人其他人一样深受瘟疫之苦,因此,他们不应对此事负责,不过这也未能防止1349年进一步发生的大屠杀。

整个教会丧失了大量教士。替换他们不是很容易的,下一代只好降低标准授任圣职。许多修道士团体取消了共同生活。也发生过奇怪的宗教狂热,例如鞭笞派(Flagellants)。鞭笞派相信,瘟疫是上帝对罪孽深重的人类的审判,只有采取非常措施才能拯救人类免遭毁灭。一群男女聚在一起,互相鞭打着走遍全国。他们劝诫别人相信,任何人只要投身于此33天就可以洗清全部罪孽。一开始人们怀着同情心看待这批鞭笞者。鼓舞他们的情感是共同分担,而且他们的方法似乎与基督教一个重要组成部分——必要的苦行——是一致的。但僧俗统治者很快对这些流浪的乌合之众产生警惕。当游行者发展到倾向于杀害犹太人甚至杀死反对他们的教士时,警觉性就更加提高。1349年10月,鞭笞派受到教皇严厉指责,所有当权者都下令镇压他们。就像其他异教徒的情况一样,手段总是落后于意图,鞭笞派仍旧持续到15世纪(即使只是偶尔发生)。

不足为奇,对黑死病最初的一些反应以极度的非理性为特点。不过,从长

---

[1]《资料》,no.89。

远来看,这场瘟疫没有给中世纪历史发展方向造成任何突然的变化。相反,它加剧了14世纪早期社会已经存在的各种紧张关系的破坏作用。我们下面还要考虑宗教生活和国际政治方面正在出现的若干问题。

进一步阅读书目

*蒂尔尼:《资料》与《读本》,第一册,nos. 88—89;第二册,nos. 35—37。

关于人口问题,参见 J. C. 拉塞尔的《上古后期与中古人口》(*Late Ancient and Medieval Population*)(费城,1958)和《上古后期与中古人口的控制》(*The Control of Late Ancient and Medieval Population*)(费城,1985);关于气候,参见克莱本(R. Claiborne)的《气候,人与历史》(*Climate, Man, and History*)(纽约,1970),以及勒华·拉杜里(E. Le Roy Ladurie)的《丰足时代与饥馑时代》(*Times of Feast, Times of Famine*)(纽约,1971)。也可参见约丹(W. C. Jordan),《大饥馑:14世纪早期的北欧》(*The Great Famine: Northern Europe in the Early Fourteenth Century*)(普林斯顿,NJ,1996)。有关中世纪晚期人口学的最基本的著作是赫利希与克拉匹什-祖伯(D. Herlihy and C. Klapisch-Zuber),《托斯卡纳人和他们的家庭》(*Tuscans and Their Families: A Study of the Florentine Catasto of 1427*)(纽黑文,CT,1985)。波斯坦(M. M. Postan)的《中世纪的经济与社会》(*The Medieval Economy and Society*)(伯克利,1972)和赫利希(D. Herlihy)的《中世纪与文艺复兴的皮斯托亚》(*Medieval and Renaissance Pistoria*)(纽黑文,1967)两书对14世纪早期的农民状况给予不同的评价。亦见*戴尔(C. Dyer)的《中世纪后期的生活水准》(*Standards of Living in the Later Middle Ages*)(剑桥,1989)。关于黑死病,参见诺哈尔(J. Nohl)的《黑死病》(*The Black Death*)(伦敦,1961),该书是当代出版的一部原始资料汇编;*齐格勒(P. Ziegler)的《黑死病》(*The Black Death*)(纽约,1969);律泽(H. Zinsser)的《老鼠、虱子与历史》(*Rats, Lice, and History*)(纽约,1957);*麦克尼尔(W. H. McHeil)的《瘟疫与人》(*Plagues and People*)(纽约,1976);*米阿莱斯(P. Aries)的《西方的死亡观》(*Western Attitudes Towards Death*)(巴尔的摩,1975);和*梅斯(M. Meiss)的《黑死病之后佛罗伦萨和锡耶那的绘画》(*Painting in Florence and Siena After the Black Death*)(纽约,1964)。卡米克尔(A. G. Carmichael),《文艺复兴时期佛罗伦萨的瘟疫和贫穷》(*Plague and the Poor in Renaissance Florence*)(New York,1986);科恩(S. K. Cohn),《纪念仪式与黑死病》(*The Cult of Remembrance and the Black Death*)(巴尔的摩,MD,1992);以及普拉特(C. Platt),《国王之死:中世纪英格兰的黑死病及其后果》(*King Death: The Black Death and Its Aftermath in Medieval England*)(多伦多,1997)。

第二十二章 教皇领导地位的衰落

13世纪,中世纪教皇的势力和影响力达到了顶峰。教皇在与霍亨施陶芬皇帝们的权力斗争中获胜。一度似乎有一种实现中世纪教皇最伟大梦想的可能性——将欧洲缔造成一个统一于教皇领导下的基督教共同体。但是,在1300年左右,教皇显然过高地估计了他们在政治方面的力量。此后两个世纪里,教皇的统治和整个已有的教会组织结构遭到了日益严厉的抨击。

74. 教皇与中世纪的政治

13世纪末,正当土耳其人逐步蚕食地中海东部的基督教领土时,这一地区所有基督教大统治者——包括教皇——正关注着一个完全不同的问题,即对西西里岛的一场权力之争。安茹的查理(Charles of Anjou)是路易九世的兄弟,1266年在教廷的支持下在那里确立了统治。这一安排激怒了阿拉贡的国王彼得三世,他娶了腓特烈二世的私生子曼弗雷德(Manfred)的女儿,并认为这是他获得西西里王位的一个好借口。此外,安茹的查理并不满足于西西里,他想恢复亨利六世征服地中海东部的宏伟梦想,他还与威尼斯结成联盟,旨在征服拜占庭帝国。这就理所当然地引起了米哈伊尔·帕里奥洛加斯的敌意。

在这一局势下,有一个因素最终被证明具有决定意义。当教皇们在欧洲各处忙于兜售西西里王冠的时候,他们从未想到需要征询西西里民众自己的意愿;结果这是一个令人遗憾的疏忽。西西里就像一座火山,在那里所有被压抑的地中海政治矛盾都一触即发。西西里人憎恨冷酷无情的法兰西国王;他们痛恨他带领的骄横的外国士兵。他们厌恶国王向他们征税来支付他计划的众多战争。阿拉贡的彼得和米哈伊尔都派间谍去挑动不满情绪,精心地组织了从巴塞罗那到君士坦丁堡的遍及地中海世界的秘密间谍网。1282年复活节后的星期一晚祷(Vespers)时,巴勒莫(Palermo)居民突然袭击当地法兰西驻军并展开一场大屠杀。这是一个屠杀西西里全岛其他法兰西人的信号。安茹的查理开始在意大利本土调集军队镇压那些旋即公开支持阿拉贡的彼得登上西西里王位的叛乱者。彼得于1282年8月率领一支强大的军队在西西里登陆,随即发生了持续20年之久的"西西里晚祷战争"(War of the Sicilian Vespers)。最后,阿拉贡王室留在西西里岛上。安茹王室拥有意大利南部大陆领土并得到"那不勒斯国王"的称号。

就整个中世纪文明的稳定来说,教皇的积极干预是这场战争最糟糕的

中世纪社会的组织在这幅颂扬多明我会的壁画细部中生动地表现出来。教皇和皇帝坐在正中。他们脚边是由斑点狗（代表多明我会）守卫着的基督教社会（以羔羊为代表）。紧靠教皇的是他的下属：枢机主教、大主教和修道院院长；他们下面的是基督教会的各级代表。紧靠皇帝的是国王和享有王权的伯爵；他们之下的是世俗社会的各个阶层。

佛罗伦萨的安德里阿（Andrea de Firenze）的《多明我会的象征——好战的教会》（Allegory of the Dominican Order, the Church Militant, 1355)细部。西班牙礼拜堂（Spanish Chapel），新圣母教堂（Sta. Maria Novella），佛罗伦萨。Alinari/Art resource, NY

方面。教皇马丁四世(Martin Ⅳ,1281—1285)是法兰西人,也是法兰西王室昔日的仆从。他迅速地把彼得逐出教会,挑起宗教战争来反对他,宣布剥夺他的王位,并把阿拉贡王位赠予法兰西一个王子。法兰西的腓力三世发动了一场入侵阿拉贡的宗教战争,强制执行教皇的裁决,但那是一次不成功的远征,腓力死于途中。

在许多同时代人看来,教皇支持这种"宗教战争"似乎是罗马教会滥用神权。而且,13世纪末存在于中世纪文明中的诸分裂因素中,也许最重要的是教廷未能为其政策博得普遍支持,也未能恰当地行使其对教会的领导职能。中世纪文明在极盛期曾深受基督教鼓舞。如我们所知,它的艺术、文学和制度都根植于一个共同的宗教信仰之中。如果那种信仰崩溃了,那么整个社会就可能崩溃。而且中世纪形式的基督教明显需要一个可以充任整个教会统一体的中心的教廷,以及一些能被视为基督在尘世的代理、而非大众信仰之桎梏的教皇。从13世纪后期起,罗马教会在扮演传统角色上显得越来越难以胜任。这不仅是因为教会介入当时复杂的社会和政治事务中。这种介入已变成西方基督教传统的一部分,在好的情况下,它可以成为遏制暴君势力或激发对腐败制度的改革的一支积极的力量。问题是在许多同时代人的眼里,13世纪的教皇们似乎越来越热衷于控制基督教社会,而不是为它服务。

教皇越来越多地与世俗权力纠缠导致了教廷道德威望的削弱,这也许是13世纪初英诺森三世所实行的政策不可避免的后果。英诺森希望教廷超越琐碎的国家事务,成为公正地解决国与国争端的一种至高无上的法庭。在最好的形势下,任何世代的教皇是否能长期起到这样崇高的作用都是值得怀疑的。甚至连英诺森本人也没有获得完全的成功。但是,在整个宏大计划中,无论如何都有一个致命的弱点。教皇作为教会首脑不仅是君临各国之上的一名精神领袖,而且也是一个小小的意大利公国的世俗领主。使用圣座的普世的精神权力来促进教皇作为一个小小的意大利贵族的利益,具有一种经久的诱惑力。这一点在英诺森四世发动反对皇帝腓特烈二世的运动时变得至为明显;但英诺森多少可以理直气壮地宣称(尽管未能使圣路易九世信服),腓特烈在意大利的阴谋正威胁着教廷的存亡,所以必须不惜一切代价加以抵制。至于教皇马丁发动对阿拉贡的彼得的"宗教战争"可能没有这种伪装。除了两位天主教君主之间的权力斗争之外,没有发生别的事情。由于外交上的原因,作为意大利公国领主的教皇发现身为一方君主反对另一方是极为便利的。马丁企图用教皇的精神力量击败他所反对的君主,但他失败了,因为人们不相信教皇干预世俗事务是受神灵启示一类的事。

在越来越支持教皇拥有至高无上的普遍权力的崇高理论的同时,教皇却日益沉迷于意大利的地方政治,这也损害了其地位的公信力。哲学家罗马的吉尔斯(Giles of Rome,死于1316)宣称作为上帝代表的教皇确实是全世界的领主,一切合法的政府权力和财产权都来自教皇,可以按他的意志废止。这种概念在14世纪教皇的辩护者中十分常见。它们对欧洲的君主来说是完全不能接受的。

教皇的世俗主张被更为激进的方济各会修士们所抵制,他们视其为对圣方济各所宣扬的清贫和谦卑理想的全盘否定。那些"方济各会属灵派"(Spiritual Franciscans,该会中的一个少数派)的批评者在13世纪后半期获得新的优势。当时,他们之中最激进分子开始恢复佛罗拉的乔亚金(Flora of Joachim)的教义,他是圣方济各前一代的一位卡拉布里亚(Calabria)神秘主义者。乔亚金对基督教历史持有非常独特的观点。他认为就像上帝有三个位格——圣父、圣子和圣灵——一样,人类历史有三个时代。圣父时代是《旧约》的时代;圣子时代是《新约》的时代(中世纪的人仍生活在这个时代中);圣灵时代存在于将来。在当前的第二个时代里,乔亚金承认法制和政府机构是必要的。但是将来的第三时代的人将生活在靠圣灵直接引导和促进的幸福的、单纯的、基督教无政府社会中。在乔亚金的体系中每一个时代都有一个伟大的世界性人物作为创始人。摩西开创了第一个时代,耶稣开创了第二个。最激进的方济各会修士开始把圣方济各视为第三时代的创始人,把他们自己当作新福音的传播者。这种观点的宣传者在14世纪初受到教廷迫害,小部分人作为异教徒被处以火刑。

"方济各会属灵派"修士经常作为圣方济各精神的真正传人出现,或许他们中最优秀者确实如此。也有一些人显示出一种固执己见的狂热,坚持他们非常古怪的、远离方济各本人谦卑的信念。不过,他们有过相当的影响。与所有反对教皇滥用权力的合理批评一起,中世纪后期对于整个教会体制的现存结构出现了一种不祥的疑虑情绪。

对于有组织的教会来说,比这类激进抗议活动更危险的是整个社会逐步地世俗化。在文学作品中早就稳固存在的世俗精神增加了影响力。商业活动在世界上产生日益重要的作用。最重要的还是政治上的世俗观点迅速发展,这常常归功于罗马法律和描绘出世俗国家优越性的亚里士多德哲学知识的传播;当然有一种所谓的"国家主义"(statism)的重大发展,这部分来自于法学家和哲学家的促进。等级会议的普遍出现清楚地表明:王公贵族和平民百姓开始将他们自己视为拥有确切利益的政治单元。国家的共同福利在他们眼里逐渐变得比整个基督教世界的利益重要得多。腓力·奥古斯都已经被这种设想吓呆了:如果是出于法兰西的利益要求,即使破坏教皇制度也是无罪的。但这样的思想没有严重地扰乱腓力四世,而在查理七世看来倒是很自然的。世俗国家的福利是人们首先关心的问题,这种情感在教会组织内部有着深远的影响。许多或者说大多数14和15世纪的高级教士们认为他们的首要义务是对君主负责。

75. 教会与国家的冲突:1295—1350 年

  日益增强的世俗王权与正在削弱的教皇影响力从 1296 年起在教会和国家之间的一连串冲突中变得明显起来。在先前的冲突中,教皇或者以胜利者的面目出现或者至少达到体面的妥协。14 世纪初,教皇第一次在世俗君主手下遭到全面和屈辱的失败。获胜的国王是法兰西的腓力四世。

  1285 年,腓力三世国王和教皇马丁四世双双去世的时候,法兰西君主政体被认为是教皇权力扩展的主要屏障之一。但是当年轻的腓力四世(Philip Ⅳ,1285—1314)努力解救他父亲对加泰罗尼亚的失败入侵中的十字军余部时,他可能对曾经鼓励远征的教皇有过极大的不满。腓力是一个生活正派、保守虔诚的人。但他冷酷、精明、残忍,一心想扩大王权。他周围的人受过民法的教育,相信世俗国家高于一切。彼得·杜波依斯(Peter Dubois)支持由世俗君主占有所有财产以及教会的世俗权力,并认为教士的生活费应来自世俗政府定期发放的薪水,这种思想可能比大多数腓力的追随者要超前,但它们清楚地表明了他的宫廷思想的总趋势。而且,为腓力效劳的人对于达到目的的手段毫无顾忌。他们相信以势不可挡的力量和信心进行极其蛮不讲理的多次诬告便能摧毁任何对手。明智地使用酷刑常能提供支持最荒谬控告的证人。

  腓力四世同洪诺留四世(Honorius Ⅳ,1285—1287)和尼古拉四世(Nicholas Ⅳ,1288—1292)发生了一些小争吵,但没有发生严重的危机。随后,在 1294 年 7 月由 10 名枢机主教组成的主教团开会选举一名尼古拉四世的继承人。两个强有力的罗马家族——奥尔西尼(Orsini)和科隆那——把持着枢机主教团。正当这两个家族中的代表在选举会议上为获胜而争夺时,他们的追随者在罗马街道上展开了血腥的战斗。终于在僵持几个月后,一位枢机主教想出明智而新颖的妥协办法。在那不勒斯王国深山里隐居而受人尊敬的隐士被推举为教皇,并且在一种明显困惑的心情下接受了西莱斯廷五世(Celestine Ⅴ)这个名号。在受人尊敬但十分天真的教皇逃离其原本的领主——那不勒斯国王安茹的查理二世——的控制之前,他已任命了 12 名新的枢机主教,其中 8 名是法兰西人,4 名那不勒斯人。教皇和主教不久都发现圣徒不宜留在圣彼得宝座上。西莱斯廷五世一年之内就辞职了。如果不是被迫的话,他也是受到最有魄力的枢机主教本尼狄克·盖塔尼(Benedict Gaetani)的鼓励而做出决定的。1294 年 12 月本尼狄克成为教皇卜尼法斯八世(Boniface Ⅷ,1294—1303)。

  年迈的卜尼法斯出身于小贵族家庭,是一位能干的管理者和教会法专家。但他性情傲慢、专横、自负并常常突然震怒。尽管他不太可能拥有其敌人归咎于他的大部分恶习,但他本人的品行显然不是无可指责的。他不仅锐意提高自己及教皇这一伟大职位的地位,而且对扩大自己家族财产也同样感兴趣。他的虚荣心促使他为自己树碑立传,在他专横、粗暴的性情影响下,有一次把一位使者一脚踢出宫廷。但是,更为严重的是他以牺牲其他贵族家族的利益(尤其是科隆那)为代价,扩大自己家族的势力。在统治初期,他动用教皇金库的钱给他的侄子购买价值昂贵的地产。觊觎那块地产的科隆那袭击了护送队,抢走了钱财,藏在他们的某个城堡中。卜尼法斯立即发动宗教战争对付科隆那,夺取了他们的城堡,将他们的土地分给自己的亲戚,并放逐或囚禁了这个家族的成员。借此,他在罗马贵族中树立了许多死敌。这样一来,他在国内的势力被削弱了,又无意中卷入了与西欧两个强盛的君王的冲突之中。

1295 年法兰西的腓力四世和英格兰的爱德华一世(Edward I,1272—1307)准备为加斯科涅公爵领地而开战,他们都想通过向教士征税以增加财源。1296 年卜尼法斯发布训令《教士与平信徒》(*Clericis Laicos*),未经教皇同意禁止任何国家的教士向君主纳税[1]。这是对国家君主在自己领土上的主权的直接挑战。腓力报复以禁止从他的领土内出口金银,这样就切断从法兰西流到教廷的财路。虽然卜尼法斯坚持了一个冬天,但造成了极大的麻烦,不仅税收损失,而且始终不屈的科隆那枢机主教也造反。1297 年早期,科隆那家族在其位于隆吉扎(Longhezza)的要塞与几个"方济各会属灵派"有影响力的领袖联合起来。在那里发表了一系列声明,谴责卜尼法斯是篡位者。进一步指责教皇是不能合法退位的;因此,西莱斯廷辞去教皇职务是不合法的,卜尼法斯的选举相应也是无效的。1297 年春天,法兰西国王指出他倾向于支持这一立场。在这种新的威胁下,卜尼法斯做了彻底的让步。他宣称,在需要捍卫法兰西领土的紧急状况下,国王可以随意向教士征税。同时卜尼法斯的训令清楚地指出,国王而不是教皇才能决定什么时候处于紧急状态。为了更彻底地表示他对法兰西君主的慈爱,1297 年卜尼法斯正式宣布路易九世为圣徒。

腓力和卜尼法斯之间的和睦没有持续多久。1301 年法兰西南部一位叫贝尔纳·塞依塞特(Bernard Saisset)的主教遭到腓力的敌视,国王让自己的法学家设法击垮他。他们网罗了一份洋洋洒洒的罪状,包括信奉异教、亵渎神明、叛国,让主教在皇家法庭上受审;并将他监禁在巴黎。然后腓力写信给卜尼法斯要求他批准这些行动。尽管在指控塞依塞特的罪状中有一条是他把"我们最神圣的父亲卜尼法斯称为魔鬼的化身",但教皇已经看出其间牵涉的问题纯属政治性,整个法兰西主教区的独立地位危在旦夕。他拒绝支持国王,在回以一项强有力的反控告之后,他发布训令,重申了《教士与平信徒》的精神。就在这种情况下腓力首次召开法兰西三级会议(Estates General),寻求民众的支持。国

---

[1]《资料》,no. 85。

王的大臣们在会议上发表演说,宣称卜尼法斯是一名应该从教廷中开除的异教徒和罪犯。卜尼法斯回答说,如果必须采取行动的话,他会"像奴仆一样"废黜法兰西国王。卜尼法斯还颁布了著名的《一圣教谕》(Unam Sanctam),用最极端的方式表明教皇的教义比国王更训令至高无上。《一圣教谕》全篇充斥着这样一些措辞:"世俗的权力应当服从宗教的权力","世俗权力的过错应由宗教权力来审判","宗教的权力在尊严和地位上都优于任何世俗权力"[1] 1303年卜尼法斯决定依据这些原则采取行动革除腓力教籍。腓力尽管有民众支持,但他不愿面对这种最可怕的教会武器,决定先发制人。

腓力的随从之一是位特别神奇的人物,名叫威廉·德·诺加雷特(William de Nogaret)。他是一个擅长捏造罪名和提供伪证的能手。当国王怀疑负责香槟郡税收的特鲁瓦主教是盗窃犯时,派出了诺加雷特采取行动。诺加雷特指控并证明这位主教同女巫一起密谋刺杀王后,用针戳王后的画像;并犯有其他各种令人发指的罪行。这使他自己和国王都心满意足。当诺加雷特的一名特务被质询证人是否完全出于自愿作证时,他向法庭保证是自愿的。特务鼓励证人的方式是脱光他的衣服,在他身上涂满蜂蜜,将他吊在蜂窝之上。腓力压制教皇卜尼法斯的重任就是委托给这样一位狡黠而又忠心耿耿的奴仆。诺加雷特开始罗织他惯用的罪名,谓卜尼法斯是一名异教徒和深深地沉溺于黑魔法的巫师;他毒死了不少高级教士。在冗长的控告罪状中,也许最让人满意的条款是声称卜尼法斯包养情妇以隐瞒他是鸡奸者的事实。构成充足的理由之后,诺加雷特出发到意大利卜尼法斯不共戴天的仇敌夏拉·科隆那(Sciara Colonna)会合。他们在罗马附近纠集一支由科隆那家族支持者混以一般盗匪组成的队伍,向卜尼法斯住处阿纳尼(Anagni)进发。1303年9月7日暴徒们袭击了阿纳尼城,逮捕了老教皇。虽然乡村贵族们很快迫使诺加雷特释放教皇,但打击和羞辱对卜尼法斯来说实在太大了,他不久就去世了。

新的教皇本笃十一世(Benedict XI,1303—1304)发现自己处于极为窘迫的地位。他一直是卜尼法斯的忠仆和朋友。没有哪位名副其实的教皇能允许在阿纳尼犯下的严重罪行不受任何的惩罚。但本笃是一个谨慎的人,不希望与腓力四世交锋。因此他想出一个灵活的解决办法。他把所有被卜尼法斯加到法兰西国王身上的指责统统撤销,但命令他去惩罚诺加雷特。教皇本笃十一世在得知这种胆怯的策略能否奏效之前就去世了。

1305年6月枢机主教团选举波尔多(Bordeaux)大主教——贝特朗·德·哥特(Bertrand de Got)就教皇职。尽管没有确凿证据证明腓力促成贝特朗的当选负责,但他很可能这样做了。法兰西枢机主教在主教团中成为强有力的少数

---

[1] 《资料》,no.85。

派。虽然他们人数少,不能从中选出一位教皇,但能够极大地影响选举。而且,波尔多大主教是腓力的敌人爱德华一世的臣民,在意大利枢机主教眼里他没有法兰西人的标记。当时的编年史家断言腓力曾和贝特朗会谈,大主教做出各种承诺以换取腓力的支持。虽然从王家旅行记录中可以清楚地看到这种会谈从来没有举行过,但是通过使节的谈判达成类似的协议是可能的。

新教皇取名为克雷芒五世(Clement V,1305—1314)。当克雷芒获悉当选的时候,他在里昂(Lyons)召集枢机主教会面,并在那里宣誓就职。然后他将居所定在罗讷河东岸的阿维尼翁(Avignon)市,阿维尼翁位于弗内森(Venaissin)郡的中心,是普罗旺斯伯爵治下的勃艮第王国的一部分,隶属神圣罗马帝国的领土,但它附属于安茹家族的君主们,是一片法语区,腓力的领土就在罗讷河对面。教皇实际上不在法兰西,但完全受法兰西影响。由克雷芒任命的28位枢机主教中,25位是法兰西人。教皇征服了霍亨施陶芬家族,但它本身却为卡佩家族所左右。一个被法兰西枢机主教所环绕的法兰西教皇生活在说法语的法兰西边界城市里。

克雷芒一登上教皇宝座,诺加雷特就开始坚持要求宣布他对卜尼法斯的行

位于锡耶纳的圣弗兰西斯科教堂系列壁画之一。画家洛伦泽蒂(Lorenzetti)描绘了卜尼法斯八世接见见习修士洛多维科。Scala/Art Resource,NY

动是正义的。教皇恳求不受这一奇耻大辱,并设法推迟了约六年才采取行动,但他最后被迫发起对卜尼法斯的行为的审查,并且允许诺加雷特参与此案。像人们期望的那样,这个案件是一个大案并有证可查,虽然仅有几条零星的细节属实,但这一情况没有使诺加雷特为难。他兴奋地要求把卜尼法斯的尸体从坟墓中挖出,当众焚烧。最后达成一个折衷的协议。教皇撤回基督教会针对腓力及其任何追随者牵涉这一事件的全部指控,并宣称国王的行动是值得称赞的正义行动。这样就使克雷芒得以不对其前任进行实际上的正式定罪。

正当教廷为教皇卜尼法斯一案犹豫不决时,腓力四世及其追随者又在从事另一项同样体面的事业。1291年在阿克里落入穆斯林手中时,巴勒斯坦大多数圣殿骑士在防御中阵亡。骑士团的余部,包括那些未去圣地的人和少数从其他巴勒斯坦据点逃出来的人退役,靠分散在西欧各地的大量地产过活。那个时代的穷君主们自然贪婪地盯上了那些不再用于原有使命的大量财产。但是腓力不是那种承认他的动机纯粹是贪婪的人;他必须找到好的理由。他的专家们再一次开始行动,他们宣称骑士团已经抛弃了旧的习俗,接受亵渎神明的异教徒习俗。当一名骑士加入骑士团时,他就得抛弃耶稣并在魔鬼像前履行可憎的仪式。骑士团染满了最可怕的恶行,腓力深感震惊。法兰西圣殿骑士一一被捕,他们的住宅受到彻底搜查。爱德华一世和其他君主们听说圣殿骑士有犯罪的嫌疑,被迫对他们采取行动。爱德华在英格兰逮捕了骑士团领袖,等待着看下一步会发生什么事。

对圣殿骑士住宅的搜查并无多大收获。但腓力的特务对监禁的圣殿骑士用刑具进行了拷问,不久就获得了对其所有指控的充足证据。然后,他们突然自豪地把他们所揭露的惊人丑闻通知教皇克雷芒。教皇迅速地派专员去听取证词并且向宗教会议汇报调查结果。但是一旦圣殿骑士们发现自己面对的是一个理智、公正的人,就立即否认供词。这使腓力大为惊恐,面对这种局势,需要采取果断的行动。在腓力指使下,桑斯大主教判决了大约50名圣殿骑士有罪,通过世俗权力迅速地把他们作为异教徒处以火刑。这就除掉了一些惹麻烦的证人,并且劝阻了另外一些想改变证词的人。最终,这起案件被带到在维也纳召开的一次大公会议上。可怜的教皇克雷芒又一次被迫发布一项奇怪的决议。骑士团没有被判罪,但命令他们解散,腓力因狂热受到了祝福。法兰西国王拥有了圣殿骑士的财产,几年后将其连同一份列有他因占有和管理这些财产而产生的开销的慷慨的账单一并移交医院骑士团。爱德华一世查封了圣殿骑士团的财产,榨取之后转移给医院骑士团,但他没有骚扰圣殿骑士本身。

教皇经过一系列的失败与屈辱之后,令人惊讶的是克雷芒的继承人,教皇约翰二十二世(John XXII,1316—1334)信心十足地又投入教会与国家的另一次冲突中去,这次是同皇帝日耳曼人路易。我们看到,在帝国长期空位后,1273年哈布斯堡的鲁道夫(Rudolph of Hapsburg)当选。[1] 他传位于他的儿子阿尔贝特一世(Albert Ⅰ,1298—1308)。然后于 1308 年皇位又传给了卢森堡家族的亨利七世(Henry Ⅶ,1308—1313)。从此之后,皇位几乎不变地由哈布斯堡家族或卢森堡家族轮流承袭,但在 1314 年七名选帝侯中有五名选择了巴伐利亚的路易,他是威德巴赫(Wittelsbach)家族的首脑,这个家族统治巴伐利亚一直到 20 世纪。不过另外两名选帝侯宁愿选择一名哈布斯堡的候选人,在竞争者之间爆发了内战。

  1317 年,约翰二十二世对没有被找去以最高法官的身份平息争端这件事感到很不愉快。他单方面宣布皇位空缺。路易无视这项法令,在日耳曼战胜了他的对手,然后侵入意大利。1328 年他占领了罗马几个月,在那里通过罗马人的拥戴而当上皇帝,并且由一名代表为他加冕。为路易加冕的人是夏拉·科隆那,他就是 25 年前在阿纳尼带头攻击卜尼法斯的人。此时约翰二十二世在阿维尼翁除了烦躁和发怒外一筹莫展。1338 年日耳曼选帝侯发表了一项庄严的声明,指出皇帝的尊严是上帝直接授予的,而不是来自于教皇;在选举皇帝的活动中,不需要教皇同意或批准。这是对英诺森三世的主张的最后抛弃。路易继续统治(当然不是非常有效)到 1347 年去世为止。

  约翰二十二世是一位脾气坏得令人难以置信的老人;在他与路易冲突最激烈的时候,他还卷入一场同整个方济各会的争论之中。方济各会修士的信条是只有他们自己才完美地追随基督,因为他们过着既没有私人财产也没有共有财产的绝对清贫的生活。这种信念易于激怒其他所有教会团体,它们的成员经常指出,根据《圣经》上的话,基督和使徒共享一个钱包。方济各会修士回答说,在某种场合下基督可能"屈尊"为那些不彻底的基督徒树立一个学习的榜样,不过他们仍旧独自追求完美的生活方式。在他们的批评者看来,似乎方济各会主张的是他们比基督本身更为完善。1323 年约翰二十二世决定结束所有不体面的争论,而且他采用了在方济各会看来最无礼的方式。教皇庄严、明确地表示,基督和使徒从未拥有个人和公共的任何资财乃是异教徒的教义。经过一个时期的沮丧抗议之后,方济各会主要成员勉强接受教皇的决定,但是方济各会的教长切塞纳的米哈伊尔(Michael of Cesena)抛弃了教皇,随身带着少数几名反对派逃到了路易的庇护之下。英格兰的方济各会哲学家奥卡姆的威廉就在其中。他将被证明是 14 世纪最有影响力的思想家。这些人成为路易热情的宣传员,也是当时教皇最有力的反对者。

---

[1] 参见第 379 页(边码)。

76. 教皇制度的批评者：
世俗主义者与神秘主义者

在 14 世纪前半期国家与教会发生的冲突引人注目的原因不仅是其直接的政治影响，而且还因它们激发了争论性著作。几本主要的政治理论著作就是这个时期出版的，它们捍卫了世俗国家自主权，反对教皇的世界君主制的主张，而且还攻击教皇拥有绝对统治权的学说，即使其在宗教事务中的统治权也受到抨击。这样，中世纪后期出现的世俗主义并不单纯是一种模糊的情绪，它找到了富于表达力的阐述者。除了奥卡姆的威廉，还有两位最重要的人物：巴黎的约翰和帕多瓦的马西里乌斯。这些人的著作一直影响着中世纪剩下的时期。[1]

巴黎的约翰(John of Paris，约 1250—1306)是一位法兰西多明我会的修士和托马斯·阿奎那的追随者。大约在 1302 年当卜尼法斯八世和美男子腓力四世之间发生冲突时，他撰写了题为《教权与王权》的论文。他写道，世俗政府的权威来自人们在群体中共同生活的自然倾向。在有教皇之前，早就有了国王。因此，王权显然并不来自教皇，而教皇也无权废黜国王。一位教皇至多可以开除一名不仁国王的教籍，以鼓励他的臣民废黜国王。当基督建立教皇制时，它并未给予教皇任何世俗权力和财富，倘若教皇拥有任何这类东西，那它一定来自世俗君主的授赠。约翰承认，被看作一种制度的教皇制，的确通过神权拥有一种在纯粹宗教事务中的最高司法权；但是，如果个别教皇滥用权力辜负了其职责，那么大公会议或枢机主教可代表整个教会将他废黜。

在论述国家和教会关系方面，约翰想保持一种平衡的二元关系。帕多瓦的马西里乌斯(Marsilius of Padua，约 1275—1342)于 1313 年出任巴黎大学校长，他提出了一个更加激进的学说。他的著作《和平的捍卫者》(*The Defender of the Peace*)一直强调把民众认同作为所有合法政府基础的原则，虽然他不是当代意义上的民主主义者，因为他对重要人物的观点给予了比普通公民的观点更多的重视。在考虑国家体制时，马西里乌斯写道，能合法制定法律或任命政府行政官员的唯一主体是整个社会，教士只不过是社会的一个组成部分，并受法律约束。于是同样的原理也被扩展到教会的管理机构。有权制定教会法的唯一主体是全体信徒或大公会议的代表们。马西里乌斯的伟大革新就是否认教皇制是靠神权确立的。对他来说，教皇只是靠基督教团体设立的一个行政职务，如果有必要的话，可由上述团体废除。在其整部著作的后半部分，马西里乌斯设想，社会内在的所有权力，实际上可由他们选定的世俗统治者来行使。（正是马

---

[1]《资料》，no. 86。

西里乌斯一手安排了路易于 1328 年在"罗马人民"的拥护下登基。)从那时起他的著作偏爱一种激进的世俗主义制度。

我们的思想家三重奏中的第三个人是奥卡姆的威廉(William of Ockham,约1285—1349)。他也十分激进,但是是在不同的方面。他不仅是一个政治理论家,而且也是一位攻击整个 13 世纪经院哲学思想世界的十分敏锐和有力的哲学家。奥卡姆提出一项哲学唯名论的新的极端形式。他认为,一切整体的思想,和所有一般概念只是名称而已。思想能知道的唯一实体是自己感觉体验到的、特定的、个别的物体。一位逻辑学者可以歪曲概念,不过这些做法同外界现实没有可以证明的联系。所以,思想无法证明关于外部世界任何普遍命题的真相。例如,人们不能通过纯理性确定"上帝存在"这一命题是否真实。奥卡姆当然是一位基督徒,不过他认为"信仰的真理"所指的正是这个词本身的含义。也就是说他认为宗教的基本真理只能通过直觉信仰而得到。思想无法从对个别自然物体的思索上升到对超自然真理的理解。这些想法否定了前两个世纪所有的思想倾向。它们不仅使阿伯拉尔的"通过探索我们可以获得真理",而且也使安塞姆"以信求知"以及阿奎那的"恩典使自然完美"变得毫无意义。[1]

在奥卡姆支持巴伐利亚的路易的争论性的长篇著作中,他的思想受到不可动摇的信念支配,即约翰二十二世与其直接继承者由于他们有关方济各会清贫的学说而成为异教徒。因此,他以复杂的细节复原并发展了关于废黜异端教皇的可能性的教会法的古老论点。不过,奥卡姆走得比教会法学者要远得多。他宣称:没有一个教会管辖机构——甚至大公会议也不例外——能够以确切的真理界定教会信仰。毕竟奥卡姆是在捍卫一种实际上遭到包括大多数方济各会士本身在内的整个教会排斥的关于方济各会清贫的"真理"。因此他论证说,坚持整个教会不可能犯错误的老教条只意味着在教会某些地方,在某些人中真正的信仰总是保存着,即使教皇和宗教会议否认真理。这种观点与后来某些新教思想具有明显的相似处。奥卡姆对约翰二十二世的反对使他对在后来的政治理论中占有核心地位的天赋人权学说做出了重要贡献。部分依据早期教会法学家的文献资料,奥卡姆写道,教皇不能剥夺个体的由"上帝和自然赋予的权利与自由"。[2]

奥卡姆的教会神学在中世纪从未被普遍接受,不过他的唯名论哲学很快在巴黎大学占优势地位,并对中世纪晚期整个思想氛围产生一种普遍深入(有些人说是腐蚀性)的影响。奥卡姆的哲学鼓励观察特定的、具体的现象,对物理科学可能产生了一种激励作用。当然在宗教方面,它导致了伟大经院哲学家致力于实现的理性和信仰之间的综合的瓦解。

---

[1] 参见第 307、310 页和第 422 页(边码)。

[2] 参见第 316 页(边码)。

中世纪后期绘画中的奥卡姆的威廉，他那卓越的评论才能对中世纪文化生活有突出的影响。*The Master and Fellows of Gonville and Caius College, Cambridge* [MS. 474/571 f. 69r]

　　尽管有关于国家的世俗主义哲学的发展，14世纪整体上并非是个对宗教进行世俗的挖苦与抨击的时代。在一些方面，如果情况真是这样的话，教皇的日子恐怕还会好过些。与此相反，欧洲正在萌发新形式的宗教活力，并发展新的宗教运动，这些运动往往在各个程度上是反对已有的教皇制的教会统治形式的。通常由那些宣称已经亲自得到秘密神启的领袖挑起的这类运动，在日耳曼和低地国家声势特别浩大。当然，神秘主义一直是基督教的一种重要成分。神秘的体验在明谷的伯尔纳和阿西西的方济各等人的宗教生活中处于核心地位。能够感动群众的人（热情的改革家和成功的传教士）几乎肯定被体会颇深的个人宗教体验所激发。神秘主义可以很容易地越界滑向异端。想通过入迷的默祷直接与神结合的人很可能忘记既定的中介——教会。

14世纪最著名的神秘主义者是两位多明我会修士：艾克哈特（Eckhart, 1260—1327）和他的门徒陶勒（Tauler, 1290—1361）。两人都在新柏拉图主义中发现灵感。他们传播近乎异教的思想。事实上，许多艾克哈特的学说在他去世那年被判定为异端邪说。这些异端成分来将神视为无处不在的新柏拉图主义的泛神论倾向。不过这两位多明我会修士未从这种信仰中得出教会及其圣事并无存在必要的异端结论。事实上，圣事在他们思想中产生重要作用。陶勒成为一个叫作"上帝之友"（Friends of God）的团体的领袖，该团体由希望通过热情生活与宣讲基督徒生活以从内部改革教会的平信徒和教士组成。尽管他们是正统的，可是艾克哈特和陶勒的追随者通过强调个人宗教经验和对纯粹的教会形式主义的不满为马丁·路德（Martin Luther）铺平了道路。

在中世纪后期，来自各地的女性神秘主义者丰富了教会的生活。在英格兰，诺里奇的尤利安（Julian of Norwich, 1342—约1420）写了《神圣之爱的启示》（*Revelations of Divine Love*），是一份关于连续15次幻视（vision）基督的直接的、个人的陈述，在书中她确证了上帝对全人类的爱。另一位英格兰幻视者玛杰里·凯贝（Margery Kempe，约1393—约1439）是个已婚的妇女，育有14个小孩；她离开了她的丈夫，明显获得了丈夫衷心的赞同——依据她自己的说法，她不是个容易相处的女性。玛杰里接下来前往圣地与欧洲各种圣坛。回到英格兰后，她被指责为异端，不过无罪释放了。在她生命的晚期，她口述了一份关于其游历和神秘体验的生动记述，有时候被称为第一部女性自传。瑞典的布里吉特（Bridget of Sweden, 1302—1372）之前也有个大家庭（8个小孩），在她丈夫去世之后献身于宗教生活。她在瑞典的瓦尔史塔那（Valdstena）修道院里建立新的修会，叫作"布里吉特会"（Bridgettines）。随着修会的成长，每个女修会都有与之相当的男修会成立，修士与修女全在女院长的管理之下生活。1349年，布里吉特来到罗马，并在那里度过余生。这个时期她在信中经常抱怨宗教事务管理上的不正之风；她特别关心教宗不应该再居住在阿维尼翁，必须回到罗马。

布里吉特死于1373年，该事业被一位更著名的妇女继承，即锡耶纳的卡特琳（Catherine of Siena, 1347—1380）。她是一个锡耶纳染布工的第23个孩子，因拒绝结婚而触怒了家庭。相反，她投身于一种严格的苦行与祈祷的生活，其特征是频繁的入迷与幻视。卡特琳所感受到的召唤不仅是一种个人献身的生活，也要纠正教会生活所有明显的错误。在一次幻视中基督告诉她不只是男性有此任务，他也将派"没有学识与软弱的女子"去帮助任务的完成。卡特琳的回应是口述了一系列非同寻常的信件，寄给当时重要的公众人物，包括教皇在内。对有些人纯粹是精神的劝诫，对其他人则斥责道德的弱点，对另一些人则是关于特殊的政治问题。[1] 1376 年,卡特琳前往阿维尼翁。在那里她当着教皇格列高利十一世的面谴责了教廷腐败的"恶臭",并催促教皇返回罗马教座。几个月之内,教皇同意了;他离开阿维尼翁,于 1377 年进入罗马。但是干涉公共事务,或许对圣徒不总是有利的。教廷回到罗马,几乎立即导致了教会分裂的大灾难。[2]

所有这些神秘主义者即使在攻击教会恶习时仍奉献于罗马教会。(卡特琳称教皇为"在人间的和蔼基督"。)但其他民间神秘主义的倡导者宣传的学说却是赤裸裸的异端。或许,这些团体中最广泛、最危险的是"自由灵兄弟会"(Brethren of The Free Spirit)。(1400 年前后变得比较突出的、更加正式的威克里夫和胡斯的神学上的异端,在后面一章还要讨论。)"自由灵兄弟会"基本上是泛神论者,他们相信,上帝无所不在,一切生物死时复化为神。因此,既不可能有地狱,也没有炼狱,罪的概念也是不可能有的。人所做的一切都是神的旨意。他们相信,一切财富应该共有,而且无须工作。尽管这一派比较高尚的成员过着极端朴素的生活,避免各种世俗利益和情感,但是罪并不存在的教义对于不太虔诚的那部分人的放荡行为成为一种鼓励。显然,"自由灵兄弟会"的信条对于教会和正统基督教信仰都是危险的。他们被认为是特别应受谴责的异教徒,受到一切机构的严重迫害。[3]

在竭力镇压"自由灵兄弟会"时,基督教会的权威们很难区分他们和各种各样激进但正统的团体。在 13 世纪,低地国家已成为许多非正式的宗教团体的摇篮,尤其是妇女团体。一群妇女可以聚集在一起,共同生活,通过工作或者乞讨来养活自己。尽管她们承诺在群体内生活时将保证贞洁和服从,但她们可以保留私有财产并拥有随意离开群体的自由。这样的妇女统称为"贝居安会士"(Beguines)。她们大受佛兰德斯伯爵和该地区其他大贵族的欢迎,在 14 世纪这种思想已扩展到整个日耳曼。不久又出现类似的男性团体,称为"贝格会士"(Beghards)。大多数贝居安会士和贝格会士生活在这些固定的团体里,但也有许多人像乞丐一样到处流浪。"自由灵兄弟会"和其他异端教派喜欢称自己为贝格会士,并以此而为一般百姓所知。这就引起了无穷的混乱。有些教皇明确区分了生活在固定团体里和那些到处流浪的贝格会士。前者受到保护,后者遭到镇压。

14 世纪最重要的正统敬虔运动是"共同生活兄弟会"(the Brotherhood of the Common Life),它是杰拉德·格鲁特(Gerard Groote, 1340—1384)在荷兰创建

---

[1] 《资料》,no. 98。
[2] 参见第 528—531 页(边码)。
[3] 《资料》,no. 99。

的。格鲁特和他第一批追随者不是教士,而且没有进行正式宗教宣誓,但生活在小团体里。他们从事慈善事业并聚集在一起祈祷。在这个小团体里产生中世纪晚期献身文学最伟大的经典之一,《效法基督》(The Imitation of Christ),被认为出自托马斯·坎普斯(Thomas à Kempis)之手。杰拉德·格鲁特本身是一位大学教师,他敦促他的朋友放弃教义的细微深奥处的思索,而去培养心灵单纯的虔诚。兄弟会的理想比中世纪还要持久,并且影响了16世纪的伊拉斯谟(Erasmus)和路德。

显然14世纪的宗教历史不仅是一种没落。教皇制度最大的失败在于不能引导这股充沛的、以建设性方式存在的宗教力量。因为教皇越来越关注那些基督教会管理上的世俗琐事,所以他丧失了怀有同情心地去处理所有那些在教会机构之外涌现出来的更热烈的基督教思想和福音运动的能力。但是,如此热情的群众运动,尽管常常让职业教会管理者感到难堪,对延续宗教信仰生命力却是必要的。13世纪早期,英诺森三世有胆量和信心在世界上发起阿西西的方济各会运动,他显然十分有把握:一个努力向普通人传达纯粹的"福音"真理的运动,不可能与他统辖的常规教会的目标相冲突。14世纪的教皇以怀疑的目光看着每一种新的宗教思想或宗教观点。有一个时期罗马教会似乎已经失去了精神力量的内涵,而这种内涵过去在需要时能够改革自身并指导其下的教会进行改革。

进一步阅读书目

*蒂尔尼:《资料》与《读本》,第一册,nos. 85—87,98—99;第二册,nos. 39。

论述地中海地区政治发展的著作,参见 *朗西曼(S. Runciman)的《西西里晚祷事件:13世纪地中海世界的历史》(The Sicilian Vespers: A History of the Mediterranean World in the Thirteenth Century)(剑桥,1958)。博厄斯(T. S. R. Boase)的《卜尼法斯八世》(Boniface Ⅷ)(伦敦,1933),以及斯特雷亚(J. R. Strayer),《美男子腓力的统治》(The Reign of Philip the Fair)(普林斯顿,1980)。又可参见巴伯(M. Barber),《圣殿骑士的审判》(The Trial of the Templars)(剑桥,1993)。有关政治理论的通史,已在第十六章中援引,它所涉猎的许多学说已包括在这个时期的教会—国家的冲突中了。关于教廷权力的理论,参见威尔克斯(M. J. Wilks)的《中古后期的君权问题》(The Problem of Sovereignty in the Later Middle Ages)(剑桥,1963)以及蒂尔尼的《教皇无谬论的起源》(Origins of Papal Infallibility)第二版(莱顿,1988);而专论思想家的有, *盖维尔思(A. Gewirth)的《帕多瓦的马西里乌斯》(Marsilius of Padua),两册(纽约,1951—1956)。此书中还包括对《和平的捍卫者》(Defensor Pacis)的翻译;亚当斯(M. M. Adams)的《威廉·奥卡姆》(William Ockham),二册(圣母大学,伊利诺伊州,1987);麦克格列德(A. S. McGrade)的《威廉·奥卡姆的政治思想》(The Political Thought of William of Ockham)(剑桥,1974);博尼尔(P. Boehner)的《奥卡姆论文集》(Collected Articles on Ockham)(纽约,1958)。博尼尔在书中争辩说,奥卡姆比通常认为的更温和。奥卡姆重要的政治论著的译文,参见麦克格雷德(A. S. McGrade)和基库伦(J. Kilcullen),*《简论暴君政府》(A Short Discourse on Tyrannical Government)(剑桥,1992),以及《致"小弟兄"的信以及其他著作》(A Letter to the Friars Minor and Other Writings)(剑桥,1995)。有关奥卡姆论自然权利,参见蒂尔尼(B. Tierney),《天赋人权的观念》(The Idea of Natural Rights),见第15章前引。巴黎的约翰的作品翻译,见瓦特(J. Watt),*《巴黎的约翰:论王权与教权》(John of Paris: On Royal and Papal Power)(多伦多,1971);以及莫纳罕(A. P. Monahan),《巴黎的约翰论王权与教权》(John of Paris on Royal and Papal Power)(纽约,1973)。

关于中古后期的宗教团体在 D. 诺尔斯(D. Knowles)的《英格兰的宗教团体》(The Religious Orders in England)(三册,剑桥,1948—1959)一书中进行了讨论,而在库尔顿(G. G. Coulton)的《五个世纪的宗教》(Five Centuries of Religion)(四册,剑桥,1923—1950)中,却很少给予同情。论述方济各会属灵派与乔亚金,参见 G. 莱夫(G. Leff)的《中古后期的异端》(Heresy in the Late Middle Ages)(曼彻斯特,英格兰,1967)。利弗斯(M. Reeves)的《中世纪后期预言的影响》(The Influence of Prophecy in the Later Middle Ages)(牛津,1969);以及麦金(B. McGinn),《西方思想史中的卡拉布里亚修道院院长乔亚金》(The Calabrian Abbot Joachim of Fiore in the History of Western Thought)(纽约,1985)。麦克唐奈(E. McDonnell)的《中世纪文化中的贝居安会士和贝格会士》(The Beguines and Beghards in Medieval Culture)(新不伦瑞克,新泽西州,1954),是一部内容详尽的研究著作。关于神秘主义,参见昂德希尔(E. Underhill),《教会的神秘主义》(The Mystics of the Church)(再版,里奇菲尔德,康州,1988);克拉克(J. M. Clarke)的《伟大的日耳曼神秘主义者:艾克哈特、陶勒、苏索》(The Great German Mystics: Eckhart, Tauler, Suso)(牛津,1949);托宾(F. Tobin)的《大师艾克哈特:思想和语言》(Meister Eckhart: Thought and Language)(费城,1986)。论述格鲁特及其团体,参见海曼(A. Hyma)的《共同生活兄弟会》(The Brethren of the Common Life)(大急流市,密歇根州,1950),以及万齐尔(T. van Zijl)的《杰拉德·格鲁特:苦行者与改革者》(Gerard Groote: Ascetic and Reformer)(华盛顿,1963)。翻译佳作有: * 麦金(B. McGinn),Apocalyptic Spirituality(纽约,1979),及《大师艾克哈特:教师与传道者》(Meister Eckhart: Teacher and Preacher)(纽约,1986)。佩特利(P. C. Petry)的《中世纪后期的神秘主义》(Late Medieval Mysticism)(费城,1957); * 布莱克尼(R. B. Blakeney)的《大师艾克哈特》(Meister Eckhart)(纽约,1941); * 谢莱·普赖斯(L. Sherley-Price)的《效法基督》(The Imitation of Christ)(哈蒙特斯沃思,1952)和 * 温德特(B. A. Windeatt)的《玛杰里·凯贝之书》(the Book of Margery Kempe)(纽约,1985)。关于玛杰里·凯贝的资料亦见洛其耶(K. Locheie)的《从躯体到著作》(From Body to Book)与《玛杰里·凯贝:性别与中世纪的神秘主义》(Margery Kempe: Gender and Medieval Mysticism)(费城,1991)。关于锡耶纳的卡特琳最好的入门书有 * 诺夫克(S. Noffke)写的《锡耶纳的卡特琳——对话集》(Cathere of Siena, The Dialog)(纽约,1980)与《锡耶纳的卡特琳书信集》(the Letters of St. Catherine of Siena)(宾厄姆顿,纽约,1988)。

第二十三章　百年战争：14世纪的战役

英、法两国之间的战争，史家称之为百年战争，它实际上不是一次性战争，而是若干次一连串的战役所组成，偶尔为和平或休战所中断。而这些战役中，一切封建社会所固有的，且丝毫未被教会所制伏的暴行，以一种极其残酷的破坏方式骤然地爆发出来。法兰西王室和贵族一向沉溺于荣誉和掠夺。这种根深蒂固的恶习使法兰西城镇和乡村惨遭蹂躏。综观封建制度及封建战争史，百年战争标志着一个新的转折期。封建争端引起的冲突时有发生，冲突双方的首领彼此常依据骑士精神的准则行事；然而，封建征兵远远无法满足战役要求，双方都大大地依靠雇佣兵。在大阵地战中取胜的不是马上的骑士，而是自耕农弓箭手。战争终于激发了法兰西的民族精神，从而有助于法兰西君主克服封建割据局面。在此期间，这场战争耗用了两国大部分的人力和物力，并与当时西欧整个政治深深相关。因此，关于百年战争的知识，就成为了解中世纪后期的全部政治、社会与经济史的一个必不可少的背景。

77. 背　景

根据1259年《巴黎和约》（Treaty of Paris），英格兰国王亨利三世（Henry Ⅲ，1216—1272）将放弃他对诺曼底、曼恩、安茹、图尔（Touraine）和普瓦图的所有权，而法兰西国王路易九世（Louis Ⅸ，1226—1270）则认可了英王有权自法兰西王室领有采邑，主要是英格兰国王仍占有的部分阿基坦公爵领地，尤其是加斯科涅公爵领地。[1]

当卡佩王朝国王们在其王室的大片领地上没有任何权力时，一个外国君主想要在这些领地中占有一块基本上不会有什么困难。然而到了13世纪后半叶，法兰西王室已经削弱其大诸侯的独立性。在这个过程中，王室最有效的武器是接受各诸侯法庭提出的上诉，递交到巴黎的国王法庭——巴黎最高法院（The parlement）。为了听取这些上诉，各采邑都派驻王室官员，以扣押有争议的财物以及强制执行判决。这激怒了所有诸侯，尤其使英王更加恼火，因为英王的地位与卡佩君主相当。英王在加斯科涅的代理人与法兰西王室官员之间常发生激烈争吵，并常常牵连他们的王室主人。1294年和1324年，法兰西国王借口公爵违抗王室，两度出兵控制加斯科涅公国。两次争端最终都通过谈判解

---

〔1〕　参见第385—386页（边码）。

决,领地重又回到英王手中,但给他们留下了种种不愉快的回忆。

除了加斯科涅公国是导致两国冲突的主要原因外,还有许多其他因素。在13世纪和14世纪,"海盗"和"水手"几乎是两个同义词。对每个船长来说,洗劫一艘实力比他弱的船只是难以抵制的诱惑。英、法两国的水手们年复一年地以罕见的狂热相互掠夺。这种海上抢劫通过"报复特许证"(letters of reprisal)或多或少地合法化了。如果英格兰水手遭到法兰西船员抢劫,他可以到衡平法院领到特许证明,允许他在下次碰到法兰西人时,夺回同等数量的财物。法兰西也是如此。显然,没多久之后绝大多数船长均备有报复特许证。当两国国王需要和平时,他们对两国船员间的继续不断的冲突置若罔闻,即便这种冲突已发展到大规模的海战;当两国国王想要打战时,双方船员的抱怨就成为一个最方便的借口。

佛兰德斯郡的复杂政局则是英、法两国长期不和的另一个重要原因。14世纪早期,城镇工匠因不堪忍受富商阶层在政治、经济各方面的压迫,奋起反抗。这样就导致了该地区频繁的骚乱及反叛。佛兰德斯的伯爵已无力控制局面。法兰西国王正好趁机插手干涉。佛兰德斯是英格兰羊毛主要市场,而羊毛的出口税又是英格兰国王财政收入的重要组成部分。所以,后者当然不愿意法兰西国王有效地控制佛兰德斯,否则他就能任意左右羊毛交易。既然法兰西国王倾向于支持富裕商人,那么英国国王就同情手工业者。

尽管14世纪英格兰和法兰西之间存在许多摩擦的动机,但最终促成了百年战争的毁灭性诸战役的局面的,是一次王朝更迭上的事件。英王爱德华三世变成了法兰西王位的潜在要求者[1]。1316年,路易十世(Louis X,1314—1316)丢下怀孕的妻子和一个女儿,一命归西,法兰西举国上下一片惊恐。正当万众急切关注卡佩家族是否仍具有生育男性继承人的能力时,先王的兄弟腓力接管朝政,当了摄政王。王后十月怀胎后生下一子,但婴儿随即夭折。因此,法兰西面临着从未遇到过的难题——难道王位能由一个女人继承?根据当时的封建习惯法,女儿有权继承父亲的领地,于是许多人认为根据同一法规,妇女也可以承袭王位。另一派则坚持王位仍是极神圣的和尊贵的,妇女无权觊觎。两派争吵异常激烈;但不出所料,仍是有实力的继承人获胜,腓力(Philip,1315—1322)加冕成为法兰西国王,称腓力五世。路易的女儿珍尼(Jeanne)嫁给了堂兄埃夫勒(Evreux)伯爵腓力,并继承了小小的纳瓦尔(Navarre)王国,那是她祖母的一份遗产。后来珍尼生了个儿子——纳瓦尔的查理伯爵。此人在下一代的钩心斗角中扮演了重要角色。

1322年腓力去世,膝下只有女儿。其弟查理(Charles,1322—1328)毫无异

---

[1] 为了便于理解此处所述争论,可参见附录表2的世系表。

议地继承了王位。而查理四世也没有子嗣。1328 年他去世后,卡佩家族男性嫡系已绝。现在又出现了一个新问题:即使女人不能继承王位,但她可否将王位传给儿子?如果人们认定女性既不能戴上法兰西王冠也不能传给下一代,那么法兰西王位继承人只能是腓力——瓦卢瓦(Valois)伯爵,腓力四世弟弟的儿子。可是,如果妇女能够把王位传给儿子,那么另一位近亲更有权利继位。伊莎贝拉(Isabelle)——腓力四世的女儿和三位先朝国王的姐姐——嫁给了英格兰国王爱德华二世,并生下英王爱德华三世。[1] 如此看来,爱德华三世更有权成为法兰西国王。(珍尼的儿子——纳瓦尔的查理1332 年才出生,因此他不可能是王位的有力竞争者。)事实上,瓦卢瓦的腓力已被公众接受为法兰西国王。伊莎贝拉反对他即位,但无济于事,而年轻的爱德华甚至不能抗议。1329 年爱德华为了他的加斯科涅领地前往法兰西向腓力六世行效忠礼,如此看来他已承认腓力为法兰西国王了。

1330 年,18 岁的爱德华三世(Edward Ⅲ,1327—1337)囚禁了一直摄政的母亲,将朝政大权揽到自己手中。爱德华与其前辈们截然不同,或许与其曾叔祖理查一世很相似。爱德华是个意志坚定、手段强硬的当权者,对付王国中贵族阶层的骚乱从不手软。一俟他知道如何挑选精明能干的官员替他管理朝政时,就极少亲自过问政事细节。他喜爱豪华的生活,喜欢漂亮的女人。他狂热追求荣誉和权势,并跟同代贵族一样,坚信这些主要得靠军事扩张获得。在这种情况下,幸运的是,爱德华三世倒是一位杰出指挥家和战术家,他在战场上能鼓舞士气,灵活调遣手下将士。但他对现实了解得太少,不可能成为一位卓越的战略家。在这点上与其祖父爱德华一世截然相反。爱德华一世在上战场之前,会确定一个确实可行的实际目标,并谨慎规划和实施必要的措施。爱德华三世的目标却总是超出他的能力和资源。虽然他在细节上很讲求实际,也不允许自己让骑士奇怪想法牵着鼻子走得太远。但他本质上仍是一个戴着王冠的骑士,是个地地道道信奉骑士精神的统治者。所以,为了追求他个人的名誉与荣耀,浪费国家的人力和财力,他是在所不惜的。

法兰西国王腓力六世(Philip Ⅵ,1328—1350)具有其对手的一切缺点,甚至有过之而无不及,再加上他特有的怪癖,此人几乎无可救药。即位前,腓力挥霍浪费,喜欢豪华奢侈的生活以及爱好诸如马上比武等骑士运动等,这些使他债台高筑。当了国王后更是放纵奢侈享受,以满足其欲望。像爱德华一样,他也追求武士的荣誉和权势,但与英王不同的是,他既没有指挥军队的才干,也不懂得战略和战术。他傲慢易怒,几乎病态地猜疑每个人。腓力算得上一位典型的骑士君主,而且很不聪明。

---

[1] 参见第 514—515 页(边码)。

很明显,在爱德华三世和腓力六世两位君主之间,任何挑衅都足以导致战争。而作为长期争端焦点的加斯科涅公国提供了导火线。1330 年,腓力法庭的律师认定爱德华三世 1329 年的效忠礼是不正当的,因为它很简略,也并非君臣效忠礼。由于爱德华拒绝修正过失,于是引起一场外交论战。与此同时,来自加斯科涅的大量新上诉提交到巴黎最高法院。爱德华当时正同苏格兰人作战,而腓力支持法兰西骑士帮助苏格兰人。英格兰国王的抗议被他不屑一顾地扔在一旁。最后,腓力认定把英格兰人从加斯科涅赶出去的时机已经成熟。1337 年,他宣布收回该公国。爱德华迅速做出反应,他宣布向"所谓的法兰西国王"腓力开战。然而他没有马上宣称自己是英格兰和法兰西两国国王,虽然他已明显地流露出有此打算,他可不是一个目光短浅的人物。

当爱德华于 1338 年真正要求法兰西王位的时候,他正在开始一场反对一个比英格兰更大且人口更多的国家的战争。(法兰西约有 1500 万居民,英国约 400 万。)但是最终,爱德华的军队武装得更好,组织也更有效。1337 年的法军与 12、13 世纪无甚区别。它的主要人员仍是招募而来跟随领主打仗的重装贵族骑兵。盔甲比过去更为沉重,带面甲的头盔相当普遍,暴露在外的部分由金属片遮挡,连坐骑都披着盔甲。这些装备造价昂贵,只有较富的领主们才能拥有,而一般贵族披戴较轻的盔甲。除了骑兵外,还有城镇民团,由以长矛为武器的步兵组成。如果骑兵等步兵抵达战场——虽说有过这种情况,但极少见——这些部队在战斗中能够扮演有用的角色。在法兰西军队中,唯有雇用而来的弩兵才配有投射武器,他们通常是外国人。热那亚人尤以擅长使用该武器而著称,也经常受雇。但这些合格的专职武士索价昂贵,所以他们为数很少。

约翰王和亨利三世之后的英军有了长足发展。在爱德华一世计划征服威尔士时,就已经认识到必须有一支步兵能跟踪追击逃入山寨里的威尔士人。[1] 为此目的,他在西部各郡征募大批士兵并支付给他们佣金。后来,征服苏格兰时,他也采用同样的方法。这样一来,英格兰就建立了一支既富有实战经验,又乐意为佣金打仗的步兵队伍。起初,几乎所有的步兵都配备有长矛,但随着时间的演进,大多数骑兵都采用了一种新型高效的武器——长弓。这种长弓显然是南部威尔士人发明的。在与威尔士人的战争中,被英格兰步兵采用了,不久各郡都拥有擅长使用长弓的士兵。这种大弓长约六英尺,其射程和穿透力都远远超出弩。如果距离近些的话,它能射穿链甲。而它的最大优点是发射速度。一个优秀的长弓手在一分钟内能够发射出十至十二支箭,抵得上一个最佳弩兵两次发射的箭数。

爱德华一世对那些懒散的、目无军纪的、应征短期服役的封建兵士不感兴

---

[1] 参见第 394 页(边码)。

趣,仅仅为了特殊目的,需要集结大批重骑兵时,才召集他们。通常他依靠雇佣兵,一个经验丰富且精明能干的战士,常常是一位骑士,能领到一大笔钱,用以自行组建一支人马。他另外再雇用一些骑士或乡绅作为他的军官,然后,再派这些人出去招募新兵——长矛手和弓箭手,这支队伍总共约 100 人,其中一些是骑兵,但大多数为步兵。很多大领主、伯爵和有势力的男爵都必须无偿为国效力,服役时间根据需要决定,他们每人都得带上一小支骑兵随从。这就提供了一支数量不大的重骑兵部队。除了这些兵力之外,当战争在法兰西进行时,英王极大地依赖加斯科涅人。公国内的贵族装备了一支与法军相当的重骑兵,加斯科涅人也常能提供大批的弩兵。

78. 爱德华三世的征战

英王爱德华很细心地准备。在召集军队的同时,他的代理人携带许多钱财到莱茵兰各王侯中进行活动,建立联盟以共抗法军。巴伐利亚公爵、神圣罗马帝国皇帝威德巴赫的路易(Lewis of Wittelsbach,1314—1347)被说服授权爱德华为帝国在莱茵河下游地区的代理人,使他在理论上能够统领受他资助的各王侯。1338 年英王横渡英吉利海峡,但他去得太晚只赶上与盟国一起举办联谊宴会。1339 年,他与他的军队再次回来,腓力则调兵遣将。两位国王到处视察,不过他们俩都没有足够的自信挑起一场大战。可是为了满足各自虚荣心,又都在不可能的情况下向彼此提议开战。1339 年的活动像前一年一样,毫无成效。两军还未真正交锋。到年底,爱德华财源枯竭,竟把一顶王冠抵押给特里威斯(Trèves)大主教,并欠每一个能提供借贷的银行家的钱。英王的钱袋一空,日耳曼王侯们的热情就冷却了。到 1341 年皇帝及其诸侯与法军达成协议。这时,爱德华在该地的盟友只剩下佛兰德斯工匠们。腓力也用尽了钱财,看来这场战争还未造成什么灾难,双方就悄悄地偃旗息鼓。

但是,此时另一次冲突爆发了,这次是关于布列塔尼公爵领地的继承之争。爱德华支持一个候选人,蒙特福的约翰(John of Montfort);腓力则支持另一个,布洛瓦的查理(Charles of Blois)。有人曾建议打一场由三十位勇士参与的战役,以裁决争端。勇士们交锋并尽责地干掉了对方。但由于在究竟哪方获胜这件事上无法达成一致,于是战争又继续下去。

英、法两军的将领在布列塔尼打得不可开交时,腓力率军向加斯科涅进发,但没什么收获。1346 年初夏,爱德华召集一支部队增援该公国的部队。令人恼火的是船刚起航就被逆风吹回康沃尔(Cornwall)海岸。于是爱德华宣布风把船吹往何处,他就去那里。7 月 11 日,他在诺曼底的拉霍格(La Hogue)登陆。于 7 月 20 日占领并劫掠繁华的卡昂城(Caen)。但不久有消息说:腓力在巴黎召集

1377年法军围攻波尔多附近英军占领的莫尔塔涅(Mortagne)城堡，围城军既使用弓箭又使用一种老式枪。引自让·德·沃维林(Jean de Waverin)的《英格兰编年史》(*Chronique d'Angleterre*)。佛兰德斯，15 世纪晚期，藏于罗易博物馆，14E. IV，编号 23. r。*Reproduced by permission of the British Library*[*MS. Roy 14 E VI, fol. 23, detail*]

全部法军，旨在将他一举击溃。由于爱德华只带了 9000 士兵，寡不敌众，他决定回国。可是这个计划中他漏掉了海员。原来水手们等得不耐烦，当爱德华到达海港时船队早已回国，剩下爱德华被困在法兰西，束手无策。他唯一希望是回到佛兰德斯寻求盟军的庇护，待组织一支新船队后，再把自己的军队运送回国。但是，爱德华的退却部队被一支强大的法军拦住，爱德华不得不勉强应战。8 月 26 日，他驻扎在彭提乌(Ponthieu)郡的克勒西(Crécy)村，将队伍整编成作战方队。

爱德华抢占了克勒西森林北面山上的有利据点。森林边缘的涓涓小溪无形中成了右翼军的屏障，左翼则仅有一个山村及土丘作遮蔽。全军排成三支"作战队伍"，也就是三支纵队；每支纵队都由下马的骑兵及持矛的士兵组成了坚强核心，另有弓箭手布置在两翼。两支纵队组成前沿部队，第三支留作后备军。爱德华在右翼军正后方爬上风车顶，在此他能观望整个战场。正当爱德华布阵之际，法军已离开索姆河边的阿布维尔(Abbeville)，沿着通往西部克勒西森林西部的道路北进，腓力并不了解英军行踪，但他以为英军正急速向佛兰德斯方向前进。北行途中,有消息说敌军就在通往森林东部道路附近的森林北部,腓力立即下令拐向另一条路,派人侦察爱德华动静。侦察人员马上找到了英军驻地,并立即向腓力禀报情况。他们的领袖是个机智、老练的军士,他向国王指出:从阿布维尔出发以来,法军一直处于极度的混乱中。眼看夜幕就要降临,最明智的办法无疑是与英军保持一段距离,留在原地休息,等待天亮之后再进攻。让人难以置信的是,这正确合理的建议,竟然被满脑子骑士精神的糊涂国王接受了。国王下令允许前锋部队——由其弟阿朗松(Alençon)伯爵指挥——原地休息。

阿朗松接到暂停的命令已是傍晚时候,然而他已经前进到能看得见英军的地方了。但他服从王兄命令,停止前进,不过他后面的部队都试图尽可能向前推进,顿时秩序大乱。腓力亲临现场,看到对面的敌军,他的骑士又急不可耐,马上改变了他的正常判断。他下令阿朗松立即进攻。阿朗松指挥着法军中唯一装备了投射武器的部队——一支强大的热那亚弩手队伍,他让弩手在前面攻击那些掩护英军左翼的弓箭手,他和重骑兵紧随在后。不幸的是:英军长弓射程比弩稍远。而且英军向山下射击多一层优势。在箭雨之下,热那亚弩手难以招架。这深深激怒了没有耐性的阿朗松,他下令骑兵冲锋,根本不顾热那亚弩手正夹在敌军和骑兵当中。结果当然又是一场大乱。骑兵和弩手们在低坡上绝望地乱成一团,英军箭矢密密麻麻射向垂死挣扎的人群。不久,阿朗松全军覆没。[1]

当阿朗松刚开始进攻时,另一部分法军已进入战场排成一列,准备冲锋。一切就绪后他们涌向敌军。这其中有波希米亚国王——卢森堡的约翰(John of Luxemburg)。他虽有皇家头衔,实际上却受雇于腓力。约翰双目失明,但不甘心因为这点不便使自己无法作战,战场上的行动全靠手下骑士牵着马缰、指点方向。法军向山上冲去,英军箭矢倾盆而至,许多马匹被射死,还射伤不少骑士。只有为数可怜的几个骑兵冲进英军矛阵之中,轻易地被杀或被俘。卢森堡的约翰也战死在他忠诚的骑士当中。这是最后的一次似有秩序的进攻。而这一次失败之后,每一支法军到达战场就向山上英军阵地冲锋,每一支都得到同样下场。英军弓箭从两翼射击,往往使法军进攻力量大大减弱,长矛手不用费太大力气就能对付。这样的冲锋有十五六次,最后一次已是半夜时分。残余的法军向南逃窜,精疲力竭的英军倒头便睡。

在清点克勒西战场的俘虏及尸体之时,爱德华意识到自己已经取得了辉煌胜利,但如何利用这场胜利却成了难题。虽然法兰西北部已完全向他敞开大门,但军队人数太少,且疲惫不堪,爱德华可不敢贸然入侵。看来最合理的办法

---

[1]《资料》,no.90。

是在海岸线上占领一个港口,作为日后入侵的固定桥头堡。出于这种考虑,爱德华着手围攻加来(Calais)港。几个月后,爱德华发现他除了激怒当地守军外几乎一无所获。虽然他已封锁所有从陆路通往港口的道路,但由于靠海,加来城内给养充足。于是英王召集一支舰队,封锁了海上门户。一旦这样,如果近期内没有救兵,城里的驻军就完蛋了。1347年7月底,腓力集结起一支军队,进军加来,可是他不敢袭击在坚固工事里的英军。8月2日,他要求英王像个真正的骑士那样,出来在空地上交战。但爱德华的思想中注重实际的那一面战胜了他的骑士倾向,于是他拒绝了。腓力一气之下,就撤回巴黎。8月4日,加来城投降。最初,爱德华决意要屠杀所有居民,但是后来他同意可以满足于只吊死几位——如果有的话——自愿为其城市赴死的显要市民。一群市民表示愿意献出他们的生命,他们颈绕绞索出城准备受刑。随后,在王后的恳请下,爱德华干脆免他们一死。此乃关于王室仁慈典范的一个传奇故事,但与这些事件通常的处理方法相比,它是很不典型的。长期的围城经常以大屠杀而结束。但他确实放逐了相当一部分居民,代之以英格兰殖民者。随后他巩固该城工事,在城中安排了一支力量强大的驻军。直到1558年,加来一直是英军坚不可摧的前沿阵地。

1350年,腓力六世驾崩。其子约翰(John,1350—1364)即位。历史学家至今仍不明白为什么他被称作"好人"(the Good)。约翰比其父更愚蠢,更热衷于骑士精神。平时好猜忌,处处疑人背叛不忠。虽然意志脆弱、反复无常,却独断专行、蛮横粗暴。唯一尚可弥补的性格特点是鲁莽大胆,对骑士荣誉有着相当不切实际的看法。作为国王,他一无是处。即位不久他就树立了一个让自己家族深受其苦的危险的新敌手——纳瓦尔的查理(Charles of Navarre)。查理是珍尼公主的儿子,既是埃夫勒(Evreux)伯爵,又是纳瓦尔国王。[1] 常被称作"坏人"(the Bad)。关于这一点历史学家倒没有异议。纳瓦尔王国离巴黎很远,不会有什么麻烦,倒是激怒了查理的诺曼底臣民,各个戒备森严的城堡均大开城门,欢迎英军。

攻克加来后,签订了一系列停战协议,其间仍有不少小规模敌对行动,直至1355年,未发生大的战役。与此同时,威尔士王子爱德华率领一支精悍、灵活的小部队从加斯科涅向南法兰西进攻。因为他披戴黑色盔甲,别人都叫他黑太子(the Black Prince)。王子手下的弓箭手都备有马匹,这样他们就能与英格兰骑士和加斯科涅贵族齐头并进。年少气盛的爱德华在图卢兹郡一路烧杀抢掠。他自己夸口曾烧毁500座村镇,包括卡尔卡松和纳博讷(Narbonne)郊区。这些地方的法军指挥官眼看着国土遭此蹂躏,竟然不敢接近英军,生怕激怒他们,更

---

[1] 参见第497页(边码)。

别提作战了。12月初,黑太子满载而归,回到波尔多(Bordeaux)。英军尤为喜欢这种远征。队伍从乡间经过时,席卷了一切值钱的物品,把不设防的乡镇与村落全部烧毁。他们根本不想进攻设防的地方,尽量避免与实力相当的敌军作战。这种讨伐真是趣味盎然,收获甚丰。

我们有理由认为1356年春,英军曾有过一个对他们来说十分复杂的设想——兵分两路,互相配合,进攻法兰西。由英格兰最有威望的贵族、爱德华的二表兄兰开斯特(Lancaster)的亨利公爵率领一支小部队,穿过布列塔尼,召集该地零散英军,进攻诺曼底,最后南下卢瓦尔河。黑太子则由加斯科涅向北,在卢瓦尔河附近与亨利会合。即使真有如此周密的计划,在执行上也如往常一样不得力。6月中旬,亨利在布列塔尼登陆,入侵诺曼底。但是他7月初听说约翰正率领法军靠近这一地区。因为公爵只从兰开斯特带来了一支小部队,所以他立即撤至布列塔尼。约翰毫无意义地包围被他占领的四座诺曼底要塞中的一座。黑太子那边一直等到8月中旬才离开加斯科涅。他悠然自得地行军,经过佩里戈尔、利穆赞、贝里,一路烧杀劫掠。9月初,他到达了卢瓦尔河,但由于河水泛滥,法军将船只移往北岸,他无法渡河。尽管这一意外变故让他无法和亨利公爵在布列塔尼会合,但这并没有使黑太子着急。卢瓦尔河谷富饶、肥沃,还从未被人彻底劫掠过。年轻的爱德华王子出色地、利落地完成了这项工作。9月11日,他又班师回到波尔多,身后多了长长一串装满战利品的马车。

约翰了解黑太子的恶劣德性后,当即决定前去讨伐。由于兰开斯特公爵撤军后,大部分法军都离队归乡;重新召集花了不少时间。然而英军离开卢瓦尔河南下之前不久,法军也渡河拦截英军。黑太子根本不愿交战。他的部队少,经过长途征战都很疲劳,且因装满掠夺物而负荷沉重。但是,约翰感到英军完全在自己的掌握之中,而且不愿意提供任何黑太子可能会考虑的条件。被迫开战之后,黑太子在普瓦捷城东南方稍高地段上占据阵地。他的左翼受一条小河的深谷掩护,而其右翼得到茂密树林边缘的一定程度的遮蔽。阵地前沿则为树篱和灌木所护卫,只有一条小路穿过。军队由常见的下马骑兵、长矛队和弓箭手三个战斗队组成。

约翰与其智囊团高瞻远瞩。他们注意到战场上满是篱笆和灌木,不利于骑兵冲锋。他们也记得克勒西战役中,英军骑兵都是徒步作战获胜的。于是便认定骑兵下马、徒步作战是最佳选择。国王忘了一点:在崎岖不平的乡间行军一英里,对惯于在马背上作战的重骑兵来说,实在太伤元气。在克勒西徒步作战的英军骑兵都待在固定地方,处于防御状态。法兰西骑士们一个个下马,排成三个庞大方队。弩手被小心地布置在重骑兵之后,这样他们参战时就不会有危险,也不会剥夺他们胜利的荣耀。当然,约翰也确有一锦囊妙计:让一支骑兵沿着小路,在英军阵地上打开一个缺口,以便大部队进攻。这支拥有300人的精锐部队由法军元帅——克勒蒙的约翰(John of Clerment)亲自带领。顺便一提,此人曾因反对进攻英军阵地而被称为懦夫。为了雪耻,约翰也要显示一下他过人的勇气。

这是个好办法,用大量骑兵沿着小路冲锋一定会冲垮英军的防线,可是对这个任务来说300人实在太少了。英军弓箭手从两翼射击,大多数骑兵未能靠近英军阵地,靠近了的也轻而易举地成了俘虏。接着,在约翰的长子——王太子查理指挥下,法军第一纵队冲向英军。这支队伍力量强大,虽经长途跋涉、十分辛劳,仍奋勇作战。为了击败他们,爱德华王子不得已投入后备军。但是,这支法军亦被击溃,残兵四处逃散。法军第二纵队由约翰的弟弟——奥尔良(Orleans)公爵腓力指挥。奥尔良公爵及手下将领远远观望着侄子手下溃逃的士兵,决意不再继续与其为伍;他的部队一箭不发,就从战场上全部撤走。这样只剩下国王亲自率领的第三纵队了。其实他的三分之二的军队已逃散,败局已定,任何明智君主这时考虑的必定是如何保全自己及手下将士。可是约翰国王从来就不是在敌人面前畏缩不前的骑士,他率领部下继续攻击英军阵地。又是一场残酷的激战,但英军不久即赢得全部胜利。约翰的嫡系骑兵一个个在他身旁倒下,他自己及小儿子腓力被俘。战斗结束了,黑太子的战利品中又增加了法兰西国王、国王的儿子、1位大主教、13位伯爵、5位子爵、16位男爵,还有其他许多不那么显赫的战俘。

血腥战役之后有一段演绎骑士精神的插曲。黑太子设宴款待约翰国王并在一旁服侍,还谦虚地说他不够资格与如此伟大的领主同桌吃饭。然后,他告诉国王所有的英格兰人民同意授予他"奖金与花冠",因为他是战场上最勇敢的骑士。对每个人来说,事情在某种程度上已结束。约翰国王为他受到的礼遇非常高兴。黑太子则心满意足地带着他的战利品返回波尔多。[1]

普瓦捷战役结束了百年战争的第一阶段。下一步是签订和平条约,根据条约,法兰西国王将获得释放。同时,由于法兰西国王不在国内,由王太子接管政权,他正忙于巴黎市民起义,巴黎北部乡村的农民叛乱,还有与纳瓦尔的坏人查理之间的争斗。[2]

在波尔多及伦敦,黑太子及父亲爱德华三世对约翰照顾甚周,饮食起居,处处按王室标准,而且由爱德华自掏腰包。其他贵族囚犯也被允许在岛内随意走动,这实在令有漂亮妻室的英格兰贵族烦恼不安。1359年起草了和平条约,约翰王同意将半个法兰西交给英格兰。他要支付400万克朗(Crowns)的巨额赎金。加斯科涅公国将进一步扩大,包括整个古老的阿基坦公国。爱德华三世还将获得都兰、安茹、曼恩、诺曼底、布列塔尼的宗主权及加来四周大片土地。爱

---

[1]《资料》,no.90。
[2] 参见第523—524页(边码)。

德华放弃成为法兰西国王的要求,约翰则放弃作为爱德华所得法兰西领土的封建领主的所有权利。令人怀疑的是谁会希望这样的条约付诸实施?法兰西王太子更是一笑置之,私下与黑太子展开严肃谈判。结果产生了布雷蒂尼和约(Treaty of Brétiny),以后又在加来经过了两位国王的同意。条约规定赎金减至300万克朗,爱德华将拥有阿基坦公国的古老土地、彭提乌郡及加来四周小片土地。当所有领土调整都已完成,赎金也都付清了,爱德华和约翰将同时放弃各自的要求:英王爱德华不再争夺法兰西王位;约翰不再对英格兰在法兰西的领地行使主权。如此绝妙的安排很可能是由即将成为法兰西国王的狡猾精明的小伙子一手策划的。他可不想为了让爱德华他放弃一项原本就不属于他的权利,换取法兰西王室放弃珍贵的领土。现在有了布雷蒂尼和约,他十分确信:这绝不可能实现。

79. 法兰西的复兴

布雷蒂尼和约的内容根本无法实现。法兰西政府不可能筹足300万克朗,而且领土的调整十分困难。两国对和约中提出的地区边界一直看法不一,这将导致成年累月踢皮球式的谈判。当时诺曼底和曼恩的许多要塞都由英军把守,而即将归于爱德华名下的阿基坦地区却掌握在法兰西贵族手中。法兰西领主可不想成为爱德华的封臣,所以尽量拖延时间,但真正的障碍却来自英军将领。这些英格兰将领舒舒服服地待在坚固的要塞里统治乡村,他们并不打算仅仅由于收到命令就放弃自己的地位。

布雷蒂尼和约在加来正式通过,虽然300万克朗的赎金只付了40万,但爱德华把它看作分期付款的第一部分,从而释放了王家俘虏,只有国王的弟弟,国王的两个儿子,及其他法兰西显赫贵族被扣在英格兰,作为继续支付赎金的人质。法兰西王太子曾费尽心机,为筹募赎金到处奔波,还以高价把自己的妹妹卖给了米兰公爵。可是仁慈、风流、颇具骑士魅力的国王一到巴黎,马上大肆挥霍举办一系列宴会,以庆祝其自由归来。法兰西一时难以支付约翰的赎金,赎金的收集进展缓慢。可是不久,法兰西的好运遭到沉重打击。约翰的第二个儿子路易即安茹公爵是顶替其父的人质。他被留在加来城内,但完全有自由可以随意去乡间走走。普瓦捷战役前,他刚娶了迷人的妻子,她正住在离加来不远的约翰的一座城堡内。这样的诱惑足以使年轻的路易置荣誉、名誉而不顾。一天,他随随便便就出了城,破坏了约定,前去与妻子会面。对于他父亲及兄长的强烈抗议,他充耳不闻。约翰一向是个讲义气的贵族绅士,他只剩一种体面的选择:他再次亲自屈尊为阶下囚,1364年死于伦敦。

法兰西的新国王,查理五世(Charles V,1364—1380)与父亲和祖父大不相同。

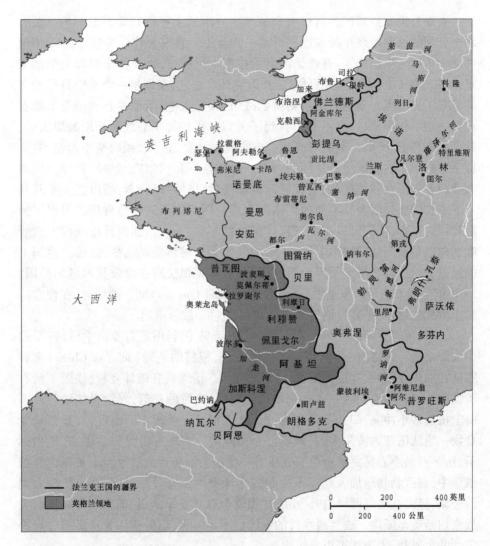

地图23.1　百年战争(1360年)

1356年法军在普瓦捷战败,百年战争的第一个重要阶段结束,此时签订的领土分割条约,实际上从未生效过。法军在查理五世机智的统率下,避开与英军大规模交战,而集中兵力对英军占领的要塞各个击破,不断从英格兰人手中收复失地。

父亲和祖父身材高大,外貌英俊,但头脑愚蠢。查理身材矮小,朴实无华,可是智力超群。他不喜欢战争,普瓦捷一战的经历,就足够他回味一辈子。相反地,他却常与手下大臣一起勤奋工作,一有空闲就阅读政治书籍。他懂得该如何选拔人才,不管他们是士兵还是市民,他都会充分利用他们的智慧。当政16年,他收复了父亲及祖父所丢失的一切。

查理五世充分意识到自己有义务至少在形式上履行布雷蒂尼和约。关于领土分配的谈判始终在缓慢地进行着。查理也一直在为赎金筹款。1366 年两国终于达成一项新协议:查理保证继续按期支付赎金,而爱德华则释放全部王室人质。事实上,查理一共只付过 40 万克朗。总之,查理是一个希望自己的立场绝对正确的人。他一心想重新挑起战争、收复失地,但他决心有理有节地实现这一切。他很幸运,毫不费力找到了借口。代替父亲治理阿基坦的黑太子,是个办事利落、严酷苛刻的当权者。当地赋税很重,王子收税时毫不留情,并坚持手下必须干脆利落地服从他的命令。布雷蒂尼和约划归加斯科涅公国的法兰西各省民众,对法国王室官员的横征暴敛已经习以为常,所以黑太子及其手下军官的所作所为并不使他们格外为难。倒是加斯科涅的贵族已习惯了懒散软弱的军官,他们可以用免责权应付这些军官。不久,加斯科涅的两大贵族联名向巴黎最高法院提出上诉。1369 年,黑太子被传唤赴巴黎,以法兰西国王的封臣身份应诉。黑太子因为拒绝出庭,被判藐视法庭并没收其阿基坦公国。1370 年他侵入法兰西国王领地,包围了利摩日(Limoges)城。围城时,在惯常的骑士游战之后,王子残酷地屠杀了全城百姓。[1] 战火重起。

之后,历时五年的战争实在不可思议。英军仍利用最喜爱的手段:行军途中大肆抢劫。1373 年,爱德华三世的第三子,根特的约翰(John of Ghent)率领军队在加来登陆后,穿过香槟省,进军波尔多。沿途疯狂破坏乡村,烧毁了所有不设防地区。当他到达一座要塞或筑防城镇,就暂歇片刻,兴致盎然地与驻军骑士挑起些小冲突,却并不认真攻城。队伍穿过法兰西中部山区,人畜都缺少食物。当队伍开到波尔多时,粮食已全部吃完。查理五世足智多谋,在他指挥下,法兰西人小心翼翼地避免了战斗。一些法兰西骑兵故意置身于英军途经的城堡中,兴致勃勃地加入到英军挑起的小冲突中。有时,一旦英军有精疲力竭的迹象,且尚在法兰西境内时,小股法军就会骚扰英军队伍,但并不打算挑起大战来切断英军征途。法兰西乡村的农民们不堪其苦,但爱德华无从赢得一场决定性的大胜利,因为法军拒绝应战。

正当英军傲慢却又徒劳地征战于法兰西各地,查理手下的军官们正想方设法有计划地减少前沿阵地。实际的工作是由形形色色的将领们完成的。无论在当时还是在史书上,这些人中最著名的要数贝特朗·杜·盖克兰(Bertran du Guesclin)。贝特朗这位布里多尼小贵族是个有胆量的人,非常勇猛,当一名小部队统领,绰绰有余。但在大规模交战中极其无能,常常在激战中落败。但要论埋伏、突袭、出其不意地进攻某座城堡,他实在是个天才。

贝特朗并不是唯一精于此道的军官。另一名最有建树者是波旁公爵路易。

---

[1]《资料》,no. 90。

此人具有王室血统,是法兰西最大的贵族之一。路易公爵的一大功绩明显点明了这场战争的主要性质。他带领一些装备精良的人员在普瓦捷边界作战,这几乎是一支小部队,大部分由家仆、封臣组成。他决定袭击黑太子手下英军驻守的一座城堡,由一名乡绅指挥。公爵最初打算硬攻,但城堡很坚固而且防守也出色。于是他决定掘地道。守城英军立刻猜到了这个企图,也开始从城内挖起地道。一天公爵正在营帐里,手下来报告两个地道挖通了。公爵马上派使者前去询问:城堡中可有哪位贵族骑士愿意在地道里与一名法兰西贵族骑士交手。驻军首领回答说:守军中并无骑士,只有一位贵族乡绅,很乐意在地道里与法军交手。

公爵心满意足,他从头到脚披挂起来,下了地道,迎战英军首领。地道又低又窄,挥不起武器,伸不开手臂。这种战斗不过是两个人相互之间把剑戳来戳去而已。戴了盔甲的骑士们相互间谁也伤不了谁,这纯粹是一项娱乐活动。公爵得意之下,喊出了他的口号。乡绅明白过来,立刻询问他是否正与波旁公爵交手。当他意识到能被允许与如此尊贵的王公交战,实在是难得的荣誉之时,他提出只要波旁公爵授予他骑士称号,马上献出城堡。公爵一口允诺,但要求把授勋仪式延迟到第二天,因为如果剥夺了手下将士在地道内交战的乐趣,他们两个就太自私了。所以整整一天,英、法两军,一对对地在地道内交战。第二天一早,城堡守军正式投降,公爵为乡绅授了勋,双方互相换赠礼物后,各走各的路。路易公爵的立传者向人们声称,听过这一故事的人无不景仰参战双方的优雅风度。波旁公爵的确是一位有骑士风度的绅士,受到骑士和女士们的爱戴。传记作者还暗示爱德华三世之所以放他离开英格兰,是因为国王手下贵族为他们妻子的贞洁担忧而一致请求的结果。不管怎样,他毕竟攻占了城堡,这是值得注意的。

法军很快节节胜利。爱德华三世年事已高,黑太子健康欠佳,活不了几年,他们手下将领根本不是贝特朗及其同伴的对手。英军城堡一座座陷落,到1374年法军攻占加斯科涅公国的拉雷勒(La Réole),使加斯科涅只剩下了加龙(Garonne)河河口及比利牛斯山间的沿海地区。法军避免直接作战,逐步攻占了敌军堡垒及其周围附属土地,查理五世收复的失地比起祖先丢失的那一部分还要多。

不幸的是,英军战败并未将法兰西从战争的阴影中解救出来。在中世纪,如果君主不再需要雇佣军,那他就不付钱给他们,也不觉得有任何责任考虑他们归乡之事。而且,替爱德华及王子们效劳的很多将士并非英格兰人,他们是来自各地的冒险者,为金钱和战利品而战。一旦君王不付钱,他们就靠山吃山,平日在乡间闲荡,随意掠夺。从贵族将军以前强加的小小约束下解放出来后他们成了穷凶极恶的劫掠者。这些"散兵游勇"——人们最初这样称呼他们——

在布雷蒂尼和约签订后的和平时期,一直是个严重威胁。战争的重启又使他们忙碌了一阵,但 1374 年之后,英、法两国敌对态度缓和下来,他们就又一次失业了。通常他们总是避开设防地区,有时也会偷袭一座小城堡或乡镇之类,不外乎劫持几个贵族妇女,勒索些赎金。法军曾企图把他们赶到别国,可是法兰西实在油水太足,他们拒绝搬迁。有时某一地区的贵族忍无可忍,前去讨伐,通常得胜的居然是这些"散兵游勇"。他们还在好几次正规战中,击败王家军队。贝特朗最后一仗正是针对这些人。他倒是胜利了,可是也丢了自己的性命。整整一个世纪中,法兰西的致命伤就是这些"散兵游勇"。

黑太子死于 1376 年,爱德华三世死于 1377 年,查理五世死于 1380 年。最初这两个敌对国家并未实现真正和平,但这一期间,两国统治者各自忙于内乱,无暇顾及对方。1396 年签订的二十年停战条约,结束了 14 世纪的百年战争,我们接下来将转向这一时期英格兰、法兰西和欧洲其他主要国家的内部发展。

进一步阅读书目

* 蒂尔尼:《资料》与《读本》,第一册,nos. 90。

英格兰与法兰西的所有通史都涉及百年战争。两部好的通览是福勒(K. Fowler)的《百年战争》(*The Hundred Years' War*)(纽约,1971)与 * 佩罗(E. Perroy)的《百年战争》(*The Hundred Years' War*)(伦敦,1951)和 * 欧曼德(C. Allmand)的《百年战争》(*The Hundred Years' War*)(剑桥,1988);和柯里(A. Curry)的《百年战争》(*The Hundred Years' War*)(纽约,1993)。论述外交背景的,参见韦尔(M. G. A. Vale)的《百年战争起源》(*The Origins of the Hundred Years' War*)(牛津,1996)。论述特定战役的有伯恩(A. H. Burne)的《克勒西战争》(*The Crécy War*)(伦敦,1955);休伊特(H. J. Hweitt)的《1355—1357 年黑太子的远征》(*The Black Prince's Expedition of 1355-1357*)(曼彻斯特,1958);R. 拉塞尔(R. Russell)的《爱德华三世与理查二世时代英格兰人介入西班牙与葡萄牙》(*The English Intervention in Spain and Portugal in the Time of Edward III and Richard II*)(纽约,1955)。有一部使用方便的 * 傅华萨(Froissart)的《编年史》(*Chronicle*)的英译本译者是邓恩(C. W. Dunn)(纽约,1961)。

第二十四章 中世纪后期政治:百年分裂

谈到14世纪政府的发展,我们发现一个不断重复的相似情况。更大、更复杂的政府机构正在各地崛起,越来越多训练有素的专职官员被安排到这些部门。但在整整一个世纪中,围绕着政府职能的问题一直争论不休,而谁有权控制这些发展中的政府机构又是其中最尖锐的议题。最后在1400年左右,爆发了一系列重大矛盾冲突,同时导致了教会的分裂状态和欧洲几个主要国家的内战。

这些冲突各有其直接原因,但只有将这些都看作一种普遍的忠诚危机的不同方面,才能理解整个局势,这一危机威胁到整个中世纪政权的基础。到处可见传统忠诚的瓦解。在世俗社会里,封建忠诚已经动摇,对国家的忠诚还未牢固到可代替的程度。在教会里,教皇作为耶稣在世上的私人代表,其不容怀疑的地位已被世俗主义哲学家和宗教激进分子的宣传所动摇。各地诸侯、贵族全然不顾国家利益,抓住一切机会为自己攫取权力。同样,"教会中的诸侯"——枢机主教们一旦发现会给自己的切身利益带来好处,也会毫不犹豫地攻击教皇。

到14世纪末,人们已经清楚地看到关于合法政权特性的统一意见并不存在。在教会和国家,都有人企图以代表大会体的民众认同为合法性确立一个明确的基础。这些企图在当时只有部分成功,但他们为将来确立了极其重要的先例。14世纪不仅是一个衰退的年代也是一个过渡的时期,这一事实意味着,呈现在我们面前的又是一个非常复杂的形势。

80. 英格兰与后期金雀花王朝

由亨利二世建立的英格兰金雀花王朝(Plantagenets)君主政权在爱德华一世(Edward Ⅰ,1272—1307年在位)时期达到巅峰。[1] 爱德华把财产税、关税和大部分古代采邑资源作为王室收入。在战争中,他既使用封建征兵,也使用特招的步兵和雇佣兵。他的政府由一批工作效率很高的王室侍从官吏管理,他们绝对服从英格兰国王的旨意。没有一个官员的地位足以限制国王个人权威。官吏中最重要的位置是宣誓过的顾问官们,他们向国王提出各种建议并处理政府一般事务。这群王室侍从决定重大政策问题并草拟法律,他们是议会的统治

---

[1] 英格兰国王世系表参见附录表4、表6。

势力。贵族们受铁腕统治。王室成员完全违反了采邑惯例和常规,用极为暧昧的手段,将几块最大的领地掌握在王室成员的手中。简而言之,爱德华是个强大、有力、专横的统治者,因此他的政策必定会招来对其施政措施的不满和反抗。

在爱德华一世末期,议会抵制王室征税命令,反抗开始出现了。[1] 这种反抗后来在爱德华之子——爱德华二世(Edward Ⅱ,1307—1327年在位)的加冕典礼上清楚地表现出来。当时在传统的加冕誓词中加了一个新句子,新王被要求宣誓:他将忠实遵守"王国公众所选择的公正法律及惯例"。[2] 此外,贵族们在行常规的效忠誓时也明确宣称他们的忠诚主要是针对英格兰,而不是国王个人。这与14世纪早期反罗马教皇著作中提及的个人与职位之间的差别是同样性质的。

爱德华二世结果与其父截然相反,他无能、懦弱且犹豫不定,一直处于几个强硬人物的控制之下——他的王后,法兰西的伊莎贝拉;他的宠臣加斯科尼(Gascon)和彼得·加维斯顿(Peter Gaveston);还有英格兰迪斯宾塞(Dispenser)家族。在他即位初期,他被迫接受以其堂兄托马斯、兰开斯特伯爵为首的贵族联盟的监护。这些贵族(通称"约法贵族"[the Lords Ordainers])的主要目的是限制国王对政府行政的控制。国王秘书、财务大臣等重大职务的任命要得到议会中的元老们即枢密院(Great Council)的批准。尽管"约法贵族"宣称他们为公众利益服务,实际上他们都是贪婪自私之徒。这个联盟也与以前的一样,最终四分五裂。兰开斯特的托马斯谋杀彼得·加维斯顿未遂,被爱德华处死。1322年颁布了一个法规,宣布凡有关王国的事务必须在议会中由国王决定,并得到主教和贵族们认可,以及王国公众的赞成。但事实上,在以后几年中,王国一直被傲慢而又贪婪之至的迪斯宾塞家族以国王名义统治着。1326年,伊莎贝拉王后和他的情夫罗杰·莫蒂默(Roger Mortimer)推翻了这一家族,并强迫衰弱的国王让位给儿子,不久爱德华二世即被他的看管人残忍地谋杀了。年轻的国王爱德华三世几年来目睹其母和莫蒂默掠夺英格兰的丑行,在他们处决了他心爱的叔叔后,再也无法忍耐。爱德华集合起一队骑士抓走王后和她的情夫。莫蒂默被处死,伊莎贝拉被监禁在一座王家庄园。

尽管爱德华三世(Edward Ⅲ,1327—1377年在位)把自己过多的精力用于对法战争上,但他当政的漫长年代——英格兰历史上仅有三位国王在位如此长久——却是英格兰政治制度发展史上极为重要的时期。当时争论最多的有两个基本问题:一是王室政府是否应由国王侍从来运作,他们必须不折不扣地执

---

[1] 参见第392—394页(边码)。

[2] 《资料》,no.78。

行国王命令;或者政府更关键的职能是否应由只对议会负责的国家官员——即在任何特定时候由议会中当权的贵族派系任命——行使。第二个主要问题是议会本身的组织机构如何发展？爱德华倾向于像他祖父那样设立一个由王室侍从组成的管理机关。贵族们则要求政府大臣向议会元老负责,并坚持在国王枢密院中贵族应占相当比例。有一次,爱德华急需钱款,被迫同意贵族们担任政府大臣,但过后又立即背弃了自己的诺言。在他执政期间,他只任命他认为合适的人担任大臣职务,但他也承认政府大臣拥有着执行其命令之外的职责。在他晚年,因为年纪太大渐趋虚弱,贵族们能够将部长负责制的想法付诸实施。几个王室侍从被议会元老们确定犯有渎职罪,这样这一原则已发展到:虽然强制国王依法行事是极其困难的,但他的大臣若执行非法命令会受到处罚。这就是被称为"弹劾"(impeachment)制度的开端,议会缙绅在众议院的要求下可审问政府官吏。

尽管对于14世纪的民众来说,最重要的问题是时时刻刻统治着英格兰的王室政权,而历史学家们则因为议会后来所显示的重要性而对它的发展更感兴趣。爱德华三世的执政时期,特别有利于议会机构和职能的发展。尽管国王不愿意贵族控制他的行政,但他基本上对英格兰国内统治不太感兴趣。他是一位战士,把主要精力都放在对法兰西作战上。通常,他总是愿意做出任何让步以换取军事行动所需要的大量钱款。同时,他在军事上的成功使他成为国家英雄,而且他开明、和蔼与平易近人的作风又深受人们的爱戴。因此,议会的发展过程基本上是平稳的,如果在另一位君主统治下很可能发生残酷斗争。

在爱德华执政时,议会组成及组织开始初具雏形,且一直沿用至今。其中枢密院的性质有了变化,不久即成为上议院(House of Lords),这是最具有历史意义的进展。《大宪章》已把这个集团定义为领主集会,这些领主们直接从国王那里得到采邑。但在13世纪中叶以前,封建制度不过是一系列形式而已。土地保有权无实际意义,而且一个人的权力不再由其拥有的骑士封臣数量来决定。一个人在王国中的地位极大程度上由个人素质及财产收入共同确定。亨利三世曾把不是土地贵族的人召集到枢密院,爱德华一世根本不注重土地保有权资格。他只召集他认为重要的人。在爱德华三世时开始有了一个惯例:召集曾在枢密院任职的贵族之子。尽管直到15世纪继承人在枢密院继位的权力才在习俗上被牢固确定下来,但在爱德华时代已经成为常规。这样,英格兰的议会贵族开始固定成形,这种贵族只代表个人。一旦某人被征召到议会,他的继承人也被视为有被召集的资格,不管他是否具有一定财产。

与此同时,议会中的教会成员逐渐减少。修道院院长和副院长们觉得出席议会只是一种负担,因而尽量避免。在爱德华二世和三世执政时期,个别大主教一直要求免税,因为他们不是贵族。这样的请求有一些被驳回,但更多的却获批准。国王接受了教会主张——只有由贵族担任的高级教士才属召集之列。有被征召义务的修道院院长和副院长人数有限,名单也已确定,但它的组成与土地保有权没有多少关系。看来主要是依据修道院财产多少,及其重要性如何。唯一起作用的明确原则似乎是免除了西多会一类教团的成员的税,他们的财产明显来自别人行善施舍。下层教士代表也在议会中销声匿迹。当国王想向教士要钱的时候,他可与各教团分别商议,因而不需要教士出席议会,何况把教士卷入世俗政务是不恰当的。到爱德华执政末期,议会中教会席位已减少到21个主教,27个修道院院长、副院长。通常,这已足够在上议院中构成一个教会多数派。

正如我们所见,在爱德华一世时期,议会(parliament)这个词可用于一个有贵族元老参加的国王枢密会议。但到他儿子和孙子时,有郡、镇代表出席的会议越来越频繁。当全体议会成员召开重要秘密会议时,出席的人员中有国王、枢密顾问、贵族元老和代表。由于枢密院的贵族要处理许多超出代表权力的政务,因此他们自己还召开了许多专门会议。各郡骑士及公民也分别集合在一起讨论大会将要涉及的议题。这两群人的共同点是他们都被排斥于枢密院之外,所以经常聚在一起决定他们的对策。不久有人把他们全部归于"众议院"。这样,议会逐渐形成两院。枢密院的贵族元老们成为上议院,而郡镇代表则组成众议院。至于众议院脱离上议院,作为一个有组织的团体在他们自己的议事厅开会的首次记载是在1341年。

在爱德华三世之前,众议院除了有权投票征税外,并没有真正参与议会事务。在爱德华二世时期,他们批准"约法贵族"制定的法令,并参与接受国王的退位,但主动权仍在枢密院和贵族元老手中。不过,他们也有一个办法获得主动权——先起草一份请愿书并呈到上议院。假如上议院批准,可将请愿书转送给国王和枢密院。这种方式在爱德华二世时期还很少用,但到爱德华三世时期已成了制定新法的常用途径。当众议院感到需要一个新法令时,他们就起草一份请愿书并送至上议院。如果上议院通过并被国王采纳就成为一条法规。但在这段时期,众议院无法控制法规的最终形式。上议院、枢密院和国王可以在发布之前,按自己的意愿任意更改新法令。尽管如此,由众议院起草大部分法令并最先批准拨款,已成惯例。

爱德华因为对法作战,不断需要大量经费,这使议会有了许多扩充职权的良机。尽管在极少情况下国王会明确表示会以让步换取拨款,但通常这被默认是正当的。爱德华答应不经议会批准不会直接征税。后来他还允许议会有权控制关税。他甚至允许议会以查账方式来监督拨款的开支情况,而且他还经常向议会请教诸如停战之类重大的政策问题。简单地说,在他执政时,议会作为一个整体,其上院和下院已成为英格兰政府的必要的组成部分。爱德华年迈时,政府行政陷于混乱,谁都认为该由议会担当改革的责任。这样改革的结果是弹劾了大批贪官污吏和无能之辈。

爱德华三世时,政府司法机关也有重大发展。到14世纪末,上议院已经俨然是王国的最高法院。当某一贵族被控犯有重罪或谋反时,由它充任初审法院。它也听取对习惯法法庭裁决的上诉。同时,另一个由大法官组成的新法院确定下来。依照一般的看法,伸张正义是国王的职责。如发现判决不公却又没有一条法律可以弥补时,国王应该设法纠正。人们希望作为国王良心监督人的大法官能起到这样的作用。因此,假如一个人毁约,则按习惯法起诉,并强制处以罚金,但却不能迫使他履行合约。大法官法院则能责成他履约。习惯法仅涉及已签订的书面条约,不承认口头协议。但是大法官的判案依据不是习惯法,而是"衡平法"(equity)。如口头协议是正当订立的,大法官就会按口头协议强制执行。

在爱德华执政时,司法机构最重要的发展也许是设立治安官(justices of the peace)。早在爱德华一世时,各郡就已设立了叫作"治安监护人"(keepers of the peace)的官员,监督郡守和验尸官们履行职责。不久,"治安监护人"被授权听取控告并下令逮捕被告。1329年,他们被授权审判被控犯重罪的人,从而成为治安官。1388年,规定各郡全部治安官每年在郡政府会面四次,审理案件并处理其他事务,英格兰司法机关的重要组成部分"季审法庭"(Quarter Sessions)从而建立起来。这些治安官由国王从各级贵族和小地主中任命。他们把一度属于民众法庭和特许法庭(franchise court)的公安司法权逐渐地集中到自己手中。不久,百户法庭消失了,郡法院变成只处理无关紧要的民事案件的裁判所。治安官成了地方政府中的主要势力。尽管他们是由国王任命的王室官员,但是并无薪水,他们只忠于自己的社会阶级。

爱德华三世在位的大部分时间能控制住英格兰,因为他是个精明能干的统治者,对外政策相当成功。而在他孙子理查二世(Richard Ⅱ,1377—1399)执政时,贵族派系斗争导致了一系列严重政治危机,达到顶点时,竟废黜了国王。爱德华三世在1377年去世,他的长子黑太子早已先他而去,而后者的嗣子理查年仅九岁。政府委托给由国王的叔叔根特的约翰(John of Ghent)和格洛斯特的托马斯(Thomas of Gloucester)[1]控制下的摄政会议管理。起初最有权力的人物是兰开斯特公爵——根特的约翰(莎士比亚戏剧中的冈特的约翰[John of Gaunt]),他是一位精力充沛、野心勃勃但却不很成功的军人。他通过与兰开斯特公国的女继承人联姻,获得大量田产,并成为一个强大的贵族派系的领袖,可是大部分国民并不拥护他。

---

[1] 参见附录世系表。

英王理查二世的肖像画,出自一位法兰西画派无名艺术家笔下,约1395年。威尔顿双联画(Wilton Diptych)细部。*Reproduced by the courtesy of the Trustees, The National Gallery, London*[*NG*4451, *detail*]

年轻的理查执政头几年,公众以暴力宣泄不满,并在1381年农民起义时达到了顶点。[1] 当理查准备于1386年夺回政权之时,他的叔叔、格洛斯特的托马斯企图发动政变。托马斯能够如此行事,是因为他有权势的兄弟、根特的约翰此时远在西班牙为卡斯提尔王位进行并不成功的战争。(约翰娶了一个西班牙公主为其第二任妻子。)托马斯及其被唤作"上诉领主"(Lords Appellant)的小集团,于1386年操控了议会,并开始攻击国王的亲信和侍从。理查从英国法官们那里获得了一份声明:只有国王能够决定什么事务应该由议会处理,国王的大臣只对他本人负责,他能够随意解散议会。但是,比起理查来,格洛斯特的托马斯能够支配更多的军事力量,而国王不得不忍受亲见其最忠诚的亲信作为叛国者被处决的耻辱。

1389年根特的约翰回到英格兰,重新恢复了某种权力平衡状态。理查被准许控制政府,但必须与两个叔叔一起合作,这样平静地过了几年。理查利用这段时间奠定了其个人权力基础:政府各部都安插了绝对服从他的侍从,他把许多宠爱的人封为贵族,并任命其中一些人为枢密院成员。这样,他牢固控制了枢密院及上议院中的多数派。因为郡守控制着各郡骑士选票,而且多数自治市倾向于王室,国王如果费尽心机总能笼络众议院。不过,英格兰国王常常无法实现这一点,他们要么用力过猛,要么毫不在意。但理查却全力以赴,创立了一个全是亲王派的议会,然后突然在1397年痛斥格洛斯特的托马斯及其"上诉领主"在十年前曾侮辱他。所有参加了反理查联盟的人都遭逮捕,并被理查操纵的上议院判罚,或处死或流放。理查明确表示他将来准备做一个有绝对统治权的君王。他说服议会授权给他选定的委员会,为理查的余生设立一笔空前的羊毛税。通过这些策略,国王完全摆脱了议会对他的控制。无疑,理查认为他只是简单地把1386年法官们被迫为他制定的帝王特权,由法律概念付诸实现而已。

假如这些法官对英格兰法律的解释成立,那么英王将确实拥有至高无上的权力。但理查在追求这种权力的路上走得太远了。英格兰贵族和公众已经习惯于温和地与帝王争论:对王室权力应做哪些限制,根本无意考虑对王室权力不加限制的法律。况且,理查已将如何使用其权力的打算暴露无遗。英格兰各郡都被宣布犯有冒犯国王的罪行并罚以重金。前几年,理查流放了根特的约翰之子——兰开斯特的亨利,但答应在其父逝世后他仍可继承大量遗产。但约翰死后,理查把他的全部田产占为己有。简而言之,理查公开表示他不仅是理论上也是实际上的绝对权威。这样导致了以兰开斯特的亨利为首的贵族叛乱。理查册封的贵族亲信只会在枢密院和议会中按他的意愿投票,但缺少打内战所

---

[1] 参见第544—547页(边码)。

必需的资源。不久,国王发现自己已是众叛亲离,被迫屈从于对手。

现在又出现了如何处理英格兰王位的问题。理查的政敌决意要把他从王位上赶下来,因此逼他让位。可是他们当中的许多人并不满意这种方式,他们要求建立一条法规,以合法手段废黜国王。而且,当时王位的法定继承人是幼年的埃德蒙·莫蒂默(Edmund Mortimer),他是根特的约翰之兄莱昂内尔(Lionel)的后裔,但兰开斯特的亨利决定自立为王。于是,他伪造了一个荒诞的世袭关系——他的祖先、兰开斯特的埃德蒙实际上是亨利三世的长子,因此爱德华一世及其后裔都是篡位者。如此虚构倒很方便,但不幸的是没有人真正相信它。

最后,在尽可能使更多人满意的方式下安排了王位让渡。以理查国王的名义发出议会召集书,但在威斯敏斯特议事厅(Westminster Hall)召开会议时,坎特伯雷大主教宣称国王已经逊位,覆以金色织布的王座十分扎眼地空着。与会各阶层人士迫不及待地接受国王的退位,并且宣布理查因为其罪行必须废黜。有人宣读了废黜国王的布告,也照样通过了。这时,兰开斯特的亨利站起身来,请求继承英格兰王位,声称他是亨利三世的后裔,有王室血统,而且他的胜利也证明上帝是赞成他的。

> 以圣父、圣子和圣灵的名义,我,兰开斯特的亨利要求获得这英格兰王国与王位及其所有构成部分和附属权利。因为我系出自善良的领主国王亨利三世,有着正宗的血统。而且通过上帝恩赐于我的权利,得到我的亲属和朋友的帮助,我将恢复王国——由于统治的缺乏和良法的缺失,这里正处于衰败之中。

会议批准了他的请求,由坎特伯雷大主教将亨利引上空着的王位宝座。从此以后,议会档案中的年会纪录才把亨利称为"国王"。[1]

亨利四世(Henry IV,1399—1413)是一个称职的领袖,也是个头脑清醒、颇为能干的统治者。但他继位时的环境不可避免地为他执政带来重重困难。他获得王位主要靠一群以英格兰东北部的领袖、诺森伯兰(Northumberland)伯爵亨利·伯西(Henry Percy)领导的大贵族们的支持。这些大贵族们要求赠款和特权作为他们支持的回报。由于这些要求未能及时得到满足,他们做好了再次发动叛乱的准备。亨利还没坐稳王位,一群贵族就叛乱,要求理查二世复位。他迅速安排,谋杀了被废黜的国王,但这未能制止骚乱。亨利执政期间,一直面临着一个接着一个的贵族叛乱。同时,长期渴望摆脱英格兰统治、获得自由的

---

[1]《资料》,no.101。

威尔士人已把欧文·格伦道尔（Owen Glendower）拥立为领导人。欧文提高了威尔士叛乱的水准，并与不满的贵族结成联盟。这些叛乱全部失败，威尔士人被镇压下去，但这些胜利耗尽了亨利有限的全部资源。

议会也没忘记在亨利陷于困境时趁机捞一把。议会既可以使他成为国王，当然也可废黜他，另立他人。况且持续不断的叛乱令亨利经费短缺，不得不多次请求议会拨款。为此，亨利当然必须承认议会在爱德华三世时就获得了的税收及立法控制权。他也被迫确认议会要求的种种特权；如不应因其言论而对议会成员采取敌对行动；议员不能在前去参加议会，或正在开会，或会后回家的路上被逮捕。最后，兰开斯特王朝时期的一条法规禁止国王或枢密院改变已经由议会通过的法律的条文。

废黜理查二世的布告细致地模仿了1245年里昂大公会议废黜皇帝腓特烈二世时的措辞。[1] 言下之意好像是如果全欧洲的大公会议能废黜一个皇帝，那么显然国家的会议也能够废黜国王。确实，英格兰已开创了先例：由国家立法会议选出并非法定继承人的国王。这导致了15世纪一场错综复杂的内战——玫瑰战争。

81. 瓦卢瓦家族统治下的法兰西

腓力四世时期（Philip Ⅳ, 1285—1314）的法兰西政府在许多方面与爱德华一世（Edward Ⅰ, 1272—1307）统治下的英格兰相似。他的元老院与爱德华的十分类似；他的审计法庭（chambre des comptes）在某种程度上与英格兰财政部的作用相似；他的最高法院执行英格兰三大中央法庭的功能。三级议会（Estates General）包含着与英格兰议会一样的基本成分——贵族、教士和平民的"第三等级"，而且王室利用手法也相同；腓力的大法官（baillis）和总管与爱德华的郡守没有多大区别；两位国王都用采邑、庄园租税和一般税收的混合方式获得收入，他们也都利用雇佣兵作战并支付一定薪饷。虽说如此，两个王国之间仍有重大差异。法兰西官僚系统远远大于英格兰。另外，法兰西比英格兰更加四分五裂。国王的政府只统治王室领地，对诸侯领地根本不起作用。而且即使在王室领地内，各省有不同的习俗和利益，因此地方主义到处泛滥。到腓力之子统治时期，许多省获得了保证他们特权的特许状。法兰西国王不能把他的王室领地作为一个整体来控制，更别提整个王国了。

如果把法兰西的腓力六世（Philip Ⅵ, 1328—1350）与英格兰的爱德华三世（Edward Ⅲ, 1327—1377）做比较，则差别更明显。法兰西的官僚机构以惊人速

---

[1] 参见第378页（边码）。

度膨胀，变得十分臃肿庞大。下面举一个例子就足以说明：1340年巴黎的最高法院有167名成员，而英格兰中央法庭只有12名法官。此外，地方排他主义势力比以往更强。三级会议难以代表整个法兰西，只代表北部或朗格多尔（Languedoil）地区[1]；南部各省通过另一个会议——朗格多克（Languedoc）会议——活动。此外还有省会议。当国王需要钱时，他视情况求助于三级会议、朗格多克会议或省会议。他经常与各省之间进行一系列讨价还价。这套手续也运用于诸侯领地。国王要求诸侯允许自己在他们的领地上征税，通常要分给诸侯⅓的份额，作为积极合作的报酬。总之，当英格兰议会通过与爱德华三世积极配合而成为英格兰政府一个组成部分时，三级会议仅是法兰西国王需要经费时能够进行磋商的许多团体之一。

腓力六世从王室领地上得到的定期收入只能应付和平时期的政府费用。当他打算挑起战争时，必须寻求额外专款。法兰西政府的一般税收主要来源是销售税，它的多少随时间和地区不同而异。接着在1343年又出现了盐税（gabelle）。最后还有一种壁炉税（hearth tax），它原称forage，后为taille。尽管税目繁多，仍然不够政府军费支出，最后只得求助于各种特殊管道。最常见的为贷款，规模很大。国王还喜欢改变货币金属含量。这对国家财政危害极为严重。这一办法本身既巧妙又诱人。国王可用贬值后的货币支付债务，从中占了不少便宜。征税时，货币中的金属含量又恢复到最初水平，这样国王收上来的就是好货币。在1337至1350年之间，货币形式变换了24次。尽管无法确定政府从这些小动作里真正获得多少利益，但无疑它们对国家危害严重。一个商人签契约时，根本不知道将用哪种货币支付。

在整个腓力六世执政时期和好人约翰（John the Good，1350—1364）执政的头几年，中产阶级越来越难以控制。他们肩上的销售税负担越来越沉重，而且国王贷款的主要来源也是他们。货币频繁变换更使他们深受其害。事实上，这可能是他们的主要不满。由于法军一次次战败，中产阶级越来越不愿支付战争费用。他们认为完全免征壁炉税的贵族们用他们的钱打仗，而且还打败了。这种不满情绪因普瓦捷之役而达到高潮。国王在战场上极其无能，脑子里尽是骑士精神作祟，全然不顾自己对人民负有的责任，坚持要留在毫无胜利希望的地方，结果被俘，为了赎回他又需大量赔款。这场战争从总体上看，贵族们并未表现出骑士的勇敢无畏精神。奥尔良公爵率领第二纵队一箭不发就撤出战场。所有这一切，彻底激怒了各地有识之士，尤其是巴黎居民。这些人中有一个首领艾蒂安·马塞尔（Etienne Marcel），他是巴黎商会会长。商会会长一职其实就

---

〔1〕 中世纪法兰西通常分为朗格多尔和朗格多克南北两大方言区，区分标准是对"是"（Yes）的不同说法。在王室文献中，这种区分不仅是语言上的，也有政治上的意义。——译者

是就是塞纳河右岸的商人聚居区的镇长,它由一个很有权势的人物担任,具有大法官之外的政府全部权力。马塞尔是巴黎最大的一个商人家族的成员,该家族出了不少王室官员。马塞尔正直而有魄力,真正同情中产阶级和下层阶级的困境。他的主要过失是选择同盟者时缺乏判断力。

为支付军饷并准备赎回父亲,王太子查理极需金钱,只得在普瓦捷战役后立即召集三级会议。新税得到通过,但在马塞尔和其他几个人领导下,第三等级议员坚持要限制政府权力。1357年的"大敕令"(The Grande Ordonnance)提出国王的重要大臣应由三级会议任命。接着他们宣布三级会议应当经常开会,无论是否由国王召集。新税须经三级会议的同意。三级会议的官员征收和支用任何获批的税种。未经其同意,不能做出任何一项重大的政治举措,例如签订停战或者和平协定。未经他们许可不得改换货币。政府的开支需大量削减,以及自腓力四世以来的所有王室领地的赠予全部作废。最后这一点对中间阶级来说是非常宝贵的。因为王室领地是国王税收的天然来源,而国王不应将其作为礼物赠送贵族而致使其缩减。

关于如何贯彻这些改革的谈判一直拖拖拉拉,而这时,巴黎人民越来越不耐烦了。虽然一些改革计划在纸上谈得很好,但他们想要某种切实的行动。他们逐渐迫使马塞尔采取公开的暴力行动。一天,马塞尔带领一名暴民闯进王太子的家里,当着王太子的面将两名政府高级官员杀死。之前王太子一直希望与改革者妥协,由于家庭不断遭受攻击,所以他逃离巴黎,并在贡比涅(Compiègne)建立敌对的政府。

在这一时刻,在巴黎北部地区爆发了凶猛的农民起义,使得情况更加复杂。[1]当马塞尔获悉这一消息后,做出了错误的判断,与叛乱者结盟。或许他感觉此时他急需帮助,无论来自何方。然而,马塞尔与农民们的关系深深触犯了他在巴黎支持者中的保守势力。一天晚上,当他在城墙边巡视岗哨时被人暗杀,这座城市被王太子接管。

对于法兰西仅有的一次建立代议制政府体制的认真尝试,艾蒂安·马赛尔及其支持者功不可没;他们力图将三级会议建设成为行政管理不可或缺的有效部分。其运动的失败,说明了法兰西和英格兰的宪政发展之间的分歧越来越大。虽然他们迅速失败的原因是马赛尔无力控制其巴黎追随者,但他们的努力似乎也没有长期的效果。贵族是法兰西的主要政治和军事力量,但是他们对改革兴趣不大或者说根本不感兴趣。事实上,其中有些规定也是针对他们的,它基本上是一个由第三等级所操纵的运动,他们是由三级会议中最薄弱的力量——平民——组成。而且,王太子,即后来的国王查理五世,被证明是一个强

---

[1] 参见第541—544页(边码)。

大、能干的君主,而强大的王权更适合百年战争的环境。饱受外国侵略者蹂躏的法兰西人民更青睐有力的王权领导,而不是宪政实验。

查理五世(Charles Ⅴ,1364—1380)依靠能干的军官收复了被英格兰征服的土地,同时他任命了一批出身中产阶级的有才能的人管理其内政。全国对处在一个强大的政府统治下感到高兴,这个政府在国内维护秩序,对外进行成功的战争,这样使得很少有人对国王的权力提出质问。借此,查理得以建立了固定和半固定的税收制度,在其整个统治时期,他致力与英格兰散兵游勇作战,因此一直需要钱用。他说服三级会议允许他随时可以征税,这样,他不经三级会议批准就能征税。尽管查理怀疑这种政策的合理性,因此,在临终前要求他的儿子中止它,但他的确使法兰西全国习惯于国王随意征税。这样,当英格兰的议会逐渐控制了征税权,法兰西选择的却是通向绝对君权的道路。

查理统治末期法兰西逐渐增加的王室权力主要的威胁是勃艮第这个新家族的兴起。从前的勃艮第公爵绝嗣之时,查理将公爵领地赐给其弟腓力,后者因在普瓦捷的行为而被称为"勇士"。随后,通过娶佛兰德斯的女继承人而获取她的土地,腓力逐步掌握大批土地,势力不容小觑。1380年,查理五世去世时,其子查理六世(Charles Ⅵ,1380—1422)尚未成年。摄政会议建立起来后,由腓力支配。查理六世直到成年后,才亲临朝政,请回了被诸侯们解职的其父亲时代的一些大臣们,并将大量土地和官职赐给了他的弟弟——奥尔良公爵路易。从此,奥尔良家族和勃艮第家族之间开始激烈的斗争,这场世仇在法兰西王室内整整持续了一代人之久。

1399年,由于理查二世企图成为专制君主,英格兰出现政府大危机。法兰西的派系之争开始了,但其原因与英格兰完全不同。1392年,查理六世神志错乱,完全无法统治法兰西,勃艮第公爵开始摄政,从此时起直到1422年查理去世,查理的神志清醒了一小段时间,在某种程度上行使了君主的职责,但实际上只是简单地听从他的兄弟——奥尔良公爵的意见行事。这样,查理神志不清时,由勃艮第公爵统治,他头脑清醒时,则由奥尔良公爵掌权。毋庸赘言,由于两个诸侯争夺权力,使政府处于长久混乱之中。奥尔良和勃艮第双方都利用掌权期间为自己谋利,例如:采取措施以免除他们自己领地的征税。虽然政府的日常工作仍由一批专职的文官管理。但上层仍处于一片混乱中。

1404年,勃艮第的腓力死后,他的儿子约翰继位,约翰是一位精明能干、野心勃勃、残酷无情的王侯。不久,约翰公爵决定除掉其对手。1407年的某一天晚上,奥尔良的路易在回家路上途经巴黎街道时,遭到袭击,被勃艮第公爵所雇佣的一帮匪徒杀死,这种残暴行为使法兰西分裂成两个敌对派别,奥尔良的年轻新公爵查理和他的岳父阿马尼亚克(Armagnac)伯爵成了勃艮第公爵不共戴天的死敌。约翰公爵到处吹嘘自己的罪行,并声称他只是为法兰西除去了一位危险的暴君。他强迫那个可怜的疯子国王、他的家族和朝廷官员聆听他的一位同伙教士所做的关于诛杀暴君这一美德的冗长布道。结果又是一场凶残的内战。总之,贵族们支持奥尔良派,而城镇(尤其是巴黎)却支持勃艮第派。

1413 年,三级会议在巴黎召开,这是这个时期里试图通过代表制议会控制法兰西局面的唯一一次尝试。虽然年轻的王位继承人——查理王太子支持阿马尼亚克伯爵,但勃艮第公爵有效地控制了巴黎。当时王太子召集三级会议的目的是处理财政危机,但其领导人要求改变政府的组织,并起草改革方案,巴黎的暴徒也插手于此。在西蒙·卡博奇(Simon Caboche)的领导下,一群不受控制的群众对阿马尼亚克伯爵派的领袖们进行了一系列的攻击,并暗杀了其中一些人。他们也要求将已起草好的政府改革方案付诸实施,随后改革方案以文件形式被公布,它被称为"卡博奇法令"(Cabochian Ordinance)。

这是一份极为有趣的文件,它的起草者们没有对由代表制议会掌握征税权或立法权做出规定,他们认为政府理所当然地应由王室官员的官僚机构管理。尽管他们认为这个官僚机构可以控制国王——如果国王做出有损王国之事时(如转让过多的王室领地),但他们不想授予任何人凌驾于政府之上的权力。他们唯一的兴趣是如何使官僚系统公正和有效率,他们的方法是:所有重要的决定不能由一个人决定,而需要由委员会或参议会来决定。实际上,每一位官员都配有一个咨询参议会。这些参议会的成员以及每位官员将由传统的官僚机构团体即最高法院和审计法庭选出。当然,这是非常不切实际的计划,幸运的是它从未被实施过,但它显示了法兰西政治思想与英格兰业已发展的政治思想相差之大。

后来,1413 年,阿马尼亚克派将勃艮第派逐出巴黎,整个 1414 年,两派之间一直在内战。1415 年,当英格兰亨利五世重新进攻法兰西时,法兰西因其自身分裂看来已毫无希望。

82. 教皇制:集权与分裂

在克雷芒五世(Clement V,1305—1314)[1]后的 72 年期间,教皇所在地一直是阿维尼翁。教皇们经常宣称他们打算在适当时机返回罗马,但是由于意大利中部一直处于骚乱之中,"适当时机"似乎从未出现过。在 14 世纪 30 年代,教皇开始在罗讷河岸边兴建大型宫殿,许多枢机主教开始在法国那一边的河岸上叫维勒讷沃(Villeneuve)的舒适郊区定居下来。

诗人彼特拉克(Petrarch,1304—1374)创造了"巴比伦之囚"(Babylonian

---

[1] 参见第 482—485 页(边码)。

Captivity）这个词来描述这个时期的教廷历史，它暗示着教皇是被法兰西君主流放的囚徒。彼特拉克像他的许多同时代人一样，痛骂教廷的奢侈和世俗欲望，他文雅地称阿维尼翁为"世界的臭水沟"（the sewer of the world）。不过，彼特拉克是一个失意者，他曾经期望能得到主教的职位以发挥他的文学天赋。但是，他在教廷神职体系中仅仅被授予教士职务，对此，他愤怒地拒绝了。事实上，当时的人对阿维尼翁教皇们所做的更激烈的指控似乎多半并不真实。教皇们都是法兰西人，但在克雷芒五世以后，他们力图在国际外交中推行独立路线。他们并非圣徒，但都是能干和相当正直的管理者。对于他们来说，主要的麻烦在于他们发现要把罗马教会的一套机构想象为与其他行政机器有什么不同是非常困难的。

14世纪早期的挫折以及来自世俗哲学家与神秘主义神学家们的日益猛烈的批评并未摧毁教皇在中世纪世界的主导地位，但是却让他陷入被动防御。与法兰西国王美男子腓力四世（Philip IV the Fair）的冲突显示出教皇们已不再能像英诺森三世曾做过的那样，把自己的意志强加于世俗君主之上。他们转而把注意力放在建立更有效的政府机构和加强基督教教会内部的税收上。在阿维尼翁教皇们的统治下，教廷神职等级制度成为中世纪社会中前所未有的最复杂的政府机器。站在这个系统顶端的是教皇和他的枢机团。这些人成为教会中的最高司法、行政和立法机构（1309至1408年间，不曾召集过大公会议）。理论上说，教皇仅仅是教会至高无上、无可争议的领袖，但在实际上，他依靠枢机主教监督教会行政管理机构，与此同时，枢机主教对保护他们自身享有的特权变得异常热心。这在所谓1352年选举协定（Election Capitulations of 1352）中显得特别清楚。在选举新的教皇前，每位枢机主教都要宣誓，如果他当选，他将尊重由枢机团要求的所有特权，没有枢机团的同意，不能任免任何枢机主教。枢机团将得到教廷的一半税收，而任命教廷中的高级职务需经他们一致同意。在这种情况下当选的英诺森六世（Innocent VI，1342—1362）声称，协定违反教会法，它没有约束力，但后来的选举中仍时常制定类似的"协定"。

在教皇和枢机主教的宗教法庭之下，有四个重要的教会主管部门。罗马最高法庭（Roman rota）处理日常的司法工作，档案处（chancery）现已分为七个小分部，负责准备和记录教皇众多的通信，其中大部分是格式固定的信件，用于安抚请愿者或启动法律程序。宗教裁判所（papal penitentiary）监管分配（例如在婚姻案件中），以及对教皇的绝罚或禁令进行赦免。四个部门之中最重要的是财政部，即教廷议事厅（papal chamber），由一名财政总管（camerarius）指导，他是整个组织里最有权力的官员。他的助手是司库和一批受过良好训练的教士。他们仔细保存着教廷税收来源的所有记录及对地方征收者的账册进行审查。在14世纪以前，那些地方征收者往往不是地区高级教士，就是罗马教皇派去征收某种特别税的使节。后来,任命固定的征收者以处理该地区所有各类税收。

由于教皇不在罗马使得他们丧失了教皇国几乎全部的税收,而在意大利中部的频繁战争也耗资巨大。因此教皇们需要新的税收来源,他们成功地广泛扩大了整个基督教世界的教廷税收范围,但是他们使用的方法遭受了猛烈的批评。一项有利的副业是出售赎罪券。根据罗马天主教教义,一个真正悔悟的罪人,如已向神父忏悔并被宣布赦免罪过,可免受入地狱之威胁。但是,他的灵魂已留下一个污点,只有或通过待在炼狱,或行取悦上帝之事——苦修,才能洗清。苦修可以有各种广泛的形式,例如祷告、斋戒、朝圣等。罪人在炼狱待的日子能否减少,取决于苦修的严苛程序。当一个忏悔者被准许用某些虔诚的行为例如捐钱给慈善事业来代替苦修,他便可获得赦免(indulgence)。(根据以往的教义,当教皇赐发赎罪券,他是在引用过去的圣徒和殉教者所积累的"善事财富"[treasury of good works]。)全赦(plenary indulgence)则使那些对自己所犯之罪进行了恰当的悔过和忏悔的人完全免于炼狱之苦。在14世纪,此种赎罪券越来越频繁地发放,并越来越明目张胆地出售以捞取现金。那些在欧洲到处兜售它们的教廷"宽恕者"成了中世纪后期讽刺作家喜欢挖苦的对象。

对于教皇来说,阿维尼翁教皇制度之下建立起的庞大的赞助机器是重要得多的收入来源。这一机器是建立在这一原则之上——由教皇克雷芒四世于1265年首次清楚表明——即在理论上,教皇在基督教世界的任何地方都有权任命任何教会官员。克雷芒四世在陈述之时,将其视为某种已牢固确立的教义。实际上,这是一大发明。但克雷芒四世事实上只是提议在某人访问教廷途中死去时才行使这项权力,而且教皇在那种特殊情况下的任命权其实早已是一种被接受了的习惯。此后,这个新的原则已不成问题,而阿维尼翁的教皇们几乎无限制地把它扩展。其过程是确立了越来越多教皇"预留"的圣职等级。这就是,一个圣职人员可以仅仅由于教皇的"委任"(provision)而被任命。这个原则被扩大到诸如所有的主教和修道院院长,所有因免职或因教皇派到新地区任职而空出来的圣职,以及由于枢机主教或教廷官员去世而出现的职缺。

有教廷看来,这一切的重点在于这个系统是极其有利可图的。每一个由教皇委任而获得职位的高级教士要向教廷支付重税,这听起来或许有点令人感到惊讶,即世俗统治者竟准许教皇赞助这样地增长。但问题是教皇也很注意不损害世俗赞助者的权利。他们提出的圣职通常由候选教士,或主教,或修道院等教会组织充任。即使如此,在英格兰对教皇的声明有强烈的反感,这表现在"圣职授职法令"(the Statute of Provisors,1351)和"王权侵害罪法令"(the Statute of Praemunire,1353)之中。前者禁止在英格兰进行任何教皇委任,后者禁止对教廷提出上诉。但是,这些行动从未得到实施,而且也从未有过要认真实施的想法,唯一的打算是在和教皇的交涉中加强国王的实力。事实上,在英格兰也像在其他地方一样,教皇赢得了国王对圣职委任制度的支持,作为交换,只用和国王分享赃物。国王获得了教皇在其王国中所征的全部税收中可观的一部分。他们在已经任命主教的地方继续这样做,仅仅将适当的人选名单上报教皇以获得其必然的批准。

对教皇委任制度的辩护是基于教皇为圣职任命的人素质高于地方赞助者可能指派的人。的确,大学定期选派一批学者给教廷,结果,许多毕业生得到了教皇的委任。但是没有人认真地尝试用这种制度来改进教会圣职工作。因为基本上它是一种提高税收的措施。这种制度的最坏之处是它鼓励兼职和缺勤。教皇通过赐予分布在全欧洲的教会圣职来供养枢机主教和大批教廷官员。圣职的职责通常由收入低微的教区牧师履行。一个枢机主教可能管辖 6 个主教城,但他从未踏足其中任何一个。国王们也发现这种制度非常有用。他们都有神职人员的仆从,要付薪给他们,一种方便的解决办法是定期向阿维尼翁提出名单并要求教皇委任。同样,这些被任命的神职人员无需住在教堂中。中世纪后期教堂的一大弱点是由于容忍广泛的缺勤而减弱了有效的牧师活动。

阿维尼翁教皇们所建立的中央集权管理制度,由于 1378 年爆发的教会大分裂(Great Schism)的危机而衰落。这种分裂的根源并不在于任何外部针对教皇制的运动,而是罗马教廷内部已经发展起来的紧张关系,它是这样发生的:经过几次错误的起步,教廷终于在 1377 年由阿维尼翁迁回罗马。翌年,教皇格列高利十一世(Gregory Ⅺ,1370—1378)死于罗马。随之在罗马城爆发了骚动。罗马人担心控制着教廷枢机团的法兰西枢机主教再次选择一位法兰西教皇,然后把教廷再迁回阿维尼翁。受到周围乡村数千农民支持的罗马暴徒聚集在街头,振臂高呼:"我们要一个罗马教皇";有时他们呼喊:"我们要一个罗马教皇或至少是一个意大利教皇。"枢机主教们在 4 月 7 日傍晚举行了教皇选举会议。第一天晚上,与教皇的选举章程相反,他们被迫接受罗马的监护者们的政治领袖,后者告诉他们,如果他们要选举一个法兰西人当教皇,那么他们的安全就无法得到保证。4 月 8 日一早,枢机主教们来到圣彼得大教堂做弥撒,他们仍能听到骚乱的民众在外面高呼口号。弥撒做完后,他们非常迅速地决定推选一位名叫巴托罗曼·普利尼亚尼(Bartholomew Prignani)的意大利高级教士为教皇,在他被带到梵蒂冈接受推选前,一群罗马暴徒闯入教皇选举会议,吓得枢机主教们四散奔逃。当枢机主教们事实上已经挑选了一个意大利人的消息传开后,全城又宁静了下来。枢机主教们与普利尼亚尼在 4 月 9 日会面,后者适时地当选为教皇,并以乌尔班六世(Urban Ⅵ,1378—1389)为称号。第二个星期是复活节盛典。枢机主教们参加了所有的公众礼拜仪式,再次表示承认乌尔班为教皇,而后者则于复活节礼拜天及时地进行了加冕。

普利尼亚尼曾是罗马教堂的副法官和巴里（Bari）的大主教。他是一位卓越的高级神职行政人员，但他不属于枢机主教的统治集团。他们过去习惯于对他下达命令，或许他们期望在他当选后仍然能继续这样做。如果他们是这样想的，那就犯了大错。新教皇的性格似乎在他当选后立即发生改变。他宣称打算彻底改革教廷，这无疑是有价值的构想。但是，乌尔班的改革方法仅仅是对枢机主教的狂怒。他一再地抨击和谴责他们，把他们中的一位称为说谎者，另一位说成是傻子，第三位叫作背叛者。他还威吓说要造就足够的意大利枢机主教以永远结束枢机团中法兰西人的势力。

1378年夏，枢机主教们从炎热的罗马撤到山城阿纳尼（Anagni）。8月2日，他们发表一个宣言，宣布4月8日的推选无效，因为这是在胁迫下所做出的决定，因此他们要求乌尔班六世放弃教皇职位。当后者拒绝这个要求后，枢机主教们便指责他是一个篡位者。然后，在9月20日，枢机主教们又举行了第二次教皇选举会议，推举了一个法兰西人当教皇，他自称是克雷芒七世。克雷芒又回到阿维尼翁，乌尔班仍留在罗马，而欧洲人则聚在两位对立的教皇后面。法兰西拥护克雷芒，英格兰赞成乌尔班，西班牙拥戴克雷芒，日耳曼支持乌尔班，苏格兰拥护克雷芒，而斯堪的纳维亚赞成乌尔班。大部分意大利人支持乌尔班，但那不勒斯和西西里却选择克雷芒。将近四十年间，存在着两个教皇世系。一支是克雷芒七世（Clement Ⅶ，1378—1394），在阿维尼翁由本笃十三世（Benedict XIII，1394—1417）继承。另一支是乌尔班六世（Urban Ⅵ，1378—1389），由卜尼法斯九世（Boniface Ⅸ，1389—1404）继承，此后由英诺森七世（Innocent Ⅶ，1404—1406）和格列高利十二世（Gregory Ⅻ，1406—1415）陆续继承。

现代人只有有意识地努力想象才能理解大分裂在西欧所产生的惊恐。教皇——或许应当——不仅仅是高于教会的行政领袖，作为圣彼得的继承人，他在某种意义上是教会的牢固基础和上帝为基督教生活方式的选出来的监护人。在他的双手中，掌握着到天国和地狱的象征性的钥匙，操有约束和宽大的可怕权力。更有甚者，由于两个教皇都声称自己是唯一的真正教皇，因此各自都倾向于任命教皇控制下的每一个教会神职。人们不仅不知道谁是真正的教皇，甚至无法确定谁是某一教区合法的主教。这在战乱地区特别明显，当英格兰人占据了一个法兰西的教区，多会指派承认罗马教皇的主教，以取代承认阿维尼翁教皇的主教。尽管在两个教皇间的领土划分并不绝对遵循政治分野，但在政治上有着强烈的倾向性。法兰西的朋友多半接受阿维尼翁教皇，而她的敌人则喜欢罗马教皇。英格兰是罗马教皇最坚定的支持者之一，而苏格兰同其对手英格兰一样，对自己拥立的教皇同样充满热情。教会和基督教世界本身分裂了。

对于一个现代历史学家来说，想知道在大分裂时期谁是真正的教皇是不可能的。或许，正如枢机主教们声称的那样，乌尔班在1378年被推选是无效的；

或许枢机主教们对此集体撒谎了。也可能选举以形式上说是有效的,但候选人是疯子,这样他就没有成为教皇的资格。乌尔班确实在其即位之初就表现出失去理性的狂暴,至少有一点似乎很清楚,在乌尔班加冕礼后紧接着的一些日子里,枢机主教们打算不管选举的情况究竟如何,他们都准备接受自己的选择。他们抨击乌尔班,仅仅是在他们发现他们选择的教皇完全是不能容忍的之后。教会的法律没有提供解决这种绝境的明确的程序。以致最初,阿维尼翁教皇们希望用武力来解决这个问题,1382年和1390年,法兰西军队两度入侵意大利,但两次远征都未获得任何成功。

1394年,巴黎大学宣称,适当的解决办法是两位教皇都退位。从此时起,出现了一种想法,即如果其中一位拒绝退位而对手愿意这样做,那么前者将被认为是故意延长分裂的罪人,他的行为相当于异端(因为这是一个信条,即"一个神圣的天主教教会")。然而,所有让两个教皇同时退位的企图都失败了,因为他们之中无论谁都毫无退位的意向。二者都希望自己能骗对方退位然后宣布自己是仍在位的教皇。1398年法兰西政府和教会被本笃十三世的搪塞所触怒,撤销对他的拥护,但也不承认他的竞争对手。法兰西在1403年恢复对本笃的支持,但在1408年再次撤回。与此同时,英格兰人和日耳曼人对他们的罗马教皇格列高利十二世也变得不耐烦起来。

从争论一开始,就有人提出,理想的办法是召开一次大公会议以弥合分裂。问题是,根据教规只有教皇才能召集大公会议,而决定谁是教皇恰恰是得失攸关的出发点。早在1381年,巴黎神学家格恩豪森的康拉德(Conrad of Gelnhansen)建议,在危急时刻,拘泥于教规的文字是没有必要的,相反,应引用更高的公正原则。他得出结论,不管用任何方法,只要能召开一次教会大公会议,它必将能够解决所有悬而未决的问题。此外,有几位更早一点的教会法学者也曾经提出,在分裂时代,枢机主教可以召集大公会议,以解决问题。最终被采纳的就是这一程序。1408年,两个阵营的大多数枢机主教不顾其各自尊敬的教皇,共同召集大会会议。大公会议于1409年在比萨适时举行,与会者众多,并迅速着手废黜两位敌对教皇。会议程序有点类似在废除英王理查二世时用过的方法。两位教皇都被宣布因他们的分裂和异端罪行已丧失了对教皇职位的竞争资格,然后,为了加倍保证,大公会议做出了罢免他们的判决。嗣后联合起来的枢机主教们推选了一位新的教皇,亚历山大五世。不幸的是,由于其他两个教皇都不接受罢免敕令,且都仍然拥有有影响力的支持者,比萨大公会议的最终后果是产生了三个教皇,而不是原来的两个。

83. 帝国的残留：意大利与日耳曼

在讨论英格兰、法兰西和教廷时，我们已经考虑到这三种似乎在 1400 年前后处于解体的危险之中的君主制度。中世纪的帝国呈现出一种完全不同的图景，在那里瓦解的过程开始的较早而发展的快得多，意大利北部由于城邦国家之间的战争和内部派别纷争而分裂。同样在 15 世纪初，我们在其他君主国家中也可见到的这种分裂形式也出现在帝国机构中。1410 年，当三位有可能成为教皇的人觊觎教皇宝座时，也有三个敌对的日耳曼王侯要求成为真正的皇帝。

意大利是由许多独立的邦国所组成。实际上，我们称之为帝国"分裂"的过程，从另一种角度来看，也可以视为新的领土单元的整合。综观整个时期，西西里王国是由阿拉贡家族的君主们所统治，这是一支年轻的世系，一直统治到 1409 年阿拉贡国王继承西西里。[1] 那不勒斯王国一直为安茹的查理的后裔所占有，直到 1435 年乔安娜二世（Joanna Ⅱ）去世。然后，阿拉贡和西西里的国王阿方索五世（Alfonso Ⅴ）占据了该王国（尽管安茹家族继续声称拥有它）。那不勒斯北部是教皇国，在教皇撤到阿维尼翁后它近乎陷入无政府状态。不过在 1353 至 1363 年的一段时间里，由一个非常能干的教皇使者希尔·阿尔沃诺斯（Gil Albornoz）恢复了秩序。

意大利北部是数个小的独立城邦国家，其特点是巨大的文化活力和无休止的政治动乱。在 13 世纪末，该城邦大部分仍由自由的地方公社统治着，但经常由于内部斗争而发生分裂。在 14 世纪出现两大发展——许多地方出现"大封主"（signore，即"领主"，更确切地说，是僭主），以及地区国家的建立，它们是以一些较大的城市吞并其较弱小邻邦的方式形成的。在那些征服性战争中，所有派别都依靠雇佣兵。在英法百年战争的和平期间，那些"散兵游勇"（free companies）在意大利可以找到工作。在法兰西，这些雇佣兵在未参加正式作战之时，常在农村游荡，靠抢劫和勒索为生。

僭主为许多意大利城市所接受（但威尼斯是个突出的例外），因为人们迫切地需要某种力量，无论多么严酷，只要能带来国内的秩序，防御外来的敌人。新的政权没有古代世袭的权力或传统的法律做基础。他们有时通过从皇帝处买来头衔而获得一种虚伪的合法地位，皇帝仍是这个地区名义上的大领主。不过，事实上，他们是武力和欺诈获取，常常靠不择手段地滥用权力维持。关于这个时代意大利暴君们的背信弃义和残忍暴虐的故事已十分著名，事实上正如人们可以想象的，他们的管理方式是因地而异，因人而异。费拉拉（Ferrara）的埃

---

[1] 参见附录，表 9 和表 10。

斯特（Este）家族开始时极其残忍——但丁把其中一人作为暴君和刽子手送进地狱的血河——但是他们却发展成相当仁爱的僭主,支持一种温文尔雅、雍容有礼的文化,及他们自己独具一格的优雅的绘画风格。斯卡拉家族的坎·格兰德（Can Grande della Scala）由于在维罗纳（Verona）地区赞助诗人和学者而增加威望。另一方面,米兰的乔瓦尼·玛丽亚·维斯孔蒂（Giovanni Maria Visconti）却喜欢通过放纵一大群猎犬去撕咬触犯他的人,以此炫耀自己的权力。最伟大的僭主们是一些政治家（statesman）,照字面意思解释就是,他们知道如何建立一个国家以及采取任何必要的手段来维持它,他们的经验后来在马基雅维利（Machiavelli）所著的《君主论》（The Prince）一书中得到了具体总结,这些经验一直吸引着那些运用权力的人,及那些将它理论化的人。

意大利北部的各城市都有它自己的历史。我们可以通过简短考察一些最有权势的城市如米兰、威尼斯和佛罗伦萨来说明一般的倾向。米兰提供了意大利僭主制的经典例子。由于地处肥沃的伦巴第平原中央,又是数条商贸线路的聚合点,这个城市在12、13世纪作为反对帝国在意大利统治的主要中心而崛起。尽管米兰人赢得了那场战争,但他们仍不能在随后为自己获得一种稳定自由的政府形式。其基本的问题是在贵族与农村富有阶级同城市的商人寡头政府之间旷日持久的战争,这个问题通过接受维斯孔蒂为专制统治者所解决。在14世纪初,贵族派的一个首领马泰奥·维斯孔蒂（Matteo Visconti）当选为该市的统治者,并享有"人民的统领"的响亮称誉。他的权力包括制订和实施法律,征税和宣战。马泰奥在1322年去世以前,把以上所有这些权力都传给他的儿子,从那时起直到1447年,维斯孔蒂家族一直作为世袭的君主统治米兰（后来,他们由斯福尔扎[Sforza]家族继承）。维斯孔蒂家族中最伟大的是詹加莱亚佐（Giangaleazzo, 1385—1402）,他把米兰人的权力扩展到全伦巴第并向南推到托斯卡纳（Tuscany）及教皇国。他娶法兰西公主为妻,并从皇帝温塞斯拉斯（Wenceslas）处买回公爵的头衔,一时间詹加莱亚佐似乎能取得更大的成就,并使自己成为整个意大利北部的国王。此种可能性随他在1402年去世以及他的儿子乔瓦尼·马里亚精神病发作而落空。

威尼斯地处从地中海东部延伸到欧洲北部的广大的商业网的中心,在意大利众多的城市中,她是个例外,直到近代一直维持着共和政府的形式。在14世纪以前,威尼斯从未拥有真正的大陆领土,因此她在农村没有贵族封建阶级作为根基。威尼斯唯一的贵族是商业贵族。在1297年通过了一部宪法,除了约200个最富有的家族外,将其他人排除在统治威尼斯的大元老院（Grand Council）之外。由此她避免了专制主义和民权政府两个极端,寡头政治得以安稳地维持其权力达几个世纪之久。威尼斯政府的管理方法好比是一种广泛的商业合作,在此种合作中,领导家族作为股东和董事产生作用,无论如何这使得威尼

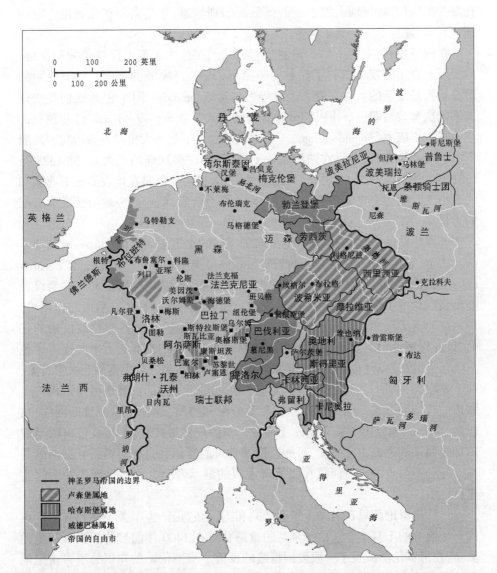

地图 24.1　日耳曼（约 1356 年）

在卢森堡的查理四世皇帝统治下，"黄金诏书"的颁布使中世纪帝国已呈现的方式合法化：皇帝由七个选帝侯选出，此后他们的领地不能再划分。这七个选帝侯是：美因茨、特里尔和科隆的大主教，拥有王权的巴拉丁莱茵伯爵，萨克森公爵，勃兰登堡边疆伯爵及波希米亚国王。

斯人获得一种中世纪后期不常见的内部的安宁和繁荣。在詹加莱亚佐·维斯孔蒂去世以后,威尼斯人由于他的征服而感到惊恐,于是向外扩张到伦巴第西部,第一次建立起一个真正的帝国。

在佛罗伦萨,发展了另一种的政府形式。在这里表面上保持着共和制度,但实际上真正的权力落到了显赫的美第奇(Medici)家族的手中。佛罗伦萨的阶级结构是复杂的。存在着一个有势力的贵族(grandi)集团,但是他们在法律上不能执掌政治职位。市民们分为有钱的商人工业家(popolo grasso)和独立的小工匠或小店主(popolo minuto)。在这些阶层之下是一大批没有政治权利的雇工(佛罗伦萨的财富建立在纺织工业上,它需要许多这样的工人)。除1378至1381年由普通工人掌权的短暂时期之外,通常权力斗争是在代表商人工业家和代表小工匠的行会之间进行的。当工人政权垮台后,商业寡头政治就成为支配的力量。

佛罗伦萨的宪法最初是建立在1293年的"公正法令"(Ordinances of Justice)之上,它给予被选出的"行政长官"(priors)集团和一位"司法长官"(gonfaloniere of justice)以最高权力,但是它也给予其他一些选出的官员和各种会议及委员会以含混不清的和相互重叠的权力。如果没有某种权力在后面起作用,这种制度简直无法顺利地运作:某些组织和个人要能控制对各种行政机构的任命,以此保证他们不要长久地为相反的目的工作。在15世纪上半叶这个角色由美第奇的科西莫(Cosimo de Medici)逐渐承担。作为一名大富商和大银行家,他需要权力,不是表面上弄个公爵或诸侯之类堂皇的头衔,而是更像近代古老城市的首领的方式。他通过得体的利益分配和贿赂,建立了一个赞助网路,从1434年开始,他成为该城有效的统治者。他的权威被接受,不需要任何随暴政的加强而来的恐怖主义行动,可能这是因为人们意识到这样对维持社会的既有秩序是必不可少的。科西莫在美第奇家族的继承者公开作为佛罗伦萨大封主进行统治。

尽管佛罗伦萨只在名义上是一个共和国;但它仍产生了关于共和自由优点的有影响力的丰富文学。由于米兰的维斯孔蒂在1400年前后的征服所产生的威胁,在佛罗伦萨激发了一股爱国情绪的反应。佛罗伦萨的知识分子喜欢把他们的城市看成是古罗马共和传统的继承者和反对米兰暴政、争取自由的捍卫者。科卢西奥·萨卢塔蒂(Coluccio Salutati)写道:"佛罗伦萨人是全人类自由的捍卫者。"在他和他朋友的著作中,中世纪市民自由的传统披上了新的古典修辞的外衣,他们的"市民人道主义"(civic humanism)意义深远地影响了近代政治理论。还有,萨卢塔蒂的言辞不能太照字面理解。在佛罗伦萨强大到足以统治邻邦时,她对他们的自由就漠不关心了。到1400年,佛罗伦萨人已经将其势力延伸到一度是独立小城邦的托斯卡纳。在1406年击败和镇压比萨城的反抗之后,佛罗伦萨作为第三个领土大国,和米兰、威尼斯并驾齐驱。

日耳曼皇帝在此段时期中除了偶尔授予贵族头衔外,在意大利事务中很少起作用。在 14 至 15 世纪,日耳曼已在实际上成为一个独立城邦的集合体。有约 1600 个这种单元,按大小和重要性排列,从奥地利公国,巴伐利亚公国和萨克森公国;勃兰登堡边疆伯爵领地(Margravate of Brandenburg);享有王权的莱茵巴拉丁郡(County Palatine of the Rhihe)到一些自由的小城市和帝国骑士的小领土。没有任何一个日耳曼城邦力量强大到足以对其他城邦行使哪怕是暂时的霸权。如果皇帝想摆出任何真正的权威,他也不得不从日耳曼外部引进。在这段时期里,皇帝的权力通常取决于或拥有波希米亚或匈牙利,或者两者都占有。

我们上一次考察的日耳曼皇帝是威德巴赫(Wittelsbach)家族的巴伐利亚人路易(Lewis the Bavarian,1341—1347)。[1] 在他之后帝位由卢森堡家族控制近一个世纪。(它最终在 1440 年过渡到哈布斯堡家族。)卢森堡家族起源于莱茵兰(Rhineland)。但在 1308 年卢森堡家族的皇帝亨利七世让他的儿子和波希米亚的女继承人结婚。作为波希米亚的国王,卢森堡家族在中世纪剩下的日子里在日耳曼政治中扮演了重要的角色。卢森堡的亨利之子约翰是一个双目失明的波希米亚国王,1346 年在克勒西被打败。后来在 1347 年,约翰的儿子查理、波希米亚的国王打败和废黜了巴伐利亚人路易,并成为皇帝查理四世(Charles Ⅳ,1346—1378)。

帝国自身一致采取的形式通过皇帝在 1356 年发表著名的"黄金诏书"(Golden Bull)而得到正式确认。七大选帝侯——即美因茨、特里尔和科隆的大主教、享有王权的莱茵巴拉丁伯爵、萨克森公爵、勃兰登堡边疆伯爵以及波希米亚国王,被指定为皇帝选侯,他们有法律权利选择"罗马人的国王"(这是皇帝加冕前的日耳曼国王的正式头衔)。当皇帝去世后,他们要立即在法兰克福(Frankfurt)市举行会议;以多数票推选出一位新的统治者。在普通选帝侯中,任何一位选帝侯不出席或派代表参加会议均会被取消参加选举的权利。选举权的尊荣通过男性世系世袭——但波希米亚例外,其王位是选举的——而且多个继承者不能瓜分选帝侯资格。几乎所有的最高的君主权力都给了选帝侯,更有甚者,"诏书"建议他们应该作为监督委员会凌驾于整个日耳曼之上。"黄金诏书"使得帝国选举不太可能出现争议,它也为帝国在其剩下的日子里提供了法律形式。"诏书"没有谈及教皇认可或者以任何形式参与帝国选举的权利。根据流行的理论,选侯团组成一个代表性团体,它按照帝国所有王侯和人民的

---

[1] 参见第 485 页(边码),也可参见附录,表 8。

利益选举其领袖。[1]

在14世纪下半叶,不仅日耳曼分裂为许多公国,而不少公国本身似乎又分裂成一种近乎无政府的状态。在日耳曼我们发现它相比其他任何地方可能更缺乏任何普遍接受的政府合法性和正当秩序的原则。王权是一种通过选举产生的尊荣。不过每一个王侯都是一个封建领主,他把公国看成自己的私有财产,并通过世袭权力来控制它。王侯的臣民常常有意识地结成政治单元,抵制王侯、捍卫权利,王侯常常被视为外来者,利用某种世袭的机遇压迫他们,因此王侯和由其市民组成的各种联盟及协会之间冲突不断。王侯权力的最大敌人是自治的城市同盟,如北日耳曼的汉萨同盟(the Hanseatic League),它处理自己的对外政策,基本上不理会各个城市所在地区的王侯的意见。骑士们不时组成联盟以保护下层封建贵族的利益。但是在日耳曼,如同其他地方一样,最典型的倾向是市民、骑士、教士联合起来组成等级会议。

然而,在日耳曼,王侯们不是各阶级的有力领袖和领导者,而不像英格兰国王是议会的领袖或者教皇平时是大公会议的领袖一样。各阶级要求有按自己的意愿集会的权利,而无须从王侯处得到任何召唤。他们的功能只是保护臣民的权利,特别是财产权,反对王侯的侵犯。他们对于成为一种可以阻止任何新税种的力量、争取征税同意权这一积极的权利丝毫不感兴趣。

这些情况有利于解释15世纪初在帝国中出现的"分裂"。1378年查理四世死后留下两个儿子,温塞斯拉斯(Wenceslas)和西吉斯蒙(Sigismund)。温塞斯拉斯获得了波希米亚的王位并被推选为"罗马人的国王"。与此同时,西吉斯蒙与匈牙利的一个女继承人结婚并成为那块领土的国王。后来证明,温塞斯拉斯是一个酒鬼和傻瓜。随着他的统治日益衰弱,他越来越不得人心。他那摇摆不定的政策使得一场在士瓦本(Swabian)城市联盟和地方贵族之间极具破坏性的战争延长了。他试图干预教会分裂也一无所获。1398年他同法兰西查理六世会晤,试图制定一个对付共同敌对教皇的政策。但这次会晤没有得出什么建设性的结果。(传说温塞斯拉斯只有在早上是清醒的,而查理只有在午后才清醒,这样两位君王之间不可避免地会产生沟通困难。)1400年,七位选帝侯中的四位被温塞斯拉斯的行为所激怒,决定废黜他。对于这一废黜没有先例,不过选侯们的行动非常类似前一年英格兰的诸侯们所做的那样。他们起草了一份谴责国王的罪状书,宣称他被废黜,并另选一位继承者,他是享有王权的巴拉丁伯爵鲁珀特(Rupert of the Palatinate),他死于1410年。其后,选帝侯在两位竞争的候选人之间分裂成两派,这两位候选人都来自卢森堡家族,一位是温塞斯拉斯的兄弟、匈牙利的西吉斯蒙;另一位是他的表兄弟、摩拉维亚的约布斯

---

[1]《资料》,no.100。

(Jobst of Moravia)。一派选举前者,一派选举后者,因为温塞斯拉斯从未同意放弃王位,故在此时有三个人可能成为皇帝,幸运的是约布斯于1411年死去,温塞斯拉斯和西吉斯蒙达成协议。温塞斯拉斯继续统治波希米亚,而西吉斯蒙则保留皇帝的头衔。1419年温塞斯拉斯去世后,西吉斯蒙也继承了波希米亚的王位。

14世纪和15世纪早期的政治发展是充满矛盾的。一些历史学家认为此段时期是一个制度建设的发展时期,另一派则把此段历史看成一个政治分化的时代。不过,两派都对。除了日耳曼(她近乎处于一个彻底的无政府状态),每一个政府变得更有力量,但同时也变得更不稳定。官僚政治扩大了,但指导他们行动的权力,以及在国家中如何行使至高无上的指挥权,在各处都受到争议。等级会议同国王斗争,大公会议同教皇斗争。各地的王公贵族们相互斗争。在1400年前后,有两人要求英格兰王权,两个贵族派别争夺法兰西政府的控制权,三位教皇互相抨击,三位日耳曼君主为获得皇帝头衔的虚荣而争斗。在我们关于中世纪政治史的最后一章里,我们将看到14世纪的分裂倾向是怎样在中世纪结束时得到了克服。然而,在转向那个题目之前,我们需要考察一下随着14世纪政治形势的紧张而造成的社会、经济与知识生活的危机。

进一步阅读书目

*蒂尔尼:《资料》与《读本》,第一册,nos.78、100—101。

在下列各书中叙述了14世纪的政治发展。它们是海伊(D. Hay)的《14世纪与15世纪的欧洲》(*Europe in the Fourteenth and Fifteenth Centuries*)(伦敦,1966),以及韦利(D. Waley)的《中世纪后期的欧洲》(*Later Medieval Europe*)(纽约,1964)。黑尔(J. R. Hale)等编的《中古后期的欧洲》(*Europe in the Later Middle Ages*)(埃文斯顿,伊利诺斯州,1965)一书包括有关主要欧洲国家政治的论文。又可参见古尼(B. Guenée),《中世纪晚期欧洲的政权与统治者》(*States and Rulers in Late Medieval Europe*)(牛津,1985)。有关中世纪晚期的教会,有两种精彩的概览,即奥克莱(F. Oakley),《中世纪晚期的西方教会》(*The Western Church in the Later Middle Ages*)(绮色佳,NY,1985);以及欧兹曼特(S. Ozment),《改革时代,1250—1550年》(*The Age of Reform, 1250-1550*)(纽黑文,CT,1980)。关于英格兰,参见麦金萨克(M. Mckisack)的《14世纪》(*The Fourteenth Centruy*)(伦敦,1959),至于更简短的入门书,参见*迈尔斯(A. R. Myers)的《中古后期的英格兰》(*England in the Late Middle Ages*)(哈蒙德斯沃思,1952)。有关制度发展的,参见威金逊(B. Wikinson)的《英格兰宪政史》(*Constitutional History of England*),三册(伦敦,1948—1958),附有翻译文献;威拉德(J. F. Willard)等《运作中的英格兰政府:1327—1336年》(*The English Government at Work, 1327-1336*),三册(剑桥,马萨诸塞州,1940—1950);巴罗(G. W. S. Barrow)的《罗伯特·布鲁斯与苏格兰王国的公社》(*Robert Bruce and the Community of the Realm of Scotland*)(伦敦,1964);有关议会,参第18章前引莫纳罕(Monahan),哈斯金斯(Haskins)和斯普弗德(Spufford)的著作。亦可参见奥姆罗德(W.

M. Ormrod)、《爱德华三世的统治》(*The Reign of Edward III: Crown and Political Society in England*)(纽黑文,CT,1990); * 普莱特维希(M. Prestwich),《三代爱德华》(*The Three Edwards: Law and State in England, 1272-1377*)(伦敦,1992);琼斯的(R. H. Jones)《理查二世的皇家政策》(*The Royal Policy of Richard II*)(纽约,1968)。

关于法兰西制度,参见佩洛斯(F. Pegues)的《末代卡佩王朝的法律家们》(*The Lawyers of the Last Capetians*)(普林斯顿,新泽西州,1962);刘易斯(P. S. Lewis)的《中世纪后期的法兰西:政治》(*Later Medieval France: The Polity*)(纽约,1967);申南(J. H. Shennan)的《巴黎高等法院》(*The Parlement of Paris*)(绮色佳,纽约州,1968);沃恩(R. Vaughan)的《勇士腓力:勃艮第国家的形成》(*Philip the Bold: The Formation of the Burgundian State*)(伦敦,1962)和《无惧者约翰》(*John the Fearless*)(伦敦,1966)。论述14世纪罗马教廷的优秀著述是,* 莫伦特(G. Mollat)的《阿维尼翁的教皇们》(*The Popes at Avignon*),第九版(伦敦,1963),亦见雷诺亚德(Y. Renouard)的《1305—1403年阿维尼翁的教皇》(*The Avignon Papacy, 1305-1403*)(伦敦,1970)和乌尔曼(W. Ullmann)的《大分裂的起源》(*The Origins of the Great Schism*)(伦敦,1948)。关于教皇的行政,请看巴勒克拉夫(G. Barraclough)的《教皇的委任》(*Papal Provisions*)(牛津,1935)。有关财政制度,参见伦特(W. E. Lunt)的《罗马教廷与英格兰的财政关系》(*Financial Relations of the Papacy with England*),两册(剑桥,马萨诸塞州,1939—1962)。W. E. 伦特的《中古教皇的收入》(*Papal Revenues in the Middle Ages*)(纽约,1934)一书,提供许多翻译文献。亦可参见伍德(D. Wood),《克雷芒四世》(*Clement VI. The Pontificate and Ideas of an Avignon Pope*)(剑桥,1989)。

关于日耳曼,参见布莱(F. R. H. du Boulay),《中世纪晚期的日耳曼》(*Germany in the Late Middle Ages*)(纽约,1983);以及第17、18章前引弗尔兹(Folz)和罗施纳(Leuschner)的著作。有关这一时期意大利的介绍,参见拉纳(J. Larner),《但丁、彼特拉克时代的意大利,1216—1380年》(*Italy in the Age of Dante and Petrarch, 1216-1380*)(伦敦,1980)。有关具体城市的讨论,参见布拉克(G. Brucker),《佛罗伦萨的政治与社会,1343—1378年》(*Florentine Politics and Society, 1343-1378*)(普林斯顿,NJ,1967); * 纳杰米(J. Najemy),《佛罗伦萨政治中的合作与共识,1280—1400年》(*Corporatism and Consensus in Florentine Politics, 1280-1400*)(教堂山,NC,1982); * 诺维奇(J. J. Norwich),《威尼斯史》(*A History of Venice*)(纽约,1982);克勒(D. E. Queller),《威尼斯的贵族社会》(*The Venetian Patriciate*)(Urbana,IL,1986);梅斯基塔(D. M. Bueno de Mesquita),《米兰公爵詹加莱亚佐·维斯孔蒂》(*Giangaleazzo Visconti, Duke of Milan*)(剑桥,1941);及卢布金(G. Lubkin),《文艺复兴宫廷:斯福尔扎统治之下的米兰》(*A Renaissance Court. Milan Under Galeazzo Maria Sforza*)(伯克利,CA,1994)。

第二十五章 社会、经济与文化

中世纪社会后期的经济与文化生活充满着复杂性和对比性。黑死病使14世纪初人口状况发生了倒退,欧洲人口再次相对地减少了。这场瘟疫的直接后果是带来几乎无法忍受的痛苦,但是这种新的情况也为一些幸存下来的人提供了千载难逢的机会,这个时代的艺术和文学都反映了这场灾难和能使西方社会得以存在下来的活力。就这些领域而言,中世纪后期的欧洲不仅是患难深重的时代,也是获得巨大成就的一个时代。

84. 乡村生活与农民暴动

中世纪里占据史书大部分篇幅的是国王、地主和贵妇人阶层,其次是富商和大学里的知识分子阶层,在他们之下的是广大的农民。农民构成人口的最大部分,他们的劳动支撑整个中世纪文明的上层建筑。

几世纪以来,农民承受艰困的环境,有些是自然界本身的问题,没有改变也不可能去改变。中世纪的乡村社会是天生的保守,农民若有抱怨,几乎都借口"旧法律是好的"或"旧习俗是好的",目的是保证他们获得生活上最低程度的安全与土地永久保有的稳定性。但是在14世纪情况有了极大的转变,那就是农民暴动遍及西欧各地。

农民暴动很明显的是与饥荒、战乱、瘟疫所引起的压力有关;是否因贫困的增加,或者是过多的期盼引起暴动则不十分明显。有时也有民族紧张的成分。在佛兰德斯,说佛兰德语的农民和工匠怨恨法兰西的专制统治;在波希米亚,捷克人民受到日耳曼贵族的统治,也有同样的怨言。在西班牙,反犹太的暴动有时候变成对社会不满的扩大运动。农民暴动并未发生在最穷困的时期,例如1315至1317年的饥荒时期,或是在黑死病刚发生的1347—1348年期间。暴动是需要一定的物质条件。

最终导致中世纪农民暴动的不是逐渐增加的愤怒与旧怨,而是新情况、新法律和新苛税造成的。最足以代表旧怨的是因14世纪无终止的战争须要增税以增广财源,战争是骑士的娱乐,但是经常破坏农民的土地。14世纪第一个大暴动是1325年靠海的佛兰德斯肇始的,起因是伯爵征收不受欢迎的新税。农民加入伊普尔(Ypres)和布鲁日(Bruges)城市暴动,持续三年后才被法兰西国王派军队镇压住。

14世纪的暴动大多发生在黑死病之后的年代。瘟疫带来新的灾难但是也带来新的机会。在乡村最明显的影响是造成劳力的严重缺乏。地主停止已在进行的解放农奴,这是在几世纪前热烈进行的,改变成更严厉地要求佃户繁重的劳力服务。劳动者则企图要求更多的报酬以造成有利的情况。(通常每个农户能温饱只是因为有一位或更多位的家庭成员受雇于富有的邻人。)但是政府制定的工资是以旧有的水准为标准。法兰西政府制定对巴黎附近的城镇如此压抑的条款。在卡斯提尔,彼得罗一世(Pedro Ⅰ)国王(以残酷者彼得罗著名,Pedro the Cruel)规定鞭打劳动者,对要求提高工资的工匠们则施以罚款。政府企图控制工资最充足的证据是来自英格兰。1351年的"劳工法规"(the Statute of Laborers)使各种不同的工资固定下来,那是1346年通行的工资;任何人想要获得更高的工资必定会受到相当于两倍的工资罚款。最初,法官的特别任务是强制执行,其次才是接纳工作方面的诉讼案件。在埃塞克斯郡(Essex)于1377至1379年,70%的诉讼案件是有关"劳工法规"的罚款。英格兰的农民暴动发生在1381年的埃塞克斯郡。

黑死病打破了习俗的固有形式,那本是引导农民对于在实质上不可能改变的情况下接受艰困的、单调的生活。整个欧洲传统的乡村农耕因很多家庭灭亡而陷入混乱,其余的则因继承人的破产,土地空前的增多。因为环境很明显地改变,且明显地在变化当中,因此很多乡村的农民似乎觉得他们必定会变得更好。

现在,我们首次听到一般人民产生宗教热情,其目标并非到彼岸,所需是在人世间建立民主和平等。在英格兰,流浪的传教士约翰·鲍尔(John Ball)在乡村大声疾呼民主和平等,以下的词句是由编年史家傅华萨(Froissart)记录的:

> 噢!善良的人民,在英格兰除非一切东西都属于大家,除非取消农奴与地主之别,否则情况是不会好转的……为什么我们受到束缚?我们都来自相同的父亲和母亲——亚当和夏娃。他们能有什么理由,或有什么证明说他们是我们的主人?他们役使我们工作以提供他们奢侈的生活。

因为政府或地主压抑性的法规而使人民向往更好生活的希望受挫,整个欧洲发生了激烈的暴动。

14世纪两个最好的暴动文献是1358年法兰西的扎克雷(Jacquerie)和1381年英格兰的暴动,能够说明农民抗议的两个模式。第一个模式,通常被视为无目标、前后不一致的暴动,去对抗无法承受环境的野蛮反动行为;第二个模式是相当有组织的运动,目标是和平的改革。领导人沃特·泰勒(Wat Tyler)宣称:"我们的出现并不是小偷或盗匪;我们的出现是为了寻求社会正义。"

要了解法兰西的暴动,我们必须回忆1356年普瓦捷战役之后法兰西北部政治上的混乱。约翰国王被俘虏并被放逐至英格兰。一位商人领袖艾蒂安·马塞尔控制了巴黎,他与继承人查理太子意见不合,有了争执。查理在巴黎外的贡比涅建立敌对的政府。最后,王室的另一位成员坏人查理指挥一团独立的军队。无论哪一派,只要是支持他,就给予更高的报酬[1]。最后是这个坏人查理率领他的军队对抗农民并镇压暴动。

巴黎附近的乡村农民因情况紊乱而承受严重的痛苦。政府向他们征重税以偿付最近的战争;对于农民来说,战争尚未结束。虽然在普瓦捷战役后的两年内没有正式的战役,但散兵游勇从四面涌入乡村,抢劫并烧毁乡村。农民一再看到他们的田地荒废,他们的家园被破坏。地方上的贵族因战败而受尽凌辱和沮丧,无法停止士兵的抢劫,这比起贵族强加给农民的新榨取更加痛苦。当一位地主被俘虏,农民必须立即捐助赎金。此外,英格兰发现一种新的增广财源的便利之道。他们掳获城堡,再以高价赎回给原主人。对于贵族而言,向农民征税买回城堡比起一开始就充分防守城堡较少麻烦。

离巴黎之北约 25 英里的圣莱乌(St. Leu)村的农民,因愤怒和怨恨于 1308 年 5 月 28 日首次爆发大群村民攻击士兵并成功杀掉四个骑士和五位乡绅。之后,受到战胜的鼓舞,他们到邻村暴动。一队农民前进到附近的庄园,在强奸地主的妻子和女儿后,杀掉地主与其家人。似乎整个地区等待着救援。各处的农民宣布贵族是背叛者,应该置于死地。农民的愤怒从未直接对抗不在乡村的国王,应是国王的无能统治引起这么多的困扰。有些暴徒甚而携带王室的百合花徽章(the fleur-de-lis)。中世纪的农民几乎总是有一种动人的信仰,相信国王是上帝派来为所有的人伸张正义,尤其是能够保护弱小的农民去对抗贵族大人。农民的愤怒是针对地方贵族而来的,是贵族压制性的管理,农民的认知全都从第一手经验而来。

当时的编年史家诉说农民对于骑士与其家人施以残酷的行为。傅华萨写道:"我不叙述他们对待妇女与少女的恐怖行为。"(然后他立即继续描述一个特别丑陋的例子[2])我们不知道实际上发生像这样的事件有多少;只要是几个例子就能够提供编年史家们史料了。此外,所有的编年史家一致同意贵族在暴动发生时受到惊吓而纷纷逃到安全地区,留下空荡与没有防备的庭园。可能农民为了报复而抢劫和破坏没有人居住的城堡。

几天之后,有数千暴徒的军队在名为纪尧姆·卡莱(Guillaume Carle)领袖的号召之下集合而成。他知道需要同盟,卡莱与巴黎的艾蒂安·马塞尔交涉。在资产商人与愤怒的农民之间真的没有共同点,现在有了共同的敌人,那就是

---

[1] 参见第 497、503 页(边码)。
[2] 《资料》,no. 91。

位于巴黎附近的贵族。马塞尔同意结盟,并派军队出城与扎克雷的农民联合,目的是攻击贵族的城堡,其中一次征战攻打莫城(Meaux),查理太子的妻子和其他女性贵族与他们的子女一起在该处避难。他们是在城里有防御设备的市场地区借由马恩河(the River Marne)上的一座桥与外界联系。当暴徒抵达城里,市民打开城门并拿着食物、酒欢迎他们。农民开始袭击妇女所在的堡垒。事实证明,这是扎克雷历史上的转折点。

从法兰西南部来的两位贵族,比什的卡普塔尔(Captal of Buch)和富瓦伯爵,在普瓦捷战后希望和平,他们刚与东日耳曼的条顿骑士参加十字军运动败退归来。经由法兰西返家,立即听到莫城妇女的苦境。虽然这两位南方的贵族在战场中分别效忠法兰西和英格兰,但是现在充满了骑士的冒险心,他们很愉快地联合在一起。他们催促其军队前来莫城,就在暴民的军队抵达该城之前他们赶到了有防御设备的地区。6月7日早上,农民抵达城堡,聚集在桥上,期待着并假想展开主要的前哨战,然后享受掠夺与谋杀之后的成果。突然,城堡的门被打开来。卡普塔尔和伯爵骑上马,在其军队的最前方攻击桥上的暴民,砍他们并将尸体丢进河里。之后,骑士们赶紧攻击暴民的主力,并立即驱逐暴民于城外,在整个乡村追逐他们,根据傅华萨的描述是"像野兽般地击倒他们",然后归返,接受受拯救的妇女们的赞扬。他们也记得烧毁背叛的莫城。

在14世纪的战争中,训练有素的步兵有时能够抵抗封建骑士的冲击。但是一群未受训练、装备差的农民没有机会对抗身着盔甲,备有长矛、剑、斧头的战士。暴动的最后一次战役发生在6月10日。坏人查理劝其他的贵族发动军队抵抗暴民,去面对由卡莱领导在克莱蒙(Clermont)附近的农民军。在确定没有任何错失后,查理首先邀请卡莱加入谈判;但是一旦暴民领导由查理控制,他立即将卡莱入狱,不久即杀之。骑士们富于礼仪的规则并不适用于农民军。丧失了领袖,农民在查理攻击之前冲入;然后他所属的骑士们袭击暴民于整个乡村,杀掉他们所发现的全部农民军。结束了扎克雷的暴动,整个事件持续了两周。两周后,骑士团漫游受影响的地区,烧毁村庄,并随意屠杀农民,有时将尸体吊在树上作为装饰。

近代有些学者质疑扎克雷是真的仅是因农民愤怒而无目标的暴动,甚而能否适当的被称为"农民暴动"。能确定的只有农民的参与。一些城镇和桑利(Senlis)、博韦(Beauvai)和莫城,诚如我们已知道的,市民为暴民打开城门。暴动之后王室也会给予赦免,包含上述的市民、低级官员、教士以及少数贫穷的农民。也许是这样的证据而令人曲解事实上的印象。很多参与暴动的农民从未得到赦免,而是被屠杀。此外,扎克(Jacques)是法兰西农民的绰号(此名词来自他们身上穿的紧身短上衣或夹克而来),假如最初没有农民暴动的话,当代人似乎没有理由称这一系列暴动为"扎克雷"。很明显的是运动因农民的愤怒而展开,随后会有其他非贵族阶层的人民加入。

其他的争论点是关于扎克雷农民和艾蒂安·马塞尔的资产阶级运动的关系。农民渴望杀尽贵族并摧毁其城堡,马塞尔希望阻止乡村贵族获得他在城里寻求同盟时的领导地位。利益的汇合导致一些学者认为是马塞尔煽动整个事件,这点倒没有真正令人信服的证据。在这点上,可能旧的解释较为真实。"扎克雷"运动的原因是平民受到贵族的剥削却未受到保护,那是平民怒而对抗贵族的没有计划的暴动。艾蒂安·马塞尔尝试数日欲将运动转而对其有利,却未能成功。暴民没有首尾一贯的目标或改革计划。暴民中有一群被问及为何要叛乱,他们说他们不知道,除了其他人民所做的之外,他们希望杀掉所有的乡绅。

1381年英格兰的农民暴动在某些方面比起扎克雷稍为缓和,不过却使英格兰政府崩溃了两天。当时的国王是理查二世,一位14岁的男孩。政府是由摄政会议主持,由国王的叔叔兰开斯特公爵根特的约翰统治。此时暴民的愤怒最初并不是针对整个贵族阶级,虽然暴民要求激进的社会改革,但是主要是针对不受人民欢迎的政府代理人(约翰),他被宣判为国王的背叛者。暴民总是宣称他们对国王本人最忠顺。他们有句口令以证明是朋友:"你支持谁?"适当的回答是"支持理查国王和真正的平民"。

在英格兰暴动的基本原因包含乡村生活所有的困扰,紧跟着黑死病之后,尤其是"劳工法规"和农奴因严苛的强迫劳役所引起普遍的怨恨。但是启动暴乱的直接事件是因与法兰西战争而征收的一种新税。在英格兰一般征税的方法是针对动产征收的,这是合理的,富人负担的比穷人多。但是在1377年,政府征收新的人头税。数额依旧是少量的,税的征收是常态性的。到了1380年,征收另一种人头税,这次是12便士,负担较重,只要是15岁以上的男女皆须缴纳。新征的税被视为极不公正,一位穷苦的农人和他的妻子的负担与庄园的男、女主人相同。税的征收证明是困难的。根据税册说明,英格兰的人口从1377至1380年神秘的大量减少;事实上,税册当然会逃税。政府的对策是派特别委员调查各村镇以查出逃税者,并强迫他们纳税。有时候,调查人员表现得很粗鲁,气势汹汹,其行为引进谣传,至少是极为不当的行为。编年史家亨利·耐顿(Henry Knighton)说明有些调查委员检视女孩是否为处女,假如他们不是处女就以成年人来征税。

公然抵抗开始于5月31日,福宾(Fobbing)村——位于埃塞克斯郡,就在泰晤士河(the River Thames)的北边——的人民攻击征税的委员。几天之内,暴动遍及整个埃塞克斯郡,然后扩及位于泰昭士河另一边的肯特(Kent)。这不是穷人中最穷的人抗议暴动。在暴民当中有很多是农奴,基本上也是农民,也有从城里来的同情者与很多乡村的工匠。领导暴动的领袖是肯特人,名为沃特·泰勒，他的早年生活我们几乎无所知。根据一些资料，他来自埃塞克斯郡，傅华萨说明他曾经是法兰西战争中的一名士兵。

6月7日肯特的暴民抵达罗切斯特（Rochester）占领国王的城堡，6月10日攻进坎特伯雷市，市民并未抵抗。暴民遇见坎特伯雷的大主教西蒙·苏德伯里（Simon Sudbury），他也是国王的大臣与王室行政首领。暴民冲入大教堂，射杀受惊吓的修士，当时修士们正需要一位新的大主教，因为现任的大主教被当作背叛者被杀掉了（实际上要过几天后才是）。暴民也逮捕法官，烧毁他所有的财务和法律记录。此时，暴民释放前大主教的囚犯，是位激烈的传教士约翰·鲍尔，随后的几天由鲍尔陪着暴民们并向他们讲道。同时在埃塞克斯郡也发生同样的事情，暴民抢劫法官房舍，破坏由罗伯特·黑尔斯男爵（Sir Robert Hales）控制的财产，他管理国王的财务，是一位特别不受欢迎的官员。

6月10日从肯特和埃塞克斯来的暴民，很明显地行动一致地向伦敦前进。到了6月12日，沃特·泰勒和他的跟随者从肯特来，扎营于城南，当时的埃塞克斯分遣队聚集在迈尔·恩德（Mile End）就位于泰晤士河的北边。6月13日，伦敦市民打开首都的大门，让暴军涌入城里。他们抢劫王室官员的房舍，烧毁坎特伯雷大主教位于兰贝斯（Lambeth）的宫室，破坏留在那里的全部财务记录。兰开斯特公爵位于斯特兰（Strand）的宫殿的火烧得特别旺，幸运的是一些有火药的枪支藏在地窖里，而未酿成大灾难。

同时，在伦敦塔里的年轻的理查国王面临不同的意见。数百位弓箭手和士兵的军力足以抵抗暴民，伦敦市长威廉·华尔沃斯（William Walworth）力劝即刻反击，其他人则害怕士兵击溃。最后，理查决定妥协。次日早上，6月14日，国王骑马前往迈尔·恩特，遇到埃塞克斯郡的暴民。农民利用这个机会提出很多要求，很明显的对他们而言最重要的是解放农奴，英格兰农民希望自由。参与暴动的人已获得自由，工匠和富有的农民希望能确定其不再具有昔日服劳役的身份。理查国王同意——或许是假装同意——暴民的要求，一群官员起草自由章程，并赦免埃塞克斯郡所有的人民。他们当中的大部分人感到满意，开始返乡。

虽然暴民已返乡，却不是混乱的结束。当国王不在时，沃特·泰勒和他的随从进入伦敦塔，逮捕西蒙·苏德伯里和罗伯特·黑尔斯，并将这两位"背叛者"斩首。第三个可能的牺牲者成功地脱逃；此人是亨利，兰开斯特公爵的儿子，以后的亨利四世国王。

更多的谋杀和抢劫发生在6月14日。根据伦敦官方的记载，"城里几乎没有一条街没有尸体躺着"，不过此时暴民的力量变得不太可怕了。埃塞克斯郡大部分的男人已返家。留在城里的人据说大多在酗酒，以致发挥不了作用。在所有暴乱与流血期中，经常有中世纪暴动的饮宴狂欢；当农民找到储藏的丰富食物和好酒时,他们通常大大庆祝并且狂饮一番。

最后一次的对抗是在 6 月 15 日。[1] 理查国王同意与沃特·泰勒以及暴民在史密斯菲尔德(Smithfield,就在伦敦的城墙外)见面。他们的要求比起前日在迈尔·恩特的要求还要多。暴民现在要求没收教会财产并平分给俗人,要求在英格兰除了国王外不应有地主,以及"除了温切斯特(Winchester)法规之外没有其他的法律"。1285 年的温切斯特法规规定每位男子应该在其屋内武装,以便他能抵抗以维持和平。暴民领袖似乎已想起废除整个封建制度与封建领主;取而代之的是英格兰将由一位疏远而又和善的君主统治;地方事务由农民军有效地控制。像这样的机会从来没有由国王给予的。结果,他们没有严肃地讨论。作为暴民发言人的沃特·泰勒压倒国王的党人,开始提出其要求,态度傲慢无礼,然后没有充分的解释就爆发了一场混战。很明显地,泰勒以短剑威胁国王的一位乡绅。华尔沃斯市长希望利用军队对抗农民,拔出短剑杀掉暴民领袖。这是突然出现的危险一刻。但是理查国王扭转了危机。国王压倒暴民军队,对农民大声说明他是他们真正的领袖,催促农民跟随他。令人震惊与混淆的,农民允许他们自己被带离城堡,由国王骑马走在他们前面。同时,华尔沃斯对留下来的职业军人大声喊叫,与他们一起包围正撤退的暴民军队。农民并未被攻击,且被允许和平离散后返乡。

以后的几周,在埃塞克斯与英格兰的其他地区仍有零星的地方性暴动;威胁到首都和政府的暴动结束于 6 月 15 日。理查于 7 月 2 日宣告之前他所颁布的所有赦免信件和自由规章全部无效。在夏季,约有 200 名被证实为暴动的领袖,被送往审判并处以极刑,包括传教士约翰·鲍尔。无论如何,在法兰西扎克雷事件之后,并没有对农民如此不分青红皂白的报复。

这些农民暴动没有一次是成功的,但是,耕地上持续性的农民劳力短缺最终导致了暴力没有达成的结果。这个过程有时称为"庄园衰退",早在 12 世纪就已开始,在 14 世纪有新的因素加速其衰退。[2] 庄园制度最后证明是不可能的,或者是最没有效率的,服劳役来自极为不情愿的精疲力尽的农民。地主发现接受租金以及承认佃农的人身自由是更恰当的方式。地主自己的田地不是出租就是雇工耕种。除了东欧之外,农奴制度在 15 世纪末逐渐消失了,虽然有些地区——尤其是法兰西——地主保留了昔日司法上的额外收入以不同形式的税维持着。庄园的习俗与服劳役的整个错综复杂的结构渐渐为以货币契约为基础的体系所代替。这些改革并不是在任何情况都对农民有利。整体言之,它对拥有土地的农民有利,但是没有土地的劳动者在诡异和变动不安的经济环

---

[1] 《资料》,no. 92。
[2] 参见第 287 页(边码)。

境里被遗弃了。可能他们的祖先曾过着更好的生活,能够在旧式的庄园里拥有一小块土地。

85. 城市与贸易

历史学家能够确定的是,我们没有充分理解 14 世纪黑死病后的经济状况。即使根据目前全部有用的统计学的价值来看,经济学家也无法完全解释现代经济模式的景气与不景气。至于 14 世纪,我们只有零星的统计资料,我们也没有现代历史的灾难可以与黑死病相比较,从而提供可靠的类似情况。根据现存的证据——主要是中世纪编年史、税收案卷、关税收据及会计账册,几乎不能做出一致有效的归纳。

50 年以前,历史学家们经常提出,在 1250 至 1450 年这段时间里财富的稳定成长,积极的商业活动和蒸蒸日上的繁荣,怎么可能还会有一个富有生气的现代文明从静止的和封建的中世纪世界中产生呢?这种解释完全忽视了 14 世纪基本的人口统计事实。当时的史学家们非常清楚知道 12 世纪的经济活力和 14 世纪灾难的困境,开始提出把中世纪整个后期作为一段纯粹是经济衰退时期来看待。这种解释也没有得到令人满意的证明。事实上,证据是混乱的,因为情况本身也是混乱的,不同的城市、不同的工业、不同的个人,所有这一切都由于瘟疫和百年战争而受到了不同的影响。布鲁日衰落了而安特卫普(Antwerp)却兴旺起来;英格兰呢绒的出口猛增而酒类进口却锐减;许多人变得越来越穷,而少数人却获得巨富。此外,瘟疫的短期影响与长期影响是截然不同的。

黑死病对城市生活和商业活动,带来的直接后果是商品过剩和所有需求的锐减。组织良好的富有中产阶级对困境的反应与农村中的地主采取同样的方式。他们企图抓住他们已有的,并企图通过制定限制性行会规则和城市条例,在他们的地区维持一种起码的秩序。在 12 世纪每一个勤勉的年轻学徒,可以期望在完成他的培训之后成为师傅。到 14 世纪末期,许多行会中只有师傅的儿子或者是娶了师傅女儿的幸运年轻人才有机会成为师傅。其他受限制的实际影响是妇女被排除在行会之外。中世纪末期妇女行会的会员远比 12、13 世纪来得少。

14 世纪都市生活的一个重要特征是:大量的无产工人阶级正在成长,他们在店主的关心下生活,但禁止他们建立维护他们利益的组织。这些工人常常强烈地怨恨他们自己的地位,许多城市的动乱可与农民起义的暴力行动相比,早在 1302 年布鲁日的技工举行暴动反对法兰西统治的城市政府。14 世纪末叶,在欧洲各地均发生城市暴动,例如:帖撒罗尼迦(Thessalonica)在 1341 年、根特在 1381 年,鲁昂在 1382 年都发生了暴动。所有这些暴动都迅速被击溃。但是在 1378 年,佛罗伦萨的普通工人——人民党(Ciompi)夺取了城市并掌权达三年之久,直到 1381 年他们的暴动才终于被镇压下去。

如果 14 世纪产生了众多的无产者劳工阶级的话,那么它也产生了资本家财富新的积聚。大多数历史学家同意,在 1350 年后的 100 年里,贸易总额经历了一次严重的衰退,显然,少得多的人口将倾向于生产和交换更少的产品。按人口生产的消费是否下降则不太清楚,但是可以肯定的是,尽管出现普通衰退的情况,但某些地区和某些工业仍然得到了高度繁荣。例如在英格兰,一项获利很大的呢绒制造工业发展起来了。此项工业在整个过程中采用了水做动力的新技术。甚至自 12 世纪以来,英格兰就大规模地向佛兰德斯的呢绒业出口羊毛,但是百年战争打断了这种互利的贸易往来。对佛兰德斯来说,所有的羊毛来源都切断了,而英格兰则通过发展一种新的加工呢绒的出口业获得了比出口羊毛多很多的利润。英格兰在制衣方面造就了真正的财富,其证据是保存至今的华丽的 15 世纪"羊毛教堂",它是由虔诚的百万富翁们为感谢上帝给他们重新带来财富而建立的。

这时期在贸易形式上发生了许多其他变化。在日耳曼,一个北方城市的同盟——早在 13 世纪就有的汉萨同盟,于 14 世纪中期组织了它自己的一个关系密切的政治联盟。1370 年中心设在吕贝克的汉萨同盟获得了对丹麦和在波罗的海诸国的贸易垄断权。同盟在北方所有商业中心保持着贸易站,例如在伦敦、布鲁日、卑尔根(Bergen)和诺夫哥罗德(Novgorod)。在这段时期的香槟市场急剧衰退,这部分原因是法兰西国王占有香槟的缘故,他收取比交易费用更高的费用,如棚舍出租费和销售税。不过竞争的局势也同时出现。威尼斯人开始由海路派遣大木船到英格兰和佛兰德斯,这些大木船被充分武装,它们属于威尼斯政府并由它装备,商人向政府租借船上的空间装货。与此同时汉萨城镇帮助发展了一条起自意大利的陆上路线。商人们带着货物从威尼斯和热那亚出发,越过阿尔卑斯山脉的隘口到乌尔姆(Ulm)和安格斯堡(Angsburg)并继续向北方前进。然后,汉萨城镇又分配他们沿着北海海岸前行。到罗讷河的路线并不完全荒废,不过终点站在里昂。这就掌握了一个巨大的市场,在范围大小方面取代了原先由香槟占领的市场。贸易路线另一个较大变化是到远东。在一个世纪前建立的蒙古帝国,在 14 世纪 60 年代开始解体。亚洲中心的混乱意味着西方商队不可能较长地沿着陆上路线到达中国。但是上述情况并未终止东西方之间的贸易往来。威尼斯人继续通过贝鲁特(Beirut)和亚历山大获得东方的香料。

尽管发生了上述这些变化,但是在接近 14、15 世纪的时候,整个国际商业结构尚未崩溃。中世纪末期,人们仍然可以在普鲁士购买东方的胡椒,在佛罗伦萨购买英格兰羊毛,在英格兰购买塞浦路斯甜酒。国际贸易结构的顽强性在一个意大利商人弗朗切斯科·达蒂尼(Francesco Datini,1335—1410)留存下来的记录中清楚地得到了解释。他留下了约三十万页文献档案材料,记录了他从伦敦扩展到东地中海的代理人网络来指导他们的高额利润的贸易业务。

达蒂尼的记录也说明了中世纪末期商业的另一幅图景。在一个受冲击的市场上进行有利的商业活动,须累积更多合理的商业管理和科学技术。例如达蒂尼的业务是极仔细地以复式簿记的形式记录的。并不是所有的商人都能成功地适合新情况的要求,因此在商人之间出现了巨大的财富差距。在13世纪一片繁荣的气氛中,大部分能干的商人可以合理地期望适度地增加财富。在15世纪较严酷的竞争环境中,商人阶层作为一个总体其财富可能比前一时期减少,但是大多数成功的企业家获得了巨大的成功。[1]

在中世纪末期,商人们经常有很多资本,这些资本比他们能够在其企业内有效使用的资本来得多,他们常常为此寻找投资的出路。许多人购买土地,在意大利许多大城市里,这些资金可能用来购买政府的债券。结果这些把钱投入到地产和债券的商人通常不久会放弃商业活动而以他的收入为生。但有些商人家庭或更多的是合伙人把钱用到我们可称之为银行的业务中去。可能这些合伙人中最成功和最著名的要算美第奇家族了。美第奇家族(后来成了佛罗伦萨的统治者)开始时作为商人在任何可以获利的行业中经营,尤其是在纺织业中。他们买进羊毛原料,把它分配给佛罗伦萨的纺工,然后又从纺工那里买进纺线并转给织工,最后他们从织工那里购进呢绒再拿到世界市场出售。他们使用的是我们所谓的"投资制度"。美第奇家族在呢绒的生产和产品的销售上投以巨资,如有可能,他们把资金用在正规的商业冒险活动上。不过,他们也有其他的收入来源。14世纪90年代,在罗马建立了一家美第奇银行。不久它就成为欧洲最大的银行,并在阿尔卑斯山南北大的商业中心设立分行。奥古斯堡的富格尔家族(Fuggers of Augsburg)在日耳曼建立了一个同样的金融帝国。他们的运气也是靠经营纺织品买卖所造成的,尽管他们的商品不是毛纺品而是麻织品。去往现代奥古斯堡的一个参观者,仍然能看见历史上的"富格尔家族遗物"(Fuggerrei),给城市穷苦居民的几条街的房屋,乃是16世纪早期富格尔家族建造和慷慨地捐赠的。

政府与商人家庭一样,常常在14世纪比中世纪早期可以使用更多的资源。早期机构的发展已造成更有效的征税的机器。14世纪的国王们需要大量税收以供他们耗资巨大的战争经费之用,他们常向大商业公司借贷。从商人的观点来看,这是一桩冒险的生意。因为政府的借贷可能被赖掉或不正式赖掉而不予偿还。一些大的破产者,像那些佛罗伦萨人的银行在14世纪40年代发生的情况一样。可能随之发生,但到中世纪后期,政府与商业——银行家学习进行更

---

[1]《资料》,no.107、108。

成功的合作，借贷者从这种交易中可获得的真正利益在于政府能够给予的商业特权。这种正在成长着的政府与商业公司之间的互相依存是中世纪后期经济生活中最重要的特征。美第奇家族借钱给世俗的君主，在15世纪初期，他们变成了教廷主要的金融家。日耳曼富格尔家族提供财政资助，使得查理四世在1346年能够获取帝国的皇冠。雅克·克尔(Jacques Coeur)，一位拥有巨富的布尔日(Bourges)商人曾资助百年战争中最后的法兰西战役。在英格兰，政府公布法令，所有的英格兰羊毛必须装船运到一个预先安排叫作"原料港口"的大陆港口，这些船运业只能由某些商人经营，他们全是"原料公司"的成员。如此国王就保证了羊毛出口垄断权掌握在他们的人手中，在他们需要借钱时就向他们开口。"原料港口"最初位于布鲁日，英格兰夺取加来后就移到了该港口。这种政府与商人之间的合作正在增强，对未来至关重要。最终，它使一些伟大的探险航海家在中世纪末向欧洲商人打开了新的世界成为可能。

如果我们从长远眼光看，就可以证明黑死病引起欧洲人口的减少，造成了一个新的扩张时代的可能性，而灾难引起的短期的破坏性的影响已经被克服。再一次可与1100年相比的人口可以使用全西欧的资源。而且，情况与三个世纪前又有所不同。在中世纪后期，人们拥有可观的资本资源，而在中世纪初期它们不得不从流通的收入中产生。最重要的是他们拥有积累起来的技术和商业的技巧。例如，水手得益于13世纪的两项技术发明，罗盘和舵在中世纪后期被普遍使用，这些发明大为增强伴有某种程度安全感的远洋航行的可能性，在一场新的扩张开始时，它能够比12世纪获得的进步走得更远。

86. 艺术与文学

在我们研究中世纪后期经济生活时，我们发现了一种互相冲突的变化莫测的事实。有大量的材料证明衰退和更新这两者同时并存。当我们转向那个时期的艺术和文学时，我们遇到了同样的情况。中世纪后期的人们写出大量病态的和颓废的著作，但同时也获得了辉煌的创造性的成就，其中充满着生气活力和新的感受形式。尽管四处蔓延的灾难使得一些人处于绝境，但另一方面，强烈的兴奋也存在于许多事实中。15世纪时人们的心情被一本描述那个时期的现代著作的书名所敏锐地抓住，那就是由阿尔贝托·特内提(Alberto Tenenti)所著的《了解死亡和热爱生命》(*The Awareness of Death and the Love of Life*)。

或许我们可以期望发现一个时期，它经历了可怕的瘟疫，在它所有的不雅的哲学叙述中，死亡的阴影一直困扰着它，并且在同时代的艺术作品中可以找到上述情况的大量证据。中世纪的雕刻家通常雕刻一个死人的像立在墓前，从13世纪以来，这样的雕像存放在遍及欧洲各地的教堂中。高级教士、骑士和贵妇人穿着他们最好的衣服卧躺着，面容安详而镇定，在生命之火熄灭之后伴随他们的上帝安静地长眠。在1400年前后，这种风尚改变了。枢机主教拉格朗（Lagrange）死于1402年时，在阿维尼翁的墓前，雕像是一座半腐烂的尸体。这种表现方式在15世纪变得十分普遍，有时表现讨厌的动物如蛆、蟾蜍和蛇等正在尸体上钻洞穴吞噬腐烂尸体的情景。

人们不仅被无所不在的死亡事实所惊吓，而且被另一世界无所不在的痛苦折磨所震惊。教会并不鼓励教徒们去想他们不付出什么代价就可以获得直接升入天国的特权。无须涤罪，一个濒死的人最好的期望是炼狱中的痛苦——有许多布道者会高兴地告诉他们，炼狱中的痛苦可能要大过他们在尘世间经历过的痛苦。末日审判一直是基督教艺术展现的一个重要题目，但在罗马式的雕塑中，情景一直由至尊的基督人物形象占优势。大多数15世纪的画面集中呈现地狱的恐怖，如众多的壁画的制成，有时是画在粗陋的教区教堂内，它表现了被投入地狱的赤身裸体的人由奇异的恶魔拖去严刑拷问。

此外，在1400年前后，一种新的主题在欧洲人的艺术中流行起来，那就是"死亡之舞"（the Dance of Death）。它起源于13世纪的一个故事，讲的是有一天三位贵族在农村骑马溜达，碰到三个骷髅向他们打招呼。一阵寒暄后，贵族问骷髅是谁，得知是他们自己未来的人形。只是在中世纪后期，这个故事才真正抓住人们的想象。以后，描写骷髅或尸体同活人混合的情景越来越多，它被画在教堂的墙上，从瑞典到西西里岛都有，并且以木刻插图的形式出现在某些最早出版的书籍中。

这可能是我们这里对于一个衰亡的文明有一种完美的象征主义，每一个地方，死亡想象似乎都占优势。不过就是那些产生病态的恐怖时代，同时也创造

死于1402年的枢机主教金·德·拉格朗之墓。他在遗嘱中直率地说，他的尸骨葬于阿维尼翁，他的躯体葬于亚眠。阿维尼翁的卡尔维特博物馆。Bildarchiv Foto Marbarg/Art Resource,NY

波尔·德·兰堡著《贝里公爵祈祷书大全》中的一页。6月,农民姑娘正在巴黎郊外草地割干草。远处背景可以看到史蒂芬小教堂的尖塔。藏于尚蒂伊的孔戴博物馆。*Giraudon/Art Resource, NY*

出一种充满生气和明亮的绘画新风格。这种风格叫作"国际哥特式"(International Gothic),它在阿维尼翁形成是法国和意大利画家竞相影响的结果,巴黎成了它的伟大的中心,从这里向外辐射到英格兰、尼德兰、日耳曼,再返回意大利。这种新风格是以精致庄重的哥特式线条为特点的,粗犷漂亮的色彩和一种被强烈突出的装饰细节的豪放。它影响了意大利北部的画家皮萨内罗(Pisanello)和法布里亚诺的真蒂莱(Gentile da Fabriano),在意大利绝大多数人采取锡耶纳(Sciena)画派的风格。有关圣方济各生平的一系列镶嵌画是由锡耶纳派画家萨塞塔(Sassetta,1392—1447)所画,他为这种后期哥特式风格提供了意大利绘画的良好范例。

萨塞塔的这些镶嵌画中有一幅可以在尚蒂伊(Chantilly)的孔戴博物馆(Musée Condé)被发现,此外,这个博物馆还有一件作品,它常被看作是在阿尔卑斯山北部创作的后期哥特式绘画中最优秀的典范:一本众所周知的抄本《贝里公爵祈祷书大全》(Les Tres Riches Heures du Duc de Berry)。它是在15世纪初为法兰西国王的兄弟贝里公爵准备的一本"祈祷书"(Book of Hours),主要是佛兰德斯艺术家波尔·德·兰堡(Pol de Limbourg)绘制的。手抄本中的一部分保留着一份日历,整页都用画表示一年每个月份,共计12月。那些画面充满了生活的欢愉、可爱与对大自然之美所表现出来的喜悦之情。例如代表4月的画面是互相爱慕的求爱者在草地上互相交换戒指,同时身穿飘逸的长裙的妇人正在采摘含苞待放的春天花朵。5月份的画面显示领主和贵妇们在庆祝五朔节(May Day)的游行行列中骑马。在6月的画面中,我们可看到农家姑娘在巴黎郊外的干草田里忙碌,在这画面中,甚至农家姑娘也很标致,她们身着漂亮的长裙。在这些画面中,阳光始终灿烂,天空一片蔚蓝,青草鲜嫩碧绿。在该抄本的另一部分中我们还发现了非常逼真的"死亡之舞"和一幅地狱中诅咒咆哮的阴森森的情景。中世纪后期处处可见这种明显的对照,中世纪不全然是一个老朽的时代,也不是一个无意识的时代。

除了"国际哥特式"建筑风格以外,15世纪初期另有两大绘画学派在尼德兰和佛罗伦萨兴起。在此我们将只提及这两个学派,因为它们的发展哪怕只做一些适当的论述,也会使我们远远超出严格的中世纪范围的限制。扬·凡·艾克(Jan Van Eyck,约1385—1440年)是新北部风格的第一个伟大的画家,他保留了注意细节描写的哥特式技巧,但与透视画法的技巧结合起来运用,获得比他们的前辈更伟大的现实主义效果。在他的画里,我们就像透过打开的窗口望进去,可看到内部深处全部栩栩如生的真实图景。这还不是"世俗的"艺术。事实上,对15世纪的评论家来说,仔细观察充满艾克画风的那些对象均具有象征意义,但是,它们象征世界上完全现实主义的绘画部分被呈现出来。扬·凡·艾克的画是一种最后声明,它强调中世纪确信真正的世界是一种绝妙事物秩序的象征。

佛罗伦萨的绘画更是打破了中世纪的传统,尽管从编年史上说,它的起源深植于中世纪。该学派的每一个伟大的创始人是乔托(Giotto,1266—1337)。他从正规的僧侣之拜占庭风格(而在他那个时代这种风格在意大利是主要的),转向创作生动的新自然主义的绘画。常有人拿乔托对自然的感觉与圣方济各相比较。他也被称做哥特式画家,但这种称呼并不十分有意义。他的作品大多是基于复兴古典的道德价值,尽管它们要受到艺术家本人天才的影响而有所变形。乔托画中的人物形象是立体的、完整的形式,以便给人以深度感。他对于用画表达姿势和戏剧人物造型有极大的天赋,那些特点在他最伟大的作品中十分明显,这些作品是保存在帕多瓦的斯克罗韦尼(Scrovegni)教堂和佛罗伦萨圣塔·克罗切教堂(Santa Croce)中的全套叙事记壁画。乔托的影响在阿西西的长方形教堂所做的关于圣方济各生活情景的著名壁画中可见到。尽管许多专家争论,到底看到的画有多少是大师自己的作品。在14世纪的佛罗伦萨,乔托没有很好的继承人,但在15世纪初期,一位堪与天才相比的杰出人物出现了,他就是马萨乔(Masaccio,约1400—1428),他具有乔托所具有的戏剧表现力,并把它和透视法、明暗对比法、人体解剖术的科学理论更佳地糅合在一起。这两位伟大的艺术家创立了绘画传统,使佛罗伦萨的艺术成为全意大利,而且最终成为全欧洲的典范。就绘画艺术而论,在黑死病后的一个世纪是西方世界全部历史中最富有创造性的时期之一。

该时期在文学上也获得辉煌的成就,它们与第三流的模仿作品一起,仅仅说明了封建叙事诗和传奇故事的旧传统正在日趋衰竭。我们已看到对早期文学超过如此激发作用的封建思想正在对14世纪的现实生活增加不适当的影响。封建的战术不再在战场上获胜,封建的土地租用形式正在废弃,封建的忠诚不再把社会聚合在一起。但是贵族能够理解唯一尊贵的行为方式就是骑士制度。因此骑士制度作为中世纪后期的一种社会返祖现象仍然顽强存在,并且在货币经济出现后,社会已发展到开始长期影响到上层阶级的文学和生活礼仪。最后,大部分中世纪骑士精神中的明智观念如个人的英勇行为、尊重妇女、服务精神等都被融入以后绅士行为的观念中去了。

但是,14—15世纪的贵族似乎企图说服他们自己,通过夸大他们所有的最富想象的方面,骑士的理想仍然存在和有意义。此时,宗谱纹章学发展了它的全部神秘的流派,骑士们的骑马比武变得更像一场演出的芭蕾舞而不是进行模拟演习。骑士等级的建立别无他意,只是为偶尔的节日狂欢中壮观的演出和仪式提供机会。圣殿骑士团是这种整个气氛的象征:它在一种高度基督教英雄主义士气中建立,并于1311年被解散;而根本没有基督教的或英雄目的的嘉德勋位(the Order of the Garter)是在1344年设立的。(一位19世纪的首相说,他喜欢嘉德勋位，因为有"不下地狱"的好处，但是对于 14 世纪来说，感情也可能抓住好处。）这是一个盛行空口许愿的时代，可以设想其中大部分无法实现。例如在 1465 年，勃艮第的腓力公爵举办了一次壮观的宴会以庆祝他许愿成为一个十字军战士，喜庆的场面包括被召集来的众臣发出各种半疯的誓言，最后上述这些都以吹捧和乏味的诗歌记录在册，但是公爵从未参加过十字军远征。

显然，在这样的时代思潮中，旧式的骑士文学不可能无限制地继续繁荣，但令人惊奇的是，它仍然流行了一段时期。一些新的"武功歌"（chansons de geste）产生，而一些旧的形式常常通过延长而得到改造。四位骑士合作写出了《百首叙事诗》（Cent Ballades），它描写谦和而威严的爱情这个永恒主题。克里斯汀·德·皮桑（Cristine de Pisan，1364—1430）是继法兰西的玛丽亚之后中世纪最伟大的女作家，她创作了《真爱公爵之书》（The Book of the Duke of True Lovers）。她遵循一般的习俗，但写到某种程度时就停笔了，而她书中的淑女仍保持着她们的贞操。克里斯汀也指出，妇女到了这种年纪其才智就如同男子一般，如果她们的成就平平，那是因为她们必须留在家里与"忙着家务事"的关系。[1]（勃艮第的好人）腓力公爵被骑士精神的理想吓呆了，其宫廷制作了重新修改过的"武功歌"，写了两部完美的骑士的传记作品。后来在另外两本书中，骑士精神以更夸张的形式趋向完美，这两本书是《拉莱茵的雅克的故事》（The Book of the Deeds of Jacques de Lalaing）和《尚特的儒安》（Le Petit Jehan de Santré）。在这两本书中，12—13 世纪发展起来的骑士精神理想演变到可笑的程度。骑士时代的故事正在变成越来越具幻想的怪异作品。不过，幻想仍能偶然产生杰作，如英格兰人写的《格威尼先生和格林骑士》（Sir Gawayne and the Grene Knight，约 1370）。

一般说来，中世纪后期最令人感兴趣的作品是由一位权威写的，他深思熟虑地从骑士的中世纪传说的习惯思想转向。早在 12 世纪末期，让·默恩（Jean de Meung）在《玫瑰传奇》（Roman de la Rose）中，讽刺了骑士之爱这种思想和其他许多传统观念。一件后期的讽刺作品《十五种婚姻的愉悦》（Fifteen Joys of Marriage），如果说它是逗乐的，那通常也是对妇女的可怕的恶骂。另外一些作品难以分类，如《百篇小说集》（Les Cent Nouvelles）倾向于同样的通常方向。这是一种故事的集合，通常是爱情冒险故事，应该已在好人腓力公爵的宫廷中讲过。它们可以被写成对骑士之爱的反应，也可以被写成一种新的无稽之谈。到 15 世纪，它们确定地清楚地显示，爱可以不必使用中世纪骑士之习俗的方式写成文学。

意大利在 14 世纪产生了三位真正伟大的文学巨匠：但丁、彼特拉克和薄伽丘（Boccaccio）。我们已讨论过但丁。彼特拉克是一个完全不同凡响的天才，他在吟游诗人的传说中长大，他的诗大多数受此影响，但同时，他的作品有一种罕

---

[1]《资料》，no. 97。

见的清新精美的活力。他对古典文学也着迷,他被称为第一位人文主义者。薄伽丘甚至更充分全面地解释了从中世纪到文艺复兴的转变。他也从骑士之爱开始他的探索,但不久就把它抛在一边。他最自豪的一部巨著是《异教神谱》(Genealogy of the Gods),这是一部古典博学的相当有分量的意大利不朽著作。但是他以《十日谈》(Decameron)闻名,这是一部众多类似的短篇故事集,故事来自广泛的不同来源,其中大部分是永远具有娱乐性质的通奸。在大量的故事中,那些被禁止的行为参与者是一些修士或世俗教士。薄伽丘是讲故事的大师,他被尊称为近代短篇故事之父。

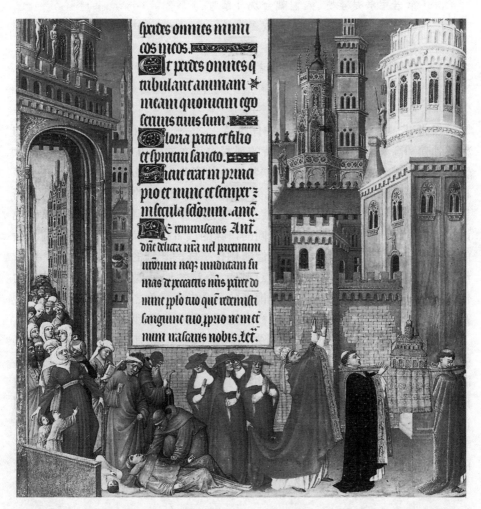

15世纪后期,教皇伟大的格列高利领导一支悲痛哀悼的祈祷队伍。他们正在为一名病死的修士祈祷。选自《贝里公爵祈祷书大全》。藏于尚蒂伊的孔戴博物馆。*Giraudon/Art Resource, NY*

14世纪的英格兰产生了两位伟大的诗人:威廉·朗格兰(Willian Langland,约1332—1440年)和杰弗里·乔叟(Geoffrey Chaucer,约1340—1400年)。朗兰的《农夫皮尔斯》(Piers Plowman)一书,是唯一的一部以他在贫穷的乡村牧师和农民中生活过的立场来写作的中世纪文学大作。他的诗是对英格兰生活一系列的"洞察"之作,充满了对时代弊端特别是对教会弊端的谴责。

> 瞧啊,那儿有个赎罪券兜售者,他貌似神父,正在讲道。
> 他携带主教亲封的教皇密谕,
> 倘若主教是圣贤,人们就会洗耳恭听,
> 那他就不会索赐印章,来欺骗人民。
> 但与主教愿违,您的赎罪券兜售者口是心非,
> 而是为祖父与赎罪券兜售者分享银盘中的圣餐而布道。
> 如果赎罪券兜售者离去,那教区贫民就可以得到它。

杰弗里·乔叟是一位世界性的伟大诗人之一。在他的目的还只比但丁的雄心勃勃和高高地位略逊时,他对诗的观察力和文学技巧方面已和但丁不相上下。乔叟的成名主要得益于他的《坎特伯雷故事集》(Canterbury Tales),在他序幕中所描写的朝圣者,给我们提供了一幅当年令人惊奇的社会生活画面,从高贵的骑士到粗陋的磨坊主人,从优雅的女修道院长到穷苦的教堂神父。该传说讲述了中世纪几乎各种习俗并使不同的口味的读者得到满足,那是一种骑士般的浪漫史和中世纪的爱情。书中有像薄伽丘一样的老练的讽刺,讲的是一些未经琢磨的传说,各种社会团体的弱点、缺点,都清楚地呈现出来。《教区神父的传说》(Parson's Tale)基本上是对忏悔者的一个指南。总之,《坎特伯雷故事集》是中世纪后期文学与产生它的那个社会的所有线索的奇妙结合。[1]

抒情诗的传统在法兰西从未消失。整个14世纪都有抒情诗的传统,但其中没有一首可称为是卓越的。在15世纪,三个诗人,阿朗·沙尔捷(Alen Chartier)、奥尔良公爵查理和弗朗索瓦·维永(François Villon),恢复了法兰西抒情诗的传统。沙尔捷是一个完全继承爱情诗的作者,但更使他出名的是他用爱国诗句激起了法兰西反对他的英格兰敌人的热情。在唤醒法兰西精神方面他所享有的声望可以和圣女贞德(Joan of Arc)相提并论。奥尔良的查理写下了迷人的爱情诗。维永是中世纪最伟大的诗人,他的声名仍然显赫。[2] 他的诗提供了15世纪中期巴黎黑暗生活的生动画面。他是大学中不成功的学者,他总是

---

[1]《资料》,no.109。

[2]《资料》,no.110。

在同一时间里既是贫穷的受害者,又是奢华的爱好者,他沉于肉欲,他是流氓,他是个轻罪犯。但是,他确切地了解自己是什么,在他著名的诗作中,他用一种非常明了和完全不带伤感的语气来刻画他自己和他的世界。他的诗字里行间充满了嘲笑的、不敬的才智,除此之外,也充满某种类型的绝望。维永两次被判死刑,两次被暂缓执行。在他写自己的墓志铭时,他把自己看成一个被吊死的罪犯。我们不知道他的真正结果怎么样,但是他的诗可以在整个文明世界竖起一个碑:

> 在我们身后还活着的父老兄弟们,
> 不要让你们的心声严厉责备我们,
> 如果你们能给予我们可怜的人一些怜悯,
> 那么上帝将会很快怜悯你们。

进一步阅读书目

* 蒂尔尼:《资料》与《读本》,第一册,nos. 91—97,106—110;第二册;nos. 38—39。

有关艺术、文学与经济史的一般性著作已在前几章(参见第八章、第十二章、第十八章)中援引过了,但仍应予以参考。

在普遍的暴动方面请看莫拉特(M. Mollat)与沃尔夫(P. Wolff)的《中古后期的人民革命》(*The Popular Revolutions of the Late Middle Ages*)(伦敦,1972);霍尔金(S. Fourquin)的《中世纪民众暴动的解剖》(*The Anatomy of Popular of the Late Middle Ages*)(纽约,1978);* 多普森(R. B. Dobson)的《1381年的农民暴动》(*The Peasants' Revolt of 1381*)(纽约,1970);* 希尔顿(R. H. Hilton)的《受束缚女性的解放》(*Bondmen Made Free*)(伦敦,1977年);希尔顿和阿什顿(R. H. Hitton and T. Ashton)合著的《1381年英格兰的暴动》(*The English Rising of 1381*)(剑桥,1984年);以及穆列特(M. Mullett)的《中世纪后期和近代欧洲早期的民众文化和民众抗议》(*Popular Culture and Popular Protest in Late Medieval and Early Modern Europe*)(伦敦,1987)。

关于中世纪的商业,参见波斯坦(M. M. Postan)编,《剑桥经济史》(*The Cambridge Economic History*, 2nd ed., Vol.2)(剑桥,1966);多林格(P. Dollinger),《日耳曼汉萨》(*The German Hansa*)(斯坦福,CA,1970);F. C. Lane,《威尼斯:海上的共和国》(*Venice, a Maritime Republic*)(巴尔的摩,MD,1973);德·鲁佛(R. A. De Roover)的《美第奇银行的兴衰》(*The Rise and Fall of The Medici Bank*)(麻省剑桥,1964),以及《中世纪布鲁日的货币、银行与信贷》(*Money, Banking and Credit in Medieval Bruges*)(麻省剑桥,1948);鲍威尔(E. Powell)的《英国史上的羊毛贸易》(*The Wool Trade in English History*)(纽约,1941);* 罗佩兹(R. Lopez)与雷蒙德(I. Raymond)的《地中海世界的中世纪贸易》(*Medieval Trade in the Mediterranean World*)(纽约,1955),附有翻译文献。关于商人阶级,参见克尔(A. B. Kerr)的《雅克·克尔》(*Jacques Coeur*)(纽约,1928);奥里戈(I. Origo)的《普拉托商人》(*The Merchant of Prato*)(纽约,1957);S. 特鲁普的《中世纪伦敦的商人阶级》(*The Merchant Class of Medieval London*)(芝加哥,

1948）。关于中世纪后期的封建制度，参见 B. 莱昂的《从采邑到契约》(*From Fief to Indenture*)（麻省剑桥,1957）是关于制度的发展；关于实行骑士制度方面的,参见卡提利埃里（O. Cartellieri）的《勃艮第宫廷》(*The Court of Burgundy*)（纽约,1929）。以及维尔（M. G. A. Vale），《战争与骑士》(*War and Chivalry:Aristocratic Culture in England,France and Burgundy at the End of the Middle Ages*)（Athens,GA,1981）。*H. 皮朗的《低地国家的早期民主》(*The Early of Democracies in the Low Countries*)（巴黎,1910）一书,涉及城市中的社会冲突；而*科恩（N. Cohn）的《千年盛世王国的寻求》(*The Pursuit of Millennium*)（伦敦,1957）,则考虑到了宗教与社会激进主义之间的关系。莫拉特（M. Mollat）的《中世纪的穷人》(*The Poor in the Middle Ages*)（纽黑文,康涅狄格州,1986）考虑到了对穷人态度的改变,关于妇女的角色请看荷卫尔（M. Howell）的《中世纪末期城市的妇女、生产和父权制》(*Women, Production and Patriarchy in Late Medieval Cities*)（芝加哥,1986）。本内特（J. M. Bennett）,《1300—1600 年英格兰的麦芽酒、啤酒与酿酒者》(*Ale, Beer and Brewsters in England, 1300-1600*)（牛津,1996）；以及本内特编,《中世纪的姊妹与工人》(*Sisters and Workers in the Middle Ages*)（芝加哥,1989）。

*米斯金明（H. A. Miskimin）的《早期文艺复兴时代的欧洲经济,1300—1460 年》(*The Economy of Early Renaissance Europe, 1300-1460*)（恩格尔伍德—克利夫斯,新泽西州,1969）一书,提供了一幅经济史概览。有两部介绍中世纪后期文化的佳作是：*休伊辛格（J. Huizinga）的《中世纪的衰落》(*The Waning of the Middle Ages*)（伦敦,1924）,以及 G. 达比的《新人文主义的创立,1280—1440 年》(*Foundations of a New Humanism, 1280—1440*)（克利夫兰,俄亥俄州,1966）。赫伊津哈著作的最新译本是《中世纪之秋》(*The Autumn of the Middle Ages*)（芝加哥,1996）。关于意大利文艺复兴的一般著作,参见第二十五章。有关本书中叙述的画派,参见*贝伦森（B. Berenson）的《意大利文艺复兴时代的画家》(*Italian Painters of the Renaissance*),修订版（纽约,1957）；*迈斯（M. Meiss）的《乔托与阿西西》(*Giotto and Assisi*)（纽约,1960）,以及*《黑死病后的佛罗伦萨与锡耶纳的绘画》(*Painting in Florence and Siena After the Black Death*)（普林斯顿,新泽西州,1951）；帕诺夫斯基（E. Panofsky）的《早期尼德兰的绘画》(*Early Netherlandish Painting*)（麻省剑桥,1954）；卡斯蒂尔法朗西·维加斯（Castelfranchi Vegas）的《国际哥特艺术在意大利》(*International Gothic Art in Italy*)（莱比锡,1966）。亦见克拉克（J. M. Clark）的《死亡之舞》(*The Dance of Death*)（格拉斯哥,1950）。有关 14 世纪文学的佳作有：威廉斯（E. H. Williams）的《彼得拉克的生平与著作研究》(*Studies in the Life and Works of Petrarch*)（麻省剑桥,1955）；赫顿（E. Hutton）的《乔瓦尼·薄伽丘传》(*Giovanni Boccaccio, a Biographical Study*)（伦敦,1910）；H. S. 本内特（H. S. Bennett）的《乔叟与 15 世纪》(*Chaucer and the Fifteenth Century*)（牛津,1947）；钱尼（E. F. Chaney）的《弗朗索瓦·维永在其环境中》(*Francois Villor in His Environment*)（牛津,1946）。有关彼得拉克的译著,参见*伯金（T. G. Bergin）的《十四行诗选,颂诗与书信》(*Selected Sonnets, Odes and Letters*)（纽约,1966）；关于薄伽丘,参见*艾丁顿（R. Aldington）的《十日谈》(*The Decameron*)（纽约,1938）；关于乔叟与朗兰（Langland）,分见由*科洛希尔（N. Coghill）（哈蒙德斯沃思,1952）与*古德里奇（J. H. Goodrich）（哈姆斯沃思,1959）的叙述。关于维永,则参见*佩恩（J. Payne）（伦敦,1892）与*卡梅伦（N. Cameron）（纽约,1966）的译作。

第八篇

从中世纪到近代欧洲

From Medieval to Modern Europe

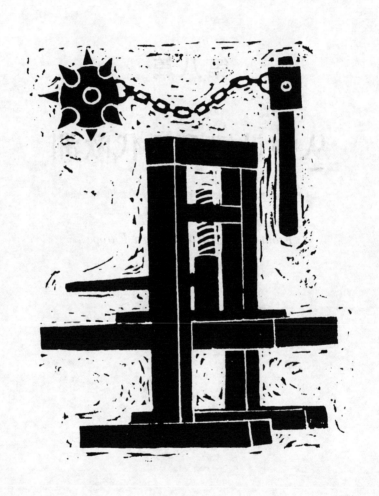

第二十六章　百年战争的结束

15世纪初,中古世界处于一片混乱。英法之间仍在激烈争斗,教会处于分裂状态。在一些主要国家,不同派别的贵族都力图控制政府。但是中世纪生活的许多方面,在艺术、文学、技术、经济领域却充满活力。15世纪是社会进行重新组合的时期,一些难以处理的问题得到了解决,各种秩序逐渐恢复正常,使得文明新发展有了可能。12世纪以来引起纷争的问题——英国国王对法兰西的领土要求,也在百年战争的最后一役中得到了解决。

87. 英格兰攻打法兰西

1413年,英格兰的亨利四世死后,其子亨利五世(Henry Ⅴ,1413—1422)继位。这位新国王是一位很有才能的将领和勇敢的战士,他的名字载入光荣的英雄史册。在战场之外,他便没多少魅力。他渴望权力,甚至曾企图废黜他父亲以便取而代之。他冷酷无情,除自己的利益外,对任何事情都不感兴趣。亨利好战,贪图权力。他认为:如果使英格兰男爵忙于与法兰西作战,他们就无法在国内反叛。因此,他重新开始了一场长期悬而未决的战争,对此,他能很容易地找到借口。那时,他仍然要求法兰西的王位。此外,王国中的两派在彼此争吵中都试图得到他的支持,但勃艮第派和阿马格纳克派都不能满足亨利的欲望。亨利想得到全部阿基坦、安茹、曼恩、图雷纳和诺曼底,外加布列塔尼和佛兰德斯的宗主权。1415年8月,英王带领2000名步兵和6000名射手在诺曼底登陆,然后立即围攻阿夫勒尔(Harfleur)。9月22日,该区沦陷。但一场流行性疾病使英军人数和作战能力遽减。亨利决定回国,但为了显示对敌人的蔑视,他打算取道加来。与此同时,法兰西正在慢慢召集军队,虽然勃艮第公爵拒绝参战,但其兄弟率领许多贵族加入了军队。

亨利取道加来回国的想法是鲁莽的行为。由于疾病的流传和攻打阿夫勒尔的伤亡灾难,使其军队只剩下大约6000人,当时军需品已严重不足,士兵几乎处于饥饿之中。一场大雨使乡村道路变得泥泞不堪。当获悉法军正准备对他发动进攻时,他的人员已是筋疲力尽难以逃离,于是他不得不准备迎战。他摆开阵势,使其侧翼能受到特拉姆库尔(Tramecourt)和阿金库尔(Agincourt)两个村庄的花园和果园之间庇护,亨利惯于将其兵员分为三个师,骑士和枪兵组成一道巩固的阵地,两侧受弓箭手保护。

在普瓦捷,法军接到命令:在战场上,不能使国王与其继承人遭受生命危险。法军司令是王室卫队长——阿尔布雷(Albret)领主,由于他并不是一位很有影响力的贵族,因此很难指挥奥尔良和波旁等王室诸侯。卫队长是位老兵,熟知杜吉斯克林战术。他无法找到攻击英军阵地的突破口,如果法军部署在亨利军队和加来之间进行进攻,亨利就会进行反攻,他的贵族骑士也能发挥作用。法军采用了突袭的方法进行进攻,他们的战术同普瓦捷战斗中采用的战术相同。先用一小批骑兵出击,然后骑士团分成三个师,步行进攻,射手布置在英格兰士兵后面,使其完全不能发挥施展他们的武器。

这种战术在普瓦捷战斗中产生作用,但对阿金库尔战役却毫无作用。首先,盔甲的重量大为增加,为了保护他们免遭飞射武器的伤害,英法骑士都使用了沉重的盾牌,这使得他们难以长距离步行,如果他们跌倒,只能依靠他人的帮助才能站立起来。此外,雨水已使乡村变为沼泽地,正如普瓦捷之战一样,法兰西骑兵的攻击受挫于英格兰的射手,射手的箭虽未能穿破骑士的披甲,但射死了骑士的战马。这样就粉碎了骑兵的进攻,法军只能下马分散进攻,当他们通过泥泞不堪的道路前往英格兰前线时,个个筋疲力尽,无力继续参加战斗。在这种情况下,亨利命令射手放弃弓箭,冲入法军阵地进行肉搏战,由于法兰西骑士已无力使用手中武器,这样,亨利的士兵轻而易举地将他们杀死或俘虏。至法军第三师准备攻击时,亨利所俘虏的人数已与其士兵的人数相等。

随后,正当法军向亨利阵地移动进行最后一仗时,亨利获悉另一支敌军正攻击其后面的营地。实际上,这不过是一支由阿金库尔领主带领的武装农民,他们是想从无防卫的营地中寻找财物。但亨利非常警惕,下令士兵将俘虏全部杀死,但无人执行此命令。因为多数被俘者是大贵族,俘虏这些贵族的射手能从他们那里得到大笔赎金,所以也就无意将他们杀死。最后,亨利命令王室骑兵对被俘者进行大屠杀。当英王得知他的恐惧是毫无根据时,许多法兰西贵族已被杀死。阿金库尔的领主武装并未形成任何威胁,法军第三师也不攻自退。法军在战斗中遭受了严重损失(大约有1500名贵族和3000名步兵死亡)。尽管杀死了许多俘虏,亨利仍关押着1000人,其中包括奥尔良和波旁公爵。英军的损失出奇的少(死亡人数少于100人)。唯一的重大损失是约克公爵爱德华的死亡,他是国王的堂兄,过去一直过着安闲的生活,他受不了炎热的夏天身披沉重的盔甲和打仗的刺激,结果死于中风。

阿金库尔战役消灭了阿马格纳克伯爵的军队,勃艮第公爵再次成为王国的主人,敌军残部由王位继承者查理王太子率领。当王太子和约翰公爵面临英格兰威胁时,他们举行多次会议,寻求和平。在其中一次举行于某座桥梁的会议上,一个前奥尔良派的将领以杀死勃艮第公爵的方式,报复了对奥尔良的路易的谋杀。新上任的公爵——被称为"好人"的腓力公爵立即与亨利五世联合,当时亨利五世正在计划攻陷诺曼底大本营。因为勃艮第公爵对巴黎和国王有着

第二十六章 百年战争的结束 537

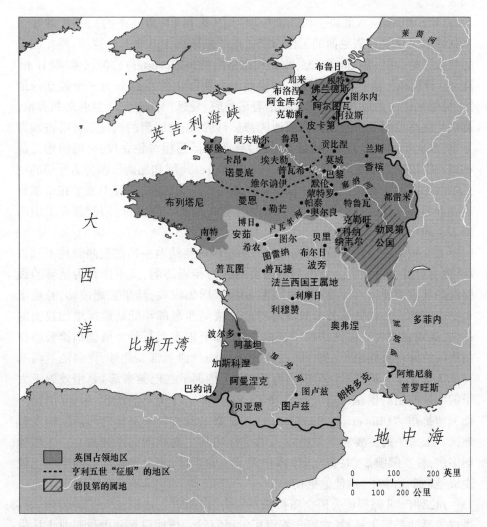

地图 26.1 百年战争（1428 年）
亨利五世及其与勃艮第公爵结成同盟的胜利，使英格兰控制了法兰西的全部北部地区。然而，1428 年他们控制的领土已逐渐地被法兰西收复，至 1450 年，英格兰人仅控制着加来及其附近地区。

控制权，因此，在 1420 年 5 月，腓力与亨利五世签订了《特鲁瓦条约》。该条约声明："由于查理王太子犯有严重罪行，因此剥夺其王位继承权。"事实上，王后也已声明：查理不是查理六世的亲生儿子，他是"假王太子"。亨利五世与法王的女儿——卡特琳（Catherine）结婚，并成为法兰西王位继承人。当他的岳父在世时，亨利控制着诺曼底和阿基坦。勃艮第公爵在自己领地内被授予他要求的所有特权，几乎近于享有完全的主权。

1422 年,查理六世和亨利五世相继死去,根据《特鲁瓦条约》,英王的儿子亨利继承英格兰及法兰西的王位,此时,他才刚刚出生几个月。这样,婴儿国王的叔叔贝德福德(Bedford)公爵约翰和格洛斯特(Gloucester)公爵汉弗莱(Humphrey)分别成为法兰西和英格兰的摄政王。实际上法兰西分为三个独立的地区,贝德福德公爵以其侄子名义统治着诺曼底、曼恩(Maine)、法兰西岛和香槟,英格兰驻军控制了巴黎及其西部地区,充当贝德福德联盟的勃艮第公爵占领着香槟,未成年国王践行了《特鲁瓦条约》授予勃艮第相对独立权,贝德福德公爵不得不将他视为宗主联盟。卢瓦尔河(the Loire)流域和加斯科涅公国外部的卢瓦尔河之南的全部法兰西地区都承认查理王太子为国王,而且王太子在布尔日建立首都,许多法兰西王室的文职人员进驻布尔日。那里,他们控制着王国南部2/3 的地区。

王太子的地位相当稳固,英格兰上层阶级对年幼君主的法兰西领地不感兴趣,也不打算去保护它。贝德福德公爵的兵力相当薄弱,又不能获得足够的钱财维护其占领地区。他曾试图在其控制地区增加税收,结果未能成功,并成了不受欢迎的人。勃艮第公爵只关心自己在法兰西东部和低地地区增加权力的计划,他同意派兵支援贝德福德公爵,但实际上根本无行动。贝德福德公爵控制地区的许多贵族忠于王太子,并跟随他到法兰西南部。此外,许多法兰西军官承认王太子。贝德福德公爵占有的领土(特别是在巴黎东部)是由效忠王太子的统领控制的堡垒,这样,沃库勒尔(Vaucouleurs)堡垒的统领——罗伯特·德·博德里古(Robert de Baudricourt)控制着沿着香槟和洛林之间前缘的乡村地区。王太子的主要弱点是他本人的个性和其主要顾问的私利贪心。查理体弱多病,朴实腼腆。《特鲁瓦条约》伤害了他的感情,尤其是他母亲的声明把他说成是一个私生子,这使他更伤心。

1428 年,贝德福德公爵企图扩张其权力,向南进入法国王太子的领地。其进攻的要冲是奥尔良城,它扼守着卢瓦尔河河谷。当地民兵和少量职业士兵进行着相当装模作样的抵抗。随着时间流逝,看起来越发好像英国军队将夺取这一卢瓦尔河河谷的要津。王太子的支持者们似乎失去了所有勇气和凝聚力。他们只能偶尔劫掠贝德福德的地区,突袭孤立的城堡,但他们没有表现出与英国军队相会于战场的欲望。法国军队遭受的长期接连不断的失败,似乎已经毫无希望地摧毁了他们的信心。

88. 圣女贞德与法兰西的胜利

在这期间,香槟东部边界处的沃库勒尔统领罗伯特·德·博德里古面临一个问题:一位来自多姆雷米(Domremy)村庄的年轻姑娘使他陷入困境。在香槟郡归属于王室领地后的一百年中,多姆雷米一直是王室领地的一部分,嗣后归属奥尔良的路易。路易是一位善良的君主,受到臣民爱戴。村里农民钟爱王太子及其事业,他们不了解英格兰情况,但知道自己有义务参与英军的战争。不久,他们的村庄不断遭到勃艮第人的掠夺,他们渴望路易公爵时代的和平。在多姆雷米住有一位农民姑娘名叫贞德(Joan of Arc),她是纯朴与完全未受过教育的虔诚教徒,但知道许多圣徒的故事,而且知道英格兰和勃艮第人正在欺凌法兰西及其合法的国王,她看到信任的圣徒显现在她面前,并命令她召集军队去解奥尔良的围和帮助王太子在兰斯(Reims)登基。贞德出发前往沃库勒尔,将自己的见到圣徒的显现告诉罗伯特·德·博德里古,并敦促他派她去希农(Chinon)见王太子。罗伯特是个固执、残酷的职业军人,也是一位饱经世故的人。他知道这类事并不新奇,因为那时妇女看到圣显的情况很常见。罗伯特不愿得罪朝廷,因此他不忍心看到一个鲁莽的农村姑娘招致麻烦,拒绝让她会见王太子。但贞德下定了决心,她赢得罗伯特手下一些人的信任。最后,那位统领对他们说,如果他们想做蠢事,那就带她去希农吧。

　　1429年2月23日,贞德和侍卫越过英军和勃艮第人占领的乡村后,到达希农。据说,在她的劝说下,查理看到了希望和鼓起了勇气,也许她肯定了他是合法的国王。但王太子怀疑妇道之辈的见解,他命令神父对贞德审查。牧师发现她是一位天真的姑娘,她坚信自己的天职,因此他们认为她是顺从上帝之旨。随后审查官又用巫术法检查她,并以其结果作为定论。由于女巫们常与魔鬼私通,所以处女不可能是女巫。当贵族女主管证明贞德是处女后,查理确信她不是女巫。他认为贞德不会影响其战斗计划,因此也就没有拒绝她的要求。而且她已赢得了他的几位统领的信任,包括阿朗松公爵——约翰二世。他是王室君主,当时正准备带领军队支援奥尔良,贞德也随他同去。

　　为王太子效劳的统领们是一支混杂的班底,其中包括两位贵族——阿朗松公爵和阿瑟,他是里奇蒙(Richmont)伯爵,法兰西侍卫长以及布列塔尼公爵的兄弟,另外还有些放荡不羁的年轻领主,如享有蓝胡子(Bluebeard)恶名的吉尔·德·雷斯(Gilles de Rais)和奥尔良公爵的私生子迪努瓦(Dunois),其他还包括一些残酷无情的雇佣兵统领,他们贪得无厌,查理付钱给他们,他们就为他效劳,一旦被解雇时,他们为私利而在乡村进行抢劫掠夺。贞德的信念给所有这些统领们留下了印象,她的信念也鼓舞了士兵,使士兵们认识到法兰西人能够打败英格兰人,贞德的奇迹在于恢复了人们的信念。奥尔良驻军开始出击,破坏英格兰的工事,驱赶了围攻军队。同样,在其他地区,英格兰围攻公爵领地的军队也遭到了打击,前来援救的英军在阵地战中被击败。短短的几个星期,卢瓦尔河流域的敌人逃之夭夭,贝德福德公爵的军需来源暂告中断。

　　奥尔良解围后,贞德实现了一个按照她的意思所提出的目标,接下来,她想实现埋藏在她心中的目标,即在兰斯为王太子加冕的愿望。当时,我们称为民族感情到处存在着。即一种法兰西人民所信仰的东西,在法兰西人的心目中仍将法兰西认作为法王统治的土地。因此,直到王太子加冕成为国王后,法兰西才成为名副其实的法兰西。在国王的首席基督教顾问——兰斯大主教的帮助下,贞德催促王太子立即出征大主教教堂所在地。6月下旬,查理率领12000人踏上征途,这支跨越敌方领土的冒险的远征队伍看上去令人提心吊胆地穿过危险之域,实际上却是浩浩荡荡的大军。贝德福德公爵慌忙聚集力量保卫巴黎和诺曼底,然而勃艮第人民并未采取积极的行动,当查理到达那里时,许多城门为他打开。7月16日,他占领了兰斯,翌日,在大教堂中正式加冕称王。虽然王冠和权杖仍掌握在英格兰手里,而且没有法兰西世俗贵族出席。但是,加冕国王的圣油才是加冕典礼的本质,这样王太子查理真正成了法兰西国王,被称为查理七世(Charles Ⅶ,1422—1461年在位)。

贞德并不因为胜利而降低战斗热情。她带领法军直抵巴黎城下,但英军防守严密。在城市周围筑起了辅助堡垒,同时,国王和朝廷官员不再关心贞德军队。在卢瓦尔河流域的战役,进军兰斯和其他几次出征消耗了大量国库金钱。朝臣们喜欢将金钱用在享乐上,而不愿用于战争上。一旦查理成了国王,外交手段看来战争更为合适。那时,如果法王能夺回布列塔尼和勃艮第,英格兰将会彻底失败。但是,法兰西的统领们已无继续进行战争的热情。对于他们来说,战争是一种交易,从中进行掠夺是有利可图的勾当。有时,他们偶尔不得不参加无利可图的战争,但这不是他们的愿望。法兰西开始停止出征。更严重的是勃艮第公爵正在召集军队,开始反击,企图夺回巴黎北部的大本营,这些地区由查理雇佣的统领控制着。腓力手下的一位卢森堡统领——约翰攻打贡比涅(Compiègne)。贞德再次投入战斗,她率少数部队匆忙赶到那里增援。几天后,带领一支部队袭击围攻部队。虽然勃艮第军队遭到突然袭击,但他们很快稳住了阵势和迎战贞德部队,贞德败退到城下,但拒绝认输,继续带领一小批追随者进行作战,然而,镇指挥官害怕勃艮第部队蜂拥而入,因此下令关闭城门,于是贞德及其追随者被俘。

自然,英格兰和勃艮第都将贞德看成引起他们最近麻烦的根源,她振作了法军的士气,原来的法军只能防守几座小堡垒和进行掠夺。她的热情打败了贝德福德公爵手下几位最强的军官,夺回了近半个法兰西领土。由于现代历史学家不信神,他们很难解释贞德所从事的事业和说明一个普通农民对王国所作的贡献。对于普通人来说,贞德的成功是超自然的,人们站在不同立场上,既可认为这种超自然力来自于上帝,也可以认为它来自于魔鬼。巴黎大学的博学者们同情勃艮第公爵,因此要求将贞德作为女巫交给宗教裁判所,这可能代表着大部分英格兰人和勃艮第人的观点。无论贝德福德公爵将贞德认作是女巫还是讨厌之人,这都不足为奇。他从卢森堡的约翰那里买了她,将她关押在安全的鲁昂的堡垒中,安排博韦主教——彼得·科雄(Peter Cauchon)对她进行审讯。

根据当时的法律,就非宗教的诉讼程序而言,这种审讯是极其公正的,教会有权决定一个人是看到了真正的圣徒显现,还是仅仅魔鬼带来的幻象。但科雄是带有政治色彩的主教,听从贝德福德公爵支配。公爵强迫他将贞德送上火刑柱。显然,对贞德的这种审判既不公正又不合法。她的罪是预先决定的。即使英格兰掌权的朝廷也不可能站在公正的立场上去考虑贞德否认英王为合法法王的观点是否来自神灵。[1]

幸运的是在许多历史书的篇幅中,查理的胆怯掩盖了贝德福德公爵的残忍。尽管查理得到贞德许多帮助,但他未做任何能拯救她的事。有好几次机会,他能够来救出她。卢森堡的约翰是一位讲义气的战士,他宁愿将她卖给她的朋友,但无人肯出钱。查理关押着几位英格兰贵族,他能以他们交换贞德。武力营救虽行不通,但查理能通过攻击英军薄弱点,迫使贝德福德公爵释放她以换取停战。几年以后,查理认为自己依靠一个被判死刑的异端分子登上王位并不光荣时,才为贞德做了一些事。不久,基督教庭改变了1429年的判决。但直到20世纪,贞德才被正式宣布为圣女。

贞德死后,战争仍以贞德出现前的形式继续着。查理缺少兵力和财源而无法采取果断的军事行动,贝德福德公爵则只能保全自己,抵抗法军的小规模行动。不久,查理与勃艮第讲和,腓力公爵却牢记着杀害其父的凶手,因此不愿意高贵的骑士兵掉转枪口即反对其英格兰的联盟,但他的这种热情几年后就日趋淡化。查理和腓力经过长时间的会谈后,勃艮第公爵同意开会讨论议和条件,但他坚持参加会议的人应包括其英格兰盟国。

1435年8月,三方在阿拉斯镇(Arras)开会。不久,大家清楚地认识到与英格兰议和是不可能的。贝德福德公爵坚持:应该立亨利六世为法兰西国王,查理只能作为其附庸拥有土地。9月1日,英格兰退出了会议。随后,腓力公爵心平气和地与查理进行谈判,至9月20日,他们签署了《阿拉斯条约》。腓力承认查理是法兰西国王,作为回报,他得到了与勃艮第交界的两个郡——马孔(Macon)和欧塞尔(Auxerre)以及与佛兰德斯接壤的两个郡。当查理在世时,腓力不可能对法兰西王室霸占他的采邑表示真正臣服。查理还对约翰公爵被杀害一事表示公开道歉。

与勃艮第和解使查理七世获得了最后胜利。绝大部分法兰西人都支持他成为法兰西国王。1439年,由三级会议批准的重要财政法令保证了与英军继续作战的资金来源。此外,《阿拉斯条约》签订后不久,法兰西国王的劲敌——贝

---

[1] 《资料》,no.102。

德福德去世了,虽然此后统治法兰西的那些人为亨利六世继续控制法兰西 15 年,但事情已变得十分明显,他们的事业是毫无希望的。英格兰驻守的城镇与堡垒一个接一个向查理的统领投降,北部最后一次战役发生在 1450 年,战场位于诺曼底的福尔米尼(Formigny)。一支小股英军被派遣去营救被围困的驻军,他们与里奇蒙侍卫长率领的法兰西部队相遇。这场战役具有新特点。英军首先占领了山上有利地形,但里奇蒙没有立即进攻,而是用大炮轰击英军阵地,直到其阵形被打乱后他才进攻,并轻而易举地把他们一一打败。两年后,在波尔多附近,施鲁斯伯里(Shrewsbury)伯爵的惨败结束了英格兰对加斯科涅的统治。这时,留在亨利六世手中的法兰西王国的领地仅剩下加来及其近邻地区。虽然,乔治三世之前的所有英格兰国王继续享有法兰西国王的头衔,但这仅仅是徒有虚名。

89. 中世纪后期的作战方式

1452 年,波尔多最后的投降结束了百年战争。在结束本章之前,我们有必要简单回顾一下标志着中世纪后期军事制度重大变化的特征。其中令人最感兴趣变化之一是火药枪的广泛使用。早在 1324 年,欧洲出现了大炮,爱德华三世拥有很多大炮,有些史学家认为他在克勒西之役已使用大炮,这并不可信。但在围攻加来时,肯定他使用大炮。也就是从那时起,大炮成了西欧国家军事装备的一个正规的组成部分。然而,早期的大炮威力并不大,石头和金属炮弹的量很轻,很难击破城墙。由于移动大炮很困难,所以在战场中毫无作用。只有在防守隘口时,它才能有效阻止敌方的进攻。大炮的轰鸣声能使人们惊慌失措,但我们几乎不能找到任何资料,证明 14 世纪的大炮具有很大的杀伤力。指挥官在围攻城堡时通常发现用大炮的火药做成炸药包会有更好的效果。而小型枪炮的作用并不大,它们被安装在车上。一辆车能装二至三支炮筒,甚至更多。它们的用途是杀伤敌方的人员,但装弹和发炮时间很长,因此在战场中并不实用。

15 世纪,在进攻和防卫城堡时,大炮起了重要的作用,并出现了一些能熟练运用这种武器的炮手。虽然,那时的大炮还不能摧毁城堡的砖墙,但它们能轰破城门。使进攻部队冲入城堡。15 世纪初期,通常将数门大炮排成半圆形,然后同时轰向城门,直到城门被轰破为止,当大炮能用作为进攻武器后,城堡主人认为有必要用大炮加强防守,但这也产生了问题,大炮的反冲会震碎安装大炮的城墙,通常解决的方法是将外墙高度减低到原高度的 1/3,再增加其厚度,使其能承受大炮的冲击力。除了在特殊的环境外,大炮在战场中的作用仍很小。当部队防守时,大炮难以防守正前方的阵地。因为移动大炮很困难。有时,大炮可用来攻打进入防守阵地的军队,福尔米尼战役就是这种情形。但处于自由移动中的军队能容易地避开敌方的炮火。

15世纪,小火枪也应用得很广泛。小火枪更普通的应用,是从要塞城墙上向实施包围的军队射击。有文献提及由单个士兵携带的非常小的小火枪——16世纪毛瑟枪的祖先。然而,作为一种射击武器,它们在效率上能否与弩以及长弓相抗衡,这似乎是有疑问的。它们点火慢,而且极不准确。尽管这些最早的火枪有这些缺点,但它们在中世纪末的推广仍然标志着"军事革命"——它改变了随后诸世纪的战争艺术——的开始。随着枪的准确度的改进提高,发明了新战术来更为有效地使用它们。1490年,威尼斯共和国开始以枪手代替其弓弩手。英国人则继续依赖长弓直到16世纪50年代,然而他们也转向了火枪。

经常有人认为,火枪的发展使士兵放弃了盔甲。但实际上,两者之间并无多大联系,在14世纪,十字弓和长弓的效力增大使得骑士不得不增加其盔甲的厚度和强度。在阿金库尔战役中,一名全副武装骑士要披戴沉重的盔甲,马匹也要同样的装备,结果骑兵下马后寸步难行,上马后不得不承受沉重的负担前进。总之,这种骑兵只能在理想的进攻条件下发挥其作用。至14世纪末,许多部队都开始使用轻盔甲增加机动性。军官们仍披沉重盔甲。即使在过去披沉重盔甲的骑兵团中,普通士兵也开始减轻盔甲的重量。

15世纪的战术有了相当有趣的发展,勃艮第公爵腓力的儿子及继承人——鲁莽的查理是位野心勃勃的君主,他想在法德之间建立一个独立国家(重建洛泰尔[Lothair]古国)[1],这需要先征服洛林(Lorraine)和瑞士,洛林位于他所控制的地区,它处于低地国家和勃艮第之间。而瑞士的隘口能通向意大利。这样,他与瑞士发生了一系列战争。瑞士人与北威尔士人及高地苏格兰人一样,善于使用长矛进行陆地大规模作战。但他们还使用一些其他中世纪人未曾使用的作战方式,如保持紧密队形前进。威尔士人和高地人在防守时,能击退负重骑兵团,但前进时,队形松散,这使骑兵有机会冲入,瑞士人训练有素,前进和进攻时,都保持紧密队形。当查理公爵带领骑兵来到瑞士的峡谷时,瑞士人排成紧密队形,用长矛攻击骑兵,最后彻底击败了他们,在1490年至1510年之间,瑞士的长矛兵负有盛名,许多交战国都雇佣他们。

自从罗马帝国崩溃后,查理七世在位时建立了西欧第一支正规军。由于百年战争接近尾声,许多退役军人成了法兰西的累赘。法兰西政府采取了各种措施,试图摆脱他们。有几次,这些退役军人受雇于日耳曼君主,他们到遥远的地方参加新的战斗,但他们想念法兰西,因此大多常常跑回法兰西。查理抱有这样的想法,吸收其中一些军士作为永久的基础为他服役,而且用他们来为他作战,并镇压其他的军士。1445年5月26日的条令中,国王正式宣布建立15个

---

[1] 参见第582—583页(边码)。

连队,每个连队由 100 名枪骑兵组成。15 世纪,一个枪骑兵包括一名武装骑兵和一名扈从。但在查理组成的新连队中,一组枪骑兵包括一名武装骑兵,一名持刀扈从,二名射手,一名勤务员和一名见习骑士。持刀扈从的作用是帮助骑兵杀死或捕获敌人。勤务员和见习骑士属非作战人员,他们照顾武装成员。所有上述人员都会骑马,使他们能够同时前进。这样,查理组成了一支拥有 6000 人的常规军。每个连队都有大贵族指挥,并以其名字命名。他们是古代军团的先驱,也是以后法军编制的核心。

为了招募能使用射击武器的步兵,查理组织了一支民兵团体,其成员被称为"自由"射手。王室领地的每个教区都向这支部队提供人员,但这些人员必须经过国王代理人的筛选。国王为他们提供装备,并发给他们为数不多的军饷,免去他们许多税,作为回报,他们则定期受训。但不习惯使用武器的农民不赞成这种做法,因此很少人真正成为"自由"射手。据说,查理曾有 8000 名"自由"射手,他的儿子——路易十一世有 16000 名"自由"射手。但这些射手的操练并未提高军队的素质。因为,采取免税措施后,许多年老和有影响的村民也报名参加。当"自由"射手团组成时,许多成员都是年迈体弱的穷人。当然,这种民兵部队从未成为法兰西军队体制的重要组成部分。

我们已描述了其他一些变化,这些变化对军事领域外也都会有一定影响。20 世纪前,骑兵在战争中一直是很重要的。14 世纪,披沉重盔甲的骑兵已消失。中世纪的封建体制原本是为了支持这些骑士。围攻战中大炮的应用,训练有素的步兵的部署,正规军的建立,所有这些变化影响着政府的管理手段和军事手段的发展,那些能有效利用新技术手段的统治者能够扩大其权力。

进一步阅读书目

*蒂尔尼:《资料》与《读本》,第一册,nos. 22。

除了上引第二十二章的著作外,亦见 * E. F. 雅各布的《亨利五世与法兰西的入侵》(Henry V and Invasion of France)(伦敦,1947);C. Allmand,《亨利五世》(Henry V)(伦敦,1992);维尔(M. G. A. Vale),《亨利七世》(Charles VII)(伦敦,1974);刘易斯(P. S. Lewis),《法兰西在 15 世纪的恢复》(The Recovery of France in the Fifteenth Century)(纽约,1972);伯恩(A. H. Burne);《阿金库尔战役》(The Agincourt War)(伦敦,1955)。在大批论述圣女贞德的优秀著作中有洛厄尔(F. Lowell)的《圣女贞德》(Joan of Arc)(波士顿,1897);兰(A. Lang)的《法兰西少女》(The Maid of France),第三版(伦敦,1938);法布里(L. Fabre)的《圣女贞德》(Joan of Arc)(纽约,1954);斯托普(S. Stolpe)的《奥尔良少女》(The Maid of Orleans)(伦敦,1956);此外,文学评论有莱特博迪(C. W. Lightbody)的《审判贞德》(The Judgements of Joan)(剑桥,马萨诸塞州,1961)。沃纳(M. Warner)的《圣女贞德:女英雄主义的形象》(Joan of Arc, The Image of Female Heroism)(纽约,1981),提供了一幅新的景象。然而,介绍贞德最

好的书是她的审讯记录《审问圣女贞德》(Trial of Jeane d'Arc),由巴雷特(W. P. Barrett)翻译(伦敦,1931)。其他富有价值的原始资料则收录于佩诺特(R. Pernoud)的《圣女贞德的复审》(The Retrial of Joan of Arc)(纽约,1955)一书中。

论述中世纪战争的入门佳作是胡珀与贝内特(N. Hooper and N. Bennett),《剑桥军事地图集(中世纪)》(The Cambridge Illustrated Atlas of Warfare: The Middle Ages)(剑桥,1996)。标准著作是﹡奥曼(C. W. C. Oman)的《中世纪的战争方法》(The Art of War in the Middle Ages),修订本(绮色佳,纽约,1953)。亦见﹡P. Contamine,《中世纪的战争》(War in the Middle Ages)(牛津,1984);普莱斯维奇(M. Prestwich),《中世纪的军队与战争》(Armies and Warfare in the Middle Ages)(纽黑文,CT,1996)。其他重要的研究著作是比勒(J. Beeler)的《1066—1198年的英格兰战争》(Warfare in England, 1066-1198)(绮色佳,纽约,1966);休伊特(H. J. Hewitt)的《爱德华三世治下的战争组织》(The Organization of War Under Edward III)(曼彻斯特,1966);布鲁克斯(F. W. Brooks)的《英格兰的海军:1199—1272年》(The English Naval Forces, 1199-1272)(伦敦,1962);布朗(R. A. Brown)编,《城堡:历史与向导》(Castles: A History and Guide)(Poole, England, 1980);﹡布拉伯里(J. Bradbury),《中世纪的围城》(The Medieval Siege)(Woodbridge, CT, 1992),和《中世纪弓箭手》(The Medieval Archer)(Woodbridge, CT, 1985);海兰德(A. Hyland),《中世纪战马:从拜占庭到十字军》(The Medieval Warhorse: From Byzantium to the Crusades)(Dover, NH, 1994);库里和休斯(A. Curry and M. Hughes),《百年战争中的武器、军队与防御工事》(Arms, Armies and Fortifications in the Hundred Years War)(罗切斯特,NY,1994);和﹡普莱尔(J. H. Pryor),《地理、技术和战争》(Geography, Technology and War: Studies in the Maritime History of the Mediterranean, 649-1571)(剑桥,1988)。派克(G. Parker)的﹡《军事革命》(The Miltary Revolution)(剑桥,1988)一书讨论中古战争方法的转变。

第二十七章 大分裂的结束

我们已看到,比萨大公会议选出亚历山大五世(Alexander V)为统一的教皇,此举企图结束教会大分裂。[1] 但这次会议只是产生了三位教皇取代两位教皇。为此在1414年召开新的大会——康斯坦茨大公会议(the Council of Constance)。其领导人决心结束分裂和革除教会的主要弊端,这次大公会议的成败影响着宗教改革之前的最后一世纪的中世纪天主教教会的历史。

90. 大公会议派、威克里夫与胡斯

最初,似乎比萨教皇们会赢得整个欧洲的支持,英格兰、法兰西和日耳曼的统治者都支持他们;但不幸的是其中第二位教皇是位声名狼藉的恶棍,自称约翰二十三世(John XXIII,1410—1415年在位)。他是一位职业军人,经由在教皇国担任市政长官表现出其管理效率而成为枢机主教。枢机主教团选他为教皇是希望他能占领罗马与平息意大利中部地区,但他并未成功地执行这些军事任务。1413年,当选为皇帝的西吉斯蒙(Sigismund)坚持召开新的宗教大会,试图最终解决教会分裂的问题。(西吉斯蒙在1410年被选为罗马人国王,但那时他还没有正式加冕称帝。)约翰二十三世勉强地召开了大会,1414年底,这次大公会议在康斯坦茨召开。

这时,教会面临的问题不仅仅是结束教会分裂,整个欧洲大学的知识分子敦促改革教会立法结构,以防止今后教会受到任何类似的攻击。改革的倡导者决心消除教会的不良风气,并进行教会的道德重整。最后,他们急于消灭新出现的异端思想,它是由威克里夫(John Wyclif)传播到英格兰,由约翰·胡斯(John Huss)扩展到波希米亚,这种异端思想似乎对当时作为一种修会组织结构的教会生存造成极大威胁。

那些支配康斯坦茨大公会议思想的改革家们,可以称之为温和的立宪主义者。他们赞成有限的君主政体并把它作为教会政府的理想模式。他们想再次统一教会使它处在单一的教皇领导之下,但又想通过经常召开代表大会来限制教皇的权力。这个大公会议运动的主要理论家来自几个不同的国家,其中包括法兰西的皮埃尔·达伊(Piere d' Ailly,1350—1420)和让·热尔松(Jean Gerson,1363—1429),他们二人都是巴黎大学的神学博士,还有意大利的法学家扎巴雷

---

[1] 参见第531页(边码)。

拉(Zabarella, 1360—1417)和日耳曼人全智全能的尼姆(Dietrich of Niem, 1338—1418)。这些人都积极参加这次大公会议的工作,自然,他们各自的侧重点有所不同,皮埃尔是位政治理论家,受到奥卡姆作品的影响。热尔松主要对道德革新感兴趣,他愿意支持能够实现这种改革的教会政府的任何体制。扎巴雷拉是一位杰出的教会法规学家,他能将大公会议主义与建立在旧教令经文之上的宪法结构相一致。全智全能的尼姆是罗马教廷大法庭中的一位高级官员,主要对根除宗教法庭的种种弊端发生兴趣。

他们具有共同的基本思想是,整个教会要比其中任何个人都重要,即使教皇也不能例外。基督已承诺:他将永远与教会同在。此外,在当时能清楚地看到:神永远的引导,这一承诺并不适用于罗马教廷。大公会议派由此得出结论:最高的基督教会权力属于所有基督社团或属于代表这种社团的大公会议,他们承认罗马教廷的官职由基督设立,但这种神职是服务于教会的,并且任何一个教皇都能评定神职人员是否称职,枢机主教扎巴雷拉这样写道:"只要教皇统治得法",他便是教会中最高的官员。如果教皇统治不得法,教会团体或通过大公会议可纠正他的错误或采取最后手段把他废黜。

这些思想绝不是新的,15世纪的新事物是试图做出各种努力,把这种新思想付诸实践。大公会议派的理论部分来自12世纪教会法学家的宪法,另外一部分来自14世纪的保皇派作家(如巴黎的约翰)。当时,帕多瓦的马西里乌斯和奥卡姆也是很有影响的人物,因为他们传播和普及自己的著作。他们的著作中批评了罗马教皇的专制主义。[1] 但到了15世纪,大公会议派避免使他们自己具有更多的带有个人的和马西里乌斯以及奥卡姆的许多激进观点,如马西里乌斯否认罗马教廷的神起源学说,奥卡姆怀疑宗教大会能否完全代表教会的能力。

区别大公会议派与当时的改革家——威克里夫和胡斯的思想是很重要的。康斯坦茨大公会议的高级教士们憎恨威克里夫,将胡斯杀死。这些大公会议派基本上是中世纪的天主教徒,他们打算保留中世纪教会的整个结构。威克里夫和胡斯的立场与16世纪新教的立场相近。他们对当时存在的所有基督教会组织的合法性提出质问。

约翰·威克里夫(John Wyclif,约1330—1384)是牛津大学的一位神学家,最先在1375年左右攻击教会的富裕和奢侈及主张教会的财产要由世俗权力机构支配而出名。这时,以兰开斯特公爵根特的约翰为首的一批贵族们正觊觎教会的财产,他们想在基督教会中寻找支持者,威克里夫在余生中幸运地得到强大的兰开斯特公爵的保护。他的教会理论出自于"主权"学说,最早是在他写的

---

[1] 参见第327—328、486—489页(边码)。

论述教会财产的著作中发展而来,威克里夫指出:真正的主权只属于上帝,人们在世上充当上帝的代理人。这虽然是老生常谈,但威克里夫继续论述:只有成为上帝朋友的人才能够合法地行使任何形式的主权。因此一个犯罪的人不能合法地拥有财产或行使司法权。一位犯罪的神父没有权力主持圣事,一位犯罪的主教不具有主教的司法权。这些观点与宿命论信仰有关。威克里夫认为非上帝意愿所发生的任何事是不可想象的,因此他认为:造物主决定一个人应该得到拯救还是应该被毁灭,教皇或许属于后者中的一个。[1]

威克里夫的神学理论大部分来自于圣奥古斯丁的著作。正像在他以后的路德和加尔文(Calvin)一样,他强调上帝意志的绝对支配权,这是他的主要思想,然而威克里夫关于有罪的教士丧失主持圣事权力的学说无意中使多纳图教派(Donatist)的思想重新抬头。奥古斯丁曾与这种思想作过艰苦的斗争。[2] 而且他的这种学说使得整个教会圣事体制处于混乱状态。因为一个人绝不可能知道他的教士或主教是否为犯罪者。因此,威克里夫认为不管圣事是有用还是有害的,拯救并不需要这些圣事,教会和它的仪式在宿命论学说中毫无地位,威克里夫尤其攻击圣餐仪式,他主张面包和酒永远是物质,即在教士主持的仪式后,面包和酒仍维持原状。基督是以精神存在,不是以物质存在。

威克里夫还主张,应该在《圣经》中而不是在教会教义中寻找基督的生活方式。因此,每一个人都需要学习《圣经》,在威克里夫的指导下,他的一些追随者出版了两种英译本《圣经》,它在教会改革中产生重要作用。总之,以正统神职人员观点衡量,威克里夫是一位极端危险的异端分子,他的政治言论使教会财产和收入面临危险,他的神学观点冲破了教会的精神权威。神父仅仅是方便于拯救,但不是必需的。1377年格列高利十一世谴责威克里夫的学说,1382年坎特伯雷大主教领导的英格兰大公会议再次谴责他的学说,但由于根特的约翰保护,使他能够过着平安的生活。

甚至在威克里夫去世之前,他的追随者已开始在英格兰乡村宣传其学说,其中一些人是牛津大学的学者,但其中大多数是贫穷神父。嗣后,平信徒开始游历四处,在全国传播威克里夫的教义,威克里夫追随者被称为罗拉德派(Lollards),也许这名字来源于一个籍籍无名的日耳曼异端教派。这些在乡村到处流浪的传教士违反了基督教的法律,因为他们传播了被指责的观点,未经批准就进行传播,但在查理二世统治时期,教会只能逮捕和监禁他们,这些传教士们会暂时放弃其信念,但很快又会继续传教。当亨利四世登上王位时,教会通过了一个称为《火烧异端法》(De Haeretico Comburendo)的新法规,法规中规定:传

---

[1]《资料》,no.86。

[2] 参见第51页(边码)。

播罗拉德派思想的任何人将被送到法庭审讯,如果判定有罪,那么他将被世俗权力机构烧死,对于亨利四世来说,这一法规或多或少是一种正式法律手续。虽然一些罗拉德派要被处死,但这项法规并没有认真执行。然而亨利五世残酷无情地迫害这些异教徒,在他统治末期,公开的罗拉德派几乎销声匿迹,只有在一些乡村地区,在教会改革前,他们仍秘密地进行活动。

虽然威克里夫的追随者在英格兰并无很大影响,而且很快就被镇压下去,但他们思想传播很广,影响到遥远的地方。从1378年到1419年,查理四世大帝的长子温塞斯拉斯统治波希米亚,他的妹妹安妮(Anne)是英格兰国王查理二世的第一个妻子。许多波希米亚人跟随安妮来到英格兰,有些人是在大学中研究的学者。不久,其中有些人知道了威克里夫的教义,早在1380年,波希米亚学者布拉格的哲罗姆(Jerome)在英格兰将威克里夫的神学作品融入政治著作中。哲罗姆是威克里夫思想的热情支持者,他不久在其他波希米亚学者中找到了知音。

波希米亚的皇帝兼国王——查理四世主要献身于波希米亚王国的利益,并希望波希米亚能成为帝国的主要国家。1347年他创立布拉格大学,不久成为著名的国际学术中心,其机构由4个传统国家组成。虽然它是波希米亚唯一的大学,但它主要由外国学者所控制,捷克仅仅是4个国家中的一个。哲罗姆发现布拉格大学的捷克学者们是威克里夫思想最热情的支持者。到了1430年,神父们惊奇地发现,这种新理论已经迅速传遍各地。主教团从威克里夫著作中选出45篇交给布拉格大学征求神学上的意见,经过激烈争论,大部分人谴责这些鼓动宗教分裂的文章,但也有一部分人反对这种意见,约翰·胡斯先生便是其中之一。

约翰·胡斯(John Hus,1370—1415)是位热心的宗教改革家。一些热衷于宗教改革之士将布拉格伯利恒教堂捐献给教会作为宣教的中心。1402年,胡斯被任命为该教堂的神父并极受众人的欢迎。1403年,胡斯成了捷克教士派中的一员,他们反对批判威克里夫的著作。虽然在他的早期生涯中,胡斯曾清楚地表示同情威克里夫的教义并在一定程度上接受了他的某些观点,然而到了1411年胡斯公开否定曾相信威克里夫教义中的主要观点。胡斯是一位神父和宗教改革家而不是神学家或者学者,他选用所需要的威克里夫观点,对其他则不屑一顾。他当然同意威克里夫有关指责高级教士们财富与世俗的观点,以及将《圣经》作为寻找基督教真理主要指南的主张,他可能不完全接受威克里夫有关教士以及圣礼的理论。胡斯的信徒们极为重视宗教生活中的圣餐礼仪,把它视为宗教生活的核心。他们的一个主要改革是要求平信徒与教士同样可用圣杯领圣餐。

捷克人对布拉格大学由外国人管理早就怒火满腔了,现在因对威克里夫观点的转变使人更为尖锐了。对于多数捷克教士来说,他们根本不接受威克里夫的教义甚至禁止学生阅读他的著作,但他们也无意采取行动反对那些接受威克里夫观点的人,尤其像胡斯那样只片面采用其部分观点的人。坚决压制异端思潮的人是大学中的日耳曼学者。

1412 年,胡斯生涯中的危机时刻降临了。声名狼藉的约翰二十三世与那不勒斯国王相争并宣称要讨伐该国。约翰许诺参加征召者或为此捐款者将得到好处,这种为迎合教皇的目的,而换取好处的做法引起了所有改革者们的强烈不满。胡斯一向反对这种恩惠,对这一次尤为反感。布拉格大学再次兴起批判威克里夫的著作,特别是胡斯曾引用过的有关反对恩惠的那些观点。于是教皇开除了胡斯的教籍并下令废除伯利恒教堂,而温塞斯拉斯皇帝将胡斯的朋友和支持者们赶出了布拉格大学,胡斯也离开布拉格来到波希米亚乡下。在那里他继续传教,把重点转向乡间的农夫们。当胡斯听到要在康斯坦茨召开大公会议时,他公开声称要出席大会来捍卫他所宣讲的神学。皇帝西吉斯蒙许诺保证胡斯的安全,胡斯于 1414 年 10 月离开布拉格前往康斯坦茨。

91. 康斯坦茨大公会议

康斯坦茨大公会议是一次盛大的聚会,各大国都派了代表,共有 29 名枢机主教,近 200 名主教,100 名修道院长,300 多名研究神学和教会法学博士参加,教皇约翰二十三世在大会开幕时参加了会议,还有在此次大会中产生重要作用的皇帝西吉斯蒙。

这次大会要解决三个问题:结束教会分裂、根除异教、改革教会。教皇约翰号召参加会议的教士们对他的前任教皇进行谴责并支持自己。由于出席大会的大部分代表来自意大利,约翰可从他们那儿得到支持。在人数上处于优势的意大利代表便采取中立态度,而来自欧洲北方的代表团坚持要按中世纪的方法将大会代表分成几个"国家",每个国家可投一张票。会议一开始被分成了四个国家,他们是意大利、法兰西、英格兰和日耳曼,西班牙于 1416 年参加大会时成了第五个国家。

1415 年初,欧洲北方国家的代表们决心调查教皇约翰二十三世的资格以及他的反对派们的意见。起初约翰答应辞职,但却于 3 月 20 日私自离开大会并收回诺言,企图使会议因合法主席的缺席而终止。经过几天的混乱,在两位枢机主教达伊和扎巴雷拉的支持下,西吉斯蒙重新召集大会代表于 3 月 26 日举行大会。会议声明,不管教皇是否参加,代表们将继续举行大会和进行教会改革。这时大会需要颁布一份法令确定该次会议的权力实质,经过 10 天混乱的辩论,大会于 4 月 16 日通过如下法令,它通常被称为《神圣法令》(*Haec Sareta* or Sacrosancta）：

> 神圣的康斯坦茨大会宣布，本大会以神的名义，合法代表天主教会在此举行。它直接传达上帝的旨意：包括教皇的任何人，不分阶层、背景或地位，都必须忠诚地服从大会的决议，结束教会分裂，全面改革教会。

该法令还宣布教皇也必须同样服从其他任何合法召开的大公会议所颁布的法令。《神圣法令》被称为是一个"革命性"的文件，它非常明确地宣布了宗教代表大会的至高无上的权力。从此来自社团的神圣权力可与君主的主权相互平衡的思想便一直在西方思想领域中占着一席之地。[1]

大会接着将重点转向反对教皇约翰二十三世。1415年5月14日，大会对他进行了指控，怀疑他曾犯有私通、通奸、乱伦、鸡奸以及对其前任教皇下毒等罪行。他可能在某种程度上的确犯有上述罪行。5月29日教皇被正式免职，并默认对他的宣判。这时，另一位罗马世系的教皇格列高利十二世也实际上被他的支持者们抛弃，在免职的压力下提出了辞呈。直到最后，格列高利仍坚持他是真正的教皇，他的使者被允许向大会宣称他的训令。他在训令中呼吁召开第二次大公会议。1415年7月4日格列高利辞职，他的主教们以主教身份参加了康斯坦茨大公会议。

这时只剩下最后一位教皇，他就是阿维尼翁世系的本笃十三世。这个顽固、狡猾的老人比任何时候都向往教皇的宝座，他仍得到卡斯提尔、阿拉贡和纳瓦尔国王们的承认，1415年夏天，西吉斯蒙亲自到西班牙与本尼狄克及其支持者谈判。他不能罢免这位教皇，但他劝西班牙国王将本笃教皇废除并派遣代表去参加康斯坦茨大公会议。本笃的主教们也离开他而去参加大会。最后本笃于1417年7月26日以异教徒、分裂者、伪证者的罪名被免去教皇的职务。嗣后，大会成立了选举团以推举下一任教皇。来自所有三个教皇管辖区的主教们组成一个选举小组，来自其他五国的代表组成了另外五个小组，共计六个小组分别选举，每个小组需有2/3的选票才使该选举有效。通过这种选举法，大会于1417年末选举出枢机主教奥多·科隆纳（Odo Colonna）主教新任教皇，他就任期间（1417—1431年）被称为教皇马丁五世。本笃十三世后来没有承认自己已被罢免，但他却退休到佩尼斯科拉（Peniscola）的一座家族堡垒里隐居，并任命了新的枢机主教团，该主教团在1423年在本笃死后又选举另一位教皇。但这位自称为克雷芒八世的新教皇在欧洲没有任何支持者，后来他在1429年辞职。因此，1417年马丁五世的当选实际上结束了教会大分裂。

---

〔1〕《资料》，no.104。

在康斯坦茨大公会议上遭到谴责后,约翰·胡斯在火刑柱上被烧死。选自《康斯坦茨大公会议编年史》。*Rosgartenmusenm, konstanz* [*Hsl, fol, 58a*]

这样,康斯坦茨大公会议成功地完成了大会的第一项任务,即重新使教会团结起来。在解决第二个问题时,即根除异端,就不那么有效了。约翰·胡斯于 1414 年 11 月 3 日出席了大会。尽管西吉斯蒙曾许诺确保胡斯的安全,他还是在 11 月 28 日被捕入狱。西吉斯蒙企图使胡斯获释,这种企图虽有诚意却并不有效。大会坚持认为,西吉斯蒙为一个异端分子作人身担保是不合法的。有趣的是过了若干年之后,一个更为专横的皇帝强行采取措施以保护马丁·路德。就在大会肯定自身在信仰《神圣法令》方面具有最高权力后不久,指派了一个委员会审查胡斯。该委员会命令胡斯就威克里夫的 45 篇文章,以及胡斯自己的 42 篇文章陈述自己的立场。胡斯表示同意威克里夫的某些信条并拒绝会议要求他抛弃自己教义的做法。1415 年 7 月 6 日,胡斯被免去神父职务,转交给世俗权力机构。西吉斯蒙竟无耻地将胡斯处以火刑。一年后,布拉格的哲罗姆来到康斯坦茨支持胡斯,也被处以火刑。出席大会的教士们大概被胡斯拒绝承认大会具有压倒一切的权威性的做法而激怒了,这种权威性在与教皇约翰二十三世和格列高利十二世的谈判中得到与会者一致承认,而整个教会的未来团结也将取决于这一权威的普遍承认。但后来的形势证明处决胡斯是错误的。胡斯是一位激进的改革者但可能不是个顽固的异端,假如会议审查者们同情地倾听胡斯的意见,两者间可能达到和解并可防止以后的麻烦。

对胡斯的极刑不仅是残忍的而且是愚蠢的行为。波希米亚各个阶层中的许多人都把胡斯看作一个受人敬爱的、为改革教会而殉道的传教士,同时也是捷克民族主义的象征。他有许多朋友和支持者,而大部分人是对他的神学并不十分感兴趣的贵族阶层。1415年5月,当他被囚禁等待审判时,许多波希米亚贵族写信给大会为他说情。胡斯的死使这些贵族极为愤怒。同年9月,500名贵族发誓不承认会议的任何措施。在这个时期,事态仅处于酝酿阶段,但到了1419年,一群胡斯派暴民占领了布拉格并捣毁了市议会。刚刚成功地继承他的兄弟温塞斯拉斯而当上波希米亚皇帝的西吉斯蒙带兵前往布拉格,但被叛乱者彻底击溃了。西吉斯蒙接连几次兴兵讨伐胡斯派,但这位高傲的皇帝每次都被依仗堑壕炮车的农民军彻底打败。这场战争是由康斯坦茨大公会议引起的,却遗留给以后的宗教大会来解决。

会议所面临的第三个任务是开始全面改革教会,成绩也并不令人满意。会议对许多提案进行辩论,其中有个议案建议在所有基督教省份成立地方教会以及改革教士们的生活。许多代表提议限制罗马天主教会的优惠权与特权并减少教会什一税。有人抗议明显有利于教会的贸易以及多数权力和缺席权。但到最后,几乎没有通过任何议案。1417年本笃十三世下台后,教会改革便成了会议讨论的要点,但与会者很快分成了保守派与激进派。保守派要求选举一位统一的教皇,由他主持改革工作,而激进派则利用教皇空缺的有利机会,要求在进行选举之前,先制定一个彻底改革的纲领,这样未来的教皇就会面对既成事实。参加康斯坦茨大公会议的各国间不断加深的敌意,使形势变得更为复杂。"百年战争"的火焰在1415年又重新燃起。西吉斯蒙是英格兰国王的同盟者。英、法、日耳曼三国想顺利地在一起协议大会的任何一项事务是极其困难的,而这三个国家以往一直都赞成彻底改革教会。

最后大公会决定教会改革不可能在康斯坦茨大公会议上解决,而需要在今后一系列的大公会议中来完成。根据这个决定,大会采取了立宪措施,制定了定期召开常会的教规。它规定,五年后召开新的宗教大会,七年后举行第二次大会,十年后再举行第三次会议,以后每隔十年召开一次会议。每次会议结束前决定下次会议的具体时间和地点。如果教皇不能按期召开会议,与会代表则应自动举行会议。同样,当教会发生分裂时,会议无需由教皇召集,可在一年内于指定地点如期进行。[1]

除了讨论教会分裂、异端及教会改革等问题外,大会还用了大量时间来处理各种各样的事务。会议期间代替本来应由教皇处理的日常事务,同时还要解决各种争端,其中最重要的争端是有关专制暴政。谋杀奥尔良的路易事件发生

---

[1]《资料》,no.104。

后,一位勃艮第地区教士让·珀蒂(Jean Petit)坚持声称刺杀暴君是正义而英勇的行为。奥尔良派要求会议宣布异教教义并谴责那位最终教士及其公爵主子。经过冗长激烈的辩论,会议做出了中立的判决,宣布暴政是非正义的,但避免提及任何姓名。

92. 教皇的胜利

康斯坦茨大公会议解决了教会大分裂的问题,却引起了有关教会立法机构的新问题。与会代表们宣布了教会组织中宗教大会的最高权力并提出定期召开大会。如果《神圣法令》以及定期召开常会的教会法被逐字逐句地实施,罗马教会可能会成为近代社会第一个伟大的立宪君主国。然而教皇们成功地压制了这场大公会议运动,但却付出了放弃宗教改革的代价。

面对康斯坦茨大公会议所制定的法令,教皇马丁五世的态度有些模棱两可,他原则上接受会议做出的所有决定,在1418年,他所颁布的《特别法》(Inter Cunetos)训谕就是有力的证明。但这涉及对被怀疑的胡斯派异端的审问。在其他方面,要求被怀疑分子保证他们接受康斯坦茨大公会议制定的所有法令,特别是会议认为尤为重要的对胡斯判罪的法令。但是1415年谴责胡斯的大会就是三个月后制定《神圣法令》的那个大会(在以教会最高权力面目出现的那种神圣法令中),大会一致通过了对胡斯的谴责。另外,马丁五世当选为教皇的合法性取决于康斯坦茨法令的合法性,正是这次大会才结束教会分裂,并领导了选举团这种崭新的形式,而使马丁当选为教皇。

教皇认识到了这一切,因而从不公开攻击康斯坦茨大公会议的任何声明。但另一方面,教皇对大公会议领导者们所期望的教会宪政改革纲领缺乏热情。康斯坦茨会议所提议召开的第一次宗教大会于1423年在帕维亚(Pavia)开幕,但很快移到锡耶纳进行,这是因为布拉格正在流行瘟疫。代表们相互争吵的同时也与教皇争论不休,马丁乘机解散大公会议,使之未能达成任何有意义的决议。根据计划,下一次的大公会议于1431年7月在巴塞尔(Basel)举行。此次大公会议按期召开。马丁在那年年初去世,于是巴塞尔大公会议与新任教皇尤金尼厄斯四世(Eugenius Ⅳ,1431—1447年在位)为教会最高权力问题开始起争论。

巴塞尔大公会议开幕时传来了胡斯派在陶西格(Taussig)战役中大获全胜(1431年8月14日),大公会议决定派出代表团向胡斯派让步。新教皇尤金尼厄斯四世坚决主张由他享有全权与叛乱者谈判,并于1431年12月解散了大公会议,这引起教皇与宗教大会之间一系列的对立行动。出席巴塞尔大公会议的主教们以及许多神学、教会法博士们拒绝执行教皇的命令,并于1432年重新制定了康斯坦茨法令,强调宗教大会具有最高权威这一原则。欧洲各国的君主们也都站在大会的一边。到了1434年尤金尼厄斯不得不忍受巨大的耻辱,被迫收回取消大公会议的命令,承认大公会议符合教规,并肯定大公会议颁布的法令。

与此同时,大公会议代表与胡斯派的谈判也很成功。波希米亚之战开始以来,胡斯派在两位伟大领袖杰士卡(Zizka)和普罗科普(Procop)的领导下,战无不胜。但同时他们之间出现了分裂。即使胡斯活着的时候,他和他的支持者们也有着截然不同的信仰。例如胡斯不像布拉格的哲罗姆那样全盘接受威克里夫的教义。因此,一旦胡斯死后,胡斯派便四分五裂。几乎所有知名度较高的异胡斯派成员以及一些新的异胡斯派成员纷纷打出胡斯的旗号。在这些派别中,有的只要求让平民与教士同领圣酒的保守派,也有想要达到同享全部圣餐的激进派。这些激进派被人称为"塔波莱派"(Taborites),他们接受了威克里夫的全部教义,同时又加上他们自己的偏激观点。1420年各派异胡斯的各派信徒设法达成共同声明,即"布拉格四原则"(*Four Articles of Prague*)。这个声明只代表他们共同的基本要求:传教自由;平民可领圣酒;取消教会遗产;严惩所有罪犯。胡斯派对道德的热情是出了名的,当巴塞尔大公会议邀请他们派代表出席会议时,胡斯派要求市内街道上的全部妓女离开。

到了1434年,胡斯保守派受到了激进派的全面挑战,他们渴望和平。这时,大公会议同意了他们有关平民享受圣酒的要求,在此基础上胡斯保守派和波希米亚地区的天主教贵族组成了联盟。到了1434年,这个联盟便能够击败激进派。1436年,西吉斯蒙进入布拉格,得到多数人的承认,成为波希米亚国王。他于1437年去世,之后发生了更多的争夺,导致了较为温和的胡斯派成为皇帝的局面。他就是乔治·波迪布拉特(George Podiebrad,1458—1471),在他当政期间,这位教皇不明智地否定了对1434年宗教大会所作的让步,因而又引起了一连串的冲突。虽然15世纪末叶时,胡斯派仍在与波希米亚的天主教派作战,然而1434年宗教大会达成的协议使胡斯派掌权时最危险的阶段告一段落,这是巴塞尔大公会议的一个胜利。

巴塞尔大公会议的领导者们随后开始进行教会改革方面的工作。但此时改革已意味着从限制教皇权力到几乎废除这些权力,这种立场远远超出了康斯坦茨大会的最初议程。从这时候起,许多更为温和的代表们已开始转向支持教皇,其中有库萨(Cusa)的尼古拉,他是巴塞尔大公会议初期时一个宗教大会运动理论家。1435年,大公会议通过宗教法令,正式对教皇国以外的税收加以限制。于是尤金尼厄斯开始反击,由于形势的新发展,使他的地位得到加强。面对日益迅速发展的土耳其人势力的威胁,拜占庭皇帝感到获得西欧帮助的唯一希望是结束希腊与拉丁教会间的分裂,关键是希腊教会是选择与教皇谈判,还是与大公会议进行谈判。1437年拜占庭皇帝决定派代表团拜见意大利教皇。尤金尼厄斯命令在巴塞尔的主教们前往费拉拉(Ferrara)召开大会以组成新的统一宗教大会,所有的主教都服从了教皇的命令。费拉拉大会(于1439年转移到佛罗伦萨进行)从一开始便在教皇的控制下进行,并制定法令重新肯定教皇作为基督代理人的角色对全体教会具有充分的权威。来自希腊的大公会议代表接受了该原则,并颁布联合的法令,但它从来没有得到整个希腊教会的承认,因而实际上并没有产生真正的影响。

少数激进派拒绝服从教皇的命令,仍然在巴塞尔召开大公会议并解除尤金尼厄斯教皇的职务,另选一位反对派教皇——菲利克斯五世(Felix V,1439—1449)。当时几乎没有人会想到一小群自称为宗教大会代表且毫无宗教代表性的反叛者可以罢免教皇,而这位教皇当时正在召开一个人数众多、代表性更强的宗教大公会议。这位反对派教皇存在的重要性在于一些世俗的君主们,想利用支持他来威胁教皇而迫使其让步。1438年,受王室政府控制的法兰西教会召开的宗教大会正式通过《布尔日国事诏书》,禁止向罗马教皇缴纳某些税收,并废除教皇向法兰西派遣宗教人员的全部权力,主教与修道院长由地方教会选举产生。国王和君主们将"接受怀有善意的推荐,被荐者必需热忱地为国家和地方教会服务"。这段话明显表示了君主们与宗教改革者们的利益分歧。巴塞尔大公会议仅仅声明各地方教会不受教廷干扰进行选举,但并不希望把以往教皇的权力交给各国的国主,而《布尔日国事诏书》却使国王成为法兰西教会的首领。虽然这个法令被路易十一废除,但其主要内容在后来的确定法兰西君主与教皇的双方关系的协约中再次出现。1439年日耳曼君主公布的《美因茨国事诏书》(*Pragmatic Sanction of Mainz*)也有类似的条款,此法令中的有关章节在1448年教皇尼古拉五世到日耳曼与该国君主达成的另一个协约中进一步得到完善;通过此协约,教皇用放弃日耳曼主教和修道院长任命权的方法恢复过去废除的某些税收。

与教皇达成协议后,君主们不再有兴趣支持那位反对派教皇菲利克斯五世,1449年他辞职。他的辞职标志大公会议运动的终止和教皇的胜利。到了15世纪后半叶,教皇至高无上的原则再次得以加强,而更为重要的事实是教会没有得到根本性的改革。事实上,那位最终战胜巴塞尔大公会议的教皇尼古拉五世(1447—1455年在位)是一位热心文学艺术的人文主义者——第一位文艺复兴的教皇。尼古拉本人是一位值得尊重的人物,但是他的一些文艺复兴的继承者将教廷拖向声名狼藉的地步。

大公会议运动再也没有成功的机会了。世俗富裕的教士们根本没有改革的迫切愿望。但是大公会议改革派的做法也脱离现实,他们想在民族主义上升的时代建立世界性的宗教议会来控制教会,他们还想制定复杂的法令限制各国的君主,而此时大多数人正期待强有力的君主来抑制无政府状态。站在敌对立场上的教皇摧毁了大公会议企图实现其计划的任何可能性。从长远来看,君主们的立场对大公会议也毫无帮助。他们看到,假如教皇的权力受到限制,君主们对各国教会的控制可能会加强。然而不幸的是,君主们十分关系直接产生的外交方面的影响,不管将来的教皇是谁,他一直是并仍将是一个潜在的力量。尽管君主们认识到减少教皇的权力符合该王朝的长期利益,他们也会竭力争取在位教皇的支持。因此,在整个争论过程中,君主们的政策是反复无常的。再者,没有哪一位君主对大公会议的法令理论抱有同感。教皇尤金尼厄斯四世曾写信给法兰西国王,指出如果国王继续支持教会的颠覆运动,他就会看到国内也会发生类似的动乱。随着时间的演进,这个论据越来越使人信服,于是最后所有世俗的君主们都支持教廷。

从某个意义上来看,宗教大会并没有完全失败,它不仅使教会重新联合起来。大公会议的知识界领导者们写出了第一份议会制政府的详细而系统的理论。他们的著作成为中世纪政治思想史上重要的一页,对16、17世纪的君主宪法理论产生很大的影响。但是就中世纪教会的改革而言,大公会议的改革派则完全失败,这是天主教教会的一场悲剧。假如一个世纪以后,托兰特(Trent)大公会议上进行的宗教改革由巴塞尔大公会议来完成的话,新教徒的宗教改革或许不会发生。而实际上,尽管许多教会人员做出了努力,当时仍没有形成一场全面有效的教会改革。反之,世俗之君主们却成功地把地区性教会控制在他们手中,并不失时机地扩大完善这种控制。许多地方秘密出现了大量异端,在波希米亚地区这种情况甚至是公开的。到了中世纪末叶,宗教改革的主要基础已经完全形成了。

进一步阅读书目

*蒂尔尼:《资料》与《读本》,第一册,nos. 86、104—105。

有关大公会议运动的背景,参见 E. F. 雅各布的《大公会议时代的论文集》(*Essays in the Conciliar Epoch*),第三版(曼彻斯特,1963);蒂尔尼的《大公会议理论基础》(*Foundation of the Conciliar Theory*)(剑桥,1955)重印,1997年;*菲吉斯(J. N. Figgis)的《从热尔松到格劳秀斯》(*From Gerson to Grotius*),第二版,(剑桥,1916);和*布莱克(A. J. Black)的《君主政体与公社》(*Monarchy and Community*)(剑桥,1970)。好的研究专著有莫拉尔(J. B. Morrall)的《热尔松与教会大分裂》(*Gerson and the Great Schism*)(曼彻斯特,英格兰,1961),奥克利(F. Oakley)的《皮埃尔·达伊的政治思想》(*The Political Thought of Pierre d'Ailly*)(纽黑文,康涅狄格州,1964);西格蒙德(P. Sigmund)的《库萨的尼古拉》(*Nicholas of Cusa*)(剑桥,马萨诸塞州,1963);沃塔纳比(M. Watanabe)的《库萨的尼古拉政治思想》(*The Political Ideas of Nicholas of Cusa*)(日内瓦,1963)。关于大公会议调解人和晚期的政治理论请看蒂尔尼(B. Tierney)

《1150—1650 年的宗教、法律和宪政思想的成长》(Religion, Law and the Grouth of Constitutional Thougt, 1150-1650)(剑桥,1982 年)。布莱克(A. Black),《大会与公社:大公会议运动与巴塞尔大公会议》(Council and Commune: The Conciliar Movement and the Council of Basel)(London,1979);以及奥克雷(F. Oakley),《中世纪晚期的自然法、大公会议至上主义及赞同》(Natural Law, Conciliarism and Consent in the Later Middle Ages)(伦敦,1984)。关于康斯坦茨会议见斯图普(P. H. Stump),《康斯坦茨大公会议改革》(The Reforms of the Council of Constance, 1414-1418)(莱顿,1994)。

论述威克里夫的范本著作是沃克曼(H. B. Workman)的《约翰·威克里夫》(John Wyclif),两册(牛津,1926)。至于好的较为简明扼要的入门书,参见麦克法兰(K. B. McFarlane)的《约翰·威克里夫与英国非国教徒的开端》(John Wyclif and the Beginnings of English Nonconformity)(伦敦,1952);与达穆斯(J. Dahmus)的《约翰·威克里夫的控告》(The Prosecution of John Wyclif)(纽黑文,康涅狄格州,1952)。*肯尼(A. J. P. Kenny)的《威克里夫》(Wyclif)(牛津,1985)。罗布森(J. A. Robson)的《威克里夫与牛津学派》(Wyclif and the Oxford Schools)(剑桥,1961)是更为专门的著述。G. 莱夫的《中古后期的异端》(Heresy in the Later Middle Ages),第二册(曼彻斯特,1967)一书,涉猎威克里夫与胡斯两人。其他论述胡斯与胡斯派的佳作是,斯平卡(M. Spinka)的《约翰·胡斯与捷克的改革》(John Hus and the Czech Reform)(芝加哥,1941),以及《约翰·胡斯传》(John Huss A Biography)(普林斯顿,1968);卡明斯基(H. Kaminsky)的《胡斯革命史》(A History of the Hussite Revolution)(伯克利,1967);海曼(G. Heymann)的《约翰·杰士卡与胡斯派革命》(John Zizka and the Hussite Revolution)(普林斯顿,1955),以及《波希米亚的乔治》(George of Bohemia)(普林斯顿,1965)。有关后期中世纪唯名论派中的教会理论,参见奥伯曼(H. A. Oberman)的《中世纪神学的成就》(the Harvest of Medieval Theology)(麻省剑桥,1963)。

论述大公会议主义的失败与教廷权力恢复的著作,参见吉尔(J. Gill)的《佛罗伦萨会议》(The Council of Florence)(剑桥,1959),以及《尤金尼厄斯四世》(Eugenius IV)(威斯敏斯特,马里兰州,1961);帕特纳(D. P. Partner)的《马丁五世治下的教皇国》(The Papal State Under Martin V)(伦敦,1958);伊比奇(T. Izbicki),《信仰的保护者》(Protector of the Faith: Cardinal Johannes de Turrecremata and the Defense of the Institutional Church)(华盛顿,1981);斯提伯(J. W. Stieber)的《教皇尤金尼厄斯四世,巴塞尔大公会议,和帝国内的世俗和教会权威》(Pope Eugenius Ⅳ, the Council of Basel, and the Secular and Ecclsiastical Authorities in the Empire)(列登,1978)。奥克莱(F. Oakley)的*《中古后期的西方教会》(The Western Church in the Later Middle Ages)(绮色佳,纽约,1980),提供了整个时期很好的观点。下列一些书属于翻译的资料:斯平卡的《改革的拥护派》(Advocates of Reform)(费城,1953),以及《约翰·胡斯在康斯坦茨大公会议上》(John Hus at the Council of Constance)(纽约,1961);L. R. 卢米斯的《康斯坦茨大公会议》(The Council of Constance)(纽约,1961);埃涅阿斯·皮科洛米努斯(Aeneas Piccolominus)(教皇庇护二世)的《巴西利西斯公会议的功绩》(De Gestis Concilii Basiliensis),海伊(D. Hay)与史密斯(W. H. Smith)翻译(牛津,1967);和*克罗得(L. M. D. Crowder)的《1378—1460 年的统一,异端和改革》(Unity, Heresy and Reform, 1378-1460)(伦敦,1977)。以及*西格蒙德(P. Sigmund),《天主教的和谐》(The Catholic Concordance: Nicholas of Cusa)(剑桥,1991)。

第二十八章　民族君主政体的发展

中世纪后期，君主政府的权力迅速增长，同时，封建观念的衰退完全改变了君主与人民之间的关系。贯穿封建等级统治的占有主导地位的君臣关系概念逐渐消失。君主们再也不能只顾本身利益和他手下那些贵族们的愿望，他领导着所有臣民，这些人都生活在他的领土上，他们的共同利益都应考虑。这种国王和百姓之间的关系导致了被史学家们称为"民族主义"的开端。这些臣民们开始感觉到他们的利益相同，应团结在他们的统治者周围，而这正是上帝的旨意。他们不愿轻易地把这种忠诚转献给其他统治者。这种感情曾在《特鲁瓦条约》后法兰西地方农民反英起义中出现过。除封建贵族外，各地各阶层的人民都期待君主能实现和平与稳定。

这种向往某个王朝强盛的传统意识可以成为极有潜力的爱国力量，它大大加强了懂得利用它国王的权力政治。随着西欧各国中民族主义热情上涨，地区性的版图更为稳定，用武力长期占领他国领土更为困难。到 15 世纪末期，所有近代欧洲各大国都已建立起了永久性的政治实体。

93. 法兰西和勃艮第

法王查理七世（Charles Ⅶ，1422—1461 年在位）人称"善政王"（Well-served），这个称号再确切不过了。圣女贞德使他赢得了王冠，里奇蒙和他手下的统领们把英格兰人赶出法兰西，一位大商人让·克尔负责财务，增加了皇室的税收，同时将法兰西的商业扩大到地中海东岸。聪明的查理大臣们还改革军队，并建立一支常备军。他们还利用法兰西人民为驱逐英格兰人而纳税的愿望，建立了完善的王室税收制度。查理统治结束后，国王已不再需要同三级会议磋商就可征税。

尽管查理的大臣们在他的领地里成功地强化皇室威望，但由于他缺乏有效控制贵族们的本领，使他不能成为法兰西强有力的统治者。《阿拉斯条约》几乎使勃艮第公爵完全独立。尽管安茹、奥尔良以及波旁等公爵的领地位于法兰西王国的内地，不像（好人）腓力领地那样自治化，但他们基本上主宰着一切。除了极少数大贵族外，还有一些王室诸侯几乎也同样有权势和处于独占状态。其中最危险的是南方的伯爵们：富瓦（Foix）伯爵，他也是纳瓦尔的国王，阿尔贝领主以及阿马尼亚克伯爵。这些封建诸侯都各有自己的宫廷，小的官僚政府与私人军队，他们为了自己的利益经常组成各种联盟以颠覆查理及其政府。反对查理的这许多联盟是以他的王太子路易为首的。偶尔某个势力较弱的领主做得有些过火,例如,阿朗松公爵以及阿马尼亚克伯爵就因判断错误而得不到其他势力较大的领主们的支持而丧失领地。

这些封建领主们或是拥有足够的自主权来收税,或是请求国王把从他们领地上收来的税款分给他们相当一部分,而一些小贵族们则处于困境之中。14世纪时,许多小贵族把可耕地按一定租金出租,因此其实际收入往往因通货膨胀而大为减少。法兰西在14、15世纪时有一段通货持续膨胀的时期,而在英法百年战争期间,这种情况主要是由于钱币贬值造成的,一旦战争结束,法兰西迅速恢复原来的繁荣,但物价又很快上涨,就像在任何繁荣时期那样。因此只有最大的贵族们可依靠他们地产的税收体面地生活。其余人只好另行寻找新的收入来源。最为实际的办法是为国王或君主们效劳。国王查理和勃艮第公爵曾雇了许多贵族作为他们的士兵和官吏,还把津贴赐给许多他们需要得到支持的人。实际上,从王室国库拿出来的这些津贴远远解决不了君主与小贵族之间的矛盾,然而由于采取这种权宜手段,向领导人赐予慷慨的年金,结果是大部分反王室的联盟就被瓦解了。总之,贵族们想要过贵族式的生活,就必须牺牲一般纳税人的利益,依附于国王。

1461年查理七世去世时,王太子路易正流亡在他父亲的劲敌(好人)腓力的宫廷里。他是在一个以他为首的反国王联盟的阴谋败露后逃离法兰西的。通过在勃艮第的流亡难民,他贿赂他父王的医生,把国王病情恶化的任何好消息立即转告他。如果病情不严重,就让医生设法加速病情发展。路易十一世(Louis XI,1461—1483年在位)是占有法兰西王位中最无仁慈心肠的统治者,他的服饰极其随便,当他首次作为国君进入国土时,看到有些人嘲笑他的穿着,便立刻对他经过的城镇处以重金罚款。尽管他崇信宗教,但只不过看作一种迷信活动而已,例如在衣服上挂满宗教徽章,重要宗教仪式活动前贿赂所有圣徒等。他毫无仁义之心,当得知他的女儿因腿瘸不能生育时,立刻把她嫁给了奥尔良家族的继承人路易,企图让这位君主世系绝后。路易爱结交下人。他喜欢坐在酒吧里边喝酒边讲下流故事。他的周围尽是些出身低贱且有前科的人,他把这些人变成他的近臣和官员。打猎是他唯一的贵族嗜好,他在养马和猎狗上花了大量钱财。但是在政治上,他是位很有作为的国王。中等阶级很喜欢他那直率而粗野的风格,他的官吏们残暴无耻,却非常服从他的命令,否则很快被送上断头台。路易极其聪明,处事果断,深谙计谋,这些特质有助于他与贵族们周旋。他从不用战争取胜,因为坏运气会导致全军覆没,而用阴谋诡计和威胁利诱却能轻而易举地达到目的。

要想巩固王室统治,路易面临的主要任务是削弱封建领主的权力。在他登上王位不久,一个自称"公共福利同盟"(the League of the Public Weal)的联合组织阴谋叛乱,其领导人是他的兄弟贝里公爵,以及勃艮第、波旁、安茹等公爵。一场大战发生了,双方刚一照面便各自撤退,而撤离最近的一方宣称战胜了对方。随后双方在一条河的两岸未动干戈地相持了数月,最后"公共福利同盟"得到保证,每个封建领主及其主要追随者获得可观的封地和年金,路易允诺将诺曼底封给他的兄弟,这样一来,王室领地便远离英吉利海峡,并使勃艮第诸侯领地与布列塔尼公爵的那些贯穿他们联盟的土地相接壤起来。贵族们以为赢得了这场斗争,便减少对路易的压力,他们犯了极大的错误。路易成功地播下了促使他兄弟与布列塔尼公爵之间不和的种子,不久他兄弟在诺曼底处于十分不利的境地,便接受了加斯科涅的封地而脱离该联盟,并在南方的那块快乐的领土上暴饮身亡。后来路易又说服安茹公爵在死后把领地传给路易的儿子,并通过联姻加强与波旁的友谊。

这时诸侯们最危险的敌人是勃艮第公爵。来自低地国家那些富裕城镇的税收使公爵成为西欧最富裕的贵族,这方面,只有威尼斯共和国可媲美。他的宫殿富丽豪华,在那里兴起的宫廷礼仪和烦琐的典礼成为后来皇家宫廷的典范。(好人)腓力热衷于文学艺术,意大利手工匠装饰勃艮第的首都第戎(Dijon),来自佛兰德斯最出色的艺术家给公爵及其近臣画肖像。腓力本人的文学爱好主要是阅读淫秽故事,但他是各种作家的慷慨赞助人。他一生总是在梦想率领一支基督教世界的军队进行一次庄严的十字军远征以打垮土耳其势力,但他除了颁布过最高贵的"金羊毛骑士会"外,一事无成。腓力拥有一支庞大而有效的军队,有许多法兰西大贵族为他效劳。他只是梦想用十字军来振兴现存的政治结构,这一点对法兰西君主是很幸运的。只要他待在自己领地内,百事不管,他就可以心满意足地成为法兰西君主中最有权势和威风凛凛的人物。

腓力公爵死于1467年,由他的儿子查理继位,史称鲁莽的腓力。这位新公爵决心利用被他父亲忽视的重要的政治机会。假如把阿尔萨斯和洛林并入他的版图,他就可获取古代的洛泰尔王国的北部。一旦这一切完成后,征服罗讷河谷地或瑞士就会把它带到意大利的国门前,而这个半岛无力抵御如此强大的君主,即使得不到意大利,他也能成为法兰西与日耳曼之间的一个大国。以强权为后盾的外交攻势确定能说服皇帝赐给他渴望的王位。总而言之,查理不满足于其法兰西诸侯的地位而要成为洛泰林吉亚(Lotharingia)国王。如果他的计划成功,近代欧洲早期的政治结构就会是另一种形式了。为了不使法兰西国家严重衰弱,路易不得不挫败勃艮第公爵的计划。

路易十一世立刻使出浑身解术,用阴谋和贿赂来对付这位可怕的对手。正当他大方地把大量钱财送给这位公爵的敌人时,与此同时他的代理人在查理及其同盟者的领地上挑起不满情绪,很快地各种阴谋都各自行动,以致使路易难以将他们全部控制在手。1468年他前往佩罗讷(Peronne)访问查理,似乎忘记

15世纪时勃艮第宫廷的富丽堂皇远远超过法兰西国王的宫廷。图为勃艮第公爵与著名的艺术赞助人腓力（好人）正在接受雅克·德·吉斯的《汉诺编年史》。手稿彩饰画，佛兰芒，1448年。手稿9242，页码编号 Ir。*Bibliotheque Royale de Belgique © copyright Bibliotheque Royale Albert ler, Brussels*

了他的手下正在煽动叛乱,反对公爵的盟友——列日(Liège)主教。当这位急躁的公爵听到列日人民在路易的鼓动下谋反时,便把这位王室客人关了起来。路易设法买通查理的大臣们,获得了自由。但他不得不厚着脸皮帮助查理镇压列日反叛者。有一段时期内,公爵的计划进展顺利。数年间,除了几个城镇外,他占领了所有阿尔萨斯和洛林地区。尽管皇帝腓特烈三世对赐予他王位并无兴趣,但他承认查理对这个公爵领地的占领。到了1476年查理把他的军队调过头来开始进攻瑞士,这是他一生中的转捩点。在两次大的战役中,瑞士的持矛兵把勃艮第的骑士们团团包围。在打了这些胜仗之后,由路易出钱的瑞士军队转入为洛林公爵效劳并开拔前往解救被查理围困的南锡镇,路易又很有心计地贿赂一名查理雇佣的统领,唆使他反叛。结果,勃艮第被打败,公爵本人也被杀死。

查理的去世给路易提供了一个天赐良机,但他却不知如何使用这个机会。勃艮第的继承人是公爵的女儿玛丽。她正被佛兰德斯自治市顽固的市民们拘留着。任何人只要娶玛丽便可获得她的领地,但要得到玛丽及自治市公民(burghters)的同意。由于该市公民都是怀有同情心的法兰西人,路易似乎占了上风。不幸的是,路易的儿子查理,这位当仁不让的候选人,当时只是个婴孩。不管路易如何要求,玛丽都拒绝考虑与查理的婚事。虽然好几位法兰西贵族可作为人选,路易有些犹豫是否让他们中的某一位接替查理公爵的位置。就在这时,日耳曼皇帝采取了行动。腓特烈三世的儿子和继承人,哈布斯堡的马克西米连(Maximilian)娶了玛丽并成了这片土地的主人。路易只好宣布这场婚姻没有得到他的赞成而不合法,同时夺取了勃艮第领地。由于佛兰德斯太强大难以攻克,便落入马克西米连之手。法兰西从此便永远丧失了这块土地。

在路易十一世统治末期,法兰西君主制正朝着专制制度顺利发展。政府由官僚机构管理,几乎完全听从国王的意志,三级会议不再发布命令,因为国王可以随意征税,并用这些税收供养一支常备军来维持其威望。只有两家重要的诸侯,即奥尔良和波旁家族势力仍然存在。但是他们都与王室结成联姻关系。还有一些次要的家族如洛林与蒙庞西耶(Montpensier)公爵和阿尔贝勋爵,如果他们组成一个有效的同盟就可以制造麻烦,然而由于利害的冲突,使这种危险的同盟毫无可能。法兰西的这些贵族试图在未来能控制王室政府,但他们竞争的努力已成为泡影。

94. 哈布斯堡帝国

勃艮第领地的问题不仅影响日耳曼,而且也影响法兰西的前途。它标志着哈布斯堡家族兴起的重要阶段。1437年西吉斯蒙死后,日耳曼皇冠先传给了哈布斯堡的阿尔伯特五世(Albert V,1438—1439年在位),尔后又落到了他的远房堂兄弟哈布斯堡的腓特烈(Frederick,1440—1493年在位)手里。这位腓特烈三世虽执政多年,但却是默默无闻,无所作为。除了安排他的儿子马克西米连的幸运婚事外,只保留了自己的称号,并使哈布斯堡王朝长存不衰,其他毫无任何业绩可言。在法兰西(其特点在15世纪的其他国家中也是如此)民族凝聚力的过程是十分明显的,而在腓特烈三世统治下的日耳曼却没有出现。帝国政府的权力没有增加,实际上,腓特烈除了其在奥地利世袭的公爵领地外,什么都管不了,就是这块地方他也曾一度丢失。

另一方面,一些独立的公国却出现了合并与集权的现象。15世纪末,一些有才干的统治者在日耳曼的几个重要的邦国里成功地组成了纪律森严的政府。其中较为突出的有勃兰登堡(Brandenburg,1477—1503年在位)的阿尔贝特·阿希莱斯(Albert Achilles,1471—1486年在位),巴伐利亚的刘易斯(Lewis,1450—1479年在位)和梅克伦堡的马格努斯(Magrus of Mecklenburg)这些人都成功地竖立统治权,即只有君主才有权在其领地上召开三级会议。同时能用说服或强迫的手段让领主们交纳足够的税金,他们用税收收入来建立更有效的行政管理制度。当领主们和贵族拿出古代的免税特许状时,君主们就援引罗马法中有关主权的条例,指出征税是统治者天经地义和不可剥夺的权力。通过这些方法,这些自主专制的公国成为日耳曼的主要政治实体,其存在一直持续到19世纪。

还有两桩政治势态的发展对后来欧洲外交史产生了最重要影响,需要在此作一简述:15世纪末期,意大利成为法兰西哈布斯堡帝国的战场。1455年科西莫·德·美第奇通过谈判签订了一个条约,即洛迪和约(Peace of Lodi),使意大利几个主要的公国(威尼斯、米兰、佛罗伦萨、教皇国以及那不勒斯)中的力量大致保持平衡。1495年由于那不勒斯与米兰之间的争端而破坏了这个平衡。米兰的卢多维科·斯福尔扎(Ludovico Sforza)请求法兰西援助,法兰西国王查理八世(Charles Ⅷ,1483—1498年在位)做出了反应,重申法兰西安茹家族对那不勒斯王位享有继承权的早先的要求,因而入侵意大利。他的一支300人的军队横扫了半岛,接连占领佛罗伦萨、罗马和那不勒斯。不久查理因北方交通线受到威胁而撤退。但阿拉贡的斐迪南派出西班牙军队重新占领那不勒斯。查理的军事行动显示富庶的意大利城市的弱点,意大利后来连续遭到法兰西、西班牙和奥地利军队的入侵,致使意大利人在数世纪里一直没有机会发展成为独立的国家。

另一桩政治势态的发展也应引起注意,即瑞士联邦(the Swiss Confederation)的创建。瑞士北部原是士瓦本(Swabia)公国领土的一部分。14世纪时,士瓦本公国中最有势力的家族哈布斯堡企图把它的势力扩大到那个地区。1291年称为森林州(the Forest Cantons)的三个州组成了防卫哈布斯堡侵吞野心的联盟,1315年彻底击败了奥地利公爵利奥波德二世(Leopold Ⅱ)。其他三个州,卢塞恩(Lucerne)、苏黎世(Zurich)、伯恩(Bern)也加入联邦并于1386年再次打败哈布斯堡的军队。随后联盟军发起攻势,开始扩张领土,不惜牺牲各小领主萨沃伊(Savoy)伯爵和哈布斯堡的利益。1477年,瑞士打败了(鲁莽的)查理军队,并作为一个难以对付的军事强国而得到整个欧洲的承认。这个同盟由一个联邦议会领导,但各州保持着几乎是完全的独立。他们时而联合起来,有效地抵抗外敌,时而又发生争吵,内战不迭。这一联盟的力量并非来自其政府的有效性,而是在于其地形上的有利因素和居民善战的军事素质。

当帝国各邦国建立起其各自的政权时,哈布斯堡家族因1477年与勃艮第家族的联姻而获得欧洲政治的统治地位。奥地利与富饶的尼德兰(Netherlands)联合使马克西米连(Maximilian,1493—1519年在位)比起其他日耳曼诸侯来得更有权势。后来马克西米连与玛丽生了个儿子,即腓力,他娶西班牙的女继承人为妻。他们的儿子查理五世继承了一大片错综复杂的领土,包括西班牙、西西里、奥地利和尼德兰。1477 年的这场婚姻以及随后对分割勃艮第问题上的争吵又造成了哈布斯堡统治的奥地利与瓦卢瓦家族统治的马克西米连之间的敌对,而这种对立贯穿着近代早期欧洲的外交史。

95. 英格兰的玫瑰战争

和法兰西一样,英格兰在 15 世纪中期发生了一连串的内战,随后出现一个强大稳定的君主国,这个君主国在 1500 年之前就建立起来。"玫瑰战争"的直接原因是王位的法定继承人在政变中死亡,使亨利四世在 1399 年当上了国王。[1] 这场 15 世纪中叶战乱的更为深入的原因是英格兰社会结构中一群极不负责的贵族们享有太大的权力。

中世纪后半叶,社会结构发生了很大的变化,英格兰上层约有 50 个大家族,其地位是以其家族财富衡量,其中大部分家族的收入来自上辈的特权,封建遗产及大片地产内的地租收入。某些人,特别是王室成员享有来自财政部门的丰厚年金。这些家族的领袖占据着坚固的石造城堡,他们能迅速召集一小支私人军队。这支军队是靠领取所谓的"津贴和生活费"为生的。所谓津贴是付给士兵的雇佣费,条件是当主人召唤时,他就武装起来为雇主效劳;生活费则是达官贵人们付给手下的赏钱,特别是在宫廷面前。由于许多这样的大人物都是对法兰西战争中的统领,他们的手下也就是一些富有经验的老兵。津贴和生活费制度是长期动乱的根源。大人物们经常用暴力手段威胁法官和陪审团来保护其手下。这种制度被称为"变态封建主义",它使早期封建社会的无政府倾向死灰复燃,这种倾向使土地的长期使用得不到保证。此外,这种私人军队的操纵者总是被挑动使用该权力来反对周围邻国甚至反对政府。这些伟大人物不是伯爵,就是行将获得伯爵地位的新兵家族的首领。

在这些贵族和富有的骑士集团之下是即将成为伯爵的绅士阶层。理论上讲,绅士们应是这支私人军队的主要成员,但当时只要有权势,招兵买马是不困难的。也许绅士的最佳定义是拥有足够多的土地,他们不需要参加任何农业生产劳动而依靠地租过着优雅的生活。这些绅士居住在筑有护城河和石造围墙内的庄园内,他或许是位庄园主,经常到教堂做礼拜,也许是某所小修道院的赞助者,也可能是位骑士。但在 14 世纪时,骑士已成为一种稀罕的尊称,只有少数绅士能够获得这种资格。他们大多数人被称做乡绅或老爷。乔叟宁愿用较旧的称谓"小地主"。每个郡会议中的骑士(一旦有紧急情况,他们就不成为

---

[1] 参见第 518 页(边码)。

骑士了)是从绅士中选出的。事实上,自治市的骑士代表全是来自乡村四周的绅士,乡下小镇上的居民很想让这些绅士作为他们的代表以便与骑士们甚至贵族们联络。根据当时的法规,维持地方的法官必须是绅士。因此,就个人而言,绅士在政治权力方面无法与贵族相比,但作为一个阶层,他们的权力非同小可。由于在很多方面,绅士的经济和社会利益与贵族们相符,双方能有效地进行合作。但是,他们有一个极不明显的不同点,贵族们可以为了达到某种目的挑起内乱,而绅士们总要求和平与稳定。

应当特别指出,在英格兰自治市公民和绅士间的分界线并不严格。出身绅士家庭的军官们常常解甲经商,而绅士们自己也需要经商赚钱。反之,一个生意兴隆的商人如买下一块产地,其家族中只有一代人可成为绅士。在15世纪中期兴起的毛纺工业城镇的周围地区很难分清绅士和商人。羊毛商人买下了牧场,而牧场里的绅士和他的儿辈们又加入了羊毛商人的行列。总而言之,法兰西贵族(他们与英格兰绅士地位相同)人数骤减的规律和观念并没有在英格兰出现。绅士们和商人们实际上形成了一个位于贵族和平民间的中层阶级。

另有一个阶层——自耕农(yeomen,又译约曼农),也须在此作些介绍:自耕农是地主或大农场的佃户,他自己做活,也常雇工。14、15世纪时,这个阶层人数骤增,其地位也随之上升。当庄园主停止向他们出租土地时,他们中的一小部分成为地主,大部分成了佃户。和英格兰其他阶层一样,自耕农阶层也不是静止不变的。一个农民家庭可逐步增加土地并加入自耕农行列,而富有的自耕农也很容易转变为绅士。实际上,要成为绅士,自耕农只需要获得充足的财源以摆脱交纳租金的负担,并同时合法获得或夺取一组武装配备。地主自耕农与佃户自耕农间有一个重要的差异:即地主自耕农有选举骑士的权力。亨利六世执政时的法律规定:有选举权的自耕农每年在其自由地户里应有40先令的地租收入。这个数目在当时是微不足道的,许多农民都有这么多钱财,所以这条法规把选举权给了大多数自由民。自耕农的地位之重要还在于他们出钱出人支持了英格兰对外的战争。

因此,在15世纪中期的英国,存在着一个强大的乡绅阶级,富裕的商人和自耕农,他们都渴望看见建立起一个法律和秩序的国家,以便他们能够享受其和平的且营利的经营行为,而没有非法的干扰。立在他们之上的,是世袭贵族阶级;他们绝对地享受着作战(特权),要是他们属于某一个能够掌握王家政府的集团,则他们就坚持获得巨大的财富和权力。

1413年亨利四世死亡,由他的儿子亨利五世(Henry V,1413—1422年在位)继位。这位君主把其毕生精力和时间用于对法兰西的战争上了。这段时间里,英格兰国内无大事可言,男爵们策划的阴谋还在继续,但没有发生严重的公开叛乱。

1422年亨利五世死时,他的儿子亨利六世(Henry Ⅵ,1422—1461年在位)才刚出世几个月,政府由年幼国王的叔父们掌管。贝德福德公爵约翰成了法兰西的摄政王,而格洛斯特公爵汉弗莱当上了英格兰的护国主。我们曾在"百年战争"的章节里讨论过汉弗莱这个人。此人性格粗暴,喜欢冒险,他使英格兰处于混乱之中,后来为博福特(Beaufort)家族的成员所替代。根特的约翰晚年时与一个已有几个孩子的女人结婚,这些孩子都姓了博福特,虽然这得到了议会的认可,但特别否认他们享有继承王位的任何权利。可是后来,势力强大与野心勃勃的博福特家族中的一个分支控制了年轻的亨利六世的政府。最后,一位具有同样性格的女强人安茹的玛格丽特(Margaret of Anjou),后来成为亨利的王后,也加入了他们的阵营。

亨利六世性格温和善良但却不十分聪明,三十岁时就完全精神错乱了。但是即使在不发病时,他也无力统治其国家,他后来不拒绝任何人的要求,即使已经答应了另一个人。当时国库空乏,而等着封官领赏的人已排长队。由于国王没有开支,因此发不出官银和军饷。如加来总督等这样一些重要的地位都被大领主们所占据,他们自筹军饷,供养驻军,并随心所欲地进行统治,完全无视虚弱而又身无分文的国王。在国内,贵族们和他们的家仆武装不断挑起家族间的争斗,随意掠夺国家财富。只有一个贵族安分守法——约克公爵理查。约克公爵是爱德华三世的后裔,因为他具有成为一个真正国王的王位继承权呼声极高。[1] 亨利生病,他作为摄政王被公认为在亨利绝嗣的情况下有权继承王权。不幸的是,患有精神病的国王在和平的环境下生了个儿子,有了继承人。在没有证据表明约克公爵有任何谋害亨利及其儿子的不忠意图的情况下,玛格丽特王后对他怀疑重重。在博福特和其他贵族的支持下,她发兵进攻约克公爵的领地并把他逐出英格兰。但不久理查率军返回,于是,近代所称之为玫瑰战争的激烈内战开始了。这场战争的名称来自两个家族的标志,红玫瑰代表兰开斯特家族,白玫瑰代表约克家族。

在交战的头五年里,双方各有输赢。到了1460年,王室军队在韦克菲尔德(Wakefield)打败了约克家族,约克伯爵在战场身亡,他的一个儿子被捕后遭到冷酷杀害。具有讽刺意义的是,理查的死却给兰开斯特家族一个毁灭性的打击。理查是个善良和蔼的人,只是出于自卫才逼上梁山的。他的儿子和继承人爱德华完全不是如此。一方面,他是当时最有能力的统领,他既有战略眼光,又有心机,另一方面,他野心勃勃,自私残忍,是个强有力的行政官。他父亲死后一年,爱德华就打垮了兰开斯特家族,并加冕称爱德华四世(Edward Ⅳ,1461—1483年在位)。但是玛格丽特王后不甘心失败,于是内战继续下去,直到国王爱

---

[1] 参见附录,表6。

568　西欧中世纪史

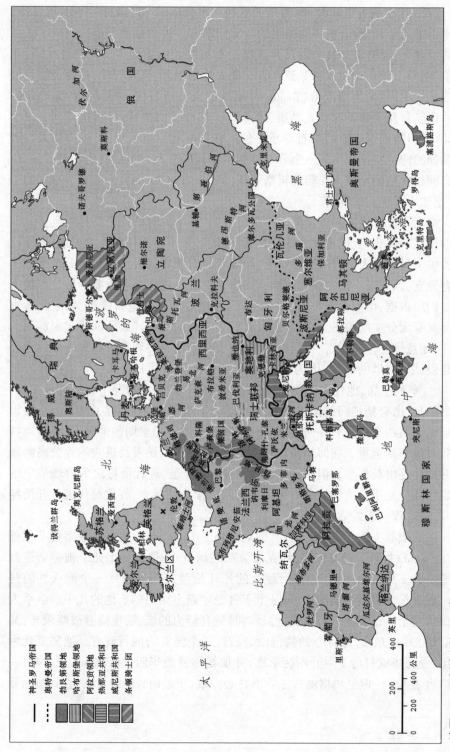

地图28.1 欧洲（约1475年）

德华最后打败他所有对手赢得了一系列辉煌胜利才停止。玛格丽特被流放,她的儿子爱德华被杀死。可怜的国王亨利在战争中表现极差,不管哪一方把他带到战场上,他就站在原地呆视着,直到被人抓住。最后爱德华把他关在伦敦塔内,后来死在那里。

爱德华四世死于1483年,留下两个小儿子和几个女儿。他的兄弟,格洛斯特的理查公爵显然成了摄政王的候选人,他在整个战争中效忠爱德华并很有才能,完全能够管理朝政直到他的年轻侄子长大成人。爱德华死后的两年是英格兰历史上最不可思议的岁月。对这段时间的叙述,被后来的都铎王朝(Tudors)的文人写成文章,用来逢迎那些极端固执的君主们。由于都铎王朝的第一代君主是推翻理查三世而赢得王位的,他们的历史学家很蔑视金雀花王朝最后一位国王。实际上,他们把理查描写成了一个背信弃义,残酷无比的魔鬼,这些文章中的史实很少。理查在他的兄弟死后就被公认是摄政王,显然准备为他的侄子加冕。但是突然间议会宣布这个小王子的继承权不合格,理查当上了国王,两个王子住在伦敦塔内。应该记住,伦敦塔既是国王的居所也是一所监狱。两个王子在理查加冕后不久就消失了。传统的或许正确的说法是他们被理查杀死了,但有可能一直到1485年,他们仍活着,但被以后的国王亨利七世杀死。

理查三世命中注定不能长久当政。面对比斯开海湾(the Bay of Biscay)的布雷顿(Breton)山上的城堡中关押着一位憔悴的年轻人,里奇蒙(Richmond)伯爵亨利·都铎。亨利·都铎的父亲,里奇蒙伯爵名叫埃德蒙·都铎,母亲是玛格丽特·博福特——这个伟大家族的最后一位继承人。正是由于他的母亲,亨利·都铎才获得了英格兰王位的继承权,尽管这种权力是站不住脚的,因为博福特家族已经被明显排除在继承人名单之外。[1] 可是亨利是兰开斯特家族的唯一候选人,而法王路易又非常讨厌约克家族的统治,因为这个家族站在路易的死对头勃艮第公爵一边。1484年,亨利说服法兰西政府支持他夺取英格兰王位的要求。第二年,亨利带领约2000名士兵的一支小股军队在威尔士登陆并向英格兰进军,一路上收拢一些支持他的人。1485年8月21日,他与理查三世在博斯沃思·菲尔德(Bosworth Field)展开了一场决战,理查在鏖战中身亡。获胜的亨利·都铎被议会公认为国王,他出于继承权的缘故,娶了爱德华四世的女儿,约克的伊丽莎白为妻。

玫瑰战争对英格兰的影响相对来说是较小的,这些战争主要在贵族们的武装家仆之间进行。整体上,双方都尽可能不打扰百姓:有一次战斗的场地为了不损坏一片麦地的缘故而被转移。伦敦和其他一些大城市都保持平静,没有被卷入这种战争。虽然许多贵族在战争中丧亡,另一些被捕获遭到杀害,但他们

---

[1] 参见附录,表6。

没有被满门抄斩。由于男爵们在战争之前就一直处于动荡不安的地位,战争并没有使他们变得更糟。然而在战争结束时,中层阶级——乡下的绅士市民们却对此厌烦了。当亨利七世继位时,这些人从心里讨厌贵族们而准备支持一位能够扭转局面的强有力的国王——就像亨利七世后来所做的那样。

亨利七世被称为英格兰"新君主制"的奠基人。但事实上,爱德华四世王朝已在某些方面为都铎王朝作了准备。在这两位强有力的国王统治下,议会在一段时期内降到了次要的地位,英格兰的代议制机构似乎也同法兰西一样日趋削弱。但是实际上,在金雀花王朝的兰开斯特国王统治时期,议会制已深深扎根于英格兰的政治传统之中,并已开启先例,直到 16 世纪又再度振兴,被斯图亚特王朝的绝对专制主义的对手所铭记不忘。英格兰从来没有发展过鼓励这种绝对专制主义的机构,英格兰领薪的官僚机构是十分狭小的,它不像法兰西国王那样拥有一支常备军。假如一位英格兰国王想要有效地管理王政的话,他就不得不想办法获得民众的赞同。

96. 近代欧洲的开端

15 世纪时不仅在英格兰、法兰西或神圣罗马帝国,欧洲大陆上整个基督教世界内部发生了剧变,这场变革决定了近代欧洲政治体系的形成。在北方斯堪的纳维亚的挪威、丹麦、瑞典三个王国于 1397 年组成了单一的王国"卡尔马联盟"(Union of Kalmar)。除了瑞典的几次叛乱外,该联盟先后处在埃里克国王(Eric,1397—1439 年在位)和克里斯琴国王(Christian,1439—1481 年在位)统治下。在瑞典的叛乱不仅有不忠的贵族参加,也得到了市民和农民的广泛支持。1467 年一次成功的叛乱破坏了这个联盟,它虽在 1497 年一度得到恢复,但终于在 1501 年破裂了。从那时起,瑞典独立成为一个国家,而丹麦和挪威的联合一直维持到 1814 年。

以莫斯科为首都的近代俄罗斯国家是在 15 世纪后半叶出现的。1237 年蒙古入侵后,俄罗斯分裂成数个公国,每个公国均处在当地的俄罗斯小亲王统治之下,这些公国先后都臣服于蒙古的可汗,每年向他们缴纳繁重的贡赋。后来在伊凡一世(Ivan Ⅰ,1328—1341 年在位)领导下,莫斯科大公国(主要的公国)诞生了,伊凡说服蒙古任命他为全俄各诸侯国独一无二的纳贡总管,他和他的继承人利用这个职位建立了凌驾于其他公国之上的权势。1380 年,一位莫斯科大公感到自己已经强盛到足以反抗蒙古人了,但是初战告胜后他就被打败,叛乱被镇压了。在以后的一个世纪里,由于连绵不断的内战,蒙古人的国力衰弱。就在首次叛乱后的 100 年时,伊凡三世大帝(Ivan III the Great,1462—1505 年在位)成功地摆脱了"鞑靼枷锁"(Tartar yoke),使所有俄罗斯诸侯都归属于自己的统辖之下。在莫斯科大公兴起的同时，莫斯科市区主教也成为俄罗斯东正教的大主教，该教会一直支持莫斯科大公的政治目标。1472年，伊凡三世娶了第二个妻子，即君士坦丁堡的最后一个皇帝的侄女，拜占庭公主。他随后放弃了大公的称号，自称"沙皇"（Tsar）。在他的心目中，自己是拜占庭皇帝的继承人，而莫斯科已代替君士坦丁堡作为东正教文明的中心。

在这种情况下，莫斯科可能成为"第三罗马"，因为曾作为基督教国家的"第二罗马"拜占庭帝国已经名存实亡了。拜占庭帝国在1453年完全衰败之前的一个世纪里被奥斯曼土耳其人夺取了大片领地。[1] 1356年，一支土耳其军队跨越欧洲，占领了亚得里亚堡。此后的30年里，土耳其人成了巴尔干的主人。保加利亚公国被摧毁了，塞尔维亚丧失了它的大片土地，沦为附庸国。1397年苏丹拜齐德（Bayazid，1389—1402年在位）包围君士坦丁堡，拜占庭帝国似乎已濒临灭亡，但幸运之神又一次降临这个古老王国。一位蒙古大汗，通称跛子帖木儿（Tamerlane the Lame），率领他的游牧部落，横扫小亚细亚，拜齐德急忙班师迎战。1402年7月20日，帖木儿包围土耳其军队，俘虏苏丹，暂时挫败了奥斯曼势力。此后的50年内，苏丹忙于和匈牙利、波兰的国王们在陆上作战，与威尼斯进行海战。到了1453年苏丹穆罕默德二世（Mohammed Ⅱ，1451—1481年在位）终于腾出手来向君士坦丁堡发起一次猛攻，并于该年的5月29日攻下该城，拜占庭帝国末代皇帝君士坦丁十一世英勇地战死沙场。拜占庭的难民们逃到意大利，在那里，随着土耳其人的征服，有助于激励希腊的学识，与当地人一起促使意大利文艺复兴。巴尔干人仍处于土耳其的统治下，直到19世纪。君士坦丁堡，即现在的伊斯坦布尔（Istanbul）仍是土耳其城土。

如果我们将西班牙作为我们的政论地图浏览的最后一站，会发现15世纪的后半叶内，那里也发生了具有决定意义的变化。12世纪的基督教国王对摩尔领土的重新占领随着1252年卡斯提尔的斐迪南三世去世而宣告结束。[2] 直到中世纪结束，摩尔人国王们仍统治着西班牙南部穆罕默德国家、格拉纳达（Granada）国家。与此同时，三个主要的基督教国家，卡斯提尔、阿拉贡和葡萄牙一直无终止地互相攻打。国内也不断发生大贵族及对王权的叛乱和偶尔发生的农民起义。尽管如此，西班牙王国在某些方面仍取得了实质性进步。城市财富和影响不断增长，议会制有了明显的发展，阿拉贡的议会尤其突出。但是由于中世纪的西班牙国王十分软弱，未能建立稳定的、严明的、行之有效的政府传统。1469年阿拉贡的斐迪南与卡斯提尔的伊莎贝拉（Isabella）的婚姻是西班牙历史上的一个转折点。他们的统治开始把各诸侯国团结成一个联合的西班牙

---

[1] 参见第466页（边码）。

[2] 参见第255页（边码）。

王国。和当时其他统治者一样,他们成功地呼吁各城镇交纳赋税,以提供充足的财力来制约贵族们。他们还在1482年发起攻打格拉纳达摩尔王国,终于战胜对手并于1492年将它吞并。葡萄牙从中世纪起就作为一个独立国家留在阿拉贡和卡斯提尔联盟之外,至今依然如此。

西班牙和葡萄牙不仅在15世纪后半叶成为民族国家,还发现了新世界。蒙古人的内战和奥斯曼土耳其的进展阻碍了通往远东的陆路贸易。人们迫切需要一条可连接印度的海上通道。伊比利亚王国拥有漫长的大西洋岸线,使它理所当然地成为一个新的探险运动的领先者。亨利亲王(Prince Henry,1394—1460年在位)是一位葡萄牙航海家,他资助了一系列的海上探险活动。这些沿着非洲海岸向南航行的探险活动在亨利死后终于发现了绕道好望角到达东印度的航线。西班牙的伊莎贝拉还资助克里斯托弗·哥伦布(Christopher Columbus)横跨大西洋的航行。

很显然,没有一个特定的年限可作为"中世纪结束"的标志。我们这本书武断地选择了1475年作为后半叶的中间分界线,期间(1450—1500)发生了许多决定性的变化。1450年,据大多数人估计,欧洲仍处于"中世纪",到了1500年有种种迹象表明一个新纪元开始了。许多国家建立了强大的新君主统治。英格兰的理查三世于1485年死于博斯沃思—菲尔德。第一代都铎王朝国王继承了王位,皇帝腓特烈三世死于1493年,路易十一在1483年结束了他的统治。一般认为,理查是英格兰中世纪的最后一名君主,而腓特烈是在罗马加冕的最后一位神圣罗马帝国皇帝。尽管有些史学家把路易十一称为近代国王,但他们中有不同的见解,他的虔诚以及他所面对的问题基本上都是属于中世纪范围的。1479年,随着斐迪南和伊莎贝拉分别在阿拉贡和卡斯提尔的即位,近代西班牙就此诞生。路易十一的儿子,查理八世不久也发起了一场恶战,改变了意大利的政治,该体制使这个半岛在与周围大国的权力之中成了一个抵押品。在东方,君士坦丁堡于1453年落入土耳其人的手中,莫斯科大公伊凡三世也于1472年采用沙皇称谓。

同时,这半个世纪开始点燃了欧洲对大海彼岸的扩张兴趣。1487年巴托罗缪·迪亚士(Bartolomeu Dias)绕道好望角(Cape of Good Hope),1492年哥伦布抵达西印度群岛。1497年瓦斯科·达·伽马(Vasco de Gama)完成直达东印度的首次航行。同的,约翰·卡博特(John Cabot)首次探索了北美海岸。

在宗教、文学艺术方面也产生重要的变化。从12世纪起,中世纪技术在制造复杂机器方面不断有新的发展,最后在印刷术方面印刷机问世了,这是一项引起欧洲文化生活发生革命的发明。伊拉斯谟(Erasmas)于1467年,托马斯·摩尔(Thomas More)生于1478年,马丁·路德诞生于1483年。被称为近代科学之父的哥白尼(Copernicus)诞生于1473年,在意大利文艺复兴处于全盛时期有重要影响的莱奥纳尔多·达芬奇（Leonardo da Vinci）生于1452年，彼科·德拉·米兰多拉（Pico della Mirandola）生于1463年，马基雅维利生于1469年，米开朗琪罗（Michelangelo）生于1475年，卡斯蒂廖内（Castiglione）生于1478年。

所有这一切并不意味着历史突然在此中断了，它只不过加快了变革的步伐而已。除了对意大利抱有野心外，查理八世与他父亲的观点无甚大区别，而在罗马加冕皇帝早已成为徒有其表的成为一种形式。迪亚士和达·伽马也仅是沿着以前探险家们的非洲沿岸航线继续前进。伊拉斯谟和摩尔都受到过早期人文主义者的影响。路德的许多思想也都步上了胡斯的后尘。但是在14、15世纪时萌芽的种子在持续生长以后，突然开出花朵，以致产生出一个截然不同的世界——它或许比以前的世界要好？

进一步阅读书目

在第二十四章中援引的许多论述政治与宪法史的著作，对研究15世纪的历史是有裨益的。此外，有关英国的，参见E. F. 雅各布的《15世纪》（The Fifteenth Century）（牛津，1961）；克赖姆斯（S. B. Chrimes）的《15世纪英国人的立宪观念》（English Constitutional Ideas in the Fifteenth Century）（剑桥，1936）；B. 威尔金森的《15世纪英格兰宪政史》（Constitutional History of England in the Fifteenth Century）（伦敦，1964），附有文献；瓦兹（J. Watts），《亨利六世与王权政治》（Henry VI and the Politics of Kingship）（剑桥，1996）；古德曼（J. Goodman），《玫瑰战争》（The War of the Roses）（London, 1981）；兰德（J. R. Lander）的《玫瑰战争》（The Wars of the Roses）（伦敦，1965），是一部集当代编年史之大成的作品。关于法国与勃艮第的，参见钱皮恩（P. Champion）的《路易十一世》（Louis XI）（纽约，1929）；梅杰（J. R. Major）的《文艺复兴时代的法兰西代议制机构》（Representative Institutions in Renaissance France）（麦迪逊，威斯康辛州，1960）。沃恩（R. Vaughan）的《好人腓力》（Philip the Good）（伦敦，1970），《勇士查理》（Charles the Bold）（伦敦，1973），和《瓦卢瓦勃艮第》（伦敦，1975）；和毕内（C. Beanne）的《意识形态的诞生：中世纪后期法兰西民族的神话和象征》（The Birth of an Ideology: Myths and Symbols of Nation in Late-Medieval France）（伯克利和洛杉矶，1991）。

波乔尔（E. Bonjour）等《瑞士简史》（A Shorty History of Switzerland）（牛津，1952），是一部入门概览。卡斯坦恩（F. C. Carsten）的两部著作部分地涉及15世纪的日耳曼，它们是《普鲁士的起源》（The Origins of Prussia）（牛津，1954），以及《日耳曼的诸侯与议会》（Princes and Parliament in Germany）（牛津，1959），康明尼斯的《回忆录》（Memoires），由斯科布（A. R. Scoble）翻译（伦敦，1855—1856），提供一幅生动的当时人对欧洲事务的说法。

有关斯堪的纳维亚国家的发展，参见拉尔森（K. Larsen）的《挪威史》（A History of Norway）（普林斯顿，新泽西州，1948）；安德森（I. Anderson）的《瑞典史》（A History of Sweden）（伦敦，1956）；劳森（P. Lauring）的《丹麦王国史》（A History of the Kingdom of Denmark）（哥本哈根，1973）。研究东欧的佳作是，哈立克基（O. Halecki）的《波兰史》（A History of Poland）（纽

约,1956),以及《文明的世界:中东欧的历史》(Borderlands of Civilization: A History of East Central Europe)(纽约,1952)。有关俄国的,参见维纳特斯基(G. Vernadsky)的《蒙古人与俄国》(The Mongols and Russia)(纽黑文,康纳狄格州,1953);赫尔珀林(C. J. Helperin),《俄罗斯与金帐汗国》(Russia and the Golden Horde)(布鲁明顿,IN,1985);以及马丁(J. Martin),《俄罗斯中世纪史,980—1589年》(Medieval Russia, 980-1589)(剑桥,1996)。S. 朗西曼的《君士坦丁堡的陷落》(The Fall of Constantinople)(剑桥,1965)是一部精彩之作。有关东地中海的,参见尼科尔(D. R. Nicrl)的《拜占庭的最后数世纪:1261—1453年》(The Last Centuries of Byzantium, 1261-1453)(伦敦,1972),以及阿蒂亚(A. S. Atiya)的《中古后期的十字军》(The Crusade in the Later Middle Ages)(伦敦,1938)。有关西班牙的,参见第11章援引的R. 梅里亚姆的《西班牙帝国的崛起》(Rise of the Spanish Empire),或 * 洛马克斯(D. W. Lomax),《西班牙的再次征战》(The Reconquest of Spain)(纽约,1978),以及希尔伽斯(J. N. Hillgarth),《西班牙王国史》(The Spanish Kingdoms, 1250-1516, 2 vols)(纽约,1976,1978)。中世纪晚期的扩张,参见 * 迪菲(B. W. Diffie),《帝国的序曲》(Prelude to Empire)(林肯,NE,1960); * 西波拉(C. M. Cipolla),《枪炮、航海与帝国:技术革新与欧洲扩张的早期阶段》(Guns, Sails and Empires: Technological Innovation and the Early Phases of European Expansion, 1400-1700)(纽约,1965);以及菲利浦(J. R. S. Philips),《中世纪欧洲的扩张》(The Medieval Expansion of Europe)(牛津,1988)。斐尔南德—阿默斯托(F. Fernandez-Armesto),《哥伦布之前:从地中海到大西洋的扩张与殖民》(Before Columbus: Exploration and Colonization from the Mediterranean to the Atlantic, 1229-1492)(费城,1987)给出了丰富的文献。

最后,论述从中世纪过渡到文艺复兴文化的翻译作品中,有一部古典名作是 * 布克哈特(J. Burkhardt)的《意大利文艺复兴时期的文化》(The Civilization of the Renaissance in Italy)(纽约,1954,1860年初版)。有关文艺复兴更新的阐述,可在下列诸书中找到,它们是弗格森(W. K. Ferguson)的《历史思想中的文艺复兴》(The Renaissance in Historical Thought)(麻省剑桥,1948);D. 海伊的《意大利文艺复兴及其历史背景》(The Italian Renaissance in Its Historical Background)(剑桥,1961)。* 巴伦(H. Baron),《意大利早期文艺复兴的危机》(The Crisis of the Early Italian Renaissance)(普林斯顿,1966); * 克里斯特勒(O. Kristeller),《文艺复兴思想及其根源》(Renaissance Thought and its Sources)(纽约,1979);以及霍尔姆斯(G. Holmes),《佛罗伦萨、罗马与文艺复兴的起源》(Florence, Rome and the Origins of the Renaissance)(牛津,1986)。关于绘画的发展,参见卡鲁尔(A. Kapr),《约翰·古登堡:其人其作》(Johannes Gutenberg: The Man and His Work)(Brookfield, VT, 1996)。

尾 声

97. 中世纪的成就

在评价中世纪的成就时,我们可按照本书开头时所指出的,从两个不同方面来加以考虑,论证一下中世纪人们对以后西方文明发展的贡献,或者设身处地和客观地估计这些成就的质量。现代历史学家经常强调中世纪的"另类""异质";不过,仍然要承认,如果不从中世纪的源头开始考查,当代西方文明的诸多方面就无法理解。中世纪在整个西方文明史中占有极为重要的地位。在500年时,西欧是在罗马帝国的废墟上,处于蛮族之间相互争吵的一片混乱之中。到了1500年,该地区的各民族已创立先进的社会,并坚韧不拔地从事下一个世纪的冒险——不管是好、是坏,使几乎整个的世界变得西方化。

对未来起决定作用的发明创造也在生活的各个方面以及思想领域中出现。近代欧洲的政治结构早在中世纪后期创立。中世纪创立的两种实体直到今日还发挥着重要作用——作为政府机构的代表大会,以及作为学术机构的大学,如果没有它们,近代西方文明的发展便成了一句空话。在宗教方面,大部分教义、礼拜仪式以及近代罗马天主教教规也都是在中世纪形成的,而新教的主要思想是从中世纪后期的教师们,如奥卡姆、威克里夫与胡斯的宗教思想中衍生出来的。同样,在中世纪形成的教会与国家之间持续的富有成果的张力,一直延续下来成为西方社会的独特特征。最重要的是,中世纪教会拥有"宗教积极行动主义"的纲领,一种持续不断参与世俗事务的纲领。这一点也保持在现代天主教和各种新教教派之中。在消极方面,成长于中世纪的对犹太民族的敌对,助长了现代反犹太人主义的邪恶学说的滋长。

在科技方面,中世纪人们在发明新式仪器以及吸收改进其他文明的创造方面也产生极其重要的作用。到12世纪时,中世纪西方将机械力应用于日常生产过程,并在这方面超过拜占庭和伊斯兰。14世纪时,欧洲在使用来自中国的科技方面开始领先,直到那时,中国在世界文明中拥有最先进科技。

中世纪以来,社会思想发生了剧变,但是仍有一些思想遗留至今。标志着封建阶级成员身份的个人自由的思想成为后来"人权"概念的重要组成部分。作为西方文化的一种怪癖,即对富有浪漫色彩的男女之爱的狂热性,在西方文学中,至少在盎格鲁—撒克逊区域留存至今,并作为两性关系的合理基础得到广泛承认。中世纪作家们创作的许多故事至今仍然是我们文学遗产中生气勃勃的一部分。音乐记谱法的发明,使得音乐艺术随后在西方世界的大发展成为了可能。

当我们依照他们当时的情况来评论中世纪人们的功名时,又再一次证明这是人类历史中伟大的时代之一。大量的沼泽、丛林荒地被开垦成肥沃的良田,农业技术的推广应用,使该地区丰富了物产,足以维持众多的居民。开垦欧洲的荒地是个伟大的成功,在此基础上,中世纪人们建立了独特的文明。

封建制度,庄园领主制度以及行会制度是应对时代需求的积极结果。在发展代议制政府机构方面,中世纪也具有独创之处。对来源于罗马帝国教会的复杂的等级制度,中世纪的教士们也按自己的需要加以修改。修道院制度则几乎完全是中世纪的发明。在思想领域方面,这个时期也同样硕果累累。基督教神学理论的基础是由罗马帝国后期的教父们建立的,但是中世纪神学家们编写了教规法,完成并补充了该理论。其他思想领域与神学相互交错,试图创立一个持久的整体。经院神学的最伟大的作品是由非常了不起的人物创造的非凡的结晶。在文学方面,中世纪的许多著作至今还无人超越。但丁的《神曲》,乔叟的《坎特伯雷故事集》,都跻身世界文学作品之林;《贝奥武甫》、《罗兰之歌》,以及那些游吟诗人的抒情诗,其中最好的作品水准不在前者之下。最后,中世纪人们在建筑领域方面显示了惊人的创造想象力。与名称相反,罗马式建筑是他们自己的,而哥特式则是崭新的,它完全不同于以往任何建筑风格。在当时工程理论知识缺乏,人力不足的情况下,那些用纯石块结构法竖立起来的中世纪欧洲教堂建筑是十分惊人的成果。

中世纪最后100年中,欧洲各国都发生了史无前例的瘟疫、战争、分裂,以及经济衰退,它们几乎同时发生并相互交替。面对天灾人祸,人们没有失去勇气,没有屈从于"死的愿望"。相反,他们努力工作,尽力解决遇到的种种问题,创造出早期近代世界的体制近代世界的早期体制。这样,中世纪后期的"动乱年代"并没有导致西方文明的崩溃,而是走向扩张和成功的新时代。不同于古代罗马的居民,中世纪欧洲人民将理智和勇气贯彻于他们的行动,因而避免了新的黑暗时代的威胁。这是中世纪文明最伟大的成就。

附录　中世纪教皇与王朝世系表

表1　中世纪教皇

此表由安杰洛·默卡图(Angelo Mercato)编制，见《中世纪研究》(*Medieval Studies*)，Ⅸ(1947)，第71—81页。承蒙中世纪研究院(the Pontifical Institute of Medieval Studies)惠允使用。僭称的教皇以斜体出现。

Sylvester I, 314–335
Mark, 336
Julius I, 337–352
Liberius, 352–365
Felix II, 355–365
Damasus I, 366–384
Siricius, 384–399
Anastasius I, 399–401
Innocent I, 401–417
Zosimus, 417–418
Boniface I, 418–422
Celestine I, 422–432
Sixtus III, 432–440
Leo I the Great, 440–461
Hilary, 461–468
Simplicius, 468–483
Felix III, 483–492
Gelasius I, 492–496
Anastasius II, 496–498
Symmachus, 498–514
Hormisdas, 514–523
John I, 523–526
Felix IV, 526–530
Boniface II, 530–532
John II, 533–535
Agapitus I, 535–536
Silverius, 536–537
Vigilius, 537–555
Pelagius I, 555–561

John III, 561–574
Benedict I, 575–579
Pelagius II, 579–590
Gregory I the Great, 590–604
Sabinianus, 604–606
Boniface III, 607
Boniface IV, 608–615
Deusdedit, 615–618
Boniface V, 619–625
Honorius I, 625–638
Severinus, 640
John IV, 640–642
Theodore I, 642–649
Martin I, 649–655
Eugenius I, 654–657
Vitalian, 657–672
Adeodatus, 672–676
Donus, 676–678
Agatho, 678–681
Leo II, 682–683
Benedict II, 684–685
John V, 685–686
Conon, 686–687
Sergius I, 687–701
John VI, 701–705
John VII, 705–707
Sisinnius, 708
Constantine, 708–715

Gregory II, 715–731
Gregory III, 731–741
Zacharias, 741–752
Stephen II, 752–757
Paul I, 757–767
Stephen III, 768–772
Adrian I, 772–795
Leo III, 795–816
Stephen IV, 816–817
Paschal I, 817–824
Eugenius II, 824–287
Valentine, 827
Gregory IV, 827–844
Sergius II, 844–847
Leo IV, 847–855
Benedict III, 855–858
Nicholas I the Great, 858–867
Adrian II, 867–872
John VIII, 872–882
Marinus I, 882–884
Adrian III, 884–885
Stephen V, 885–891
Formosus, 891–896
Formosus, 891–896
Boniface VI, 896
Stephen VI, 896–897
Romanus, 897
Theodore II, 897

John IX, 898–900
Benedict IV, 900–903
Leo V, 903
Christopher, 903–904
Sergius III, 904–911
Anastasius III, 911–913
Lando, 913–914
John X, 914–928
Leo VI, 928
Sephen VII, 928–931
John XI, 931–935
Leo VII, 936–939
Stephen VIII, 939–942
Marinus II, 942–946
Agapitus II, 946–955
John XII, 955–964
Leo VIII, 963–965
Benedict V, 964–966
John XIII, 965–972
Benedict VI, 973–974
*Boniface VII, 974
 and 984–985*
Benedict VII, 974–983
John XIV, 983–984
John XV, 985–996
Gregory V, 996–999
John XVI, 997–998
Sylvester II, 999–1003
John XVII, 1003
John XVIII, 1004–1009
Sergius IV, 1009–1012
Benedict VIII,
 1012–1024
John XIX, 1024–1032
Benedict IX, 1032–1044
Sylvester III, 1045
Benedict IX, 1045 [for
 the second time]
Gregory VI, 1045–1046
Clement II, 1046–1047
Benedict IX, 1047–1048
 [for the third time]

Damasus II, 1048
Leo IX, 1049–1054
Victor II, 1055–1057
Stephen IX, 1057–1058
Benedict X, 1058–1059
Nicholas II, 1059–1061
Alexander II, 1061–1073
Gregory VII, 1073–1085
*Clement III, 1080 and
 1084–1100*
Victor III, 1086–1087
Urban II, 1088–1099
Paschal II, 1099–1118
Theodoric, 1100
Albert, 1102
Sylvester IV, 1105–1111
Gelasius II, 1118–1119
Gregory VIII, 1118–1121
Calixtus II, 1119–1124
Honorius II, 1124–1130
Innocent II, 1130–1143
Anacletus II, 1130–1138
Celestine II, 1143–1144
Lucius II, 1144–1145
Eugenius III, 1145–1153
Anastasius IV, 1153–1154
Adrian IV, 1154–1159
Alexander III, 1159–1181
Victor IV, 1159–1164
Paschal III, 1164–1168
Calixtus III, 1168–1178
Innocent III, 1179–1180
Lucius III, 1181–1185
Urban III, 1185–1187
Gregory VIII, 1187
Clement III, 1187–1191
Celestine III, 1191–1198
Innocent III, 1198–1216
Honorius III, 1216–1227
Gregory IX, 1227–1241
Celestine IV, 1241
Innocent IV, 1243–1254

Alexander IV, 1254–1261
Urban IV, 1261–1264
Clement IV, 1265–1268
Gregory X, 1271–1276
Innocent V, 1276
Adrian V, 1276
John XXI, 1276–1277*
Nicholas III, 1277–1280
Martin IV, 1281–1285
Honorius IV, 1285–1287
Nicholas IV, 1288–1292
Celestine V, 1294
Boniface VIII, 1294–1303
Benedict XI, 1303–1304
Clement V, 1305–1314
John XXII, 1316–1334
Benedict XII, 1334–1342
Clement VI, 1342–1352
Innocent VI, 1352–1362
Urban V, 1362–1370
Gregory XI, 1370–1378
Urban VI, 1378–1389
Clement VII, 1378–1394†
Boniface IX, 1389–1404
Benedict XIII, 1394–1423†
Innocent VII, 1404–1406
Gregory XII, 1406–1415
Alexander V, 1409–1410‡
John XXIII, 1410–1415‡
Martin V, 1417–1431
Clement VIII, 1423–1429
Eugenius IV, 1431–1447
Felix V, 1439–1449
Nicholas V, 1447–1455
Calixtus III, 1455–1458
Pius II, 1458–1464
Paul II, 1464–1471
Sixtus IV, 1471–1484
Innocent VIII,
 1484–1492
Alexander VI,
 1492–1503

附录 中世纪教皇与王朝世系表 579

表2 查理曼王朝世系表

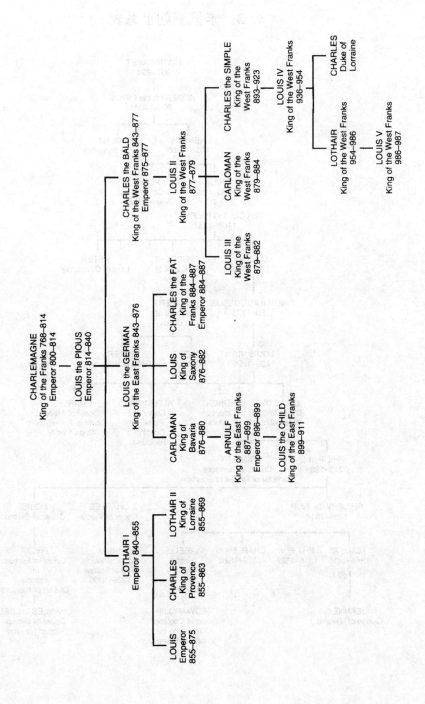

表3　卡佩王朝世系表

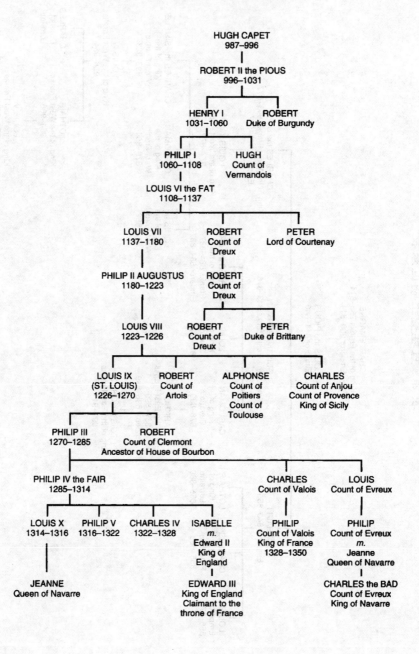

表4 日耳曼王国萨克森与萨利安王朝世系表

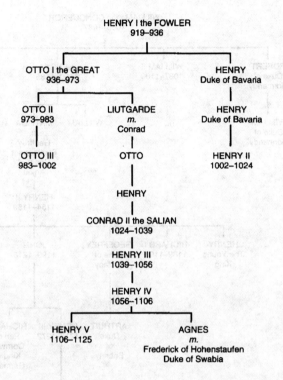

表5 英格兰诺曼王朝与金雀花王朝世系表

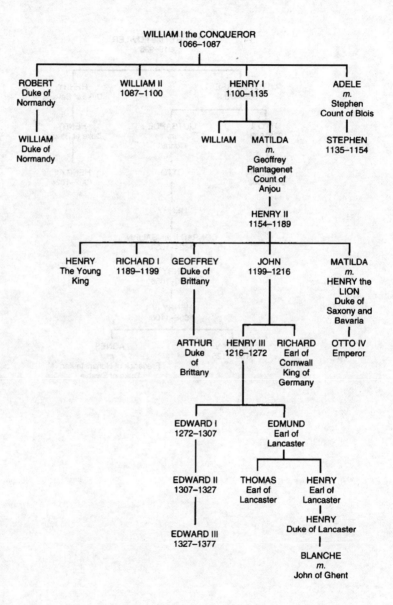

表6 霍亨施陶芬王室及其对手

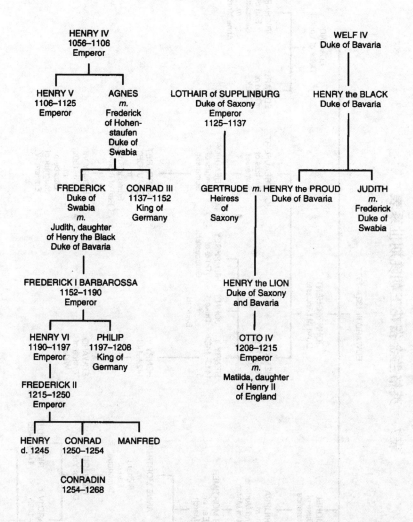

表7　英格兰金雀花王朝晚期世系表

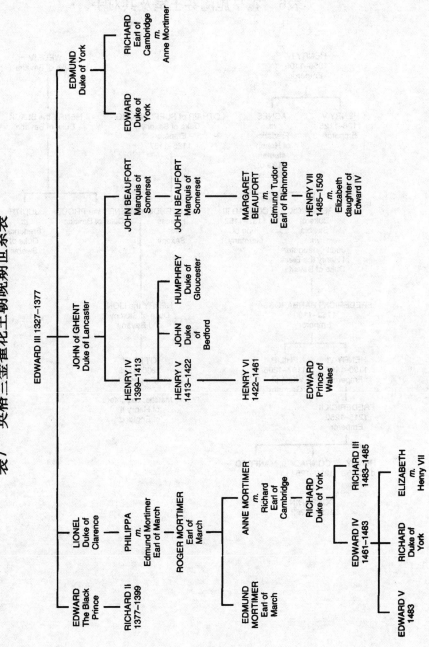

表8 法兰西瓦卢瓦王朝世系表

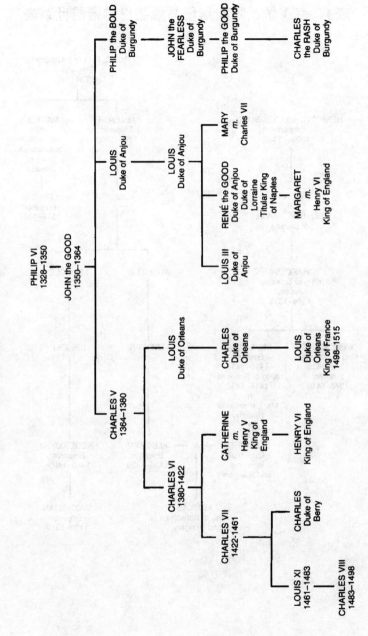

表9 卢森堡、哈布斯堡与威德巴赫帝国世系表

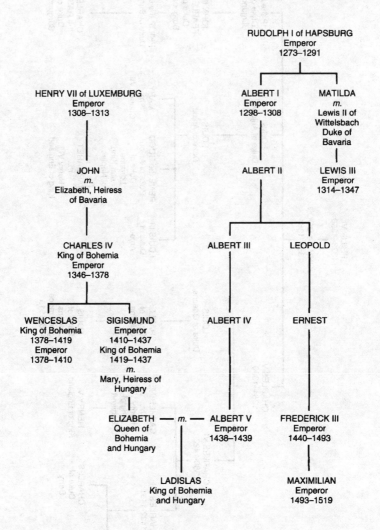

表10　10—13世纪西班牙国王世系表

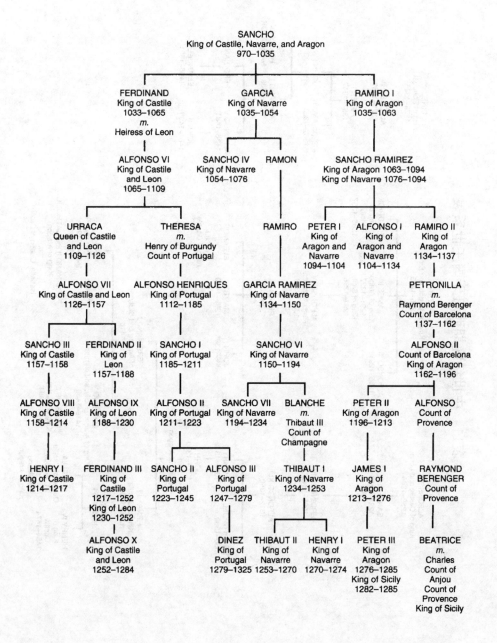

表11　中世纪晚期西班牙国王世系表

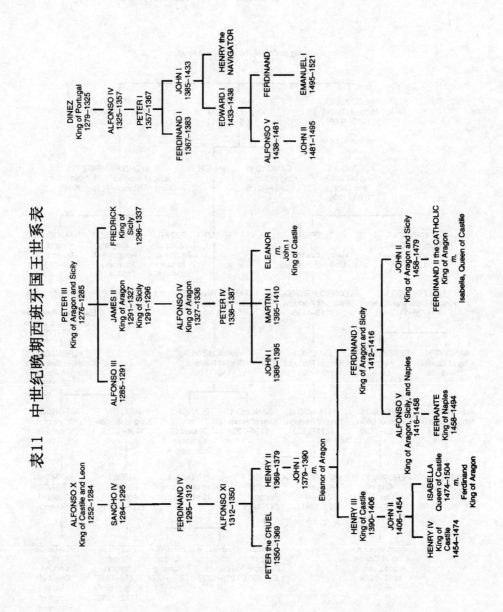

本
索　引

索引页码为边码数字，斜体表示见插图。

A

Aaron of Lincoln　林肯的亚伦　369

Abbasid dynasty　阿拔斯王朝　127,241—42,260

Abbots　修道院院长　112

Abelard, Peter　阿伯拉尔·彼得　300, 307,308—10,406,413,450

Abu Bakr, caliph　阿布·巴克尔, 哈里发　124

Acacius, patriarch of Constantinople　阿卡西乌, 君士坦丁堡大教长　105

Acre, siege of (1260)　围攻阿克里　466

Adalbert, St.　圣阿达尔贝特　233

Adam of Bremen　不来梅的亚当　231

Adèle of Blois　布卢瓦的阿代勒　333

Adhemar, bishop of Le Puy　阿代马尔, 勒皮主教　258

Adrian Ⅳ, pope　阿德里安四世, 教宗　337

Aesop's fables　伊索寓言　456

Aethalstan, king of England　埃则尔斯坦, 英格兰国王　194

Aetius, Visigoth general　埃提乌斯, 西哥特将军　68,69

Africa 非洲, 68. See also North Africa　北非

Agatha, St.　圣阿加莎　42

Agilulf, king of Lombards　阿吉卢尔福, 伦巴第国王　79

Agincourt, battle of (1415)　阿金库尔战役　564—566

Agnatic lineage　父系世族　171

Agnes, St.　圣阿格尼斯　42

Agriculture　农业

　achievements of Middle Ages　中世纪的成就　607

　Byzantine Empire　拜占庭帝国　89

　Cistercian abbey　西多会　301

　decline of productivity in latethirteenth century　13世纪后期生产力下降　468

　Germanic tribes　日耳曼部落　62

　Islamic Empire　伊斯兰帝国　242

　markets in twelfth century　12世纪的市场　286—287

　Mediterranean region　地中海区域　8—9

　northern Europe　北欧　10—11

　peasant life and rural economy　农民生活与农业经济　175—180

　population growth and expansion of　人口的增长与扩张　185—187

　Roman Empire　罗马帝国　27—29

Aid, and vassals　协助金, 封臣　162—163

Aidan, Celtic monk　艾丹, 凯尔特修士　118

Aistulf, Lombard king　艾斯图尔夫, 伦巴第国王　130,131

Alanus (law professor)　阿拉努斯（法律学者）　316—317

Alaric Ⅰ, king of Visigoths　阿拉里克一世, 西哥特国王　67,68

Alaric Ⅱ, king of Visigoths　阿拉里克二世, 西哥特国王　102

Albert Ⅴ of Hapsburg　哈布斯堡的阿尔贝特五世　594

Albert Achilles of Brandenburg　勃兰登堡的阿尔贝特·阿希莱斯　594

Albertus Magnus　阿尔伯特·马格努斯　412,420

Albigensians 阿尔比派 353—359,452

Al-Biruni (geographer) 阿尔—比鲁尼(地理学者) 243

Alboin, king of Lombards 阿尔博音,伦巴第国王 76

Albornoz, Gil 阿尔沃诺斯,希尔 531

Alchemy 炼金术 414

Alcuin 阿昆 141,142,144,431

Alemanni 阿莱曼尼 63,68,71,100

Alexander Ⅱ, pope 亚历山大二世,教宗 220

Alexander Ⅲ, pope 亚历山大三世,教宗 315,337,338,356

Alexander Ⅳ, pope 亚历山大四世,教宗 365

Alexander Ⅴ, pope 亚历山大五世,教宗 531

Alexander de Villedieu 亚历山大·德·维勒杜 445

Alexander the Great 亚历山大大帝 13

Alexandria, Egypt 亚历山大,埃及 13, 40—41,105

Alexis, St. 圣阿列克谢 356

Alexius Comnenus, Byzantine emperor 阿列克塞·科门纽斯,拜占庭皇帝 257, 258,259—60

Al-Farabi (philosopher) 阿尔—法拉比(哲学家) 244

Alfonsine Tables 阿方索星表 380

Alfonso Ⅴ, king of Aragon and Sicily 阿方索五世,阿拉贡和西西里国王 531

Alfonso Ⅵ, king of Leon and Castile 阿方索六世,莱昂和卡斯提尔国王 252—253,254—255

Alfonso Ⅷ, king of Castile 阿方索八世,卡斯提尔国王 255

Alfonso Ⅹ, king of Castile 阿方索十世,卡斯提尔国王 246,313—314,379, 381—382,457

Alfonso Henriques, king of Portugal 阿方索·恩里克斯,葡萄牙国王 253

Alfred the Great, king of England 伟大的阿尔弗雷德,英格兰国王 108,152,195, 449—450,452

Ail (son-in-law of Prophet), caliph 阿里,先知的女婿,哈里发 124

Alix, countess of Blois 阿利克斯,布卢瓦女伯爵 453—454

Al-Khwarismi (mathematician) 霍瑞斯米(数学家) 244

Al-Kindi (philosopher) 金地(哲学家) 244

Allods 自主地 161

All Saints' Day 万圣节 288

Al-Mamun, caliph of Tunisia 马穆,突尼斯哈里发 244

Almohades 阿尔穆哈德 255

Almoravides 阿尔穆拉比特王朝 253

Alphonse, count of Poitou 阿方斯,普瓦图伯爵 358

Al-Razi (physician) 拉齐(医生) 243

Altaic group 阿尔泰语系 67

Amalarius of Metz 梅斯的阿马拉里乌斯 430

Amalric, Arnold 阿马里克,阿诺德 358

Ambrose, St. 圣安布罗斯 33,42,49—50

Ambulatory, of cathedral 大教堂的回廊 429

Amiens Cathedral 亚眠大教堂 441

Ammianus Marcellinus (Roman historian) 阿米亚努斯·马尔克利努斯(罗马历史学家) 30

Anarchy, and feudalism in France 法兰西的无政府状态,封建主义 165—169

Anastasius, Eastern Roman emperor 阿纳斯塔西乌斯,东罗马皇帝 73

Anatolia 安纳托利亚 237

Andrea de Firenze 佛罗伦萨的安德里亚 477

Andrew the Chaplain 安德鲁牧师 454
Angevin Empire 安茹帝国 324,325
Angles 盎格鲁人 66,69—70
Anglo-Saxon Chronicle 盎格鲁—撒克逊编年史 450
Anglo-Saxons 盎格鲁—撒克逊人 111,117,152,451,452. See also *Saxons*
Animal power, and agriculture 畜力,农业 186—87
Anjou 安茹 171
Annals, monastic 修道院编年史 448
Anne, Queen of England 安妮,英格兰王后 578
Anselm, St. 圣安塞姆 224,225,307,420,423
Anselm of Laon 拉昂的安塞姆 308
Ansgar (monk) 安斯加尔修士 231
Anthony, St. 圣安东尼 57
Antioch 安条克 19,261
Antiphonal chanting 轮唱赞美诗集 49
Antipope 敌对教宗 586
Apologists 护教士 40
Apostolic See 宗座 54
Appanages 世袭封地 383—384
Apprentices and apprenticeships 学徒与学徒年限 280,404
Apse, of cathedral 大教堂的后殿 428
Aqueducts 渠道 19
Aquinas, St. Thomas 圣托马斯·阿奎那 404,421—425,458,464
Aquitaine 阿基坦 95,191
Arabia 阿拉伯半岛 121,123,125
Arabic language 阿拉伯语 241—242
Aragon 阿拉贡 252,255,349,380,382,531,603
Arcadius, Roman emperor 阿卡尔狄乌斯,罗马皇帝 54
Archaeology 考古学 11,290
Archbishops 大主教,参见坎特伯雷大主教 44,227. See also Canterbury, archbishop of
Archdeacons 执事长 227—228
Architecture 建筑
  achievements of Middle ages 中世纪的建筑成就 607
  Carolingian 加洛林王朝的建筑 143
  Gothic cathedral 哥特式大教堂 433—436,444—445
  medieval towns 中世纪城镇 281—282
  Romanesque 罗马式建筑 427—430,435,437,444,446
Archpoet 一位匿名诗人 446—447
Arianism 阿里乌教派 44,46—47
Aristotle 亚里士多德 80,244,409,411—413,415,418,419—20,422,423
Arius 阿里乌 44,46
Armor 甲胄 293—294,564,572
Army. See also Military; War 军队
  Byzantine Empire 拜占庭帝国军队 89—90,237—238
  English and Hundred Years' War 英格兰与百年战争 499
  French in fourteenth century 法兰西,十四世纪 498—499,573
  Islamic Empire 伊斯兰帝国 241
  Roman Empire 罗马帝国 23
Arnulf, king of East Franks 阿努尔夫,东法兰克国王 147
Arras, Treaty of (1435) 阿拉斯条约 570—571,590
Ars Amoris (Ovid) 《爱的艺术》(奥维德) 454
Ars Major and *Ars Minor* (Donatus) 《大文法》与《小文法》(多纳图) 31
Art 艺术
  Byzantine Empire 拜占庭帝国 91—92,240
  Celtic 凯尔特艺术 12,70,446

Germanic 日耳曼艺术 70

Gothic sculpture 哥特雕刻艺术 437,439,444

Ireland and Christian 爱尔兰和基督教艺术 113,114—115,116

late Roman Empire 罗马帝国晚期 79

Romanesque sculpture 罗马式雕刻艺术 430,438,552

trends and influences in fifteenthcentury 15世纪的趋势和影响 551—555

Arthur,duke of Brittany and count of Anjou 亚瑟,布列塔尼公爵和安茹伯爵 334

Arthur,king of Britain 亚瑟,不列颠国王 70,455—456

Artillery 火炮 571—72

Artisans, and guilds 手工业者与行会 279—280

Ascetism 禁欲苦修 115,355—356

Assart 垦荒 187

Astrology 占星术 415,471—472

Astronomy 天文学 243—244,412—414

Asturias,Spain 阿斯图里亚斯,西班牙 126,252

Ataulph,king of Visigoths 阿道尔夫,西哥特国王 68

Athanasius,St. 圣亚大纳西 46,57

Athens 雅典 8

Attila the Hun 阿提拉,匈奴王 69

Augustine(sixth-century monk) 奥古斯丁(6世纪修士) 117

Augustine of Hippo,St. 希波的奥古斯丁 47,50—52,57—58,129,137,354,368,420

Augustinians(school of philosophy) 奥古斯丁会(哲学学派) 420

Augustus Caesar 奥古斯都·恺撒 17,21,23

Aurelian,Roman emperor 奥勒良,罗马皇帝 24

Austin Friars 奥斯汀,托钵僧 366

Austrasia 奥斯特拉西亚 95,96,97,104

Austria 奥地利 595

Avars 阿瓦尔人 88,136,145,147

Averrois(Ibn Rushd) 阿威罗伊(伊本·拉什德) 244,412,419,421

Avicebron(Solomon Ibn Gabriol) 阿威森布郎(所罗门·伊本·加比罗尔) 412,420

Avicenna(Ibn Sina) 阿维森那(伊本·西奈) 244,412,422

Avignon(France), and papacy 阿维尼翁(法)教宗 490,526—531,581 参见大分裂(Great Schism)

Awareness of Death and the Love of Life,The (Tenenti) 《了解死亡与热爱生命》(特内提) 551

B

Bacon,Roger 培根,罗杰 417—418

Baghdad 巴格达 241,245

Bailey,of castle 城堡外墙 162

baillis 地方法官 335,387

Baldwin,count of Edessa 鲍德温,埃德萨伯爵 261,262,263

Baldwin,count of Flanders 鲍德温,佛兰德斯伯爵 259,268

Baliol,John 巴里奥尔,约翰 395,410

Baliol,John,founder of Baliol College 巴里奥尔学院创建人 395

Baliol,John,of Scotland 苏格兰的约翰·巴里奥尔 410

Balkans 巴尔干半岛 233—236,602

Ball,John 保尔,约翰 541,545,546

Banking 银行业 373,550 参见高利贷(Usury)

Banquet,The (Dante) 《飨宴》(但丁) 458

Barbarians 蛮族 61—71 参见哥特人,匈

奴人，汪达尔人，西哥特人（Goths; Huns; Vandals; Visigoths）

Barcelona, Spain 巴塞罗那，西班牙 252, 255, 380, 382

Bardas, Byzantine regent 巴达斯，拜占庭摄政者 234

Barley 大麦 10

Barons, of England 英格兰的男爵
  Henry II and 亨利二世 326, 330
  John I and 约翰一世 391—92
  Norman conquest 诺曼征服 203

Barons of the exchequer 财政大臣 323

Barrel vault 筒状拱顶 430

Bartolus of Sassoferato 萨索费拉托的巴尔托洛斯 410

Basel, Council of (1431) 巴塞尔公会议 584—87

Basil, St. 圣巴西尔 57

Basil I, Byzantine emperor 巴西尔一世，拜占庭皇帝 235—236, 238

Basil II, Byzantine emperor 巴西尔二世，拜占庭皇帝 236, 239, 241, 257

Basilica of Constantine (Rome) 君士坦丁大教堂（罗马）427—428

Basilicas 长方形基督教堂 428—429

Basques 巴斯克人 12, 136

Bastard feudalism 变态封建主义 596

Battle, trial by 决斗裁判法 102, 329

Batu (Mongol) 拔都（蒙古）380

Baudricourt, Robert de 博德雷库尔的罗伯特 567—568

Bavaria 巴伐利亚 104, 136, 203—204, 208, 485

Bayazid, sultan of Ottoman Turks 拜齐德，奥斯曼土耳其苏丹 602

Bayeaux Tapestry 巴约挂毯 173, 198

Beatrice of Burgundy 勃艮第的贝亚特丽斯 336

Beaufort, Margaret 博福特，玛格丽特 599

Beaufort family 博福特家族 598, 599

Bede, Venerable (historian) 可敬的比德 107—108, 119

Beghards and *Beguines* 贝格会和贝居安会 491

Belisarius, Roman general 贝利萨留，罗马将军 75—76

Benedict, St. 圣本笃 431

Benedict I, pope 本笃一世，教宗 106

Benedict XI, pope 本笃十一世，教宗 482

Benedict XIII, pope 本笃十三世，教宗 530, 581—582

Benedictbeuern, Bavarian abbey 本尼狄克比尤思，巴伐利亚隐修会 448

Benedict Biscop 本尼狄克·比斯科普 118—119

Benedictine monks 本笃修士 58—59, 121, 142, 300

Benedict of Nursia, St. 努西亚的圣本尼狄克 58, 75

Benefices 采邑 158, 337, 527—528

Beowulf 《贝奥武甫》119, 451, 607

Berbers 柏柏尔人 125, 253

Bernard of Aquitaine 阿基坦的伯尔纳 145

Bernard of Chartres 沙特尔的伯尔纳 446—447

Bernard of Chairvaux, St. 明谷的伯尔纳 264, 265, 299—300, 303, 305, 309, 444

Béziers, massacre of (1209) 贝济耶大屠杀 358

Bible 《圣经》48, 142

Bishops 主教
  city-states 城市—国家 281
  early Christianity 早期基督教 39, 44
  lay investiture 主教叙任权 220—225, 226, 227

Black Death 黑死病 470—473, 540, 547, 548, 551—52, 554

Black Friars (Dominicans) 黑衣会士(多明我会) 365
Black Prince 黑太子,参见爱德华,威尔士亲王(Edward (Black Prince), prince of Wales)
Blanche of Castile 卡斯提尔的布朗歇 352
Bloch, Marc 布洛克,马克 292
Blood feuds, and Germanic tribes 世仇,日耳曼部落 62
Boccaccio 薄伽丘 556—557
Boethius (philosopher) 波爱修(哲学家) 75,79,411
Bogomils 博格米勒派 354—355
Bohemia 波希米亚 233,535
Bohemond (son of Robert de Guiscard) 博希蒙德(吉斯卡尔的罗伯特之子) 259,260,261,262
Bologna, University of 博洛尼亚大学 404
Bonaventura, St. (Duns Scotus) 圣博纳文图拉(邓斯·司各脱) 420,464
Boniface, St. 圣卜尼法斯 119—121,130,131,136
Boniface Ⅷ, pope 卜尼法斯八世,教宗 480—482
Book of Hours 祈祷书 554
Book of Judgments (Receswinth) 《审判书》(雷塞斯温斯) 78
Book of Kells 《斯圣约之书》 113
Book of Pastoral Care (Gregory the Great) 《牧灵书》(伟大的格列高利) 108
Book of Sentences (Peter Lombard) 《教父名言集》(彼得·伦巴第) 310
Book of the Deeds of Jacques de Lalaing, The 《拉莱茵的雅克的故事》 556
Book of the Duke of True Lovers (Christine de Pisan) 《真爱公爵之书》(皮桑的克丽斯汀) 556
Boris, khan of Bulgaria 鲍里斯,保加利亚可汗 234,235
Bosworth Field, battle of (1485) 博斯沃思之战(1485) 601
Bourgeoisie. See Middle class 中产阶级
Bourges, Pragmatic Sanction of (1438) 布尔日国事诏书(1458) 586
Bracton, Henry 布拉克顿,亨利 313,398
Brethren of the Free Spirit 自由灵兄弟会 490—491
Brétigny, Treaty of (1359) 布雷蒂尼和约 506,508
Brevarium Alarici (codification of Roman law) 《罗马法汇编》 102
Bridget of Sweden 瑞典的布里吉特 489—490
Bridgettines 布里吉特会 490
Brittany 布列塔尼 105,351,501
Bronze-age cultures 青铜器时代的文化 11
Brotherhood of the Common Life 共同生活兄弟会 491
Bruce, Robert 布鲁斯,罗伯特 395
Brunhilde, queen of Burgundy 布鲁恩希尔德,勃艮第王后 96,97,115
Bruno, and Carthusian order 布鲁诺,加尔都西会 299
Bryce, Lord 布赖斯,勋爵 140
Bubonic plague 淋巴腺鼠疫(黑死病) 76,470—473,540,547,548,551
Bulgars and Bulgaria 保加利亚人与保加利亚 234—236,239,602
Burckhardt, Jacob 布克哈特,雅各布 1
Bureaucracy, of Islamic empire 伊斯兰帝国行政系统 241
Burgage tenure 地产权 278
Burgundians 勃艮第人 68,95,100
Burgundy 勃艮第 97,589—594
Buridan, Jan 比里当·让 418
Butler 司膳官 192

Buwayhid dynasty, of Baghdad 巴格达的白益王朝 245

Byzantine Empire 拜占庭帝国
- architecture 建筑 429
- civilization of in sixth century 6世纪的文明 85—94
- civilization of in eleventh and twelfth centuries 11、12世纪的文明 237—240
- crusades and 十字军 257—261
- decline of in eleventh century 11世纪的衰落 240—241
- end of 终结 466,602
- Frankish-papal alliance 法兰克人与教宗结盟 127—132
- Otto I of Germany 德意志的奥托一世 209
- revival in sixth century 6世纪的复兴 75—77

C

Caboche, Simon 卡博奇,西蒙 525
Cabochian Ordinance 卡波士法令 525
Cabot, John 卡博特,约翰 604
Caedmon (poet) 卡德蒙(诗人) 119,451
Caesaria, St. 圣凯撒利亚 58
Caesarius of Arles, Archbishop 阿尔勒大主教 58
Calais, France 加来,法国 503
Caledonia 喀里多尼亚,苏格兰古称 17. See also Scotland
Caliphs 哈里发 124,241
Calixtus II, pope 卡利克斯特二世,教宗 225
Cambridge University 剑桥大学 406,407,410
Camerarius 财政审计师 527
Candlemas 圣烛节 289
Cannon 大炮 571,572
Canon Law 教会法 315—317,360
Canons 教规 227
Canterbury, archbishop of 坎特伯雷大主教 117,118,348—350 参见托马斯·贝科特(Thomas No. Becket)
Canterbury Psalter (1148) 坎特伯雷圣诗集 283
Canterbury Tales (Chaucer) 《坎特伯雷故事集》(乔叟) 558,607
Canticle of the Sun (St. Francis of Assisi) 《太阳颂》(阿西西的方济各) 363,457
Canute, king of Denmark 卡努特,丹麦国王 196
Cape of Good Hope 好望角 604
Capetian dynasty 卡佩王朝 189—193,332,335,384—90,*612*
Capitularies 《法兰克国王敕令》 137
Carcassonne, France 卡尔卡松,法国 496
Cardinals 枢机主教 219—220
Carle, Guillaume 卡莱,纪尧姆 542,543
Carloman 卡洛曼 134,135
Carmelite order 加尔默罗会 366
Carolingian Empire 加洛林帝国
- culture of 文化 141—145
- division of by Treaty of Verdun 凡尔登条约,分裂加洛林帝国 149
- establishment of 创建 134—135
- government of 政府 135—140

Carolingian minuscule 加洛林的小书写体 144
Carolingian Renaissance 加洛林文艺复兴 142—143
Carthage 迦太基 13,14
Carthusian order 加尔都西会 299
Cassiodorus 卡西奥多乌斯 79,80
Castiglione, Baldassare 卡斯蒂廖内,巴尔达萨雷 604
Castile 卡斯提尔 252,255,350,380,381—382,540,603

Castles 城堡 162,167,172—173,282,430
Catacombs, of Rome 罗马陵寝 45
Catalonia 加泰罗尼亚 381
Cathari. See Albigensians 纯洁派,参见阿尔比派
Cathedral of Saint-Lazare(Autun) 圣拉扎尔大教堂 437
Cathedrals 主教座堂
    achievements of Middle Ages 中世纪的成就 607
    Gothic architecture 哥特式建筑 433—436
    Romanesque architecture 罗马式建筑 427—30
Cathedral schools 主教座堂学派 305—311
Catherine of Siena 锡耶纳的卡特琳 490
Cauchon, Peter, bishop of Beauvais 科雄,彼得,博韦主教 570
Cavalry, 159,572,574. See also Poitiers, battle of 骑兵,参见普瓦捷战役
Cave paintings 石洞壁画 11
Cecilia, St. 圣塞西莉亚 42
Celestine III, pope 西莱斯廷三世,教宗 346
Celestine IV, pope 西莱斯廷四世,教宗 378
Celestine V, pope 西莱斯廷五世,教宗 480
Celibacy, and church 独身制与教会 170
Celts 凯尔特人 11—12,17,66,70,111,145,214,446. See also Brittany; Ireland; Scotland; Wales
Cent Nouvelles, Les(Jean de Meung) 《百篇小说集》(让·德·默恩) 556
Chalcedon, Council of 查尔西顿公会议 (451) 55,127,129
Chamberlain 内臣 192
Chamberlains of the exchequer 财政大臣 323
Chambre des comptes 审计法庭 388,521
Champagne(France), fairs of 香槟集市(法国) 272,274—275,293,549
Chancellor 大臣 192,227,516—517
Chancery 档案处 196,352,527
Chansons de geste 《武功歌》 455,556
Chaplain 牧师 192
Charibert, king of Aquitaine 查理博特,阿基坦国王 95
Charis(Grace) 克里斯(神恩) 41
Charlemagne 查理大帝(一译查理曼) 134—140, 145—146, 170, 204, 339, 431,451,455,*611*
Charles(the Rash), duke of Burgundy 查理(鲁莽汉)勃艮第公爵 572—573, 592,595
Charles, duke of Orleans 查理,奥尔良公爵 558
Charles, king of Provence 查理,普罗旺斯国王 147
Charles II of Anjou, king of Naples 安茹的查理二世,那不勒斯国王 480
Charles IV, king of France 查理四世,法兰西国王 497
Charles IV, king of Germany 查理四世,日耳曼国王 534,535,537,578
Charles V, king of France 查理五世,法兰西国王 508,524
Charles V, king of Spain and Hapsburg Empire 查理五世,西班牙和哈布斯堡国王 595
Charles VI, king of France 查理六世,法兰西国王 524—525,537,566
Charles VII, king of France 查理七世,法兰西国王 567—571, 573—574, 589—590
Charles VIII, king of France 查理八世,法兰西国王 595,604

Charles of Anjou, king of Sicily 安茹的查理,西西里国王 383,475,476
Charles of Navarre, count of Evreux and king of Navarre 纳瓦尔的查理,埃夫勒伯爵和纳瓦尔国王 497,503
Charles the Bad, of France 坏人查理,法兰西 541,543
Charles the Bald, king of West Franks 秃头查理,西法兰克国王 146,147,190
Charles the Fat, king of East Franks 胖子查理,东法兰克国王 147,151,159
Charles Martel 查理·马特 104,126,127,130,159,204
Charles the Simple, king of West Franks 单纯的查理,西法兰克国王 151,204
Charters, of towns 城镇宪章 278—279
Chartier, Alan 沙尔捷,阿朗 558
Chartres Cathedral 沙特尔大教堂 437,446—447
Chaucer, Geoffrey 乔叟,杰弗里 557,558,596,607
Childebert, king of Franks 希尔德贝特,法兰克国王 96,97
Childeric, king of Franks 希尔德里克,法兰克国王 130—31
Children 孩子 184,185 参见家庭(Family)
Chilperic, king of Neustria 希尔佩里克,纽斯特里亚国王 95,96,98
China 中国
　bubonic plague 淋巴腺鼠疫 471
　Islamic Empire and trade with 伊斯兰帝国与中国的贸易 242
　land routes to in fourteenth century 14世纪通往中国的陆路 549
　peasant agriculture 农民经济 176,179
　Roman Empire compared to 罗马帝国与中国的比较 20
　technology of 中国的科技 416,607

Chivalry 骑士制度、骑士气概 172,292—296,555—556
Choir, of cathedral 唱诗班席 429
Chrétien de Troyes 克雷蒂安·德·特鲁瓦 454,455—456
Christian, king of Scandinavia 克里斯琴,斯堪的纳维亚国王 601
Christianity 基督教 See also Church 参见教会
　borderlands and spread of 边界与传播 230—237
　cathedrals as symbols of medieval 教堂,中世纪基督教的象征 445
　Clovis and Franks 克洛维与法兰克 72—73
　Frankish Gaul 法兰克的高卢人 103
　Gothic peoples 哥特民族 63—64
　Hellenistic culture and 希腊文化 34—42
　Irish versus Roman 爱尔兰对比罗马 112
　Roman Empire 罗马帝国 20,27,32—33,34,42—47
　Saxony 萨克森 135
　Spain in eleventh century 11世纪西班牙 253—55
Christine de Pisan 皮桑的克里斯廷 556
Christmas 圣诞节 288—289,431
Chroniques de France ou de St. Denis 《圣丹尼的法兰西编年史》 408
Church 教会,参见基督教,异端,修道院,教宗(Christianity; Heresy; Monasticism; Popes and papacy)
　achievements of Middle Ages 中世纪的成就 606,607
　advocates of reform in fifteenth century 15世纪的改革倡议 575—580
　age of the fathers 教父时期 47—52
　Aquinas and philosophy of 阿奎纳与教会

哲学 424

Black Death and 黑死病 472

canon law 教会法 315—317

cathedral schools and education 主教座堂学校与教会教育 305—311

commerce in twelfth century 12世纪的贸易 284—285

constitutional structure in fifteenth century 15世纪的宪政体制 584—587

Council of Constance and reform 康斯坦茨大公会议与改革 580—583

court records 法庭记录 290

disintegration and reform of in tenth and eleventh centuries 10、11世纪的分裂与改革 213—218

England and 英格兰教会 111,117—121

family and feudal society 家庭与封建社会 169—170

Fourth Lateran Council 第四次拉特兰公会议 349,351

Frankish Gaul and structure of 法兰克的高卢人与教会体制 103

government of early medieval Germany 中世纪早期日耳曼政府 204,205,208

Greek Orthodox *versus* Roman Catholic 希腊东正教对比罗马天主教 233—36,257—258

Henry Ⅱ and 亨利二世 326—327

Inquisition in thirteenth century 13世纪的宗教裁判所 359—360

Ireland and 爱尔兰教会 111—115

Jews in twelfth and thirteenth centuries 12、13世纪的犹太人 368—373

knightly conduct and 骑士的行为 294

liturgy in thirteenth century 13世纪的礼仪 430—433

medieval towns and 中世纪城镇 282

state in fourteenth century and 14世纪的国家 479—486

tournaments and 马上比武 295—296

violence in eleventh-century France 11世纪法兰西的暴力 167,168

women and feudal society 妇女与封建社会 174

Cicero 西塞罗 49

Cid,*el* 《熙德之歌》 253

Cismontane guild 本邦行会 405

Cistercian order 西多会 300—302

Citeaux, order of 西多会 299—300

Cities. See also City-states; Urban life 城市,参见城市—国家,城市生活

commerce in fourteenth century 14世纪的贸易 547—551

growth in twelfth century 12世纪的增长 276—282

Roman Empire 罗马帝国 19

City of God (Augustine of Hippo) 《上帝之城》(希波的奥古斯丁) 52,137

City-states 城市—国家 281,383—384,532

Civilization of the Renaissance in Italy, *The* (Burckhardt) 《意大利文艺复兴时期的文化》(布克哈特) 1

Civil service, Byzantine 文官,拜占庭 237

Clare of Assisi 阿西西的克拉尔 366

Class, socioeconomic 阶级,社会经济 282—284 参见中产阶级,农民(Middle class; Peasants)

Clement Ⅳ, pope 克雷芒四世,教宗 527

Clement Ⅴ, pope 克雷芒五世,教宗 482,484—485

Clement Ⅵ, pope 克雷芒六世,教宗 472

Clement Ⅶ, pope 克雷芒七世,教宗 529

Clement Ⅷ, pope 克雷芒八世,教宗 582

Clement of Alexandria (theologian) 亚历山大的克雷芒(神学家) 40

Clerestory, of cathedral 教堂的天窗 429

Clergy 教士
  Black Death and 黑死病与教士 472
  marriage of 教士的婚姻 215,217
  minor orders and administration of Church 小品与教会管理体制 228
  peasant life and village priest 农民生活与乡村神甫 184
Clericis Laicos, doctrine of 1296 年《教士与平信徒》训令 481
Climate 气候 8,10,468—470
Clocks, mechanical 机械钟 416
Clothar Ⅰ, king of Gaul 克洛撒一世,高卢国王 95
Clothar Ⅱ, king of Neustria 克洛撒二世,纽斯特里亚国王 97
Clovis, king of Franks 克洛维,法兰克国王 69,71—74,95,99
Cluny, abbey of 克吕尼修道院 215—216, 252,309,431
Codex Justinianus 《查士丁尼法典》 87
Coeur, Jecques 科尔,雅克 550,589—590
Coinage. See Currency 硬币,参见货币
Collectio Hispana(Isidore of Seville) 《西班牙教会集》(塞维利亚的伊西多尔) 80
Colleges, 410 学院,参见大学(Universities)
Cologne Cathedral 科隆大教堂 436
Coloni 隶农 31
Colonna family, of Rome 罗马的科隆纳家族 480,481,482,485
Columba, St. 圣科伦巴 115
Columbus, Christopher 哥伦布,克里斯托弗 603,604
Commerce. See also Economics 贸易,经济学
  Byzantine Empire 拜占庭帝国 89
  Carolingian Empire 加洛林帝国 89
  Carolingian Empire 加洛林帝国 139
  cities in fourteenth century 14 世纪的城市 547—551
  Islamic Empire 伊斯兰帝国 242—243
  peasant life in twelfth century 12 世纪的农民生活 285—292
  poor relief 救济穷人 285
  revival of in twelfth century 12 世纪的复兴 292—296
  shipping and piracy 海运与海盗 495
  usury 高利贷 285
Commodus, Roman emperor 康茂德,罗马皇帝 23
Common law 习惯法,普通法 329—330
Communes, and urban life 公社,城市生活 280—281
Compagnies d'ordonnance 亲军 573
Compass 罗盘 416,551
Compostela, Spain 康波斯提拉,西班牙 253
Compurgation, rite of 保证誓言 65, 101—102
Concordat of Worms 沃姆斯宗教协定 225
Confession 告解,忏悔 311
Confessions(Augustine of Hippo) 《忏悔录》(希波的奥古斯丁) 52
Confirmatio of 1297 宪章确认书 401
Conrad, king of Germany and Sicily 康拉德,日耳曼和西西里国王 379
Conrad Ⅱ, king of Germany 康拉德二世,日耳曼国王 163—164,204,209,210
Conrad Ⅲ, king of Germany 康拉德三世,日耳曼国王 265,335—336
Conrad of Gelnhausen 格尔豪森的康拉德 531
Conradin, king of Germany 康拉丁,日耳曼国王 382
Consolation of Philosophy(Boethius) 《哲学的慰藉》(波爱修) 79
Constable 王室总管 192
Constance, Council of(1414) 康斯坦茨公

会议 576—577,580—583,584
Constans Ⅱ,Byzantine emperor 康斯坦斯二世,拜占庭皇帝 128
Constantine,Roman emperor 君士坦丁,罗马皇帝 17,24,27,42—43,46
Constantine Ⅸ,Byzantine emperor 君士坦丁九世,拜占庭皇帝 240
Constantine Ⅺ,Byzantine emperor 君士坦丁十一世,拜占庭皇帝 602
Constantinople 君士坦丁堡 27,53,89,125,268,602
 Council of(381) 君士坦丁堡大公会议 47,53
Constantius Ⅰ,Roman emperor 君士坦提乌斯一世,罗马皇帝 26—27
Constantius Ⅱ,Roman emperor 君士坦提乌斯二世,罗马皇帝 46,68
Constitution in Favor of the Princes 《支持君主宪章》 378
Constitutions of Clarendon 克拉伦敦宪章 326,327
Constitutions of Melfi 梅尔菲宪法 378
Copernicus 哥白尼 604
Cordoba,Spain 科尔多瓦,西班牙 126,128,244,252
Coroners' rolls 验尸官的案卷 290
Corpus Juris Civilis(Justinian) 民法大全(查士丁尼) 405,409—410
Cortes 代表会议 381
Counsel,and vassals 忠告与封臣 162—163
Courtly love 骑士爱情 172,294—295,454,455,456,556,602
Courts 法庭,参见法律(Law)
 chancellor's and common law 大法官法庭与习惯法 516—517
 English royal 英国王室法庭 394
 French royal 法国王室法庭 387
 manorial 庄园法庭 182
 Parliament as 议会法庭 401
 records of church 教会法庭记录 290
Crac des Chevaliers 骑士城堡 264
Craft guilds 手工业行会 279—280
Crécy,battle of(1346) 克勒西战役 501—503
Credentes 《信经》 355,356
Crime 犯罪
 homicide in rural England 英格兰农村的杀人犯 290
 university students and 大学生与罪犯 410
Croats and Croatia 克罗地亚与克罗地亚人 234,240
Crop rotation 轮作 187
Cross vault 交叉拱顶 430
Crusades 十字军
 Byzantium,Islam,and First 拜占庭,伊斯兰,第一次十字军东征 257—261
 Frederick Ⅱ and 腓特烈二世 376,378
 Frederick Barbarossa and 腓特烈·巴巴罗萨 339
 Innocent Ⅱ and Second 英诺森二世与第二次十字军东征 300,349
 Jewish history and 犹太历史 371
 Louis Ⅸ and 路易九世 387—388
 Richard the Lionhearted and Philip Augustus 狮心理查与腓力·奥古斯都 334,390
 states 国家 261—269,1099—1204
Culture. See also Architecture;Art;Literature;Music 文化,参见建筑,艺术,文学,音乐
 Byzantine *versus* Western 拜占庭对比西方 238
 Carolingian Empire 加洛林帝国 141—145
 early Germanic peoples 早期日耳曼民族 62

Islamic Empire 伊斯兰帝国 245—246
  peasant life and 农民生活与文化 287—292
  Roman Empire 罗马帝国 21,31—33
Curia 法庭,王廷 201,389
Curiales 王室亲信,市镇元老 29—30,31
Currency 货币
  Charlemagne 查理曼 139
  France and reign of Philip Ⅵ 法国与腓力六世的统治 522
  revival of commerce in twelfth century 12世纪贸易复兴 275
Cybele(Syrian goddess) 西芭莉(叙利亚女神) 36
Cynewulf(poet) 基涅武甫(诗人) 119,452
Cyprus 塞浦路斯 466
Cyril(missionary to Slavs) 西里尔(斯拉夫传教士) 234,237
Cyrillic alphabet 西里尔字母 237
Cyril of Alexandria, St. 亚历山大的西里尔 54
Czechs and Czechoslovakia 捷克人与捷克斯洛伐克 233,579—580,582—583

D

Dagobert, king of Gaul 达尔贝尔特,高卢国王 104
D'Ailly, Pierre 达伊,皮埃尔 576,580
Daimbert, archbishop of Pisa 戴姆伯特,比萨大主教 261
Damascus 大马士革 19
  pope 教宗 48
Dancing, and peasant culture 舞蹈与乡村文化 289
Danegeld(tax) 丹麦金 196
Danelaw(England) 丹麦律法实行区 152,194
Danse macabre 死亡之舞 472,552

Dante Alighieri 但丁,阿里盖利 412, 457—459,464,532,607
Dark Ages 黑暗年代
  culture of 文化 446
  Merovingian Gaul 墨洛温王朝的高卢 103
De Amore (Andrew the Chaplain) 《论爱情》(安德鲁牧师) 454
Datini, Francesco 达蒂尼,弗朗切斯科 549
Dauphin. See Charles Ⅴ, king of France 王太子,参见查理五世,法兰克国王
Dean 教士长 227
Decameron (Boccaccio) 《十日谈》(薄伽丘) 557
Decline and Fall of the Roman Empire, The (Gibbon) 《罗马帝国衰亡史》(吉本) 1
Decretals 《教令集》 408
Decretum 《教令集》 314—315,316,317
Deeds of Frederick Barbarossa, The (Otto of Freising) 腓特烈·巴巴罗萨的事迹》(弗赖辛的奥托) 449
Defender of the Peace, The (Marsilius of Padua) 《和平的捍卫者》(帕多瓦的马西里乌斯) 486
De Haeretico Comburendo (statute) 《火烧异端法》 578
Demesne 领地 182
Democracy, and Germanic tribes 民主与日耳曼部落 65—66
Dendrochronology 树木年代学 468
Denmark, 151—152,194,196,231,232—233. See also Scandinavia 丹麦,参见斯堪的纳维亚
De Officiis Ministrorum (Cicero) 《论义务》(西塞罗) 49
Desiderius, king of Lombards 德西德利厄斯,伦巴第国王 135

Deuteronomy, book of 《申命记》 48
De Villis (capitulary) 《9世纪法令汇编》 137—139
Dias, Bartolomeu 迪亚士,巴托罗缪 604
Dictatus Papae (Gregory Ⅶ) 《教宗训令》(格列高利七世) 221
Dietrich of Niem 全智全能的尼姆 576
Diocletian, Roman emperor 戴克里先,罗马皇帝 17,24—27,29,42
Dionysius (Greek god) 狄奥尼索斯(希腊神祇) 36
Dionysius (Syrian Neoplatonist) 迪奥尼修(叙利亚的新柏拉图主义者) 94
Discoros, bishop of Alexandria 狄奥斯科洛斯,亚历山大主教 54—55
Disease 疾病
    bubonic plague in Byzantine Empire 拜占庭帝国的鼠疫 76
    bubonic plague in fourteenth century Europe 14世纪欧洲的鼠疫 470—473,540,547,548,551—552,554
    Roman Empire and epidemic 罗马帝国与传染病 22
Dispenser 分配官 192
Divine Comedy (Dante) 《神曲》(但丁) 458—59,607
Divine Office 日课 430
Doctrinale (Alexander de Villedieu) 《教理》(维勒迪约的亚历山大),446
Domasus, Pope 达马苏,教宗 53—54
Domesday Book (England, 1086) 《末日审判书》(英格兰,1086年) 180,202—203,398
Dominic, St. 圣多明我 365
Dominican religious order 多明我会 361—366,464,477
Dominic Gundisalvi 多米尼克·甘迪萨尔维 412
Donation of Constantine 君士坦丁赠礼 131—132
Donatists 多纳图派 51
Donatus 多纳图 31,446
Donin, Nicholas 多宁,尼古拉斯 371
Dorylaeum, battle of (1097) 多里列战役 261
Double jeopardy, legal concept of 双重被告,法律概念 326
Double truth, theory of 双重真理理论 421
Dowry 妆奁 171—172
Duana Baronum and Duana de Secretis 杜安·萨里茨和杜安·巴罗乌姆 256—257
Dubois, Peter 杜波依斯,彼得 479
Duces 领袖 26
Due process, and Magna Carta 正当程序与大宪章 392
Duguesclin, Bertran 杜吉斯克林,伯特兰 509,511
Dukes, of early medieval Germany 中世纪早期日耳曼公爵 204,205
Duns Scotus (St. Bonaventura) 邓斯·司各脱(圣博纳文图拉) 420,464
Dunstan, St. 圣邓斯坦 216

E

Ealdorman (chief local military official) 埃尔多门(地方主要军事官员) 196
Earth-mother goddess 地球—母亲女神 11
East Anglia (England) 东盎格里亚(英格兰) 151,194
Easter 复活节 289,431—432
Eastern Europe, and Christianity 东欧与基督教 233—234
East Indies 东印度群岛 604
Ecclesiastical History (Evagrius of Syria) 《教会史》(叙利亚的埃瓦格里乌斯) 94
Ecclesiastical History of the English People (Bede) 《英国教会史》(比德) 119
Eckhart (Dominican mystic) 埃克哈特(多

明我会神秘主义者) 489
Economics. See also Banking; Commerce; Currency; Poverty 经济,参见银行,贸易,货币,贫困
 Charlemagne's empire 查理曼帝国 137—139
 feudalism 封建主义 163
 Frankish Gaul 法兰克的高卢 103
 peasant life and agriculture 农民生活与农业经济 175—180
 problems of fourteenth century 14世纪经济问题 465
 revival in twelfth century 12世纪经济复兴 271—276
 Roman Empire 罗马帝国 28—31
 society in twelfth century and 12世纪社会 282—285
Edgar, king of England 埃德加,英格兰国王 216
Edmund Ironside, king of AngloSaxons 果敢的埃德蒙,盎格鲁萨克森国王 196
Education. See also Intellectual life 教育,参见精神生活
 Carolingian empire 加洛林帝国 141—142
 cathedral schools 主教座堂学校 305—311
 Dominican rule 多明我会规 365—366
 Jews and 犹太人与教育 370—371
 Latin literature 拉丁文学 451
 universities 大学 405—411
 women and 妇女与教育 370—371,404
Edward(Black Prince), prince of Wales 爱德华(黑太子),威尔士亲王 504—506,508—510,511,517
Edward Ⅰ, king of England 爱德华一世,英格兰国王 373,393—395,400—402,480,484,485,498,499,513
Edward Ⅱ, king of England 爱德华二世,英格兰国王 395,513—514
Edward Ⅲ, king of England 爱德华三世,英格兰国王 465,495,497—506,514—517,521—522
Edward Ⅳ, king of England 爱德华四世,英格兰国王 599,601
Edward the Confessor, king of England 忏悔者爱德华,英格兰国王 196—198,201
Edward the Elder, king of England 老爱德华,英格兰王后 194
Edwin, earl of Northumbria 埃德温,诺森比亚伯爵 199
Edwin, king of Northumbria 埃德温,诺森比亚国王 117—118
Egbert of Wessex 威塞克斯的埃格伯特 145
Egypt 埃及 13,125,245,388,466
Einhard(biographer of Charlemagne) 艾因哈特(查理曼的传记作者) 134,140,141,142,143
Eleanor of Aquitaine, queen of England 阿基坦的埃莉诺,英格兰王后 295,324,332—333,453
Election, cardinals and papal 枢机与教宗的选举 219—220
Election Capitulations of 1352, 1352年,选举协定 526—527
Electors, of Germany 德意志选侯 536,537
Elizabeth of York, queen of England 约克的伊丽莎白,英格兰王后 601
Emanation, doctrine of 流溢说 412
England 英格兰
 Christianity 基督教 111,117—121
 Cistercian abbey 西多会 301
 climate in fourteenth century 14世纪的气候 469
 coronation ritual of 加冕仪式 219
 Germanic invasions in fifth century 5世纪

的日耳曼人侵 69—70
government of 英格兰的统治 194—203,320—330,390—402
Gregory the Great and mission to 伟大的格列高利与英格兰传教 108
historical writing 史书 449—450
homicide circa 1300,1300 年左右英格兰的杀人犯 290
Hundred Years' War 百年战争 494—511,563—567
Innocent Ⅲ and 英诺森三世 347—349
Investiture Controversy and 主教叙任权之争 226
Jews and 犹太人与英格兰 370,371—372,373
labor and wages in fourteenth century 14 世纪的工人与工资 540
literary figures of fourteenth century 14 世纪的文学人物 557—558
Norman kings of 诺曼国王 *614*
Peasants' Rebellion of 1381,1381 年农民起义 517—518,540,541,544—546
Plantagenet dynasty and 金雀花王朝 513—521,*616*
population of 英格兰人口 467,468
Roman Empire and 罗马帝国与英格兰 19,21,66
textile industry of 纺织工业 274,548
vernacular literature of 方言文学 452
Viking invasions of 维金人入侵 149,150,151—152
War of the Roses 玫瑰战争 596—601
Ephesus, Council of 以弗所大公会议(431) 54
Epicureans 伊壁鸠鲁学派 35
Epidemics. *See* Disease 传染病,参见疾病
Erasmus 伊拉斯谟 604
Eric, king of Scandinavia 埃里克,斯堪的纳维亚国王 601

Erigena, John Scotus 埃里吉纳,约翰·司各脱 143
Escheat 无继承人的土地或财产 164
Essex(England) 埃塞克斯(英格兰) 117,540,544—545
Estates General 三级会议 389,401,481,521,522,523,524,525,594
Este family, of Ferrara 弗拉拉的埃斯特家族 532
Ethelbert, king of Kent 埃塞尔伯特,肯特国王 117
Etruscans 埃特鲁斯坎人 12,13
Etymologiae(Isidore of Seville) 《辞源》(塞维利亚的伊西多尔) 80
Eugenius Ⅳ, pope 尤金尼厄斯四世,教宗 584—586,587
Europe, western. *See also specific countries and regions* 西欧,参见具体国家和地区
beginnings of modern 近代西欧的开端 601—614
borderlands and spread of Christianity 边界与基督教传播 230—237
environment of 环境 7—11
inhabitants of early 早期居民 11—14
invasions of in ninth century 9 世纪的入侵 145—152
physical features of 自然特征 9
political divisions in 1250,1250 年政治分裂 377
political divisions in 1475,1475 年政治分裂 600
Roman Empire and 罗马帝国与西欧 18
Eusebius, bishop 尤西比厄斯主教 42
Eustochium 尤斯托金乌姆 58
Evagrius of Syria 叙利亚的伊拉格里乌斯 94
Exchequer 财政署 323,394
Excommunication 绝罚 348
Exogamy 异族通婚 170

F

Fabliaux (short stories) 《讽刺性寓言诗》 456
Fabriano, Gentile da 法布里亚诺的秦梯利 554
Fairs, and commerce in twelfth century 定期集市,12世纪的贸易 274—275
Falconry 养鹰犬 413
Fallow system 休耕制度 178,186
False Decretals 《伪教令集》 213
Family. See also Marriage 家庭,参见婚姻
 feudalism 封建主义 169—174
 Islam 伊斯兰 124
 Jews 犹太人 370
 peasant household 农舍 184,290—292
Famines, of 饥荒 1313—1317,469—470
Fan vault 扇形拱顶 443
Farming. See Agriculture 农场,参见农业
Fatimid empire, of Egypt 法蒂玛帝国,埃及 245
Felicity, St. 圣弗利西蒂 42
Felix V, antipope 菲利克斯五世,敌对教宗 586
Ferdinand, king of Spain 斐迪南,西班牙国王 373
Ferdinand III, king of Leon and Castile 斐迪南三世,莱昂和卡斯提尔国王 255,603
Ferdinand of Aragon 阿拉贡的斐迪南 595,603
Ferdinand the Catholic, king of Granada 天主教徒斐迪南,格拉那达国王 255
Ferrara, Council of (1439) 弗拉拉大公会议 586
Fertility cults 生殖崇拜 11
Fertilizers, shortage of 缺乏肥料 178
Festivals, and peasant culture 节日与乡村文化 287—290
Feudalism 封建主义
 anarchy and order 无政府状态与秩序 165—169
 appanages 世袭封地 384—385
 Church and 教会 215
 commutation of rents 租金折算 287
 Edward I and English 爱德华一世与英国封建主义 394
 family 家庭 169—174
 king and hierarchy of 国王与封建等级制度 191—192
 labor shortages of fourteenth century 14世纪缺乏劳动力 547
 Latin kingdom of Jerusalem 耶路撒冷的拉丁王国 263
 medieval manor 中世纪庄园 180—184
 Norman conquest of England 诺曼征服 202
 origins of 起源 157—161
 Scandinavia 斯堪的纳维亚 232—233
 society and 社会 161—165,464—465
 Spain in twelfth century 12世纪的西班牙 255
 War of the Roses 玫瑰战争 596
Fidelity, swearing of 立誓效忠 164
Fiefs 采邑 158
Fifteen Joys of Marriage (Jean de Meung) 《十五种婚姻的愉悦》(让·德·默恩) 556
Firearms 火枪 571,572
Fishing industry 捕鱼业 469
Flagellants 鞭笞派 472—473
Flamboyant, late Gothic architecture 火焰式,后期哥特建筑 443,444
Flanders 佛兰德斯 273—274,293,495,540,548
Fleas, and Black Death 跳蚤与黑死病 470
Florence 佛罗伦萨 384,465,467,533,548,554
Flying buttress 飞扶壁 434,443

Foederati (allies) 同盟者 66
Folklore, Welsh 民间传说，威尔士 455—456
Fontevrault, monastery of 丰特夫罗修道院 304
Forest Cantons 森林州 595
Forests 森林 8, 10, 28
Forgery, of documents 伪造文献 352
Fourth Lateran Council 第四次拉特兰大公会议 349, 351, 368
France 法兰西
 Albigensian crusade 征伐阿尔比派 357—359, 453
 army of 军队 498—499, 573—574
 Carolingian dynasty 加洛林王朝 146—147
 chansons de geste 《武功歌》 455
 church and state in fourteenth century 14 世纪的教会与国家 479—485
 commerce in twelfth century 12 世纪的贸易 274—275
 early Capetian kings 早期卡佩王朝的国王 189—193, *612*
 feudalism 封建主义 161, 162, 163, 166—167, 168—169
 Gothic architecture 哥特建筑 442, 444
 government of 政府 330—335, 384—390, 589—394
 historical and biographical literature 历史和传记文学 457
 Hundred Years' War 百年战争 494—511, 563—571
 Innocent III and 英诺森三世 347
 Investiture Controversy and 主教叙任权之争 226
 Jacquerie (peasant revolt) of 1358, 1358 年扎克雷农民起义 541—544
 Jews and 犹太人 370, 371, 373
 lyric poetry 抒情诗 454, 558
 politics and House of Valois 政治与瓦卢瓦王朝 521—525
 population of 人口 467
 reign of Philip I 腓力一世的统治 *195*, 330—331
 rural life 乡村生活 292
 Treaty of Verdun 凡尔登条约 *149*
 Valois kings of 瓦卢瓦国王 *617*
 vernacular literature 方言文学 452
 Viking invasions 维金人入侵 150—151, 152
Franchise 豁免权 393
Franciscan religious order 方济各会 361—366, 464, 478—479, 485—486
Francis of Assisi, St. 阿西西的圣方济各 361—362, 364, 457
Franconia 法兰克尼亚 161, 208
Frankish Royal Annals 《法兰克王室年鉴》 140
Franks and Frankish kingdom. *See also* Gaul; Germany 法兰克人与法兰克王国，参见高卢，日耳曼
 Charlemagne and 查理曼 134—140
 Christianity and 基督教 72
 division of in ninth century 9 世纪的分裂 146—147
 Roman Empire and 罗马帝国 23, 63, 66
Fredegund, queen of Neustria 佛雷德冈德，纽斯特里亚王后 96, 97, 103
Frederick I (Barbarossa), king of Germany 腓特烈一世（巴巴罗萨），日耳曼国王 266, 337—339, *340*, 346—347
Frederick II, king of Germany 腓特烈二世，日耳曼国王 375—376, 378—379, 406—407, 413, 478
Frederick III, king of Germany 腓特烈三世，日耳曼国王 592, 594
Free archers 自由弓箭手 573, 574
Free companies 散兵游勇 532

Freedom, concept of 自由的概念 392
French language 法语 105
Frequens(canon) 教规 583,584
Frisians 弗里斯人 104
Froissart, Jean 傅华萨,让 524,543,545
Fuero Juzgo(Receswinth) 《基本法全书》 78
Fugger family, of Germany 富格尔家族,日耳曼 550
Fulbert of Chartres 沙特尔的富尔伯特 449
Fulda, abbey of 富尔达修道院 141,142
Fulk Rechnlin, count of Anjou 富尔克·雷希林,安茹伯爵 171
Fulk the Black, count of Anjou 黑衣富尔克,安茹伯爵 167,171
Fulk the Good, count of Anjou 好人富尔克,安茹伯爵 171
Fulk the Red, count of Anjou 红发富尔克,安茹伯爵 171
Fürsten(German nobles) 诸侯(日耳曼贵族) 209—210

G

Gaiseric, king of Vandals 盖塞里克,汪达尔国王 68
Galen 伽伦 409,415
Galerius, Roman emperor 伽勒里乌斯,罗马皇帝 26—27
Galienus, Roman emperor 伽利努斯,罗马皇帝 24
Galla Placidia, queen of Visigoths 加拉·普拉西狄亚,西哥特王后 68
Galswintha, queen of Franks 加尔斯温特,法兰克王后 96
Gama, Vasco de 伽马,瓦斯科·达 604
Garrison, of castle 加里森城堡 162
Gascony 加斯科涅 495,498,508,510
Gaul. *See also* Franks and Frankish kingdom 高卢,参见法兰克人与法兰克王国

Boniface and reform of church 卜尼法斯与教会改革 120—121
Germanic tribes and kingship 日耳曼部落与王权 64
Islamic invasion of Southern 南部的伊斯兰入侵 126
monasticism and 修道院制度 57
Roman Empire and 罗马帝国 19,21,26,66
Gaunilo(monk) 高尼罗修士 307
Gaveston, Peter 加维斯顿,彼得 513
Gelasius Ⅰ, pope 杰拉斯一世,教宗 105—106,316
Genealogy of the Gods(Boccaccio) 《异教神谱》(薄伽丘) 556—557
General Admonition(Charlemagne) 教育通令(查理曼) 141
General council, of early Church 大公会议,早期教会 46
Geneviéve, St. 圣热纳维耶芙 406
Genoa 热那亚 273,384
Gentry, and English society 乡绅,英国社会 596—597
Geoffrey Greymantle, of Anjou 若弗勒·葛雷曼托,安茹 171
Geoffrey of Anjou 安茹的若弗勒 324
Geoffrey of Monmouth 蒙默思的杰弗里 455
Geography 地理学
 of Europe 欧洲 7—11,18
 Islamic Empire and study of 伊斯兰帝国与地理研究 243—244
Gerard of Cremona 克雷蒙那的杰拉德 413
Germanic peoples 日耳曼民族
 barbarians and Roman Empire 蛮族与罗马帝国 61—66
 kingdoms of Gaul, Italy, and Spain 高卢、意大利、西班牙王国 71—81

laws of 法律 100—102
origins of feudalism 封建主义的起源 158—159
vernacular literature 方言文学 451—452
German language 日耳曼语 146
Germany. See also Franks and Frankish kingdom; Holy Roman Empire 日耳曼,参见法兰克人与法兰克王国,神圣罗马帝国
 Carolingian dynasty 加洛林王朝 146—147
 Charlemagne 查理曼 135—136
 civil war in late eleventh century 11世纪晚期的内战 223
 government of early medieval 中世纪早期的政府 203—211
 Hapsburg Empire 哈布斯堡帝国 594
 Hohenstaufen Empire 霍亨施陶芬帝国 375—380,615
 Irish and English missionaries 爱尔兰人与英国传教士 115,119—120
 Jews and 犹太人 370,371,373
 Luxemburg, Hapsburg, and Wittelsbach emperors of 卢森堡,哈布斯堡,威德巴赫皇帝 618
 lyric love poetry 爱情诗 454
 Magyars 马扎尔人 147
 papacy and 教皇制 335—341
 politics in fourteenth century 14世纪的政治 531,534,535—537
 population of 人口 467
 Saxon and Salian kings of 萨克森与萨利安国王 613
 Treaty of Verdun 凡尔登条约 149
Gerson, Jean 热尔松,让 576
Ghent,548. See also John of Ghent 根特,参见根特的约翰
Gibbon, Edward 吉本,爱德华 1,20—23
Giles of Rome 罗马的贾尔斯 478

Giotto 乔托 350,554—555
Giraldus Cambrensis 吉拉尔杜斯·坎布里西斯 406
Giselbertus 吉塞尔伯特斯 436
Glanvill 格兰维尔 313
Glossa Ordinaria (Walafrid Strabo) 《普通注疏集》(瓦拉佛里达·斯特拉勃) 142
Glosses (Biblical commentary) 《圣经注疏集》 142
Gnosticism 诺斯替教 41
Godfrey de Bouillon, duke of Lower Lorraine 布荣的戈弗雷,下洛林公爵 259,260,261—263
Godwin, earl of Wessex 戈德温,威塞克斯伯爵 196,197
Golden Bull 黄金诏书 534,536
Golden Horde 金帐汗国 379
Goliardic poetry 戈利阿德诗歌 447—449
Goliards 流浪诗人 447
Gospel According to Mark(s) of Silver, The 《银币马可福音》 449
Gospels of St. Gall 《圣高尔的福音》 116
Gothic 哥特式
 architecture and cathedrals 建筑与主教座堂 433—436,441,444—445
 International Gothic style of painting 国际哥特风格的绘画 552,554
 sculpture 雕刻 437,439,444
Goths 哥特人 23,52,63—64
Gottschalk(monk) 戈特沙尔克修士 143
Government 政府
 of Byzantine Empire 拜占庭帝国 90
 Charlemagne and 查理曼 137
 of Dominican order 多明我会 366
 of early Christianity 早期基督教 44
 of England 英格兰 194—203,320—30,390—402
 of France 法兰西 189—193,330—335,384—390

of Germany 日耳曼 230—11,375—376,378—379,531,*534*,535—537,594

of Italy 意大利 383—384

lay investiture and theory of imperial 主教叙任权与帝制理论 220—225,226

of Muslim Empire 穆斯林帝国 244

of Spain 西班牙 380—382

Granada 格拉纳达 255,603

Grand assize 大法庭 329

Grande de Generale Estoria《通史大全》457

Grande Ordonnance of 1357 大法令 523

Grand jury 大陪审团 327

Gratian,Roman emperor 格拉提安,罗马皇帝 43

Gratian of Bologna(monk) 博洛尼亚的格拉提安,修士 314—315,316,405

Great Council, of England 英国大议会 515

Great Mosque, of Cordoba 大清真寺,科尔多瓦 244

Great Plague of London(1665) 伦敦大瘟疫 471

Great Schism 大分裂 56,75,528—531,575—583

Greece 希腊 12,13,19,34—42

Greek language 希腊语 56

Greek Orthodox Church 希腊东正教会,参见基督教,教会 233—236,257—258. *See also* Christianity;Church

Greenland 格陵兰 149,152,231,469

Gregorian chant 格列高利圣咏 108,432

Gregory Ⅰ(the Great),pope 伟大的格列高利一世,教宗 47,106—109,115,368

Gregory Ⅱ,pope 格列高利二世,教宗 119,130

Gregory Ⅲ,pope 格列高利三世,教宗 130

Gregory Ⅵ,pope 格列高利六世,教宗 217

Gregory Ⅶ,pope 格列高利七世,教宗 217,220—224,226,228,254—255,258,302

Gregory Ⅸ,pope 格列高利九世,教宗 359,376,378,409,419

Gregory Ⅺ,pope 格列高利十一世,教宗 490,529,578

Gregory Ⅻ,pope 格列高利十二世,教宗 530,581

Gregory of Tours 图尔的格列高利 95—98,101,103

Grey Friars(Franciscans) 灰衣修士(方济各派) 365

Groin vault 交叉拱顶 430,*435*

Groote,Gerard 格鲁特,杰勒德 491

Grosseteste,Robert 格罗塞特斯特,罗伯特 416—417

Guibert of Nogent 诺让的吉伯特 449

Guido of Arezzo 阿勒索的圭多 432

Guilds 行会,公会

Jews and 犹太人 369

Roman Empire 罗马帝国 29

universities and 大学 405

urban life in twelfth century 12世纪城市生活 279—280

women and 女性 548

Gunpowder 火药 571

Guntram, king of Burgundy 贡特拉姆,勃艮第国王 95,96,97,115

Guy de Lusignan, king of Jerusalem 盖伊·德·路西南,耶路撒冷国王 265—266

H

Hadith《哈底斯圣训》123

Hadrian,abbot 哈德良,隐修院长 118

Hadrian,Roman emperor 哈德良,罗马皇帝 17

Haec Sancta(*sacrocancta*)《神圣法令》580—581,582,584

Hagia Sophia, church of,88 圣索菲亚大教堂 92

Hales, Sir Robert 黑尔斯,罗伯特男爵 545,546

Hallowe'en 万圣节前夕 288

Hallstat culture 霍尔斯塔特文化 12

Hamitic languages 含米特语 12

Handwriting, Carolingian reform of 加洛林书法改革 144

Hanseatic League, of Germany 汉萨同盟,德意志 536,548—549

Hapsburg Empire 哈布斯堡帝国 594,*618*

Harold, king of England 哈罗德,英格兰国王 198,199

Harold Bluetooth, king of Denmark 蓝牙哈罗德,丹麦国王 231

Harold Fairhair, king of Norway 金发哈罗德,挪威国王 231

Harun al-Rashid, caliph 哈伦·拉希德,哈里发 140,242

Harvey, John 哈维,约翰 427

Hastings, Battle of (1066) 黑斯廷斯战役 199

Hattin, battle of (1187) 海廷战役 266

Hay, shortages of 缺乏饲料 179

Hellenic peoples 希腊人 12

Heloise 埃罗伊兹 308—309

Henotikon (Zeno) 《合一法》(齐诺) 105

Henry, duke of Lancaster 亨利,兰开斯特公爵 504

Henry Ⅰ, king of England 亨利一世,英格兰国王 320,321—324,331

Henry Ⅰ, king of Germany 亨利一世,日耳曼国王 205,225

Henry Ⅱ, king of England 亨利二世,英格兰国王 266,324—330,333,406

Henry Ⅱ, king of Germany 亨利二世,日耳曼国王 209—210

Henry Ⅲ, king of England 亨利三世,英格兰国王 352,382—383,385—386,392—393,465—466,494

Henry Ⅲ, king of Germany 亨利三世,日耳曼国王 210—211,217,218

Henry Ⅳ, king of England 亨利四世,英格兰国王 520—521,528,546

Henry Ⅳ, king of Germany 亨利四世,日耳曼国王 218,220,226,259,598

Henry Ⅴ, king of England 亨利五世,英格兰国王 525,563—567,598

Henry Ⅴ, king of Germany 亨利五世,日耳曼国王 224,225,226,332

Henry Ⅵ, king of England 亨利六世,英格兰国王 598,599

Henry Ⅵ, king of Germany 亨利六世,日耳曼国王 334,339,341,346

Henry Ⅶ, king of England 亨利七世,英格兰国王 599,601

Henry Ⅶ, of Luxemburg 亨利七世,卢森堡国王 535

Henry the Lion, of Germany 狮子亨利,日耳曼国王 338,339

Henry the Nevigator, king of Portugal 航海者亨利,葡萄牙国王 603

Heraclius, Byzantine emperor 希拉克略,拜占庭皇帝 88,90—91,125—126

Heraldry 纹章学 555

Heresy 异端 44,46—47,353—360

Hermann von Salza 赫尔曼·凡·索尼扎 380

Hermits, and monasticism 隐士,修道院制度 56—57

Hermits of the Order of St. Augustine 圣奥古斯丁会的隐士 366

Hilary of Potiers, Bishop 普瓦捷的希拉里,主教 46,49

Hilda, abbess 希尔达,女隐修院长 119

Hildebert of Lavardin 拉瓦丁的希尔德伯特 447

Hildebrand. *See* Gregory Ⅶ, pope 希尔德布兰特,参见格列高利,教宗

Hildebrandslied 《希尔德布兰特之歌》 452

Hildegarde, countess of Evreux 希尔达嘉德 173

Hincmar, archbishop of Reims 兴克马,兰斯大主教 141,144,213

Hippocrates 希波克拉底 409

Historia Calamitatum (Abelard) 《灾难史》(阿伯拉尔) 450

Historia Ecclesiastica (Orderic Vitalis) 《教会史》(奥德里克·维塔里) 449

History. *See also* Middle Ages 历史,参见中世纪

 Augustine and philosophy of 奥古斯丁与历史哲学 52

 Byzantine Empire and writing of 拜占庭帝国与史书 93—94

 "end of ancient world" 古代世纪的终结 80—81

 end of Middle Ages in fifteenth century 15世纪中世纪终结 603—604

 Latin literature and writing of 拉丁文学与史书 449—450

History of Kings of Britain (Geoffrey of Monmouth) 《不列颠国王史》(蒙默思的杰弗里) 455

History of St. Louis (John, lord of Joinville) 《圣路易史》(约翰,儒安维尔领主) 457

History of the Kings of England (William of Malmesbury) 《英格兰国王史》(马尔梅斯堡的威廉) 450

Hohenstaufen dynasty, of Germany 霍亨施陶芬王朝,德意志 375—380,*615*

Holidays. *See* Festivals 节日

Holland 荷兰 469,495

Holy Roman Empire 神圣罗马帝国,参见日耳曼 139—140,340,377,531—537. *See also* Germany

Homage, ceremony of 效忠礼 164

Homans, George 霍曼斯,乔治 287

Homer 荷马 12

Homicide, in rural England circa 1300, 1300年左右英格兰农村的杀人犯 290

Homo sapiens 人类 11

Honor, knightly 荣誉,骑士 294

Honorius, Roman emperor 洪诺留,罗马皇帝 51,68

Honorius Ⅰ, pope 洪诺留一世,教宗 127—128

Honorius Ⅲ, pope 洪诺留三世,教宗 376

Honorius Ⅳ, pope 洪诺留四世,教宗 480

Hormisdas, pope 何米尔斯达,教宗 106

Horses, and Agriculture, 186—187. *See also* Cavalry; Stirrup, and technology of war 马,农业,参见骑兵,马镫,战争技术

Hosius of Cordoba, bishop 科尔多瓦的霍休斯,主教 46,49

Hospitalers (Knights of the Hospital of St. John of Jerusalem) 医院骑士(耶路撒冷的圣约翰医院骑士团) 263,264,275,466

Hostiensis, bishop of Ostia 霍斯廷西斯,奥斯提亚主教 409

Household, of peasants 内舍 184

House of Commons 下议院 401—402,516

House of Lords 上议院 515

Hrabanus Maurus, abbot of Fulda 哈拉巴纽斯·莫鲁斯,富尔达隐修会长 142

Hubert Walter, archbishop of Canterbury 休伯特·华尔德,坎特伯雷大主教 347—348,352

Hugh, count of Vermandois 休,维曼多斯伯爵 259

Hugh Capet 休·卡佩 190—192

Hugh de Puiset 普伊塞的休 331

Hugh of Arles, king of Italy 亚耳的休,意大利国王 208

Hugh of Fleury 弗勒里的休 224

Huguccio of Pisa 比萨的乌古乔 316
Humanism 人文主义 298
Humbert, cardinal 亨伯特,枢机主教 217,218,219,258
Humphrey, duke of Gloucester 汉弗莱,格洛斯特公爵 566,598
Hundred Years' War 百年战争
　background of 背景 494—499
　conquests of Edward Ⅲ 爱德华三世的占领 499—506
　French recovery from 法国收复 506—511
　Henry V and English attack on France 亨利五世与英国攻击法国 563—567
　Joan of Arc and victory of France 圣女贞德与法兰西的胜利 567—571
　political conflicts at end of thirteenth century 政治冲突,13世纪末 466
Hungary 匈牙利 147,233,259,380,537
Huns 匈奴人 54,67,69
Hunter-gatherers 原始狩猎族 11
Hus, John 胡斯,约翰 576,579—580,582—583,584,585,604
Hussites 胡斯派 583,584,585
Hylomorphism, doctrine of 形式质料说 412,420
Hymns 赞美诗 447
Hypotheses, and principle of experimental falsification 前提假设,实验否证原则 416—417

I

Iceland 冰岛 149,152,231
Iconoclasm 破坏圣像运动 129—132
Idris, ruler of Morocco 伊德里斯,摩洛哥统治者 244
Ignatius, patriarch of Constantinople 依纳爵,君士坦丁堡宗主教 234,235—236
Ignatius, St. 圣依纳爵 52

Illuminated manuscripts 用金字装饰的手稿 91,92,*113*,114—115,119,143,*166*
Illyrians and Illyricum 伊利里亚人与伊利里亚 12,26
Imams (Islamic leaders) 伊马木,阿訇(伊斯兰领袖) 125
Imitation of Christ, The (Kempis) 《效法基督》(坎普斯) 491
Impeachment, and Parliament 弹劾,最高法院 514
India 印度 242,243,416
indo-European languages 印欧语系 11
Indulgences 赎罪券 527,579
Infangentheof 预先执行死刑 202
In-field settlement 农舍周边的土地 176
Ingeborg, Queen of France 英吉珀格,法兰西王后 347
Inheritance 遗产继承制 163—164,170,291
Innocent Ⅰ 英诺森一世,教宗 pope,54
Innocent Ⅱ 英诺森二世,教宗 pope,300
Innocent Ⅲ 英诺森三世,教宗 pope, 268—269, 345—353, 357, 359, 362, 364,365,368—369,371,476,478
Innocent Ⅳ, pope 英诺森四世,教宗 378—379,382—83,409,466
Innocent Ⅵ, pope 英诺森六世,教宗 526—527
Inquisition 宗教裁判所 359—60
Institutes (Priscian) 《语法基础》(普利西安) 32
Intellectual life 精神生活
　education in thirteenth century 13世纪的教育 404
　Islamic Empire 伊斯兰帝国 243
　Muslim and Jewish thought 穆斯林与犹太教思想 411—413
　philosophy and theology 哲学与神学 419—25

problems of in fourteenth century 14世纪的思想问题 464

science and technology 科学与技术 413—419

universities 大学 405—411

Interdict 停圣事 347,348

International Gothic 国际哥特式 552,554

Introduction to Divine and Human Readings (Cassiodorus) 《神学与人文读物介绍》（卡西奥多乌斯） 80

Investiture Contest 主教叙任权之争 218—225,228

Iona, Scotland 爱奥纳岛，苏格兰 115

Ireland 爱尔兰 111—115,118,152,214

Irenaeus, St. 圣伊里奈乌 41,52

Irene, Byzantine empress 艾琳，拜占庭女皇 90,129

Irnerius 伊尔内里乌斯 312,405

Iron-age cultures 铁器时代的文化 11—12

Isaac Comnenus, Byzantine emperor 艾萨克·科穆尼，拜占庭皇帝 240

Isabella, queen of Spain 伊莎贝拉，西班牙王后 373,603

Isabelle, queen of England 伊莎贝拉，英格兰王后 497,514

Isidore of Seville 塞维利亚的伊西多尔 79—80,213

Islam and Islamic empire. *See also* Muslims 伊斯兰教与伊斯兰帝国，参见穆斯林

  Christian civilizations and 基督教文明 245—246

  crusades and 十字军 257—61

  development of civilization 文明的发展 241—45

  expansion into Mediterranean world 扩展至地中海世界 121—127

Istanbul. *See* Constantinople 伊斯坦布尔，参见君士坦丁堡

Italy. *See also* Florence; Genoa; Lombardy; Milan; Naples; Rome; Sicily; Venice 意大利，参见佛罗伦萨，热那亚，伦巴第，米兰，那不勒斯，罗马，西西里，威尼斯

  Charlemagne 查理曼 135,139—140

  crusades and fleets of cities 十字军与城市舰队 264—265

  Frederick I and invasion of 腓特烈一世与入侵意大利 337

  government of in thirteenth century 13世纪的政府 383—84

  Jewish communities 犹太人社区 373

  literary figures in fourteenth century 14世纪的文学人物 556—557

  Lombard power in eighth century 8世纪伦巴第政权 130—131

  Muslims and 穆斯林 147,255—257

  Ostrogoths in fifth century 5世纪东哥特人 69,71—81

  politics and 政治 531—533,535,595

  population of 人口 467,468

  revival of Mediterranean commerce in twelfth century 12世纪地中海贸易复兴 272—273

  Roman Empire 罗马帝国 21,26

  vernacular literature 方言文学 457—459

Ivan I, grand duke of Moscow 伊凡一世，莫斯科大公 602

Ivan III (the Great), tsar of Russia 伊凡三世（伟大的），俄国沙皇 602

Ivo of Chartres 沙特尔的伊沃 224

J

Jacquerie (peasant revolt) of 1358 1358年扎克雷农民起义 541—544

James I, king of Aragon 詹姆斯一世，阿拉贡国王 255,382

Jean de Meung 让·德·默恩 556

Jefferson,Thomas 杰斐逊,托马斯 65
Jerome,St. 圣哲罗姆 47—49,68,170
Jerome of Prague 布拉格的哲罗姆 578,582
Jerusalem 耶路撒冷 125,261,262,263—269,378,387—88
Jesus Christ 耶稣基督 34,37—38,39
Jews 犹太人
    Black Death and 黑死病 472
    Christianity and 基督教 34
    Christian society in twelfth and thirteenth centuries 12、13 世纪基督教社会 368—373
    Iron-age cultures 铁器时代的文化 12
    Islamic empire and 伊斯兰帝国 126
    Louis Ⅸ and 路易九世 387
    Neoplatonic philosophy 新柏拉图哲学 36,411—413
    Spain and 西班牙 78,381
Jihad(holy war) 吉哈德(圣战) 124
Joachim of Flora 佛罗拉的乔亚金 478
Joanna Ⅱ,queen of Naples 乔安娜二世,那不勒斯王后 531
Joan of Arc 贞德 567—571,589
Jobst of Moravia 摩拉维亚的约布斯 537
Jocelyn of Brakelond 布雷克隆的乔斯林 450
John,duke of Bedford 约翰,贝德福公爵 566—567,598
John,duke of Bourbon 约翰,波旁公爵 525
John,lord of Joinville 约翰,儒安维尔领主 457
John Ⅰ,king of England 约翰一世,英格兰国王 275,334,347—349,390—392
John Ⅱ,duke of Alençon 约翰二世,阿朗松公爵 568
John Ⅻ,pope 约翰十二世,教宗 208,214,485—486
John ⅩⅩⅢ,pope 约翰二十三世,教宗 575,579,580,581
John Cassian,St. 圣约翰·卡西安 57
John Chrysostom,St. 圣约翰·克里索斯顿 54
John de Grey,bishop of Norwich 格雷的约翰,诺里奇主教 347—348,349
John of Clermont,marshal of France 克勒蒙的约翰,法国元帅 505
John of Ghent 根特的约翰 509,517,518,544,577,578,598
John of Luxemburg,king of Bohemia 卢森堡的约翰,波希米亚国王 502,535
John of Paris 巴黎的约翰 486
John of Salisbury 索尔兹伯里的约翰 446,451
John of Worcester 武斯特的约翰 322
John Stylitzes(historian) 约翰 241
John the Good,king of France 好人约翰,法兰西国王 503—506,522—523
Jonas of Orleans,bishop 奥尔良的约翰,主教 170
Journeymen,and craft guilds 帮工,手工业行会 280
Jousts 骑马枪术比赛 296
Julian,Roman emperor 尤利安,罗马皇帝 43
Julian of Norwich 诺里奇的尤利安 489
Julius Ⅰ,pope 尤利乌斯一世,教宗 46,53
Julius Caesar 尤利乌斯·恺撒 23,61
Jury of presentment 陈述陪审团 327
Jury trial 陪审团审判 330
Jus novum(new law) 新律 87
Justice. *See* Courts;Laws 法官,参见法庭,法律
Justices of the peace 治安官 517
Justin (theologist) 查斯丁(神学家) 40
Justinian,Byzantine emperor 查士丁尼,拜

占庭皇帝　75—76,85—88,106, 312,313

Justinian Ⅱ, Byzantine emperor　查士丁尼二世, 拜占庭皇帝　126

Just price, church doctrine of　合理价格, 教会训导　285

K

Ka'aba, shrine　神圣的黑石, 神殿　121,123

Kent(England)　肯特(英格兰)　117,545

Kiev(Russia)　基辅(俄罗斯)　150, 236,238

Kings. See also Monarchy; Sovereignty　国王, 参见君主制, 统治权

　feudalism　封建主义　169,191—192

　Germanic tribes　日耳曼部落, 64

　lay investiture　主教叙任权　220—225,226

　merchant class and　商人阶层　284

　Ottonian theory of divine sanction　奥托的君权神授理论　207

　Visigothic state　西哥特国家　78

Kings College Chapel(Cambridge)　国王学院礼拜堂(剑桥)　434

Kinship, 62, 170—171. See also Family　亲属, 参见家庭

Knighton, Henry　耐顿, 亨利　544

Knights, 160, 294. See also Chivalry; Feudalism　骑士, 参见骑士精神, 封建主义

Knights of the Hospital of St. John of Jerusalem. See Hospitalers　耶路撒冷的圣约翰医院骑士团

Knights of the Temple. See Templars　圣殿骑士团, 参见圣殿骑士

Knowledge, Aristotelian theory of　知识, 亚里士多德的理论　422

L

Labor, shortages of in fourteenth century　14世纪缺乏劳动力　540,547,548

Lais(Marie de France)　《籁歌》(法兰西的玛丽)　456

Lammas　收获节　290

Lancaster family, of England　兰开特斯家族, 英格兰　598—599

Land tenure　土地保有权

　decline of Byzantine empire　拜占庭帝国的衰落　241

　feudalism and　封建主义　158

　peasant life and patterns of exploitation　农民生活与开垦方式　178

Langland, William　朗格兰, 威廉　557—558

Languages　语言

　Arabic　阿拉伯语　241—242

　French　法语　105

　German　德语　146

　Greek　希腊语　56

　Hamitic　哈姆语　12

　Indo-European　印欧语系　11

　Latin　拉丁语　48,56,114,407,446—451

　Romance　罗曼语　146—147,451

　Semitic　闪族语　12

　Slavonic　斯拉夫语　234,237

　Teutonic　日耳曼语　63

Langue d'oc(lyric poetry)　《朗格多克语》(抒情诗)　452

Lascaux, France　拉斯科, 法国　11

La Téne culture　拉登文化　12

Latin Averoists　拉丁的阿威罗伊学派　421

Latin kingdom of Jerusalem　耶路撒冷的拉丁王国　263—269,466

Latin language　拉丁语系　48,56,88,114,407,446—451

Law　法律

　Anglo-Saxon　盎格鲁—撒克逊　196

　Castile　卡斯提尔　381

Charlemagne and 查理曼 137
Edward Ⅲ and English 爱德华三世与英国法律 516—517
feudalism 封建主义 158,173
Franks and kingdom of Gaul 法兰克人与高卢王国 99—102
Germanic tribes 日耳曼部落 65
Gothic and Roman traditions 哥特与罗马传统 77—78
Henry Ⅱ and English 亨利二世与英国法律 327,329—330
revival of in twelfth century 12世纪的法律复兴 312—318
Roman 罗马 86—88,312,313,405,409—410
Lay advocates 平信徒护教士 214
Lay investiture 主教叙任权 220—225,226
League of the Public Weal 公共福利同盟 591
Leander, bishop of Spain 利安德,西班牙主教 107
Legnano, battle of (1176) 列格纳诺战役 338
Lent 大斋节 289
Leo Ⅰ, pope 利奥一世,教宗 54—55,213
Leo Ⅲ, Byzantine Emperor 利奥三世,拜占庭皇帝 126—127,129
Leo Ⅲ, pope 利奥三世,教宗 139
Leo Ⅴ, Byzantine Emperor 利奥五世,教宗 129,130
Leo Ⅸ, pope 利奥九世,教宗 217,218
Leoba, St. 圣利奥巴 119
León 莱昂 252,255,380,381
Leopold Ⅱ, duke of Austria 利奥波德二世,奥地利公爵 595
Leovigild, king of Spain 利奥维吉尔德,西班牙国王 77
Letters of reprisal 报复许可证 495
Lewis of Bavaria 巴伐利亚的刘易斯 594

Lewis of Wittelsbach, duke of Bavaria and Holy Roman Emperor 威德巴赫的刘易斯,巴伐利亚公爵与神圣罗马帝国皇帝 485,499,501,535
Liberius, bishop of Rome 利贝里乌斯,罗马主教 46
Liberities of Lorris 洛里斯自由 286
Libri Carolini 加洛林书 143
Licinius, Eastern Roman emperor 李锡尼,东罗马皇帝 43
Liege homage 效忠礼 165
Life expectancey, in thirteenth-century England 生活预期,13世纪英格兰 292
Life of Louis Ⅵ (Suger) 《路易六世传》 450
Lindisfarne, monastery of 林迪斯凡修道院 118
Lindisfarne Gospels 林迪斯凡福音书 119
Literature 文学
 achievements of Middle Ages 中世纪的成就 555—558,607
 Byzantine Empire 拜占庭帝国 93—94
 Dante Alighieri 但丁,阿里盖利 457—459
 Latin and culture of twelfth and thirteenth centuries 拉丁文学,12、13世纪 446—451
 Latin and early Church 拉丁文学与早期教会 47—49
 Roman Empire 罗马帝国 31—32
 vernacular 方言文学 451—457
Little ice age 小冰期 469
Liturgy 礼仪 430—433
Liudprand, Lombard bishop 卢特普兰德,伦巴第主教 238
Liutprand, Lombard king 利特巴德,伦巴第国王 130
Livery and maintenance 口粮与养护费用 596

Lollards 罗拉德派 578
Lombard League 伦巴第同盟 338
Lombards 伦巴第人 63,76,79,106,107,135
Lombardy 伦巴第 208,336—338,378—379
London, England 伦敦,英国 199,545,546
Longbow 长弓 499
Lords 领主
  feudalism and 封建主义 158,160,162—165
  Germanic tribes 日耳曼部落 62,64—65
  medieval manor and peasants 中世纪庄园与农民 180—184
Lords Ordainers 约法贵族 513
Lorraine 洛林 161,203
Lothair, king of Germany 洛泰尔,日耳曼国王 226,335,573
Lothair (son of Charlemagne) 洛泰尔(查理曼之子) 146,147
Lothair II, king of Lotharingia 洛泰尔二世,洛泰尔吉亚国王 147,213
Lotharingia (Lorraine) 罗退利吉亚(洛林) 147
Louis, duke of Bourbon 路易,波旁公爵 509—10
Louis, king of Italy 路易,意大利国王 147
Louis V, king of West Franks 路易五世,西法兰克国王 190
Louis VI, king of France 路易六世,法兰克国王 225,284,286,321,331—332,385
Louis VII, king of France 路易七世,法兰克国王 265,300,330,332—333
Louis VIII, king of France 路易八世,法兰克国王 384
Louis IX, king of France 路易九世,法兰克国王 275,352,358—359,385—388,465—466,494
Louis X, king of France 路易十世,法兰克国王 497
Louis XI, king of France 路易十一世,法兰克国王 590—591,592—594
Louis the Child, king of East Franks 童子路易,东法兰克国王 204
Louis the German, king of East Franks 日耳曼的路易,东法兰克国王 146,159
Louis the Pious 虔诚的路易 145—146,159,231
Love. See Courtly love 爱情,参见骑士爱情
Low Countries, 491. See also Flanders; Holland 低地国家,参见佛兰德斯,荷兰
Lucius III, pope 卢修斯三世,教宗 359
Lucy, St. 圣卢西 42
Ludmila, St. 圣卢德米拉 233
Ludovisi Battle Sarcophagus 路道维西战役石棺 25
Luther, Martin 路德,马丁 489,582,604
Luttrell Psalter 卢特瑞尔诗集 *179*
Luxemburg family, of Germany 卢森堡家族,德意志 535,*618*

M

Machiavelli, Niccolò 马基雅维利,尼古拉 532,604
Magister militum 罗马帝国晚期最高军衔 26,67
Magistri 监督 26
Magna Carta (1215) 《大宪章》 391—392,515
Magnus Billung 马格努斯·比隆 205
Magnus of Mecklenburg 梅克伦堡的马格努斯 594
Magyars 马扎尔人 147,152,204,205,233
Maimonides (Moses ben Maimun) 梅蒙奈德(摩西·本·梅姆) 412,419
Mainz, Pragmatic Sanction of (1439) 美因

茨国事诏书 586
Majorca 马略卡岛 382
Mâle, Emile 马勒,戈米尔 445
Malory, Sir Thomas 马洛里,托马斯爵士 456
Malta 马耳他 466
Manegold of Lautenbach 劳特巴赫的马尼戈尔特 224
Manfred, king of Sicily 曼弗雷德,西西里国王 382
Manicheanism 摩尼教 41,50,51,354—355
Manor, and feudalism 庄园,封建主义 179—184,547
Manzikert, battle of (1071) 曼齐刻尔克战役 245,257
Marcel, Etienne 马塞尔,艾蒂安 523—524,541,542,543—544
Marcian, Eastern Roman emperor 马西安,东罗马皇帝 55
Marcus Aurelius, Roman emperor 马可,奥勒留,罗马皇帝 23,36,40
Margaret, queen of Scotland 玛格丽特,苏格兰王后 395
Margaret of Anjou, queen of England 安茹的玛格丽特,英格兰王后 598,599
Margery Kempe 玛杰里,凯贝 489
Margraves 边疆伯爵 137
Marie de France 法兰西的玛丽 456
Marie of Champagne 香槟的玛丽 295,453—454
Marriage 婚姻
  Albigensians 阿尔比派 354,355
  clergy and 教士 215,217
  early Christianity 早期基督教 41—42
  feudalism 封建主义 164,165,171—172
  Germanic tribes 日耳曼部落 101
  Jews 犹太人 370

peasant life 农民生活 291,292
Marshal 典礼官 192
Marsilius of Padua 帕多瓦的马西里乌斯 486—487,576—577
Martianus Capella 马蒂纽斯·卡佩拉 32
Martin Ⅰ, pope 马丁一世,教宗 128
Martin Ⅳ, pope 马丁四世,教宗 476,478
Martin Ⅴ, pope 马丁五世,教宗 582,584
Martin of Tours, St. 图尔的圣马丁 57
Mary (mother of Jesus) 圣母玛利亚 54,303
Mary of Burgundy 勃艮第的玛丽 593,595
Masaccio 马萨乔 555
Mathematics, and Muslim civilization 数学,穆斯林文化 244
Matilda, countess of Anjou and daughter of Henry Ⅰ 玛蒂尔达,安茹女伯爵,亨利一世之女 324
Matthew Paris 巴黎的马太 450
Maurice, Byzantine emperor 莫里斯,拜占庭皇帝 88,94
Mawali (converts to Islam) 马瓦利(皈依伊斯兰教) 126,127
Maximian, Roman Emperor 马克西米安,罗马皇帝 26,69
Maximilian of Hapsburg 哈布斯堡的马克西米连 593—594,595
Mayday 五朔节 289
Mecca 麦加 121,123
Medici, Cosimo de 美第奇的科西莫 550,595
Medici family, of Florence 佛罗伦萨的美第奇家族 533,535,550,595
Medicine 医学
  Greek and Arabic texts on 希腊与阿拉伯文献 415
  Islamic Empire 伊斯兰帝国 243
  universities in thirteenth century 13世纪的大学 405

Medieval history. See History; Middle Ages 中世纪史

Mediterranean 地中海
  agriculture 农业 8—9
  classical Greek period 古典希腊时期 13
  climate of 气候 8
  crusades and naval control of by Italian cities 十字军与意大利城市的舰队控制地中海 269
  environment of 环境 7—8
  political instability at end of thirteenth century 13 世纪末政治不稳定 466

Melée, and tournaments 格斗，马上比武 296

Menander (Byzantine historian) 梅南德（拜占庭历史学家） 94

Mendicant orders 托钵修会 366

Merchants, 277—279, 597. See also Commerce 商人，参见贸易

Mercia (England) 麦西亚（英格兰） 152

Merovech (son of Chilperic) 墨洛维奇（希尔佩里克之子） 96

Merovingian dynasty 墨洛温王朝 73—74, 94—105, 144

Metalogicon (John of Salisbury) 《元逻辑》（索尔兹伯里的约翰） 451

Methodius (missionary to Slavs) 美多迪乌斯（向斯拉夫人传教） 234

Michael I, Byzantine emperor 米哈伊尔一世，拜占庭皇帝 140

Michael III, Byzantine emperor 米哈伊尔三世，拜占庭皇帝 234, 235

Michael VI, Byzantine emperor 米哈伊尔六世，拜占庭皇帝 140

Michael VII, Byzantine emperor 米哈伊尔七世，拜占庭皇帝 258

Michael of Cesena 切塞纳的米哈伊尔 486

Michael Palaeologus, Byzantine emperor 米哈伊尔·帕里奥洛加斯，拜占庭皇帝 466, 475, 476

Michael Psellas 米哈伊尔·帕塞拉斯 240

Michaelmas 米迦勒节 288

Michelangelo 米开朗琪罗 604

Michelet (historian) 米什莱（历史学家） 96

Middle Ages. See also History 中世纪
  achievements of 成就 606—608
  end of in fifteenth century 15 世纪终结 603—604
  historical views of 历史观 1—3

Middle class, 282, 464—65. See also Merchants 中产阶级

Middle Kingdom 中王国 146, 147, 149, 208

Midsummer 施洗约翰节 289—290

Midwives 产婆 414

Mieszko, prince of Poland 梅什科，波兰王子 233

Milan 米兰 221, 384, 532—533, 595

Military. See also Army; War 军事
  art of war in late Middle Ages 中世纪晚期的战争 571—574
  Frankish system and Viking raids 法兰克体制与维金人入侵 161

Militia 民兵 574

Ministeriales 侍从 210

Miracle plays 奇迹剧 455

Miracles of the Italian Fathers (Gregory the Great) 《意大利神父的奇迹》（大格列高利） 108

Mirandola, Pica della 米兰多拉，彼科·德拉 604

Mir system, of Russia 米尔村社，俄罗斯 176

Missi dominici 巡察使 137

Model Parliament(1295) 模范议会 401
Mohammed Ⅱ, sultan of Ottoman Turks 穆
　　罕默德二世,奥斯曼土耳其苏丹 602
Monarchy. See also Kings;Sovereignty 君
　　主制
　　Aquinas and political theory of 阿奎那与
　　　　政治理论 423—424
　　Byzantine empire 拜占庭帝国 90—91
　　feudalism 封建主义 169
　　France and Burgundy in fifteenth century
　　　　15世纪的法兰西与勃艮第 589—594
　　Henry Ⅱ and development of English 亨
　　　　利二世与英国的发展 327
　　Norman England 诺曼英格兰 202
Monasticism 修道院制度
　　Carolingian empire 加洛林帝国
　　　　141—142
　　Cluniac order and revival of 克吕尼修会
　　　　与修会复兴 216
　　counsel and aid 劝谕与帮助 163
　　daily life in 日常生活 306
　　early Church 早期教会 56—59
　　Franciscan and Dominican orders 方济各
　　　　会与多明我会 361—366
　　Ireland and 爱尔兰 111—115,214
　　new orders in twelfth century 12世纪新
　　　　修会 299—304
　　village life 乡村生活 183
Money. See Currency 金钱
Money-lending. See Banking;Usury 放债
Mongols 蒙古人 380,466,549,601,
　　602,603
Monogamy 一夫一妻制 170
Monophysitism 基督一性论 55,105,
　　126,127
Monotheism 一神论 37,123
Monothelitism 基督一志论 127—129
Morality 道德 30,170
Norcar,earl of Northumbria 莫尔卡,诺森布
　　里亚伯爵 199
More,Sir Thomas 莫尔,托马斯爵士 604
Morocco 摩洛哥 151,244
Morte d'Arthur(Malory) 亚瑟王之死(马洛
　　里) 456
Mortimer,Edmund 莫蒂默,埃德蒙 520
Mortimer,Roger 莫蒂默,罗杰 514
Mosaics,Byzantine 镶嵌艺术,拜占庭
　　91—92
Moscow, Grand Duchy of 莫斯科,大公
　　602
Moses ben Maimun(Maimonides) 摩西·
　　本·梅姆(梅蒙奈德) 368
Mosque, of Cordoba 清真寺,科尔多瓦
　　128
Motion,Aristotle's law of 运动规律,亚里士
　　多德 418
Motte,of castle 城堡土山 162
Mu'awiya,governor of Syria 穆阿威叶,叙利
　　亚总督 124
Muhammad,Prophet 穆罕默德,先知 121,
　　122—124,125
Mummers' plays 滑稽剧 288—89
Musée Condé(Chantilly) 康狄博物馆(尚
　　蒂伊) 554
Music 音乐
　　achievements of Middle Ages 中世纪的成
　　　　就 607
　　antiphonal chanting 轮唱赞美诗集 49
　　Gregorian chant 格列高利圣咏
　　　　108,432
　　liturgical 礼仪 432—433
　　troubadors 行吟诗人 433
Muslims. See also Islam and Islamic empire
穆斯林
　　Byzantine campaign against in tenth century
　　　　拜占庭反对穆斯林的运动,十世纪
　　　　239
　　European expansion into Spain 向欧洲扩

张,侵入西班牙 251—257
invasion of Sicily in 827,827 年入侵西西里 147
invasion of Spain in 711,711 年入侵西班牙 77,78
philosophy in thirteenth-century Europe and 13 世纪欧洲哲学 411—413
Spain in thirteenth century 13 世纪西班牙 381
Mystery plays 神秘剧 456—457
Mystery religions 神秘宗教 36—37
Mysticism 神秘主义 489—491
Mythraism 信奉穆斯拉神 36

N

Naples 那不勒斯 531,595
  university at 大学 406—407
Nationalism, monarchy and growth of 民族主义,君主制 589—594
Natural rights, doctrine of 自然权利的教义 488
Navarre 纳瓦尔 252,380
Nave, of cathedral 中殿,大教堂的 428
Navy, crusades and fleets of Italian cities, 264—265,269. See also Shipping 舰队
Neanderthals 尼安德特人 11
Neolithic cultures 新石器文化 10,11
Neoplatonism 新柏拉图主义 35,36,411,412
Nero, Roman emperor 尼禄,罗马皇帝 42
Nerva, Roman Emperor 内尔瓦,罗马皇帝 23
Nestorians 聂斯托利派 55
Nestorius, bishop of Constantinople 聂斯托利,君士坦丁堡主教 54
Netherlands 尼德兰 469,595
Neustria 纽斯特里亚 95,96,104
Nibelungenlied 尼伯龙根之歌 452
Nicea 尼西亚 466
  Council of (325) 公会议 46,54
Nicene Creed 尼西亚信经 46
Nicholas, Byzantine patriarch 尼古拉,拜占庭宗主教 239
Nicholas Ⅰ, pope 尼古拉一世,教宗 213,234—235
Nicholas Ⅱ, pope 尼古拉二世,教宗 219
Nicholas Ⅳ, pope 尼古拉四世,教宗 480
Nicholas Ⅴ, pope 尼古拉五世,教宗 587
Nicholas of Cusa 库萨的尼古拉 585
Nicomedia (city) 尼科米底亚 25
Nithard 尼塔尔 146
Nominalism 唯名论 308
Norbert, monk 诺伯特修士 302
Norman conquest, of England 诺曼征服,英格兰 196—203,*614*
Normandy 诺曼底 150,151,160,449,468
North Africa 北非,参见摩洛哥 9,52. see also Morocco
North America 北美 152,604
Northmen. See Vikings 北欧海盗
Northumbria (England) 诺森比亚 117—118,152
Norway, 199,231,232—233,349,601. See also Scandinavia; Vikings 挪威
Notation, musical 音乐符号 432
Notker of St. Gall, monk 圣高尔修会的诺特克修士 141
Nuptials of Mercury and philology (Martianus Capella) 《墨丘利和语言学的婚礼》(马蒂纽斯·卡佩拉) 32

O

Oaths, and Albigensians 宣誓,阿尔比派 355
Oats 燕麦 10
Oblates 献身会士 301—302
Odo, king of France 奥多,法兰西国王 190

Odoacer 奥多卡 69,74
Odo of Cluny, abbot 克吕尼的奥多,隐修会长 47
Olaf the Taxgatherer, king of Sweden 收税者奥拉夫,瑞典国王 231
Olaf Trygyesson, king of Norway 奥拉夫·特吕格瓦松,挪威国王 231
Oleg, prince of Kiev 奥莱格,基辅国王 238
On Monarchy (Dante) 《帝制论》(但丁) 458
On Papal and Royal Power (John of Paris) 《教权与王权》(巴黎的约翰) 486
On Scribes—That They Should Not Write Corruptly (Charlemagne) 《抄写者请不要胡乱地书写》(查理曼) 144
On the Celestial Hierarchy (Dionysius) 《论天国的等级制度》(迪奥尼修) 94
On the Ecclesiastical Hierarchy (Dionysius) 《论教会的等级制度》(迪奥尼修) 94
On the Laws and Customs of the Realm of England (Glanvill) 《论英格兰的法律与风格》(格兰维尔) 313
Open-field strip farming 敞田制 179
Optics 光学 416
Ordeal, rite of 神意裁判 65,102,327,330
Orderic Vitalis 奥德里克·维塔里斯 449
Order of the Garter 嘉德勋位 555
Orders of Calatrava, Alcantara, and Santiago 卡拉特拉瓦,阿尔坝塔拉,圣地亚哥骑士团 264
Oresme, Nicole 奥雷姆,尼科尔 *417*,418
Origen 奥利金 40—41
Ostrogoths 东哥特人 63,69,71—81
Oswald, king of Northumbria 奥斯瓦尔德,诺森比亚国王 118
Oswy, king of Northumbria 奥斯维,诺森比亚国王 118
Otto I (the Great), king of Germany 奥托一世,日耳曼国王 147,205,214,233
Otto II, king of Germany 奥托二世,日耳曼国王 209
Otto III, king of Germany 奥托三世,日耳曼国王 209,233
Otto IV, king of Germany 奥托四世,日耳曼国王 334,335,341,346—347
Ottoman Turks 奥斯曼土耳其 466,602,603
Ottonian Empire 奥托帝国 205—211
Otto of Freising 弗列辛的奥托 449
Ousama, Arab noble 奥萨马,阿拉伯贵族 264
Out-field settlement 农舍外围的土地 176
Ovid 奥维德 454
Owen Glendower 欧文·格伦道尔 521
Oxford University 牛津大学 406,407,409,410

P

Pachomius, St. 圣帕科米乌斯 57
Padbury, village of (England) 帕特伯里,英格兰乡村 *180*
Padua, university at 帕多瓦大学 406
Paganism. *See also* Religion 异教徒
　classicial literature and early Church 古典文学与早期教会 47—49
　Frankish Gaul 法兰克人的高卢 103
　Hallowe'en 万圣节前夕 288
　neolithic religion 新石器时期的宗教 11
　persistence of in subculture of common people 异教徒在普通民众亚文化圈中的存留 115,288,431—32
　Scandinavia in eleventh century 11世纪斯堪的纳维亚 231
Pallium 大披肩 227
Pange lingua gloriosi (hymn) 《光荣的胜利战斗颂歌》(赞美诗) 98
Papacy. *See* Popes and papacy 教廷

Papal chamber 教廷议事厅 527
Papal legates 教皇使节 220, 227, 351—352
Papal letters, forgery of 伪造教皇书信 352
Papal penitentiary 教廷反省院 527
Papal Revolution 教皇革命 218—225
Paris, 276, 410. See also University of Paris 巴黎
Paris, Treaty of (1259) 巴黎条约 494
Parlement (France) 最高法院（法国） 388
Parliament, of England 议会，英国 395—402, 514—516
Parzifal (Wolfram von Eisenbach) 帕尔齐法尔（沃尔夫拉姆·凡·埃森巴赫） 456
Paschal Ⅱ, pope 帕斯卡二世，教宗 225, 353
Patriarchy, and Islam 父权制，伊斯兰 124
Patrick, St. 圣帕特里克 112
Patrilinear lineage 父系世系 171
Patronage, papal 圣职授予权，教宗 527—528
Paul, St. 圣保罗 36, 39
Paula, St. 圣保拉 58
Paul the Deacon 保罗助祭 141
Peace of God 上帝的和平 167
Peace of Lodi 洛迪和约 595
Peasants 农民
　agrarian expansion and population growth 农业扩张与人口增长 185—187
　commerce and growth of towns in twelfth century 12世纪贸易与城镇发展 285—292
　decline in size of holdings in thirteenth century 13世纪份地规模缩减 468
　decline of Byzantine empire 拜占庭帝国衰落 241
　English society in fifteenth century 15世纪英国社会 597
　feudalism and medieval manor 封建主义与中世纪庄园 180—184
　gradations of rank in Anglo-Saxon England 盎格鲁—撒克逊英国等级秩序 202
　revolts in fourteenth century 14世纪的农民起义 539—547
　rural life and economy 乡村生活与经济 175—180
Peasants' Crusade 农民十字军 259—261
Peasants' Rebellion of 1381 (England) 1381年农民暴动 517—518, 540, 541, 544—546
Pedro Ⅰ, king of Castile 彼德罗一世，卡斯提尔国王 540
Peine fort et dur 酷刑 330
Pelagians 贝拉基派 51
Pelagius Ⅰ, pope 佩拉吉一世，教宗 106
Pelagius Ⅱ, pope 佩拉吉二世，教宗 106
Penance 补赎 311, 527
Penda of Mercia 麦西亚的彭达 117
Pentecost 五旬节 289
Pepin, king of Gaul 丕平，高卢国王 121, 130—131, 134, 431
Pepin, king of Italy 丕平，意大利国王 136
Pepin of Heristal 希利斯塔尔的丕平 104
Pepin of Landen 兰登的丕平 104
Pepo (law scholar) 佩波（法律学者） 404
Percy, Henry, early of Northumberland 伯西，亨利，诺森伯兰伯爵 520
Perfecti 完人，善人 355
Periodization, historical 历史分期 2
Perpetua, St. 圣普柏度 42
Persian empire 波斯帝国 88, 125
Peter, king of Aragon 彼得，阿拉贡国王 358, 478
Peter, St. 圣彼得 53, 55
Peter Ⅲ, king of Aragon 彼得三世，阿拉贡国王 475, 476

Peter Damian, St. 圣彼得·达米安 217,302

Peter de Castelnau 卡斯塔尔诺的彼得 357

Peter Lombard 彼得·伦巴第 310—311

Peter of Dreux 德勒的彼得 351

Peter of Pisa 比萨的彼得 141

Peter's Pence 彼得便士 353

Peter the Hermit 隐士彼得 259

Peter the Venerable, abbot of Cluny 可敬的比德,克吕尼修道院院长 309

Petit, Jean 让·珀蒂 583

Petit Jehan de Saintré, Le 尚特的小儒安 556

Petrarch 彼特拉克 526

Petrine doctrine, of papal power 彼得论教宗权力 53,54

Petty jury 小陪审团 329

Pharmacy 药房 415

Philip (the Good), duke of Burgundy 好人腓力,勃艮第公爵 524,525,555—556,566,590,591—592

Philip, duke of Orleans 腓力,奥尔良公爵 505

Philip Ⅰ, king of France 腓力一世,法兰西国王 193,223,259,330—331

Philip Ⅱ (Augustus), king of France 腓力二世,法兰西国王 266,267,284,347,348,357—358

Philip Ⅲ, king of France 腓力三世,法兰西国王 388,476

Philip Ⅳ, King of France 腓力四世,法兰西国王 373,388,389—390,*398*,479

Philip Ⅴ, King of France 腓力五世,法兰西国王 497

Philip Ⅵ, King of France 腓力六世,法兰西国王 497,498,521—522

Philip of Hohenstaufen (Germany) 霍恩施陶芬的腓力 341,346

Philosophy 哲学 243,244,307—308,419—425,488—489

Phocas, Byzantine emperor 福卡斯,拜占庭皇帝 88

Phoenicians 腓尼基人 13,14

Photius, patriarch of Constantinople 佛提乌,君士坦丁堡宗主教 234—235,236,238

Picts 皮克特人 115

Piers Plowman (Langland) 农夫皮尔斯(朗格兰) 557—558

Pigs 猪 180

Pipe Roll 卷筒案卷 323

Piracy 海上劫掠 495

Pirenne, Henri (historian) 皮朗,亨利(历史学家) 80,276

Pisa 比萨 273

Pisanello 皮萨内罗 554

Plague. See Black Death 瘟疫

Plain chant 素歌 432

Plantagenet dynasty, of England 金雀花王朝 324,513—521,*614*,616

Plato 柏拉图 8,308,411

Plena potestas and *Plena auctoritas* 全能与全权 398—399

Plenary indulgence 大赦 527

Plotinus (philosopher) 普罗提诺(哲学家) 40

Plows 犁 178

Pneumonic plague 肺炎型鼠疫 470—471

Podiebrad, George 波迪布拉特,乔治 585

Poetry 诗歌
  Latin literature 拉丁文学 446—449
  lyric poetry of fourteenth-century France 14世纪法兰西抒情诗 558
  Romance literature 罗马文学 452—454

Pointed arch 尖形拱顶 433—434

Poitiers, battle of (1356) 普瓦捷战役 506

Poland 波兰 233,380

Pol de Limbourg 林堡的波尔 553,554
Policraticus (John of Salisbury) 《政治评论》(索尔兹伯里的约翰) 451
Politics. *See also* Government; Monarchy; State 政治,参见政府,统治,政权
 achievements of Middle Ages 中世纪的成就 606
 conflicts at end of thirteenth century 13世纪末的冲突 465—466
 England and last Plantagenets 英格兰与金雀花王朝末期 513—521
 France and House of Valois 法兰西与瓦卢瓦王朝 521—525
 Popes and fourteenth-century 教宗与14世纪 475—479
Poll tax 人头税 544
Polygyny 一夫多妻制 101,124,169
Popes and papacy. *See also* Great Schism 教宗与教皇制
 canon law 教会法 317—318
 centralization and schism in fourteenth century 14世纪的集权与分裂 526—531
 chronological list of 编年表 609—610
 constitutional structure of church in fifteenth century 15世纪教会的体制结构 584—587
 critics of in fourteenth century 14世纪的批评 486—492
 early leadership 早期领袖 52—56
 Frankish alliance 法兰克人联盟 130
 Germany and 德意志 335—341
 Innocent Ⅲ and 英诺森三世 345—353
 law in twelfth century 12世纪法律 315
 Muslims in Spain and 西班牙穆斯林 252
 Papal Revolution and Investiture Contest 教皇革命与主教叙任权之争 218—225,228
 politics in fourteenth century 14世纪政治 475—479
 Roman Church in sixth century 6世纪罗马教会 105—109
 Sicily and 西西里 257
 threats to in tenth century 10世纪的威胁 214
Population 人口
 agrarian expansion and growth of peasant 农业扩张与农民增长 185—187
 Black Death and 黑死病 471
 Constantinople in sixth century 6世纪君士坦丁堡 89
 late-thirteenth-century Europe 13世纪晚期欧洲 467—470
 Roman Empire and decline of 罗马帝国与人口衰落 22,28
Portugal 葡萄牙 253,255,349,603
Possessory assizes 占有权巡回审判庭 329
Postan, M. M. 波斯坦(历史学家) 470
Poverty 贫困 284—285,364
Praetorian prefect 兼理军事的执政官 26
Pragmatic Sanction of Bourges (1438) 布尔日国事诏书 586
Pragmatic Sanction of Mainz (1439) 美因茨国事诏书 586
Precentor 领唱者 227
Predestination, doctrine of 预定论 577
Prefectures 辖区 26
Premonstratensian order 普雷蒙特利修会 302—303
Priest. *See* Clergy 司祭
Primogeniture 长子继承权 164,170,171
Prince, The (Machiavelli) 《君主论》(马基雅维利) 532
Prince of Wales 威尔士亲王 395
Princes, German nobles 诸侯,日耳曼贵族 209—210

Printing press 印刷机 604
Priscian 普利西安 32,446
Procopius(Greek historian) 普罗柯比(希腊历史学家) 86,93—94
Protestant Reformation 新教的宗教改革 587
Provence 普罗旺斯 147,167
Provinces,of Roman Empire 外省 19
Prussia 普鲁士 380
Puiset,lord of 普塞特领主 192
Punic Wars 布匿战争 14

Q

Quarter Sessions 季会 517
Quia emptores 《买地法令》 394
Qur'an(Koran) 古兰经 121,123,124,412

R

Radegund,St. 圣雷德冈德 97—98
Ragnachar 雷格纳奇尔 73
Rainald of Dassel,archbishop of Cologne 达塞尔的雷纳尔德,科隆大主教 337,338,447—448
Rashi(Solomon ben Isaac) of Troyes 特鲁瓦的拉希(所罗门·本·以德) 368
Rats,and Black Death 老鼠,黑死病 470,471
Raymond,prince of Antioch 雷蒙,安条克伯爵 265
Raymond VI,count of Toulouse 雷蒙六世,图卢兹伯爵 357
Raymond de St. Gilles,count of Toulouse 圣吉尔的雷蒙,图卢兹伯爵 259,260,261,262
Raymond of Toledo 托莱多的雷蒙 413
Raymond Roger,viscount of Béziers and Carcassone 雷蒙·罗杰,贝济耶与卡尔卡索纳子爵 357,358
Recared,king of Spain 雷卡尔特,西班牙国王 77
Receswinth,king of Goths 雷塞斯温斯,哥特国王 77—78
Reconquista,of Spain 收复失地运动,西班牙 381
Regular canons 受教规约束的神职人员 302
Reims,Cathedral of 兰斯大教堂 440,444
Reincarnation 轮回转世 355
Religion. See also Christianity;Islam;Jews;Paganism 宗教
    early Germanic tribes 早期日耳曼部落 64
    Jews in twelfth and thirteenth centuries 12、13世纪犹太人 368—373
    pre-Christian of Roman Empire 前基督教时期,罗马帝国 35—37
Renaissance 文艺复兴 587,604
Rents,and feudalism 租金,封建主义 182
Revolts 起义
    communal rebellion of 1077,1077年自治共同体的起义 281
    papal reform movement 教皇改革运动 228—229
    peasants in fourteenth century 14世纪农民 517—518,539—547
    urban in fourteenth century 14世纪城市 548
    Wales and Henry IV 威尔士与亨利四世 520—521
Ribauds 排枪 571,572
Ribbed vault 肋架拱顶 433—434,446
Richard,duke of York 理查德,约克公爵 598—599
Richard I (the Lionhearted),king of England 勇士理查一世,英国国王 266—267,333—334,339,341,352,390,454
Richard II,duke of Normandy 理查二世,诺曼底公爵 196

Richard Ⅱ, king of England 理查二世,诺曼底公爵 517—520, 521, 544, 545, 546

Richard Ⅲ, king of England 理查二世,诺曼底公爵 599, 601

Richard Fitz Neal 理查·菲茨·尼尔 451

Richard of Cornwall 康沃尔的理查 379

Ricimer, Italian leader 里西梅尔,意大利领袖 69

Ripuarian Franks 里普利安法兰克人 100

Rivers, and human migration 河,人口迁移 10

Roads, of Roman Empire 路,罗马帝国 19

Robber Synod 强盗会议 55

Robert, abbot of Molesme 罗伯特,莫莱姆隐修会长 299

Robert, duke of Normandy 罗伯特,诺曼底公爵 259, 260, 320, 321

Robert Ⅱ, king of Sicily 罗伯特二世,西西里国王 265

Robert de Arbrissel 阿布里斯尔的罗伯特 304

Robert Grosseteste, bishop of Lincoln 罗伯特·格罗塞特斯特,伦敦主教 275

Robert Guiscard, duke of Apulia and Calabria 罗伯特·古斯卡德,阿普利亚与卡拉布里亚公爵 256

Robert the Strong 强人罗伯特 190

Rodrigo Diaz de Vivar(el Cid) 罗得里戈·迪亚士·德·维瓦尔 253

Roger Ⅰ, count of Sicily 罗杰一世,西西里伯爵 256—257

Roger Ⅱ, count of Sicily 罗杰二世,西西里伯爵 256—257

Roger de Tony 托尼的罗杰 252

Roger of Wendover 温道凡的罗杰 450

Rollo, leader of Normandy 罗洛,诺曼底领袖 151, 160

Roman Catholic Church. See Christianity; Church; Popes and papacy 罗马天主教会

Romance languages 罗曼语 146—147, 452

Roman Empire. See also Rome 罗马帝国
  barbarians and 蛮族 *18*, 66—71
  Christianity and 基督教 42—47
  decline of 衰落 20—21
  eastern and western halves of 东半部与西半部 19
  economic, social, and cultural life 经济、社会、文化生活 27—33
  "end of ancient world" 古代世界终结 80—81
  extent of at peak 扩张顶峰 17—18
  law 法律 86—88, 102, 312—314
  origins of feudalism 封建主义起源 158
  pre-Christian religions 前基督教时期的宗教 35—37
  reforms of Diocletian and Constantine 戴克里先与君士坦丁改革 24—27

Romanesque architecture 罗马式建筑 426—429, *435*, *437*, *438*, 444, 445

Roman de la Rose (Jean de Meung) 《玫瑰传奇》(让·德·默恩) 556

Roman de Rou (Wace) 《鲁的传奇》(瓦思) 457

Roman rota 罗马最高法庭 527

Romanus Ⅳ, Byzantine emperor 罗曼努斯四世,拜占庭皇帝 257

Romanus Melodus(poet) 罗曼努斯·米洛杜斯(诗人) 94

Rome. 罗马 See also Roman Empire
  barbarians and 蛮族 52, 68
  Basilica of Constantine 君士坦丁大教堂 427—428
  catacombs 寝陵 45
  conquest of northern Europe 北欧的占领 14
  early expansion of 早期扩张 13—14

founding of 建立 13

Gregory the Great and administration of 大格列高里与罗马的统治 106—107,108—109

Muslims in ninth century 9世纪穆斯林 147

Otto Ⅰ of Germany 日耳曼的奥托一世 208

papacy and early Church 教皇制与早期教会 52—56

population of 人口 8

rebellion against Leo Ⅲ in 799,799年反抗利奥三世 139

Romulus Augustulus, Roman emperor 罗慕路斯·奥古斯图卢斯,罗马皇帝 69,85

Roscellinus 罗色林纽斯 308

Rudolph, king of Germany 鲁道夫,日耳曼国王 379

Rudolph Ⅱ, of Burgundy 鲁道夫二世,勃艮第 208

Rule of St. Augustine 圣奥古斯丁教规 302

Rum, sultan of 罗姆苏丹 260

Rupert of the Palatinate 帕拉廷的鲁珀特 537

Rural life. See also Agriculture; Peasants 农业生活

  overpopulation in fourteenth century 14世纪人口过剩 467

  peasant revolts in fourteenth century 14世纪农民起义 539—547

  peasants and agricultural economy 农民与农业经济 175—180

Roman Empire 罗马帝国 31

Rus 罗斯人 238

Russell, J. C. 罗素 470

Russia 俄罗斯

  Byzantine church and conversion of 拜占庭教会与俄罗斯的皈依 236—237

Kievan state 基辅公国 238

mir system 米尔村社体制 176

modern state of 现代国家 601—602

Mongol invasions 蒙古人入侵 380

Viking invasions and settlement in 维金人入侵与定居 148,149,*150*

Russian Orthodox Church 俄罗斯东正教会 602

S

Sacraments 圣事 311

Sagas, Viking 北欧传说,维金人 452

St. Denis, abbey church 圣丹尼斯,修道院教堂 434,441

Saint-Germain, abbey of 圣日耳曼修道院 183—184

St. John's Eve 圣约翰节前夕 290

St. Mark's basilica (Vanice) 圣马可大教堂,威尼斯 429

St. Paul's-Outside-the-Walls (Rome) 罗马城外的圣保罗大教堂 429

Saints, biographies of 圣徒传记 450

St. Sophia, cathedral of (Kiev) 圣索菲亚大教堂,基辅 236

Saisset, Bernard, bishop of southern France 塞伊塞特,贝尔纳,法兰西南部主教 482

Saladin, sultan of Egypt 萨拉丁,埃及苏丹 265—266,267

Salian dynasty, of Germany 萨利安王朝,日耳曼 209—211,*613*

Salian Franks 萨利安族法兰克人 100

Salutati, Coluccio 萨卢塔蒂,科卢西奥 535

Salvianus 萨尔瓦纽斯 30

Samuel, Bulgarian leader 塞缪尔,保加利亚领袖 239

Sancho Ⅳ, king of Castile 桑丘四世,卡斯提尔国王 382

Sancho Ramirez, king of Aragon and Navarre 桑丘·拉米雷斯,阿拉贡与纳瓦拉国王 252—253

Sardica, Council of (344) 撒狄卡大公会议 53

Sarmatians 萨尔马提亚人 63

Sassetta (Sienese painter) 萨塞塔(锡耶纳画家) 554

Saxon dynasty, of Germany 萨克森王朝,日耳曼 205, *613*

Saxons. See also Anglo-Saxons 萨克森人
　expansion into western Europe 扩张到西欧 63
　government of England 统治英格兰 194—203
　invasion of England 入侵英格兰 69—70
　Roman Empire 罗马帝国 32, 66

Saxony 萨克森 135—136, 204, 208

Scala, Con Grande della 斯卡拉家族的坎·格兰德 532

Scandinavia. See also Denmark; Norway; Sweden 斯堪的纳维亚
　Christianity in 基督教 231
　climate in fourteenth century 14世纪气候 469
　Islamic Empire and trade with 与伊斯兰帝国的贸易 243
　political history of in eleventh and twelfth centuries 11、12世纪政治史 232—233
　political organization in ninth and tenth centuries 9、10世纪政治组织 230—231
　Union of Kalmar 卡尔马联盟 601
　Viking invasions of western Europe 维金人入侵西欧 147—152

Scholastica, mother superior 斯科拉斯提卡,修女院院长 58

Science, and intellectual life in thirteenth century 科学,13世纪精神生活 413—419

Scientific methodology 科学方法论 416

Scotland. See also Caledonia 苏格兰
　Anglo-Saxon kings and lowland 盎格鲁—撒克逊国王与苏格兰低地 194
　early monasteries 早期修道院 115
　Edward I and conquest of lowland 爱德华一世与征占苏格兰低地 394, 395, 499
　Edward III and war with 爱德华三世与苏格兰的战争 498
　Norman conquest of England 诺曼征服英格兰 200—201, 203
　warfare in 战争 573

Scriptorium 缮写间 144, 145

Sculpture 雕刻
　Gothic 哥特式 437, 439, 444
　Romanesque 罗马式 430, 437, 438, 552

Scutage 兵役免除税 326

Secret History (Procopius) 《秘史》(普罗柯比) 94

Seignorial system 领主制 180—181

Seljuk Turks 塞尔柱土耳其人 245

Semitic languages 闪米特语 12

Seneschals 城堡管家 335, 464

Septicaemic plague 败血型鼠疫 470

Septimus Severus, Roman emperor 塞蒂米斯·塞维鲁,罗马皇帝 23

Serbs and Serbia 塞尔维亚人与塞尔维亚 234, 602

Serfs and serfdom. See also Feudalism; Peasants 农奴与农奴制
　growth of towns and freedom 城镇的增长与自由 286
　labor shortages of fourteenth century and end of 14世纪缺乏劳动力,农奴制终结 547
　Roman Empire 罗马帝国 29

seignorial system 领主制 182—184

town charters 城市宪章 278

Sergius, patriarch of Constantinople 塞吉乌斯,君士坦丁堡宗主教 127

Serjeanty 服役土地占有权 165

Settlement, peasants and patterns of 农民与村落模式 176—177

Sex ratio, and serf population 性别比例,农奴人口 184

Sexual morality, church and feudal society 性道德,教会与封建社会 170

Sforza, Ludovico 斯福尔扎,卢多维科 595

Shari'a (holy law) 沙里阿(伊斯兰教教法) 123,241

Sheriff 郡长 195

Shi'ites (Islamic sect) 什叶派 124—125,127

Shipping. See also Commerce; Navy 海运

   compass and hinged rudder 指南针与铰链型舵 416,551

   piracy and letters of reprisal 海上劫掠与报复许可证 495

   voyages of exploration in fifteenth century 15世纪探险航行 603,604

Shires, of England 郡,英格兰 194

Sic et Non (Yes and No) (Abelard) 《是与否》(阿伯拉尔) 310

Sicilian Vespers, War of 西西里晚祷战争 476

Sicily 西西里

   Germany and 日耳曼 339,341,376,378

   government of in thirteenth century 13世纪政府 382—383

   Jews and 犹太人 370

   Muslims and 穆斯林 256—257

   Popes and 教宗 475—476

   princes of Aragon and 阿拉贡亲王 531

Sidonius Apollinaris 西顿尼乌斯·阿波林纳利斯 71

Siete Partidas, Las 《七法全书》 381

Siger of Brabant 布拉班特的西格尔 421

Sigibert, king of Austrasia 西杰伯特,奥斯特拉西亚国王 95,96

Sigisinud, king of Hungary 西吉斯蒙,匈牙利国王 537,580,581,585

Silverius, pope 西尔维,教宗 106

Simon de Montfort, earl of Leicester 西蒙·德·蒙特福特,莱斯特伯爵 393

Simon de Montfort, lord of Montfort l'Amaury 蒙特福特-阿莫里领主 358,400

Simon the Stylite, St. 柱上苦行者圣西蒙 56

Simony 买卖圣职圣物 215,217,221,223

Sir Gawayne and the Grene Knight 《格威尼先生和格林骑士》 556

Siricius, pope 西利修斯,教宗 54

Slavery 奴隶制 22,28,182,242,245,273

Slavonic language 斯拉夫语 234,237

Slavs 斯拉夫人 88,89,136,145,148,209,234,238

Society 社会

   changing structure of in thirteenth century 13世纪社会结构变化 464—465

   chivalry 骑士制度 292—296

   economic attitudes in twelfth century and 12世纪经济观 282—285

   feudalism 158 封建主义 161—165

   Roman Empire 罗马帝国 29—30

   secularization in fourteenth century 14世纪世俗化 479

   Teutonic and law codes 条顿社会与法典 100—101

   War of the Roses 玫瑰战争 596

Socrates 苏格拉底 13

Soil 土壤 8,10,28

Solar cult 太阳崇拜 11

Sol Invicta, cult of 不可征服的太阳神崇拜 36

Song of Roland 《罗兰之歌》 136,171,455
Sorbon, Robert de 索邦的罗伯特 410
Sorbonne College (Paris) 索邦神学院(巴黎大学前身) 410
Sovereignty. See also Kings; Monarchy 统治权
　canon law 教会法 317—318
　representative government and 代议制政府 397—398
　universal papal 普世教皇 478
Spain 西班牙
　Charlemagne 查理曼 136
　European expansion into Muslim 欧洲向穆斯林地区扩张 251—257
　Germanic tribes 日耳曼部落 71—81
　Gothic architecture of churches 哥特式教堂 440
　government in thirteenth century 13 世纪政府 380—382
　Islamic conquest and government of 伊斯兰征占与统治 126, 244
　Jews and 犹太人 373
　kings in later Middle Ages 中世纪晚期的国王 620
　kings of from tenth to thirteenth centuries 10 至 13 世纪国王 619
　political change in fifteenth century 15 世纪政治变化 602—603
　political divisions ca. 1300 1300 年政治分裂 383
　Roman Empire 罗马帝国 19
　vernacular literature 万言文学 457
　Vikings 维金人 151
Spanish March 西班牙边区 136
Spiritual Franciscans 方济各会属灵派 478—479, 481
Stained glass 彩绘玻璃 434, 441, *442*, 446
State. See also City-states; Government; Monarchy; Sovereignty 国家

Aquinas on origin of 阿奎那论国家的起源 424
church in fourteenth century and 14 世纪教会与国家 479—486
Statute of Laborers (1351) 劳工法规 540, 544
Statute of Praemunire (1353) 蔑视王权罪法规 528
Statute of Provisors (1351) 圣职候补者法规 527
Statute of Winchester (1285) 温切斯特法规 546
Stephen, king of England 斯蒂芬, 英格兰国王 324
Stephen, St. 圣斯德望 233
Stephen Ⅱ, pope 斯德望二世, 教宗 131
Stephen Harding, abbot of Citeaux 斯蒂芬·哈丁, 西多修道院院长 299
Stephen Langton, archbishop of Canterbury 斯蒂芬·兰顿, 坎特伯雷大主教 348—349, 391
Steward 管理人 192
Stilicho, Vandal general 斯提利科, 汪达尔将军 67—68
Stirrup, and technology of war 马镫, 战争技术 104, 159
Stoicism 斯多噶学派 35—36
Stonehenge 史前巨石群 11
Strasbourg Oaths 斯特拉斯堡誓言 146
Strip farming 条田 178
Students, university 学生, 大学 410
Sudbury, Simon, archbishop of Canterbury 苏德伯里, 西蒙, 坎特伯雷大主教 545
Suevi 苏维人 63
Suger, abbot of St. Denis 苏格, 圣丹尼斯修道院院长 300, 331, 441, 444, 450
Suleiman, caliph 苏莱曼, 哈里发 126
Suleiman the Magnificent, Ottoman Emperor 高贵的苏莱曼, 奥斯曼皇帝 466

Summa Contra Gentiles(Thomas Aquinas)
　《反异教大全》　421
Summa Theologiae(Thomas Aquinas)　《神
　学大全》　404,421—422,458,464
Sunni Islam　逊尼派伊斯兰教徒　125
Surgeons　外科医师　415
Sutton Hoo Treasure(East Anglia)　东盎格
　利亚的萨顿·霍珍宝　70
Sverre,king of Norway　斯维尔,挪威国王
　349
Swabia　士瓦本　208
Sweden　231,232—33,601　See also Scan-
　dinavia　瑞典
Swein,king of Denmark　斯韦姆,丹麦国王
　196
Switzerland　瑞士　573,592,595
Syagrius,Roman general　西格利乌斯,罗马
　将军　69
Sylvester Ⅱ,pope　西尔威斯特二世,教宗
　209
Symeon,king of Bulgaria　西缅,保加利亚国
　王　239,240
Symmachus,Quintus Aurelius　西马库斯,昆
　图斯·奥利乌斯　32
Synagogues　会堂　371
Synod of Whitby　惠特比宗教会议　118
Syria　叙利亚　125,263

T

Taborites　塔波莱派　585
Tacitus(Roman historian)　塔西佗　64—
　65,66
Tallage　贡税　400—401
Talmud　塔木德(犹太法典)　368,372
Tancred de Hauteville　欧特维尔的坦克雷
　德　256
Taussig,battle of(1431)　陶西格战役　584
Tauler(Dominican mystic)　陶勒(多明我神
　秘主义者)　489

Taxation　征税
　England and rural life after Black Death
　　黑死病过后英格兰农业生活　544
　France and Philip Ⅵ　法兰西与腓力六世
　　522
　Frankish Gaul　法兰克人的高卢
　　102—103
　Magna Carta　大宪章　392
　papacy in thirteenth century　13世纪教皇
　　制　352—353
　Parliament and　议会　400—401
　Roman Empire　罗马帝国　29,30
Technology. *See also* War　技术
　achievements of Middle Ages　中世纪成就
　　607
　animal power and agriculture　畜力与农业
　　186—187
　end of Middle Ages in fifteenth century　15
　　世纪中世纪终结　604
　intellectual life in thirteenth century and
　　13世纪精神生活　413—419
　shipping and navigation　海运与航海技术
　　416,551
Templars(Knights of the Temple)　圣殿骑
　士团　263—264,275,300,484—
　485,555
Tenenti,Alberto　泰嫩蒂,阿尔贝托　551
Tertullian　德尔图良　28
Teutonic Knights　条顿骑士团　264,380
Teutonic language　条顿语　63
Textiles and textile industry　纺织品与纺织
　工业　148,242,274—275,548
Themes(military divisions)　军区(东罗马军
　事区划)　90,240—241
Theodora,Byzantine empress　犹奥多拉,拜
　占庭皇后　86,90,129,240
Theodore of Tarsus, archbishop of Canterbury
　塔尔苏斯的狄奥多尔,坎特伯雷大
　主教　118

Theodoric, king of Ostrogoths 狄奥多里克, 东哥特国王 69,73,74—75,105

Theodoric Ⅲ, king of Gaul 狄奥多克里三世, 高卢国王 104

Theodoric of Austrasia 奥斯特拉西亚的狄奥多里克 97

Theodosius Ⅰ, Eastern Roman emperor 狄奥多西一世,东罗马皇帝 43,47,50,67

Theodosius Ⅱ, Eastern Roman emperor 狄奥多西二世,东罗马皇帝 55

Theodulf (Visigoth) 狄奥多夫(西哥特) 141

Theology 神学
  achievements of Middle Ages 中世纪成就 607
  Albigensians 阿尔比派 354
  Arianism 阿里乌主义 44,46—47
  Augustine of Hippo 希波的奥古斯丁 50—51
  Byzantine empire in eleventh century 11世纪拜占庭帝国 240
  early Christianity 早期基督教 37—39
  intellectual life in thirteenth century 13世纪精神生活 419—425
  universities in thirteenth century 13世纪的大学 409

Theophano, Byzantine princess 狄奥法诺,拜占庭公主 209

Theophylact, house of 狄奥菲拉克特家族 214

Thessalonica 帖撒罗尼迦 89,548

Theudebert, prince of Austrasia 特乌迪伯特,奥斯特拉里亚王子 97

Theuderich, king of Gaul 特乌迪里克,高卢国王 130

Thibaut, count of Blois 蒂鲍,布卢瓦伯爵 324

Thibaut Ⅳ, count of Champagne 蒂鲍四世,香槟伯爵 454

Things (regional assemblies) 塞恩斯(地方会议) 230

Thomas No. Becket 托马斯·贝克特 326—327, *328*, 333—335

Thomas No. Kempis 托马斯·坎普斯 491

Thomas de Marly 马利的托马斯 331

Thomas of Gloucester 格洛斯特的托马斯 517—518

Thomas of Lancaster 兰开斯特的托马斯 513

Thor (Germanic god) 雷神(日耳曼神祇) 64

Thracians 色雷斯人 12

Three-field system, of agriculture 三圃制,农业 186,187

Thuringia and Thuringians 图林根与图林根人 95,210

Timur the Lame (Tamerlane) 跛子帖木儿 602

Tithe 什一税 182

Tiu (Germanic god) 蒂乌(日耳曼的战争和天空之神) 64

Tola (Viking woman) 托拉(维金妇女) 148

Toledo, Spain 托莱多,西班牙 381

Tome (Leo) 巨书(利奥) 55

Tostig (brother of King Harold of England) 托斯蒂格(英格兰哈罗德国王的兄弟) 199

Totila, king of Goths 托提拉,哥特国王 76

Toulouse, university at 图卢兹大学 407

Tournaments 马上比武大会 295—296

Tours, battle of (732) 图尔之役 126

Tower of London 伦敦塔 199

Towns, charters for in twelfth century 12世纪城市宪章 278—279

Toynbee, Arnold 汤因比,阿诺德 225

Trade. *See* Commerce 商贸

Transept, of cathedral 大教堂的耳堂 428

Transubstantiation, doctrine of 变体论 349,351
Treasurer 司库 227,323
Trent, Council of 托兰特大公会议 587
Très Riches Heures du Duc be Berry, Les (Limbourg) 贝里公爵祈祷书大全(林堡) 553,554
Trial by battle 决斗裁判法 102,329
Trota(woman physician) 特洛塔(女内科医师) 415
Trotula 《特洛塔手册》 415
Troubadors 行吟诗人 295,433,453—454
Troyes, Treaty of(1420) 特鲁瓦条约 566
Truce of God 上帝的和平 167
Tsar 沙皇 602
Tudor, Edmund(earl of Richmond) 都铎, 埃德蒙(里奇蒙伯爵) 599
Tudor, Henry. See Henry Ⅶ, king of England 都铎, 亨利
Tudor dynasty, of England 都铎王朝 599
Tunisia 突尼斯 244
Turks 土耳其人
  crusades and 十字军与突厥人 257
  Ottoman 奥斯曼土耳其人 466,602,603
  Seljuk 塞尔柱与突厥人 245
Tuscan League 托斯卡纳联盟 384
Two Cities, The (Otto of Freising) 《双城》(弗列辛的奥托) 449
Tyler, Wat 泰勒, 沃特 541,545—546
Tympanum, of cathedral 大教堂的门楣 430

U

Ulfilas, St. 圣乌尔菲拉斯 63—64
Ultramontane guild 外邦人行会 405
Umar, caliph 乌玛尔, 哈里发 124,125
Umayyad dynasty 伍麦叶王朝 124,127
Unam Sanctum, papal bull 《一圣教谕》, 教宗训令 481

Union of Kalmar(Scandinavia) 卡尔马联盟 601
Universities, and intellectual life 大学, 与思想文化生活 405—411
University of Paris 巴黎大学 406,407—408,471,530,569—570
University of Prague 布拉格大学 578—579
Urban Ⅱ, pope 乌尔班二世, 教宗 224,258—259
Urban Ⅳ, pope 乌尔班四世, 教宗 419
Urban Ⅵ, pope 乌尔班六世, 教宗 529,530
Urban life. See also Cities 城市生活
  commerce in fourteenth century and 14 世纪贸易 547—551
  growth of in twelfth century 12 世纪增长 276—282
  Spain in thirteenth century 13 世纪西班牙 381
Usury, 285,369,373. See also Banking 高利贷

V

Valencia 瓦伦西亚 381
Valens, Roman emperor 瓦伦斯, 罗马皇帝 67
Valentinian Ⅲ, Roman emperor 瓦伦提尼安三世, 罗马皇帝 68,69
Valerian, Roman emperor 瓦莱利安, 罗马皇帝 24
Valois, House of 瓦卢瓦家族 521—525,617
Vandals 汪达尔人 52,54,63,67—68
Van Eyck, Jan 凡·艾克, 扬 554
Varangians 瓦兰吉人 148
Vassals 封臣 158,162—165
Venantius Fortunatus 万南修·福多诺 97,98

索引　635

Venice　威尼斯　268,272—73,384,532,533,549
Verdun, Treaty of (843)　凡尔登条约　149
Vergil (Roman poet)　维吉尔（罗马诗人）　47
Verona　维罗纳　532
Vexilla regis prodeunt (hymn)　高举王旗招展向前　98
Vézelay, abbey church of　费泽莱修道院教堂　430,433,435
Vigilius, pope　维吉利，教宗　106
Vikings　维金人　147—152,161,214,238,271—272,452,469
Villages　村庄
　　open-field strip farming　敞田制　179—180
　　peasants and patterns of settlement　农民与定居模式　176—178
Villard de Honnecourt　贺内寇特的维拉德　414
Villehardouin, Geoffrey de　维尔阿杜安的若弗勒　457
Ville neuves　新城　286
Villon, François　维永，弗朗索瓦　558
Vinci, Leonardo da　莱昂那多·达·芬奇　604
Visconti family, of Milan　米兰的维斯孔蒂家族　532—533
Visigoths　西哥特人　30,63,64,67,71—81
Vladimir, prince of Kiev　弗拉基米尔，基辅大公　236
Vulgate Bible　拉丁通行本《圣经》　48

W

Walafrid Strabo　瓦拉佛里达·斯特拉勃　142
Waldensians　韦尔多派　353—359
Waldo, Peter　韦尔多，彼得　354,356
Wales　威尔士
　　Christianity and　基督教　117
　　Edward I and conquest of　爱德华一世与征服威尔士　393—394,499
　　folklore of and vernacular literature　民间传说与方言文学　455—456
　　Henry IV and rebellion of　亨利四世与威尔士起义　520—521
　　Norman conquest of England　诺曼征服英格兰　200—201,203
　　warfare in　战争　573
Wallace, Sir William　华莱士，威廉爵士　395
Walter Map, archdeacon of Oxford　沃尔特·马普，牛津助祭长　302
Walter of Henley　亨莱的沃尔特　450—451
Walter Sansavoir　沃尔特·桑萨瓦尔　259
Walther von der Vogelweide　沃尔泽·凡·德尔·福格威德　454
Walworth, William (mayor of London)　华尔沃斯，威廉（伦敦市长）　545,546
War. *See also* Army; Military; Navy　战争，参见军队，军事，舰队
　　feudalism　封建主义　162,387
　　Louis IX and feudal　路易九世与封建战争　387
　　military of late Middle Ages　中世纪晚期的军队　571—574
　　technology of　战争技术　104,159,293—294,499,564,572
Wardship, and feudalism　封建制度对佃户的未成年子女及其财产的监督权　164
War of the Roses　玫瑰战争　521,596—601
Water, ordeal of　水判法　327
Wealth distribution of　财富分配　22,548
Welf, house of　韦尔夫家族　341
Wenceslas, king of Germany　温塞斯拉斯，日耳曼国王　537,578

Wergild 偿命金 101

Wessex（England） 威塞克斯 117, 152, 194

Wheat 小麦 10

White Friars 白衣会士（加尔默罗会修士） 366

Widukind, leader of Saxony 维杜金德, 萨克森领袖 135

William Ⅰ, count of Sicily 威廉一世, 西西里伯爵 256

William Ⅱ, count of Sicily 威廉二世, 西西里伯爵 256, 339

William Ⅱ（Rufus）, king of England 威廉二世（鲁弗斯）, 英格兰国王 320—321

William Ⅸ, count of Poitou and duke of Aquitaine 威廉九世, 普瓦图伯爵与阿基坦公爵 452—453

William de Nogaret 诺加雷特的威廉 481—482, 484

William Marshal, earl of Pembroke 威廉·马歇尔, 彭布罗克郡伯爵 294, 352

William of Champeaux 尚波的威廉 308

William of Malmesbury 马姆斯伯里的威廉 450

William of Moerbeke 摩尔贝克的威廉 412

William of Newburgh 纽堡的威廉 371

William of Ockham 奥卡姆的威廉 464, 486, 487, 488—489, 576

William of Sens 塞恩斯的威廉 441

William the Conquerer, king of England 征服者威廉, 英格兰国王 196—203, 223, 321

Windmills 风车 416

Winter solstice 冬至 288

Witangemot 咨议院 195—196

Witchcraft 巫术 568, 570

Witigis, leader of Ostrogoth 维蒂吉斯, 东哥特领袖 76

Wittelsbach dynasty, of Germany 威德巴赫王朝, 日耳曼 *618*

Wodan（Germanic god） 沃当（日耳曼众神之父） 64

Wolfram von Eisenbach 沃尔夫拉姆·凡·埃森巴赫 456

Women 女性
  Carolingian Empire 加洛林帝国 139, 141
  Christine de Pisan on rights of 皮桑的克里斯廷论妇女权利 556
  church and marriage in feudal society 封建社会的教会与婚姻 170
  courtly love and role of 骑士爱情与女性角色 294—295, 296
  craft guilds and 手工业行会 280, 548
  Dominican and Franciscan orders for 多明我会与方济各会 366
  early Christianity 早期基督教 39, 41—42
  early monasticism 早期修道院制度 58, 119
  education of 教育 369—370, 404
  feudal society and 封建社会 173—174, 294—295
  Germanic codes of law 日耳曼法典 101
  medicine and 医药 415
  mysticism in fourteenth century and 14世纪神秘主义 489
  new religious movements of twelfth century 12世纪新宗教运动 303—304
  peasant life and 农民生活 291
  Scandinavian in ninth century 9世纪斯堪的纳维亚 148—149
  serfdom and survival of 农奴与女性的生存 184

Writs（royal ketters） 文书令（王室信件） 196

Wyclif, John 威克里夫,约翰 576, 577—579

Y

Yarmuk, battle of (636) 雅穆克战役 125
Yaroslav the Wise, prince of Kiev 雅罗斯拉夫(智者),基辅大公 236
Yeoman 自耕农 597
Yield, agricultural 农业产量 179
Yomtob of Joigny (rabbi) 约格尼的约姆托伯(拉比) 372
York family, of England 英格兰的约克家族 598—599

Z

Zabarella, cardinal 扎巴雷拉,枢机主教 576, 580
Zachary, Pope 扎迦利,教宗 131, 316
Zanj (slaves of south Iraq) 辛吉(伊拉克南部奴隶) 245
Zeno, Eastern Roman emperor 泽诺,东罗马皇帝 69, 85, 105
Zero, as mathematical concept 零,数学概念 244
Zoı, Byzantine empress 佐伊,拜占庭女皇 239

出版后记

布莱恩·蒂尔尼与西德尼·佩因特两位教授合作编写的《西欧中世纪史》为西方大学通用的中世纪史经典教科书,首版于1970年发行,其后多次修订再版,影响广泛,深受广大读者欢迎与好评。本书据最新版本(第六版,1999)译出。

本书第五版(1997)曾有台湾五南图书出版公司中文繁体字译本,为复旦大学历史系袁传伟先生等译。

在第五版基础上,第六版新补充了部分内容(第三章第十节、第八章、第十二章),此外,其他诸章(第三章、六至七章、十一章、十五至十九章、二十二至二十八章)也有不同程度的增删、改写。

本书根据英文第六版校核;第六版增补的内容由北京大学历史系黄春高先生翻译。中译文以五南版袁传伟等译文为基础,其中人名、地名等专有名词的译法按照内地读者阅读习惯统一校改。各章所附"进一步阅读书目"及书后名词索引,新版均有不同程度的更新,北京大学历史系尹汉超等参与了校核工作。

需要说明的是,作为本译本基础的台版中译本质量欠佳,校核改动较多,错误仍在所难免,希望读者予以指正。

北京大学出版社
2011年7月